南京大学人文基金项目

吾国与吾名

中国历代国号与古今名称研究

胡阿祥 著

江苏人民出版社

图书在版编目(CIP)数据

吾国与吾名:中国历代国号与古今名称研究/胡阿祥著.
--南京:江苏人民出版社,2018.7
ISBN 978-7-214-21463-8

Ⅰ.①吾… Ⅱ.①胡… Ⅲ.①中国历史-研究 Ⅳ.
①K207

中国版本图书馆 CIP 数据核字(2017)第 265866 号

书 名	吾国与吾名:中国历代国号与古今名称研究	

著 者	胡阿祥
策 划	王保顶
责 任 编 辑	史雪莲 洪 扬
装 帧 设 计	姜 嵩
出 版 发 行	江苏人民出版社
出版社地址	南京市湖南路 1 号 A 楼,邮编:210009
出版社网址	http://www.jspph.com
照 排	江苏凤凰制版有限公司
印 刷	江苏凤凰盐城印刷有限公司
开 本	652 毫米×960 毫米 1/16
印 张	39.75 插页 19
字 数	532 千字
版 次	2018 年 7 月第 1 版 2019 年 4 月第 3 次印刷
标 准 书 号	ISBN 978-7-214-21463-8
定 价	98.00 元(精装)
审 图 号	GS(2018)1519 号

(江苏人民出版社图书凡印装错误可向承印厂调换)

目　录

中编　中国古今名号

导言：解释"中国"

四百多年前的 1582 年，天主教耶稣会传教士、意大利人利玛窦（Matteo Ricci，1552—1610 年）从印度启程，登陆澳门，开始了他的中国传教之旅。利玛窦在中国传教、工作和生活了 28 年，逝世后安葬于大明京师（今北京）。利玛窦晚年撰写、而又经由比利时耶稣会士金尼阁（Nicolas Trigault）增修的《利玛窦中国札记》，1615 年在德国奥格斯堡出版。由于"书中初次精确地、忠实地描述了中国的朝廷、风俗、法律、制度以及新的教务问题"[①]，所以一经问世，就在欧洲引起了轰动，历史悠久、地大物博、繁荣富庶的中国，也因此而真实地、立体地呈现在欧洲人的眼前。

在《利玛窦中国札记》的第一卷第二章中，利玛窦这位与中国士大夫颇多交往、直接掌握了中国语文、并对中国典籍进行过钻研的西方"中国通"，第一次相当详细地解释了其时的欧洲人尚觉模糊不清的"关于中华

---

① 1615 年拉丁文本第一版的封面题字是："耶稣会士利玛窦神父的基督教远征中国史　会务纪录五卷　致教皇保罗第五　书中初次精确地、忠实地描述了中国的朝廷、风俗、法律、制度以及新的教务问题　著者同会比利时人尼古拉·金尼阁。"1983 年中华书局出版的何高济、王遵仲、李申中文译本，题名《利玛窦中国札记》。该中文译本译自加莱格尔（Louis J. Gallagher）的英文译本《十六世纪的中国：利玛窦札记，1583—1610》（1953 年，纽约，Random House 版）。

帝国的名称"问题。

"中华帝国的名称",可谓纷繁复杂,利玛窦则聪明地将之区别为三类。

关于第一类名称,利玛窦认为:"这个远东最遥远的帝国曾以各种名称为欧洲人所知悉。最古老的名称是 Sina,那在托勒密(Ptolemy)的时代即已为人所知。后来,马可·波罗这位最初使欧洲人颇为熟悉这个帝国的威尼斯旅行家,则称它为 Cathay。然而,最为人所知的名称 China 则是葡萄牙人起的。"①"今天交趾人和暹罗人都称它为 Cin,从他们那里葡萄牙人学会了称这个帝国为 China。""我也毫不怀疑,这就是被称为丝绸之国(Serica regio)的国度,因为在远东除中国外没有任何地方那么富饶丝绸,以致不仅那个国度的居民无论贫富都穿丝着绸,而且还大量地出口到世界最遥远的地方。……在中华帝国的编年史上,我发现早在基督诞生前 2636 年就提到丝绸工艺,看来这种工艺知识从中华帝国传到亚洲其他各地、传到欧洲,甚至传到非洲。"

关于第二类名称,利玛窦写道:"中国人自己过去曾以许多不同的名称称呼他们的国家,将来或许还另起别的称号。……因此我们读到,这个国家在一个时候称为唐,意思是广阔;另一时候则称为虞,意思是宁静;还有夏,等于我们的伟大这个词。后来它又称为商,这个字表示壮丽。以后则称为周,也就是完美;还有汉,那意思是银河。在各个时期,还有过很多别的称号。从目前在位的朱姓家族当权起,这个帝国就称为明,意思是光明;现在明字前面冠以大字,因而今天这个帝国就称为大明,也就是说大放光明。"

第三类名称,即利玛窦所谓的"这个国家还有一个各个时代一直沿用的称号"——中国(Ciumquo)或中华(Ciumhoa),利玛窦阐述:中国这个词表示王国,中华这个词表示花园,放在一起就被翻译为"位于中央"。

---

① 利玛窦、金尼阁著,何高济、王遵仲、李申译:《利玛窦中国札记》第一卷第二章,中华书局,1983 年版。按本"导言"以下引文凡出自《利玛窦中国札记》者,皆据此中文译本,不再出注。

那么,"中华帝国"为什么会有如此之多的名称呢? 在谈到"中国人自己过去曾以许多不同的名称称呼他们的国家"时,利玛窦分析道:"这个国度从远古时代就有一个习惯,常常是统治权从一个家族转移到另一个家族,于是开基的君主就必须为自己的国家起一个新国号。新统治者这样做时,是根据自己的爱好而赋予它一个合适的名称。"然而,"与中国接壤的国家中,很少有知道这些不同名称的,因此中国境外的人民有时就称它这个名称,有

利玛窦与明朝大学士徐光启

时又称它另一个"——外国人有关中国的各种称谓,正是因此而起。至于一直沿用的"中国"或"中华",利玛窦的记录是:"我听说之所以叫这个名称,是因为中国人认为天圆地方,而中国则位于这块平原的中央。"

虽然在今天看来,利玛窦的以上叙述,有些根本就是"常识",然而穿越历史的时空,回到四百多年前,事情便不那么简单了。1953 年出版的英译本《十六世纪的中国:利玛窦札记,1583—1610》"序言"指出:

> 1615 年金尼阁书的出版轰动了欧洲。它重新打开了通往中国的门户;三个世纪以前,这扇门首先由马可·波罗打开,后来多疑的公众又在它的后面把门关上了,他们把它神话般的记述大部看成是一位想入非非的旅行家骗人的故事。[1]

而正是《利玛窦中国札记》,使得《马可·波罗游记》描绘的神奇的东方大

---

[1] 利玛窦、金尼阁著,何高济、王遵仲、李申译:《利玛窦中国札记》"英译者序言"。

国Cathay、Manji①,被证实为真实的中国,欧洲人并且由此了解到,神奇而又真实的中国,竟有那么多或为自称、或为他称、或者一直沿用、或者变动不居的国家名称。

本书的研究对象——"中国"历代国号与古今名称,正是利玛窦解释的"中华帝国的名称"。利玛窦的解释,在当时无疑是杰出的,但在今天看来,显然既不精确,也不全面。② 本书则将综合运用历史、地理、民族、语言、文字、心理、名称等多学科的理论与方法,系统全面并且力求精确地探讨有着4000多年文明史的中国之繁多的国家名称。至于如此繁多的国家名称的分类,本书略同于利玛窦的分法而大别为三类:第一类即国号,并限于中国历代中原王朝(皇朝)国号,重点又在中国历代统一王朝(皇朝)国号;第二类为名号,如中国、诸夏、华夏、中华、禹迹、九州、四海、天下、赤县神州等等;第三类为域外有关中国的称谓,其中影响最大、使用最广的,除了中国、中华、汉、唐、龙、狮这些源于名号、国号以及传统文化的称谓外,主要有China(支那)、Serice(赛里斯)、Taugas(桃花石)、Cathay(契丹)四个系列。

---

① 在《马可·波罗游记》中,称中国北部为Cathay(契丹),称中国南部为Manji(蛮子),而契丹、蛮子等地都是元大汗忽必烈的版图。

② 如利玛窦之"唐"意为广阔、"虞"意为宁静、"夏"等于伟大、"商"表示壮丽、"周"就是完美、"汉"意思是银河、"大明"就是大放光明一类的说法,存在的主要问题是本义、引申义、附会义等等的混淆。

上　编

中国历代国号

国号,顾名思义即国家的称号。在中国悠久绵长的历史进程中,举凡拥土聚众、建立政权的统治者,不论其肇创的是局处一隅、割据偏安的小国,还是拥有中原、统御四方的一统国家,开国伊始,无不定立国号。国号者,从来就是家天下的标志,而且逐渐成为天命所钟、历数所在、万民拥戴的象征,乃至国家政治文化的符号。①

国号是伴随着国家的形成才出现的。《史记·五帝本纪》:"自黄帝至舜、禹,皆同姓而异其国号,以章明德。"②而依据多数现代学者的研究结论,公元前21世纪的黄河中下游地区,部落联盟首领禹最终传位于其子启,从此,由部落首领推选部落联盟首领的原始社会传统,转变为一姓世袭、父兄死后由子弟继承的君主制国家,即由"天下为公"的"大同"之世,转变为"天下为家"的"小康"之世。启所建立的,正是中国历史上第一个君、家、国三位一体的国家,而启用作国号的"夏",也正是中国历史上的第一个可信国号。③

一姓世袭王位(夏、商、周)或皇位(秦、汉以至大元、大明、大清)的制度④,

---

① 陈学霖《明朝"国号"的缘起及"火德"问题》(原载《中国文化研究所学报》第50期,香港中文大学,2009年;收入所著《明初的人物、史事与传说》,北京大学出版社,2010年版)指出:"从现代政治理论而言,这便是彰示政权的legitimacy,时下中文译作正统、正当或合法性的主要标识。从历史的发展来说,就个别政权而言,它们建立的是国,其名称应是'国号',但到秦汉以后,由于阴阳五行循环理论建立了政权间的递嬗系统,一国的名号又称为'王朝'。"

② 司马迁撰、裴骃集解、司马贞索隐、张守节正义:《史记·五帝本纪》,中华书局,1982年版。按本书征引历史文献众多,为了避免太过繁琐,常见历史文献大体不出脚注,相关版本信息详见"引用文献",特此说明。

③ 这里称"夏"为"国号",是沿用了后世的习惯称法。按迄今为止,商代甲骨文中还没有发现国的原字"或"与变体"國",商、周的最高统治者也都称其国为"我邦",春秋以后的君主才常被称为"有国"者。以此,如果按照历史的本来称呼,夏、商、周应该称为"邦号"。只是这样就把问题复杂化了,或者过于拘泥了,所以本书还是依据先秦时代"邦"、"国"可以互训的情况,从简处理,把夏、商、周看作是"国号"。

④ 夏、商、周的最高统治者除称"王"外,典籍中夏王又称"后",甲骨文中商王又称"帝",金文中周王又称"天子",甲、金、典籍中商、周之王又称"余一人"。及秦并天下,又有"皇帝"之称,并且一直延续了两千多年。详胡厚宣:《中国奴隶社会最高统治者的称号问题》,收入尹达等主编:《纪念顾颉刚学术论文集》上册,巴蜀书社,1990年版。

在中国历史上传之4000余年而始衰。在这4000余年中,出现了众多的国号。按某一姓帝王家族的延续统治,中国传统史学称为一朝或一代。一朝或一代,基本有着同一的国号。而国号的变易,也就大体意味着国家统治权的转移,即所谓的"改朝换代"。"改朝换代"有着复杂多样的形式,或者通过外部的军事征服,或者通过内部的和平"禅让";又或者天下分裂、政权并立、诸方力争,最终定于一尊。要之,国号是家天下——某一姓帝王家族拥有国家最高统治权——的标志。不同国号的递嬗,反映着不同帝王家族的更迭;原国号尚在使用时,新国号的崛起,则显示了在国家母体里或国家范围外,新的国家的创立与新的帝王家族的出现。

帝王家族在中国结束于1912年中华民国创立,其标志性的人物是所谓"末代皇帝"爱新觉罗·溥仪。中华民国以及后来取代中华民国的中华人民共和国,自是全新意义上的国家。然而,无论是中华民国还是中华人民共和国,还是阶级统治的机关——国家,既是国家,便仍有国号。国号终会随着国家的消亡而消亡。只是国家的消亡、国号的消亡,尚在不可预期的未来,这就仿佛于国家的产生、国号的出现之有着久远的历史。

在这久远的历史时间段中——从公元前21世纪"夏"国号的出现至公元21世纪"中华人民共和国"繁荣强大的今天,在"历史中国"也就是1759年至1840年的清朝疆域范围里——这一范围,就是今天的中国加上巴尔喀什湖和帕米尔高原以东、蒙古高原和外兴安岭以南,中国的主体民族汉族及其前身华夏族,各种非华夏族及非汉族,所建立的国家,所定立的国号,实在是纷繁复杂,难以胜数。惟显然可见的历史事实是:肇创时抑或发展后的国家,疆域有大小,时间有久暂,地位有高下,影响有深浅;连而及之的国号,其指称的空间、使用的时间,同样每有不同,至于其地位与影响,更或迥然相异。(见导言图1)

这些每有不同、迥然相异的大量国号,又有着诸多的共同点:国号的来源与取义,总有其具体原因与文化背景、历史传统,即便是因袭或雷同

清时期全图（一）

3-4

图例 Legend

导言图1：1820年清朝疆域范围图（选自谭其骧主编《中国历史地图集》，清时期，3-4，地图出版社，1987年版）

1. 图1-1：蝉
2. 图1-2：江苏徐州西汉楚王陵中出土的玉蝉
3. 图2-1：2006年7月13日安阳殷墟被列入《世界遗产名录》
4. 图3-1：稷（谷子）

1. 图3-2：山西稷山稷王庙
2. 图4-1：禾本科优质牧草猫尾草标本
3. 图4-2：禾本科优质牧草猫尾草

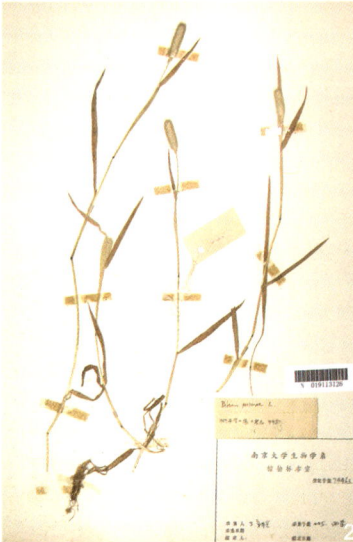

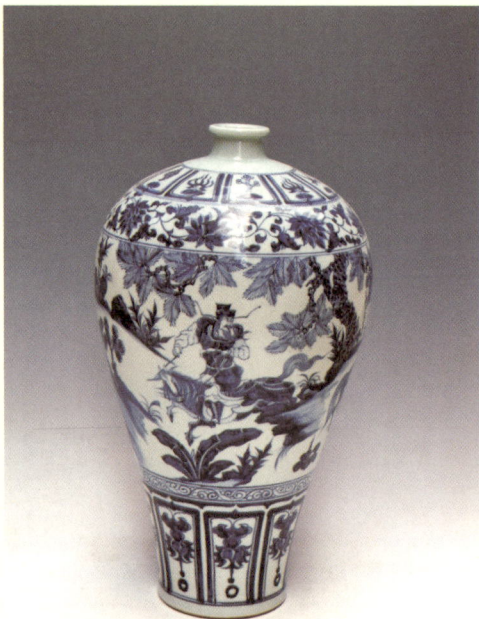

1. 图5-1：南京明代沐氏家族墓出土的元青花萧何月下追韩信梅瓶

1 2. 图5-2：汉水上游风光

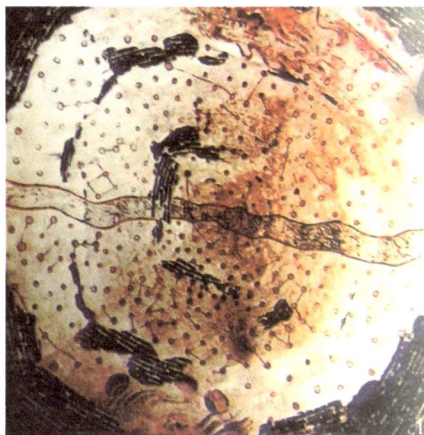

1. 图5-3：中国古代星象图壁画，中
   间为银河

2. 图7-1：本书作者在成都汉昭烈
   皇帝（刘备）陵前

3. 图8-1：山西太原晋祠叔虞塑像

凉 州 刺 史 部

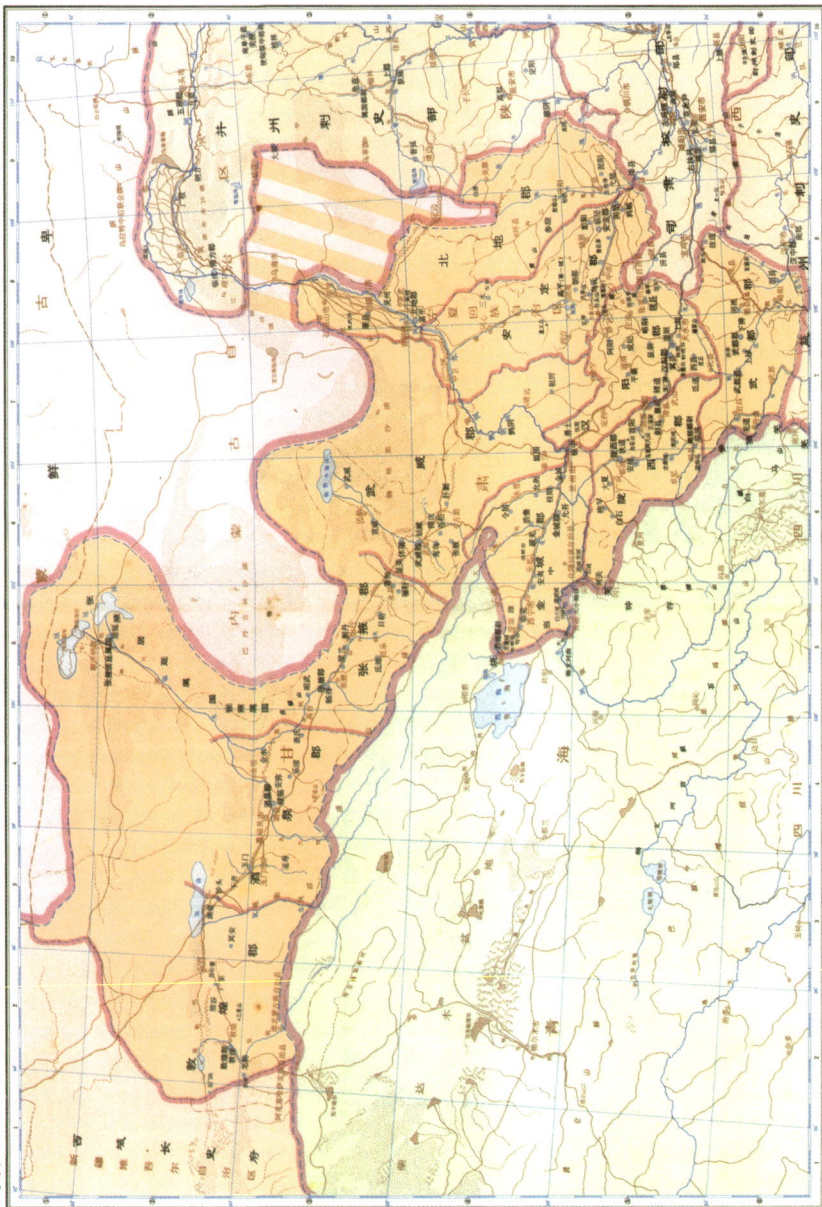

图9-1：东汉凉州刺史部（选自谭其骧主编《中国历史地图集》，秦·西汉·东汉时期，57-58，地图出版社，1982年版）

1. 图9-2：夏国都城统万城遗址
2. 图9-3：今浙江长兴县传为陈霸先出生时"家人汲以浴之"的圣井
3. 图10-1：2013年出土的"随故炀帝墓志"

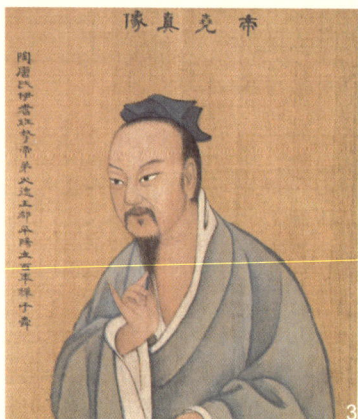

1. 图10-2：2013年扬州隋炀帝陵西耳室陶俑出土情形
2. 图11-1：庐山植物园内陈寅恪、唐筼夫妇墓
3. 图11-2：帝尧画像
4. 图11-3：李渊画像

1. 图11-4：唐高祖李渊献陵石虎
2. 图12-1：山西文水的则天圣母庙
3. 图12-2：传为武曌形象化身的洛阳
   龙门石窟奉先寺卢舍那佛

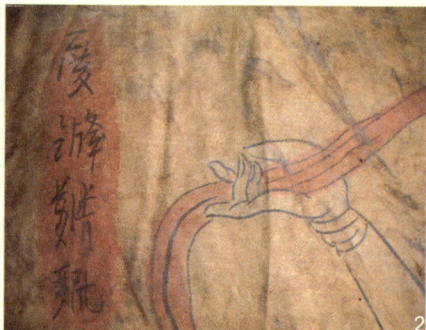

1. 图14-1：西夏绢画
2. 图14-2：西夏绢画（局部放大）
3. 图14-3：海东青
4. 图15-1：陈桥驿赵匡胤黄袍加身处

1. 图15-2：商丘阏伯台
2. 图16-1：内蒙古成吉思汗陵之蒙古骑兵塑像
3. 图17-1：无量寿佛唐卡
4. 图17-2：浙江文成县刘基庙前牌楼

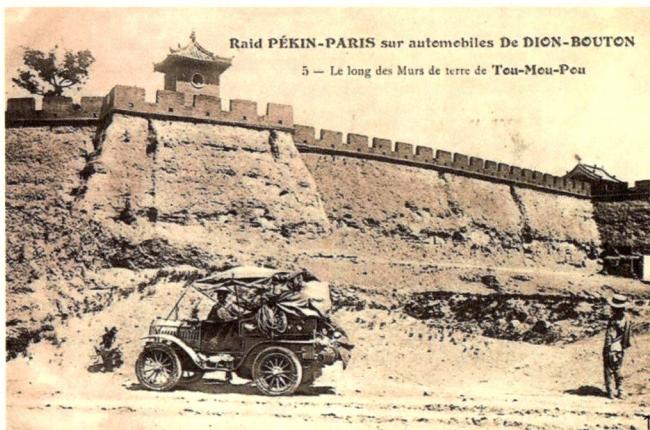

Raid PÉKIN-PARIS sur automobiles De DION-BOUTON

5 — Le long des Murs de terre de **Tou-Mou-Pou**

纪念孙中山先生诞辰147周年

1. 图18-1：1907年河北怀来明长城土木堡的城墙

2. 图19-1：广东中山孙文故居

3. 图20-1："中华苏维埃共和国中央执行委员会"印章

3

的国号,也自有其显明的意义与特别的缘故。有鉴于此,本编各章对于国号的研究,特别重在推源释义,并且释义包括了本义、引申义、变义、附会义等等方面;对于所论国号的使用时间、指称空间,也或有所辨析。①本编围绕国号所作的研究,视乎不同国号的地位与影响,或取或舍,取者也是或详或略。至于取舍、详略的标准,简要说明如下:

其一,取而不舍的国号,限于中国传统史学所谓的"中原王朝"②国号。在中国历史上,由中国的主体民族汉族建立的王朝(皇朝)习称中原王朝(皇朝);汉族建立的统一范围较大、统一程度较高的王朝(皇朝)又习称中央王朝(皇朝)。非汉民族建立的王朝(皇朝),如果汉化程度较高,或主要建立在传统的汉族地区,或所统治的主要是汉人,传统史学也称之为中原王朝(皇朝);而如果统一范围和统一程度也较大较高,则也可以称为中央王朝(皇朝),如蒙古人建立的元朝,满洲人建立的清朝。

其二,舍而不取的国号,大体包括边疆民族所建立的边区政权(国家)或自治政权(国家);天下分裂时代或天下尚未统一时期,不属中原王朝(皇朝)或后来并未成为中原王朝(皇朝)的地方政权(国家)、割据政权(国家);旧史所谓"盗贼"、"叛贰",其实大部分为起义(其性质复杂,类型众多,如民族起义、农民起义、兵士起义、宗教徒起义等)、小部分为反叛(如宗室反叛、权臣反叛、军阀反叛等)所建立的政权(国家);某些特殊的傀儡国;中原王朝(皇朝)分封或控制(联系)的各级各类国家,如诸侯国、藩属国,等等。

其三,取且详论的国号,由远及近,凡 14 个:夏、商、周,秦、汉、新,晋、隋、唐、周,宋、大元、大明、大清。这 14 个国号,乃是名实相副的"天下"共号;它们所指称的国家,不仅是中原王朝(皇朝),而且是中央王朝

---

① 国号的使用时间、指称空间,大体相当于所对应国家的兴亡过程、疆域变迁。按国号所对应国家的这两方面情况,本编不作详细叙述,可以参考胡嘏(胡阿祥之笔名):《中国历代疆域与政区》,辽宁古籍出版社,1995年版。

② 统一的秦朝以降,由于实行了"皇帝"制度,所以确切的称呼应该是"皇朝",即秦朝以前的夏、商、周为"王朝",秦朝以降至清朝为"皇朝"。本书在行文中,于"王朝"、"皇朝"多有区分。

（皇朝）——即统一范围较大，某种意义上取得了当时"天下"统治地位、又统一程度较高的王朝（皇朝）。这样的统一王朝（皇朝）以及统一王朝（皇朝）灭亡后仍被视为正统王朝（皇朝）①所使用的国号，地位远居其他国号之上，影响远较其他国号广泛、持久，它们是中国的典型国号与代表国号，它们既是中国传统史学纪年的依据，也是中国在相应历史时期的代称。

其四，取而略论的国号，基本出现在天下无主的分裂时代，其所指称的国家，则无一例外地都没有取得过统治天下、定于一尊的地位。换言之，这类国号皆非天下共号，如"三国"、"十六国"、"南北朝"、"五代"、"十国"等统称所包括的 40 多个国号，地位不低、影响不小，但毕竟不属天下共号的辽、夏、金三个国号。对于这些国号，本编大体摘录关键史料，简述国号得来的直接情形、表明有关来源取义的主要观点而已。

依据以上四条标准，本编取且详论、取而略论的两类约 60 个国号，已是 4000 余年中历史中国地域范围里的全部中原王朝（皇朝）国号。这全部的中原王朝（皇朝）国号，也是使用最为频繁、世人最为熟悉的中国国号。

最后还需特别说明的是，虽然已经不属传统帝制时代的中原皇朝、但是性质仍属国号的中华民国、中华人民共和国两个国号，也在本编中立为专章，予以讨论，笔者之意在于贯通古今，而读者诸君视之为本编的两篇附录可也。

---

① 如"西晋"灭亡后的"东晋"，"北宋"灭亡后的"南宋"。

第一章　夏："居高饮清"

在中国传统的历史纪年中，中原王朝的第一个可信朝代是夏朝。夏朝以前属于史前史时代，开天辟地的盘古氏，那是神话中的人物；有七种说法的"三皇"、有四种说法的"五帝"，那是传说中的远古帝王和上古帝王。对于这些神话和传说，可以从历史文化人类学求得解释，比如认为五帝都是原始社会末期部落联盟的领袖，云云；但神话传说中有关盘古、三皇、五帝等等的事迹，却不必也不能坐实。中国历史进入信史时代，应该是从夏朝开始的。

时至今日，我们并未见到夏朝的文字，换言之，夏朝历史仅见于后世的记载。但是尽管如此，种种方面可以证明，商朝以前确有夏朝这一朝代。按照"九五"国家重点科技攻关计划项目"夏商周断代工程"的研究结论，"夏代基本年代框架的估定"如下：

> 夏代基本年代框架的估定包括两点，一是夏商分界，二是夏代始年。夏商分界已估定为公元前1600年。关于夏代始年的推定，我们主要是依据文献中有关夏代积年记载的研究，并参考天文推算的结果及相关^{14}C测年数据。
>
> 关于夏文化的上限，学术界主要有二里头文化一期、河南龙山文化晚期两种意见。新砦二期遗存的确认，已将二里头文化一期与

河南龙山文化晚期紧密衔接起来。以公元前 1600 年为商代始年上推 471 年,则夏代始年为公元前 2071 年,基本落在河南龙山文化晚期第二段(公元前 2132—前 2030 年)范围之内。现暂以公元前 2070 年作为夏的始年。①

上引的这段"反映 20 世纪年代学研究最好水平的成果",简而言之,就是考古材料已经证明了夏朝的存在,而考古材料与文献材料的双重证据,证明了夏朝约起于公元前 2070 年、止于公元前 1600 年。又按照"夏商周断代工程"给出的"夏商周年表",夏朝历 17 君,起于禹(习称大禹),止于癸(习称夏桀)。②

这历时 400 余年的夏朝,如果从其正建立起君、家、国三位一体的国家论,其实始自禹的儿子启,"启"字本身就有开创始祖之意。③ 所以夏朝应该是历 13 代 16 君。而这中国历史上第一拨最高统治者 16 君,所用的国号就是"夏"。

夏既然是中国历史上中原王朝的第一个可信朝代,夏国号的重要性就不言而喻了。然而夏国号是怎么来的? 其含义如何? 却是从古到今,云遮雾绕,历来史家和注释家多有推测,也多有争论。即以夏国号的含义言,便有舞容说(徐灏)、夏水说(章炳麟)、夏地说(李得贤)、水中怪虫说(姜亮夫)、石室说(许同莘)、蛙说(陆思贤)、母猴之类的兽类说(李玄伯)、野人说(何光岳)、翟鸟说(郑杰祥)、阿尔泰语 γa(本义为高大)说等等;④ 这还不包

---

① 夏商周断代工程专家组:《夏商周断代工程 1996—2000 年阶段成果报告·简本》"六、夏代年代学研究",世界图书出版公司北京公司,2000 年版。
② 夏商周断代工程专家组:《夏商周断代工程 1996—2000 年阶段成果报告·简本》"小结"之"夏商周年表"。
③ 如傅斯年《夷夏东西说》(收入《历史语言研究所集刊》外编第一种《庆祝蔡元培先生六十五岁论文集》下册,1933 年)指出:"启之一字盖有始祖之意,汉避景帝讳改为开,足征启字之诂。……我们现在排比夏迹,对于关涉禹者应律除去,以后启以下为限。"
④ 参见章炳麟:《中华民国解》,《民报》第 15 号,1907 年 7 月;李得贤:《华夏臆说》,《中国历史地理论丛》第 2 辑,1985 年;何光岳:《夏源流史》第一章第二节,江西教育出版社,1992 年版;郑杰祥:《夏史初探》第一章第二节,中州古籍出版社,1988 年版;唐善纯:《中国的神秘文化》第一章第一节,河海大学出版社,1992 年版。

括下文将要辩证的一些说法,其丛脞纷纭,由此可见。然则在前人研究的基础上,本章也力图证明一种假说:夏本义为蝉;启取蝉所代表的美义,始用为国号。

第一节　夏即蝉

夏这一国号,一般认为是从禹开始的。中华书局校点本《史记·夏本纪》:"天下诸侯皆去商均而朝禹。禹于是遂即天子位,南面朝天下,国号曰夏后,姓姒氏。"唐张守节《史记正义》:"夏者,帝禹封国号也。"今按《史记·夏本纪》及中华书局校点本的句读、张守节的《正义》,存在着两方面的问题:

其一,禹,虽然后世称作夏禹,或称夏禹王,但在春秋以前,书中只称禹而不称夏禹;称夏开始于启,也就是说,自启以后才以夏为国号。[①]

其二,"国号曰夏后"也不确切。从典籍记载看,"后"是中国最早的君称。在甲骨文以及金文中,"后"的字形从女,而"后"的初义就是全族的尊母。在只知其母不知其父的上古社会中,生育了本族全部子孙的高母,乃是理所当然的权威与领袖,而其名称就是"后"。等到母权制被父权制取代后,"后"也变成了男君,并在相当长的时间内保持了这一名号,直到被皇、帝、王等等专用于男性统治者的名号所代替;而"后"字,也转变成称谓君王配偶的女性尊称。[②] 具体到夏,最高统治者称"后",而国号为"夏"。如此,上引中华书局校点本《史记·夏本纪》若读作"国号曰夏,后姓姒氏",应当更加合理。"后姓姒氏",即所谓"国姓"[③]为姒。

夏为何意? 东汉许慎《说文解字》指出:"夏(圖),中国之人也。从

[①] 章炳麟《中华民国解》有云:"'蛮夷猾夏',《帝典》已有其文,知不起于夏后之世。"考《尚书·舜典》虽有夏字,但《舜典》已定论为伪《古文尚书》篇名,其成书时代远在夏朝以后。

[②] 何新:《诸神的起源——中国远古神话与历史》第七章,三联书店,1986年版。

[③] 唐房玄龄等《晋书·恭帝纪》:"帝幼时性颇忍急,及在藩国,曾令善射者射马为戏。既而有人云:'马者国姓,而自杀之,不祥之甚。'帝亦悟,甚悔之。"按晋朝国姓为司马。国姓,即国家最高统治者所属家族之姓,如汉朝国姓为刘,明朝国姓为朱。

夊,从頁,从臼。臼两手,夊两足也。"实际上任何人都有两手两足,这并不是"中国之人"独有的特征,所以许慎的说法属于望文生训,不足为信。而大率遵用许说者,也有直接解释"夏"为"中国"的,如《汉书·地理志》唐颜师古注:"夏,中国",《后汉书·班彪传》唐李贤注、《战国策·秦策》南宋鲍彪注略同。清徐灏《说文解字注笺》则说:"夏时夷狄始入中国,因谓中国人为夏人",这是从历史的角度解释中国为夏或夏为中国。今按夏指"中国",为后起义而非初始义,因为夏时还没有出现"中国"概念,"中国"名号确见于西周武王时期,也可能始于商代。又林惠祥《中国民族史》理解《说文解字》是训夏为人:"原始民族常自称己族为'人'。……故所谓夏者如《说文》所训无误,则此字实即我族自称之语,其意即为人。"①其实林说也甚是不妥。观《说文解字》又训夷曰:"夷,东方之人也。从大,从弓",如此则"夏,中国之人也",切合实际的字面解释应是"居住在中国的人称夏人"。何谓"中国",此处不赘;而夏字初义绝非"人",大概能够断定。

那么,夏字的初义到底是什么呢? 要明确夏字的初义,最好得到夏字的初形,也就是夏字最初的写法。

19 世纪末、20 世纪初,在河南安阳小屯发现了大批商代的甲骨文字。地不爱宝,这种前所未有的史料,为古史研究新局面的展开奠定了基础。非常幸运的是,在甲骨文中,我们看到了这样的一组字:

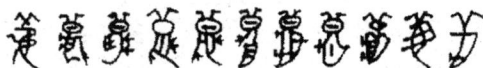

叶玉森《殷墟书契前编集释》解释这组字说:

> 释夏,……(其)形,并状綏首翼足,与蝉逼肖,疑卜辞假蝉为夏,蝉乃最著之夏虫,闻其声即知为夏矣。②

---

① 林惠祥:《中国民族史》第三章,商务印书馆,1936 年版。
② 叶玉森:《殷墟书契前编集释》卷二第五页,上海大东书局,1934 年版。

按逝世于 1934 年的叶玉森,曾被推为是继罗振玉、王国维以后研究甲骨文"最著"的学者;而上引的说法,也早见于 1923 年出版的叶著《殷契钩沉》。不仅叶玉森,1931 年董作宾《卜辞中所见之殷历》、1933 年朱芳圃《甲骨学文字编》等,同样认为夏字初形就是蝉(即现在习称的知了)。当然,也有把这组字认作蟋蟀、蝗虫、天牛、长着两只角的龟的,而反对蝉说的学者也不少。其实这并不奇怪,本来,在甲骨文考释中,各执其词就是十分普遍的现象。

笔者倾向于叶氏、董氏、朱氏的蝉说。因为蝉说较之前述的舞容、水中怪虫、石室、蛙、母猴、野人、翟鸟诸说,以及蟋蟀、蝗虫、天牛、长着两只角的龟诸说,于形于义都更加合理。

首先是形肖。商代甲骨文中有许多象形字,所谓象形,不是图画,而是"象形"出所指代事物的特殊部分。如牛字只画一个牛头,羊字只画两只角,推广些说,甲骨文中的十二生肖字,按照这个原则,我们都能认出大概。具体到蝉,其最显著的特征,是它带有触须的宽宽的头额,如纱般的、网络状的薄翼,而这批夏字已经具备了这两项特征,的确很像蝉的侧面。[①]

其次是义合。蝉在夏天是常见其形、每闻其声的昆虫,《礼记·月令》:"仲夏之月,……蝉始鸣。""仲夏之月"是农历五月。作为夏天的特征之一,"假蝉为夏",确实可以用蝉来表示夏天,这就仿佛甲骨文中的四时,按照多数学者的看法,春字是草初生的样子,秋字是禾稼成的样子,冬字是枝果折落的样子,也就是说,其本形、本义都是以一种物质为代表的。而具体到甲骨文中的夏字,字形既象蝉的侧面,字义也本是一只夏季的鸣蝉,这也符合"蝉鸣夏"的意思。

如果我们更大胆地再进一步,甚至可以想象商代甲骨文以前的夏字,应当更象蝉形。唐兰《古文字学导论》指出:

> 殷商系的文字,图形已极简单。四足省作两足,肥笔概用双钩,

[①] 从象形的角度言,蟋蟀、蝗虫、天牛虽也有说,但在释义方面远逊于蝉说,详见下节的讨论。

或省为瘦笔；正画的物像，改为侧写，以适应整篇文辞的书写；此类征象，已可证明这是很发达的文字。而尤其重要的，则是象形象意的文字日就衰歇，而形声文字兴起。这种变动，至迟起于殷初，或许更可推上几百年。在这种变动以前，是象形象意文字时期，更前则是象形发展到象意文字的时期。①

唐兰还进而认为，夏初"已有了历史的记载"。这"历史的记载"，当然不是结绳记事或刻划符号能够胜任的，也就是说，夏初已经有了文字。而以理推之，在夏初，作为国号的夏字，应该是出现频率相当高的一个字眼，其象形性也应该更加明显，也就是更像蝉的形状。希望有朝一日发现夏代文字时，笔者的这种推断能够得到证实。

第二节　启以夏为国号

启为什么会选择蝉形的夏字作为国号呢？田倩君《"中国"与"华夏"称谓之寻原》②以为这和启所奉的图腾有关。图腾（Totem），本是北美印第安人的土语，意思是"他的亲族"，指的是原始民族的一种宗教信仰，岑家梧《图腾艺术史》指出：

> 第一，原始民族的社会集团，采取某种动植物为名称，又相信其为集团之祖先，或与之有血缘关系。第二，作为图腾祖先的动植物，集团中的成员都加以崇敬，不敢损害毁伤或生杀，犯者接受一定的处罚。第三，同一图腾集团的成员，概可视为一完整的群体，他们以图腾为共同信仰……③

值得注意的是，原始民族的族名就常得自图腾，比如美洲印第安人有狼族、熊族、蛇族等，取的都是动物之名；取植物之名者也不少，比如玉蜀黍族、马

---

① 唐兰：《古文字学导论（增订本）》上册，上编二之丙，齐鲁书社，1981 年版。
② 田倩君：《"中国"与"华夏"称谓之寻原》，《大陆杂志》第 31 卷第 1 期，1966 年。
③ 岑家梧：《图腾艺术史》第一章，学林出版社，1986 年版。

铃薯族、巨树族、绿叶族、烟草族。中国古代民族在这一点上也不例外:

> 中国之四裔据《说文》谓"羌西戎羊种也,从羊儿。南方蛮闽从
> 虫。北方狄从犬,东方貉从豸,西方羌从羊。此异种也"。又云"蛮,
> 南蛮,蛇种","闽,东南越,蛇种",此诸族之名皆图腾也。①

与此可以比照的是,以启为代表的、建立夏朝的这一支中国上古民族,也奉有图腾。

夏朝的奠基人是禹。《史记·夏本纪·正义》引《帝王纪》:禹"父鲧妻脩己,见流星贯昴,梦接意感,又吞神珠薏苡,胸坼而生禹"。按脩即修,长的意思;己在古文字里作蛇形。以此,禹是奉长蛇为图腾的部族之女所生,即禹的母族的图腾是长蛇。又禹,《说文解字》:"禹,虫也",甲骨文、金文"虫"作屈曲之形,蛇头、蛇身、蛇尾俱全,则禹之名也来自蛇图腾;后世典籍如《列子·黄帝》中还有"夏后氏蛇身人面"的说法。这样看来,禹的母族、禹的本族皆为蛇图腾。而有关禹的最重要的故事,是治理洪水、划分九州,也正是在禹治水的过程中,禹的妻子涂山氏女生下了启,《史记·夏本纪》:"启,禹之子,其母涂山氏之女也。"再后来,禹传位于启。②

启的母亲是涂山氏女。涂山今地所在,略有六说。一说在今河南嵩县西南,即古三涂山,伊水经其下;一说在今四川汶川县境内,古有涂禹山;一说在今安徽怀远县东南淮河东岸,又名当涂山;一说在今安徽当涂县境;又一说在今浙江绍兴县西北;再一说在今重庆市东,俗名真武山。考虑到夏国早期的疆域位置与影响范围,以第一说较为合理③,即禹娶妻以及会诸侯(实为部落酋长)的涂山,在今河南嵩县西南境。禹既娶妻于

---

① 林惠祥:《中国民族史》第三章。
② 关于禹传位于启的具体过程,先秦秦汉的各种文献中记载并不一致,但有一点是共同的,即继禹之位者最终是禹子启,而这标志着"公天下"向"家天下"的质变。
③ 涂山今地嵩县说,详吕思勉:《先秦史》第七章,开明书店,1941 年版;顾颉刚:《古代巴蜀与中原的关系说及其批判》,《中国文化研究汇刊》第 1 卷,1941 年 9 月;马世之:《涂山地望考辨》,《史学月刊》1986 年第 3 期。

涂山,又"合诸侯于涂山",可见禹与涂山的关系十分密切。

然则涂山氏者,也就是聚居在涂山一带的部族。该部族的图腾,李宗侗在《中国古代社会史》中考为蟾蜍①,田倩君则"极为赞同此说",并且作了两点发挥:其一,关于"塗"、"蜍"的关系,《山海经·北山经》"涂吾之水",晋郭璞注:"涂吾即余吾",《诗·小明》笺:"余作除。"塗、除、涂、蜍都是同音字,可以互通假借,而蟾蜍图腾即是塗(今作涂)山氏的族徽,亦即夏后氏国号的由来;其二,蟾与蝉通,故"蟾蜍"即"蝉蜍",是以启取蝉字作为朝名,后世又沿用这个由蝉转变来的"夏"作为国号。②

今按上述田倩君的说法,其实存在着一些致命的缺陷。虽然蟾、蝉二字可以互通假借③,然而蟾(蝉)蜍与蝉毕竟是绝不相同的两种动物。按照今天的认识,蟾蜍属两栖纲,其中最常见的大蟾蜍俗称"癞蛤蟆",其皮肤腺及耳后腺的分泌物有毒,可以入药,对细菌有异常强大的抵抗力,对心血管系统有强大的兴奋作用。又引申些说,也许蟾蜍丑陋的形象及其药用价值,与涂山氏把蟾蜍奉为图腾,或有一定的关系吧。至于蝉,属于昆虫纲,俗称"知了",其卵产于树木中,孵出后的幼虫(蝉蛹)栖于土中,吸取树根的液汁,经过多年的几次蜕皮后,方才破土而出,爬到树上,并蜕去最后一层干枯的浅黄色的壳。所蜕之壳可供药用,主治感冒发热、咳嗽音哑、小儿麻疹、风疹、惊痫等症;又成年的蝉也靠吸取树汁生活。蝉分雌、雄,雌蝉再在树木中产卵,然后卵成蛹,蛹成蝉,蝉产卵;雄蝉则以鸣叫为特征。总之,蟾(蝉)蜍是蟾(蝉)蜍,蝉是蝉,两者无法画等号。田倩君可能也意识到了这一缺陷,遂强作弥缝说:"夏代取'蝉'作为图腾",而"用图腾作为朝名,这是很自然的演变",于是相互矛盾,前后失

---

① 李宗侗:《中国古代社会史》上册,中华文化出版事业委员会,台北,1954 年版。

② 田倩君:《"中国"与"华夏"称谓之寻原》。

③ 如唐李白《古朗月行》"蟾蜍蚀圆影,大明夜已残",南唐李中《题徐五教池亭》则曰"夜浸爱蝉蜍,步逸心难厌","蟾蜍"与"蝉蜍"指的都是月亮,而这又与嫦娥奔月、化为蟾蜍的传说有关。该则传说,如唐徐坚《初学记》卷一引古本西汉《淮南子》:"羿请不死之药于西王母,羿妻姮娥窃之奔月,托身于月,是为蟾蜍,而为月精。"月精即蟾蜍。汉代于蟾蜍之外,增加了兔,晋代又舍蟾蜍而单言兔,再后则月中玉兔之说渐占优势,乃至以玉兔为月之代称。

据。(见图 1-1)

事实上,族名与国号并非一回事。虽然在上古社会发展史上,多见与图腾有关的族名,现代民族调查材料中也有这方面的事例,但在社会发展的更高阶段,国号不一定得自族名。① 国号的选择,可以有多种方法。如上所述,商代甲骨文的夏字本是一只夏季的鸣蝉,而在中国古代,文人墨客们对蝉视之甚高。如曹植的《蝉赋》:

> 唯夫蝉之清素兮,潜厥类于太阴。在焱阳之仲夏兮,始游豫乎芳林。实澹泊而寡欲兮,独怡乐而长吟。声皦皦而弥厉兮,似贞士之介心。内含和而弗食兮,与众物而无求。栖乔枝而仰首兮,漱朝露之清流……②

又唐虞世南《蝉》诗云:

> 垂緌饮清露,流响出疏桐。居高声自远,非是藉秋风。③

清沈德潜《唐诗别裁》卷一九评论道:"咏蝉者每咏其声,此独尊其品格。"而类似这样以蝉为题材的文学作品,在中国古代可以说是不胜枚举。文人们喜欢自比为蝉,喜欢佩戴玉蝉,也正是看重了蝉高洁的品性。他们认为蝉是"餐风饮露"的,所以不会被世间的污浊和尔虞我诈所侵染,纯洁清高而不同流合污;他们看到蝉高居在树上,鸣叫的声音能够传到很远的地方,所谓"居高声自远",所以他们也希望拥有如此高尚的精神和魄力,自己的主张可以达到"声远"的效果而为统治者采纳。以上这些象征意义,都让文人墨客们产生了自比于蝉的想法和愿景,也使得蝉作为一种符号化的意象,长存于中国古代的文学作品中。

---

① "夏"起初也并不是族名,只是因为这一民族建立了夏朝,后世遂以"夏"称其族。

② 严可均校辑:《全上古三代秦汉三国六朝文·全三国文》卷一四,中华书局,1958 年版。按本书所征引的类似单篇文章,见于《全上古三代秦汉三国六朝文》《全晋文》(董诰等编,中华书局,1983 年版)者,大体不出脚注,以免繁琐。

③ 彭定求编、中华书局编辑部点校:《全唐诗(增订本)》第 1 册,卷三六,中华书局,1999 年版。按本书所征引的诗词,见于《先秦汉魏晋南北朝诗》(逯钦立辑校,中华书局,1983 年版)、《全唐诗》以及为人所熟知者,大体不出脚注,以免繁琐。

当然,以上所引的作品与说法,时代都较晚,那么在夏朝前后,蝉又具有怎样的意义呢?如果我们作些追溯,自然会关注到考古所见的玉蝉与蝉纹。如时代早于夏朝的辽西红山文化、江南良渚文化中,已经出现了玉蝉,这可能与当时人们已经意识到了蛹—蝉—蛹周而复始、不断循环的神秘现象有关,这种神秘现象,无疑象征着生命的延续不断、复活永生。再如时代晚于夏朝的商、周时期,也常有玉蝉出土,特别是以夏文化继承者自居的周人,更在彝器(如鼎)上大量雕镂蝉纹图像,清冯云鹏、冯云鹓兄弟的《金石索·钟鼎之属》解释:"蝉,取居高饮清之义";又到两汉时期,在丧葬仪式中,逝者的口里普遍含有玉蝉,这更明显寄寓了生命如蝉、获得再生的希望。(见图1-2)

要之,从很久远的时代起,蝉能蜕变转生、蝉出于污秽而化成高洁、蝉居高而鸣远、蝉饮露而清高等等的象征意义,已经逐渐明显与丰富了起来;如此我们可以推断,启以蝉形的夏字作为国号,大概正是看中了蝉所代表的这些神秘而美好的意义,因为这些秘义、美义,既反映了继禹而立的启所怀有的、仿佛秦始皇帝嬴政"二世三世至于万世,传之无穷"的心志,也可以用来彰显全新意义上的夏国政治上以及文化上的非凡地位。试问,哪一位君主不希望自己的国家延绵不息、世代永存、居高鸣远呢?当然,启不用本族或者母族的图腾作为国号,应该说也照顾了归属其统治或者受其影响的其他图腾部落的心理要求。

第三节 夏成为国号后产生的引申义

有趣的是,本作蝉解的夏字,自从成为国号以后,又逐渐产生了诸多的引申义。

东汉王充《论衡》记费昌问冯夷:"何者为殷?何者为夏?"冯夷回答说:"西,夏也;东,殷也。"[①]又春秋时,陈国公子少西字子夏,郑国大夫公

---

① 郑文:《论衡析诂》附录二"《论衡》佚文",巴蜀书社,1999年版。

孙夏字子西。如所周知,中国古人取字一般遵循"名字相应"的原则,即名与字之间要有一定的联系,或同义互训(如陆游字务观,游与观同义),或反义相对(如韩愈字退之,愈与退反义),或近义联想(如屈原字平,由原而平),或同类相及(如白居易字乐天,乐天才能居易),或原名变化(如杜牧字牧之),或名字相同(如司马道子字道子);而少西字子夏、公孙夏字子西,符合的是同义互训的原则,也就是说夏有西义。范文澜也说:"中国西部地区称为夏。"①

　　夏为何会有西的意思呢? 这与夏国的疆域位置有关。依据史书的记载,禹的父亲鲧封于崇(今河南嵩县北伊、洛之间);禹在确立王权后,初都阳城(今河南登封市东南告城镇)。又《逸周书·度邑解》:"自洛汭延于伊汭,居易无固,其有夏之居。"可见夏的活动范围,早期在今河南伊、洛流域及嵩山一带。及至夏末,《史记·吴起列传》云:"夏桀之居,左河济,右泰华,伊阙在其南,羊肠在其北。"也就是说,晚夏的疆域,东止郑州,西临华山,南濒伊、洛,北达长治,约跨今豫、晋、陕三省交界一带。又《左传·定公四年》称唐叔封于"夏虚",唐叔的封地在今山西西南汾水流域,而称作夏墟,可见这是夏的古老故居之地。② 公元前 16 世纪,成汤灭夏桀,建立商朝。以商朝疆域言,其归并的夏疆属于甲骨文所谓东、西、南、北"四土"中的"西土";再从相对位置来看,商是由起源于东方的民族所建立的王朝,而夏是由发迹自西方的民族所建立的国家,如此则夏有西义,是其他东方民族所赋予的,或者就是商朝及其以后后起的一种解释。

　　传统说法又以为夏含有雅、大之义。范文澜指出:"宗周诗篇称雅诗,《秦风》诗篇称夏声,夏声即雅诗,就是用西方人的声音歌唱的诗篇。"③其时夏、雅同音④,秦又处于西方,尽有早先的宗周旧地,雅之义应

---

① 范文澜:《中国通史简编(修订本)》第一编第四章第五节,人民出版社,1955 年版。
② 参见陈怀荃:《大夏与大原》,《中国历史地理论丛》1993 年第 1 辑。
③ 范文澜:《中国通史简编(修订本)》第一编第四章第五节。
④ 孙作云:《说雅》,《文史哲》1957 年第 1 期。

当由此而来。又《荀子·荣辱》："越人安越,楚人安楚,君子安雅",《荀子·儒效》:"居楚而楚,居越而越,居夏而夏","居夏而夏"就是"君子安雅","夏"有雅义,也是极为明显。然而雅者,又是立足于文化高下的一种说法,如称宗周诗篇为雅诗,清刘台拱《论语骈枝》便以为"王都之音最正,故以雅名"。[1] 又《左传·襄公二十九年》:吴公子季札观乐于鲁,"为之歌《秦》,曰:'此之谓夏声。夫能夏则大,大之至也,其周之旧乎!'"如此夏又可以解释为大,寓意夏为泱泱大国。《尔雅·释诂》:"夏,大也",唐孔颖达《尚书正义》:"夏,训大也,中国有文章光华礼义之大";西汉扬雄《方言》卷一:"自关而西,秦晋之间,凡物之壮大者而爱伟之,谓之夏";古代高大的殿宇建筑也称作"夏"(厦)。甚至《说文解字》中的夏(𦥑)字,其字形已经演变为象人叉着胳膊、伸开双脚之形,此形比之原来,所占空间较大,所以清段玉裁《说文解字注》说:"夏,引伸之义为大也。"又何新更予以发挥:"夏字在古汉语中具有博大的语义,引申具有元首语义。元首之族称'夏',我认为这就是夏族得名的由来。"[2]

按夏引申为雅,表示夏文化之高、影响之大。《国语·周语》说:"昔我先王世后稷,以服事虞、夏",可见同起于西方的民族所建立的周朝[3]以夏文化的继承者自居。《汉书·地理志》陇西郡有大夏县,其地又有大夏河(即广通河,东流入洮水,非今之大夏河);今汾、浍流域古称大夏,古籍中又有夏口、夏阳等地名,这些遗留的地名,也足以说明夏文化影响之大。夏文化的这种地位与影响,又基础于夏之"大"。的确,夏作为我国从部落状态发展出来的第一个世袭制国家,相对于其周围的众多方国和部落,无疑是当时极坚强的一个大国。"大"字自古及今是为人所习用的一个壮美字样,一桩事情高妙到无以复加了,便拿大来形

---

[1] 洪诚选注:《中国历代语言文字学文选》"二、论语"附录"论语骈枝(释雅言)(节录)",江苏人民出版社,1982年版。

[2] 何新:《诸神的起源——中国远古神话与历史》第十章。

[3] 按夏、商、周民族的起源及其原始地望,是一个非常复杂的问题,大体而言,夏起于西而东渐,商起于东而西渐,周复起于西而东渐,在此过程中,它们又彼此交错,互相影响。

容,如"大哉孔子"、"唯天为大";而后人鉴于夏这个国家文化之雅、力量之大,于是赋予了夏以雅、大之义。要之,雅、大为后起之义,并非夏的原义就是如此。

顺带可以提及,由于夏引申为大,而"大"字即古文字中的人字,于是夏又引申出人的意思,而且其形体也随之变成了两手两足的人形,许慎《说文解字》所解的夏字以及林惠祥所理解的"夏为人",就缘于夏字的这种变化。然而据古文字学家(如董作宾)的研究,夏字形体的变化是从周代金文开始的(如秦公簋夏作""),商代甲骨文中夏作蝉形,这也证明了夏的本意为蝉,由引申义"大",促成了夏字形体向"人"的演变。

第四节 国号:时代的镜像

夏朝距离今天太遥远了!作为中国历史的文明初曙时代,夏朝的几乎一切都还显得是那么地模糊不清,这当然也包括"夏"这个国号。历史文献没有给出夏国号确立过程、来源含义的标准答案,既往的甚至今后的考古发掘,大概也挖不出有关这个具体问题的清晰答案。

其实不仅年代久远的夏朝是如此,从夏朝以降直到晚近的大明、大清,国号的确立过程与来源含义,真正见于记载者也是寥寥无几,绝大部分的国号是如何确立的、含义是什么,都披着神秘的面纱,显得扑朔迷离。然而这样的状况,是否就决定了国号问题无从讨论了呢?不然!穿越时空的阻隔,以当时的历史为背景,以当时的社会为参照,以当时的思想为基础,我们换位思考,或者就置身于那过去的时代,仍然能够追寻国号的确立过程,探索国号的来源取义。毕竟,国号就如同人名一样,总体而言,仍是时代的镜像。东汉《白虎通德论·号》说:"王者受命,必立天下之美号以表功","夏、殷、周者,有天下之大号也。百王同天下,无以相别,改制天下之大礼号,以自别于前,所以表著己之功业也。""表功"、"表著己之功业"云云,正是我们研究国号的途径,换言之，由时代的意识去反推国号的成立与取义，在学理上应该是圆融的。当然，反推出来的"认识"，我们只能力求接近"真实"，而无法成为"定论"。

比如由中国历史上第一个可信国号"夏"的上述反推，我们获得了如下接近"真实"、但非"定论"的认识：其一，国号的选取，往往并不简单；而对国号的推源释义，应该严格区分初始义与后来的引申义，不可混为一谈。其二，夏国号的最终择定，与蝉所代表的生命永驻、居高鸣远、高洁清雅等等的秘义、美义有关；而取秘义、美义为国号，遂成为后世中国历史上命名国号的常用方法。①

① 附记：本章的主要内容，曾以《夏国号考说》为题，发表于《学术月刊》(上海)1998 年第 10 期。其后，《学术月刊》2000 年第 4 期刊发了陈立柱的《夏国号再议》，针对拙文提出诸多商榷意见。2000 年 6 月，笔者撰出《答〈夏国号再议〉》并寄呈《学术月刊》，但得到的答复却是"不想就此问题讨论下去"。及至多年以后，旧稿《答〈夏国号再议〉》始收入笔者的《中国名号与中古地理探索》(三联书店，2013 年版)论文集中。有兴趣的读者可以参看此文。

第二章　商:"天命玄鸟,降而生商"

公元前 16 世纪,成汤败桀灭夏,建成中国历史上第二个中原王朝——商。成汤之前 13 代,是商族的始祖契,相传契曾经佐禹治水;如此,由契到成汤,商族见证了夏国的建立与兴盛,并成为结束夏国命运的执行者。成汤到纣,凡历 17 代 31 王,约 500 多年,按照"夏商周断代工程"给出的年表,商朝纪年为公元前 1600 年至公元前 1046 年。[①] 当然,公元前 1600 年是取整数、大概而言的;公元前 1046 年,也不是公认的确切年份。

商朝因为有 1899 年以后在河南安阳殷墟发现的大量甲骨刻辞,以及多处出土有铭文的青铜器,并发现多处宫殿、作坊、陵墓遗址,中国历史从此进入了众所公认的、确定不移的信史时代。

然而有关商朝国号,仍有许多不明确的地方。夏国号的含义众说不一,商国号的来源也是迄今没有定论;尤其纠葛不清的是,在文献中,"商"往往被称作"殷",有时还统称为"殷商"。"殷"与"商"究竟有无分别? 两者的关系如何? 这应是讨论商国号时首先需要解决的问题。

---

① 夏商周断代工程专家组:《夏商周断代工程 1996—2000 年阶段成果报告·简本》"小结"之"夏商周年表",世界图书出版公司北京公司,2000 年版。

第一节　纠葛不清的"商"与"殷"

　　西汉大史学家司马迁撰写"中国"通史,夏、商、周三代各有本纪,但在名称上却值得玩味。《夏本纪》之后,《周本纪》之前,为《殷本纪》;而且《史记·殷本纪》开篇就说"殷契",仿佛《夏本纪》开篇的"夏启",《周本纪》开篇的"周后稷"。可见司马迁是以《殷本纪》记述先商及商朝的历史的。

　　在司马迁之前,儒家的代表人物孔子(孔丘)与孟子(孟轲)也是专用殷字的,全部的《论语》、《孟子》,加上《大学》、《中庸》,都用殷字;①而在司马迁之后,可能是受了孔、孟和司马迁的深刻影响,在儒家经学史上拥有重要地位的唐代大文学家韩愈也一直称商为殷。

　　与此形成鲜明对比的是,赵宋时又一般称商,甚至把先前书中称殷的地方改回称商。范祖禹的《唐鉴》、郑樵的《通志略》、叶适的《习学记言序目》等,都是称商的;大理学家朱熹注《四书》,遇到殷字,注中都有意回避,全部的《集注》里,只有"吾学殷礼"、"殷礼吾能言之"两处的殷字没有改,其他一律改殷为商。

　　按宋人改殷为商,一个显然的原因是为了避宋朝开国皇帝赵匡胤之父赵弘殷的名讳。正是出于避讳的原因,宋朝人讲到商朝,自然不能像孔、孟、司马迁、韩愈那样径用殷字;既然不能用殷字,当然就得用商字,或者干脆把殷写成缺笔的别字。如据陈垣的引证②,元胡三省注《资治通鉴》周赧王元年条"管叔监商"云:"《孟子》只云'监殷',今《通鉴》云'监商',避宋庙讳也";③又清翟灏《四书考异》"殷因于夏礼"条云:"宋高宗石经'殷'字避宣祖讳作'商','殷礼吾能言之','殷人以柏',宋石经皆作

①　孟子只有在引用《诗》时,才写出"商"字,如《孟子·离娄》引《诗》:"商之孙子,其丽不亿。"
②　陈垣:《商朝与殷朝》,《编辑工作》第 18 期,1956 年 8 月,收入《陈垣学术论文集》第二集,中华书局,1982 年版。
③　"宋庙讳",指赵匡胤开国后,追封其父赵弘殷庙号为"宣祖"。

'商',而《中庸》'吾学殷礼'之'殷',但阙笔为'𣪊'。"

不过史书中更为普遍的情形,还是殷、商混用或殷、商合称。在《诗》、《书》等古文献中,《武成》称商者六见,称殷(衣)者一见;《康诰》、《酒诰》中,都是一处称商,七处称殷;《多士》称商者二见,称殷者十二见;《君奭》一处称商,八处称殷;《毕命》称商者一见,称殷者四见;《多方》称商者一见,称殷者三见。《左传》中也是时而称商、时而称殷。至于殷、商合称,在《诗·大雅》中则有"自彼殷商"、"殷商之旅"、"咨汝殷商"等十七处之多。①

然则通观先秦传世文献以迄近现代各家著作,称商、称殷、称殷商甚至称商殷,总体感觉是相当随意、没有什么规律可言的。② 但名号非小事,何况国号! 当初建国时,一国之号必定是唯一的。问题在于,这个唯一属"商"还是属"殷"? 这里不妨先引述说法各异的诸家观点如下:

(1) 历史上的传统说法是,汤建国时称其国为商,到盘庚迁都于殷后,国号就改成了殷。《诗·商颂谱》东汉郑玄笺:"商者,契所封之地",唐孔颖达疏:"商者,成汤一代之大号,而此云商者契所封之地,则郑(玄)以汤取契之所封,以为代号也。"又《书·盘庚》孔颖达疏:"郑玄云:'商家自徙此而号曰殷',郑(玄)以此前未有殷名也。"又《史纪·殷本纪》唐司马贞《索隐》:"契始封商,其后裔盘庚迁殷,殷在邺南,遂为天下号。"清崔述《商考信录》卷二因此指出:"世儒多谓盘庚改商为殷。"而以此为据,或谓"商"是指成汤伐桀至帝辛(纣)灭亡,"殷"则仅指盘庚迁殷至帝辛灭亡;或谓成汤伐桀至盘庚迁殷称为"商",盘庚迁殷至帝辛灭亡称为"殷",而成汤伐桀至帝辛灭亡称为"商殷";也有指迁殷以后的商朝或在殷地的商朝为殷商的。

(2) 崔述《商考信录》卷二以为:"盘庚未迁以前已称殷也,……盘庚既迁以后犹称商也,……殷与商可以连称,亦可以互称也。"所以不存在

---

① 以上统计,见朱彦民:《"殷""商"名辨》,《南开学报》1998年第1期。
② 详史苏苑:《商朝国名浅议》,《历史教学》1981年第7期。

盘庚改号之事。"盖商者汤之国号,而殷者则商之邑名,后世所谓建都之地是也。其称为殷商,犹其称为京周也。商邑于殷而遂号为殷。"

（3）《国语·周语》"商王帝辛大恶于民"三国吴韦昭注："商,殷之本号也。"

（4）20世纪以来,学者们大多依据新发现的殷墟甲骨卜辞立说。罗振玉以为："史称盘庚以后,商改称殷,而遍搜卜辞,既不见殷字,又屡言入商。田游所至,曰往曰出,商独言入,可知文丁、帝乙之世,虽居河北,国尚号商。"[①]郭沫若后来也指出："根据卜辞的记载看来,殷人自己自始至终都称为商而不自称为殷的。在周初的铜器铭文中才称之为殷。……殷代无所谓盘庚以前称商,盘庚以后称殷的事实,旧式史籍中的殷、商之分是毫无根据的。"[②]又彭邦炯总结说："总之,从文献和甲骨材料看,商人在很早以前就称商,成汤灭夏以后仍叫商,盘庚以后还是叫商","考虑到历史的科学性,还是统一称为'商'好。因为,这样既符合商人的历史实际,也符合后人定朝代名称的习惯"。[③]

（5）1956年,陈垣在《商朝与殷朝》一文中,主张"我们的历史课本将称商代商人的地方,一律改为殷代殷人","因为商人容易与做买卖的商人相混,如果称殷代又称商人,就好像说殷代做买卖的人一样"。

梳理以上各说,综合考虑其根据,笔者这里可以提出以下倾向性的意见:

首先,韦昭"商,殷之本号"的解释是正确的,推而言之,殷是商的别号。

其次,商是自称,是商人对其国家的称号;殷是他称,是周人以及后世对商国的一种称法;商、殷商或商殷也是周人以及后世文献的称法。

最后,以商为号早,以殷为称晚。

[①] 罗振玉:《增订殷虚书契考释》,罗振玉序,东方学会,1927年版。
[②] 郭沫若:《奴隶制时代》"二、殷代是奴隶制",收入《郭沫若全集·历史编》第三卷,人民出版社,1984年版。
[③] 彭邦炯:《商史探微》第一章,重庆出版社,1988年版。

至此,商与殷的纠葛可以解开了,即"商"是本号、自称,"殷"是别号、他称,这种情形,有些仿佛三国时的刘备、刘禅政权,当时自称"汉"而他称"蜀",后世又称汉、蜀、蜀汉。但汤为何要定国号为"商"? 后人又为什么要称为"殷"呢?

第二节 玄鸟生商:从凡鸟到神鸟

商国号的由来与取义,可以从族源与字源两方面寻求答案。

先说族源。《诗·商颂·玄鸟》:"天命玄鸟,降而生商。"这里的"商"显然不是地名,地如何能"生"? 而象是人名或族名。《商颂》是周朝时宋国人(商族后裔)①祭祖时所唱的颂歌,其中很可能保留着商族世代相传的祭祖乐歌的一些片断,可以认为是可信的史料;而商的先祖中没有名为"商"的人,所以这里的"商"只能作为族名理解,而且这个族名还与"玄鸟"有着密切的关系,所谓玄鸟生商是也。

"玄鸟生商"的传说,据《史记·殷本纪》的记载:

> 殷契,母曰简狄,有娀氏之女,为帝喾次妃。三人行浴,见玄鸟堕其卵,简狄取吞之,因孕生契。

这是说,帝喾的第二位妃子、有娀氏之女简狄吞了一颗"玄鸟"的鸟蛋,因此怀孕生子,所生之子,就是商人的始祖契。

如此有趣的"玄鸟生商"的传说,却也有着真实的历史的影子在内,即其反映的正是原始商人的图腾崇拜。商人以玄鸟为图腾,认为自己的父系祖先是玄鸟。这种崇拜不仅在传世文献中习见②,而且从出土的商代甲骨文、金文和铜器纹饰中,也可以找到许多佐证。如有一件晚商铜壶,壶上有"玄鸟妇"三字的合文,玄字作"8"(这在金文里经常见到),右

---

① 宋国是周朝分封的诸侯国,开国之君为商王帝乙长子、帝辛(纣)同父异母之兄启,启在商朝时分封于微(今山东梁山县),习称微子启。

② 如《诗·商颂·长发》、《楚辞·离骚》、《天问》、《吕氏春秋·音初》、《史记·殷本纪》、《淮南子·地形训》等。

侧的鸟正双翅展飞。根据于省吾的考证,作壶者就是以玄鸟为图腾的妇人,而这位妇人是简狄的后裔,也是商朝贵族。[①] 又胡厚宣也认为商人以玄鸟为图腾没有疑问。[②]

那么玄鸟又是何物呢?据玄有深奥、虚幻、黑色等字义,学者们或说玄鸟是燕,或说玄鸟是凤,而燕是占优势的传统说法。《诗·商颂·玄鸟》"天命玄鸟"西汉毛亨解释:"玄鸟,鳦也。"《诗·邶风·燕燕》"燕燕于飞"毛亨曰:"燕燕,鳦也。"

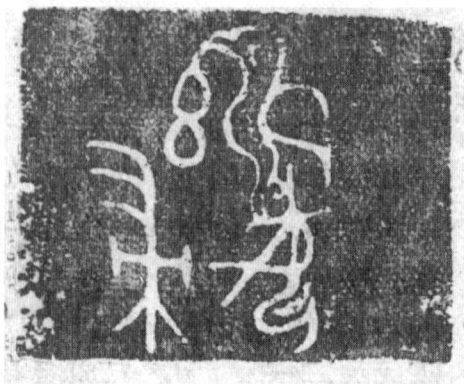

晚商铜壶"玄鸟妇"三字合文

也就是说,玄鸟、鳦、燕为一物三名。按燕的上体羽毛呈蓝黑色,玄即黑色,以貌取名,所以燕又名玄鸟,于是学者们大多主张商族以燕为图腾。不过凤说也有一定的依据。如屈原说到商族的起源,在《天问》中有"玄鸟致贻,女何喜"之问,但在《离骚》中,同样的事情,说法变成了"有娀之佚女(美女),……凤皇既受诒兮",可见屈原作品中的玄鸟就是凤凰;又春秋时,楚国狂人接舆曾对孔子唱道:"凤兮!凤兮!何德之衰? 往者不可谏,来者犹可追。"[③]孔子是宋国贵族之后,也就是商族的后裔,接舆把孔子比作凤,也反映了商族原有崇尚凤的习俗。或许凤凰起初的形象是黑色的,所以称为玄鸟;也可能因为凤凰是许多禽鸟形象的组合,是现实中并不存在的神鸟,所以取玄字的虚幻之意,而称为玄鸟。闻一多在《神话与诗》中,进而认为"凤是原始殷人的图腾"。[④]

① 于省吾:《略论图腾与宗教起源和夏商图腾》,《历史研究》1959年第11期。
② 胡厚宣:《甲骨文所见商族鸟图腾的新证据》,《文物》1977年第2期。
③《论语·微子》。
④ 闻一多:《神话与诗》"龙凤",中华书局,1956年版。

　　值得注意的是,燕与凤之间,其实存在着某种演化关系。《尔雅·释鸟》:"鷾,凤,其雌皇。"这句话中的"鷾"就是燕,燕也称凤;①"皇"又作凰,雄曰凤,雌曰凰,总称则曰凤。何新《诸神的起源》则从中国神话的角度,论证玄鸟的含义,或者演变为燕子,或者演变为凤凰;②又袁珂编著的《中国神话传说词典》"凤皇"条指出:"燕色玄,故称玄鸟。……由一玄色小燕,渲染而神化之,遂有如《山海经》及《说文》所写神鸟凤皇之状。"③

　　总之,商族是以玄鸟为图腾的。玄鸟起初是燕,这是实有的凡鸟;后来经过不断的渲染、美化以至神化,终于变成了凤凰,这是虚构的神鸟。对于这一演化过程,我们可以作这样的理解:玄鸟(燕)生商,是指所有的商人都为玄鸟所生,这反映了原始时代的平等观念,此时的商人可能还徘徊在母系氏族社会阶段;玄鸟(凤凰)致贻,则有了具体对象,既指帝喾次妃、有娀氏之女简狄因为玄鸟受孕,也指商族始祖契和契以后的首领、帝王为玄鸟所生,大概契的时代,商人已经迈向了父系氏族社会阶段,表现之一,便是从契以后,商族才有了比较可信的、按父系排列的世系。换言之,燕图腾带有明显的原始性,是商人的原始图腾崇拜;凤凰图腾,应该是商人社会发展阶段有了较大进步后的产物。

　　凤凰图腾的成立,又为"商"成为族名进而成为国号奠定了基础。

　　原始民族的族名常与他们的图腾相关,这一点在上一章讨论夏国号时已经提过。而就商这一族名分析,也正肇源于凤凰图腾。我们先来看看甲骨文中的"凤"字与"商"字:④

---

① 如闻一多《古典新义·离骚解诂》(收入《闻一多全集》第二册,三联书店,1982年版)"凤皇既受诒兮"条考证:"燕鷾音同,燕之通鷾,犹经传以宴燕谦通用,金文燕国字作匽若郾也。鷾即燕,是凤皇即玄鸟。"又胡厚宣《甲骨文所见商族鸟图腾的新证据》由康丁卜辞王亥之"亥"的写法(亥上之鸟从 Ѵ Ⅿ Ⅿ,像冠形),也认为玄鸟可说成凤凰。

② 何新:《诸神的起源——中国远古神话与历史》第四章,三联书店,1986年版。

③ 袁珂:《中国神话传说词典》,上海辞书出版社,1985年版。

④ 据中国科学院考古研究所:《甲骨文编》卷三、卷四,中华书局,1965年版。

甲骨文"商"字举例

甲骨文"凤"字举例

安阳殷墟甲骨

在甲骨文中,凤字的下部明显为鸟身象形,上部则象凤鸟头上的冠羽。又甲骨文中的商字,其上部正是凤字上部的凤鸟冠羽,它代表着商人崇拜的凤凰图腾;下面的冈(早期商字多不从口,晚期从口),则有多种说法,徐中舒说似穴居形,杨亚长解释为房屋,张光直取叶玉森、于省吾之说,认为是祭几。① 凤鸟居穴,房屋上面插着凤羽,祭几上面放置着凤凰形象,这三种说法都可以讲通,但比较起来,祭几上面放置着凤凰形象,人们口中念念有词地进行祭拜,更加于义为长,以此所谓"商"者,应该就来源于该族的凤凰图腾崇拜。

"商"起始是作为族名使用的,这一族名出现于该族凤凰图腾成立以后,具体出现的时间虽然无法指实,但不会晚于传说中的商族始祖契。②又商族名形成的地域,应在东方,其关键依据为:

---

① 徐中舒:《殷商史中的几个问题》,《四川大学学报》1979 年第 2 期;杨亚长:《试论商族的起源与先商文化》,《北方文物》1988 年第 2 期;张光直:《商城与商王朝的起源及其早期文化》,收入所著《中国考古学论文集》,联经出版事业公司,台北,1995 年版。

② 李健武《浅谈契"封于商"和"契居蕃"》(《中原文物》1986 年第 3 期)认为,所谓契封于商,商应是族名,"是契所出部族的名称"。又胡阿祥《正名中国:胡阿祥说国号》(中华书局,2013 年版)第三讲发挥道:商"这个族名,寄托着商人对父系祖先的象征——玄鸟的尊崇与感激,……可以说,商族名与凤图腾之间,取得了内容与形式的高度统一与巧妙协调"。

其一，契的居地。《水经·渭水注》以及《帝王世纪》引《世本》，都说"契居蕃"。契是传说中商族的始祖；而蕃的地望，王国维疑即《汉书·地理志》中的鲁国蕃县，其地在今山东西南滕州市境。[1]　又传说中商族自契至汤曾经有过八次迁居，据许多学者考证，八迁的具体地望，也主要在今鲁西南和豫东地区。

其二，鸟图腾的分布。《左传·昭公十七年》载：少皞（昊）氏"为鸟师而鸟名"，有十几种不同的鸟名称，由此可以证明东方少昊氏族集团以鸟为图腾，该集团并且包括有许多不同鸟名称的分支氏族。同时考古也证明，以今天泰山为中心的大汶口文化区，正是史前以鸟为图腾的少昊氏族集团的分布区；而流口如鸟喙、通体美似鸟形的三足陶鬶，也正是5000余年前山东、苏北地区大汶口文化的特有器物。

然则基础于以上两点，很多学者指出：商族与东方少昊氏族集团具有族源关系，商族的原始氏族最早应当是少昊氏鸟图腾集团的分支氏族。少昊氏族集团聚居的中心区域既在今山东曲阜一带[2]，商族聚居之地也应当在此范围内或相去不远，而"契居蕃"正好符合这一条件。这样，我们推定商族名形成的地域在今鲁西南地区，是可以说得通的。

商从族名进而上升为"有天下之号"即国号，则是从汤开始的。汤，原名履、天乙，甲骨卜辞中称为太乙、高祖乙。汤经过十一战而灭夏后，又称武汤、成汤或成唐。汤灭夏，定"有天下之号"为商。商国号的确立，一来彰显了商族的功绩，突出了商已经成为统治民族的地位；二来由于商来源于凤，而"凤，神鸟也"，所以定商为国号，也不仅只是族名的推衍，还有神化其政权的意味，这也应当是汤定国号为商时考虑到的更深一层的含义。

顺带可以提及，自商朝以降，凤这种虚构的灵异之鸟，形象越来越神奇，象征意义也越来越丰富。如《山海经·南次三经》描述道："有鸟焉，

---

[1] 王国维：《说自契至于成汤八迁》，收入所著《观堂集林》卷一二，中华书局，1959年版。
[2]《左传·定公四年》："因商、奄之民，命以伯禽，而封于少皞之虚。"西晋杜预注："少皞虚，曲阜也，在鲁城内。"

其状如鸡,五采而文,名曰凤皇,首文曰德,翼文曰义,背文曰礼,膺文曰仁,腹文曰信。是鸟也,饮食自然,自歌自舞,见则天下安宁";又《说文解字》:"凤,神鸟也。天老曰:'凤之像也,鸿前麐后,蛇颈鱼尾,鹳颡鸳思,龙文龟背,燕颔鸡喙,五色备举。出于东方君子之国,翱翔四海之外,过昆仑,饮砥柱,濯羽弱水,莫[暮]宿风穴,见则天下大安宁。'"这样的神奇形象与丰富象征,与上章所说作为夏国号来源的、餐风饮露、居高鸣远的蝉,已经颇为近似了。当然,汤建国时,凤的形象与象征应当还不至于此,但凤已非现实的鸟类,却仍是可以肯定的。

第三节 "商之国号,本于地名"说的弱点

以上推论了由燕图腾而凤图腾、由凤图腾而商族名、由商族名而商国号的衍变过程。必须说明、无法回避的是有关商国号来源的另外一种被普遍接受的观点,即王国维在《说商》中所说的"商之国号,本于地名"。①

商所"本"的这个地名究竟在哪里,则历古及今,又是众说纷陈。其中影响较大的有以下三说:其一,《史记·殷本纪》刘宋裴骃《集解》引东汉郑玄:"商国在太华之阳",西晋皇甫谧《帝王世纪》具体到"上洛商",唐李泰《括地志》更明确为"商州东八十里商洛县",是为陕西商县说;其二,东汉班固《汉书·地理志》、西晋杜预注《左传》及撰《春秋释例》、唐张守节《史记正义》、宋罗泌《路史·国名纪》等,递相承袭,主张宋国即今河南商丘说,及至王国维撰《说商》,更是力证此说,而近现代学者多宗其意;其三,《史记·郑世家》刘宋裴骃《集解》引东汉贾逵称"商丘在漳南",又甲骨文中有一滴字,是水名,葛毅卿、杨树达、丁山、于省吾等释为漳②,邹

---

① 王国维:《说商》,收入所著《观堂集林》卷一二。
② 葛毅卿:《说滴》,《历史语言研究所集刊》第七本第四分,1939 年;杨树达:《释滴》,收入所著《积微居甲文说·卜辞琐记》,科学出版社,1954 年版;丁山:《洹、滴与商虚》,收入所著《商周史料考证》,龙门联合书局,1960 年版;于省吾:《甲骨文字释林》下卷《释㕥》,中华书局,1979 年版。

衡、孙淼、朱彦民等则认为此滴（漳河）为商族名或商国号所本。[①]

按以上各家地名说，相互驳难，虽然都有一定的依据，但也存在着共同的或各别的弱点。共同的弱点在于，先秦汉魏晋南北朝文献中所见的这众多"商"地名，无法被证明是商族名或商国号之源。《左传·文公十年》有楚国子西的商邑，《战国策·秦策》、《史记·商君列传》、《竹书纪年》、《汉书·地理志》有秦国卫鞅的封地商，《战国策·秦策》、《史记·楚世家》有商於之地，《史记·苏秦列传》、《帝王世纪》有商山，《左传·昭公元年》、《左传·襄公九年》有商丘，《世本》、《竹书纪年》、《帝王世纪》、《水经·瓠子河注》又有另一商丘。这些商字地名虽然都可以肯定为先秦地名，但要认它们是商名之源，却是困难重重。反之，如果把它们看作是商名之流，即当时或后来的人们因为商族的居住、迁徙，或商国的拓进、经略，或商朝的联系、影响而取的地名，则诸多的疑滞能够焕然冰释。其实，类似这样的情形，即地名随着人群的迁移而迁移、受到强势文化的辐射而出现，近现代还多见其例，况且地旷人稀、新地原来无名或少名的先秦三代？[②] 至于甲骨文中的"滴"，也应该是因为商（族号或国号）而得名的，因为从地名发展与演变的基本规律来看，只有专名而无通名者产生在先，专、通名兼备者产生在后。[③] "滴"是专名（商）、通名（即意符"氵"）兼备的，它的出现不可能早于"商"，以此，滴也是商名之流而非商名之源。又具体到陕西商县说，其根本的弱点在于，从考古文化看，子西商邑、卫鞅封商、商於之地、商山所在的今陕西省商洛地区，其古文化和商文化本不属于一个系统[④]，所以作为族名或国号的商，就更与它无缘了。

众多地名说的又一弱点在于，如果确实是因为契始封于商、所以称族名或国号为商的话，那么，自始祖契到汤建国总共八迁，如契居于蕃，

① 邹衡：《论汤都郑亳及其前后的迁徙》，收入所著《夏商周考古学论文集》，文物出版社，1980年版；孙淼：《夏商史稿》第六章第三节，文物出版社，1987年版；朱彦民：《"殷""商"名辨》。
② 胡阿祥：《从地名看民族迁徙的踪迹》，《江苏地名》1998年第3期。
③ 参考胡阿祥：《地名学概论》第三章，南京大学打印稿，1991年。
④ 详孙淼：《夏商史稿》第六章第三节。

昭明居于砥石,那为什么不名族、号国为蕃、为砥石呢?

"商"的族名与国号"本于地名"的观点,依据上述理由,是不能令人信服的。还有一种本来不值得一辨的观点认为,商族、商国所以名"商",是由于该族、该国之人善于经商做生意。实际恰恰相反,商业、经商的"商"得名于商族、商国,这就好比 china(瓷器)来源于 China(中国),而绝非坊间流传的 China(中国)来源于 china(瓷器)。讨论名号问题,一定要分清因果,颠因为果、本末倒置,那就闹笑话了。商代后期,随着社会经济的进步,商业逐渐发展起来;周灭商后,部分商的遗民为了生存,赶着牛车,从事贸易活动。正是因为以货币为中介的真正的商业行为出现于商代,失国后的商遗民又多从事贸易活动,沿袭下来,世人就把搞买卖、做生意的人统称为"商人",并称他们从事的这一职业为"商业"。[①] 再到后来,由搞买卖、做生意的"商",还引申出"商"有商量、商讨、商议等一大堆相关的意思。

第四节　说殷

上面曾提到与商纠葛不清的殷,是商的别号,是商朝以后的周人以及后世文献对商国的一种称法。那么,为什么会有这样的别号与如此的称法呢? 为免枝蔓,这里不去细说,仅表明笔者倾向性的观点如下:

(1) 殷起自夷。姜亮夫《殷商辩名》"结合古史、古文字、先秦古籍、东方民习等",论证"殷"是"夷"的繁体,而"夷"就是"所谓东方引弓之民","殷为后起字,夷为准初文","自其音论之,则殷复变如衣"。[②] 徐中舒《殷商史中的几个问题》指出:"周人称殷为夷。……衣、殷、夷读音相近,都是古方音的不同。"简而言之,周人泛称包括商在内的东方民族为夷,而

---

① 详孙淼:《夏商史稿》第八章第四节;朱彦民:《"殷""商"名辨》。
② 姜亮夫:《殷商辩名》,收入所著《古史学论文集》,上海古籍出版社,1996 年版。

特称商为衣,后为殷。①

（2）殷的称谓来自地名的说法,如郭沫若的衣（殷王畋猎之地,即沁水流域靠近怀的殷城）说,王国维的殷墟（即今河南安阳,盘庚以来殷的旧都）说,傅斯年、赵铁寒、日本学者宫崎市定的黄河下游或河北大地域说,邹衡的韦（今河南郑州境）说,杨宝成的安阳衣地说②,这些说法的弱点,与上节分析的"商之国号,本于地名"说类似,不及姜亮夫的夷殷之变说圆通。

（3）周灭商以后,周对商的称呼并不含有贬义,如周成王时器《何尊》铭文的"大邑商",周代文献《逸周书·祭公》的"大殷"、"大邦殷",与此同时,周人在文献中却自称"小邦周"、"小国",如《书·大诰》"天休于宁王,兴我小邦周",《书·多士》"肆尔多士,非我小国,敢弋殷命"。这就诚如杨升南所指出的,是周人巩固统治的一种策略,"以使商朝的旧贵族们在失掉政权后,在精神上得到某些满足,从而支持自己的统治"③。

（4）殷从实质上说,本是不贬不褒的称呼。郭沫若所谓"周人称商为衣、为殷,大约是出于敌忾"④,杨升南所谓"周人称商人为殷,……是一种尊称"⑤,都缺乏坚强的证据。而殷字具有美义,如《说文解字》"殷,作乐之

---

① 按照胡阿祥《正名中国:胡阿祥说国号》第三讲的通俗说法,可以这样理解:"夷由弓、大两个字组成,大就是人,像人伸着胳膊,又开双脚的样子,弓是弓箭,所以'夷'就是东方善于引弓射箭的民族。商人起源于东方的黄河流域下游,又喜欢迁移,有些类似草原游牧民族,而游牧民族都是善于引弓射箭的,……换言之,后起的周朝是依据早先商人的特征与方位,而专称商朝为殷,泛称包括商人的东方民族为夷的。也就是说,殷并不是国号,商朝真正的国号还是商。"

② 郭沫若:《奴隶制时代》"二、殷代是奴隶制";郭沫若:《卜辞通纂》"序",收入《郭沫若全集·考古编》第二卷,科学出版社,1983版。王国维:《说殷》,收入所著《观堂集林》卷一二。傅斯年:《夷夏东西说》,《历史语言研究所集刊》外编第一种《庆祝蔡元培先生六十五岁论文集》下册,1933年。赵铁寒:《说殷商及成汤以后之五迁》,《大陆杂志》第10卷第8期,1973年。宫崎市定:《中国古代的城市国家与它的墓地》及《补遗》,《东洋史研究》1970年第4期、1971年第2、3期。邹衡:《夏文化分布区域内有关夏人传说的地望考》,收入所著《夏商周考古学论文集》。杨宝成:《殷墟为殷都辩》,《殷都学刊》1990年第4期。

③ 杨升南:《商代称"殷"的由来》,《历史知识》1982年第1期。

④ 郭沫若:《奴隶制时代》"二、殷代是奴隶制"。

⑤ 杨升南:《商代称"殷"的由来》。

盛称殷",清段玉裁注:"引申之为凡盛之称,又引申之为大也,又引申之为众也,又引申之为正也、中也",等等,皆为后世的解释,并非殷字初义。再者,殷作为"国号"被归入美号的行列,如《白虎通德论·号》"夏者,大也,明当守持大道,殷者,中也,明当为中和之道也",忽必烈至元八年(1271年)《建国号诏》"驯至禹兴而汤造,互名夏大以殷中",也都属于"违其正实,失其初意"[①]的后起之说。然则殷字的具有美义,殷号的属于美号,与上章所论夏为国号后产生的诸多美好的引申义一样,也是彼此仿佛。

(5)称商称殷,虽然在后世极为混乱随意,但有两事值得注意:其一,孔子为商人后裔,而孔子专用殷、自称殷人,这应该缘于孔子觉得殷的引申义较商更加美好、更有"文化"的味道;其二,在特讲"文化"的赵宋一代,大体改殷称商,这不仅有着显然的避讳原因,还与赵匡胤起自宋地、国家居火德之运等隐然因素有关[②],所以赵宋称呼三代之商,用其本号"商",而基本不用其别号"殷"。(见图2-1)

(6)既然商是本号、自称,殷是别号、他称,那么按照"名从主人"的通例,《史记·殷本纪》应当订正为《商本纪》,而盘庚以后商的故都,即《史记·项羽本纪》的"殷虚"、今天考古学上鼎鼎大名的河南安阳小屯村的"殷墟",也就应当改称"商虚"、"商墟"。[③]"商虚"、"商墟"理应成为后世对于商朝之都的正式称谓。

---

① 王充:《论衡·正说》。
② 参考本书第十五章的讨论。
③ 参考徐中舒:《殷商民族及殷王世系》,收入所著《先秦史论稿》,巴蜀书社,1992年版。按墟,也作虚,是对帝王之都的一种称谓。

第三章 周：重农的特征

公元前 1046 年或其前后,姬发(谥号周武王)伐纣灭商[①],中国历史上的第三个中原王朝——周,从此建立。周朝共历 32 代 37 王,近 800 年:前 841 年,为司马迁《史记·十二诸侯年表》的开端,即所谓的"共和"元年,中国史从此有了确切纪年;前 771 年,周太子宜臼的外祖父申侯,引犬戎攻杀周幽王宫湦于骊山下,诸侯立太子宜臼,是为平王,次年周平王东迁雒邑(今河南洛阳)。后世以平王东迁以前的 11 代 12 王为"西周",以后的 21 代 25 王为"东周"。西周时王室强大,周天子于名于实,都是天下的共主;及至东周,王室逐渐衰微,诸侯专政,周天子但居共主的虚名。公元前 315 年,周慎靓王定崩,子延立,即周赧王。前 256 年,秦灭西周[②],周朝最后一位天子周赧王也驾崩,于是周朝灭亡。

---

① 关于姬发伐纣灭商的年份,两千多年来,至少有 44 种结论,早者如公元前 1130 年,晚者如前 1018 年,又常见者如公元前 1122 年、前 1066 年、前 1057 年、前 1027 年。最新的"夏商周断代工程","推求克商年的主要途径,一是通过关键性考古遗址的[14]C 测年、甲骨文日月食以及文献记载的综合研究,缩小武王克商年的范围;二是在以上范围内,通过金文的排谱和对武王克商的天文学推算,寻找克商的可能年代,最后加以整合,选定最佳年代",而最后选定的"最佳年代"、"武王克商的首选之年",为公元前 1046 年。参考夏商周断代工程专家组:《夏商周断代工程 1996—2000 年阶段成果报告·简本》"三、武王克商年的研究",世界图书出版公司北京公司,2000 年版。
② 此"西周"为战国时的小国,起于周考王嵬以封弟揭。

《汉书·地理志》因称:"周于三代最为长久,八百余年至于赧王,乃为秦所兼。"①

然则回溯先周即周朝建立以前的历史,也同样悠久。依据传统史籍的记载,按照不同的迁居地,学者们把先周历史分成了四个阶段:

第一阶段自姜原生弃至不窋。弃是周人的始祖,周人认为他是开始种稷的人,号后稷,姬姓。相传舜封弃于邰。其后代世为后稷,直到不窋。邰的地望,汉代以后的学者都说在今陕西武功县。

第二阶段自不窋至公刘共历三世。不窋因为逃避夏乱而奔戎狄之间,所奔之地,后世方志皆称在今甘肃庆阳市一带。

第三阶段自公刘迁豳至古公亶父共历十世。豳地在今陕西彬县、旬邑县一带,各种史籍几乎没有异辞。

第四阶段自古公亶父迁居岐下至武王灭纣共历四世。岐即岐山,主峰在今陕西岐山县东北,岐山之下(南)即周原。

据此,先周历史竟也在千年左右!只是夏商之时,周人还默默无闻,我们看不到他们在这段时期留下的成文史,所以司马迁《史记·周本纪》对于武王伐纣以后的历史言之凿凿,对此以前的记载却扑朔迷离,尤其不窋以前,更是事迹渺茫,如《史记·周本纪》以不窋为弃之子,唐司马贞《史记索隐》即质疑道:"若以不窋亲弃之子,至文王千余岁唯十四代,实亦不合事情";又《史记·周本纪》对于"周"名的来源,未置一词,"周后稷,名弃"唐张守节《史记正义》说:"因太王所居周原,因号曰周",古公"止于岐下"南朝刘宋裴骃《史记集解》也说:"徐广曰'山在扶风美阳西北,其南有周原',骃案皇甫谧云'邑于周地,故始改国曰周'",云云。然则"周"的名称,果真始于古公亶父、而得自周原吗?

---

① 姑以公元前 1046 年起,则到前 256 年止,合计 791 年。

第一节　甲金文"周"字及其引申义[①]

在殷墟甲骨文中，分散于卜辞各处的"周"字，写法可以分为两种。第一种写法为囲、囲、囲、囲、囲等，简体作囲等；第二种写法为囲、囲、囲等。[②] 大多数学者对这两种写法的"周"字不加区别，都解释为像田中种禾之形；雒江生《秦国名考》则明察秋毫地指出："核其本形，后者固为田中种禾之形，而前者田缘伸展不束，当为田野种禾之形。所以'周'字的本义当为'田野种禾'，也为'田间种禾'，表示'田野'的写法是正体，表示'田间'的写法为别体，构形虽异，义实相成，是一个字的两种写法。"

"周"字的金文写法也可分为两种。第一种为囲、囲、囲等，简体作囲、囲等；第二种为囲、囲、囲、囲等，简体作囲、囲、囲、囲、囲等。[③] 第一种写法与殷墟甲骨文相同，象田野、田间种禾之形；第二种写法加"口"，或以为是第一种写法的孳乳字，即田野、田间种禾养口之意，或以为加"口"表示"国家政令所从出"。按前种说法未失本义，是正确的，后种说法则是周的后起义而非初义。

"周"字的本义为田野种禾，也为田间种禾；因为种禾可以养口，又孳乳出从口的周字。[④] 这在周原甲骨中也有反映。[⑤] 周原甲骨文中的周字，或者不从口，写作囲、囲、囲、囲等形，或者从口，写作囲、囲等形[⑥]，而这正大

[①] 雒江生《秦国名考》(《文史》第38辑，1994年)对此作了很好的阐释。本节主要参考该文，并稍补充一些资料。

[②] 中国科学院考古研究所：《甲骨文编》卷二，中华书局，1965年版。

[③] 容庚《金文编》卷二，科学出版社，1959年版。

[④] 胡阿祥《正名中国：胡阿祥说国号》(中华书局，2013年版)第四讲指出："文字发展的规律，是从具象到抽象，从繁琐到简约，从随意到规范，这样，周字应该经历了田野种禾、田间种禾、田野田间种禾养口三个阶段。那纵横的线条，是界划分明的阡陌的象形；那阡陌之间的四个点点，是作物的写意。通俗些说，周就是在田里种植庄稼、糊口养命的意思。"

[⑤] 所谓周原甲骨，指的是20世纪七八十年代，在今陕西省岐山、扶风两县交界处的周原遗址内，发现的一批周人的甲骨文资料。这批资料，时代从文王到武、成、康、昭、穆，内容则涉及了周朝建立前后的历史。

[⑥] 此据王宇信：《西周甲骨探论》第六章，中国社会科学出版社，1984年版。

体对应着上述殷墟甲骨文第一种写法的简体及金文第二种写法的简体。

"周"字从口,表示的是种禾养口的意思。自古以来,民(口)以食(禾)为天,而食取自田(周)①,于是由种禾养口的本义引申,"周"字的意义也逐渐繁复起来。《诗·大雅·云汉》"靡人不周"西汉毛亨解释说:"周,救也",东汉郑玄更补充道:"周当作赒,王以诸臣困于食,人人赒给之。"又《礼记·月令》"周天下"郑玄注:"周,谓给不足也。"如此,周有"赒给"的意思,字或作赒,周、赒为古今字。由赒给即周济之义再引申,周又有了"周密"、"周遍"、"周匝"等义,如《说文解字》中释周为密,《广雅·释诂》中释周为遍,《小尔雅·广言》中释周为匝,等等。

第二节　以引申义说周国号的五种说法

"周"的字义既一再引申,于是其本义逐渐隐晦了起来;及至后来,解说周族名或周国号者,遂多依据后起的引申义立说。这里列述并批评道德周密、岐山四周、周原、氏、舟五种说法如下。

(1)道德周密说

东汉章帝时代代表官方权威解释的《白虎通德论·号》以为:"夏、殷、周者,有天下之大号也。……周者,至也,密也,道德周密,无所不至也。何以知即政立号也?《诗》云:'命此文王,于周于京',此改号为周,易邑为京也。《春秋传》曰'王者受命而王,必择天下之美号以自号也'。"

按"文王"指的是周武王姬发之父姬昌。姬昌首丌革商大业,为周朝的创建立下了汗马功劳;但姬昌在世时,大业未竟,没有文王之号,当然也没有天下之大号"周",关于这一点,《史记·周本纪》唐张守节《正义》辨之甚明:

---

① 胡阿祥《正名中国:胡阿祥说国号》第四讲:"《汉书·郦食其传》里说的'王者以民为天,而民以食为天',也就是国家以民众为根本、民众以粮食为根本,都是颠扑不破的真理。民以食为天,食从何来?除了狩猎、游牧、捕鱼获得的动物性食物外,主要还是通过农耕而收获的植物性食物。所以,开垦土地、种植庄稼、收获谷物、养育百姓,就是'周'字的本义与最初的引申义!"

《易纬》云:"文王受命,改正朔,布王号于天下。"郑玄信而用之,言文王称王,已改正朔布王号矣。按天无二日,土无二王,岂殷纣尚存而周称王哉?若文王自称王改正朔,则是功业成矣,武王何复得云大勋未集,欲卒父业也?《礼记·大传》云:"牧之野武王成大事而退,追王太王亶父、王季历、文王昌。"据此文乃是追王而王,何得文王自称王改正朔也?

又儒家正统思想的"受命王者必择天下美号"①、并以之解释周为"道德周密,无所不至",东汉学者王充即予以反驳,《论衡·正说》指出:

禹由夏而起,汤因殷而兴,武王阶周而伐,皆本所兴昌之地。……说《尚书》谓之有天下之代号唐、虞、夏、殷、周者,功德之名,盛隆之意也。……夏者大也,殷者中也,周者至也。……禹承二帝之业,使道尚荡荡,民无能名;殷则道得中;周武则功德无不至。其立义美也,其褒五家大矣,然而违其正实,失其初意。唐、虞、夏、殷、周,犹秦之为秦,汉之为汉。秦起于秦,汉兴于汉中,故曰犹秦、汉。

王充的驳难,是对当时正统思想的大胆怀疑;王充"本所兴昌之地"而立号的说法,虽然也存在着诸多问题,但他认为周不作"至也"、"功德无不至"解,则是正确的。

(2) 岐山四周说

东汉末年名士刘熙撰《释名》,在《释州国》中,刘熙以为"周"源于地理形势:"周地在岐山之南,其山四周也。"清王先谦《释名疏证补》称长洲吴氏所刊顾千里校本作"周,周也,地在岐山之南,其山四周也"。

按刘熙的说法颇难理解。如果理解为岐山本身四周②,即岐山四方

---

① 具体阐说详《白虎通德论·号》。
② 周如《说文解字》作密解;密,《说文解字》"山如堂者",清段玉裁注:"土部曰:堂,殿也,《(尔雅)释山》曰:山如堂者,密。……按密主谓山,假为精密字。"

而高、细密紧合、形势如堂,则与"其山两岐,因名"①即双峰并起、中间断开的形势不合;如果理解为岐山四周②"周原",则周原本是北倚岐山,无所谓被岐山环绕的事实。又清叶德炯试图从另外的角度再来解释这让人莫名其妙的"其山四周":

> 《汉书·地理志》:"周地,柳、七星、张之分野也,今之河南雒阳、谷成、平阴、偃师、巩、缑氏,是其分也。"……左距嵩山,右辖二崤,前枕首阳,后趾空同,故云"其山四周"。"地在岐山之南",谓都会建于岐山之南,非谓岐山四周也;知其然者,《(汉书地理)志》又云:"封畿东西长而南北短,短长相覆为千里",则岐山不能四周明矣。③

虽然叶德炯用心良苦,但以西周封畿千里证明"岐山不能四周",既属理解偏差所造成的无谓,而以诸侯侵夺、"其分地小"的东周天子的"周地"④,强行解释"其山四周",更是截然不能成立。盖封畿千里为周公东征、营建雒邑以后的事情,《汉书·地理志》所谓"周地"则是东周的情况,与《释名·释州国》解说的"周"名所自并无关涉。至于叶德炯"'地在岐山之南',谓都会建于岐山之南",则涉及了先周的一段重要史实,说者并且大多以为这段史实与周族名或周国号有关。

---

① 田惟均修、白岫云纂《重修岐山县志·沿革》:"岐山自古公亶父去邠踰梁,率西水浒,居于其下,即今之箭括山,俗呼为箭括岭,其山两岐,因名。"按箭括岭实为岐山山脉中较高的峰峦。
② 周如《小尔雅·广言》作匝即环绕解。
③ 王先谦《释名疏证补》卷二引。
④ 详《汉书·地理志》。

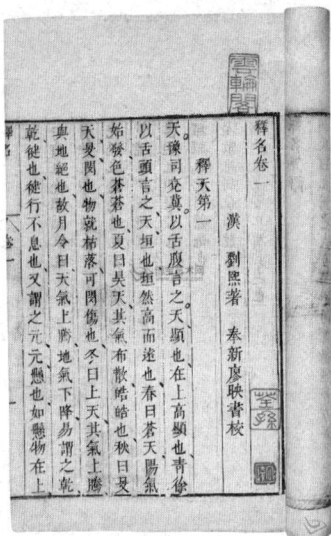

解释天地万物名称的
东汉刘熙所撰《释名》书影

（3）周原说

前引《论衡·正说》以为："周者,土地之名","武王阶周而伐,皆本所兴昌之地,重本不忘始,故以为号"。王充没有指出作为"土地之名"的周究竟为何地,而由"阶周而伐"一语,则"周"可以理解为姬昌（周文王,为武王之父）所都的丰邑（今陕西西安市沣河西岸）,也可以理解为武王曾祖古公亶父所迁的周原。及至西晋,皇甫谧所撰《帝王世纪》说:"《诗》称'率西水浒,至于岐下',南有周原,故始改号曰周",即周起自古公亶父迁居岐下周原;唐张守节《史记·周本纪·正义》更直言:"因太王所居周原,因号曰周。"

周因为周原而得名,是旧时极为流行的一种说法,迄今仍为部分学者所宗,有的学者还进一步解释了"周原得名的来历",如郑慧生认为周原之名是由于"原高而平,周边完整相合"①,而据史念海的考证,当时的周原"屹然矗立,高平辽廓",的确"与周围地区界线分明";②又陈全方指出周"字形当源于周原原地的象形"③。但持反对意见者也颇多,如宋罗苹注《路史·国名纪》就说:"或谓太公徙岐下之周原,号国曰周,非。"今人刘起釪指出:"其说不可信。应该是周族形成后,周族所居'高平曰原'之地才被称为周原"④;王子今赞同道:"'周'之定名非因所居'周原',相反'周原'乃因'周'族定居得名,所论确当。"⑤田昌五也认为:"周字在甲骨文中作田中长禾黍貌,其下或加口字,意为种田之人。晋人皇甫谧说太王迁岐阳之周原而改国号曰周,说明他已不了解周字的原意了。所以,他的说法是不可信的。"⑥

按周原说的弱点,与上章所论"商之国号,本于地名"说的弱点相似,

① 郑慧生:《"不周山为岐山"说》,《人文杂志》1993 年第 2 期。

② 史念海:《周原的变迁》,收入所著《河山集》第二集,三联书店,1981 年版。

③ 陈全方:《周原的来历与我国最早的京城》,《文博》1991 年第 4 期。

④ 刘起釪:《姬姜与氐羌的渊源关系》,收入田昌五主编:《华夏文明》第二集,北京大学出版社,1990 年版。

⑤ 王子今:《说"周"、"舟"通义兼论周人经营的早期航运》,《西北史地》1992 年第 4 期。

⑥ 田昌五:《对周灭商前所处社会发展阶段的估计》,收入田昌五主编:《华夏文明》第二集。

这里不再细述；值得注意的是，刘起釪、王子今在否定周原说的同时，又各自作出了新的推论。

(4) 氏说

刘起釪《姬姜与氐姜的渊源关系》略谓：从周的语源上考虑，从"周"之字，如凋、雕、鹏、琱、彫等，无一不读端纽开口四等，和"氐"声纽全同；又倜读透纽，调读定纽，也都是开口四等，只是因为舌头音全清的端纽同类相转为次清音及浊音，并由发声转为送声，所以原来也读端纽。"周"作为语根，本来必读端纽无疑；后来读成照纽，是古本声舌头变声为舌上的缘故。至于韵部，古周字必读同凋、调，为萧部，而萧部显然是由氐的古韵微部旁转来的。合此声、韵以观，周的古音渊源于氐，周字即是氐字的后起字。刘起釪据此认为："此族因数百年来一直是氐羌中的一个种落，来居岐下后说到自己部族时仍称为氐，但由于语音发生变化，形成了新的方言，就把'氐'念成了'周'。"

今按"周"原出于"氐"的说法，还有待进一步论证。因为按照阴阳对转的学说，七绕八拐以后，古音几乎无不可通，而且双声、迭韵、同音等等情况下，某字往往可以转成好几个字，于是研究者见仁见智地加以择取，往往得出不同的甚至对立的结论。所以运用阴阳对转一类学说证史释地，必须更求形、义两方面的证据，古音通转只能作为旁证或辅证。刘起釪的说法也是如此，因为其存在着诸多的或然性，而不能令人信服，如饶宗颐就认为，刘起釪"谓周出于氐，以周、氐二字音同纽，余无他证，似不可信"[1]。退一步讲，即便周的古音渊源于氐，周族是由氐羌中的一个种落分化发展来的，也不能说因语音变化、新的方言的形成，而将本来的族名"氐"念成了"周"。族名不是小事，原称氐而念成周，即以周为族名，这是不合情理的。

(5) 舟说

王子今《说"周"、"舟"通义兼论周人经营的早期航运》认为：其一，两

---

[1] 饶宗颐：《谈西周文化发源地问题——与许倬云教授书》，收入许倬云：《西周史》第二章，三联书店，1994 年版。

汉以前古籍中往往可见"周"、"舟"相通之例,又可见"周人"与"舟人"相通之例;其二,这暗示了周族开发早期航运的成就可能领先于其他部族;其三,由此可以得出"周"源起于"舟"的推论,如周流、周游,初义与舟船漂泊有关,周旋、周匝,取义舟船的旋回,周密、周固的释义,起初也与造船务必密致防水的要求有关,而甲骨文、金文"周"字与"舟"字中的纵横笔,可能正象征着舟船中的横梁或舱隔,"周"的本字,或者可以理解为两舟相并,即方舟(连体船)的象形;其四,"在戎狄之间"的周族因为表现其文化特色的交通形式,得到了"舟—周"、"舟人—周人"的称号。

今按与"舟"通义的"周",据上文的考说,为周的引申义而非初始义;周、舟字形,在殷墟甲骨文及商周金文中则绝不相通(周原甲骨不见舟字)。① 王子今也承认,周族经济形态是以农耕为主体的。因此,如果说周的称号是得自文化特色的话,"在戎狄之间"的周族与戎狄之间突出的文化差异,实为农耕与畜牧的差异,而不在浮船上下与纵马驰骋②,经济形态与交通形式,孰重孰轻,不言自明。然则周的称号如果确实得自文化特色,那么极有可能是得自农耕经济,而事实也正是如此!

第三节　从族名、国号到"有天下之号"

周是族名与国号,这是没有疑问的;有问题的是,为什么要以周作为族名与国号? 周是什么时候成为族名进而成为国号的? 周作为族名与国号,意义又何在?

解答以上这些问题,认识周字的本义是其中的关键;而认识周字的本义,当然还是要以甲骨文、金文为依据。

在甲骨文、金文中,简体以外的周,如上所述,都与田野、田间种禾有关。持这种看法的现代古文字学者及历史学家为数颇众,如余永梁:"金

① 殷墟甲骨文、商周金文中的"舟"字,见中国科学院考古研究所:《甲骨文编》卷八;容庚:《金文编》卷八。
② 其实舟船交通究竟能在多大程度上代表周人的文化特色,也有疑问。

文周字作▦从田中出米";郭沫若:"周字多作▦,象田中有种植之形";齐思和:"甲骨文和周金文,周俱作▦,像田畴之形";周法高:"▦盖即《诗·大雅·绵》'周原膴膴'之本字","造字象田中有种植之物以表之。纵横者,阡陌之象也";谭戒甫:周,"金文亦写作▦,象田中有禾形";徐中舒:"金文周作▦,从▦即象界划分明的农田,其中小点正象田中禾稼之形。"①

周与田畴、种植有关,作为周字本义的确诂,应该肯定无疑。那么周是什么时候成为族名的呢? 据西晋皇甫谧《帝王世纪》及为《史记·周本纪》作注的南朝刘宋裴骃《集解》、唐朝张守节《正义》,都以为"周"始自古公亶父(周太王)之迁周原;换言之,在古公亶父以前,此族还不名周。但是这种看法在殷墟甲骨文重新发现后被学者们推翻了,因为从甲骨卜辞中看,早在古公亶父以前的商王武丁时期,已经出现了"周"族之名,如武丁时卜辞有"己卯卜,充贞:令多子族从犬侯璞周",又《竹书纪年》:"殷武乙二十一年,周公亶父薨",而武丁(约公元前 1250 年—前 1192 年在位)凡五传方至武乙(约公元前 1147—前 1113 年在位)。② 这样,皇甫谧等人的说法就不足为据了。

然则与田畴、种植有关的周,到底是何时、为何成为族名、国号以及"有天下之号"的,按照"循名以责实"的思路、"制名以指实"的原则,应当显示了周人与农业的密切关系;而从周人的发展历史看,农耕也确实是支撑周人成长、壮大乃至克商的最重要生产方式。

(1)农神后稷

大凡一个民族的始祖,往往有着神秘离奇的身世传说,周人始祖弃

---

① 余永梁:《易卦爻辞的时代及其作者》,《历史语言研究所集刊》第一册第一部分,1928 年;郭沫若:《卜辞通纂》,首刊于东京文求堂,1933 年,收入《郭沫若全集·考古编》第二卷,科学出版社,1983 版;齐思和:《毛诗谷名考》,《燕京学报》第 36 期,1949 年;周法高:《金文零释》,《历史语言研究所专刊》之三十四,1951 年;谭戒甫:《先周族与周族的迁徙及其社会发展》,《文史》第 6 辑,1979 年;徐中舒:《周王朝的兴起》,收入所著《先秦史论稿》,巴蜀书社,1992年版。

② 武丁、武乙纪年,据夏商周断代工程专家组:《夏商周断代工程 1996—2000 年阶段成果报告·简本》"小结"之"夏商周年表"。

的出生同样如此。《史记·周本纪》记载:

> 周后稷,名弃。其母有邰氏女,曰姜原。姜原为帝喾元妃。姜原出野,见巨人迹,心忻然说,欲践之,践之而身动如孕者。居期而生子,以为不祥,弃之隘巷,马牛过者皆辟不践;徙置之林中,适会山林多人,迁之;而弃渠中冰上,飞鸟以其翼覆荐之。姜原以为神,遂收养长之。初欲弃之,因名曰弃。

按姜原践踏巨人足迹而怀孕生子,与简狄吞食玄鸟蛋而生下商族始祖契、脩己采食薏米而剖腹产下夏族始祖禹的传说,非常接近,应该都是孩子只知其母、不知其父的母系氏族社会的反映。可以认为,正是在夏族的禹、商族的契的时代,夏、商部落开始转变为以男性为中心的父系氏族社会。同样,弃所处的时代,此族也经历了类似的变化。如随着农业、畜牧业的不断发展,对偶婚的固定,母系氏族制已经自然地让位于父系氏族制,而弃正是该族父权制的第一人:弃姬姓,与母亲姜姓不同;又自弃以后,此族开始实行了实际的传子制度。以此,后世周人奉弃为始祖。

身为诞育一个民族的始祖,周族名的产生也极有可能始于弃时,谭戒甫即指出:"周族名号,自从后稷开始。"[1]谭戒甫所谓"后稷",指的就是弃。

弃即后稷,也是以周名族的更直接原因。按稷就是谷子(去皮则是小米),盛产于西北,齐思和《毛诗谷名考》指出:"黍和稷是古代主要的食粮。……黍比稷好吃,但是黍子每亩的收获量远较稷为低,所以比稷价略贵,因之黍是贵族平常的食品,一般平民以稷为饭,若在丰年则平民也可以吃黍饭了。"至于稷的艺植,应该就开始并普及于本是西北民族的周民族,具体来说,可能就是弃。大概又因为在稷的培育、选种、丰产过程中,弃作出了最大的贡献,所以弃被族人尊称为"后稷"(意即稷王),后来周人又以社稷(社代表土地,稷引申为庄稼或粮食的总称)为国家的象

---

[1] 谭戒甫:《先周族与周族的迁徙及其社会发展》。

征。凡此，都可见出弃与稷以及周民族与弃、稷关系的密切；齐思和《毛诗谷名考》甚至指出，"稷是谷名，而周人以为始祖，稷大概是周人的图腾"，这是很有道理的。正是因为弃的艺植稷及其技术的先进，周人自信他们的始祖弃即后稷是农神，是农业的发明者；又正是靠着相对发达、为其特征的农业，周民族因此著名，并且因此而逐渐富强起来。（见图 3 - 1）

回过头来再看甲骨文、金文的周字，我们可以认为，那田野或田间的种植之物，在弃时或稍后的造字之初，应当特指的就是稷；又稷如果确实是该族图腾，那么囲便是该族的徽号、标志和象征，而周族名即因此得来。

需要指出的是，随着农业技术的进步，农作物品种也在不断丰富中，囲到后来，其中的小点已经不仅限于稷了。周人"尊祖"的《诗·大雅·生民》歌咏"推以配天"的后稷曰：

> 诞实匍匐，克岐克嶷，以就口食。艺之荏菽，荏菽旆旆，禾役穟穟，麻麦幪幪，瓜瓞唪唪。诞后稷之穑，有相之道，茀厥丰草，种之黄茂。实方实苞，实种实褎，实发实秀，实坚实好，实颖实栗，即有邰家室。诞降嘉种，维秬维秠，维穈维芑。恒之秬秠，是获是亩，恒之穈芑，是任是负，以归肇祀。……后稷肇祀，庶无罪悔，以迄于今。

这首诗绘声绘色地描述了当弃两三岁时，就有知识与口食之欲，并且自小便喜欢栽种大豆、谷子（稷是最普遍最著名的一种谷子）、苴麻、牟麦（即大麦）、瓜瓞（瓞为小瓜）等等植物；在种植技术上，先锄去丰草，再播下种子，收成很好；后来娶有邰氏女而成家室。大概是在邰地，弃首先艺植了黑黍、秠（一个谷壳中含有两个米粒的黑黍变种）、赤粱、白粱，这些嘉种，弃认为是上帝赐予的，就举行郊天大礼；而弃的后人传承弃的事业，没有犯过错误。（见图 3 - 2）

通过《诗·大雅·生民》所咏，结合弃的后代世为后稷、直到不窋的事实，可知周人自始祖弃以来，就是一个重农的民族；这一民族驯化艺植的作物品种,不仅多有继承,更有新的发现,种植技术也大有进步。如此,这个主要经营农业、以农耕文化为特色的民族,把表征田畴、种植的周字作为族名,也就不难理解了。基础于此,我们可以认为,至迟是在不窋以前,在渭河中游土地肥沃的邰地,⊞即周已经成为族名,而⊞中的小点,则逐渐泛化为指驯化艺植的众多作物。

(2)周国初建

周由族名进而上升为国号,可以初步拟定在古公亶父时代,周国号出现的地域则在所谓的"周原"。这里依据《史记·周本纪》及《诗·大雅·公刘》、《诗·大雅·绵》、《诗·鲁颂·閟宫》等的记载,叙述古公亶父及其前后的相关史实如下。

约在公元前 16 世纪,因为受到游牧部落戎狄的影响,不窋时周人一度放弃了农业。到不窋的孙子公刘时,"复修后稷之业,务耕种,行地宜",所储者"乃积乃仓",农事规模宏大,物产丰饶,人口增殖,"周道之兴自此始",后稷时名重一方的农业传统也得以恢复与发展。公刘又九传至古公亶父,由于戎狄的侵逼[①],古公亶父被迫迁徙,"至于岐下"。岐下有原,《诗·大雅·绵》描述道:

> 周原膴膴,堇荼如饴,爰始爰谋,爰契我龟,曰止曰时,筑室于兹。乃慰乃止,乃左乃右,乃疆乃理,乃宣乃亩,自西徂东,周爰执事。乃召司空,乃召司徒,俾立室家。其绳则直,缩版以载,作庙翼翼。……乃立皋门,……乃立应门,……乃立冢土。

这是说岐下之原,"膴膴然肥美,其所生菜虽有性苦者,甘如饴也。"古公亶父于是卜问,并决计定居。在原上,周人画亩治堤,久已娴习的农业进一步发达;周人又筑室建城,作庙立社,设官分职,组织政府,初具规模的

---

① 齐思和《西周地理考》(收入所著《中国史探研》,中华书局,1981 年版):"按周人起源西陲,杂处戎、狄之间,独从事农业,物产丰饶。其左近戎、狄,尚在游牧时代,逐水草而居,迁徙无定,谋生不如农业区之易,享受不如农业区之丰,物资不如农业区之富,文化自亦不如农业区之高,故此犷野狂榛之游牧民族,常觊觎农业区之富庶,而思侵袭掳掠,据其财富为己有。"

文明国家的形态已然具备。如此,周族发展到这时,无疑已经建立了国家,而古公亶父后来也被追尊为太王,周人奉之为国家的奠基者。只是这时的周国(约当公元前12世纪),相对于商来说,地在西偏、位居邦属而已。

周族能够在岐下之原发展到立国,离不开岐下之原的自然条件。史念海描述当时的岐下之原(即周原,因周族迁居而得名)说:

> 它北倚崔嵬的岐山,南临滔滔的渭河,千河逶迤经过西侧,漆水河蜿蜒纵贯东西,包括凤翔、岐山、扶风、武功四县的大部分,兼有宝鸡、眉县、乾县、永寿四县的小部分,东西延袤七十余公里,南北宽达二十余公里,顺着渭河成为西北东南走向。
>
> 当时的周原由于侵蚀尚未显著,原面完整而少有破碎,河谷较浅,水源丰富,气候温和,植被茂盛,是一个适于农业经营的好地方。
>
> 在岐山县京当和扶风县黄堆、法门诸公社之间,发现了规模巨大的宗庙(官殿)建筑基址、制骨手工业作坊遗存和密集的墓葬区。充分证明这一带自早周时期起就为周人在周原居住的中心地区。①

又周原的位置,凭倚岐山,可以防御来自北方戎狄的侵扰;再向东南,便是商朝在西方的力量崇国(今陕西鄠邑区东北)、荡社(今陕西三原、兴平诸县市间)的地方。然则这样的广阔范围、自然条件与地理位置,是适宜于周族经营农业、积蓄力量的。那高耸的岐山,被周人恃为发达的标志;而周原的有名于世,也是从周人居住在这里开始的。正是在周原,周族所建的邦国"周"渐臻强盛,并且走上了"有天下"的征程,《诗·鲁颂·闷宫》云:

> 后稷之孙,实惟大(太)王,居岐之阳,实始翦商。

以周原雄厚的经济力量为基础,古公亶父领导周人开始了"翦商"的

---

① 史念海:《周原的变迁》;史念海:《周原的历史地理与周原考古》,收入所著《河山集》第三集,人民出版社,1988年版。

伟业。

(3) 周有天下

姬发灭商,定"有天下之号"曰周,于是周从国号扩大为"有天下之号";而农业在周族起源、发展、壮大乃至成为天下共主的过程中所起的作用,也因此得到了极致的表张。

周灭商的伟业,历经艰难险阻、曲折起伏,而最终完成于古公亶父的曾孙姬发。[1]

先是古公亶父的三子季历,"修古公遗道,笃于行义,诸侯顺之",又屡败戎人。商王武乙三十四年,季历朝商,继位的商王文丁则以季历为牧师[2],利用周人对付西方的戎狄。然而随着季历势力范围的不断扩展,商王文丁还是杀了季历,以除心头隐患。

季历卒后,其子姬昌继立,是为商朝的"西伯"。"西伯遵后稷、公刘之业,则古公、公季之法","诸侯皆向之",于是商王帝辛(纣)又囚禁西伯姬昌,幸赖周臣太颠、闳夭、散宜生等贡献美女名马,商纣遂释姬昌,而且"赐之弓矢斧钺,使西伯得征伐"。利用这一条件,姬昌击败戎人,攻灭密须、黎、邘、崇等国,更作丰邑,自岐下徙都于丰。相对于岐下,丰邑不仅便于周人向东的发展,而且丰邑周围川渠纵横、土地肥沃,自古号称膏腴之地,直到汉代,东方朔还称其地"有秔、稻、梨、栗、桑、麻、竹箭之饶,土宜姜、芋,水多蛙鱼,贫者得以人给家足,无饥寒之忧"[3]。至此,"周虽旧邦,其命维新",周的国力已经相当强大了,而且为最后的"翦商"事业做好了充分的准备。

姬昌在位50年去世,其子姬发继立。姬发十一年(一说十三年),"率戎车三百乘,虎贲三千人,甲士四万五千人,以东伐纣",又"诸侯兵会者车四千乘,陈师牧野"。牧野(今河南淇县西南)一战,乾坤倒转,商纣

---

[1] 以下略据《史记·周本纪》及《竹书纪年》、《诗》相关篇。
[2] 牧师相当于后来周朝的方伯,为一方诸侯之长。
[3] 《汉书·东方朔传》。

的军队前阵倒戈,纣王"自燔于火而死",商王国因此解体。① 姬昌宣告"膺更大命,革殷,受天明命",周王朝建立;而周也从此成为"有天下之号",历时近800年之久。

综上所述,因为弃驯化艺植了众多作物,弃的后代直到不窋以前,也都以重农为特征,𤲩即周由此成为这支民族的族名。公刘至古公亶父,农业继续有所发展;尤其古公亶父迁居岐下之原后,雄厚的农业经济实力奠定了王业的基础,建国名"周"而为商的邦属,就在此时。古公亶父以后又历三代,遂灭商而建立起"周"王朝。据此,周王朝建立之前的漫长历史,正是𤲩即田野、田间的禾稼作物不断丰富、农耕技术不断精进、土地不断垦辟的历史;以此为前提,周族的经济趋向繁荣、文化趋向昌盛、政治趋向完备、武力趋向强大,周逐渐由蕞尔小邦蔚为强盛大国,并最终成为天下之主;而以𤲩即周称其族名、国号乃至"有天下之号",以标志其特别善于农耕、特别重视农业的特征,可谓再也恰当不过了!

颇有意味的是,周王朝建立后,其所分封的诸侯国和附庸国,有些竟也沿用了宗主国"周"的成例,以称名立国,后来灭周的周的附庸国秦,便是如此。

---

① 牧野之战的决战日,据夏商周断代工程专家组《夏商周断代工程1996—2000年阶段成果报告·简本》"三、武王克商年的研究":"结合文献、考古信息以及天文条件的符合程度,选出克商日为公元前1046年1月20日。"当然,这种说法仍非定论。

第四章　秦：养马的草谷

公元前770年周平王东迁以后,进入后世习称的"东周"时期。东周时期的周王室,江河日下,势力远远比不上一些称雄争霸的诸侯。然而即便如此,周王室在名义上仍是天下共主,称雄争霸的诸侯仍然打着"尊王攘夷"的旗帜。如《史记·周本纪》周赧王四十五年(前270年),秦攻周,公子周㝮劝说秦昭襄王道:

> 为王计者不攻周。攻周,实不足以利,声畏天下。天下以声畏秦,必东合于齐。兵毕于周,合天下于齐,则秦不王矣。天下欲毕秦,劝王攻周。秦与天下毕,则令不行矣。

对此,唐张守节《正义》解释:"周天子之国,虽有重器名宝,土地狭少,不足利秦国。王若攻之,乃有攻天子之声,而令天下以攻天子之声畏秦,使诸侯归于齐,秦兵空毕于周,则秦不王矣。"虽然周㝮的这番说辞,全无天子之国的威风,不过周为名义上的天下共主,还是能够由此窥见一斑;当时的"中国",也仍以"周"为共名。

又过了14年,即周赧王五十九年(前256年),赧王崩,记述周朝历史的《史记·周本纪》于此作结,唐张守节《正义》云:"王赧卒后,天下无主三十五年,七雄并争。至秦始皇立,天下一统";北宋司马光主编的《资治通鉴》，其中的《周纪》同样结束于"是岁，赧王崩"，接着便是《秦纪》，开始于秦昭襄王五十二年（前255年），元胡三省《注》曰："西周既亡，天下莫适为主，《通鉴》以秦卒并天下，因以昭襄王系年。"

如此，历史的事实是：前256年周赧王崩后，前221年秦王政平灭六国之前，"七雄并争"，"中国"没有王朝一类的共名；前221年到前206年，则是秦朝的天下。

秦有天下，较之夏、商、周三代，可谓名至实归。盖夏王朝时，王畿区外，周围是方国和部族；商除了方国和部族外，已经开始分封诸侯；周灭商以及周公东征胜利后，更是大规模地实行分封制。夏以及分封制下的商、周，夏、商、周作为天下的共名，王畿区外，严格地说来，并不是名至实归的；至秦，"并兼四海，以为周制微弱，终为诸侯所丧，故不立尺寸之封，分天下为郡县"①，而且天下"书同文"，"车同轨"，"行同伦"，强制推行全面的大一统措施，从此，疆域所至，皆是皇帝一人的直属领土，秦国号也由此成为真正意义上的"中国"共名。

"秦"这一名实双归的"中国"共名，影响既深远，起源也甚早。按照《史记·秦本纪》的记载，周孝王分土给非子，使为"附庸"②，"邑之秦"，这是秦国最初的政治实体（国家），时当公元前9世纪初；③而后世学者大多据此认为：秦之为秦，得自地名"秦"。其实，依据甲骨文、金文材料以及《说文解字》的解释，秦国号起自地名秦的说法，与前面讨论的商、周国号本于地名的论点一样，也是本末倒置、难以成立的。

---

① 《汉书·地理志》。
② "附庸"者，周室分封的小国。《礼记·王制》："不合于天子，附于诸侯，曰附庸。"东汉郑玄注："不合谓不朝会也，小城曰附庸。"唐孔颖达疏："云不合不朝会也者，谓不得与诸侯集合朝会天子也，云小城曰附庸者，庸，城也，谓小国之城不能自通，以其国事附于大国，故曰附庸。"以此，"附庸"原意指小城，引申为指次于诸侯的小国及其封君。
③ 周孝王纪年，约为公元前891年至前886年。参考夏商周断代工程专家组：《夏商周断代工程1996—2000年阶段成果报告·简本》"小结"之"夏商周年表"，世界图书出版公司北京公司，2000年版。

第一节　"秦,禾名"①

秦国号的推源释意,核心问题仍然是要清楚秦字的本义。东汉许慎《说文解字·禾部·秦》:

> 伯益之后所封国。地宜禾,从禾,舂省。一曰秦,禾名。

清段玉裁注曰:"地宜禾者,说字形所以从禾从舂也。《(周礼)职方氏》曰:雍州谷宜黍稷;岂秦谷独宜禾与? ……此字不以舂禾会意为本义,以地名为本义者,通人所传如是也。(秦禾名)此别一义。"

这里有必要简单交代本书屡次引用的许慎的《说文解字》。许慎(约58年至约147年)撰述《说文解字》,最重要的学术背景是汉代经今古文之争。所谓"今文经",指汉代学者所传述的儒家经典,这些经典用当时通行的文字(隶书)记录,大都没有先秦的古文旧本,而由战国以来学者师徒父子传授,到汉代才一一写成定本;又"古文经",指秦以前用古文(战国时通行于六国的文字)书写、而由汉代学者加以训释的儒家经典。如所周知,自西汉武帝实行"罢黜百家、独尊儒术"的文化政策以来,表彰儒家经典,建立经学博士,士子们也是竞相学习儒学经书,以求通经干禄。然而今文经与古文经不仅字体相异,内容与解说也是颇多不同,这便引发了今文经与古文经之争。问题在于,这种争议不仅是学术层面上的,由于涉及到设立博士、以经治国等等方面,所以事关重大。许慎是属于古文经派的,他认为今文经派依据当时的隶书解释古时经典,牵强附会、学理欠缺,而古文既多歧异,也有识辨解释的必要。于是,许慎根据古文经、《史籀篇》、《仓颉篇》以及其他古书材料,穷毕生之力,写出了集古文经学训诂大成的《说文解字》。《说文解字》充实和完善了象形、指事、会意、形声、转注、假借的"六书"系统,建立起通过分析文字结构与读

---

① 本节略据雒江生《秦国名考》(《文史》第38辑,1994年)改写,并补充了一些资料。又下节于雒文精义也多有采用。

音以阐明造字本义的方法,从而相当程度上达到了使古籍解释能有客观依据的目标。另一方面,由于《说文解字》保存了丰富多样的古文字资料,也成为后人研究古代文史的利器。即如本书,前此对夏、商、周国号的讨论,这里对秦国号的解说,以及下章论证汉国号,都离不开《说文解字》这把关键的钥匙。

清段玉裁《说文解字注》书影

那么许慎《说文解字》以及段玉裁注有关"秦"字的上引说法,又当如何理解呢?从行文看,许慎以"伯益之后所封国"作为秦的第一义,但对于秦是新定之名抑或沿袭之称却语焉不详;段玉裁注虽然解释秦"以地名为本义",却又指出这是"通人所传"之义,显然也是留有余地、有所保留的语气。而结合许慎《说文解字·叙》所谓"博采通人,至于小大,信而有证,稽撰其说,……其于所不知,盖阙如也"的解说文字音、形、义的原则,则秦为"伯益之后所封国",采用的当是知识渊博的"通人"的说法,即当时知识界一般的说法,所以列为第一义;而"秦,禾名",大概是从民间得来的说法,故列为另一义。应该说,这两义都是"信而有证"的,因为如果没有根据,按照许慎的治学态度,那是宁肯"阙如"不写、也不凭空臆造的。只是秦的地名义、禾名义,究竟孰为本义呢?

仔细揣摩《说文解字》,既然秦字列在禾部,禾是表意的符号,可见"禾名"应该是秦字本义。后世学者也有意识到这一点的,如清朱骏声《说文通训定声》直接改《说文解字》原意为:"秦,禾名,从禾,从舂省,会意。籀文从秝。[假借]托名标识字。《说文》:秦,伯益之后所封国,地宜禾。"这样,"禾名"就成了秦的首义与本义了。今人王慎行《〈说文〉辨正举例》则补充了甲骨文与金文的材料,而说法与朱骏声略同:"'秦'为会意字,表示持杵春禾,是其造字本谊。后世遂借其音以表示秦国之'秦',久假而不归,其造字本义遂晦。"①又日本学者高田中周《古籀篇》也说:"以禾名为古训是,秦为禾名,必当在秦主立国之前,此非为国名而作造之字可识矣。"②

"秦,禾名"为秦字本义,在甲骨文与金文中也可以得到验证。秦字甲骨文一期写作,周中期金文写作;③《说文解字》所引古籀文字写作,小篆写作。比较以观,甲骨文、金文的秦字结构基本相同,当为秦字本形;古籀下部未变本形,而上部已有变异;小篆则因下部省形太甚,已经失去了初字特征。

分析甲骨文、金文秦字本形,从"秝"象禾苗密植丛生;"秝"上之""与"",均象朝天生长的禾穗;""是双手,表示用手收获。"秦"字本形的结构特征说明:秦是一种密植丛生的禾,它与其他禾的区别之一,在于种植方式的密植丛生。

对于秦字本义的上述认识,由得声于"秦"的同源字,同样能够获得印证。在上古汉语里,形声字的声符常有表意作用。而得声于"秦"的榛、蓁、溱、臻、辕、捺等字,本义不离"丛生"、"积聚"、"众聚"、"众多"一类,都与密植丛生之义相通,换言之,都与"秦"字的本义相通。这种字源关系说明,秦的确是一种密植丛生的禾。

秦这种密植丛生的禾,又是什么植物呢? 禾有两层意思,一通指一切成秀(秀,禾类植物开花的意思)的谷类,一专指某种谷类。作为专指,稷是最普遍、最著名的一种禾,古书中禾、稷不并举即是绝好的证明;而

---

① 王慎行:《〈说文〉辨正举例》,见黄德宽、常森《汉字阐释与文化传统》"附录二",中国科学技术大学出版社,1995 年版。
② 转引自雒江生《秦国名考》。
③ 高明:《古文字类编》,中华书局,1980 年版。

作为通指，齐思和指出："禾是谷子的大名，所以一切谷科的别种，字都从禾。据《说文》，其别种有稷、穋、秶、秦、私、秫、穄等"，又"因为禾是最主要的谷类，所以和禾相似的谷类如黍、稷、稻、穈、稉、秫等字皆从禾。而米、粟、糖、苗、稿、秸、秆、科、穰、秀、穗，原来本都指禾而言，后来推而应用到一般的谷类了"。① 以此，秦实际上就是一种谷类；这种谷类区别于其他谷类的特征，则在于密植丛生与谷穗朝天。（见图4-1）

这种密植丛生、谷穗朝天的秦，雒江生经过实地考察，用实物作参证，察明了其在后代的真相，就是现在民间叫做"草谷"的谷子：

> 这种谷子，在西北地区还有小量种植的。种植的方式与用途是，撒谷子下种，不间苗，也不锄草，让其密植丛生，到了秋天成熟后，不摘掉谷穗，连同谷草一起收割回来，铡成草节喂养耕畜。或者晒干储存到冬季，耕畜吃不上青草的时候，再铡碎饲养耕畜过冬。由于这种谷子是专为饲草而种的，所以叫"草谷"。或者叫"毛谷"，"毛谷"也就是"草谷"，"毛"与"草"同义。又因为它的谷穗长得细长，有些像猫尾，而"猫"与"毛"谐音，所以也叫"猫尾谷"。②

又草谷的禾苗丛生密挤，谷穗细长而轻，区别于"谷穗一般是下垂生长的"，这与"秦"的谷穗朝天向上生长的特征也是正相符合。（见图4-2）

"秦，禾名"的说法，据上所考，是能够成立了。接下来要讨论的是：作为禾名的秦，而且是不供人食、专为饲畜的秦，怎么成了国号？回想周族名、国号的得来，是因为周乃可供人类口食之需的禾稷，这似乎还不难理解；那么，秦这种与人类口食之需无关的草谷，为什么也能堂而皇之地成为国号呢？

---

① 齐思和：《毛诗谷名考》，《燕京学报》第36期，1949年。
② 查考相关资料，又可知"猫尾谷"现在的正式名称为猫尾草，别名梯牧草。这种牧草，习惯冷凉湿润的气候，高约1米左右，生长年限一般在6年到7年，也有长达10年到15年的。亩产量以青草算，在1600公斤到2500公斤。骡和马好食这种牧草，羊不能多吃，吃多了容易引起羊的食欲衰退。

第二节　非子以种秦养马得为附庸国

秦为禾名,又是国号,国号的秦来自禾名的秦,这联系着秦人立国的历史与秦人祖先传说。

秦人立国,始于非子为周室的附庸。《史记·秦本纪》记载:

> 非子居犬丘,好马及畜,善养息之。犬丘人言之周孝王,孝王召使主马于汧渭之间,马大蕃息。……于是孝王曰:"昔伯翳为舜主畜,畜多息,故有土,赐姓嬴。今其后世亦为朕息马,朕其分土为附庸。"邑之秦,使复续嬴氏祀,号曰秦嬴。

又《史记·秦本纪》保存的秦人祖先传说略云:

> 秦之先,帝颛顼之苗裔孙曰女脩。女脩织,玄鸟陨卵,女脩吞之,生子大业。大业取少典之子,曰女华。女华生大费,与禹平水土,有功,帝舜赐皂游,曰大费"后嗣将大出"。大费佐舜调驯鸟兽,鸟兽多驯服,是为伯翳,舜赐姓嬴氏。大费生子二人,一曰大廉,实鸟俗氏;二曰若木,实费氏。费氏玄孙费昌,当夏桀之时,去夏归商,为汤御。大廉玄孙曰孟戏、中衍,鸟身人言,为帝太戊御。

接下来,《史记·秦本纪》重点交代了中潏一支,因为秦人是从这支发展而来的。《史记·秦本纪》略云:

> (中衍)玄孙曰中潏,在西戎,保西垂。生蜚廉。蜚廉生恶来。蜚廉善走,恶来有力,父子俱以材力事殷纣,周武王之伐纣,并杀恶来。蜚廉复有子曰季胜,季胜生孟增,孟增幸于周成王,两传至造父,造父以善御幸于周穆王,得骥、温骊、骅駵、騄耳之驷,穆王以赵城封造父,造父族由此为赵氏。恶来革者,蜚廉子也,蚤死,有子曰女防,女防生旁皋,旁皋生太几,太几生大骆,大骆生非子,以造父之宠,皆蒙赵城,姓赵氏。

按《史记·秦本纪》所述非子立国及非子以前的秦人祖先传说,大略如此,而据以分析,我们可以得出如下的认识:

(1)非子是秦人最早受封为附庸者,时在公元前9世纪初。非子以后才是真正的秦史,秦人的世系事迹也才比较可考;非子以前,则多出于传说。比如女脩至伯翳一段,清俞樾《湖楼笔谈》之三计较了一番,就发现了破绽:"颛顼为黄帝之孙,女脩既为颛顼苗裔,则去黄帝远矣,况大业又其子乎? 而少典者,黄帝之父也。女华为少典之子,则与黄帝兄弟也,而谓大业得娶之乎? 以《五帝纪》及《秦纪》参观,其谬殊甚!"其实诸如此类的《秦本纪》与《五帝本纪》的叙事矛盾,不必劳神论定谁是谁非,因为都不是信史、皆属于传说。又《秦本纪》所述大费至非子一段,也有世系不清、事迹模糊者;至于"中潏在西戎,保西垂"云云,则较为符合事实,而这又涉及到了近代以来复杂的有关秦人"西来说"与"东来说"的争论。

(2)长期以来,秦人是东来的还是西来的,争论不休。持东来说者,如卫聚贤、黄文弼、徐旭生、邹衡、林剑鸣、徐中舒、韩伟、牟世山等;主西来说者,有王国维、蒙文通等。[①] 按研究与理解一个民族的社会文化特征,民族起源何地或者迁自何方,是关键之一。诚然,依照《史记·秦本纪》"太史公曰"的说法,"秦之先为嬴姓。其后分封,以国为姓,有徐氏、郯氏、莒氏、终黎氏、运奄氏、菟裘氏、将梁氏、黄氏、江氏、脩鱼氏、白冥氏、蜚廉氏、秦氏。然秦以其先造父封赵城,为赵氏",则司马迁以为秦人与东方嬴姓部族有着姓氏同源关系;但正如李零所指出的:

> 秦人本身,居住活动范围很清楚。……秦人不属于东方各支,他们是来自早在殷代末年即已定居在西戎地区的中潏一支。因此至少从殷末起,秦的直系先祖先是受西戎文化后则受周文化影响,在这些影响下形成自己的文化面貌,这一点完全可以肯定。[②]

---

① 参阅林剑鸣:《秦史稿》第二章,上海人民出版社,1981年版;王子今:《史记的文化发掘》第二章,湖北人民出版社,1997年版。
② 李零:《〈史记〉中所见秦早期都邑葬地》,《文史》第20辑,1983年。

王国维也说:"当殷之末,有中潏者,已居西垂。大骆、非子以后,始有世系可纪,事迹亦较有据。"①本此,联系秦的经济与文化特征以及社会发展水平,探讨秦国号的成立过程,也应该以秦居西垂(即西部边疆)为前提。

(3)《史记·秦本纪》说得很清楚,非子是因为替周王朝养马,马大蕃息有功,得"分土为附庸"的。"附庸"就是周室分封的小国,所以"秦"作为国号以及秦人称"秦"实始于此。那么,在当时的生产条件下,非子能使马大蕃息的原因,除了有"善养息之"的饲养技术外,还有什么奥秘呢?"应该实事求是地说,恐怕主要是饲料问题解决得好。"②

"秦"(草谷)这种密植丛生的谷子,在今天看来,不过是种普通的饲料作物,可谓微不足道;但在近3000年以前,在非子种植它的时代,问题就不那么简单了。在那个时代,"秦"(草谷)也曾经是一种了不起的谷类饲料作物;在犬丘③周围及汧渭之间,非子利用那里适宜种植谷子的自然条件,大量种植草谷以从事养马,才使养马业得到了蓬勃发展,非子部族也因此受到了周王朝的嘉赏。可以肯定地说,如果不是饲料问题解决得好,即使"非子们"有超人的饲养技术,要使马匹得到大量蕃息,恐怕也是难以办到的。

综此,我们可以认为:秦人的祖先非子正是靠着种"秦"(草谷)养马,得为周王朝附庸国的,而为了标志立国根本,就把国号叫做"秦"了;④至于附庸国秦所在的地方,也随之得名为秦,即《史记·秦本纪》所谓"邑之秦"是也。

顺带提及,后世有关"秦"字以及"秦"国号的传说还有一些。如南宋

---

① 王国维:《秦都邑考》,收入所著《观堂集林》卷一二,中华书局,1959年版。

② 雒江生:《秦国名考》。

③ 此"犬丘"即西犬丘,因为与东面关中的犬丘(周懿王曾都之,今陕西兴平市东南)相区别,所以也称"西犬丘",位于今甘肃天水市西南、礼县东北一带。

④ 其实放眼世界,这样的情形并不少见。如巴西的本意为红木,喀麦隆的本意为大龙虾,马里的本意为河马,西班牙的本意为野兔,文莱的本意是芒果,列支敦士登的本意是发亮的石头,等等。可见以物产命名国号,本是常见的现象,按照地名学术语,此为特征命名法。具体到非子的附庸国,因为秦这种草谷是其建国的由来与立国的基础,所以国号为秦。

陆游《老学庵笔记》卷十说,宋人占卦以"三人持禾"表示"秦"字;又有一种说法是,秦始皇帝取"春"字字头、"秋"字偏旁合成"秦",所以春秋循环为秦,寓意"朕为始皇帝,后世以计数,二世三世至于万世,传之无穷"[①]。当然这些有趣的"拆字"说法,明显出自后世的附会,所以不必细辨也。[②]

(4) 非子因种"秦"养马而创业立国,由此又可以破译后世秦人有关祖先传说的诸多疑团,理解秦文化的若干特质。

秦人"初有史以纪事",为"文公十三年"[③],这年当周平王十八年(前753年),上距非子为周室附庸不过六世(向上推,依次为文公、襄公、庄公、秦仲、公伯、秦侯、秦嬴即非子);又《广弘明集》卷一一唐释法琳《对傅奕废佛僧事》引《竹书纪年》:"自秦仲之前,本无年世之纪",秦仲距离非子,更是仅隔三世。至于非子以前,则多出于传说。在传说中,秦人祖先最值得注意者为伯翳(伯益),《史记·秦本纪》说他"佐舜调驯鸟兽,鸟兽多驯服",《汉书·地理志》也说:"秦之先曰柏益,……为舜朕虞,养育草木鸟兽,赐姓嬴氏。"[④]如此,秦人把伯翳认作本部族祖先,实是由于伯翳的业绩与地位——上古传说中的草木畜牧专家,做过帝舜的"虞"官(按照后代的叫法,即林牧业部大臣);秦人作为"西垂"的游牧部族,由于事业心的激励,于是自愿以伯翳为本部族崇拜的精神偶像,并逐渐演化为他们传说中的祖先。

在秦文化特质中,马具有某种核心地位。《史记·秦本纪》所谓"蜚廉善走",造父"善御",蜚廉、造父以前费昌、孟戏、中衍皆为帝王御马,在在都表明了秦人之为"养马世家",祖上就以善牧(牧养)善御(驾御)著称。又王子今分析《山海经》指出:"畜牧业一些具有某种革命意义的发明,恰恰都发生在秦地,……医马、调马、驯马技术,带有巫术性质,然而

---

① 《史记·秦始皇本纪》。

② 相对来说,"三人持禾"的拆字法,有点靠近秦国号来源取义的真相。

③ 《史记·秦本纪》。

④ 《汉书·地理志》唐颜师古注:"伯益一号伯翳,盖翳益声相近故也。"又《尚书·舜典》"汝作朕虞"唐孔颖达疏:"此官以'虞'为名,帝言'作我虞'耳,'朕'非官名也。"

都发生于秦地,应当看作一种可以反映某种文化共同性的迹象。"①《诗·秦风》中,也多见体现秦人车马之好的诗篇,如《车邻》、《驷铁》、《小戎》等。这样看来,秦不仅以非子种"秦"养马立国,而且还以善牧善御为其文化特质之一。

西安临潼秦始皇帝陵兵马俑

（5）秦国号始得的地域为"汧渭之会",而非《汉书·地理志》所说、后世学者大体遵信的"今陇西秦亭秦谷"。

秦之称"秦"始于非子邑秦,但秦究竟在哪里呢?《史记·秦本纪》"邑之秦"南朝刘宋裴骃《集解》引东晋徐广:"今天水陇西县秦亭也",唐张守节《正义》引唐初《括地志》:"秦州清水县本名秦,嬴姓邑。《十三州志》云秦亭,秦谷是也",《资治通鉴》元胡三省《注》引隋唐之间陆德明:"秦,陇西谷名也,在雍州鸟鼠山之东北";又东汉班固《汉书·地理志》早就明言:"乃封为附庸,邑之于秦,今陇西秦亭秦谷是也。"秦邑、秦亭、秦谷云云,今地在今甘肃张家川回族自治县东南（或说在今甘肃清水县东

_____

① 王子今:《史记的文化发掘》第二章。

北,实同)。

今按上述传统说法,与《史记·秦本纪》原文明显不符。首先,秦既是周室"分土为附庸"的,那么地当近于周地,甚或就在周地,[1]而秦亭、秦谷离之较远;其次,司马迁虽然没有直接点明非子所邑的秦究竟在哪里,但明确讲到秦文公四年(前762年)"至汧渭之会"时,秦文公追述道:"昔周邑我先秦嬴于此,后卒获为诸侯",乃在该地卜居营邑,李零《〈史记〉中所见秦早期都邑葬地》指出:"这个重筑的城邑显然与非子所邑之秦是同一地点,它应当就是非子当年为周孝王养马的'汧渭之间'",而其确切地点,在今陕西宝鸡市东的千河、渭水交会处。

李零的考证是可信的,并且得到了不少学者的赞同。如钱穆弟子王恢承其师说,认为"秦邑在汧渭之会,何等明确"[2];史念海指出,千、渭两条河谷对于后来的秦国,"实有极为重要的意义"[3]。换言之,周孝王既召非子为周王室养马于"汧渭之间",又分近于"周原"的"汧渭之会"为非子的封邑,即所谓"邑之秦",使为附庸;而后世一统六合的秦朝,也由此起步,并且慢慢地强大了起来。

第三节 秦国号地位的攀升

从公元前9世纪初非子为周室附庸,到秦王政二十六年(前221年)平灭六国,在600多年的岁月里,秦人走过了一条漫长的发展道路;其间的曲折过程,大体见载于《史记·秦本纪》与《史记·秦始皇本纪》中。下面就以这两篇本纪为主,列述有关秦国国家地位与地域范围的关键史实如下,由此也可见出秦国号地位的逐步攀升。

非子邑秦,为附庸,三传至秦仲,周宣王以为大夫,使攻西戎,败死。

---

[1] 《史记·秦本纪》献公十一年(前374年)周太史儋见献公曰:"周故与秦国合而别,别五百岁复合,合十七岁而霸王出。"《史记·周本纪》《史记·封禅书》略同。按"周故与秦国合",即指周室在岐周附近赐邑于非子。又上溯五百年,正约当周孝王时。

[2] 王恢:《周秦都邑考》,《史学汇刊》第3期,1970年。

[3] 史念海:《周原的历史地理与周原考古》,收入所著《河山集》第三集,人民出版社,1988年版。

《史记·十二诸侯年表·秦》始自秦仲。

秦仲死,周宣王召用其子,给兵七千人,伐西戎破之,乃以秦仲长子为西垂大夫,居其故西犬丘。

秦仲长子卒,追谥为庄公,次子立,是为襄公。《史记·秦始皇本纪》后所附的《秦纪》残卷,即断自襄公。襄公时,秦被立为诸侯,这是秦国发展史上的一桩大事。如1978年陕西宝鸡县(今陈仓区)太公庙发现的作于春秋早期的秦公镈及钟铭文,有"秦公曰:我先祖受天命,赏宅受国"之语,"赏宅"是指非子受封邑,"受国"是指襄公被封为诸侯,这在秦人心目中是很了不起的两桩大事。又《史记·秦本纪》述其始末道:

> 周幽王用褒姒废太子,立褒姒子为适,数欺诸侯,诸侯叛之。西戎犬戎与申侯伐周,杀幽王郦山下。而秦襄公将兵救周,战甚力,有功。周避犬戎难,东徙雒邑,襄公以兵送周平王。平王封襄公为诸侯,赐以岐以西之地,曰:"戎无道,侵夺我岐、丰之地,秦能攻逐戎,即有其地。"与誓,封爵之。襄公于是始国,与诸侯通使聘享之礼,乃用骝驹、黄牛、羝羊各三,祠上帝西畤。① 十二年,伐戎而至岐,卒。生文公。

《秦本纪》在这里系年不清。考之,周退出岐、丰故地东迁,而以岐以西之地赐秦,使自行从戎人手中夺取,秦始封为诸侯,为前770年即秦襄公八年事。这一年,也是中国传统历史纪年的东周第一年。

秦文公十六年(前750年),败戎兵,"于是文公遂收周余民有之,地至岐。"

文公之后又七传至穆公。经过历世的经营,穆公十七年(前643年)"秦地东至河"。三十七年(前623年),"秦用由余谋伐戎王,益国十二,开地千里,遂霸西戎。天子使召公过贺穆公以金鼓。"按天子致贺,实际是等于承认了秦在西方的霸主地位;后来秦孝公追述道:"昔我穆公自岐

---

① 《史记·六国年表》:"太史公读《秦记》,至犬戎败幽王,周东徙雒邑,秦襄公始封为诸侯,作西畤用事上帝,僭端见矣。"

雍之间,修德行武,东平晋乱,以河为界,西霸戎翟,广地千里,天子致伯,诸侯毕贺,为后世开业,甚光美。"①

穆公之后又十六传至孝公。是时,"河山以东"的齐、楚、魏、燕、韩、赵六强并立,"淮泗之间小国十余。楚、魏与秦接界。魏筑长城,自郑滨洛以北,有上郡;楚自汉中,南有巴、黔中。周室微,诸侯力政,争相并。秦僻在雍州,不与中国诸侯之会盟,夷翟遇之。"于是孝公"布惠,振孤寡,招战士,明功赏",发布求贤令,卫国人公孙鞅(又名卫鞅。因仕秦有功,孝公赐商於之地十五邑,遂称商鞅)闻令入秦。孝公三年(前359年;一说六年,前356年)卫鞅首次变法,十二年卫鞅再次变法。变法之后,"秦人富强,天子致胙于孝公,诸侯毕贺。"②秦以其富强,逐渐成为"虎狼之国"。卫鞅变法,奠定了后来秦灭六国的坚实基础。

孝公之后,历惠文君(王)、武王而至昭襄王。在此期间,随着秦国的争城夺地、开疆拓土,秦国地位也在迅速攀升。惠文君二年(前336年)天子贺,四年天子致文、武胙,十三年(前325年)惠文君称王。武王立,更"欲容车通三川,窥周室"。昭襄王十九年(前288年),秦、齐相约称帝,秦为西帝,齐为东帝,旋而皆去帝号;五十一年(前256年)秦灭西周国,周王室亦绝;"五十二年,周民东亡,其器九鼎入秦";五十三年(前254年)"天下来宾"。至此,秦已俨然代周而为天下之主。

昭襄王卒后,孝文王立不足一年而卒,庄襄王立三年而卒。前247年,"庄襄王卒,子政立,是为秦始皇帝。"

当嬴政(又称赵政)13岁时代立为秦王时,"秦地已并巴、蜀、汉中,越宛有郢,置南郡矣;北收上郡以东,有河东、太原、上党郡;东至荥阳,灭二周,置三川郡。"及秦王政即位,继续攻取六国之地:前230年灭韩;前228年取赵地、俘赵王迁,赵公子嘉奔代为代王;前226年取燕地,燕王东迁辽东;

---

① 按秦穆公也曾被称为春秋五霸之一,"与齐桓、晋文中国侯伯侔矣"(《史记·六国年表》)。实则在中原争霸中,秦穆公并未成为主角。终春秋之世以至战国前期,秦国还不能在中原大国中起主导作用。此种局面,要到卫鞅变法以后才有所改变。
②《史记·商君列传》。

前 225 年灭魏;前 223 年俘楚王、取江南、降越君;前 222 年攻辽东、俘燕王,攻代、俘代王;前 221 年攻齐、俘齐王。至此,"秦王政立二十六年,初并天下为三十六郡,号为始皇帝",历史进入了中国第一个一统皇朝——秦朝;"秦"这一国号,也名至实归地成为当时"中国"的共号,而其所涵盖的地域,则为以后的"中国"疆域打下了基础。

秦始皇帝赢政画像

然而 600 多年的沧桑岁月所铸成的中国历史上的第一个一统皇朝"秦",仅仅经历了 15 年,就宣告破灭;"后五年,天下定于汉。"

第四节　秦国号在后世的影响兼说秦置秣陵无贬义

秦亡汉兴,作为正式国号也是天下共号的"秦",于是退出了历史的舞台。然而,作为地域概念的"秦",并未随之消失。如《史记·秦始皇本纪》:"灭秦之后,各分其地为三,名曰雍王、塞王、翟王、号曰三秦";又《汉书·韩信传》:"今王举而东,三秦可传檄而定。""三秦"后来成为今陕西关中地区的别称。又流至后来,"秦"一而再、再而三地为后世诸多建国者沿袭为国号,如十六国时代氐人苻健的秦(史称前秦、苻秦)、羌人姚苌的秦(史称后秦、姚秦、东秦)、鲜卑乞伏国仁的秦(史称西秦)。这三个秦国,也合称"三秦"。然则在中国历代中原皇朝国号中,后世对秦国号的沿袭程度,有类于此前的夏与周,此后的汉与唐,它们都是中国历史上多次反复出现的国号。

与汉、唐类似的是,"秦"在域外,还继续被视为中国大一统皇朝的象征,域外有关中国的称谓,就有源于"秦"(先秦时的秦王国)的 China。作为域外有关中国的一种习惯称谓,China 的沿用不衰,普遍与持续状况,甚至超过了汉、唐。

以上有关秦国号在后世的影响,是从大处立论的;[①]而从小处着眼,如果有关秦国号的上述考说能够成立的话,那么笔者所生活的南京,地方史上的一个重要问题,即秦置"秣陵"含有贬义,也可以获得全新的认识。

按在南京地区的历史地名序列中,"秣陵"是产生早、沿用久、影响大的一个名称。所谓产生早,前 210 年即秦始皇帝三十七年,改金陵邑为秣陵县,这是南京地区的第一个县。所谓沿用久,秣陵县历秦、两汉大体不废,直到东汉末的建安十七年(212 年),才被孙权更名为建业;到 280 年即西晋太康元年,司马氏复改建业为秣陵,此后秣陵作为县名,沿用到隋开皇九年(589 年)。又北宋景德三年(1006 年)后,设秣陵镇,即今南京市江宁区秣陵镇。"秣陵"一名,影响也可称广泛,时至今日,南京地区以"秣陵"为专名的各类地名,林林总总,难以胜数。

有关"秣陵"地名的上述种种,在南京文史圈内属于常识,无庸多说。值得注意的是"秣陵"当初的命名取义。《三国志·吴书·张纮传》南朝刘宋裴松之注引《江表传》:

> (张)纮谓(孙)权曰:"秣陵,楚武王所置,名曰金陵。地势冈阜连石头,访问故老,云昔秦始皇东巡会稽,经此县,望气者云金陵地形有王者都邑之气,故掘断连冈,改名秣陵。"

又唐李吉甫《元和郡县图志》卷二五江南道润州:

> 上元县,本金陵地。秦始皇时望气者云:"五百年后,金陵有都邑之气。"故始皇东游以厌之,改其地曰秣陵,堑北山以绝其势。

按《江表传》为西晋文士虞溥撰写,记述三国史事,尤其详于汉末的江南与三国的孙吴;《元和郡县图志》为现存最早的古代总志,写成于元和八

---

① 具体内容的展开,详见本书下编第二十八章。

年(813 年)。而类似《江表传》、《元和郡县图志》的上述记载,当时以及后世的典籍中还多见其例;只是遗憾的是,这些典籍对于"秣陵"的取义,并无明确交代。

这在古籍中没有明确交代取义的"秣陵",不知从什么时候起,有了一种流行的说法,姑举四例:

> 据说秦始皇对"金陵"的尊称不服气。把这里改为牧马之所,城名也改金陵邑为秣陵县("秣是草料")。①

> 秦始皇一心贬低金陵,……下令将金陵改名为秣陵,秣是草料,意即此地只配作牧马场。希图改一字而使秦王朝永占秣陵,传之万世。②

> 秦统一六国以后,秦始皇改"金陵"为"秣陵"县;以从禾从末的"秣"字贬低这一地区的地位。③

> 成语"厉兵秣马"中的"秣"意思就是喂饱战马。我们认为,秦始皇改"金陵"为"秣陵",言下之意,这里只配做大秦帝国养马的场所,因此秣陵含有明显的贬义。秦始皇的做法显然意在降低南京的地位,贬损南京的形象。④

按"金陵"的取义,相当复杂,这里不作详细讨论,可以肯定的则是,与镇压王气相关的"金陵"一名,其实并不含有褒义;⑤"秣陵"之含有贬义,如果依据上引说法,那就确切无疑了。而追原"秣陵贬义说"的由来,大概与《江表传》、《元和郡县图志》一类典籍字里行间的语气与语义有关吧。

那么"秣陵"果真是贬义地名吗? 从字面义分析,"陵"此处指"山",

---

① 杨之水、李广镐、王能伟、马伯伦:《南京》"金陵自古帝王州——历史篇",中国建筑出版社,1989 年版。
② 高树森、邵建光:《金陵十朝帝王州》"鼓楼岗下古文明",中国人民大学出版社,1991 年版。
③ 邹劲风:《唐宋金陵考》,博士学位论文,南京大学,1998 年。
④ 卢海鸣:《南京历代名号》"秣陵:秦始皇眼中的养马场",南京出版社,2016 年版。
⑤ 参考胡阿祥:《华夏正统与城市兴衰:古都南京的历史特质》,《南京社会科学》2013 年第12 期。

而"山"或"陵"是无所谓贬义、褒义的①，所以问题的关键在于"秣"。"秣"本谓牲口的饲料，《周礼·天官·大宰》："七曰刍秣之式"，唐贾公彦疏："谓牛马禾谷也"；"秣"又指喂养，尤其是喂养马匹，《诗·周南·汉广》："之子于归，言秣其马"，"秣马"作为一个习用词汇，意指喂饱马匹。

由粗看起来显得义正音响的"金陵"，改为与牲口饲料或喂养马匹有关的"秣陵"，似乎"秣陵"是含有贬义。不过问题的真正复杂之处在于：改"金陵"为"秣陵"的时代是"秦"朝；秦朝是从秦国发展来的；而秦国，正是因为善种草谷、善养马匹而创业的，甚至"秦"国号本身，也来源于养马的饲料——作为禾名的"秦"。考虑及此，则"秣陵贬义说"可谓不攻自破。

联系当时的历史背景，也没有根据认为秦始皇帝改"金陵"为"秣陵"是出于贬低金陵的目的。

承继秦人 600 多年的余烈，取高屋建瓴之势，以千军万马之威，扫荡六合，兼并天下，此"千古一帝"秦始皇帝也。秦始皇帝既统一，又于二十七年（前 220 年）至三十七年（前 210 年）间五次出巡全国。这五次出巡，几乎踏遍了全国各重要地区及名山大川。其中秦始皇帝的第五次出巡，是在三十七年出巡东南。《史记·秦始皇本纪》：

> 三十七年十月癸丑，始皇出游。……十一月，行至云梦，望祀虞舜于九疑山。浮江下，……过丹阳，至钱唐，临浙江，……上会稽，祭大禹，望于南海，而立石刻颂秦德。……还过吴，从江乘渡，并海上，北至琅邪，……遂并海西。至平原津而病。

秦始皇帝一病不起，崩于这次出巡的途中，而南京地方史上的重大事件——改金陵邑为秣陵县，就发生在秦始皇帝"从江乘渡"时。江乘，秦所置县，治今南京市栖霞山附近。

---

① 按把水边的陆地尤其是高地称为"陵"，也是楚语地名的特征。参考殷延海：《安徽地名的文化分区和历史层次》，收入马永立主编、胡阿祥副主编：《地名学新探》，南京大学出版社，1993年版。

按秦始皇帝出巡东南，目的是镇压该地区出现的反抗气氛，所谓"秦始皇帝常曰'东南有天子气'，于是因东游以厌之"①，"厌"，镇也。后来的历史事实，竟也不出秦始皇帝的意料：前206年，正是楚怀王熊心名下的刘邦、项羽灭了秦朝，从而应了"亡秦必楚"的南公预言。②

然而何以"亡秦必楚"呢？ 在秦所灭关东六国中，"楚最无罪，自怀王入秦不返，楚人怜之至今。"③这是说前299年，楚怀王熊槐受骗入秦，被扣留；前296年死于秦。又前209年陈胜首义后，"号为张楚"，盖楚国虽灭，潜力尚在，仍有可张之势，所以陈胜一呼，楚地震动，关东沸腾，不可一世的秦帝国随之瓦解。

应该正是顾虑到楚地局面的能否安定，秦始皇帝的最后一次出巡，才选择了东南地区，即故楚国的地域。

明瞭了以上历史背景以后，再结合上文有关秦国号的考论，则秦始皇帝改楚金陵邑为秦秣陵县问题，我们当可获得全新的两点认识：

其一，前333年，楚置金陵邑，位于今南京市清凉山；就当时形势论，清凉山控扼长江与淮水（今秦淮河）之险，军事地位甚为重要，这应该是秦始皇帝改金陵邑置秣陵县并移治今秣陵镇一带的原因。今秣陵镇一带，当时据淮水中游，具备较为优越的经济基础与相对便利的交通条件。

其二，"秣陵意蕴深远，与秦国号取义近同：'秦'为养马的草谷，秦人祖先以养马得以立国，所以定国号为'秦'；'秣'则牲口的饲料，秣陵自为秦帝国看中的东南形胜。"④以此，笔者坚信，秦朝始置的"秣陵"，不仅没有贬损之义，反倒深具褒义！

---

① 《史记·高祖本纪》。
② 《史记·项羽本纪》。
③ 《史记·项羽本纪》。
④ 胡阿祥：《古都沧桑话南京》，《江苏地名》2000年第1期。

第五章 汉:"语曰'天汉',其称甚美"

公元前 206 年,秦王子婴向楚将沛公刘邦投降,这标志着中国历史上第一个统一皇朝秦朝的灭亡。前 202 年,汉王刘邦击破西楚霸王项羽,项羽自刎乌江,刘邦即皇帝位于氾水之阳,秦之后又一个统一皇朝"汉"正式建立。① 汉传至公元 9 年,外戚王莽宣布即天子位,改国号为新。新传至公元 23 年,败于刘玄更始政权。刘玄为汉的远支皇族,23 年被绿林军的新市兵、平林兵诸将拥立为帝,恢复汉朝,年号更始。公元 25 年,汉的远支皇族刘盆子为赤眉军拥立称帝,而刘玄部将、汉宗室刘秀贰于刘玄、自立为帝也在这年,所以公元 25 年又是刘秀建武元年。刘盆子政权败刘玄政权(公元 25 年),刘玄被绞死;刘秀政权又败刘盆子政权(公元 27 年),刘盆子降于刘秀;而刘秀,因为后来完成了统一,于是被后

---

① 关于"刘邦"的名字问题,这里稍作说明,以正视听。一般认为,汉高祖本就名"邦"字"季",这值得怀疑。在家人、朋友圈内,以及当时的社会上,大家习称他为"刘季",也就是"刘三"、"刘家老三",他的两位兄长则叫刘伯、刘仲,这是"刘家老大"、"刘家老二"的意思。"刘邦"之名,大概是在刘季即皇帝位时,为了体现尊严而特取的,并从此成为他行之于世的"大名"。按"邦"是比"国"还要大的字眼,《说文解字》清段玉裁注:"邦,国也。大曰邦,小曰国。"参考刘新光:《汉高祖名邦字季略说》,《史学月刊》1999 年第 4 期。当然,本书为了照顾读者的习惯,仍用"刘邦"。又与此相仿佛,中国历史上的帝王,即位易名其实是非常普遍的现象,本书的不少叙述也会涉及到相关实例,但因与本书主题关系不大,非必要者,就不展开讨论了。只是需要强调的是,这是非常有趣的文化现象,也是相当重要的历史事实。

世推为兴复汉室的正宗,建武元年也被后世认作东汉的开始之年。东汉传至220年,曹丕篡汉,建国号魏,于是汉亡。

然则秦亡(前206年)魏篡(220年)之间的这426年,从中国国号史的角度立论,衡以名实两个方面,名不副实的天下共主为"楚"(起前206年,止前202年)①,名副其实的天下共主,一为"汉"(起前202年,先止于公元8年,再起于25年,终止于220年)②,二为"新"(起9年,止23年)。本章先说"汉",下章再说"新"。

第一节　项羽立刘邦为汉王

前202年二月甲午,汉王刘邦即皇帝位于定陶(治今山东定陶县西北)附近的氾水之阳(水北为阳),国号汉;这一年为汉五年。由此上推,前206年,沛公刘邦被立为汉王,这一年为汉元年。汉元年是汉国号开始出现之年,而有关的关键史实,详载于《汉书·萧何传》中:

> 初,诸侯相与约,先入关破秦者王其地。沛公既先定秦,项羽后至,欲攻沛公,沛公谢之得解。羽遂屠烧咸阳,与范增谋曰:"巴、蜀道险,秦之迁民皆居蜀。"乃曰:"蜀、汉亦关中地也。"故立沛公为汉王,而三分关中地,王秦降将以距汉王。汉王怒,欲谋攻项羽。周勃、灌婴、樊哙皆劝之,何谏之曰:"虽王汉中之恶,不犹愈于死乎?"汉王曰:"何为乃死也?"何曰:"今众弗如,百战百败,不死何为?《周书》曰'天予不取,反受其咎'。语曰'天汉',其称甚美。夫能诎于一人之下,而信于万乘之上者,汤、武是也。臣愿大王王汉中,养其民以致贤人,收用巴、蜀,还定三秦,天下可图也。"汉王曰:"善。"乃遂

---

① 公元前206年秦灭亡后,项羽佯尊楚怀王为楚义帝,自立为西楚霸王。次年,项羽杀义帝。楚义帝仅为名义上的天下共主,项羽则只是诸侯的盟主。

② 俗传的中国历史朝代起讫纪年,或以公元前206年为西汉起始年,这是不正确的。公元前206年为刘邦始建汉王国之年,其时的汉王国只是项羽命所分封的十八王国之一。刘邦击败项羽,诸侯皆臣属于汉,"天下平",汉王才即位称帝,事在他做汉王的第五年,即公元前202年。

就国，以何为丞相。

历史的发展，后来确如萧何所料，刘邦还定三秦，更进而得天下。然而溯之当初，沛公刘邦被立为汉王时何以会怒？又何以会听从萧何等人的劝谏就汉王之国呢？欲明其始末，还需从前209年陈胜首义说起。

秦朝的灭亡，其实始自陈胜（字涉），成于刘邦，《史记·秦楚之际月表》："初作难，发于陈涉；虐戾灭秦，自项氏；拨乱诛暴，平定海内，卒践帝祚，成于汉家。五年之间，号令三嬗。"①"三嬗"谓陈胜、项羽（含楚怀王，后称楚义帝）、刘邦。其间风云诡谲，事态纷纭，这里依据《史记》之《陈涉世家》、《项羽本纪》、《秦始皇本纪》、《秦楚之际月表》、《高祖本纪》以及《汉书·高帝纪》等文献，排列重要史实如下，并稍作分析。

前209年即秦二世胡亥元年，阳城（治今河南方城县东）人陈胜、阳夏（治今河南太康县）人吴广等九百余人被征发，屯戍渔阳（治今北京市密云县西南）。行至蕲县大泽乡（今安徽宿州市西南刘村集）时，因为遇上了接连几天的滂沱大雨，已经无法按期抵达渔阳，而按照秦律，失期当斩，于是陈胜、吴广铤而走险，率同被征发者九百余人揭竿而起，很快就攻下了大泽乡和蕲县，接着分别向东和西北方向挺进。当起义军到达陈县（治今河南淮阳县）时，队伍已发展成拥有战车六七百辆、骑兵上千人、步兵数万人的大军，陈胜乃称王，"号为张楚"。其时天下苦秦暴政，于是纷起响应。其中，沛县丰邑（今江苏丰县）人、泗水亭长②刘邦与县吏萧何、狱掾曹参、狗屠樊哙、吹鼓手周勃等在沛县起义，杀沛令，称沛公；③下

---

① "五年之间"，《史记·太史公自序》作"八年之间"："秦既暴虐，楚人发难，项氏遂乱，汉乃扶义征伐；八年之间，天下三嬗，事繁变众，故详著《秦楚之际月表》第四。""八年"者，起陈胜张楚（前209年），止刘邦称帝（前202年）。

② 《史记·高祖本纪》作"泗水亭长"，《汉书·高帝纪》作"泗上亭长"。从战国秦汉时代的实际用法看，泗水亭、泗上亭都非专有名词，仅是指泗水附近的一个亭而已，此亭究竟在哪里，尚不能确定下来。

③ "沛公"的称法，《汉书·高帝纪》唐颜师古注引三国孟康说："楚旧僭称王，其县宰为公。陈涉为楚王，沛公起应涉，故从楚制，称曰公。"

相(治今江苏宿迁市西南)人项梁(楚名将项燕之子)、项羽(项梁之侄,名籍,字羽)在吴(治今江苏苏州市)杀会稽郡守,项梁自为郡守,项羽为裨将。

以上反秦力量,自以陈胜首义所建的政权"张楚"为中心。① "张楚"之义,《史记》《汉书》注家都解释为"张大楚国",盖如上章所述,楚国虽灭,潜力尚在,仍有可张之势,所以陈胜振臂一呼,楚地震动,关东沸腾。"张楚"所具有的号召力量,其他关东五国都无法与之比拟。②

前208年即秦二世二年,"陈胜王凡六月",为御者(车夫)庄贾所杀,庄贾降秦。项梁闻讯,"召诸别将会薛计事,此时沛公亦起沛往焉。"居巢(治今安徽桐城市南)人范增,时年七十,往说项梁曰:

> 陈胜败固当。夫秦灭六国,楚最无罪。自怀王入秦不反,楚人怜之至今,故楚南公曰"楚虽三户,亡秦必楚"也。③ 今陈胜首事,不立楚后而自立,其势不长。今君起江东,楚蜂午之将皆争附君者,以君世世楚将,为能复立楚之后也。

于是项梁接受范增的建议,从民间找来为人牧羊的楚怀王之孙熊心,"立以为楚怀王,从民所望也"④,都于盱台(治今江苏盱眙县东北),项梁自号武信君。定陶之战,秦将章邯大破楚军,项梁战死;章邯转而北进,渡过黄河,围赵邯郸。⑤ 楚怀王徙都彭城(今江苏徐州市),以项羽为鲁公,刘邦为武安侯;命上将军宋义(原楚国令尹,项梁部下)、次将项羽等北上救

---

① 20世纪70年代出土的马王堆三号汉墓帛书干支表,具列秦汉之际纪年,有张楚而无秦二世年数。详张政烺:《关于"张楚"问题的一封信》,《文史哲》1979年第6期。
② 详田余庆:《说张楚》,收入所著《秦汉魏晋史探微》,中华书局,1993年版。
③《史记·项羽本纪·正义》:"虞喜《志林》云:'南公者,道士,识废兴之数,知亡秦者必于楚。'《汉书·艺文志》云《南公》十三篇,六国时人,在阴阳家流。"又"三户"者,据《史记·项羽本纪》三家注,或谓"楚人怨秦,虽三户犹足以亡秦",或谓"楚三大姓昭、屈、景",或谓"三户"是津渡名(在今河北磁县西南漳河上),"后项羽果度三户津破章邯军,降章邯,秦遂亡。是南公之善谶。"按此三说皆可通,因其本是谶语耳。
④《史记·项羽本纪·集解》引东汉应劭曰:"以祖谥为号者,顺民望。"
⑤ 赵,原魏国名士张耳、陈馀立原赵国王族赵歇为赵王。

赵,刘邦则西略入关。当时楚怀王与诸将约定,"先入定关中者王之"①,即为关中王,而"当是时,秦兵强,常乘胜逐北,诸将莫利先入关",唯独项羽意有不平,但楚怀王"卒不许"。

前207年即秦二世三年、秦王子婴元年,项羽以宋义在安阳逗留不进、贻误战机而杀之,楚怀王即委任项羽为上将军。项羽破釜沉舟,引兵渡漳河,在巨鹿(治今河北平乡县西南)大破秦军主力,"项羽由是始为诸侯上将军,诸侯皆属焉。"又西路军刘邦降南阳,克武关,进至蓝田,也大破秦军。

当此形势之下,秦朝已经危在旦夕。秦中丞相赵高乃逼秦二世自杀,并以"秦故王国,始皇君天下,故称帝,今六国复自立,秦地益小,乃以空名为帝,不可,宜为王如故",立秦二世的兄子公子婴为秦王。② 秦王子婴不愿听任赵高摆布,旋即以"我闻赵高乃与楚约,灭秦宗室而王关中",设计杀了赵高,并夷其三族。

前206年,子婴为秦王46日,刘邦的军队到了霸上(今陕西西安市东灞水东岸),约降子婴。子婴无奈,"系颈以组,白马素车,奉天子玺符,降轵道旁。沛公遂入咸阳,封宫室府库,还军霸上。居月余,诸侯兵至,项籍为从(纵)长,杀子婴及秦诸公子宗族。……秦竟灭矣!"

秦既灭亡,"项羽使人还报怀王,怀王曰'如约'",即令项羽履行"先入定关中者王之"的约定。而项羽"欲自王","怨怀王不肯令与沛公俱西入关,而北救赵,后天下约",并且宣称:"怀王者,吾家项梁所立耳,非有功伐,何以得主约!本定天下,诸将及籍也。"于是"详(佯)尊怀王为义帝,实不用其命",进而"分其地而王之",立灭秦有功将领、旧六国贵族以及秦降将十八人为诸侯王,自立为西楚霸王,都彭城;更进而"徙义帝长

---

① 《史记·高祖本纪》、《汉书·高帝纪》。《汉书·萧何传》作"先入关破秦者王其地"。
② 按由秦始皇帝、秦二世再为秦王,"秦"实际已从天下共号下降为王国之号了,这也是秦朝君臣当时想到的自存之计;然而即便如此,嬴氏的"秦"王国也未能延续下去,盖"六国复自立"后,时势变化,反秦势力已不会允许嬴秦宗室或旧人保全王位,不会承认秦的故王。

沙郴县"，暗中又命英布追杀之（前205年事）。①

明瞭了以上史实，沛公刘邦被立为汉王时何以会怒，就可以理解了：

其一，按照楚怀王与项羽、刘邦等人的约定，"先入定关中者王之"，那么沛公刘邦应该被封为关中王，而项羽"负约，更立沛公为汉王，王巴、蜀、汉中，都南郑"。项羽所谓"蜀、汉亦关中地也"（《史记·项羽本纪》作"巴、蜀亦关中地也"）的说法，则纯属强词夺理、

汉高祖刘邦画像

玩弄概念的狡辩。虽然，由于"关中"不是正式政区，其范围的说法并不一致，但战国秦汉时最为习用的关中概念，据《史记·货殖列传》"关中自汧、雍以东至河、华"，当指汧水（发源于今陕西陇县）、雍水（在今陕西凤翔县）、黄河、华山之间，即今陕西关中平原，而巴、蜀、汉中不在其内。

其二，相对于关中以及广大的关东，巴、蜀、汉中可谓地居偏僻，韩信说刘邦即称："项羽王诸将之有功者，而王独居南郑，是迁也。军吏士卒皆山东之人也，日夜跂而望归。"以此，项羽对刘邦的处置，"若有罪见迁徙"②，的确过分，刘邦之怒也实属正常。

---

① 对此，田余庆《说张楚》分析道：项羽"把楚怀王升格为楚义帝，以楚帝代替秦帝的法统地位，并就此承认帝业的合法性。他自己则暂居西楚霸王，继续作诸侯的盟主。……他徙义帝于郴而又杀之，这样就使楚帝名号暂时空悬起来，使自己有静观待变、斟酌处理的余地。……他合乎逻辑的措置是，作好各种善后以后，自己名正言顺地登上楚帝的宝座。但是项羽没有迈开这一步，形势就急遽变化，自己立刻由主动变为被动，作楚帝的机会也永远消失了"。而项羽不能成为"楚帝"的人事原因，最重要者也正在分封十八诸侯王时对刘邦的处置失当。

② 《史记·高祖本纪》南朝刘宋裴骃《集解》引三国韦昭曰。

其三,项羽"自立为西楚霸王,王梁、楚地九郡,都彭城"。"九郡"为东海、泗水、会稽、东郡、砀郡、薛郡、陈郡、东阳、郯郡[1],彭城则居关东交通枢纽的重要地位。这样的封域与都城,如果不是后来田荣的反于齐地,以及项羽一些措施的乖方,是足以控制其他诸侯的。相对而言,在十八诸侯王中,项羽、范增最为放心不下的,就是素有"宽大长者"之誉、先期入关受秦王子婴之降、因自度"当王关中"而约法三章、甚得关中民望又实力仅次于己、或有天下大志的沛公刘邦。有鉴于此,项羽既立刘邦为汉王,又层层封堵汉王之国:汉王之国本都南郑(今陕西汉中市),北阻秦岭,秦岭绵长,山高谷险,已经难以横越;项羽还预先分封雍、翟、塞三王于关中,"王秦降将以距塞汉王",即进一步阻挡着刘邦北归的道路;项羽还封申阳为河南王,都洛阳,徙魏王豹为西魏王,都平阳。如此极不信任的层层堵塞之下,项羽、范增认为刘邦是势难翻身了。

据上分析,不过相当于楚义帝名下一县之宰的沛公刘邦,得封汉王时,果然"怒"出有因,"怒"得其理;然而,刘邦"怒"而"欲谋攻项羽",就当时形势论,则时机远未成熟,其间最为明显的原因,是刘邦的力量不足以与项羽抗衡。"是时项羽兵四十万,号百万,沛公兵十万,号二十万",而且楚人耐战,颇为汉军所畏惧;又项羽的家世声望,项羽与尽管没有实权、但名义上还是反秦力量总统帅的楚怀王之间的密切关系,也是少无令名的匹夫刘邦所不能及的。事实上,刘邦也意识到了这些,所以他才甘冒生命危险,亲赴鸿门之宴;刘邦就国,更是烧绝秦岭栈道,以"示项羽无东意"。

又有特别值得注意的细节,就是刘邦就国南郑前,萧何劝谏之"语曰'天汉',其称甚美"——不是有"天汉"的说法吗? 这是多么美好的称呼啊——肯定也使刘邦在愤怒却又无奈之中,得到了一些宽慰。可以认为:刘邦接受汉王封号,以及后来定有天下之号为"汉",都与萧何的这一劝谏有关。

---

[1] 参考颜岸青:《项羽之西楚九郡释疑与西楚国疆域变迁考实》,《历史地理》第 33 辑,2016 年。

第二节 天汉、汉中、汉水

《汉书·萧何传》"语曰'天汉',其称甚美"唐颜师古注曰:

> (三国魏)孟康曰:"语,古语也。言地之有汉,若天之有河汉,名
> 号休美。"(晋)臣瓒曰:"流俗语云'天汉',其言常以汉配天,此美名
> 也。"师古曰:"瓒说是也。天汉,河汉也。"

所谓"古语",《诗·小雅·大东》有"维天有汉,监亦有光"一语,西汉毛亨
解释:"汉,天河也。"天河又称云汉,《诗·大雅·云汉》:"倬彼云汉,昭回
于天",东汉郑玄笺曰:"云汉谓天河也",唐孔颖达疏:"此云汉与《大东》
天汉为一,故云天河也。"又所谓"流俗语"者,与"古语"并不矛盾,盖在
"三代以上,人人皆知天文。'七月流火',农夫之辞也;'三星在户',妇人
之语也;'月离于毕',戍卒之作也;'龙尾伏辰',儿童之谣也"[①],如此我们
可以认为,"汉"指称天文上的天河,在三代、秦、楚,应当是民间所习知惯
用的。

天文上的"汉",既指天河,又称天汉,提及汉,就会联想到天。从这
个意义上说,"汉"是美名,而以"汉"作为王国之号,也就是休美的名号
了。刘邦接受萧何的劝谏而称"善",显然有这层首肯意思在内,如《水
经·沔水注》便直言:"汉高祖入秦,项羽封为汉王。萧何曰:'天汉,美名
也。'遂都南郑",又《元和郡县图志》卷二二"兴元府"条也说:"秦亡,项羽
封高祖为汉王。高祖欲攻羽,萧何曰:'语曰天汉,其称甚美。'遂从之。"
看来在萧何的谏语中,"语曰'天汉',其称甚美"一句确实十分关键。(见
图5-1)

不过话说回来,项羽之所以立刘邦为"汉王",直接的原因还是他与
范增"阴谋"划定的汉王之国,都于秦朝汉中郡治南郑;项羽分立的其他

---

① 顾炎武:《日知录》卷三〇"天文"条。按"七月流火"见《诗·豳风·七月》,"三星在户"见《诗·唐
风·绸缪》,"月离于毕"见《诗·小雅·渐渐之石》,"龙尾伏辰"见《左传·僖公五年》。

诸侯国,除了董翳的翟国外,国号皆取自地域之名,可以为证:①

魏王豹西魏国、韩王成韩国、臧荼燕国、田都齐国,国号得自秦王嬴政所灭之国;

赵王歇代国、张耳常山国、黥(英)布九江国、吴芮衡山国、燕王韩广辽东国、齐王田市胶东国、田安济北国,国号得自秦朝郡名;

申阳河南国、共敖临江国,国号分别得自国境在河(即黄河)之南与国都(江陵)临江(即长江);

司马卬殷国,都朝歌,"朝歌故殷都也,因以名国",殷即夏、商、周三代的商;

章邯雍国,境内有秦雍县,春秋时雍邑又曾为秦国都;

司马欣塞国,或言因重要军事地带桃林塞得名,或言"取河、华之固为厄塞耳";

又项羽西楚国,都彭城,《汉书·高帝纪》唐颜师古注:"孟康曰:'旧名江陵为南楚,吴为东楚,彭城为西楚。'师古曰:'孟说是也。'"

如此,刘邦的汉国,当然也不会例外,所以《史记·高祖本纪》"更立沛公为汉王"唐张守节《正义》"本汉中郡"的说法,是符合项羽、范增定"汉"为刘邦国号本意的正确解释。

按汉中郡,始置于楚。《史记·楚世家》怀王十七年(前312年):"与秦战丹阳,秦大败我军,斩甲士八万,虏我大将军屈匄、裨将军逢侯丑等七十余人,遂取汉中之郡。"②入秦以后的汉中郡,始治南郑,迄于刘邦受

---

① 以下据《史记》之《项羽本纪》、《高帝纪》、《货殖列传》及三家注,《汉书》之《高帝纪》、《地理志》及唐颜师古注,《资治通鉴·汉纪一》高帝元年及元胡三省《注》,周振鹤《西汉政区地理》(人民出版社,1987年版)等,并参稽各国史实等考出。又翟国都上郡,《资治通鉴·汉纪一》高帝元年元胡三省《注》:"以上郡北近戎、翟,因以名国。"

② 《史记·秦本纪》惠文王十三年(前312年),"庶长章击楚于丹阳,虏其将屈匄,斩首八万,又攻楚汉中,取地六百里,置汉中郡。"按是年战事,《楚世家》、《秦本纪》所记吻合。至于置汉中郡事,当以《楚世家》为正,考《战国策·楚策》"术视伐楚":"术视伐楚,楚令昭鼠以十万军汉中。昭睢胜秦于重丘,苏厉谓宛公昭鼠曰:'王欲昭睢之乘秦也,必分公之兵以益之。秦知公兵之分也,必出汉中。'"玩《战国策》行文的含义,楚国确实有过汉中郡,所以昭鼠得以屯军其地。

封汉王时不改。①

关于汉中郡名称的由来，《水经·沔水注》："汉中郡，因水名也"；《史记·高帝本纪》唐张守节《正义》："以汉水为名。"汉中郡的"汉"得自汉水的"汉"，没有疑义；汉中郡的"中"，学者们则大多解释为"中游"，如史念海论战国末年形势说："那时，汉水中游曾为楚国所据有，楚国还曾在那里设有一个汉中郡。秦国只有南郑及其附近的一些地方。后来秦国取得楚国的汉中，并以南郑为汉中郡的治所，汉中的名称就从那时沿用下来。汉中城位于汉水上游。汉水上游的城池而称为汉中，其原因就在这里。楚国汉中郡的西界在什么地方？没有确实的记载。"②又马培棠认为：楚国汉中郡的命名，"或由初治西城，居汉水全长之中部。……上视嶓冢，下瞰大别，郡居其间，故曰汉中。"③

按史念海、马培棠的上引说法具有相当的代表性，其他类似者不必赘举。其实这种说法很是勉强：其一，楚汉中郡置于何时，究竟治于何地，以及范围多大，都于史无征，直接指为"汉水中游"，因此显得突兀；其二，《汉书·地理志》汉中郡领县中，首县为西城（治今陕西安康市西北），依照志例，西城当为汉中郡治，然而《汉书·地理志》郡县大抵断限在汉成帝元延（前12年至前9年）、绥和（前8年至前7年）之际，而且西城一般认为是西汉始置的，所以径说楚汉中郡"治西城"，缺乏依据。又即便楚汉中郡治西城，也还算不上"居汉水全长之中部"，西城所处的位置，仍属汉水上游范围之内。

又清吴卓信《汉书地理志补注》卷四四引《史记·索隐》说："其地在秦南山之南，楚之西北汉水之北，故曰汉中。"吴说以秦"南山"（即秦岭终南山）之南、楚汉水之北立论，也显得勉强与模糊。

---

① 《水经·沔水注》引《耆旧传》："南郑之号，始于郑桓公。桓公死于犬戎，其民南奔，故以南郑为称。"又南郑之为郡治，实始于秦取以后，辨详杨守敬、熊会贞：《水经注疏》卷二七《沔水》。
② 史念海：《秦岭巴山间在历史上的军事活动及其战地》，收入所著《河山集》第四集，陕西师范大学出版社，1991年版。
③ 马培棠：《巴蜀归秦考》，《禹贡》第2卷第2期，1934年。

那么汉中之名究竟如何解释呢？其实,只要跳出"中"释"中游"这一思维定势,问题并不难解决。邓少琴指出:"巴人多以'中'为地名,如汉中、巴中、阆中、资中、黔中等是。"①而以此为线索,薛凤飞追溯了巴人与汉水流域的关系,认为当夏、商、周三代时,巴人曾居住与活动在汉水流域,并由下游向上游发展。② 又据孙淼等人的考证,周武王克商,巴人有功,得封子国;春秋前期,巴人的主要活动地区在今湖北西部,东与楚为邻,此后,巴人退居到四川东部。③ 战国时巴人称王,及前316年即秦惠文王后元九年,秦灭巴,因置巴郡,治江州(治今重庆市嘉陵江北岸)。虽然巴人的居住与活动区域,由于史料的欠缺而难以梳理得更加清楚,但湖北西部、陕西南部、四川东部以及重庆留下过巴人的踪迹,还是可以肯定的,巴郡、阆中、黔中、蚀中(秦岭中的谷道名)等地名,盖即巴人在先秦地名中留下的孑遗。"汉中"也是如此。"在巴人语言中,'中'即地方";④换言之,古代巴人语言表示"地方"这个意思的读音,大概就相当于诸夏语言的"中"字读音⑤,所以以"中"记音。如此,"汉中"一名,虽然形为诸夏文字,义却不能按照诸夏语言来直解,"汉中"实是一个双语地名⑥,即诸夏语言的"汉"(专名)加上巴语的"中"(通名),意为"汉水流经的地方"。

"打破沙锅璺到底","汉中"既然意为"汉水流经的地方",那么"汉水"又是怎么回事呢？

---

① 邓少琴:《巴蜀史迹探索》"巴史三探",四川人民出版社,1983年版。
② 薛凤飞:《"汉中"释义》,《中国地名》1992年第3期。
③ 孙淼:《夏商史稿》第十一章第三节,文物出版社,1987年版。
④ 薛凤飞:《"汉中"释义》。
⑤ "诸夏",详本书中编第二十三章。以诸夏为核心、为主体,发展成后来的汉族,诸夏语言的字形,即后来所谓的汉字。按《诗经》时代("大约从西周初年一直到春秋中叶,共有五个多世纪")诸夏语言区域及周边民族语言概况,可参阅周振鹤、游汝杰:《方言与中国文化》第四章第一节,上海人民出版社,1986年版。具体到古代巴、蜀人的语言状况,可参阅童恩正:《古代的巴蜀》,四川人民出版社,1979年版;温少峰:《试为"成都"得名进一解》,《社会科学研究》1981年第1期。
⑥ 双语地名是自古及今普遍存在的现象。举现在的例子,如雅鲁藏布江,"藏布"即藏语"江"的汉语音译,而又加上了汉语的通名"江";青海省的峨堡大南山,"大南山"是汉语,"峨堡"是蒙古语音译,意为带宗教意味的石堆。

　　首先,可以明确的是,"汉水"早期只称"汉","水"是后来加上的,正如中国古代的"四渎"江、淮、河、济,后来才称江水、淮水、河水、济水(已经湮废),再后来又称长江、淮河、黄河,这是为了区别性更强、特殊性更明显而导致的地名发展与演变的一般规律。

　　其次,"汉水"之"汉",这一"汉中"与刘邦"汉"国号的来源字,竟也别具美义。《说文解字》:

　　　漢,漾也。东为沧浪水。……漢,古文汉如此。

东汉许慎"汉,漾也"的解说,应该来源于战国成书的《书·禹贡》"嶓冢导漾,东流为汉,又东为沧浪之水"。考"沧浪之水",始见《楚辞·渔父》"沧浪之水清兮,可以濯我缨",沧浪是指水色;《禹贡》的"沧浪之水",则指汉水自今湖北丹江口市沧浪洲至襄阳一段水道而言。① 又嶓冢,山名,在今陕西宁强县北;漾即汉上源的名称。汉伪孔安国传:"泉始出山为漾水,东南流为沔水,至汉中东流为汉水。"汉出今宁强县嶓冢山,东北流经今陕西勉县,西南合沔水,又东经南郑、汉中一带,称为汉;汉又东流、东南流,经今陕西南部、湖北西北部和中部,由今武汉市汉口、汉阳间入长江。由发源地到汇入长江,今汉水(习称汉江)长 1500 余公里,为长江最长的支流。又许慎所录古文漢,是战国时的文字,清段玉裁注:"按古文从或从大,或者,今之國字也",是则如果望文生义,古文的"汉"就是"滋润的大国"的意思。至于许慎收为正体的秦始皇帝书同文字的小篆"漢",本义不详,或与粘土(水津润粘土)、与水(粘土地带的水,即河流)有关;②而据

①　说见顾颉刚:《禹贡(全文注释)》,收入侯仁之主编:《中国古代地理名著选读》第一辑,科学出版社,1959 年版。

②　据《说文解字》及清段玉裁注,漢从水、堇声。漢既从堇声,则堇或兼有表意作用,由此又可推测漢字本义或与堇有关,而堇,黏土也。(盖土性黏者,与埴异字同义也。)从黄省,从土。(从黄者,黄土多黏也,会意。)凡堇之属皆从堇。堇,古文堇。(古文从黄不省也。)"按"凡堇之属皆从堇",如艰,"土难治也";墐,"涂也",用泥土涂塞;蟹,土中的虫(蚯蚓);暵,"干也",耕曝田曰暵。如此则从水从堇的"漢",本义或为水津润黏土,抑或为黏土地带的水(即河流)。

段玉裁"瀁言其微,汉言其盛"的解释,则小篆的"𣶏"同样寓有美义,即发源时的"汉",因为水流弱小,所以拟声为"瀁",微波荡漾的漾,等到水流盛大了,又拟声为"汉",这样,"汉言其盛","汉"也因此寓有了盛大、伟大一类的美义。(见图5-2)

当然,这在字形、字音、字义三方面都蕴涵美义的"汉"字,最大的美义还是与"天汉"的联系。如东汉蔡邕的《汉津赋》吟咏汉水道:

> 夫何大川之浩浩兮,洪流淼以玄清。配名位乎天汉兮,披厚土而载形。发源自乎嶓冢兮,引瀁澧而东征。纳汤谷之所吐兮,兼汉沔之殊名。总畎浍之群液兮,演西土之阴精。过万山以左回兮,旋襄阳而南萦。切大别之东山兮,与江湘乎通灵。嘉清源之体势,潜澶湲以安流。鳞甲育其万类兮,蛟螭集以嬉游。明珠胎于灵蚌兮,夜光潜乎玄洲。维神宝其充盈兮,岂鱼龟之足收。于是游目骋观,南援三洲,北集京都,上控陇坻,下接江湖,导财运货,懋迁有无。既乃风飙萧瑟,勃焉并兴,阳侯沛以奔骛,洪涛涌以沸腾。愿乘流以上下,穷沧浪乎三澨。觐朝宗之形兆,瞰洞庭之交会。

此赋极言汉水之浩淼玄清,而其中"配名位乎天汉兮,披厚土而载形"一句最值得重视,此句是说,在名声与地位方面,地上的"汉"相当于天上的"汉",这显示了地"汉"与天"汉"的对应关系。[①] 地上的"汉",发自西北,流向东南,又处河(黄河)、江(长江)之间,应当就是同样流向的天上的"汉"名称之来源。西晋陆机《拟明月皎夜光》诗:"招摇西北指,天汉东南倾","天汉东南倾",正好符合地"汉"的形势。地"汉"者,"汉言其盛",水流宏大,所以称为"汉",而在天上,"有光"而盛、婉转随流的正是"天汉";又"天汉"好像一条云状的光带,仿佛天上的一条大河,故以"云汉"、"天

---

① 晋杨泉《物理论》:"星者,元气之英也;汉,水之精也。气发而著,精华上浮,宛转随流,名曰天河,一曰云汉。"按杨泉的"汉",指的是"天汉",天汉是"水之精",而水者"地之本也。吐元气,发日月,经星辰,皆由水而兴"。杨泉关于天地的这种理论,或有助于理解天"汉"与地"汉"的关系。又赵宋陆佃《埤雅》卷二〇"汉":"水气之在天,为云;水象之在天,为汉。"

河"、"河汉"称之；这条云状的光带，略呈灰白色，所以又称"银汉"、"银河"；光带是由密集的星群组成的，遂称"星汉"、"星河"。如此，这"天汉"以及一系列的相关称谓，其实都是由地上的"汉"派生出来的。（见图 5 - 3）

第三节　几点结论及汉国号的影响

关于刘邦封王、国号为汉、汉国号的来源取义以及连带的一些问题，综上所论，可以得出如下认识：

其一，从地理看，项羽、范增定刘邦王国之号为汉，直接原因是该王国的都城在南郑，而南郑为秦朝汉中郡的治所。

其二，从语言看，就汉中郡的专名"汉中"论，"汉"指汉水，"中"在古巴人语言中作"地方"讲。"汉中"意即"汉水流经的地方"，而不是通常认为的"汉水中游"。

其三，从文字看，在战国文字以及秦小篆中，无论字形、字音还是字义，汉水的"汉"都是个美好的字眼。

其四，从天文看，"汉"字还有一层美义，因为天上的银河与地上的汉水相似，所以银河在古语及流俗语中得称为"汉"、"天汉"；反过来，地上的"汉"既然与天联系在了一起，地"汉"也就带上了特别的美义，所谓"以汉配天，此美名也"。

其五，从心理看，按照"先入定关中者王之"的约定，沛公刘邦本来应该被封为更好的关中王，然而项羽负约、立刘邦为汉王，刘邦愤怒、无奈之际，迫于形势，听从了萧何等人的劝谏，赴南郑就国；在此过程中，萧何的谏言"语曰'天汉'，其称甚美"，起到了关键性的心理安慰作用，它不仅使得刘邦接受了项羽给予的"汉王"封号，还使刘邦在有天下后，"因始封国名而号曰汉"[①]，即定有天下之号（帝国国号）为汉。

---

① 《资治通鉴·汉纪一》元胡三省《注》。

其六,从影响看,楚汉相争,最后刘邦灭项羽而君临天下,从此,"汉"作为"中国"共名长达 400 余年,虽然其间为"新"所代 15 年,其后又仅为"中国"一隅之名("三国"魏、汉、吴之"汉"),但刘邦始建、刘秀重建、刘备某种意义上再建的"汉",不仅成为中国历史上最具地位的国号之一,而且历史影响也非常广泛与深远:

(1)"汉"为后世诸多的汉族与非汉族建国者所沿袭,如十六国的刘渊、李寿,五代的刘知远,十国的刘龑、刘崇,元末的陈友谅等。其沿袭的程度,超过了此前的夏、商、周、秦。

(2)"汉"成为域外有关中国的一种习惯称谓,其普遍与持续状况,虽然比不上秦(China,即支那、震旦等),但是超过了唐。

(3)"汉"演化为此后直至现今中国主体民族的族称,如汉人、汉民、汉子、汉家、汉族一类皆是也。①

---

① 以上三点影响,另详本书以下相关各章的讨论。

第六章 新:"应天作新王"

在中国正统史观中,王莽的新朝是没有地位的。东汉班固作《汉书》,"起元高祖,终于孝平王莽之诛,十有二世,二百三十年"[1],即将汉刘邦元年(公元前206年)至新王莽地皇四年(公元23年)的全部历史,都纳入西汉历史;而王莽摄政以及建立新朝的18年,不得为本纪,所谓"紫色蛙声,余分闰位"[2],故退居为全书列传部分除《叙传》外的末尾一传。东汉以后,这种对新朝的处理方法长期流传,如《资治通鉴·汉纪》60卷中,就含有王莽摄政的3年与建新的15年。

然则以《汉书》和《资治通鉴》为代表的上述处理方法,在中国国号史的认知与研究上,显得并不合适。

以言中国国号史的认知,据《汉书·王莽传》并参以《资治通鉴》可知:

元始五年(5年),14岁的刘衎在位5年,为安汉公王莽毒杀,谥号孝平;

次年(6年),王莽立汉宣帝玄孙、年仅两岁的刘婴为皇太子,号"孺

---

① 《汉书·叙传》。
② 《汉书·王莽传·赞》。

子",王莽摄行皇帝之事,为"假皇帝",臣民谓之"摄皇帝"①,改元居摄;

居摄三年(8年)十一月,王莽改元初始,"用应天命";十二月②,王莽"即真天子位,定有天下之号曰新,⋯⋯以十二月朔癸酉为(始)建国元年正月之朔";

始建国元年(9年)正月朔,王莽"去汉号",废孺子婴为定安公,"永为新室宾";

地皇四年(23年)三月,"平林、新市、下江兵将王常、朱鲔等共立圣公(刘玄)为帝,改年为更始元年";十月,更始兵进入长安,王莽为商人杜吴所杀;

更始三年(25年),"夏,赤眉樊崇等众数十万人入关,立刘盆子,称尊号,攻更始,更始降之。⋯⋯六月,世祖(刘秀)即位,然后宗庙社稷复立,天下乂安。"

以上史实清楚地表明,西汉终于孺子婴被废,所以新朝不应包括在西汉朝之内。从初始元年(8年)十二月朔(始建国元年正月朔,相当于公元9年1月14日)至地皇四年(23年)十月,为新朝纪年;而此期间的天下共号,就是王莽的"定有天下之号曰新"。③

再言中国国号史的研究,新朝也拥有常常被人忽视的、非常特殊的地位。笔者曾在面向社会大众的电视讲座中指出:

> 王莽取代汉朝、建立新朝,开创了中国王朝"和平"改朝换代的

---

① "假皇帝"即代理皇帝,"摄皇帝"即具体管事的皇帝。

② 该年的十一月十五日相当于公历的8年12月31日,所以十二月已经进入公元9年。按类似的转年情况,在本书中还有多处涉及(为免繁琐,不再出注),而最便捷的查考方法,可据各版《辞海》(辞海编辑委员会编、上海辞书出版社出版)附录"中国历史纪年表"。该表从公元1年开始,加注同公历12月31日相当的中国历史纪年的月日。

③ 在此有两点需作交待:其一,西汉终于孺子婴被废。《资治通鉴》以居摄、始初(《汉书》作初始)作为王莽年号,实则王莽即天子位、改国号并改元前,仍奉汉正朔,所以居摄、初始应为孺子年号。其二,东汉实始于刘玄帝业。惟刘玄不久即败亡,刘秀则在十余年内完成了统一,所以范晔《后汉书》不承认刘玄帝业,未为更始一朝作本纪,而置刘玄与刘盆子二人的列传于列传之首,本纪则始于光武帝刘秀,换言之,范晔是以刘秀建武元年即公元25年为东汉起始年的,姑从之。

首例。王莽之前,改朝换代是血雨腥风的战争结果,商、周、秦、汉的天下都是打下来的;王莽之后,在将近千年的时间里,起码在形式上,改朝换代往往是不流血或少流血的宫廷政变的结果,如魏、晋、隋、唐、宋,天下都是前朝皇帝"奉送"的。靠真刀真枪打江山的"阳谋"可以建立王朝,靠搞政变或收拾天下人心的"阴谋"也可以建立王朝,中国历史上反反复复出现的改朝换代,简而言之,就是这阳谋与阴谋两大类,而通过阴谋完成改朝换代,王莽的新朝是"始作俑者"。值得深思的是,这个"始作俑者",在理论依据、具体做法、程序设计等等方面,都给了后世诸多的枭雄或英雄以启发与借鉴,为他们搭起了模仿或进一步完善的平台,所以王莽的新朝不是"始作俑者,其无后乎",而是"始作俑者,其多后也"。[1]

如此,这在传统以及现代的大多数中国历史纪年表中没有"位置"的新朝,其建立的过程及其国号的由来,值得我们细说从头。

第一节　"肇命于新都"

王莽"定有天下之号曰新",《汉书》注家没有解释。没有解释其实也是一种解释:"新"字文义太明显(与旧相对为新,改旧、更新为新,开始、始基为新),所以没有注解的必要——这可以看作是新国号的文义说;

东汉王充《论衡·正说》认为:"王莽从新都侯起,故曰亡'新'",《资治通鉴·汉纪二十八》始初元年元胡三省《注》:"因新都国以定号也",又清赵翼《廿二史劄记》卷二九"元建国号始用文义"条:"王莽建号曰新,亦以初封新都侯故也"——这是新国号的地名说。

此文义说、地名说,孰为历史的真相? 抑或两者兼而有之? 相对而言,地名说比较容易被人接受。《汉书·王莽传》:

> 新室之兴也,德祥发于汉三七九世之后,肇命于新都,受瑞于黄

---

[1] 胡阿祥:《正名中国:胡阿祥说国号》第七讲,中华书局,2013 年版。

支,开王于武功,定命于子同,成命于巴宕,申福于十二应,天所以保
祐新室者深矣,固矣。

这里的关键无疑是"肇命于新都"。"肇命于新都",指汉成帝永始元年
(前16年)"封莽为新都侯,国南阳新野之都乡,千五百户"①;而"上由是
贤莽"也在此时。

按王莽(公元前45年—公元23年),汉元帝皇后王政君之侄。汉成
帝继位后,尊王政君为太后。王政君"父及兄弟皆以元、成世封侯,居位
辅政,家凡九侯、五大司马",而王莽"群兄弟皆将军五侯子,乘时侈靡,以
舆马声色佚游相高"。王莽在王氏家族中则地位较低,特别另类,其早年
经历及入仕,《汉书》本传记载道:

> 莽父曼蚤(早)死,不侯。……莽独孤贫,因折节为恭俭。受《礼
> 经》,师事沛郡陈参,勤身博学,被服如儒生。事母及寡嫂,养孤兄
> 子,行甚敕备。又外交英俊,内事诸父,曲有礼意。阳朔中,世父大
> 将军凤病,莽侍疾,亲尝药,乱首垢面,不解衣带连月。凤且死,以托
> 太后及帝,拜为黄门郎,迁射声校尉。

王莽从此得有官职。前16年,因为叔父成都侯王商以及当世名士多人
的请求,王莽得封新都侯,进入了贵族的行列。前8年,王莽接替王根擢
为大司马。"莽既拔出同列",继伯父、叔父王凤、王商、王音、王根之后而
辅政,于是更加"克己不倦","愈为俭约",以邀延名誉。前7年,哀帝即
位,幸臣董贤与丁、傅两家外戚得势,罢王莽大司马官,改任特进、给事
中。前5年,王莽被遣回新都(今河南新野县东南九女城)封地。前2
年,王莽回到京都长安,侍太皇太后王政君。前1年,哀帝崩,王莽复为
大司马,领尚书事,王政君且与王莽合谋,立中山王刘箕之子、年仅9岁
的刘衎为帝,是为平帝,而由王莽总兼朝政。

总兼朝政以后的王莽,迅速开始了篡汉的行动,其第一步,便是指使

---

①《汉书·王莽传》。本章引文多出此传,以下不再一一出注,以免繁琐。

益州地方官员"令塞外蛮夷献白雉",于是元始元年(1年)群臣盛陈：

> 莽功德致周成白雉之瑞,千载同符。圣王之法,臣有大功则生
> 有美号,故周公及身在而托号于周。莽有定国安汉家之大功,宜赐
> 号曰安汉公。

"蛮夷献白雉"与王莽为安汉公有什么关系呢？按《太平御览》卷七八五引《尚书大传》："交趾之南,有越裳国。周公居摄六年,制礼作乐,天下和平。越裳以三象重译而献白雉。……成王以归周公。公曰：'吾何以获此赐也？'其使请曰：'吾受命吾国之黄耇,曰久矣天之无别风淮雨,意者中国有圣人乎？有则盍往朝之！'"可见王莽此举,正是要自比周公：周公辅幼主成王,摄政而成太平之世；王莽当日的地位正与周公相仿,所以周公托号于"周",王莽也就托号于"汉"了。又王莽此后的各种作为,也是大体如此,即托古以改制,稽古以示新。

经过几番推让后,王莽接受了安汉公的美号,并且进位太傅。又过了两年(3年),王莽之女成为汉平帝皇后；次年,采取商朝阿衡伊尹、周朝太宰周公的称号,加王莽号宰衡；又一年,赐王莽九锡；[1]再一年,王莽就成为"假皇帝"了。

据上所述,由新都侯而安汉公而假皇帝,20余年间,王莽的发迹史可谓清晰。而其发迹之地,某种意义上正是新都。又王莽再起之地也是新都。当他被遣回新都后,谨慎处事,严于律己,杜门自守,其次子王获杀了一个奴仆,王莽竟逼令王获自杀；王莽在新都三年,"吏上书冤讼莽者以百数","言其合管朝政,不当就国也"；王莽加九锡前,也上书自言：

> 臣以元寿二年六月戊午仓卒之夜,以新都侯引入未央宫；庚申
> 拜为大司马,充三公位；元始元年正月丙辰拜为太傅,赐号安汉公,

---

① 《汉书・王莽传》唐颜师古注："《礼含文嘉》云：'九锡者,车马、衣服、乐悬、朱户、纳陛、武贲、鈇钺、弓矢、秬鬯也。'"朱户,朱红色的大门；纳陛,殿前屋檐下专门凿出来的台阶；秬鬯,以黑黍和郁金香草酿造的酒。按古代帝王赐给有大功或有权势的诸侯大臣的九种物品,称为"九锡"。而从王莽开始,后世权臣篡位之前,往往先得赐九锡。

备四辅官;今年四月甲子复拜为宰衡,位上公。臣莽伏自惟,爵为新都侯,号为安汉公,官为宰衡、太傅、大司马,爵贵号尊官重,一身蒙大宠者五。

如此看来,新都既是王莽的发迹之地,也是王莽的再起之地;王莽"本所兴昌之地,重本不忘始"①,所以"定有天下之号曰新","肇命于新都"云云,正是这个意思,这就仿佛当年刘邦兴于汉中,故定有天下之号曰汉一样。

不过问题的真正复杂之处在于,如果进一步考察西汉中后期的社会政治形势,王莽篡汉建新前后的所作所为,以及当时"王者受命而王,必择天下之美号以自号"的正统思想,那么新国号,又绝非仅仅简单地得自地名新都国或爵位新都侯了。

第二节　以新德代替旧德②

如所周知,汉武帝以后,罢黜百家,独尊儒术,以董仲舒理论体系为核心的改造了的儒家思想成为西汉的统治学说。而在董仲舒的理论体系中,天人感应的五德终始学说又是一个关键。这一学说认为:

其一,"天"具有意志,天子代表"天"统理子民。天子并非至高无上,而是要受"天"的统制和约束,"天"以祥瑞或灾异昭示意志。如果天子有道,那么天降祥瑞,万物安宁;如果天子无道,那么天降灾异,以警示天子,促其改制"更化";设若天子仍然执迷不悟,冥顽不化,"天"就可以"再受命"。"更化"和"再受命"都是承顺天命的体现,两者只有程度的不同,而没有质的区别。

其二,"天"对于天子的奖惩,很大程度上取决于天子对立国之本的"民"的态度。天子勤政理民,就是"有道",享有天命;反之即为"无道",失

---

① 《论衡·正说》。
② 本节略据王保顶《论董仲舒五德终始说的影响及终结》(《史学月刊》1996年第2期)删改而成。

去天命。失去天命的例子,如"夏无道而殷伐之,殷无道而周伐之,周无道而秦伐之,秦无道而汉伐之。有道伐无道,此天理也,所从来久矣"①。

其三,"有道伐无道"与传统的五德终始体系②合若符契:"有道"可以变为"无道",被下一个"有道"取代;新德可以变为旧德,为下一个新德代替。③

五德生克图

董仲舒的上述学说,具有复杂的社会政治意义:一方面,"天子受命

---

① 董仲舒:《春秋繁露·尧舜不擅移汤武不专杀》。

② 五德本于五行,五行指土、木、金、火、水五种物质。中国古代思想家认为,这是构成世界的五种最基本物质,并用以说明世界的起源以及各种自然现象。战国中期的邹衍依据五行的自然属性,构造成一个循环系统,并延伸到社会历史范围,用以说明政权的更替与朝代的变迁。秦始皇帝第一次有意识地利用此说,以周为火德,水克火,秦代周而兴,故居水德。按这是所谓的五德相克说(相克的顺序是木、土、水、火、金),适合于征伐式的朝代更迭。又有五德相生说(相生的顺序是木、火、土、金、水),适合于禅让式的朝代更替。五德在中国古代政治理论与政治实践中,具有重要意义,新皇朝必定德,并根据所定之德制礼作乐。

③ 以上三点,按照廖伯源《说新——兼论年号创制之原因》(收入张政烺先生九十华诞纪念文集编委会编:《揖芬集:张政烺先生九十华诞纪念文集》,社会科学文献出版社,2002年版)的表述,"人君得天命而立,人君之政治莫不引起天之反应,政治败坏,灾异乃出,政治修明,祥瑞乃现,灾异祥瑞,盖天示人君以谴告或嘉许。政治败坏极至,灾异屡现而不知省悟悔改,乃革其天命,更命有德。"

于天，天下受命于天子"①，这为汉朝统治的合理性提供了理论依据。只要天子勤政理民，就可以永享天命，使统治"传之无穷，而施之无极"②；另一方面——也是汉武帝、董仲舒辈始料未及的，这一学说竟日益走向了其反面，成为否定汉朝统治的理论依据，并为王莽篡汉准备了逻辑基础，而所以如此，又是和西汉后期特定的社会政治情势相联系的。

西汉后期的统治，总起来说是江河日下，"民"的地位日益恶化，又灾异频繁。③ 而随着统治的恶化，"更化"、"再受命"之说不仅被阴阳家、儒生们广泛接受，在统治阶层中的影响也非常普遍，并进而深刻地影响着最高统治者。其时，汉帝诏书中多有自责自谴之语，并且为改服易色、实行"更化"而忙乱。而当这一切都无助于局面的改观时，汉哀帝登峰造极，听从方士甘忠可④之徒夏贺良"汉家历运中衰，当再受命"⑤的说教，改元易号，将建平二年（前5年）改为太初元将元年，以示更新，又自称"陈圣刘太平皇帝"，以示"再受命"。虽然月余就取消了，但西汉统治的难以维系已经可见端倪。又汉哀帝曾经打算"法尧禅舜"，试图将皇位传给嬖臣董贤，这大概也是"再受命"思想指导下的行为结果吧。

然则在汉末的社会政治形势下，在当时"家天下"的思想观念已经极为淡漠的氛围中，旧德必将为新德取代，普遍成为共识，人们对汉家旧德不再留恋，皆瞩目新德，就连刘氏宗族亦然。⑥ 正是在这样的背景下，王莽以新德的面目粉墨登场了。

---

① 董仲舒：《春秋繁露·为人者天》。
②《汉书·董仲舒传》。
③ 详田昌五、安作璋主编：《秦汉史》第四章第一节，人民出版社，1993年版。
④ 据《汉书·李寻传》，甘忠可，齐地方士，成帝时制造《天官历》、《包元太平经》，声称"汉家逢天地之大终，当更受命于天"。
⑤《汉书·哀帝纪》。
⑥ 钱穆《刘向歆父子年谱》（《古史辨》第五册上编，朴社，1935年版）指出：当世社会"又深信阴阳五德转移之说，本非效后世抱万世帝王一姓之见。莽之篡汉，硕学通儒颂功德劝进者多矣，虽亦觊宠竞媚，亦会一时学风之趋向"。又廖伯源《说新——兼论年号创制之原因》指出："阴阳五行之天人感应说为西汉之显学，西汉言天人感应说者，多持革命论，谓天下非一家一姓之天下，乃天下人之天下，天命无常，有德者居之。"

为了扮成新德的形象，王莽确实采取了一系列常人难以企及的举措：与豪强大肆蓄奴相反，王莽让亲生儿子为其杀死的奴婢偿命；与王公贵族疯狂兼并土地背道而驰，王莽拒绝新野赐田，并且屡次捐田由大司农分给无地的农民；王莽“筑舍万区”，“网罗天下异能之士，至者前后千数”……王莽这些惊世骇俗的所作所为，吸引了无数寻找新德者的引颈关注。

王莽秉政后，新德代替旧德，已经成为显而易见之势。① 及至代汉前夕，梓潼人哀章献“赤帝行玺邦传予黄帝金策书”。按赤帝指汉，火德②；黄帝为土德，而王莽自称“托于皇初祖考黄帝之后”，于是王莽下书，正式宣告：

> 赤帝汉氏高皇帝之灵，承天命，传国金策之书，予甚祗畏，敢不钦受！以戊辰直定，御王冠，即真天子位，定有天下之号曰新。其改正朔，易服色，变牺牲，殊徽帜，异器制。以十二月朔癸酉为（始）建国元年正月之朔，以鸡鸣为时。服色配德上黄，牺牲应正用白，使节之旄幡皆纯黄，其署曰“新使五威节”，以承皇天上帝威命也。

据王莽“钦受”汉氏高皇帝之灵，则汉与新的禅让，并非孺子婴传授王莽，而是汉高祖刘邦传授王莽，也就是赤帝传授黄帝。所以如此者，大概因为此事须由汉高祖承天命为之，方见郑重，或者因为孺子婴太年幼，不足以行禅让之事。总之，到了这时，新德代替旧德、土德代替火德、“革汉而立新、废刘而兴王”的“再受命”过程终于走完。而王莽发迹的全部奥秘，也正集中反映在了作为其政权象征与文化标志的国号“新”之上。

第三节　新皇帝的新政、新名号情结与新国号

以新德的面目秉政乃至登上最高权力宝座的王莽，事事求新，新国

---

① 当时的朝中情景，皇帝刘衎是个儿童，太皇太后王政君临朝，子弟众多的外戚王家权势显赫，堪称道德完人的王莽总掌大权，王莽之女又是刘衎皇后。

② 按汉德是个极为复杂的问题，先为水德，改为土德，再复火德。详顾颉刚：《五德终始说下的政治和历史》，收入《顾颉刚古史论文集》第三册，中华书局，1996 年版。

号也由此显得十分地贴切、无愧。

王莽始即真天子位，便忙乱于"改正朔，易服色，变牺牲，殊徽帜，异器制"，好一番"应天作新王"的气象！

王莽既建新朝，"委心积意，储思垂务，旁作穆穆，明旦不寐，勤勤恳恳"。其所推行的新政，仅扬雄《剧秦美新》中列举者便有：式轸轩旃旗，正嫁娶送终，亲九族淑贤，改定神祇，钦修百祀，明堂雍台，九庙长寿，制成六经，复五爵，度三壤，经井田，免人役，方甫刑，匡马法，云云；又顾颉刚指出："自从国家的宗庙、社稷、封国、车服、刑罚等制度，以及人民的养生、送死、嫁娶、奴婢、田宅、器械等品级，他没有不改定的。"① 真所谓"逮至大新受命"，始有"配五帝、冠三王、开辟以来未之闻也"的新德，始有"创亿兆、规万世"的制作，始有"帝典阙者已补、王纲弛者已张"的完美，始有"天人之事盛矣，鬼神之望允塞，群公先正罔不夷仪，奸宄寇贼罔不振威"的局面！②

王莽复古改革，连货币也恢复了先秦时期的刀、布形状

---

① 顾颉刚：《汉代学术史略》第十四章，东方出版社，1996年版。
② 扬雄：《剧秦美新》，收入严可均校辑：《全上古三代秦汉三国六朝文·全汉文》卷五三，中华书局，1958年版。

与新气象、新政协调一致，王莽对于各类名号，如中央和地方的官名，各级爵名，郡县名，四夷部族的封号，等等，也都大加更改，着意求新。即以郡县名为例，谭其骧师《新莽职方考》指出：“莽之改易汉郡县名，其取义于当地之历史、山川、风土者仅极少数，大半皆著意于字面之音训。有以音义通而更名者，有以义同而更名者，有以音通而更名者，有以义相反而更名者”，又有不便归纳的以故郡名为郡所治之县名、加治字、加亭字、加城字、加陵字、加屏字、加吾字、改汉为新或信、改阳为亭等等情形。① 又《汉书·王莽传》记载：初始元年（8 年），汉宗室广饶侯刘京上书言：“七月中，齐郡临淄县昌兴亭长辛当一暮数梦，曰：‘吾，天公使也。天公使我告亭长曰：“摄皇帝当为真。”即不信我，此亭中当有新井。’亭长晨起视亭中，诚有新井，入地且百尺”；于是“郡县以亭为名者三百六十，以应符命文也”。至于“岁复变更，一郡至五易名，而还复其故，吏民不能纪”。值得注意的是，在这大量、普遍、反复的郡县更名中，更名以寓意是一条基本原则：如以治、安、宁、平、顺、善、美、信、睦、昌等字更名，寓有国泰民安的愿望；以填、伐、平、厌等字配合蛮、夷、狄、虏等字更改边地郡县名，则显示出强调华夷之辨的心态；更改郡县地名带亭字，是为了应符命之文；如此等等，不一而足。

至于王莽秉政期间所立的年号元始、初始，建新的第一个年号始建国，也都反映了由“更化”而“再受命”以至重建一个全新国家的意思。又王莽建新后论功行赏，封了许多的“新”公，如王舜为安新公，平晏为就新公，刘歆为嘉新公，哀章为美新公，是为四辅，位上公；甄邯为承新公，王寻为章新公，王邑为隆新公，是为三公；甄丰为广新公，王兴为奉新公，孙建为成新公，王盛为崇新公，是为四将。由此又可见王莽对“新”的特别重视。

然则如此地更名改号，王莽浓重的名号“情结”可谓表露无遗；进之，再去理解王莽“定有天下之号曰新”，当能得出更加接近历史事实，也更

---

① 谭其骧：《新莽职方考》，收入所著《长水集》上册，人民出版社，1987 年版。

符合王莽心志的认识：

其一，王莽自以为"新皇帝"，新即 New，是相对于旧而言的。如《汉书·元后传》记载王莽即位，派元后"雅爱信之"的安阳侯王舜向元后王政君请传国玺，元后怒骂道：

> 而属父子宗族蒙汉家力，富贵累世，既无以报，受人孤寄，乘便利时，夺取其国，不复顾恩义。人如此者，狗猪不食其余，天下岂有而兄弟邪！且若自以金匮符命为新皇帝，变更正朔服制，亦当自更作玺，传之万世，何用此亡国不祥玺为！而欲求之？

按元后怒骂之语的第二层意思是：新皇帝改了新正朔、新服制，就应该作新玺了。"新皇帝"之"新"的意义，可谓十分明白。又《元后传》、《王莽传》之"假皇帝"、"摄皇帝"、"真皇帝"、"新皇帝"、"真天子"云云，文法用例一律同比，则元后怒骂时说的"新皇帝"之"新"字是形容词，类同于"假皇帝"、"真皇帝"、"真天子"，也是自无疑义。

其二，"新皇帝"之称，据《汉书·王莽传》所叙《符命》四十二篇，已多次出现在王莽"改元定号"之前；而此"新皇帝"的本意，盖即西汉百多年来学者悬想或悬记的"新王"——董仲舒《春秋繁露》所谓"春秋应天作新王之事"、"孔子立新王之道"、"新王必改制"等等的"新王"。以新王（王莽）取代旧王（刘衍、刘婴），也就等同于以新德代替旧德。

其三，如前所述，王莽发迹的全部奥秘在于一个"新"字；而其时的正统思想，是西汉以来《春秋》家所主张的"王者受命而王，必择天下之美号以自号"[1]，是东汉《白虎通德论·号》所阐明的"百王同天下，无以相别。改制天下之大礼号，以自别于前，所以表著己之功业也。必改号者，所以明天命已著，欲显扬己于天下也。……故受命王者必择天下美号"——而对于王莽来说，若要"表著己之功业"、"显扬己于天下"，最合适不过的美号就是"新"了。王莽"定有天下之号曰新"，本意即在于此。

---

[1]《白虎通德论·号》所引。

其四,王莽从新都侯起,所以当时符命有"肇命于新都"之说,惟此只是偶然巧合的一件事实、一个"预兆",而绝非问题的关键,正如胡适所认为的:"其实王莽即使不'从新都侯起',也还是要做他的'新皇帝'的",而作为国号的"新","不仅仅是'美号',实有表示'委心积意'的革新的意义,也可说是表扬这'委心积意'的革新功德的美号。"①

第四节 新德让位于下一个新德

历史有时太过残酷:王莽既以新德的形象,成为社会各阶层瞩望的最佳代汉人选,又以新德的化身,兴高采烈地登上了皇帝的宝座;然而,王莽的新德很快成为旧德,让位于下一个新德——刘秀重建的"正火德,色尚赤"的汉朝。

王莽之成也,"始则颂功德者八千余人,继则诸王公侯议加九锡者九百二人,又吏民上书者前后四十八万七千五百七十二人"②;及其败亡,商人杜吴杀之,校尉公宾就斩首,又"军人分裂莽身,支节肌骨脔分,争相杀者数十人。……传莽首诣更始,县(悬)宛市,百姓共提击之,或切食其舌"。

王莽如此迅速而风光地成功,又如此迅速而凄凉地败亡,原因何在?清史家赵翼指出:

> 人但知莽之败,由于人心思汉,而不知人心之所以思汉,实莽之激而成之也。当其始也,诡激立名以济其暗干之计,似亦奸雄之所为;及僭逆已成,不知所以抚御,方谓天下尽可欺而肆其毒痛,结怨中外,土崩瓦解,犹不以为虞,但锐意于稽古之事,以为制定则天下自平,乃日夜讲求制礼作乐,附会六经之说,不复省政事,制作未毕

---

① 胡颂平:《胡适之先生年谱长编初稿》,1956 年 4 至 5 月间致杨联陞书四封,联经出版事业公司,台北,1984 年版。
② 赵翼:《廿二史劄记》卷三"王莽之败"条。

　　而身已为戮矣。①

　　具有讽刺意味的是,王莽所以"结怨中外",正是由于"锐意于稽古之事"、泥古不化地推行所谓的"新"政、"新"名号。② "新"政乱政,"新"名号乱名号,几乎全部失败的"新"政与混乱不堪的"新"名号,"使外夷与中国胥怨者也。于是四海沸腾,寇盗蜂起,更始、赤眉、光武,因得以刘宗号召天下"——失败的改革往往比不改革的结果更坏! 王莽之成、之败,竟都系于一个"新"字,悲夫!

　　王莽新德既败,汉又成为新德。其时,"人心思汉":"汉自高、惠以后,贤圣之君六、七作,深仁厚泽,被于人者深,即元、成、哀三帝稍劣,亦绝无虐民之政,……加以莽政愈虐,则思汉之心益坚。"③以此,揭竿而起的绿林、赤眉为代表的"民"思汉新德,立刘氏后裔为帝,寄望于刘汉皇朝的重建;而"欺人孤寡,篡汉自立",则是刘汉宗室贵族和维护汉朝正统的官僚地主声讨王莽的一条最重要的罪状,恢复刘汉皇朝,也因此显得天经地义。正是在这样的情势下,新莽的旧德倏忽而逝,刘玄、刘盆子、刘婴、刘子舆(王昌诈称)、刘文伯(卢芳诈称)、刘永等等真假刘氏后裔,纷纷自居汉家新德;而雄才大略的汉高祖刘邦九世孙、出自汉景帝刘启一系的刘秀,也依据"刘秀发兵捕不道,四夷云集龙斗野,四七之际火为主"的赤伏符④,乘势而起,并于公元25年六月在鄗(今河北柏乡县北)即位称帝。清赵翼于此议论道:

　　　历观诸起事者,非自称刘氏子孙,即以辅汉为名,可见是时人心

---

① 赵翼:《廿二史劄记》卷三"王莽之败"条。
② 王莽以儒家艳称的西周为榜样,言必称周公,事必据周礼,制必从周制。王莽大概觉得,只要这样做了,新朝就是西周盛世的重现,而这正是王莽的悲剧所在:历史既然已经走到了汉朝,怎么可能再回到周朝? 王莽看似一切求新,其实归根到底,王莽的求新,原是完全脱离社会实际、纯属劳民伤财、徒然激发各种矛盾的复古或者说复旧。
③ 赵翼:《廿二史劄记》卷三"王莽时起兵者皆称汉后"条。
④《后汉书·光武纪》。按此"赤伏符",乃是刘秀早年在长安的同学强华自关中奉来。《后汉书·光武纪》唐李贤注:"四七,二十八也。自高祖至光武初起,合二百二十八年,即四七之际也。汉火德,故火为主也。"

思汉,举天下不谋而同,是以光武得天下之易,起兵不三年,遂登帝位。古未有如此之速者,因民心之所愿,故易为力也。①

事实上,当刘秀欲"复高祖之业"而称帝建国、号国为"汉"时,其他称帝称王者尚遍布全国。惟十多年后(公元 36 年),政治经验丰富、行政能力杰出、军事谋略高超的刘秀灭群雄而取天下,"汉"国号才定于一尊,东汉(后汉)的光武帝刘秀也才仿佛于西汉(前汉)的高祖刘邦,"汉"也再次成为真正的天下共号,并一直延续到了公元 220 年魏王曹丕的篡汉建魏。

---

① 赵翼:《廿二史劄记》卷三"王莽时起兵者皆称汉后"条。

第七章　魏、汉、吴：天下三分

　　刘秀重建的统一的汉朝，维持到光和七年（184 年）黄巾民变爆发，即陷入了实际的分裂状态中；而为了镇压黄巾民变，汉中央政府又不得不赋予州牧郡守更多的权力，于是州牧郡守遂发展为肢解统一的汉朝的分裂势力，《续汉书·百官志》①梁刘昭注就此指出：

> 　　大建尊州之规，竟无一日之治。故焉牧益土，造帝服于岷、峨；袁绍取冀，下制书于燕、朔；刘表荆南，郊天祀地；魏祖据充，遂构皇业；汉之殄灭，祸源乎此。

虽然"汉之殄灭"，原因不独仅此，但全国规模的军阀混战，还是与州郡牧守权力的恶性膨胀有着直接的联系，汉朝正是在军阀混战中鱼烂而亡的；其直接代汉者，则是"魏祖"曹操之子曹丕。

　　公元 220 年，曹丕代汉建魏。曹丕之成功代汉，依靠的是其父曹操的多年苦心经营。兴平二年（195 年），关中乱，汉帝刘协（汉献帝）出长安东行，沮授劝袁绍迎汉献帝，袁绍不听；次年即建安元年，汉献帝流亡到

---

① 或引作《后汉书·百官志》，误。按南朝刘宋范晔撰《后汉书》，志未成即因罪入狱而死。今本《后汉书》中的八志三十卷，原为晋司马彪《续汉书》（纪、志、传八十篇，今纪、传已佚）的一部分，后人合之于范晔的《后汉书》中。

洛阳,曹操出兵,迎帝至许(治今河南许昌县东)。是时,袁绍占据冀、并、青三州,公孙瓒占据幽州,陶谦、刘备、吕布相继占据徐州,袁术占据扬州之淮南地区,刘表占据荆州,张绣占据南阳,孙策占据江东,韩遂、马腾占据凉州,刘璋占据益州,公孙度占据辽东;及至占据兖、豫二州的曹操控制汉献帝,形势遂有了变化:汉献帝都许,"至是宗庙社稷制度始立";而曹操既"挟天子以令诸侯",于是拥有了政治优势。演至后来,曹操、孙权、刘备终于灭群雄而三分天下,国号则分别为魏、汉、吴。①

魏、汉、吴三国鼎立,是为所谓的"三国"。这是一个分裂的时代,魏、汉、吴作为三个非统一皇朝的国号同时存在,它们的来源又各不相同。

第一节　魏:"代汉者当涂高"

魏代汉的过程,经历了曹操、曹丕父子两代。先是 208 年,曹操受封丞相。213 年,汉献帝封曹操为魏公。216 年,曹操进爵魏王。② 220 年正月,曹操薨,次子曹丕袭丞相位、魏王爵,同年称帝,建国号魏,都洛阳,废逊帝刘协(汉献帝)为山阳公,于是统一皇朝"汉"正式灭亡。

曹氏代汉,为什么要称魏呢?《资治通鉴·魏纪一》元胡三省《注》曰:

> 操破袁尚,得冀州,遂居于邺。邺,汉之魏郡治所。魏,大名也。遂封为魏公。又谶云:"代汉者当涂高。"当涂高者,魏也。文帝受汉禅,国遂号魏。

可知曹丕"国遂号魏"是缘于曹操封魏公,而曹操封魏公的表面原因,是

---

① 论者多以为赤壁战后即 208 年以后,三国鼎立。其实不然。222 年猇亭之战后,三国鼎立形势始正式确立,从此三国都有了比较稳定的疆界。详胡阿祥:《六朝疆域与政区研究》第一章,西安地图出版社,2000 年版。

② 谷川道雄《隋唐帝国形成史论》(李济沧译,上海古籍出版社,2004 年版)第三编第三章指出:"魏晋时期,有很多例子显示王位主要授予皇帝近亲的宗室,作为例外授予异姓的例子则显示出易姓革命近在咫尺。在当时,异姓王实际上是很有可能成为皇帝的人。"曹操之封魏王,以及后来晋南北朝时期诸多权臣成为皇帝,皆是这种判断的证明。

曹操击败袁绍之子袁尚、夺得冀州后,居于邺(今河北临漳县西南),邺又原是汉朝的魏郡治所;至于深层原因,则与"魏,大名也"的美义、"代汉者当涂高"的谶文有关。

东汉应劭《风俗通义·皇霸第一·六国》:"魏之先,毕公高之后也。毕公与周同姓,武王灭纣,封高于毕,因以为姓。其裔孙曰毕万,事晋献公。献公伐魏,灭之,以封万。卜偃曰:'毕万之后必大。万,盈数;魏,大名也。天子曰兆民,诸侯曰万民。今名之大,以从盈数,是以有众,不亦宜乎?'"又《淮南子·俶真训》"是故身处江海之上,而神游魏阙之下"句东汉高诱注"魏阙"云:"巍巍高大,故曰魏阙。"以"巍"训"魏","巍",高大也,此即"魏,大名也"之义。换言之,魏有大的意思,原是春秋以来的说法,而国号为魏,也就有了国家强大的美义。①

进一步看,曹操之所以胁迫汉献帝封其为"魏"公,更与"代汉者当涂高"的谶文有关。② "代汉者当涂高"的谶文,最可靠的初次出现,是在东汉建武初年刘秀与公孙述的书信中:"代汉者当涂高,君岂高之身邪?"由于这句谶文很模糊,所以颇有不同的解释,并被各种人所利用。如有人认为,此谶谓代汉者姓当涂、名高,其人的身份为丞相③;也有人认为,"涂"为路,而袁术(術)字公路,自以为名与字皆应谶④,恰好他又从孙坚手里得到了汉朝的传国玉玺,于是匆匆称帝,却被曹操派来的他最瞧不起的刘备打得一塌糊涂,心中一气,呕食而死。⑤ 至于"魏"公曹操欲与相应的解释,则是巴西阆中人、约活动于东汉桓、灵二帝时的周舒的说法:"当涂高者,魏也"⑥,盖"魏,阙名也,当涂而高,圣人取类而言耳"⑦。按

---

① 按三国的魏,与先秦的魏国并无直接的关系,故此不详论。
② 所谓谶文,简而言之,好比求签问卦时所得的签文一样,虔诚者认为它是对未来、对后世的事实的预言。
③ 详《后汉书·公孙述传》唐李贤注引《东观记》,《华阳国志·公孙述志》。
④ 按术、公路都有大路的意思,当涂也有大路的意思,如"道听途说",起初的写法就是"道听涂(塗)说"。
⑤《后汉书·袁术传》。
⑥《三国志·蜀书·周群传》。
⑦《三国志·蜀书·杜琼传》。

古代天子、诸侯宫门之上巍然高出的楼观，称阙或观；因其巍然而高，也称魏阙；"当涂而高"，即当着大道的高大建筑物，"魏阙"正是如此。[1] 所以当涂高指魏，代汉者就是魏。当时汉献帝已被曹操挟制，皇袍已经是曹操穿在身上的内衣，明眼人都知道曹操是最有可能代汉者；而曹操被封魏公，能与谶文相应，这就在"理论"上为曹氏代汉准备了充分的理由；再者，东汉本来不立丞相，及至曹操始为丞相，这又对上了代汉者为丞相的身份解释。如此，曹丕继承曹操之后，最终代汉而号"魏"，本是为了应谶。

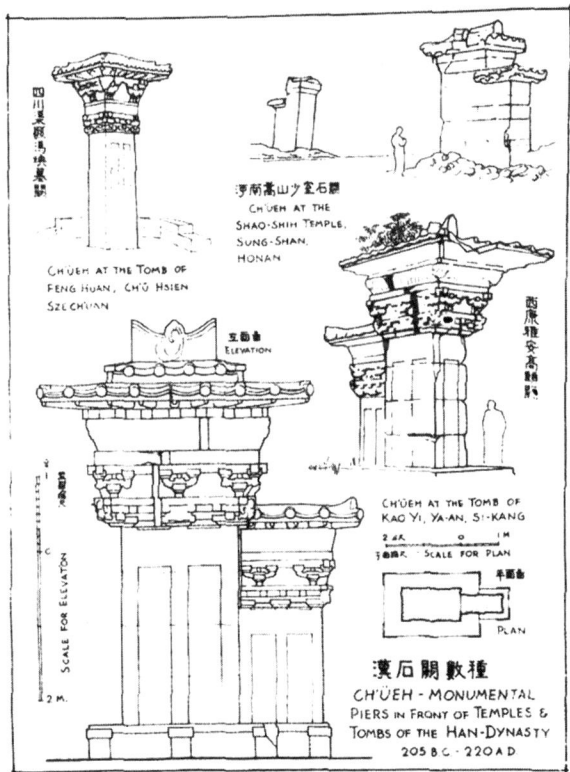

汉石阙数种（梁思成著《中国建筑史》）

---

[1] 详细的解释，参见《三国志·魏书·文帝纪》南朝宋裴松之注引"太史丞许芝条魏代汉见谶纬于魏王曰"条。

第二节　汉:唯我正统

　　221年,即曹丕篡汉建魏、自立为帝的次年四月,219年取得汉中、已称汉中王的"汉景帝子中山靖王胜之后"刘备①称帝,建都成都,仍国号汉。

　　刘备是否真是汉景帝刘启之子中山靖王刘胜的后代,其实不能肯定,对此,注《三国志》的南朝宋裴松之的一段话颇是意味深长:"臣松之以为先主虽云出自孝景,而世数悠远,昭穆难明,既绍汉祚,不知以何帝为元祖以立亲庙。"②然而无论怎样,刘备正是凭借着"帝室之胄"的身份,用兴复汉室为旗帜,逐渐形成其三分天下有其一的势力,并与曹操对抗、与孙权联合的。当时,曹操"托名汉相,挟天子以征四方,动以朝廷为辞",孙权"割据江东,地方数千里";而刘备虽偏处一隅,地狭民少,其自居为汉家正统,却也具有相当的政治优势。在这样的背景下,当曹丕公然代汉称帝、废汉帝刘协为山阳公后,刘备继承汉统、正位汉帝、再建汉国号,就属势所必然;而且刘备做得也相当到位:先是,"或传闻汉帝见害,先主乃发丧制服,追谥曰孝愍皇帝"③;接着,"在所并言众瑞,日月相属",文武又极力劝进。如此这番之后,汉中王刘备才变身为汉帝刘备。

　　据上分析,刘备仍用汉国号的原因,在于显示政权的正统性,表明其是汉朝的延续。④ 而刘备汉政权的自视"正统",直接的相关证据也甚多,

---

① 《三国志・蜀书・先主传》。

② 《三国志・蜀书・先主传》南朝宋裴松之注。又裴松之注引曹魏鱼豢《典略》云:"备本临邑侯枝属也。"据凌文超《释"玺出襄阳"》(收入中国社会科学院历史研究所编:《大河之魂:中国襄阳・汉水文化论坛论文集》,人民出版社,2015年版)的考证:汉代临邑侯可考者有二,一为常山宪王之后的刘让,二为长沙定王之后的刘复,虽皆为汉景帝之后,但皆非中山王刘胜之后。"考虑到刘备及其祖、父活动的区域接近常山,且临邑侯刘让因谋反而被光武帝诛杀,刘备需要隐忌其先世,我们认为,刘备为临邑侯刘让枝属的可能性更大。"

③ 据《后汉书・孝献帝纪》,魏青龙二年即234年,刘协薨,魏谥为孝献皇帝。

④ 关于中国古代政治学说中的"正统",记载盈篇,此不细说。约言之,正统概念,在血缘承嗣方面是与"庶支"相对而言的,其基本含义为"嫡出";在分裂割据或皇朝兴替的历史环节上,是与"僭伪"、"偏安"相对而言的,其基本含义为"唯一的合法政权"。"正统"的政权,至少在名义上取得了可以号令天下的资格。

如《三国志·蜀书·先主传》载许靖、诸葛亮等上书劝刘备称帝云：

> 曹丕篡弑，湮灭汉室，窃据神器，劫迫忠良，酷烈无道。人鬼忿毒，咸思刘氏。今上无天子，海内惶惶，靡所式仰。……前关羽围樊、襄阳，襄阳男子张嘉、王休献玉玺，玺潜汉水，伏于渊泉，晖景烛耀，灵光彻天。夫汉者，高祖本所起定天下之国号也，大王袭先帝轨迹，亦兴于汉中也。今天子玉玺神光先见，玺出襄阳，汉水之末，明大王承其下流，授与大王以天子之位。瑞命符应，非人力所致。……伏惟大王出自孝景皇帝中山靖王之胄，本支百世，乾祇降祚，圣姿硕茂，神武在躬，仁覆积德，爱人好士，是以四方归心焉。……宜即帝位，以纂二祖，绍嗣昭穆，天下幸甚。

刘备既即帝位，又为文曰：

> 汉有天下，历数无疆。曩者王莽篡盗，光武皇帝震怒致诛，社稷复存。今曹操阻兵安忍，戮杀主后，滔天泯夏，罔顾天显。操子丕，载其凶逆，窃居神器。……社稷堕废，备宜修之，嗣武二祖，……惟神飨祚于汉家，永绥四海。

上引史料中，玺潜汉水而出襄阳，刘备之为汉中王，都与汉家高祖、先帝刘邦相呼应，而刘备也就成了继"二祖"刘邦、刘秀之后再造汉朝的"三祖"了；甚至刘备立国而建元章武，也寓有彰显光武帝刘秀建武年号的意思。后世对这一点也多有认同，如明朝谢陛撰述《季汉书》，清朝王复礼作有《季汉五志》，都尊刘备的汉（季汉）为正统，直接上承刘邦的西汉（前汉）与刘秀的东汉（后汉）；又南宋萧常、元朝郝经的《续后汉书》，以东汉班固的《（前）汉书》、南朝范烨的《后汉书》为接续对象，即同样是以刘备、刘禅为正统，立为帝纪、本纪。如果刘备身后有知，面对这样的认可，也当含笑九泉了。

然而时至今日，好哭的汉帝大耳刘备、"鞠躬尽瘁，死而后已"的汉相诸葛亮、忠义象征的汉将关羽等汉家君臣，大概又要长哭于九泉之下了！比如前些年中国中央电视台拍摄的电视连续剧《三国演义》，片头就自始至终"蜀"旗飘扬；而现今表述、研究三国历史，对于刘备、刘禅政权，习惯称为"蜀汉"，甚至就称为"蜀"。

把刘备、刘禅的"汉"称为"蜀"，当然也有着历史的渊源与特殊的考虑。如在当时各方争为正统的背景下，曹魏、司马晋政权就称刘备、刘禅政权为"蜀"；研究三国历史最重要的正史，即晋朝陈寿所撰的《三国志》，分立《魏书》《蜀书》《吴书》，以记曹魏、刘汉、孙吴历史，并以曹魏为正统。从当时的历史实际出发，这是可以理解的。以陈寿的处理方法为例，因为司马氏代魏而起，走的不是征伐的路线，而是禅让的形式，如果不以曹魏为正统，那无疑等于否定了司马氏晋朝的合法性，作为由刘汉入司马晋的臣子陈寿，他岂敢如此？连带着，不以《三国志·汉书》记述国号为"汉"的刘备、刘禅政权，而改以带有地域色彩的"蜀"①，又缘于此前已有刘邦的汉（前汉或称西汉）与刘秀的汉（后汉或称东汉），如果再立《汉书》，也容易导致名实的混淆。又有学者指出，陈寿为巴西郡安汉县人，属于与外来的刘备侨寓集团存在矛盾的巴蜀土著集团，而且陈寿之父曾被诸葛亮所髡，陈寿自身又曾为诸葛亮所轻，故此陈寿的《三国志》称刘备、刘禅的"汉"为"蜀"，也与此有关。（见图7-1）

但是必须强调的是：如果尊重事实，尊重名从主人的原则，则述刘备、刘禅政权，当然应该称"汉"；即便陈寿的《三国志·蜀书》中，也有称"汉"而未强改为"蜀"者，如《三国志·吴书·孙权传》所载正式公文刘备与孙权盟约云：

> 九州幅裂，普天无统，民神痛怨，靡所戾止。及操子丕，桀逆遗丑，荐作奸回，偷取天位，而豂么麼，寻丕凶迹，阻兵盗土，未伏厥诛。……今日灭豂，禽其徒党，非汉与吴，将复谁任？夫讨恶翦暴，必声其罪，宜先分裂，夺其土地，使士民之心，各知所归。……汉之于吴，虽信由中，然分土裂境，宜有盟约。……自今日汉、吴既盟之

---

① "蜀"为古族名与古国号，分布在今四川中部偏西。公元前316年并于秦国，秦于其地置蜀郡。

> 后,戮力一心,共讨魏贼,救危恤患,分灾共庆,好恶齐之,无或携贰。
> 若有害汉,则吴伐之;若有害吴,则汉伐之。各守分土,无相侵犯。
> 传之后叶,克终若始。

很明显,造立盟约的 229 年,刘禅、孙权、曹叡国号分别为汉、吴、魏。又《三国志·蜀书·杨戏传》记注延熙四年(241 年)杨戏所著的《季汉辅臣传》,陈寿也未改为《蜀辅臣传》,盖"季汉"者,正是刘备、刘禅政权在当时的政治旗号与政权定位。

要之,我们今天叙述刘备、刘禅政权,不应还如特殊政治背景下陈寿的作史书法,称"蜀"不称"汉",而应该据史实书地称"汉",或沿用旧称地称"季汉",底线是约定俗成地称"蜀汉";独有长久以来习称刘备、刘禅政权的"蜀",属于带有贬义的他称,最为不妥,理应废之,否则不仅对不起刘备、诸葛亮、关羽等一班汉家君臣,而且有碍于当时历史的正确理解,因为刘备、刘禅父子以及诸葛父子、关羽父子等等最大的政治资本,便是作为正统象征的"汉"国号。

第三节　吴:"此盖时宜耳"

曹丕称帝建国后,221 年封孙权为吴王,当时孙权在武昌(今湖北鄂州市)。229 年四月孙权即帝位,九月迁都建业(今江苏南京市),国号吴。此后孙吴政权除有两年(265 年九月至 266 年十二月即 267 年 1 月)曾再以武昌为都外,其他时间均以建业为国都。

孙权为什么要接受曹丕的吴王封号呢?《三国志·吴书·吴主传》裴注引《江表传》:

> 权群臣议,以为宜称上将军、九州伯,不应受魏封。权曰:"九州伯,于古未闻也。昔沛公亦受项羽拜为汉王,此盖时宜耳,复何损邪?"遂受之。

由此可见孙权的考虑:衡量当时的形势,刘备自居汉家正统、易得民心,魏国势力最强、兵强马壮；而自己介于其间，并不是两者的对手。① 故为时宜之计，姑且接受曹丕给予的封号。而对于曹丕言之，所以封孙权为吴王，乃是由于孙权据有的江东之地，在秦汉时习称吴地②，习称吴地的原因，则可溯源至先秦时期的吴国。③

以上应谶的"魏"、沿袭的"汉"、受封的"吴"，迁延至263年十一月，魏灭汉，于是刘备某种意义上再建、又仅为"中国"一隅之名的"汉"宣告结束；265年十二月（266年1月），司马炎代魏称帝，国号晋，仍都洛阳；及280年三月，晋灭吴，三分再归统一。统一的中央皇朝"晋"，疆域所及，大体东至朝鲜中部，西被流沙以西，南抵日南，北暨瀚海；而"晋"国号，也由此成为新的天下共名、"中国"共号，60年（220年十月至280年二月）天下无主、"中国"没有共号的历史，由此成为过去。

---

① 如陶元珍《三国吴兵考》（《燕京学报》第13期，1933年）即云："（孙）坚举事未就，中道战死，（孙）策以一校尉渡江，（孙）权以一孝廉领郡，名位尚低，声望不著。"

② 《汉书·地理志》："吴地，斗分野也。今之会稽、九江、丹阳、豫章、庐江、广陵、六安、临淮郡，尽吴分也。"

③ 关于先秦吴国国号的由来，颇为复杂，学者们的考述也很多，参见：周言《释"吴"》、殷伟仁《太伯仲雍奔吴与先吴风俗问题》，均载《苏州大学学报·太湖历史文化研究专辑》第1辑，1992年；周国荣、周言《"吴"名考辨》，《苏州大学学报》1992年第3期；殷伟仁《吴国国名的文化蕴意》，《学术月刊》1994年第2期，等等，此处不赘，但明白孙权的吴国号渊源于先秦的吴国号即可。

第八章　晋："司马昭之心"

历史的冷酷无情,往往表现在其惊人的相似,比如夺人天下者,一段时间后,天下又为人所夺。公元 220 年,当曹丕威逼汉帝刘协让位给自己时,一定没有料到仅仅 40 余年后,曹魏皇朝就会遭遇同样的命运:266年初,野心勃勃的曹魏权臣司马炎既觊觎皇位,又想逃避篡位的骂名,于是便效仿曹丕篡汉的"禅让"故事,逼迫魏帝曹奂"主动"让位,自己还假惺惺地推让一番,于是篡位被美化成了禅让,双方也都成为尧舜般的圣君。

曹丕篡汉建魏,为后世所谓"禅让"准备好了样本,这在历史上称为"汉魏故事";司马炎篡魏建晋,则是"汉魏故事"的第一次翻版,是为"魏晋禅让"。所稍异者,"汉魏故事"历经曹操、曹丕父子两代,"魏晋禅让"则司马懿、司马师司马昭、司马炎三世方才完成。

当篡魏建晋完成时,天下尚未归一;及至 280 年三月灭吴,晋成为新的天下共号。作为天下共号的晋,止于 316 年十一月晋帝司马邺被匈奴所建汉国的大将刘曜所俘。而往上追溯,晋国号的成立,又可上推到 263 年十月司马昭受魏封为晋公,魏之议封司马昭为晋公,更早在258 年五月。至于司马昭何以被封晋公,《资治通鉴·晋纪一》元胡三省《注》曰:

司马氏,河内温县人。宣王懿得魏政,传景王师,至文王昭,始封晋公,以温县本晋地,故以为国号。

这里的宣王、景王与文王云云,是晋国既建后司马昭与司马炎追尊的;司马炎篡魏后,更追尊他们为高祖宣皇帝、世宗景皇帝、太祖文皇帝。而按照胡三省的意思,司马昭得封晋公,是因为司马氏的籍贯温县"本晋地"。"晋地"自与先秦的晋国有关。然则司马氏的晋国号,仅仅因为"温县本晋地"? 果然如此,那为什么司马昭的晋国封地,并不包括河内郡及温县呢? 看来,"温县本晋地"只是表面现象,不是问题的关键,司马昭受晋国封、司马炎篡魏后沿用晋国号,还另有更加重要的原因。

第一节　溯源:先秦的晋国

先秦的晋国,始封于公元前 11 世纪周成王时。《史记·晋世家》:

晋唐叔虞者,周武王子而成王弟。……武王崩,成王立,唐有乱,周公诛灭唐。……遂封叔虞于唐。唐在河、汾之东,方百里,故曰唐叔虞。姓姬氏,字子于。唐叔子燮,是为晋侯。

据此,姬虞始封时仍名唐国[①];其子姬燮既为"晋侯",则唐已改为晋。改唐为晋的缘由,《史记·晋世家·索隐》:"唐有晋水,至子燮改其国号,曰晋侯";又《史记·晋世家·正义》引唐《括地志》:"《宗国都城记》云'唐叔虞之子燮父徙居晋水傍……',《毛诗谱》云'叔虞子燮父以尧墟南有晋水,改曰晋侯'。"今按:据《汉书·地理志》,晋水源出今山西太原市西南悬瓮山,东北流经古城营西古城,注入汾水。叔虞始封时,封地在今晋南翼城一带,其时今太原附近尚为戎狄所居,所以此"晋水"应该是后来得名于晋国的,而且晋水短小,以理度之,也不足以用作国号。

---

① 唐国的始末,详本书第十一章。

　　既然因为晋水而改"唐"为"晋"的说法不确，那么晋国号是如何得来的呢？雒江生《秦国名考》指出：

　　　　唐叔因在宜于种植"禾谷"的封地得"嘉谷"，受到周成王与周公的嘉美，而"晋"字的本义是"谷子生长丰茂"的意思，与"嘉谷"之义相应，所以当其子代己就国时，为标志得"嘉谷"是立国根本，就称国名为"晋"，其子燮为"晋侯"。①

上引文中涉及的史实，见《史记·鲁周公世家》："天降祉福，唐叔得禾，异母同颖，献之成王，成王命唐叔以馈周公于东土，作《馈禾》。周公既受命禾，嘉天子命，作《嘉禾》。"这事又见载于《史记·周本纪》，而文字略同。按"异母同颖"，"母"与"拇"通，即此"禾"一株分蘖数枝、每枝皆结一穗，这当然是一株生长得奇特嘉美的"禾"（稷的"禾"；稷即谷子，去皮即是小米），一旦推广种植，无疑将可以大大增加产量。时人则认为这是天命神意的、事关国计民生的重大发现，所以《史记》在《周本纪》《鲁周公世家》中重复记载，以示郑重。又甲骨文与金文的"晋"字字形（甲骨文写作 𩇩、𩇩，金文写作 𩇩、𩇩、𩇩）②，也证明了雒江生上引说法的可信。（见图 8 - 1）

　　然而"晋"国号这样的真实由来，后世已不甚明瞭，并因此产生了解释"晋"国号者，或据晋水立说③、或依字义（"晋，进也"的晋字引申义）创论④的情况；值得注意的是，后世司马氏定国号为"晋"，却又恰与"晋，进也"之说，有着相当密切的联系。

　　另一方面，魏封司马昭为晋公，当是因为司马昭的封域"皆晋之故

────────────

① 雒江生：《秦国名考》，《文史》第 38 辑，1994 年。
② 中国科学院考古研究所：《甲骨文编》卷七，中华书局，1965 年版；容庚：《金文编》卷七，科学出版社，1959 年版。
③ 如《汉书·地理志》及前引《毛诗谱》、南北朝徐之才《宗国都城记》、唐司马贞《史记索隐》等。
④ 如东汉刘熙《释名·释州国》："晋，进也。其地在北，有事于中国，则进而南也。又取晋水以为名，其水迅进也。"

壤"①。"晋之故壤",即先秦晋国的疆域范围。考晋国初封时,只是个在"河、汾之东,方百里"的小国,建都于唐(今山西翼城县西)。春秋初期,晋昭侯分封叔父成师于曲沃(今山西闻喜县东北),造成分裂局面。前679年,曲沃武公(成师之孙)灭晋缗侯(昭侯后裔),统一晋国,次年,周天子命为晋侯。前677年,晋武公死,其子诡诸立,是为献公。献公迁都绛(今山西翼城县东南),陆续攻灭周围小国,晋国开始强盛起来。及至晋文公重耳,改革内政,国力富强,一时成为霸主,东南据有今太行山南、黄河北岸的"南阳"等地。文公又四传(襄、灵、成)至景公,迁都新田(今山西曲沃县西北),疆域续有扩展,极盛时有今山西大部、河北西南部、河南北部和陕西一角。再后来,晋国六卿(赵氏、魏氏、韩氏、智氏、范氏、中行氏)逐渐强大,并互相争夺与兼并:前490年,范氏、中行氏败;前453年,智氏被灭。于是韩、赵、魏分据晋之中部、北部和南部地区,晋公仅保有绛和曲沃两地。周威烈王二十三年(前403年),周天子正式承认韩、赵、魏三家为诸侯,晋国名存实亡。前376年,韩、赵、魏共废晋靖公,三分其地,"晋绝不祀"②;而分晋后的韩、赵、魏,习惯上又合称"三晋"。

在上述先秦晋国变迁中,有两事值得关注。其一,"南阳"之地。《国语·晋语》:前635年,周襄王赐晋文公"南阳阳樊、温、原、州、陉、絺、组、攒茅之田"。温不久成为晋国一县(但中间曾一度为狄所占),即《汉书·地理志》河内郡温县(治今河南温县西南招贤镇)。其二,"三晋"之称。如《史记·楚世家》宣王六年:"秦始复强,而三晋益大";又清林春溥《开卷偶得》卷七云:"魏与韩、赵共分晋地,号曰三晋,然韩、赵未闻自称晋国,而魏独立晋称者,……绛、曲沃俱属魏,其称晋国,盖仍其国都称之。"如此,战国时"三晋"的魏,又可径称为晋。联系取代曹魏的司马氏既是温县人,代魏所建的国号又是晋,其间当有历史的因缘。

更加明显的是,魏甘露三年(258年)五月,"以并州之太原、上党、西

---

① 《晋书·文帝纪》。
② 《史记·晋世家》。

河、乐平、新兴、雁门,司州之河东、平阳八郡",封司马昭为晋公,司马昭"九让乃止";魏景元四年(263年)十月,增司州之弘农、雍州之冯翊,并前八郡共十郡,封司马昭为晋公,而司马昭受之。两相比较,晋公司马昭的封域与先秦晋国的疆域范围,正大体相一致,所谓"南至于华,北至于陉,东至于壶口,西逾于河,提封之数,方七百里,皆晋之故壤,唐叔受之,世作盟主,实纪纲诸夏,用率旧职。爰胙兹土,封公为晋公,……以永藩魏室"①。如此,曹魏盖以先秦"晋之故壤"封司马昭,所以号司马昭的公国曰"晋"。

当然,在司马昭这方面,是不可能"永藩魏室"的——264年三月,司马昭进爵晋王;265年八月,司马昭薨,其子司马炎嗣为晋王,十二月,司马炎就禅魏建晋,完成了司马昭的"遗业"。而所以称之为司马昭的"遗业",是因为司马昭在世时,胁迫魏室先封他为高都侯,再为高都公,又为晋公,其实已经较为隐秘地显示出了其代魏的野心。

第二节　表象:由高都公到晋王

265年八月,正准备代魏称帝的晋王司马昭突然病逝。按司马昭,出生于汉魏时期的名门望族河内温县司马氏,《晋书·宣帝纪》述其家世曰:"楚汉间,司马卬为赵将,与诸侯伐秦。秦亡,立为殷王,都河内。汉以其地为郡,子孙遂家焉。"司马昭祖上的很多人在汉朝担任过高级官吏。及至司马昭的父亲司马懿,"聪明多大略,博学洽闻,伏膺儒教",起初因看不起出身"赘阉遗丑"的曹操②,曾经拒绝曹操的征辟。建安十三

---

① 《晋书·文帝纪》。按"华"谓魏弘农郡境之华山,在今陕东;"陉"谓魏雁门郡境之句注山,在今晋北;"壶口"盖谓魏上党郡境之壶口山,在今晋东南;"河"谓今山、陕间黄河。

② 《三国志·魏书·袁绍传》。按"赘阉遗丑"者,是指曹操的父亲曹嵩本来姓夏侯,因为宦官曹腾的养子,所以改姓曹。而据近年来人类遗传学的研究,曹操家族基因与夏侯氏家族基因并不一致,所以曹嵩(夏侯嵩)为曹腾养子的说法可以存疑。参考李辉:《追踪曹操的基因》,韩昇:《曹操家族DNA调查的历史学基础》,两文皆收入韩昇、李辉主编:《我们是谁》,复旦大学出版社,2011年版。但能肯定的是,尽管如此,在传统史学的叙述语境中,曹操"赘阉遗丑"的身份仍是确定不移的。

年(208年)曹操为丞相以后,始用强制手段辟司马懿为文学掾。入仕以后的司马懿,经历汉曹操与魏曹丕、曹叡、曹芳四世,先后担任相府主簿、御史中丞、抚军大将军、录尚书事、侍中、持节、都督中外诸军事、太傅等职,而且受曹丕、曹叡遗诏为辅政大臣。魏正始十年(249年)正月,司马懿乘魏帝曹芳和执掌朝政的大将军曹爽离开洛阳,拜祭明帝曹叡高平陵之机,发动政变,杀死曹爽及其亲信。从此,曹魏的军政大权完全落入司马懿之手,这为司马氏日后的成功代魏奠定了基础。

251年,司马懿病逝,长子司马师继续执政。254年,司马师废曹芳,另立曹髦为帝,曹髦时年14岁。255年,司马师去世,有雄才的弟弟司马昭始专国政。

司马昭的封爵,始为新城乡侯(238年)。254年曹髦立,"以参定策,进封高都侯"。256年六月,"进封高都公,地方七百里,加之九锡",司马昭"固辞不受";258年五月,复进封晋公,"地方七百里,……加九锡,进位相国,晋国置官司焉。九让乃止";又260年四月,司马昭再让爵秩不受。① 其实当是时,"司马昭之心,路人所知"②,司马昭的篡魏,只在时间早晚;所以让而不受者,仅仅形式耳。曹髦则不甘坐受废辱,迫不得已铤而走险。260年五月七日夜,曹髦亲率殿中宿卫苍头官僮攻讨司马昭。几百苍头老兵怎敌早有防备的司马昭?结果,带兵迎战的司马昭党羽中护军贾充命太子舍人成济刺杀曹髦于车中。曹髦既死,司马昭一方面为掩人耳目,摆脱"天下其谓我何"的境地,诿罪于成济,杀成济并夷其三族;另一方面,司马昭又立曹奂为新的傀儡皇帝,曹奂时年15岁。263年春,司马昭兵发三路进攻汉国;在捷报频传之际,司马昭加紧了废魏自立的准备工作:先是十月受相国位、晋公爵、九锡礼,再是次年三月进爵晋王,七月定礼仪、正法律、议官制。至此,新的皇朝"晋"呼之欲出。"不幸"的是,265年八月,司马昭尚未正位为晋帝即于

---

① 以上详《晋书·文帝纪》。
② 《三国志·魏书·高贵乡公髦纪》南朝刘宋裴松之注引《汉晋春秋》。

55岁去世,十二月(相当于266年1月),魏帝曹奂禅位于司马昭长子晋王司马炎。①

第三节　隐秘:"代汉者当涂高"

在上节所述的史实中,尤其值得关注者,是司马昭的封爵"高都"(侯、公)与"晋"(公、王),竟都寓有深意。

考"高都",本是地名,因为地势高拔而得名。② 战国时的魏国有高都(邑),汉朝置有高都县(治今山西晋城市),属上党郡。而就字面意思理解,《说文解字》:"高,崇也,象台观高之形","都,有先君之旧宗庙曰都",这样,"高都"意为城中当涂而高的楼台,正仿佛于"当涂高者,魏",则司马昭之封"高都侯",继承的仍是"代汉者当涂高"的谶文。又《说文解字》:"晋,进也。日出,万物进",引申之,晋又有了上进、前进一类的美义;而司马昭之封"晋公",是由"高(高都)"进到"更高(晋)",此"更高",不仅高过"魏",更显示出"代汉者当涂高",实际应谶在"更高"的"晋"上。如此,"晋"也就是司马昭特别挑选出来、以求合于符谶的美号了。③

其实"高都"与"晋"隐含的应"代汉者当涂高"之谶的意思,当时人也有明白的,如魏司空郑冲率群官劝司马昭受晋公封时就说:"元功盛勋,光光如彼;国土嘉祚,巍巍如此。"① "光光"者,光之至也,《周易》象曰:"晋,进也,明出地上,顺而丽乎大明";又"巍巍"者,高之至也,由"高都"

---

① 从司马懿、司马师司马昭而司马炎,这祖孙三代四人的魏晋禅让,由出现权臣、制造舆论、完善程序、善待逊帝四幕组成,可谓承上启下的全本禅让大戏。承上指上承王莽的代汉立新、曹丕的篡汉建魏,启下指下启南北朝直到赵匡胤宋朝期间诸多皇朝的改朝换代程序。参见胡阿祥:《读史入戏:说不尽的中国史》"延伸阅读:魏晋禅让:全本禅让大戏",人民出版社,2014年版。
② 靳生禾:《山西古今县名刍议》,《中国历史地理论丛》第2辑,1985年。
③ 顺带言及,先秦时周朝曾封姬姓诸侯国"魏"于今山西芮城县北;前661年,晋献公攻灭之,以封毕万。及前403年,毕万后代晋大夫魏斯和赵籍、韩虔被周天子正式立为诸侯,"三家分晋"。然则司马昭的"晋",或许又与先秦这段魏晋历史因缘有关?取晋灭魏之典?寓重建晋之意?待考。
④ 《晋书·文帝纪》。

而更"晋",是为高之至。

然则行文至此,有一个疑问就浮现出来了:"代汉者当涂高"之谶,既然已经应验在曹操封魏公、曹丕代汉了,为什么司马昭还要在此谶上做文章?难道司马昭要"代"者是汉而不是魏?

一般来说,谶记一旦深入人心,往往可以长期流传,尽管有时若存若亡,但只要时机到来,仍然可以广泛传播与按需作解——"代汉者当涂高"就是这样一条神通广大、方便被人一而再又再而三地利用的谶文。如上章所述,东汉建武初年,公孙述曾以此谶为号召;东汉末年,袁术仍然利用此谶称帝。从公孙述到袁术,时间跨度已经 160 余年。曹操为应此谶,胁迫汉献帝封其为丞相(208 年)、魏公(213 年);又过了仅仅 40 余年,在司马氏掌握军政实权六年后,司马昭乃以兵威废魏帝曹芳,立高贵乡公曹髦,更以"定策"殊功,讽魏帝封其为高都侯、高都公,后来又封晋公、晋王——"高"都侯、"高"都公与"晋"公、"晋"王的封号,所欲对应者,正是"代汉者当涂高"之谶。① 而且这样的应谶,还同时隐含了以晋承汉、不承认汉魏禅代的心态。

我们知道,司马氏与曹氏的阶级出身很不一样。按照陈寅恪的看法,"河内司马氏为地方上的豪族,儒家的信徒;魏皇室谯县曹氏则出身于非儒家的寒族。……西晋政权是儒家豪族的政权,政治社会道德思想与曹操时期不一样了,与曹操以前的东汉,则有相通之处。"②应该正是这种不同(曹魏与司马晋统治者分别是非儒家的寒族与服膺儒教的豪族)与相通(汉与晋统治者的社会阶级乃是一以贯之),决定了在司马氏的潜意识中,禅魏只是"貂续狗尾"、不可不做的形式,代汉或承汉才是龙头凤尾的根本。再者,汉有天下是名副其实的,魏却"未曾为天下之主",汉得天下是光明正大的,魏篡汉朝却很不光彩,这也使得司马昭觉得,如果新

① 再后来,匈奴刘渊起兵反晋、称汉王,以及晋、南北朝时刘尼、刘根、刘举、刘灵助等起义或起兵,也都与"谶"("汉祚复兴"、刘氏"系统先基")有关。详方诗铭:《"汉祚复兴"的谶记与原始道教》,《史林》1996 年第 3 期。

② 万绳楠整理:《陈寅恪魏晋南北朝史讲演录》第一篇,黄山书社,1987 年版。

皇朝的继承对象是魏,那么未免显得颜面无光、立身不正,反之,如果越过魏、直承汉,那就完美了。其实司马氏的这种心理,在东晋学者习凿齿所撰的《晋承汉统论》中,就有着非常清楚的表述:

> 昔汉氏失御,九州残隔,三国乘间,鼎峙数世,干戈日寻,流血百载,虽各有偏平,而其实乱也。宣皇帝(司马懿)势逼当年,力制魏氏,蠖屈从时,遂羁戎役,晦明掩耀,龙潜下位,俛首重足,鞠躬屏息,道有不容之难,躬蹈履霜之险,可谓危矣! 魏武既亡,大难获免,……命世之志既恢,非常之业亦固。景文(司马师、司马昭)继之,灵武冠世,克伐贰违,以定厥庸,……至于武皇(司马炎),遂并强吴,混一宇宙,义清四海,同轨二汉。除三国之大害,静汉末之交争,开九域之蒙晦,定千载之盛功者,皆司马氏也。而推魏继汉,以晋承魏,比义唐虞,自托纯臣,岂不惜哉! ……若以晋尝事魏,惧伤皇德,拘惜禅名,谓不可割,则惑之甚者也。……宣皇帝官魏,逼于性命,举非择木,何亏德美? ……宣皇祖考,立功于汉,世笃尔劳,思报亦深。……季(刘邦)无承楚之号,汉有继周之业,取之既美,而己德亦重故也。……以晋承汉,功实显然,正名当事,情体亦厌,又何为虚尊不正之魏,而亏我道于大通哉![1]

如此,"晋承汉统"、汉又继周,"乃所以尊晋也",自然远胜于"俛首于曹氏,侧足于不正"的以晋系魏。这等情理,司马昭不会不明白。而为了显示"晋承汉统"乃是天意所在,司马昭遂大做"代汉者当涂高"谶文"高"字的文章:"高都"自然是"高","晋"则"更高"!

　　好像剥笋一样,我们层层揭剥到了最后,终于知道了真相:司马氏晋国号的由来,最根本的考虑,原是为了应验"代汉者当涂高"之谶,是为了表达鄙视曹魏、尊崇汉朝、远承周朝的态度。只是这样极为隐秘、充满阴谋、非常有"文化"的"司马昭之心",恐怕就不是曹髦所说的"路人所知"了吧?

---

[1]《晋书・习凿齿传》。

第九章 "十六国"与"南北朝"：纷乱与兴灭

司马氏拥有统一的天下为时甚短,晋作为天下共号也是命运短促。290 年晋武帝司马炎驾崩后,"藩王争权,自相诛灭"①,301 年以后,更发展为大混战。长达 16 年(291 年—306 年)的"八王之乱","遂使戎狄乘隙,毒流中原"②,终于在 304 年,匈奴刘渊、巴氐李雄建号称尊。再 12 年即 316 年,匈奴汉国大将刘曜攻陷长安,俘虏司马邺(晋愍帝),于是统一皇朝晋灭亡。

统一皇朝晋灭亡的次年,晋琅琊王、左丞相、大都督(督陕东诸军事)、司马炎叔父司马伷之孙司马睿在建康(今江苏南京市)称晋王;又次年即 318 年,司马睿自立为皇帝,国号仍为晋。然而此"晋"已非彼"晋",彼"晋"是统一皇朝、天下共号,此"晋"则偏安皇朝、半壁江山而已。

司马睿重建的晋朝,史称"东晋",420 年禅于宋,由此开启了所谓的"南朝","南朝"结束于 589 年隋朝灭陈,统一天下。而东晋、南朝时代的另半壁江山,先是从 304 年到 439 年的"十六国",再是从 439 年到 581 年

---

① 《晋书·祖逖传》。按"藩王争权"的原因,在于大封诸王,并且使之将兵出镇,详胡阿祥:《六朝疆域与政区研究》第二章,西安地图出版社,2000 年版。

② 《晋书·祖逖传》。

的"北朝"。而作为时代统称的"南北朝"，则指从 420 年南朝宋的建立到 589 年隋朝的统一。

第一节　历史梗概

"十六国"的历史，纷扰烦乱，"南北朝"的历史，此兴彼灭。这令人眼花缭乱的十六国与南北朝的各个政权，其起伏、承接、共存、分合的过程，此不赘述，谨立足于国号史的立场，先简单交代其历史梗概。

从 304 年匈奴刘渊称汉王起，到 439 年北凉灭亡、拓跋魏统一止，凡 135 年间，各族统治者（匈奴、鲜卑、羯、氐、羌、汉）于混战割据中，纷纷建立政权，建号称尊，是为所谓的"十六国"时代。相关政权如下：

（1）汉—赵。304 年匈奴刘渊称汉王，308 年称帝，国号汉。319 年刘曜改国号为赵。史称前赵。329 年亡于（后）赵。

（2）成—汉。304 年巴氐李雄称成都王。306 年称帝，国号成。338 年李寿改国号为汉。347 年亡于晋。

（3）凉。301 年凉州大姓、汉人张轨受晋封为凉州刺史。统一皇朝晋灭亡后，张氏世守凉州，称凉州牧、假凉王、凉王等。大体用晋年号，对晋执臣下之礼。史称前凉。376 年亡于（前）秦。

（4）赵。319 年羯族石勒称赵王，330 年称帝，国号赵。史称后赵。351 年亡于（冉）魏。

（5）燕。337 年鲜卑慕容皝称燕王。352 年慕容儁称帝，国号燕。史称前燕。370 年亡于（前）秦。

（6）魏。350 年汉人冉闵称帝，国号魏。史称冉魏。352 年亡于（前）燕。

（7）秦。350 年氐族苻洪①称三秦王。352 年苻健称帝，国号秦。史称前秦。394 年亡于（后）秦。

---

① 据《晋书•苻洪载记》，洪本姓蒲，以谶文有"草付应王"，又其孙坚背有"草付"字，遂改姓苻氏。

（8）秦。384 年羌族姚苌称万年秦王,386 年称帝,国号秦。史称后秦。417 年亡于(东)晋。

（9）燕。384 年鲜卑慕容垂称燕王,386 年称帝,国号燕。史称后燕。407 年亡于(北)燕。

（10）燕。385 年鲜卑慕容冲称帝,国号燕。史称西燕。394 年亡于(后)燕。

（11）秦。385 年鲜卑乞伏国仁称大单于。388 年乞伏乾归称河南王,394 年称秦王,国号秦。史称西秦。431 年亡于夏。

（12）凉。386 年氐族吕光称凉州牧,389 年称三河王,396 年称天王,国号凉。史称后凉。403 年亡于(后)秦。

（13）凉。397 年鲜卑秃发乌孤称西平王,次年改称武威王。401 年秃发利鹿孤改称河西王。408 年秃发傉檀再称凉王,国号凉。史称南凉。414 年亡于(西)秦。

（14）燕。398 年鲜卑慕容德称燕王,400 年称帝,国号燕。史称南燕。410 年亡于晋。

（15）凉。400 年凉州大姓、汉人李暠称凉公,国号凉。史称西凉。421 年亡于(北)凉。

（16）夏。407 年匈奴刘勃勃称大夏天王、大单于,418 年称帝,国号夏。431 年亡于吐谷浑。[①]

（17）燕。407 年汉人冯跋立慕容云(本姓高,出身高句丽王族)为大燕天王,国号燕。409 年慕容云为部下所杀,冯跋即天王位,仍国号燕。史称北燕。436 年亡于(拓跋)魏。

（18）凉。401 年匈奴沮渠蒙逊称凉州牧、张掖公,412 年称河西王,431 年称凉王,国号凉。史称北凉。439 年亡于(拓跋)魏。

以上 18 个政权,归纳起来,即一"成"("汉")、一"魏"、一"夏"、二

---

① 吐谷浑,本为鲜卑慕容廆庶兄。慕容廆嗣位后,吐谷浑率部西迁,晋永嘉中度陇而西,居洮水以西。再传至孙叶延,遂以祖父名为姓氏、族名与国号。

"赵"（前、后）、三"秦"（前、后、西）、五"燕"（前、后、西、南、北）、五"凉"（前、后、南、北、西）。其中，除了冉魏、西燕以外的 16 个政权，史称"十六国"。①

接续东晋十六国的历史时期，史称"南北朝"。南朝包括四个连续的政权，即宋（420 年—479 年）、齐（479 年—502 年）、梁（502 年—557 年）、陈（557 年—589 年），除了 552 年十一月至 554 年十一月梁元帝萧绎建都江陵（今湖北江陵县）外，其他时间均以建康（江苏南京市）为都，而且各个政权的前后更迭，都是通过"禅让"的形式实现的；又北朝开始于 439 年鲜卑族拓跋部建立的魏（北魏）统一北方，到 534 年分裂成东"魏"（534 年—550 年）、西"魏"（535 年—556 年），后来北"齐"（550 年—577 年）取代东"魏"，北"周"（557 年—581 年）取代西"魏"，北"周"又灭了北"齐"，581 年北"周"再被隋所取代。及至 589 年，北方的隋灭亡南方的陈，于是"南北朝"结束，统一的隋朝出现。

然则据上所述，就国号言，"十六国"的 18 个政权，国号用字凡八个，即汉、赵、成、凉、燕、魏、秦、夏；"南北朝"的国号用字，南朝四个，即宋、齐、梁、陈，北朝三个，即魏、齐、周。这些国号，又无一例外地都非天下共号。

第二节　"十六国"之汉、赵、成、凉、燕、魏、秦、夏

"十六国"的 18 个政权，史实繁杂，然而国号稍作梳理，就可以归纳出三种类型，其实又不算太繁杂。②

其一，成—汉、二"赵"、三"秦"、五"燕"以及冉魏国号的由来，都因各个政权的发迹、始兴之地，或建号时的统治中心、统治地域，而继承相关的前代中原王朝或皇朝的国号。

---

① 其时还有一些小国，如仇池（氐）、代（鲜卑）、魏（丁零翟氏）、蜀（谯纵）、吐谷浑（鲜卑）等，不赘述。

② 参考靳润成：《十六国国号与地域的关系》，《历史教学》1988 年第 5 期。

成是巴氏李雄在成都所建政权的国号。在华夏（汉）语境中,本有
"一年而所居成聚,二年成邑,三年成都"①之说,所以"成都"寓有吉祥的
美意;②而李雄起自成都,故取"成都"之成,定国号为成。③ 后来宗室李
寿又改"成"为"汉"。李寿先为汉王,"食梁州五郡,领梁州刺史",素有威
名。338年,汉王李寿起兵袭取成都,废去成帝李期,自立为帝,改国号
汉。李寿改用汉国号,直接原因当是沿袭他本来的汉王封号,从而显得
渊源有自;当然,成国的规模与刘备的汉相仿佛,以及李寿为汉王时有汉
中郡地,也与李寿定国号为汉有关,李寿新定的年号"汉兴"也透露了一
些这方面的消息,盖国号为汉、年号汉兴,就与刘备的汉乃至刘邦的汉攀
上了关系,从而使得自己实质得自篡夺的政权,蒙上了一层"正统"的
色彩。

二"赵"即匈奴人刘曜所建前赵、羯人石勒所建后赵,这是先后并列、
彼此对抗的两个同号异姓政权。④ 二"赵"继承的都是先秦战国时代七雄
之一的赵国的国号:刘曜"王中山,中山,赵分也"⑤,石勒拥有先秦赵国疆
域的诸多部分,所以319年刘曜、石勒几乎同时称赵帝、赵王,一时二赵
并立。

---

① 《史记·五帝本纪》。

② 据温少峰《试为"成都"得名进一解》(《社会科学研究》1981年第1期)的考证:"成都"本为古
蜀语地名,即是后人用中原华夏文字对译蜀人称呼"成都"这个地方的声音。在蜀人语言中,
"成"是蜀人的族称,义为"高原人","都"的蜀语含义是"地区"、"地方"、"地域",如此,"成都"
意即"高原人的地方"。

③ 在李雄之前,导江卒正(相当蜀郡太守)公孙述在新莽时曾于成都自立为蜀王,然后于公元25
年即东汉开创之年进称天子,国号"成",《三国志·魏书·陈留王奂纪》南朝宋裴松之注引东
晋孙盛曰:"昔公孙述自以起成都,号曰成。"按《后汉书·公孙述传》唐李贤注:"以起成都,故
号成家。"所谓"成家"、"成"是公孙述国号,"成家"则是当时习称,这与两汉史籍中常见的"汉
家"同例,反映了当时称、国互称的习惯。

④ 318年,因为汉臣靳准弑帝刘粲,于是刘曜称帝,以石勒为大司马、大将军,进爵为赵公。319
年,刘曜改国号为赵,又石勒自立,即赵王位。关于二"赵"的对抗,罗新《十六国北朝的五德
历运问题》(《中国史研究》2004年第3期)指出:"两个赵国并立,是长期以来石勒集团在华北
地区扩张实力,其势足以脱离诸各刘氏而自立的结果。石勒据有赵地,故称赵王。而刘曜改
国号曰赵,就是要否定石勒割据华北的合法性。"

⑤ 《资治通鉴·晋纪十三》太兴二年。"王中山",谓刘曜曾封中山王。中山郡、国,治今河北定
州市。

三"秦"即前秦、后秦、西秦，建立者分别是略阳临渭人氐族苻洪、南安赤亭人羌族姚苌、陇西人鲜卑族乞伏国仁。他们所建国号的继承对象，都是先秦时的秦王国或统一后的秦皇朝：先秦的秦国起自西方，而他们三位的籍贯皆属先秦秦国境。又早在项羽分封十八诸侯王时，三分秦故地关中，以王章邯、司马欣、董翳，是为"三秦"，此后关中地区也别称"三秦"。苻洪志在依据关中形胜而后平定中州，所以称三秦王，苻健更因之在长安为大秦皇帝；姚苌本为前秦将军，后趁淝水战后前秦瓦解之际，于渭北自称万年秦王，及入长安，乃称秦皇帝；乞伏国仁起初也属前秦，前秦既败于淝水，国仁遂反于陇西，自称大都督、大将军、大单于，领秦河二州牧①，所以三"秦"皆兴于先秦秦王故土。以此，三"秦"国号的由来，不仅是因为地域因素（先秦秦王国故土，统一后的秦皇朝之政治中心），而且寄寓了其创业者踵武前代秦王国之伟业、一统天下的雄心壮志。

五"燕"即前燕、后燕、西燕、南燕、北燕，创立者皆为鲜卑慕容部。按早在先秦时就有燕国，开国君主召公奭，姬姓；受周分封之初，封地范围大致有今河北北部、辽宁西端、北京市一带；及至战国，燕为七雄之一，其东北向扩展，置有上谷、渔阳、右北平、辽西、辽东等郡。五"燕"国号的继承对象正是这先秦的燕国：先是晋永嘉初，活动于辽西一带的鲜卑慕容部首领、昌黎棘城人慕容廆自称鲜卑大单于；317 年，司马睿在建康即晋王位，慕容廆遣使劝进。次年司马睿即帝位，慕容廆受晋龙骧将军、大单于之封；后更封赏有加，进为辽东郡公。晋成帝世，慕容廆手下将官上疏晋廷有云：

> 廆辅翼王室，有匡霸之功，而位卑爵轻，九命未加，非所以宠异藩翰，敦奖殊勋者也。……今燕之旧壤，北周沙漠，东尽乐浪，西暨代山，南极冀方，而悉为虏庭，非复国家之域。将佐等以为宜远遵周

---

① 秦州，晋泰始五年（269 年）置，治冀县（治今甘肃甘谷县东）。后废，太康七年（286 年）复置，移治上邽（治今甘肃天水市）。又河州，十六国前凉置，治枹罕（治今甘肃临夏市西南）。

室,近准汉初,进封廆为燕王,行大将军事,上以总统诸部,下以割损贼境。①

所谓"远遵周室",指的是周初封召公奭立燕国;"近准汉初",则指刘邦先后封臧荼、卢绾、刘建为燕王,有广阳、上谷、渔阳、右北平、辽东、辽西六郡地。虽然慕容廆封燕王事,因"朝议未定"而慕容廆于333年去世"乃止";慕容廆的后人所建的五个"燕"国号(慕容廆子慕容皝之前"燕",慕容皝子慕容垂之后"燕",慕容儁子慕容冲之西"燕",慕容皝子慕容德之南"燕",慕容垂子慕容宝的养子慕容云之北"燕"),或是继承慕容廆的遗志、光大慕容廆的事业(如前"燕"),或是欲"隆中兴之业、建少康之功"(后、西、南、北四"燕"大体都如此声称),总之都与慕容廆未及身受的"燕王"称号有关。而慕容廆所以欲为"燕王"者,实际统辖地域与周、汉燕国相参差,所以慕容廆希望继承的国号,正是历史上的燕国,尤其是召公奭初封的燕国。

魏的创立者冉闵,魏郡内黄人;父亲冉瞻是后赵主石虎的养子,所以改从石姓。349年,石虎崩,诸子争位;已为都督中外诸军事、辅国大将军的权臣石闵执杀石遵、改立石鉴为主,并乘机大肆屠杀胡、羯。次年正月,石闵"欲灭去石氏之迹,托以谶文有'继赵,李',更国号曰卫,易姓李氏"②。不久,李闵又杀石鉴,并杀石虎诸孙,自立为帝,又改国号为魏,恢复本姓冉。冉闵所以定国号为魏,又与地域有关。靳润成认为:冉闵"取代的是后赵,而后赵控制的地区历来有赵魏合称之说。而冉闵在赵魏两个国号里弃赵从魏,极大的可能是为了与后赵有所区别。这与冉闵是汉族人,后赵统治者是羯族人有关。又因为冉闵把都城建在邺,而邺是三国曹魏的旧都。总之,这两个方面的因素无论哪方面都离不开对前代中原王朝或皇朝的继承这个根本"③。

---

① 《晋书·慕容廆载记》。
② 《资治通鉴·晋纪二十》永和六年。
③ 靳润成:《十六国国号与地域的关系》。

其二，五"凉"即前凉、后凉、南凉、西凉、北凉，它们的国号得自中原皇朝政区名称——汉、晋凉州。

汉武帝元封五年(前106年)分置十三州刺史部，其中有"凉州刺史部"。以凉名州，东汉刘熙《释名·释州国》解释："凉州，西方所在，寒凉也"；清王先谦《释名疏证补》卷二则云："河西土田薄，故曰凉。"按《说文解字》："凉，薄也。从水，京声"；清段玉裁注："薄则生寒，又引伸为寒。……《广韵》《玉篇》皆云：'凉，俗凉字。'至《集韵》乃特出凉字，注云：'薄寒曰凉。'"简而言之，因为该州在中原皇朝的西北端，天气寒凉，而又土田贫瘠，所以得名凉州。东汉凉州治陇县(今甘肃张家川回族自治县)，辖境相当于今甘肃、宁夏、青海湟水流域、陕西定边、吴起、凤县、略阳等县和内蒙古额济纳旗一带。建安十八年凉州并入雍州。魏文帝时重新设置，移治姑臧(今甘肃武威市)，而辖境缩小。晋凉州仍治姑臧，略有今甘肃西部、青海东北端及内蒙古南部一隅地。对照十六国时的五"凉"政权，前凉起自汉人张轨担任晋凉州刺史，后凉起自氐族吕光担任前秦凉州刺史，鲜卑南凉、汉人西凉、匈奴北凉的兴起、定都以及建号时的控制地域，也都在晋世凉州范围之内，所以五"凉"国号，皆与前代中原皇朝政区名称"凉州"有关。(见图9-1)

其三，刘渊称汉和刘勃勃称夏，又是别一番情形。

刘渊早在304年就起兵反晋，这拉开了"五胡乱华"的序幕。关于刘渊用汉为国号，《晋书·刘元海载记》[①]中有段刘渊的自述：

> 夫帝王岂有常哉，大禹出于西戎，文王生于东夷，顾惟德所授耳。今见众十余万，皆一当晋十，鼓行而摧乱晋，犹拉枯耳。上可成汉高之业，下不失为魏氏。虽然，晋人未必同我。汉有天下世长，恩德结于人心，是以昭烈崎岖于一州之地，而能抗衡于天下。吾又汉氏之甥，约为兄弟。兄亡弟绍，不亦可乎？且可称汉，追尊后主，以怀人望。

---

① 刘渊即刘元海，刘渊字元海。唐避高祖李渊名讳，故以字称。

这段刘渊的自我陈述表明：首先，刘渊在政治上与军事上的主要对手是晋，刘渊既然叛晋自立，上者是取晋代之，成就汉高祖那样的一统伟业，下者也要如曹魏，拥有天下之半。其次，无论是如"汉高"还是如"魏氏"，刘渊的力量都显得不足，怎样才能弥补自身力量的不足、使"晋人"同我呢？刘渊采取的政治文化措施是"称汉"，而拒绝了其从祖刘宣恢复"匈奴"之号的狭隘建议。第三，刘渊"称汉"，现实的考虑是"汉有天下世长，恩德结于人心"，有利于其"以怀人望"；历史的根据则是"吾又汉氏之甥，约为兄弟。兄亡弟绍，不亦可乎"。按据《晋书·刘元海载记》，"刘元海，新兴匈奴人，冒顿之后也。……初，汉高祖以宗女为公主，以妻冒顿，约为兄弟，故其子孙遂冒姓刘氏。"有了这一层尽管勉强而且经不起推敲的关系，所以刘渊在当时特殊的情势下，毅然祭起了尊汉进而复汉的大旗，"追尊刘禅为孝怀皇帝，立汉高祖以下三祖五宗神主而祭之"，并且定国号为汉。另外，刘渊定国号为汉可能还有其他的考虑，比如为了应当时流传的"汉祚复兴"、刘氏"系统先基"之谶[1]；借以表明政治态度，即视魏、晋均属篡逆，惟有他的"汉"，才是"绍修三祖之业"即继承太祖刘邦、世祖刘秀、昭烈刘备的第四个汉朝。

又与匈奴刘渊建国号为汉差相仿佛，"匈奴右贤王去卑之后，刘元海之族"的刘勃勃，既取义"帝王者，系天为子，是以徽赫实与天连"而改姓"赫连"，又自称"朕大禹之后，……今将应运而兴，复大禹之业"，于是刘勃勃（赫连勃勃）"自以匈奴夏后氏之苗裔也，国称大夏"，即定国号为夏。[2]（见图9-2）

要之，匈奴刘渊、刘勃勃的汉国号、夏国号，都意在尽量与前代中原王朝或皇朝攀附关系，从而使自己的政权涂上一层"正统"的色彩。[3]

---

[1] 参考方诗铭：《"汉祚复兴"的谶记与原始道教》，《史林》1996年第3期。

[2] 《晋书·赫连勃勃载记》。

[3] 其实还不仅国号如此，诚如吕思勉《吕思勉读史札记》（上海古籍出版社，1982年版）"慕容、拓跋"条所指出的："晋时五胡，率好依附中国，非徒慕容、拓跋称黄帝之后，宇文托于炎帝，苻秦自称出于有扈，羌姚谓出于有虞也；即其部落旧名，亦喜附会义名，别生新解。"无疑，这又是值得探讨的特别现象，它从有趣的侧面诠释了非汉民族入主中原后的汉化倾向。

第三节　"南朝"之宋、齐、梁、陈与"北朝"之魏、齐、周

　　"南朝"之宋、齐、梁、陈与"北朝"之魏、齐、周，这七个国号得来的直接情形，元胡三省注《资治通鉴》时大多有说，又史籍也或有明确记载，这里摘录如下，以见其大概。

　　（1）宋。宋朝创建者刘裕，祖籍彭城（今江苏徐州市），是汉高祖刘邦之弟楚元王刘交的 21 世孙。刘裕曾祖父刘混于晋时南迁，移居京口（今江苏镇江市）。晋末，刘裕依靠军功得以控制朝政，然后先为宋公（418年），再为宋王（419 年），再受晋禅（420 年），建国号宋，这就仿佛司马氏禅魏代晋时，先为晋公、再为晋王、再受魏禅、建国号晋一样，国号与爵名一以贯之，既显示着承接，也表明从受封某公的那一刻起，就预示着该公日后所要创建的某国。而宋国号承接的宋王、宋公之"宋"的由来，又与刘裕的祖籍有关，如《资治通鉴·宋纪一》胡三省《注》："刘氏世居彭城，彭城于春秋之时宋土也，故帝之始建国号曰宋。"①

　　（2）齐。齐朝创建者萧道成，祖籍兰陵（今山东苍山县西南兰陵镇），为汉相国萧何 24 世孙。高祖萧整晋时南迁，移居武进（今江苏丹阳市东）。宋末，萧道成掌管军国大权，得封齐公②（479 年三月），再封齐王（四月），寻受宋禅（四月），建国号齐，这等于把刘裕代晋的戏又重演了一遍。所不同的是，萧道成受封齐公时，还有一段小插曲。据《南齐书·崔祖思传》记载："宋朝初议封太祖为梁公，祖思启太祖曰：'谶书云"金刀利刃齐刘之"，今宜称齐，实应天命。'从之。"如此，"太祖"萧道成之为齐公、齐王及以齐为代宋之号，又是为了应谶。考崔祖思所言的这句谶语，来自王嘉（字子年）造作的一首歌谣。王嘉是北方十六国时的著名道士，据说他所言谶记十分灵验，而他所讲的"金刀利刃齐刘之"，"金刀利刃"指宋之国姓"劉"，"刈"就是剪除，而剪除"劉"者是"齐"。既然谶语如是之

① 关于"春秋之时宋土也"，详本书第十五章的讨论。
② 封国十郡，首为青州齐郡。

说，萧道成于是欣然顺从天命，开始了以萧"齐"代刘"宋"的行动，爵名、国号的"齐"也由此得以确定。

（3）梁。梁朝开国者萧衍，与齐朝开国者萧道成同宗。[1] 齐朝末年，宗室相残，雍州刺史萧衍起兵襄阳，攻入建康，控制朝政，封建安郡公（501年），改封梁公[2]（502年正月），进爵梁王（二月）。四月，萧衍即帝位，禅齐建梁。《资治通鉴·梁纪一》胡三省《注》："齐宣德太后诏萧衍自建安郡公进爵梁公，衍志也。寻进爵为王，寻受齐禅，国因号曰梁。"这段话中的"衍志也"不容易理解。按《南史·陶弘景传》："齐末为歌曰'水丑木'为'梁'字。及梁武兵至新林，遣弟子戴猛之假道奉表。及闻议禅代，弘景援引图谶，数处皆成'梁'字，令弟子进之"；又唐贾嵩本于陶弘景从子陶翊《本起集》所撰的《华阳陶隐居内传》卷中，有更详细的记载：

征东将军萧衍军次石头，东昏宝［守］台城。义师颇怀犹豫。先生上观天象，知时运之变；俯察人心，悯涂炭之苦。乃亟陈图谶，贻书赞奖。受封揖让之际，范云、沈约并秉策佐命，未知建国之号。先生引王子年归来歌中水刃木处，及诸图谶，并称梁字，为应运之符。

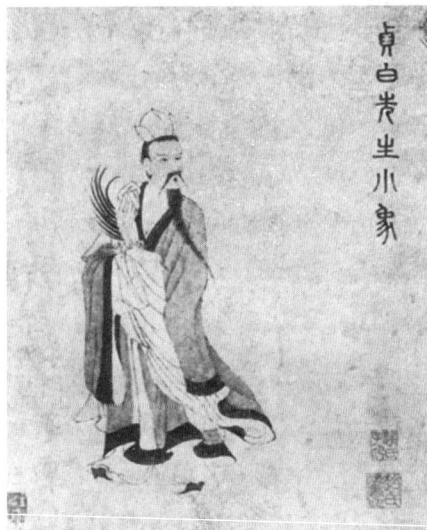

陶弘景画像

如此，家世信仰道教的萧衍志在"进爵梁公"，或与精通历算地理、符图经法的道教大师陶弘景援引图

---

[1] 据《南齐书·高帝纪》与《梁书·武帝纪》所记世系进行排比，可知萧衍之父萧顺之与萧道成为刚出五服的族兄弟，血缘关系颇近。
[2] 封国十郡，首为豫州梁郡。

谶，而数处皆成"梁"字有关。又推绎字义，"梁"为"用木跨水"的桥①，引申之，"梁"有延伸的意思。萧衍代齐，但是本为同族，国姓仍然为萧，所谓"今日虽是革代，情同一家"②，则"进爵梁公，衍志也"，或许又含有延续萧氏国祚之意。

（4）陈。陈朝开国者陈霸先，祖籍颍川（今河南禹州市），"汉太丘长陈寔之后。"祖上陈达晋时南迁，后来在吴兴郡长城县（今浙江长兴县东）安家。③ 梁朝末年，"初仕乡为里司，后至建邺为油库吏"④的陈霸先，因为讨平侯景之乱有功，为梁敬帝萧方智封为吴兴郡公（556年），后来进封为陈公⑤（557年九月）、陈王（十月），旋即代梁称帝⑥，建国号陈（十月）。

就国号言，陈在中国历代国号中是个特例，即国姓为陈，国号也为陈。《资治通鉴・陈纪一》胡三省《注》云："武帝既有功于梁，自以为姓出于陈，自吴兴郡公进封陈公，及受命，国遂号曰陈。"按这种以姓号国的情形，与传统儒家的政治思想原则不合，如《白虎通德论・号》："不以姓为号，何？姓者，一字之称也，尊卑所同也。诸侯各称一国之号，而有百姓矣。天子至尊，即备有天下之号，而兼万国矣。"然则陈国号如此特殊之谜，在学界已经引起了重视，如严耀中即撰有《关于陈文帝祭"胡公"——陈朝帝室姓氏探讨》⑦，涉及了陈国姓与陈国号巧合之谜。而参

---

① 《说文解字》清段玉裁注。

② 《梁书・萧子恪传》。

③ 《陈书・高祖纪》："汉太丘长陈寔之后也，世居颍川"；及陈达，"永嘉南迁，为丞相掾，历太子洗马，出为长城令，悦其山水，遂家焉。"按陈霸先祖先事不尽可信，《南史・陈本纪》即称其"自云"陈寔之后。又中国古代伪造家世的类似情况比比皆是，即以南朝言，清王鸣盛《十七史商榷》卷五五"陈高祖其本甚微"条即云："刘、萧、陈三帝世系，皆当日史官缘饰，沈约、萧子显、姚思廉一概因仍不改，所以刘则从刘交起，萧则从萧何起，陈则从陈寔起，历历铺叙，三家如出一手。"然而尽管如此，这样的"不实"书写仍对当时与后世发生着实际的影响，故本书非必要者，一般对此不作讨论。

④ 《南史・陈武帝本纪》。

⑤ 封国十郡，首为南豫州陈留郡。

⑥ 当时另有建都江陵（今湖北江陵县）的梁，史称后梁：554年梁岳阳王萧詧降西魏，西魏立萧詧为梁主。次年萧詧称帝。及587年为隋所灭。

⑦ 严耀中：《关于陈文帝祭"胡公"——陈朝帝室姓氏探讨》，《历史研究》2003年第1期。

考严耀中之文并稍作修正,可以认为:陈霸先的祖籍地颍川,本在先秦周初舜帝之后、谥为胡公的妫满的封域范围内,胡公满的封国名陈;陈国被楚灭后,子孙又以国为氏。如此,胡公满成为陈霸先追尊的陈氏皇室之始祖,受到"礼敬"。"其本甚微"的陈霸先推出这样一位重量级的先秦"圣人",是为君临当时社会地位远高于自己的世家著姓寻找依托;而胡公满的封国名陈,陈霸先以始祖封国之名作为他所建皇朝的国号,这也在情理之中。(见图 9-3)

南朝宋、齐、梁、陈四个国号的来由如上。总体而言,因为一出又一出"禅让"闹剧的重复上演,这些国号的形成也有着诸多的相似之处,即国号都是承续了创建者的封爵之名,而封爵之名的确定,或因禅让的"主角"之家世、地域,或是为了应谶。那么,与南朝并立的北朝诸多政权及其魏、齐、周国号又如何呢?

(5)魏。398 年六月,拓跋珪正式定国号为魏,十二月(399 年 1 月),拓跋珪称帝。按拓跋珪属鲜卑拓跋部,早在建魏称帝之前,拓跋部曾建有代国。代国号起自晋怀帝永嘉六年(312 年)以代郡为封邑,封拓跋猗卢(曾与晋并州刺史刘琨共抗匈奴刘渊)为代公;晋愍帝建兴三年(315 年),进封猗卢为代王。传之后代,376 年代王拓跋什翼犍时,代国为前秦所灭。386年,什翼犍之孙拓跋珪集合旧部,东山再起,重建代国;同年四月,拓跋珪改称魏王,十余年后又建魏称帝。

当 398 年六月拓跋珪定国号时,朝臣们有过一番讨论争议。《魏书·太祖纪》记云:

> 诏有司议定国号。群臣曰:"昔周、秦以前,世居所生之土,有国有家,及王天下,即承为号。自汉以来,罢侯置守,时无世继,其应运而起者,皆不由尺土之资。今国家万世相承,启基云、代,臣等以为若取长远,应以代为号。"诏曰:"昔朕远祖,总御幽都,控制遐国,虽践王位,未定九州。逮于朕躬,处百代之季,天下分裂,诸华乏主。民俗虽殊,抚之在德,故躬率六军,扫平中土,凶逆荡除,遐迩率服。

宜仍先号，以为魏焉。布告天下，咸知朕意。"

按拓跋珪放弃具有封国和地域双重意义、而且为"群臣"偏爱的"代"，毅然选择"魏"作为国号，实是听从了汉族士人、清河大族、重要谋臣崔宏（字玄伯）的意见。《魏书·崔玄伯传》记其始末道：

> 时（晋安帝）司马德宗遣使来朝，太祖将报之，诏有司博议国号。玄伯议曰："三皇五帝之立号也，或因所生之土，或即封国之名。故虞、夏、商、周始皆诸侯，及圣德既隆，万国宗戴，称号随本，不复更立。唯商人屡徙，改号曰殷，然犹兼行，不废始基之称。故《诗》云'殷商之旅'，又云'天命玄鸟，降而生商，宅殷土茫茫'。此其义也。昔汉高祖以汉王定三秦，灭强楚，故遂以汉为号。国家虽统北方广漠之土，逮于陛下，应运龙飞，虽曰旧邦，受命维新，是以登国之初，改代曰魏。又慕容永亦奉进魏土。夫'魏'者，大名，神州之上国，斯乃革命之征验，利见之玄符也。臣愚以为宜号为魏。"太祖从之。于是四方宾王之贡，咸称大魏矣。

虽然群臣以及崔宏有关历史上国号的上引议论不尽确实[1]，但显而易见的是，拓跋珪定魏为国号，以报书与晋，根本意图在于表明自己是"神州之上国"曹魏的合法继承者，而其不再使用晋朝封号"代"的言外之意，是以取代曹魏的晋朝为非法。又崔宏力主以魏为国号，还反映了其时留在北方的汉族士人意图恢复汉魏制度文化的理想。[2]

魏传至534年，孝武帝元脩[3]受权臣高欢胁迫，逃往关中；高欢另立元善见为帝，迁都邺。逃往关中的元脩，次年被权臣宇文泰毒杀，宇文泰另立元宝炬为帝，定都长安。从此，魏分裂为二，而国号皆称魏，以示正

---

① 详以上各章的相关讨论。

② 何德章《北魏国号与正统问题》（《历史研究》1992 年第 3 期）对此有深入的分析，而田余庆《〈代歌〉、〈代记〉和北魏国史》（收入所著《拓跋史探》，三联书店，2003 年版）分析了"慕容永亦奉进魏土"的含义，可一并参看。

③ 魏孝文帝拓跋宏时，改本姓拓跋为元。

统所在,史称东魏(都邺者)、西魏(都长安者)。

(6)齐。齐朝创始者高洋,渤海蓨县(今河北景县西)人,继父亲高欢、哥哥高澄之后,控制东魏朝政。550年正月,高洋被魏帝元善见封为齐郡王;三月,进封齐王;五月,代魏称帝,国号齐,仍都于邺。《资治通鉴·梁纪十九》大宝元年胡三省《注》:"欢以勃海王赠齐王,洋又进爵齐王;且高氏本勃海人,勃海故齐地也,国遂号曰齐。"按高洋由齐王而齐帝,这种国号承接顺序与南朝所谓禅让政权同出一辙;而高洋之所以被封为"齐郡王"、"齐王",与其籍贯渤海郡属于先秦齐国的地域范围有关。换言之,高洋心目中齐国号的继承对象,无疑就是先秦时的东方大国齐国。①

(7)周。周朝创始者宇文觉,代郡武川(今内蒙古武川县西)人。556年十月,身为丞相、尚书令、大冢宰、安定公的宇文觉之父宇文泰薨后,宇文觉继任太师、大冢宰;十二月丁亥(557年初),魏帝拓跋廓诏以岐阳之地封宇文觉为周公,庚子即禅位给宇文觉,周朝建立,仍以长安为都。关于"周"爵名、国号的来源,《资治通鉴·陈纪一》永定元年胡三省《注》:"宇文辅政,慕仿《周礼》,泰卒,觉嗣,遂封周公;既受命,国号曰周";又《资治通鉴·梁纪二十二》太平元年胡三省《注》:"岐阳,即扶风之地。昔周兴于岐周,因为国号。宇文辅魏,仿周以立法制,故魏朝之臣以周封之,将禅代也。"②据此,宇文氏周国号的继承对象,实为三代之周。

宇文氏北"周"的建立,晚于高氏的北"齐"七年,北周、北齐并存20余年后,577年北周灭北齐,北方再次统一。及至581年,北周又被随王杨坚取代,是为隋。589年,隋灭南朝陈,于是统一皇朝"晋"破灭以来历时270余年的分裂割据局面结束,统一的中央集权国家重新建立,"中国"也再次拥有了新的"天下共名"——隋。

---

① 关于先秦齐国的得名,详见本书第二十七章第三节的讨论,此处不赘。
② "慕仿《周礼》"、"仿周以立法制"云云,详《周书·文帝纪》。

第十章　隋：吉祥还是晦气？

在"中国"历史上诸多的王朝或皇朝国号中，有些国号曾被多次重复使用，甚至影响到了"中国"境域之外，成为域外对我国的别称。而由这一角度看，隋国号就是独一无二的了：前虽有所承，但字不同，义有别；后则无所继。作为天下共号的隋，时间段为589年正月至618年五月；隋朝的建立，又稍早至581年二月。《周书·静帝纪》大定元年（581年）二月："甲子，随王杨坚称尊号，帝逊于别宫。隋氏奉帝为介国公。"注意到杨坚由"随王"到"隋"帝的变化了吗？按照前述之魏晋南北朝时期诸多"禅让"故事所形成的规则，爵名与国号在禅让前后是一以贯之的，这里却发生了由"随"到"隋"的变化，原因何在？[①]

第一节　弃"随"取"隋"：杨坚的斟酌

杨坚以"隋"为国号，史家根据禅让故事的成例，认为是由于杨坚之父杨忠为周的"隋国公"，杨坚袭父爵位，又进为"隋王"。如《隋书·高祖

---

① 此先说明本章关于"随"字的用法。今简体字的"随"，繁体作"隨"，《说文解字》则作"隨"。《说文解字》"凡辵之属皆从辵"，"辵"即"辵"。从辵之字，如迹、巡、逝、迅等皆是。本章隨、随，皆简作随。

纪》：杨忠"位至柱国、大司空、隋国公"；杨坚先"出为隋州刺史"，后"袭爵隋国公"，再进爵"隋王"，寻受周禅。又《北史·隋高祖文帝纪》：杨忠"武成元年，进封隋国公"；杨坚先"出为随州刺史"，后"袭爵隋国公"，再"进爵为王"，"以隋州之崇业"等"二十郡为隋国"，寻受周禅。

按上引《隋书》、《北史》，"隋州"当作"随州"。随州，554年西魏置，治随郡随县。随郡，288年晋置，治随县。随县，有楚（先秦时）置、秦置、汉置三说，《汉书·地理志》南阳郡领有随县，称"随，故国"，治今湖北随州市。"随，故国"，先秦有随国。然则随县、随郡、随州一脉相承，都是因为先秦随国而得名的；与此相应，杨忠、杨坚的封爵，也当作"随国公"、"随王"，《隋书》、《北史》作"隋"失实。

《隋书》、《北史》的失实，我们翻阅《周书》、《资治通鉴》的对应内容，就更加清楚了。《周书·杨忠传》："武成元年，进封随国公"，《周书·静帝纪》大象二年十二月，"随国公杨坚进爵为王"，次年二月，"随王杨坚称尊号，帝逊于别宫。隋氏奉帝为介国公"；[1]又《资治通鉴·陈纪四》光大二年七月，"周随桓公杨忠卒，子坚袭爵"[2]，《资治通鉴·陈纪八》太建十二年十二月，"周以大丞相坚为相国，总百揆，……进爵为王，以安陆等二十郡为随国"，《资治通鉴·陈纪九》太建十三年二月，"隋王始受相国、百揆、九锡，建台置官"。

《周书》、《资治通鉴》的记载，无疑证明了《隋书》、《北史》相关部分的失实；又有值得注意者，即《周书·静帝纪》大定元年（581年）二月甲子"随"王杨坚既称尊、五天后的二月己巳"隋"乃奉周帝为公，以及《资治通鉴》陈太建十三年（581年）二月突然称杨坚为"隋王"，并进而作出"周

---

[1] 近见叶炜《隋国号小考》（《北大史学辑刊》第11期，2005年）一文，认为北宋初年的抄本《周书》中，存在"隋国公"和"隋王"的写法，并据此认为"杨坚本任'隋国公'、'隋王'，隋国号即由此而来"。今按如下文所引，唐末李涪、南唐徐锴都已指出杨坚改随为隋，其时代皆早于北宋，则叶文之质疑难以成立，而诸多文献中的"随"与"隋"混用，视为"随"可省笔作"隋"可矣，至于杨坚的皇朝国号正字，仍为"隋"。
[2]《周书·杨忠传》：杨忠"谥曰桓"。

主……禅位于隋"的结语。①

　　综上所考,我们已能判定:杨忠的封爵是随国公;杨坚的封爵,先是随国公,后是随王。又随王杨坚既代周,国号为"隋";而号国为"隋"的正式时间,是 581 年二月甲子。

　　581 年二月甲子这一天,41 岁的杨坚在长安备极繁忙:既自相府常服入宫,受 9 岁的周静帝宇文阐转奉的册、玺,又改服纱帽、黄袍,入御临光殿,服衮冕,受群官拜、三呼万岁,即皇帝位,又设坛于南郊,遣使紫燎告天,又"告庙、大赦、改元"……新国家的大号,也在这一天正式登场亮相,频频使用。此大号,就是突然出现的"隋"。

　　问题在于,杨坚是以随王的身份位登大宝的;既登大宝,又因何改定国号为"隋"呢? 此事在《隋书》、《北史》、《周书》等史籍中都未见说明,较早注意到这一问题的有唐末李涪,《李涪刊误》卷下"洛随"条云:

　　　　随以魏、周、齐不遑宁处,文帝恶之,遂去"走"②,单书隋字。

又南宋徐曾《能改斋漫录》卷二"古无隋字"条:

　　　　隋字古无之③。 文帝受禅,以魏、周、齐不遑宁处,恶之,遂去"走",单书隋字。

其后,元胡三省在注《资治通鉴·隋纪一》时也指出:

　　　　杨忠从周太祖,以功封随国公;子坚袭爵,受周禅,遂以随为国号。又以周、齐不遑宁处,去"辵"作"隋",以辵训走故也。

以上三家的解释,大体为后人所遵从,并且相承至今。今更分析之,又可得出如下认识:

---

① 《资治通鉴·陈纪九》太建十三年二月:"开府仪同大将军庾季才,劝隋王宜以今月甲子应天受命。太傅李穆、开府仪同大将军卢贲亦劝之。于是周主下诏,逊居别宫。甲子,命兼太傅杞公椿奉册,大宗伯赵煚奉皇帝玺绂,禅位于隋。"按二月甲子,为二月十三日,为惊蛰日。
② "去'走'"当言"去'辵'"。东汉许慎《说文解字》:"辵,乍行乍止也",即忽走忽停,而"走,趋也",所以细辨之,"辵"与"走"的意思有所不同。
③ "隋字古无之"不确,如东汉许慎《说文解字》已有"隋"字。

其一,在杨坚看来,东魏、西魏、北齐、北周都是短命的皇朝,分别只有16年、22年、27年、24年的国运,他自然不愿意自己的新皇朝也随踵其后,奔走不宁,天命短促;而"随"字,不仅有"随从"、"跟从"短命的前朝的暗示、隐喻,更要命的是,其"辶"字偏旁,也能理解出立足不稳、慢慢走失了运气的意思,此真不吉莫大焉。这应该是杨坚在登基前夕毅然决然地不用"随"的根本原因。

其二,杨坚对新皇朝的另一政治"符号"——年号,也十分留意。杨坚受禅,年号开皇。考《魏书·释老志》:道教"又称劫数,颇类佛经。其延康、龙汉、赤明、开皇之属,皆其名也";又《隋书·经籍志》道经下云:"然其开劫,非一度矣,故有延康、赤明、龙汉、开皇,是其年号,其间相去经四十一亿万载。"如此,开皇年号其实取自道家语①,寓有亿万斯年的美义。再者开皇年间,置有隋康、隋兴、隋化、隋昌、隋安、隋建等县②,也是出自类似的心理。既然年号、地名都这样讲究,作为新皇朝的国号,杨坚当然不可能不细加斟酌。

不过尽管如此,新皇朝的国号也不能漫无边际地任意选择。历史发展到这时,已经形成了禅代前朝、更建新朝,即沿用前朝封爵为国号的习惯,所谓"因即所封之爵邑,是皆徇百姓见闻之狃习,要一时经制之权宜,概以至公,不无少贬"。③ 的确,在杨坚之前,如曹丕的魏、司马炎的晋,南朝刘裕的宋、萧道成的齐、萧衍的梁、陈霸先的陈,北朝高洋的齐、宇文觉的周,都是无不如此;具体到杨坚,大概也无意于背离这个传统,而引起不必要的混乱。这样看来,杨坚对于新皇朝的国号,其实没有多大的选择余地,他只能沿袭原有的封爵名号,或在原有的封爵名号上稍做文章,而杨坚最后交出来的文章,就是弃"随"取"隋"。

---

① 《隋书·王劭传》载王劭于开皇初年上书曰:"又年号开皇,与《灵宝经》之开皇年相合。"杨坚"大悦,以劭为至诚"。

② 详《隋书·地理志》。

③ 这是《元史·世祖本纪》中忽必烈《建国号诏》有关隋、唐国号的议论。这段话的意思是:国号沿袭所受封爵位的邑名,是顺从社会大众的习惯,也算是一时的权宜建制,完全出于公正的心态,并无褒贬之意。

按弃"随"取"隋"的好处在于:首先,避去了杨坚感觉晦气的"辶"旁;其次,"隋"与"随"在字形、字音方面变化不大,而且"随"字本来就可以省笔写作"隋"①;第三,"隋"与"随国公"、"随王"的封爵能够衔接起来,从而合乎当时"始皆诸侯,及圣德既隆,万国宗戴,称号随本,不复更立"②的传统习惯,又进而显示出此一新皇朝也是渊源有自的。如此,我们可以认为,"隋"是杨坚仔细斟酌出来的、表达改变国运短促之宿命的、颇有讲究的新国号。

第二节　弃"随"取"隋":后人的嘲讽

杨坚不会想到的是,他着意斟酌出的新国号"隋",还是遭到了后世许多文人学者的冷嘲热讽。先是南唐徐锴《说文解字系传》卷三六"去妄"云:

> 随文帝恶随字为走,乃去之成隋字。隋,裂肉也,其不祥大焉。殊不知随从"辶","辶",安步也,而妄去之者,岂非不学之故?将亦天夺其明乎。

徐锴的这种说法,又为宋、元、明、清时代许多学者认同,并且有所发挥。如宋王观国《学林》卷十"孙休四子名"条:"按字书,隋,徒果切,其义则落也,惰也,裂肉也。……隋文帝不审其字形离合之义,而轻于增损,只取笑于后世耳";南宋罗泌《路史》卷三五"氏姓之牒"条:"隋者,尸祭鬼神之物也,……亦云衈杀裂落肉之名也。卒之,国以隋裂而终,则书名之谶,其祸如是";明焦竑《笔乘》卷一"随误改隋"条:"杨坚国号,改随为隋,意义既别,音呼亦殊。王应麟曰:'随,安步也,吉莫大焉。隋,裂肉也,不祥莫大焉。而妄改之,不学之过也。'"③如此等等,不烦举例。虽然"安步

---

① 详下节的讨论。
② 《魏书·崔玄伯传》。
③ "王应麟曰"云云,见南宋王应麟《困学纪闻》卷一三"考史",实际王氏全引徐锴之言,并无新意。

也"即走走停停、闲庭信步是"辵"的意思,"随"并不能解释为"安步",也谈不上"吉莫大焉",但可以肯定的是,评价杨坚改"随"为"隋"乃是"妄改"、"不学",乃是五代十国以来较为一致的观点。

呜呼!吾"中国"人细密的文字音、形、义分析功夫,浓重的名号"情结",真是无以复加。本来,汉字音、形、义就变化不定,而以六书(象形、指事、会意、形声、转注、假借)解说汉字,汉字音、形、义的纷繁复杂,更是莫穷究极。而在这样的背景之下,结合以悠久并且深厚的名号情结,殚精竭虑地取名定号,取定的名号又往往受到后人的议论,遂成为中国古今文化的一大特色。如三国时,"耽古笃学"的巴西大儒谯周对于刘备、刘禅的名讳,就有一番"精彩"的议论:"先主讳备,其训'具'也,后主讳禅,其训'授'也,如言刘已具矣,当授与人也。"①及至蜀汉灭亡,世人竟都认为谯周所言不虚。② 徐锴讽刺杨坚"不学"大概也属此类③,因为杨坚竟改出个"不祥莫大"、非常晦气的"隋"作为国号,其国运焉能长久!

那么,"随"、"隋"二字,究竟作何解释呢?考诸典籍,"随"、"隋"二字的义项颇多。如"随",除了作为专名的随(国名、地名、姓氏等)可姑置不论外,其义项还有跟从、沿着、顺从、听任等等。④ "隋"的义项也不少,如隋为祭祀名,《周礼·春官·小祝》"大祭祀……赞隋"东汉郑《注》:"隋,尸之祭也";隋指形状,《诗·豳风·破斧》"既破我斧"西汉毛《传》:"隋銎曰斧","隋銎",即孔形狭而长,隋通椭;隋谓垂下,《史记·天官书》"廷藩西有隋星五"唐司马贞《索隐》:"隋为垂下",隋通堕。但相对而言,"隋"最常见的义项确实是指"裂肉",即剩余的祭品,或说是祭祀以后要埋掉的残肉剩食,《周礼·春官·守祧》:"既祭,则藏其隋",《说文解字》:"隋,裂肉也。"这样说来,徐锴的议论,王观国、罗泌、王应麟、焦竑等人的附

---

① 《三国志·蜀书·杜琼传》。

② 其实刘备还有位养子刘封,(刘)封+(刘)禅即"封禅",而"封禅"是皇帝才能主持的拜祭天地的仪式。

③ 唐初史臣在《隋书·高祖纪》中评价杨坚,所谓"天性沉猜,素无学术。……不悦诗书,废除学校"。

④ 参考《说文解字》及清段玉裁注、《广雅》、《周易·随》以及其他各种古今语言文字工具书。

和,也有依据。应该正是在这样的背景之下,"隋"国号在后代确实不被认可,证据之一就是,没有哪个皇朝愿意沿用这个国号。这其中的关键,应该不在隋朝短命的形象或滥用民力的恶名,因为秦朝更加短命、更加滥用民力,而在杨坚"妄改"的这个"隋"国号,在后世帝王将相、文人学者看来,实在显得太没文化,是个失败之举,"隋"国号甚至被认为可怕地预言了隋朝的分裂与灭亡![1]

不过问题在于,杨坚弃"随"取"隋",肯定不是取的"隋,裂肉也"的义项;更具可能的,是因"随"可以省笔作"隋",所以杨坚直接用省笔的"隋"作为国号正字。

考"随"可以省笔"隋",《淮南子·说山训》:"故和氏之璧,随侯之珠,出于山渊之精",《淮南子·览冥训》:"譬如隋侯之珠,和氏之璧,得之者富,失之者贫",可见宝珠"随珠"也作"隋珠"。又"随"国、"随"县,古籍也或作"隋"国、"隋"县。《淮南子·览冥训》"隋侯之珠"东汉高诱注:"隋侯,汉东之国,姬姓诸侯也。隋侯见大蛇伤断,以药傅之,后蛇于江中衔大珠以报之,因曰隋侯之珠",汉《水经》:涢水"东南过隋县西",北魏郦道元《水经注》:"县故隋国矣。"可见先秦"随"国、汉"随"县,可以写作"隋"国、"隋"县。[2]

隋朝以前,"随"因为省笔可作"隋",既多见其例;若杨坚者,又迷信随的偏旁"辶"寓意不祥,此所以杨坚弃"随"取"隋",以"隋"用作新皇朝的国号。

具有讽刺意味的是,杨氏"隋"朝的国运,尽管辉煌了一番(589年正月灭陈后,"隋"为天下共号),却仍然踵续北朝周、齐之后,"不遑宁处",很快"随"失以至分崩离析了。新的统一皇朝"唐"接踵建立。而唐朝建立以后,对于短促的前朝的"隋"国号,竟又做起了文章。据明末清初顾炎武《金石文字记》卷二"皇甫诞碑"条:

---

[1] 如上引徐锴之言"将亦夭夺其明乎",罗泌所谓"国以隋裂而终,则书名之谶,其祸如是"一类。

[2] 叶炜《隋国号小考》进一步指出:"直到南北朝后期甚至隋朝建立前夜,不论在金石还是文献材料中,都存在将'随郡'、'随州'写成'隋郡'或'隋州'的用法。"

《皇甫诞碑》隋字作随。虞世南《夫子庙堂碑》、欧阳询《九成宫醴泉铭》、王知敬《李卫公碑》、高宗《李卫公碑》、天后《顺陵碑》、于敬之《华阳观王先生碑》、裴漼《少林寺碑》皆然。①

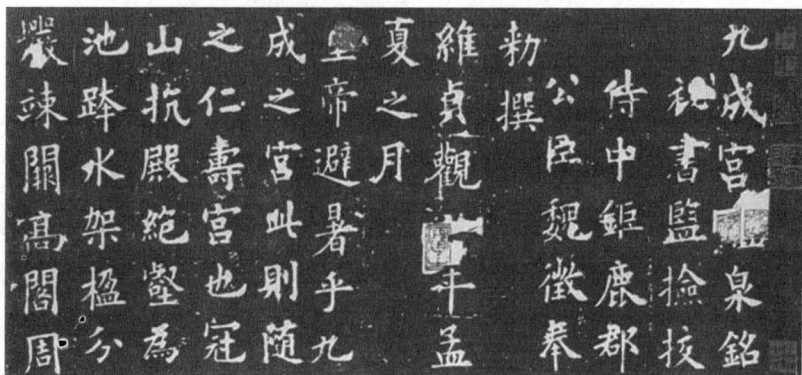

欧阳询《九成宫醴泉铭》

据知初唐于"隋"国号，又多增笔作"随"。按这种改动，也含有政治寓义："隋"本短促，作"随"正名副其实；况且新朝反胜朝之所为，例不胜举，这又是中国文化的独特现象之一。如岑仲勉就此指出："坚以父忠封随国公，因改朝号曰随，又恶'随'字带'走'，故去走为隋。清代金石家见初唐石刻常作'随'，遂疑旧说之误。近年石刻大出，则隋石刻无不作'隋'。往日新朝，往往反胜朝之所为，初唐间作'随'，实因此之故。然初唐以后，又作隋者多，作'随'者甚少，苟非杨坚先曾改定，则无以解此等异同之迹也。"②

要之，正本清源，杨坚代周，国号确实为隋，此"隋"来源于杨忠始封、杨坚袭封的随国公以及杨坚进爵的随王。至于"随"国公、"随"王的历史

---

① 按顾炎武接着指出："当日金石之文，二字通用。自司马温公作《通鉴》以后，始壹用隋字。"这种分析有所不妥，详下段岑仲勉之说。

② 岑仲勉：《隋唐史》上册《隋史》第一节，中华书局，1982 年版。又据日本高桥继男《国号隋字考》(《法制史研究》第 44 期，创文社，1995 年) 文中对隋唐石刻资料的统计，隋朝石刻资料中，称"隋"者占九成以上，称"随"者不到一成；唐初到唐玄宗时期，称"随"者达到八成以上，唐中期以后逐渐减少，到晚唐，称"隋"者又恢复到了近九成。

渊源,则可追溯至先秦的"随"国。

第三节　先秦随国与杨氏隋朝

先秦随国,西周分封的姬姓宗亲诸侯国,始封者无考,但知为"汉阳诸姬"①之一。《世本》及《史记·楚世家·集解》引东汉贾逵都说:"随,姬姓也";《左传·桓公六年》:"汉东之国,随为大",西晋杜预注:"随国,今义阳随县",即随国建都于今湖北随州市一带。春秋初年,随为汉东强国。春秋中期以后,随国显著削弱,逐渐沦为楚国的附庸。又北魏郦道元《水经注》、唐李吉甫《元和郡县图志》、北宋乐史《太平寰宇记》、北宋欧阳忞《舆地广记》等,皆以为战国前期随亡于楚。

随国号的由来,或据随水、随山、随城山立说,皆不确切;这些山、水之名,显然得自随的立国。笔者以为,"随"即取诸字义。按字义,"随,从也"②,跟随王室、服从天子号令、拱卫周的南土,大概就是周朝封建之初、号此国为"随"的缘由。考《史记·楚世家》熊通三十五年(前706年):

> 楚伐随。随曰:"我无罪。"楚曰:"我蛮夷也。今诸侯皆为叛相侵,或相杀。我有敝甲,欲以观中国之政,请王室尊吾号。"随人为之周,请尊楚,王室不听,还报楚。三十七年,楚熊通······乃自立,为武王,与随人盟而去。······五十一年,周召随侯,数以立楚为王。楚怒,以随背己,伐随。

上引史料说明,春秋初期随与初步强大起来的楚接壤,随为中原诸侯国之一,又是楚与"中国"之间的孔道和要冲;楚欲请尊号,还需要通过随转达、说服周天子。然则随的这种相对位置与政治地位,溯之分封当初,如果也是如此的话,应可印证上述有关"随"国号由来的推测。

随国灭亡以后,其中心区即今湖北随州市一带,历置随县、随郡、随

_____

① 《左传·僖公二十八年》。
② 《说文解字》。

州等。迁延至北周,随州治随郡,随郡治随县;①而北周武成元年(559年),杨忠始封随国公。《周书·杨忠传》:

> 杨忠,弘农华阴人也。② 小名奴奴。高祖元寿,魏初,为武川镇司马,因家于神武树颓焉。③ 父祯,以军功除建远将军。属魏末丧乱,避地中山,结义徒以讨鲜于脩礼,遂死之。……忠美髭髯,身长七尺八寸,状貌瑰伟,武艺绝伦,识量沉深,有将帅之略。

此"有将帅之略"的杨忠,后来果然以军功显名于世。先为西魏十二大将军之一;北周明帝二年(558年),"进位柱国大将军④。武成元年,进封随国公,邑万户,别食竟陵县一千户,收其租赋。"又保定二年(562年)迁大司空。天和三年(568年),62岁的杨忠薨。

考杨忠得封随国公,应该与他扬威汉沔有关。据《周书·杨忠传》,北魏末年,杨忠就跟随独孤信⑤破南朝梁下溠戍(戍在随郡境)。西魏后期,朝廷将经营具有重要战略意义的汉沔地区⑥,"乃授忠都督三荆、二襄、二广、南雍、平、信、随、江、二郢、浙十五州诸军事,镇穰城⑦。"杨忠不辱使命,"间岁再举,尽定汉东之地,宽以御众,甚得新附之心。"南朝梁随

---

① 王仲荦:《北周地理志》卷五,中华书局,1980 年版。

② 据《隋书·高祖纪》,杨坚自称是东汉太尉、有"关西孔子"之誉的弘农华阴(治今陕西华阴市东)人杨震 14 世孙,所谓杨忠"弘农华阴人"以此。其实杨隋先世问题,极为复杂,"弘农华阴"云云并不可信。今以与"隋"国号关系不大,不赘述。

③ 武川镇,北魏六镇之一,在今内蒙古大青山北麓、武川县西、乌兰不浪东之土城子。孝昌四年(528 年),武川镇改为神武郡。又树颓县,《魏书·地形志》作"殊颓"(魏收因避高欢之父树生的名讳而改),治今武川县境内。

④ 按西魏权臣宇文泰创建府兵制度,由六个柱国大将军实际领兵,以合《周礼》六军之制。柱国各督两个大将军,大将军各统两个开府,开府各领一军。计十二大将军、二十四开府。

⑤ 独孤信,鲜卑族人,北魏名将。高欢执政,魏帝元脩被逼西投宇文泰,独孤信单骑相从。西魏大统十四年(548 年),任柱国大将军。557 年,独孤信为总军国事宇文护逼令自杀。杨忠曾长期跟随独孤信,为独孤信部将。又独孤信长女为周明帝宇文毓皇后,七女为隋文帝杨坚皇后,四女为李昺妻,即唐高祖李渊之母。《周书·独孤信传》乃曰:"周、隋及皇家(唐),三代皆为外戚,自古以来,未之有也。"

⑥ 详胡阿祥:《东晋南朝的守国形势——兼说中国历史上的南北对立》,《江海学刊》1998 年第4 期。

⑦ 穰城,今河南邓州市。

郡,也是杨忠帅众南伐攻克的,并俘获梁朝守将桓和。又西魏立梁萧詧为傀儡皇帝、都于江陵时,杨忠也身负重任,"镇穰城以为掎角之势;别讨沔曲诸蛮,皆克之。"及至北周宇文毓在位时,杨忠遂封随国公。遥想先秦周时,"汉东之国,随为大"①,随是周朝在南土的重要依靠;而西魏、北周拥有汉东之地,以杨忠居功最伟。北周开国伊始,即封杨忠为"随国公",或者正是因此。

杨忠既封随国公,父薨子继,长子杨坚袭爵随国公。在袭爵随国公之前,保定二年杨坚已任随州刺史,进位大将军。而杨坚既袭爵随国公,及将禅代,其进爵为王;其以十郡为封域;其"剑履上殿,入朝不趋,赞拜不名,备九锡之礼,加玺绂、远游冠、相国印绿绶绶,位在诸侯王上";其"冕十有二旒,建天子旌旗,出警入跸,乘金根车,驾六马,备五时副车,置旄头云罕,乐舞八佾,设钟虡宫悬";其由"帝"说一番"元气肇辟,树之以君,有命不恒,所辅惟德",而"王""至德合于造化,神用洽于天壤,八极九野,万方四裔,圆首方足,罔不乐推"之类的套话;其"帝""一依唐、虞、汉、魏故事",禅位于"王",其"王""三让",而百官"劝进",于是新的"应天受命"的皇朝得以建立——这一套程式,汉魏南北朝时期已经演练得非常成熟,杨坚只不过是速度很快地重走了一遍而已,此不赘述。②

稍可赘述的是,此代周建隋的杨坚,并无其父杨忠那样的赫赫勋绩;杨坚所以能够轻便省力地移周国祚,承袭家荫以外,受遗辅政实为一大关键。按杨坚长女杨丽华为周宣帝宇文赟皇后。宇文赟即位不到两年而崩。起初宇文赟膺疾时,杨坚以后父的身份得入禁中侍疾。580年五月,宇文赟崩,杨坚与宇文赟身边的侍臣郑译、刘昉等合谋,矫诏杨坚"受遗辅政"。继立的宇文赟之子宇文阐年仅8岁,完全为杨坚所播弄;杨坚又外平外镇(如相州尉迟迥、申州李慧、荥州宇文胄、青州尉迟勤、郧州司马消难、益州王谦),内清宗室(如毕王宇文贤、赵王宇文招、越王宇文盛、

---

① 《左传·桓公六年》。
② 详《隋书·高祖纪》。

陈王宇文纯、代王宇文达），终于取天下于周室。

这轻易取人天下的隋，仅历 30 多年，复为他人所轻取：西魏柱国大将军李虎之孙，北周唐国公、隋柱国大将军、周隋帝室亲戚李昺之子，隋帝杨广的表兄——唐王李渊，618 年五月废杨广长子杨昭之子杨侑，自立为帝，国号唐。

第四节　围绕"随故炀帝墓志"质疑的质疑

以有关隋国号的以上考证为基础，结合与国号问题有些近似的年号的研究，我们又可讨论近年发生的一次颇受社会大众与部分学者质疑的考古发现，由此也可印证国号以及年号研究的特别意义。

2013 年 4 月 14 日，扬州市文物局召开新闻发布会，正式宣布在扬州市邗江区西湖镇司徒村发现了隋炀帝陵。作出这样的判断，关键证据在出土了"随故炀帝墓志"，墓志内容如下：

> 惟随大业十四年太岁／一日帝崩于扬州江都县（……）／于流珠堂其年八月（……雷塘）西陵荆棘芜（……）／永毕苍梧（……）／（……）贞观□□年（……）／朔辛（……）葬炀（帝……）／礼也方（……都）／督府长（史……）①

然而很快地，各种质疑之声纷起。其中，立足于学术、见诸多种媒体报道的质疑之声，以马伯庸、李文才为代表。作家马伯庸在其微博中的质疑是：墓志中出现了"大业十四年"字样，考虑到大业十三年李渊就已拥立隋恭帝杨侑登基，遥尊杨广为太上皇，改元义宁，所以墓志中不可能还用杨广大业年号，就算不写武德元年，起码也得写义宁二年。随后，扬州大学李文才教授接受媒体采访，除了赞同马伯庸的观点外，又提出了两点

---

① 此据张学锋的释读，见《新华日报》2013 年 5 月 23 日 B8 版，《释读扬州隋炀帝陵出土墓志，南大教授回应三大质疑》（王宏伟著）。按"／"为墓志换行符号，"……"为缺字，"（）"内的文字为推测。

新的质疑:其一,按照制度学上的常识,皇帝的墓穴中不可能有墓志,只可以放玉册;其二,即便唐朝政府真为隋炀帝撰写了墓志,墓志中"随故炀帝墓志"的"随"字的使用,也不符合常识,因为"随国公"杨坚称帝时,已经改"随"为"隋","隋"是"上自文武百官、下至平头百姓都熟知的国号,怎么可能会在杨广死后,突然又将'隋'字改成之前的'随'字"。及至4月18日,笔者也接受了《新华日报》半个多小时的采访,笔者的看法是:以上马、李二位对于"随故炀帝墓志"的三点质疑,不仅难以成立,反而是坐实此墓为隋炀帝陵的"铁证"。① 以下就此稍作说明。(见图10-1)

(1)关于"大业十四年"纪年

隋末唐初的617年到618年,纪年情况以及相关史实确实相当复杂。《旧唐书·高祖纪》大业十三年(617年)十一月:

> 癸亥,率百僚,备法驾,立代王侑为天子,遥尊炀帝为太上皇,大赦,改元为义宁。甲子,隋帝诏加高祖假黄钺、使持节、大都督内外诸军事、大丞相,进封唐王,总录万机。

这是说大业十三年十一月,进入长安(今陕西西安市)的李渊既立杨广之孙杨侑为隋帝,改元义宁,又"遥尊"身在江都(今江苏扬州市)的杨广为太上皇。当然事实上的隋朝皇帝杨广并未接受"太上皇"的名义,而仍用大业年号。又《旧唐书·高祖纪》义宁二年(618年)五月:

> 隋帝逊于旧邸。……甲子,高祖即皇帝位于太极殿,命刑部尚书萧造兼太尉,告于南郊,大赦天下,改隋义宁二年为唐武德元年。

又《资治通鉴·唐纪一》武德元年:

> 三月……帝自解练巾授(令狐)行达,缢杀之。……炀帝凶问至长安,唐王哭之恸。……五月……戊午,隋恭帝禅位于唐,逊居代

---

① 惟此次采访后,因为当时江苏省内相关宣传部门限制媒体进行深度报道,所以主要内容并未见报。稍后,笔者撰出《有关扬州隋炀帝陵"质疑"的质疑》,发表于《南京晓庄学院学报》2013年第4期。本节即系删改该文而成。

邸。甲子,唐王即皇帝位于太极殿,遣刑部尚书萧造告天于南郊,大
赦,改元。……隋炀帝凶问至东都,戊辰,留守官奉越王即皇帝位,
大赦,改元皇泰。

这是说,在江都,大业十四年(618年)三月,杨广被缢杀;在长安,义宁二
年(618年)五月,隋帝杨侑禅位于唐王李渊,李渊成为唐帝,并改义宁二
年为武德元年;稍后,在洛阳,隋朝越王杨侗即皇帝位,改大业十四年为
皇泰元年。

要而言之,杨广死难的618年,既是隋大业十四年、义宁二年、皇泰
元年,又是唐武德元年。以此,杨广的墓志中,既然承认了其"帝"的身
份,当然就应该而且只能使用杨广的纪年,也就是大业十四年。换言之,
如果墓志中使用"武德元年",则"崩于扬州江都县"的"帝",将不再是
"隋"帝而是"唐"帝;又如果墓志中使用"义宁二年",则义宁本系杨侑年
号,所以也存在名实不副的问题,况且,李渊的武德既接续的是杨侑的义
宁,李渊的唐又是接受杨侑的隋禅让的,若系"义宁"于"太上皇"也就是
李渊废除的皇帝杨广,那么李渊的"唐"以及"武德"就失去了正统的
依据。

其实,在史籍中、包括墓志中出现"大业十四年"纪年,本来是没有疑
问的。[1] 清赵翼《廿二史劄记》卷一三"大业十四年"条:

隋炀帝江都之难,在大业十四年,而《隋书》及《北史》只书十三
年者,缘十三年唐高祖起兵入长安,奉代王侑为帝,改元义宁,而炀
帝大业之号,已从削除,修史者皆唐臣,自应遵本朝之制,以义宁纪
年,而炀帝之被弑,转书于义宁二年之内。其实天下共主,一日尚
存,终当称其年号,则大业十四年,不可没也。

---

[1] 如在上引《新华日报》的报道中,提及徐忆农的检索结果,即唐初所修的《隋书·许善心传》之
"十四年,化及杀逆之日,隋官尽诣朝堂谒贺,善心独不至",此"十四年"为"大业十四年";又
张学锋列举了唐初《卢文构夫人月相墓志铭》、洛阳出土的王德备墓志,也都有"大业十四年"
纪年。

又李崇智也指出:

> 《资治通鉴》只书大业十二年,后以"义宁"系年。杨侑为李渊所立,义宁改元,炀帝尚在,大业年号未废。赵氏"大业十四年不可没"之说是也。①

要之,历史纪年本来就应该是:617年标注为"隋大业十三年　恭帝义宁元年(十一月改元)",618年标注为"隋大业十四年　义宁二年　皇泰元年(五月改元)唐高祖武德元年(五月改元)";②而属于杨广的618年,当然应该就如墓志的标注:"大业十四年"。

(2) 关于无"玉册"而有"墓志"

作为帝王礼仪用玉的玉册,是用以记录重大事件的玉质文书,多由长条形片状玉用丝线连缀而成。其中与帝王去世后有关的玉册,有上书请谥文字的玉谥册,上书类似现在悼词的玉哀册。就玉哀册言,其最重要的特征,是为本朝先帝先王先后书刻、并且入陵的玉册,如南京南唐二陵中高皇帝李昪与皇后宋氏合葬的钦陵,就出土了刻字填金的李昪的玉哀册、玉谥册与宋氏的玉哀册、玉谥册。③ 如此,无论李渊还是李世民,作为唐朝皇帝,都没有理由、也没有礼制依据为虽是亲戚、但毕竟是前朝皇帝的杨广制作玉哀册。④ 再者,虽然汉唐文献中颇见为帝王后妃撰作"哀册"的记载,但目前考古所见出于陵墓中的玉哀册,就笔者所知,尚未见到有唐朝以前者,较早的有唐中宗李显长子、韦后所生的李重润陵中所

---

① 李崇智:《中国历代年号考》"隋",中华书局,2001年版。
② 沈起炜编著《中国历史大事年表(古代史卷)》(上海辞书出版社,1983年版)即如此标注。又617年到618年间,当时中原地区的各方势力建号称尊者甚多,如以纪年论,就有朱粲的"昌达",林士弘的"太平",窦建德的"丁丑"、"五凤",李密的"永平",刘武周的"天兴",梁师都的"永隆",郭子和的"正平"(或作"丑平"),薛举的"秦兴",萧铣的"鸣凤"(或作"凤鸣"),曹武徹的"通圣",宇文化及的"天寿",李轨的"安乐",等等。
③ 按谥册读后,藏于金匮,副本藏于庙。至于谥册入陵,大概始于唐。又中主李璟与钟氏合葬的顺陵中,则出土了石灰岩质的石哀册与石谥册。参考曾昭燏、蒋赞初:《南唐二陵发掘报告》,文物出版社,1957年版;冯汉骥:《论南唐二陵中的玉册》,《考古通讯》1958年第9期。
④ 李渊与杨广是年龄相仿的表兄弟关系。

出之玉哀册①。这样,隋末唐初是否使用玉哀册陪葬,也还无法确知。②

另一方面,扬州考古所见之"随故炀帝墓志",也不能成为质疑此为隋炀帝陵的理由。所谓"礼有经亦有权",帝王去世而有墓志的情况,其实不乏。如卒葬宣陵、追谥昭武皇帝、庙号太祖的闽王王审知,臣下翁承赞为撰《唐故威武军节度使守中书令闽王墓志》;后晋末帝石重贵为契丹掳去、死于建州,契丹(辽)臣牛藏用奉命撰《大契丹国故晋王墓志铭并序》。又975年南唐国灭,南唐后主李煜被迁至开封,及至978年李煜卒后,葬于洛阳邙山,而南唐旧臣、宋朝臣子徐铉奉旨所撰的《大宋左千牛卫上将军追封吴王陇西公墓志铭》,正是李煜的墓志。然则某种意义上的隋朝末代皇帝、迁葬于唐朝贞观年间的杨广陵中,出土了墓志,而不见玉哀册,即与石重贵、李煜有墓志的情况近同,是并不奇怪的。(见图 10 - 2)

(3) 关于"随"字的使用

相对而言,被社会大众与部分学者看作最为有力的质疑,还是墓志中"随故炀帝墓志"、"随大业十四年"中的"随"字。而按照笔者的理解,这却是最能说明事实的证据。

简而言之,按照本章第二节的研究③,"初唐于'隋'国号,又多增笔作'随'"的现象,正是我们解读墓志中出现了看似反常的"随"字的关键,甚至可以认为,考古所出的这方墓志中的"随"字,又为此种现象加上了一条无可置疑的注脚。进而论之,如果这方墓志中的"随"写成了看似"正常"的"隋",那反而不符合初唐时代起码碑刻中"隋字作随"的"惯例",倒真有可能如某些学者所推测的,是作伪了。再进而论之,这个"随"字,以及"大业十四年"纪年、无"玉册"而有"墓志"现象,既然已经"反常"到了

---

① 701年李重润为大周女皇武曌杖杀。705年中宗李显复位后,追谥懿德,并自洛阳迁葬,为乾陵陪葬墓,而且号墓为陵。

② 据冯汉骥《论南唐二陵中的玉册》的考证结论:"陵中用玉册,只始于唐代,自汉至唐以前陵中仅用竹册。"

③ 本章前三节的主要观点,其实早在十几年前已经发表,参见胡阿祥:《杨隋国号考说》,《东南文化》2000年第9期。

"匪夷所思"的地步,甚至迷惑了、糊弄了许多的学者,如果这方墓志真是伪造的,那么作伪者的史学水平,也就实在是高超到了"匪夷所思"的程度了。

第十一章　唐：神尧皇帝的心志与自况

隋唐之间的天下形势,风起云涌。先是611年,各地反隋力量并起,如今山东、河北、河南,就有王薄起义,刘霸道起义,孙安祖起义,张金称、高士达起义,翟让、徐世勣起义等;其后群雄纷起,建号称尊者不断,如大业九年(613年)十二月向海明称皇帝、建元白乌,大业十年五月刘迦论称皇王、建元大世,大业十一年十二月朱粲称楚帝、建元昌达,操师乞称元兴王、建元始兴,林士弘称楚帝、建元太平,大业十三年正月窦建德称长乐王(后更称夏王)、建元丁丑(后改元五凤),二月李密称魏公、建元永平,三月刘武周称皇帝、建元天兴,梁师都称梁帝、建元永隆,郭子和称永乐王、建元正平(或作丑平),四月薛举称西秦霸王、建元秦兴,十月萧铣称梁王、建元鸣凤(或作凤鸣),义宁二年(618年)五月李渊称唐帝、建元武德,九月宇文化及称许帝、建元天寿,十一月李轨称凉帝、建元安乐,十二月高昙晟称大乘皇帝、建元法轮,高开道称燕王、建元始兴;又619年四月王世充称郑帝、建元开明,九月沈法兴称梁王、建元延康,李子通称吴帝、建元明政,622年正月刘黑闼称汉东王、建元天造,623年八月辅公祏称宋帝、建元天明;等等。

如此,隋朝的统一,实际上只维持到了611年。而以大业十四年(618年)三月宇文化及弑杀隋帝杨广于江都郡(治今江苏扬州市)、以义宁二年(618年)五月李渊逼迫隋帝杨侑禅位于长安为标志,统一皇朝隋更是名实俱亡、后来的统一皇朝唐开始建立。

从中国国号史的角度言,天下共号的"唐"历年长久。其始也,618年五月戊午,隋帝杨侑禅位于唐王李渊;甲子,唐王李渊在长安即皇帝位;624年唐平江南辅公祐以后,统一天下。其终也,907年四月初一,朱温废唐哀帝李柷为济阴王,自即帝位,建国号梁。又在此始、终之间,690年九月,唐高宗李治皇后武曌代唐称帝,改唐为周;及705年二月,唐高宗之子中宗李显复位,恢复国号为唐。这样,唐为天下共号长270余年,从而区别于秦、新、晋、隋作为天下共号时间的短促;而类似于秦、汉,唐国号的影响,也不仅迁延至今,并且远播域外。

这历年与影响都可谓久远的"唐"国号,《资治通鉴·唐纪一》元胡三省注其由来曰:

> 唐,古国名。陆德明曰:周成王同母弟叔虞封于唐,其地帝尧、夏禹所都之墟。汉曰太原郡,在古冀州太行、恒山之西,太原、太岳之野。李唐之先,李虎与李弼等八人佐周伐魏有功,皆为柱国,号"八柱国家"[①]。周闵帝受魏禅,虎已卒,乃追录其功,封唐国公,生子昺,袭封。昺生渊,袭封,起兵克长安,进封唐王,遂受隋禅,国因号曰唐。

按胡三省解说李"唐"国号联系到"唐,古国名"是对的,以李虎追封的唐国公作为李"唐"国号的直接来源也不错;只是胡《注》没有涉及到其中至关紧要的一个问题:周为什么追封李虎为"唐"国公而不是别的某国公?进之,李渊"国因号曰唐",除了祖父李虎追封唐国公、父亲李昺袭封唐国公、李渊本人由唐国公进封唐王以外,是否还有什么别的原因可说?

---

① 所谓"八柱国家",《周书》卷一六述柱国大将军职,称"自大统十六年以前,任者凡有八人。太祖位总百揆,督中外军;魏广陵王欣,元氏懿戚,从容禁闼而已。此外六人,各督二大将军,分掌禁旅,当爪牙御侮之寄。当时荣盛,莫与为比。故今之称门阀者,咸推'八柱国家'云"。据此,八柱国中,西魏权臣宇文泰为最高统帅,元欣只挂虚名,实际领兵者为六柱国,由此可见李虎的"荣盛"。又据《周书》卷一六,李虎为"使持节、太尉、柱国大将军、大都督、尚书左仆射、陇右行台、少师、陇西郡开国公"。西魏大统十七年(551年),李虎薨。

第一节　周追封李虎为唐国公

李虎，大唐开国皇帝李渊的祖父。关于李渊家世及其禅代隋朝，《册府元龟·帝王部·帝系》略云：

> 唐高祖神尧帝(渊)，姓李氏，陇西狄道人。其先出自李暠，是为凉武昭王。薨，子歆嗣位，为沮渠蒙逊所灭。歆子重耳奔于江南，仕宋为汝南郡守，复归于魏，拜弘农太守，赠豫州刺史。生熙，起家金门镇将，后以良家子镇于武川，都督军戎百姓之务，终于位，因遂家焉。生天赐，仕魏为幢主，大统时追赠司空公。生太祖景皇帝虎，封赵郡公，徙封陇西公，周受魏禅，录佐命功，居第一，追封唐国公。生世祖元皇帝昺，封汝阳县伯，袭封陇西公，周受禅，袭封唐国公。高祖即元皇帝之世子，母曰元贞皇后，七岁袭封唐国公，义宁二年受隋禅，即皇帝位。

上引李渊家世的传统说法，存在问题极多，其与本章的讨论有关而值得注意者有二：其一，李唐先世为陇西狄道(治今甘肃临洮县)人，后又家于武川(今内蒙古武川县西)；其二，李虎封赵郡公，徙封陇西公，追封唐国公。这两个问题又是相互联系的，至于其间的关键，则在李唐先世问题。

关于李唐先世，陈寅恪撰有《李唐氏族之推测》(1931年)、《李唐氏族之推测后记》(1933年)、《三论李唐氏族问题》(1935年)、《李唐武周先世事迹杂考》(1936年)等文①，考辨结论如下：首先，《册府元龟·帝王部·帝系》、旧新《唐书·高祖本纪》、《新唐书·宗室世系表》以及《北史·序传》、《晋书·凉武昭王李玄盛传》所载李唐先世出自陇西李氏、即凉武昭王李暠之后的说法，属于假造伪托；其次，根据唐光业寺碑及唐《元和郡县图志》卷一七"赵州"的记载，李唐先世出自赵郡李氏，若非赵郡李氏之

---

① 收入陈寅恪：《金明馆丛稿二编》，上海古籍出版社，1980年版。又可一并参考陈寅恪：《唐代政治史述论稿》上篇，上海古籍出版社，1982年版。

"破落户",即是赵郡李氏之"假冒牌";第三,此李氏由赵郡郡望变为陇西郡望,与宇文泰、苏绰等人制订的西魏北周立国的根本政策即"关中本位政策"有关,具体来讲,"李虎入关,东西分立之局既定,始改赵郡之姓望而为陇西,因(陇西)李抗父子事迹与其先世类似之故,遂由改托陇西更进一步,而伪称西凉嫡裔。又因宇文氏之故,复诡言家于武川。"(见图11-1)

以发千载之覆的上述结论为基础,李虎被追封为唐国公的缘故,又可得而言之如下:

其一,据《周书·武帝纪》保定四年九月丁巳"封开府李昺为唐国公"的记载,李虎追封唐国公事,也应当在保定四年(564年)[1],上距周受魏禅已经8年。

其二,李虎身受的赵郡公、陇西公及追封的唐国公,都与李氏居地及假托的先世有关。赵郡公、陇西(郡)公事属明显,可不具论;而由郡公更进一等的国公即唐国公,也是如此。"凡依等进封,以能保留元封之名为原则,故其取名多从元封地名所隶属之较大区域中求之。若不得已,则于元封地名相近之较大区域中求之。若犹无适当之名,则尽弃与元封有关之名,别择一新号。"[2]就前两条原则论,可供"当日之拟封号者"为李虎追封国公选用的古代国名,有与陇西郡有关的秦,与赵郡有关的晋、中山、赵、魏、唐。[3]　而魏,已经是拓跋氏的国号,自然不能再用;中山,"复不可为进封国公之号"[1];又因当时封爵中已有秦郡公宇文直、晋国公宇文护、赵国公李弼之故,秦、晋、赵也都不能取用。如此这番地排除下来,"当时司勋拟号之官,若不别择一新号,而尚欲于旧时封地之名有所保存

---

① 上引《资治通览》胡三省《注》作周闵帝时,实误。
② 陈寅恪:《三论李唐氏族问题》,收入所著《金明馆丛稿二编》。
③ 按先秦秦国有陇西郡地,传说中的唐尧之国以及先秦的晋国、中山国、魏国、赵国都曾据有赵郡地。
④ 陈寅恪《三论李唐氏族问题》指出了其间的复杂原因:"中山之名在后魏为郡王爵封号,亦为郡公封号。但通称则省郡字,如中山王、中山公之例。北周在明帝武成元年八月改天王称皇帝以前,国公为人臣最高之封爵。故宇文护由中山郡公进封国公时,不以为中山国公者,虽因晋国较中山为大名,实亦受魏制习惯影响,盖欲以表示区别。是中山复不可为进封国公之号。"

联系者,则舍唐国莫属。此李虎所以追封唐国公之故也。"①

其三,这与赵郡有关的古代国名"唐",实指传说中的陶唐氏帝尧始封的唐国。② 考《汉书·地理志》中山国领有唐县,"尧山在南",唐颜师古注引东汉应劭曰:"故尧国也。唐水在西",又注引三国魏中山人张晏之说:"尧为唐侯,国于此。尧山在唐东北望都界。"再考《汉书·地理志》中山国望都县注引张晏曰:"尧山在此,尧母庆都山在南,登尧山见都山,故以为名";又《魏书·地形志》南赵郡广阿县有"尧台",而据《元和郡县图志》卷一七赵州昭庆县条,广阿县是李虎之父李天赐、李虎之祖李熙的葬地③,是唐开元十三年杨晋所撰光业寺碑中所称的"维王桑梓"之地。如此,李虎追封"唐"国公,盖取义于河北地区流传的陶唐氏帝尧的遗迹。

李虎因家世居住之地,为传说中的陶唐氏帝尧始封唐国之地,而被周追封为唐国公,已如上述;至于再袭封的唐国公李渊,后来禅隋,即以"唐"为有天下之号,则有着更加深层的原因。温大雅《大唐创业起居注》卷一叙大唐创业之始曰:

> 初,帝自卫尉(少)卿转右骁卫将军,奉诏为太原道安抚大使,郡文武官治能不称职者,并委帝黜陟选补焉。河东已来,兵马仍令帝征发,讨捕所部盗贼,隋大业十二年,炀帝之幸楼烦时也。帝以太原黎庶,陶唐旧民,奉使安抚,不踰本封,因私喜此行,以为天授。所经之处,示以宽仁,贤智归心,有如影响。

按温大雅,太原祁人。李渊太原起兵时,温大雅任大将军府记室参军,专掌文翰;李渊称帝,温大雅参定礼仪,后掌机密。以此,《大唐创业起居

---

① 陈寅恪:《三论李唐氏族问题》。
② 先秦时代国号称唐的国家,先后有过三个。一是传说中帝尧的唐国,二是周成王封弟姬虞的唐国(姬虞之子姬燮改国号为晋,详本书第八章的讨论),三是周朝分封的姬姓的唐国(在今湖北随州市西北唐县镇一带,公元前 505 年为楚所灭)。这里之所以肯定李虎的唐国公封号来源于帝尧的唐国,一则叔虞之唐为时短暂,二则与楚所灭之唐国地理距离悬远。
③ 《元和郡县图志》卷一七赵州昭庆县:"本汉广阿县。……后汉省,后魏别置广阿县。……皇十三代祖宣皇帝建六[初]陵,高四丈,周回八十丈。皇十二代祖光皇帝启运陵,高四丈,周回六十步。二陵共茔,周回一百五十六步,在县西南二十里。"

注》不仅材料丰富详备,而且相当可靠。然则"太原黎庶"怎么成了"陶唐旧民"?"太原道安抚大使"怎么"不踰"唐国公"本封"?"私喜此行,以为天授"又是怎么回事? 这些,都关乎唐为天下之号的成立;而欲探究竟,还需远追陶唐氏帝尧的古史传说。

第二节 陶唐氏帝尧的传说与唐"荡荡也"的美义

尧不见于《诗》、《书》等西周文献,而开始出现在《天问》、《国语》、《左传》等典籍中,是尧舜禅让故事里的人物,表现为一位无大作为的颇平庸的天子。《山海经》神话中有"帝尧"之名,但在该书的古帝世系里没有尧,这反映出在当初的神话传说里,尧的地位并不高。到了儒、墨两家文籍,尧成了古代伟大的圣王、仁君的典范;尤其儒家,特别推崇尧,专门编撰了一篇《尧典》,以颂扬尧的政绩、德行以及传位给舜、"光被四表"的禅让盛业。在战国末年编成的《帝系》里,尧是黄帝曾孙帝喾的第三子。到《世本》中称"帝尧为陶唐氏"[①],《史记》沿用之,于是史籍中遂称"唐尧",与虞舜、夏禹、商汤、周文王名号一致,成了战国后期流传下来的唐、虞、夏、商、周这一"二帝三王"历史系统中的唐帝。到《大戴礼记·五帝德》中,尧被编为古代"五帝"中的第四帝。

尧的传说流变复杂,系统纷繁,以上所言只是一个大概。而对于其中的"陶唐氏帝尧"名号,刘起釪《古史续辨》[②]之《古史词条四则·尧》分析指出:

其一,尧字在甲骨文中象人顶着陶器的土坯去烧,而陶与窑是已成缶器的陶坯在窑穴里,尧、陶、窑构形有异而取义相同,又尧、陶、窑三字古音都读 tāo;如此,"尧"当是在制陶技术上有特殊成就的、称作"陶"的氏族的宗祖神。

---

① 按《吕氏春秋·古乐》历叙古帝,陶唐氏位在黄帝前,而尧则在黄帝后,是二者本有区别。《世本》硬给了尧以"陶唐氏"的名号。

② 刘起釪:《古史续辨》,中国社会科学出版社,1991年版。

其二,《书·禹贡》有陶丘,《汉书·地理志》济阴郡有定陶,考古上的今山东龙山文化有烧制技术很高的黑陶(如黑而薄的蛋壳陶)和各种陶器,是则以"尧"为宗祖神的"陶"氏族,原先可能活动在东方。

其三,尧原与唐毫无关系。由于后来的传说,或谓尧为帝喾之子,封于唐,或谓尧初居唐,后居陶,陶就和唐连到了一起,成为《国语》、《左传》里的陶唐氏,而到《世本》中,遂云"帝尧为陶唐氏"。

其四,尧封或尧居的"唐"地所在,汉唐时代说法颇多[1],而以山西晋阳、山西平阳、河北唐县三说的影响较大。现代学者依据考古调查和发掘的成果,多谓"唐"地可能在今山西西南。

其五,由于制陶技术在远古时代的重要性,这擅长制陶的"陶"氏族成了有名的氏族;而其承用宗神名字的首领"尧",则担任着部落或部落联盟的首领,而且颇具名望,围绕他有着一些美好的传说。及至儒家"按往旧造说","尧"在儒家经典里遂被完全净化,成了往古黄金时代道德标准最高的仁君圣王。

然则有关陶唐氏帝尧的传说,涉及地望又相当广泛,以今地理言之,山东、河北、河南、山西等省,都可见到陶唐氏帝尧的遗迹。[2] 其中河北的遗迹,成为北周追封李虎为唐国公的依据;而唐国公李渊以为"太原黎庶,陶唐旧民"、"不踰本封"云云,则与山西的遗迹有关。

尧在山西的遗迹,一则集中在太原(今山西太原市一带),二则集中在平阳(今山西临汾市一带)。这两处,诸多古籍指为尧所都之地。又太原以南,顺着汾水谷地,直至山西西南,也被认作是尧及尧后裔迁居、立国之地,如今翼城,就被认作是夏、商时尧裔子的唐国所在。此翼城的唐

---

[1] 如汉太原郡晋阳县之说,东汉郑玄《诗·唐风谱》:"唐者,帝尧旧都之地,今日太原晋阳是,尧始居此,后乃迁河东平阳。"东汉班固《汉书·地理志》、西晋杜预《春秋左传注》、北魏郦道元《水经注》均持此说。又《史记·晋世家》持河汾之东说,晋人臣瓒、唐颜师古注《汉书》持永安说,《世本》、《史记·晋世家·索隐》持鄂说,《史记·晋世家·正义》持平阳说,唐李泰《括地志》持翼城说。其他还有今山东鱼台说,今河北唐县说,等等。

[2] 详刘起釪:《由夏族原居地纵论夏文化始于晋南》,收入所著《古史续辨》;王文清:《陶寺遗址可能是陶唐氏文化遗存》,收入田昌五主编《华夏文明》第一集,北京大学出版社,1987年版。

国，周成王时被灭，成王改封弟姬虞于其故地，仍名唐国。

应该正是因为今山西"本唐尧所居，……其民有先王遗教，君子深思，小人俭陋"①，又多唐尧遗迹，所以太原道安抚大使、唐国公李渊以为其安抚的对象是"陶唐旧民"，安抚的地域则"不踰本封"；至于李渊奉诏安抚太原、即私喜以为"天授"，由李渊以前有关陶唐氏帝尧名称国号的议论，也不难明瞭。

考陶唐氏帝尧名称国号的正统解释，见于东汉《白虎通德论·号》：

> 德合天地者称帝。……帝者谛也，象可承也。……黄帝、颛顼、帝喾、帝尧、帝舜，五帝也。……谓之尧者何？尧，犹峣峣也，至高之貌，清妙高远，优游博衍，众圣之主，百王之长也。……唐，荡荡也。荡荡者，道德至大之貌也。

又东汉王充《论衡·正说》：

> 说《尚书》谓之有天下之代号唐、虞、夏、殷、周者，功德之名，盛隆之意也。故唐之为言，荡荡也。……尧则荡荡，民无能名。

按"唐，荡荡也"、"唐之为言，荡荡也"，在文字学上也是渊源有自。《说文解字》："唐，大言也"，是唐有"大"的意思；②又《论语·泰伯》：

> 子曰：大哉尧之为君也。巍巍乎，惟天为大，惟尧则之。荡荡乎，民无能名焉。巍巍乎，其有成功也。焕乎其有文章。③

孔子用"荡荡"来形容尧功德的伟大，荡也有大的意思；而尧号陶唐氏，建

---

① 《汉书·地理志》。

② 按"唐，大言也"，实为唐的引申义。据甲（⊕）、金（⊕）文分析，"唐"字上从"庚"，下从"口"；上"庚"是扬谷出糠的风柜，下"口"是承接谷米的盛器，"唐"的本义为"以盛器在风柜之下接装谷米"。大概是因扬风吹秕，而引申出"大言"之义。详陈政：《字源趣谈》"说'唐'"，广西人民出版社，1986年版。

③ 译成白话文如下："孔子说：伟大啊！尧这样的君主。多么崇高呀！只有天最高大，只有尧能够效法天。尧的恩德多么广大呀！百姓们都不知道如何来赞美他。多么伟大呀！尧取得的功绩。多么光辉呀！尧的礼仪制度。"

国号为唐,唐、荡音通,后人遂以荡训唐,南朝梁陈之间顾野王《玉篇》即曰:"唐,尧称唐者,荡荡道德至大之貌。"

据上,"尧"是圣王,尧的伟大功德,浩浩荡荡、广阔无边;"唐"为美号,又正显示了尧的浩浩荡荡、广阔无边的伟大功德。而隋大业十二年(616年)李渊"奉诏为太原道安抚大使"时,天下已乱,此唐国公李渊所以"私喜此行,以为天授"也。(见图11-2)

然则何谓"天授"呢?据《大唐创业起居注》卷一,大业十三年,隋帝敕李渊为太原留守,李渊"私窃喜甚",忘形之下,李渊对二子李世民一吐心迹:"唐固吾国,太原即其地焉。今我来斯,是为天与。与而不取,祸将斯及。然历山飞不破,突厥不和,无以经邦济时也。"按大业十一年魏刀(刁)儿起义,自称历山飞,有众十余万;次年,历山飞部将甄翟儿一度进逼太原。又突厥,北周、北齐以来北方最强的外患。至于"经邦济时"云云,李渊"素怀济世之略,有经纶天下之心",而且"自以姓名著于图箓"(详下),太原又为"王气所在"。如此,李渊始为"太原道安抚大使"时,便怀不臣之心、割据之意;及为太原留守,取隋而代的"雄断英谟,从此遂定"。

按唐国公李渊的此等不臣之心,始而"陶唐旧民"心知肚明,继而代隋之初有过一次隐晦的表露;又直到60年后的唐咸亨五年(674年),更是大白于天下。

"陶唐旧民"心知肚明者,先是隋初有民谣《桃李子歌》:"桃李子,莫浪语,黄鹄绕山飞,宛转花园里。"《大唐创业起居注》卷一温大雅案云:"李为国姓;桃当作陶,若言陶唐也;配李而言,故云桃花园。宛转属旌幡。汾晋老幼,讴歌在耳。忽睹灵验,不胜欢跃。"据此,唐国公李渊之比附陶唐氏帝尧,恨不能"一举千里,以符冥谶",进而兴复唐尧旧业,起码在当时的汾晋,是"司马昭之心,路人皆知"的。

代隋之初有过一次隐晦的表露者,《资治通鉴·唐纪一》武德元年五月甲子:"唐王即皇帝位于太极殿,⋯⋯推五运为土德,色尚黄。"虽然从表面上看,唐承隋火德,故为土德,色尚黄;但实际上,唐之土德、尚黄更有深一层的意义在乎其中:"上自曹魏,下至随室,南北两朝,咸非一统,不得承五运之次",所以唐土德也可以理解为是直承汉火德,如唐玄宗即下诏以唐承汉,定魏、晋至周、隋皆非正统①——只不过这层政治含义,在始行禅代,天下远未统一时不便明言而已。又《汉书·眭弘传》载眭弘上汉昭帝书云:

> 先师董仲舒有言:"虽有继体守文之君,不害圣人之受命。"汉家,尧后,有传国之运。汉帝宜谁差天下,求索贤人,禅以帝位。

按"汉家,尧后",自是说不清的一笔糊涂账,其服务于当世的目的却非常清楚;而在王莽、刘歆等人所编造、又为后人奉为典则的古史系统中,陶唐氏帝尧也是火德。② 如此,李渊之居土德、尚黄色,同样是以"尧后"自居的。此"尧后",先有刘邦建汉,这时便有了李渊建唐;惟"传国之运",火生土,火德的"刘汉"(西汉)先是传给了土德的"新莽"(仿佛火德的唐尧传给了土德的虞舜),这一次则有所不同,是火德的"刘汉"(东汉)传给了同是"尧后"的土德的"李唐"。

综上所考,我们就能理解李渊起兵至即位期间的一些现象了。据《大唐创业起居注》卷三,文武将佐上疏李渊劝进有言:"姓符桃(陶)李,君尧之国,靡不则天","唐唐李树之谣歌","盛德有后","拍手唱堂堂(唐唐),驱羊(杨)向南走",等等,此皆据陶唐、帝尧、唐公、李渊等立说耳;又李渊即皇帝位,告天册文曰:"某承家庆,世禄降祉,曰祖曰考,累功载德。赐履参墟,建侯唐旧","唐旧"即唐尧旧地,"参墟"则为天文分野上的唐地。

进而言之,唐咸亨五年(674 年)李渊心迹大白于天下者,这年的八月壬辰,李治、武曌上李渊尊号为"神尧皇帝"。这一尊号,可谓全然无遗地暴露出了李渊当初建国时自拟唐尧的心理!

---

① 详唐封演《封氏闻见记》卷四"运次"条,旧、新《唐书·王勃传》。
② 详本书第五章、第六章。又顾颉刚整理出的东汉初的"尧家尧后的世系表"如下:"尧—监明—刘氏…刘累…豕韦氏…杜氏(杜伯)—隰叔…士会—刘氏…丰公—执嘉(煓)—汉高祖","豕韦氏—唐氏"。详顾颉刚:《五德终始说下的政治和历史》,收入《顾颉刚古史论文集》第三册,中华书局,1996 年版。

第三节 "神尧皇帝"李渊

综合《大唐创业起居注》、旧新《唐书·高祖本纪》以及《资治通鉴》等记载,李渊字叔德,周天和元年(566 年)生于长安。七岁袭爵唐国公。隋受禅,补千牛备身,累转谯、陇、岐三州刺史,荥阳、楼烦二郡太守,征为殿内少监,迁卫尉少卿。大业十一年,拜山西河东慰抚大使,十二年,为太原道安抚大使。是时,隋政荒怠,天下大乱,"李氏当为天子"图谶流行。[1]大业十三年,李渊为太原留守。按太原,北周末年号称"天下精兵处",隋为北御突厥的军事重镇,隋末与西京长安、东都洛阳鼎足三立,为北方最重要的据点之一。[2] 大业十三年六月,李渊传檄诸郡,称义兵,开大将军府,置三军。七月癸丑,李渊兵发太原,一路克捷。十一月丙辰,兵入长安。[3] 及至十一月壬戌,李渊在长安权立 13 岁的隋代王杨侑为皇帝,改元义宁,遥尊仍在江都的隋帝杨广为太上皇;甲子,唐国公李渊进封唐王。义宁二年(618 年)三月,江都兵变,杨广被弑,宇文化及立秦王杨浩为傀儡皇帝。五月戊午,李渊逼隋帝杨侑禅位于己;甲子,唐王李渊即皇帝位,国号唐,改元武德,定都长安。又此后直至武德七年(624 年),唐降薛仁杲、杀李密、执李轨、走刘武周、擒窦建德、克王世充、下萧铣、斩刘黑闼、平辅公祏,隋末以来割据群雄渐次削平,统一的大唐皇朝因而形成,"唐"也继"隋"之后,再为天下的共号。(见图 11 - 3)

此大唐开国皇帝李渊,武德九年(626 年)八月传位于二子李世民。

---

[1] 隋帝杨广疑郕公李浑从子敏、小名洪儿应谶,于是族灭之。

[2] 详胡阿祥等:《兵家必争之地——中国历史军事地理要览》第九讲,河海大学出版社,1996年版。

[3] 据《大唐创业起居注》卷二,从李渊兵发太原到兵入长安,其间与唐国号有关者,有以下几事值得注意:七月甲子,有白衣野老路左拜见李渊,称"大唐皇帝"云云;八月辛丑,太原获龟形青石,上有天然丹文"李治万世",李渊曰:"上天明命,贶以万吉";又是日,兴平人孔善乐获嘉禾而献,李渊教曰:"嘉禾为瑞,闻诸往策。逮乎庆氏,世有兹祥。放勋获之于前,叔虞得之于后。孤今纠合,复逢灵贶,出自兴平,来因善乐,休征伟兆,何其美与!"按放勋,陶唐氏帝尧之名;又"嘉禾为瑞"及与"唐"的关系,详本书第八章的讨论。

贞观九年（635 年）五月，70 岁的太上皇李渊驾崩，《新唐书·高祖本纪》于此作结道：

> 谥曰太武，庙号高祖。上元元年，改谥神尧皇帝。天宝八载，谥神尧大圣皇帝。十三载，增谥神尧大圣大光孝皇帝。

按咸亨五年八月（是月改元上元）改谥"太武皇帝"李渊为"神尧皇帝"，实在贴合李渊称帝前的心志、称帝后的自况。[①] 以言称帝前的心志，李渊是以兴复帝尧的唐国为远大志向的；以言称帝后的自况，即李渊之以帝尧为榜样、以唐为国号，是希望自己成为帝尧一般的仁君圣王，是希望自己缔造的唐朝以德立国、"道德至大"，是希望自己这位神尧皇帝开创的唐朝，成为唐尧时代那样的太平盛世。（见图 11 - 4）

然而近乎残酷的是，当咸亨五年改谥李渊为"神尧皇帝"时，李渊之孙、李世民九子、在位皇帝李治，因为苦于风疾，政务已多交由武皇后处理。这位武皇后在追尊李渊为神尧皇帝、太穆皇后窦氏为太穆神皇后的同时，还追尊了宣简公李熙为宣皇帝，妣张氏为宣庄皇后，懿王李天赐为光皇帝，妣贾氏为光懿皇后，文皇帝李世民为太宗文武圣皇帝，文德皇后长孙氏为文德圣皇后，更加重要的是，武皇后同时改当世"皇帝称天皇，皇后称天后"。"天皇"、"天后"之称，名义上是要"避先帝、先后之称"，而骨子里正如胡三省一针见血地指出的："武后之意"，"实欲自尊"[②]——"自尊"的结果，就是武皇后从"天后"起步，进而成为"圣母神皇"，又进而一度革唐为周。

---

① 如所周知，谥号是依据逝者生前行迹评定的一种称号，意在盖棺论定，褒贬善恶。西周时期已经形成了谥号制度。及至秦始皇帝嬴政，认为谥号有"子议父，臣议君"（《史记·秦始皇本纪》）之弊，故此废除谥号，自称"始皇帝"，意图"二世三世至于万世，传之无穷"。汉朝恢复了谥号制度。按皇帝谥号，如文、武、景、明、烈、睿、康、庄等是褒义，惠、灵、厉、炀等是贬义，哀、怀、愍、悼等具有同情色彩，至于献、恭、顺一类，就是胜利者对失败者的嘲笑了。起初谥号是单字，大概因为皇帝的事迹难以用单字概括，后来又发展出多字的谥号。具体到李渊的谥号，起初的"太武皇帝"，明显是表彰其开基创业的丰功伟绩的，而改谥的"神尧皇帝"，则反映了后来的唐朝皇帝视李渊为帝尧的重生、当世的尧帝，此即所谓"实在贴合李渊称帝前的心志、称帝后的自况"。

②《资治通鉴·唐纪十八》上元元年八月壬辰条元胡三省《注》。

第十二章　周："圣母神皇"的"远祖姬周"

674 年八月壬辰,大唐皇朝的开创人李渊得谥"神尧皇帝",主事者李治皇后武照同时称"天后"。690 年九月壬午,"圣母神皇"武曌革唐为周,武曌也成了"圣神皇帝"。及至 705 年二月甲寅,李治、武曌之子李显恢复国号为唐。

武曌为什么要革唐为周,历史文献缺乏明确记载,今据各方面的蛛丝马迹,进行推测。

首先需要说明的是,载初元年(690 年),武照造新字,自以"曌"字为名,寓意日月当空,普照神州大地。① 而世人熟知的"武则天",是在神龙元年(705 年)二月皇帝李显上武曌尊号为"则天大圣皇帝"后才有的称呼;及至十一月,武曌"遗制"称"则天大圣皇后"。唐玄宗李隆基又先后改"则天后"、"则天顺圣皇后"。② 本章为求统一,以下多称"武照"本名。

---

① 与此同时或在此前后,武照还改变了大约 20 个非常重要的字(天、地、日、月、年、君、臣、圣、人、国等)的写法,如地写作埊,国写作圀,君写作㣺,人写作𤯔。这些字,后来又被称为"武周新字"。

② 换言之,"则天"既非武照之名,也非武照之字,所以统称武照为"武则天",等于姓+尊号,可谓不伦不类的称呼。

第一节　从唐到周:多层原因

武曌的父亲武士彟,并州文水(今山西文水县东)人,原为木材商,隋末官鹰扬府队正。李渊"行军于汾、晋,每休止其家。义旗初起,从平京城"①。唐初,武士彟累迁工部尚书,历任豫州、利州、荆州都督。武曌的母亲杨氏,"弘农华阴人"杨坚族子杨观之弟杨达的女儿,杨达曾任隋右武卫将军、左光禄大夫,卒赠吏部尚书、始安侯。武士彟娶相里氏,而续弦杨氏,生三女,武照即杨氏所生的第二女。

关于武照的入宫、为后,《旧唐书·则天皇后本纪》云:

> 初,则天年十四时,太宗(李世民)闻其美容止,召入宫,立为才人。及太宗崩,遂为尼,居感业寺。大帝(李治)于寺见之,复召入宫,拜昭仪,……进号宸妃。永徽六年,废王皇后而立武宸妃为皇后。高宗称天皇,武后亦称天后。后素多智计,兼涉文史。帝自显庆已后,多苦风疾,百司表奏,皆委天后详决。自此内辅国政数十年,威势与帝无异,当时称为"二圣"。

一般认为,武曌之称"天后",是其"潜谋革命"的第一步;而在这第一步跨出之前,武照已微露锋芒。显庆四年(659年)六月,即武照被册立为皇后的第四年,李治因苦"风眩头重、目不能视"而委武曌以政事的前一年②,"诏改《氏族志》为《姓氏录》",《资治通鉴·唐纪十六》显庆四年:

> 初,太宗命高士廉等修《氏族志》,升降去取,时称允当。至是,许敬宗等以其书不叙武氏本望,奏请改之,乃命礼部郎中孔志约等比类升降,以后族为第一等,其余悉以仕唐官品高下为准,凡九等。

---

① 《旧唐书·则天皇后本纪》。为免繁琐,本章以下引文凡出自旧、新《唐书·则天皇后本纪》及《资治通鉴》与胡三省《注》者,多不出注。
② 《资治通鉴·唐纪十六》显庆五年十月条:"上初苦风眩头重,目不能视,百司奏事,上或使皇后决之。后性明敏,涉猎文史,处事皆称旨。由是始委以政事,权与人主侔矣。"胡三省《注》:"史言后移唐祚,至是而势成。"

此《姓氏录》200卷,已佚;而据《唐会要》卷三六,《姓氏录》是以皇后家族及酅公(隋杨侑禅位于唐,始封酅国公)等为第一等的,如此,武曌的父族、母族均列在了九等中的第一等。

既然是列在第一等的高门,当然要有显赫的家世或悠久的渊源。按武照的母族虽非杨隋皇室直系,但位望甚重,此不细说;[1]又据后出的《新唐书·宰相世系表》:

> 武氏出自姬姓。周平王少子生而有文在手曰"武",遂以为氏。汉有武臣,为赵王。……(十九传至)平北将军、五兵尚书晋阳公洽,别封大陵县,赐田五十顷,因居之。……(又六传至)士𫟃,工部尚书、应国公。

大陵县,治今山西文水县东北,北魏改置受阳县,隋改文水县。又考周长安元年(701年)为武士𫟃所树之《大周无上孝明高皇帝碑》[2]:

> 岐丰受命,武王戡商野之戈;谯亳开基,文后迁汉宫之鼎。……大周无上孝明高皇帝,讳某字某,太原文水人也。其先出自周平王少子,有文在其手曰"武",因以姓氏。居沛之竹邑。……六代祖洽,仕魏,封于晋阳,食采文水,子孙因家焉。

唐林宝《元和姓纂》相关记载略同。据此,由木材商上升为新权贵、"地实寒微"的文水武氏,随着武曌成为皇后,竟也跻身高门,得了个"好出身",而且是"出自周平王少子"的。(见图12-1)

值得注意的是,武曌的母族杨氏,据《大周无上孝明高皇后碑》[3]、《新唐书·宰相世系表》,同样"出自有周"、"出自姬姓"。姬姓是三代之周的国姓。武曌的父族、母族,溯之当初,竟然都出自周之姬姓,都是周天子的苗裔。武曌位登大宝、改唐为周,这应当是第一层原因,即彰显其姓氏

---

① 详《隋书·观德王雄传》、《北史·杨绍传》。
② 周圣历二年(699年),改武士𫟃昊陵为攀龙台,故此碑又称《攀龙台碑》。李峤撰文,武照审定。见《全唐文》卷二四九。
③ 《全唐文》卷二三九《大周无上孝明高皇后碑铭并序》,武三思撰文。

的来历。

这一层原因,虽然在后世多以为附会、荒唐,但在武照立周之初,却有着充分的体现:如改国号为周的第四天,"以皇帝(李旦)为皇嗣,赐姓武氏";第五天,"立武氏七庙于神都"①,这七庙包括始祖文皇帝周文王姬昌,睿祖康皇帝周平王姬宜臼少子姬武,太祖孝明高皇帝武士彟等武氏五代神主;②又武照尝敕改州为郡,因有人以州、周同音,谓"陛下始革命而废州,不详[祥]",武曌遽追止之;武照又制天下武氏咸蠲课役,改文水县为武兴县,百姓子孙相承给复。如此一类,都属崇"周"重"武"的明显举措。

武曌以唐为周的第二层原因,是因其父武士彟的封爵。据《大周无上孝明高皇帝碑》及《资治通鉴》,李渊太原起兵后,隋大业十三年先封武士彟寿阳县开国公,唐武德三年进封应国公。贞观九年,武士彟薨,追赠礼部尚书,谥忠孝公。永徽六年十一月,武照被册立为皇后;次年二月,乃追赠武士彟司徒,赐爵周国公。又咸亨元年九月,加赠司徒周忠孝公武士彟为太尉、太原王;及光宅元年(684年),作武氏五代祠堂于文水③,太尉、太原王位爵转给武士彟之父武华,而追尊武士彟为太师、魏王。永昌元年(689年)二月,更追尊武士彟曰周忠孝太皇。次年九月,武曌即改唐为周了。据此,武照改唐为周的第二层原因,是本魏晋南北朝隋唐由公而王、由王而有天下、有天下之号即用封爵之号的惯例。

武曌用周为国号的第三层原因,是借以表明国家正统承自姬周天统。永昌元年十一月,武照颁《改元载初敕文》:

> 夏之人统,不逮殷之地正;殷之地正,有殊周之天统。……朕所

---

① 684年改东都洛阳为神都,705年复旧。
② 《旧五代史·礼志》后晋张昭远以为:"唐高宗则天武后临朝,革唐称周,又立七庙,仍追册周文王姬昌为始祖,此盖当时附丽之徒,不谙故实,武立姬庙,乖越已甚,曲台之人,到今嗤诮。"又《资治通鉴·唐纪二十》天授元年胡三省《注》亦指出:武"后远祖姬周,诬神甚矣,文王其肯飨非鬼之祭乎!"
③ 据《礼记·王制》,天子七庙,诸侯五庙。武照本欲从武承嗣之请,立武氏七庙,但为臣下谏止。

> 以式遵礼经，奉成先志，今推三统之次，国家得天统，当以建子月为
> 正。考之群艺，厥义昭矣。宜以永昌元年十有一月为载初元年正
> 月，十有二月改腊月，来年正月改为一月。

按姬周以十一月朔为正朔①；唐用夏正，以一月朔为正朔。武照既依周制建十一月为正月，则必崇周，所以武照改正朔时虽然尚未称帝立国，但其预定以周为有天下之号，已是极为明显的事实。

武曌既以周为天统，用周正，又势必改变唐待以客礼的"宾"与"恪"。按唐以（北）周、隋后裔为二王后（宾）；武照则在用周正的同时，"以周、汉之后为二王后，舜、禹、成汤之后为三恪"，即对虞、夏、商（殷）、周、汉五代天子的后裔都礼待如宾，以符合"古者建国，有宾有恪"的古训；更重要的是，这一改变进一步表明了武周帝统与三代姬周的一脉相承。

又有值得注意者二事，也与武照定有天下之号曰周有关。其一，武曌以显庆三年长孙无忌等所修新礼多不师古②，仪凤二年改定"五礼并依《周礼》行事"；其二，光宅元年武照因时立号，依《周礼》改六曹（吏、户、礼、兵、刑、工）尚书为六官（天、地、春、夏、秋、冬）尚书，省、寺、监、率之名，也多以义类改之。这样的"改革"，同样显示了武照效法古先盛世、继承三代姬周的抱负。③

综上，武曌在"革命"之前，已经完成了系列而全面的准备工作：确认父族武氏、母族杨氏都"出自姬姓"；追赠父亲武士彟为周国公，后又为周忠孝太皇；依三统历重新编排夏、商（殷）、周三代，而以周为天统；行《周

---

① 正，一年的开始；朔，一月的开始。正朔就是元旦。
② 长孙无忌，贞观元老、顾命大臣、李治舅父，曾坚决反对立武照为皇后。显庆四年被诬谋反，逼令自杀。
③ 按中国古代的盛世，在唐朝人看来，唯有周、汉两朝，而周又胜过汉，所谓"周用王道，教化一而人从；汉杂霸道，刑政严而俗伪。故亲誉优于畏侮，文、景劣于成、康"（张说《对词摽文苑科策》，《全唐文》卷二二四）是也。

礼》,用周正。至此,武照若革唐命,便不能不定国号为周了;①或者换言之,由武照对"周"的浓厚情结,"周"国号已经呼之欲出了。

第二节　进退自如的"圣母神皇"尊号②

以上述之系列而全面的准备工作为坚实的基础,武曌的革唐立周,又显得是那样地轰轰烈烈,正仿佛从前的王莽之代汉建新。《资治通鉴·唐纪二十》载初元年(690年)九月:

> 丙子,侍御史汲人傅游艺帅关中百姓九百余人诣阙上表,请改国号曰周,赐皇帝姓武氏。太后不许;擢游艺为给事中。于是百官及帝室宗戚、远近百姓、四夷酋长、沙门、道士合六万余人,俱上表如游艺所请,皇帝亦上表自请赐姓武氏。

四天后,武曌应允;又两天后的九月壬午,即九月九日重阳佳节,武曌宣布改唐为周,改元天授,大周皇朝正式成立。这一年,武曌已经67岁,而为了这一天的到来,武曌付出了半个多世纪的努力。

按武曌与李唐皇室发生关系,始于贞观十一年(637年)应选入宫,时年14岁。贞观二十三年(649年),唐太宗李世民崩,武曌被迫出宫为尼,埋名庵寺。唐高宗永徽二年(651年),王皇后因对付正在得宠的萧淑妃的需要,帮助武曌再度入宫。再度入宫的武曌,施展计谋,以敌制敌,费尽

---

① 在定国号为周的前一年,武照所颁《改元载初赦文》(《全唐文》卷九六)有云:"仲尼曰'其或继周者,虽百代可知'。……自魏至隋,年将四百,称皇称帝,数十余家,莫不发王道而立私权,先诈力而后仁义,勋未踰于列国,德不惭于霸图,虽复时合诸侯,一匡区域,晋武践祚,茂烈多惭于水官,隋帝乘时,雄图不逮于秦氏,惟彼二君闰位,况区区者,岂宜当三统之数者乎!"细玩文义,武照革命,以应《论语·为政》之"继周"可知,《大周无上孝明高皇帝碑》所称"于皇圣周,独与神契,受箓千祀,重光百世,……岐山光启,丰水丕承,淳耀中缺,灵符更兴",盖即此意;又在武照看来,"自魏至隋",都不足以当三统之数,其间国号,当然也就不可取用。又就国号文义论,义美而气壮的"周",并不输于"唐",甚至还有过之。
② 本节参考的今人论文有:孙永如:《武则天的名号与政治》,"第五届全国武则天学术研讨会"提交论文,1994年10月;陈寅恪:《武曌与佛教》,收入所著《金明馆丛稿二编》,上海古籍出版社,1980年版。

心机,先后击败萧淑妃、王皇后,步步高升,终于在永徽六年成为新的皇后。

武曌成为新的皇后,但并不以此为满足。在武曌之前,隋文帝的独孤皇后、唐太宗的长孙皇后都曾参与政治;此武皇后也有干政之心。而当世皇帝李治的苦于风疾①,又使武皇后有了参决政事的机会。利用这两大条件,武皇后逐渐扩展其政治权力,膨胀其政治野心。咸亨五年(674年)八月,武曌在尊奉李唐皇室祖宗、抬高当世皇帝李治的名义下,自得尊号"天后",迈出了其潜谋革命的第一步。

弘道元年(683年)十二月,李治病逝,谥天皇大帝,庙号高宗;高宗七子李显即位,尊母武曌为"皇太后"。而高宗遗诏"军国大事有不决者,兼取天后进止",则为武曌的临朝称制提供了合法依据。次年二月,武曌废李显为庐陵王,另立李治八子李旦为帝,旦母武曌则"施惨紫帐以视朝"。

武曌以皇太后身份临朝称制五年。其间,平息了徐敬业匡复李显的反叛;任用酷吏,广开告密之门,镇压了不服从的异己。垂拱四年(688年)四月,武承嗣凿白石,上刻"圣母临人,永昌帝业",使人献之,诈称获于洛水;五月,武曌遂自加尊号"圣母神皇"。

此"圣母神皇"尊号,别出心裁,用意深邃。所谓"圣"、"神",意在表明武曌是"圣"、"神"的化身,君临天下为天命使然;所谓"母"、"皇",则显示出武曌既为母后、又为皇帝的双重身份。当时,武曌事实上已经在做皇帝,而且准备名正言顺地做皇帝;然而,武曌还不想贸然废掉傀儡皇帝李旦,她还想再次试探一下天下的反应,"圣母神皇"尊号正具有进退自如的作用:进可去"母"称"皇",退可去"皇"称"母"。

不过武曌的这等"心迹",还是引起了李唐宗室的强烈抗争。这年八月,博州刺史琅琊王李冲、豫州刺史越王李贞相继举兵,绛州刺史韩王李元嘉、青州刺史霍王李元轨等密谋响应。武曌调兵镇压,不久就将其平息。至此,武曌为革代易姓扫清了最后的路障。690年九月,武曌正式登

---

① 风疾可能是严重的高血压病和耳前庭功能失调。

基,革唐为周,尊号"圣神皇帝"。

"圣神皇帝"的尊号显然是从"圣母神皇"发展来的,它去掉了"母"号,保留了"圣"、"神"的字样,其目的当然是要保持武曌神化的形象,以便用此光环去眩惑民众,使其登基称帝合法化。

然则围绕着女皇登基、代唐为周的合法化,武曌又广造舆论,其中最值得重视者,便是其对佛教的利用。

武曌的母亲杨氏本就笃信佛教,武曌则"幼崇释教,夙慕归依"①。而特别重要的是,佛教竟也为武曌提供了可以大有作为的发挥空间,成了武曌称帝的理论工具。陈寅恪《武曌与佛教》指出:

> 儒家经典不许妇人与闻国政,……此武曌革唐为周,所以不得不假托佛教符谶之故也。考佛陀原始教义,本亦轻贱女身。……后来演变,渐易初旨。末流至于大乘急进派之经典,其中乃有以女身受记为转轮圣王成佛之教义。……武曌颁行天下以为受命符谶之《大云经》,即属于此大乘急进派之经典。

考《大云经》,译于后凉的佛教大乘经典,其卷四有云:"佛告净光天女言:汝……以女身当王国土,得转轮王所统领处四分之一";又卷六云:"我涅槃已七百年后,是南天竺有一小国,……其王夫人产育一女,……其王未免忽然崩亡,尔时群臣即奉此女以继王嗣。女既承正,威伏天下。阎浮提中所有国土悉来承奉,无拒违者"——于是一班无聊僧人(如怀义、法明)呈经并附以新疏,说武照是弥勒佛下生,当作阎浮提(人世)之主,唐氏合微;而一批御用文士(如贾膺福、宋之问)也竞作阐扬。又于是武照在拜受祥瑞、借重天命的同时,假托佛教"符谶",以应"革命"之需。而"革命"既成的次月,乃"敕两京诸州各置大云寺一区,藏《大云经》,使僧升高座讲解";又天授二年(691年)三月,颁《释教在道法之上制》:

> 大云阐奥,明王国之祯符;方等发扬,显自在之丕业。……爰开

---

① 武曌:《三藏圣教序》,《全唐文》卷九七。

革命之阶,方启维新之运。

这里的"方等",指的是《大方等无想经》,即《大云经》。如所周知,本来唐初诸帝都攀老子李耳为远祖,李治还追尊李耳为玄元皇帝,所以道在佛上;至此,佛教"符谶"既与武周革命有着如此深切的关系,崇佛抑道也就成了必然。而且革命之后的大周皇帝武曌,所加尊号如金轮圣神皇帝、越古金轮圣神皇帝、慈氏越古金轮圣神皇帝、天册金轮圣神皇帝等,也都与佛("金轮"为佛之光)、弥勒佛("慈氏"即梵文弥勒的意译)有关;至若"天册",则与武照始革唐命、改元"天授"一样,强调了君权天授的传统儒家理念。(见图12-2)

综上所述,从636年应选入宫,到690年成功革唐,经过11年的才人、4年的尼姑、3年的昭仪、28年的皇后、7年的皇太后,武曌终以一介女身,晋位为大周皇帝,而且是中国传统帝制时代里、男权社会中,唯一一位真正的女皇帝。

第三节 从周到唐:一世而斩

大周女皇武曌成功地革唐为周了,然而大功告成之日,竟也就是武曌及其周朝悲情结局的开始,这又联系着武曌的女皇身份。《资治通鉴·唐纪二十》天授二年(691年)十月李昭德言于圣神皇帝武曌:

> 天皇,陛下之夫;皇嗣,陛下之子。陛下身有天下,当传之子孙为万代业,岂得以侄为嗣乎!自古未闻侄为天子而为姑立庙者也!且陛下受天皇顾托,若以天下与承嗣,则天皇不血食矣。

按武曌的丈夫是天皇李治,儿子有李显、李旦,又有侄子武承嗣、武三思。[①] 大周新立,武曌已春秋无多,立储预后,自然不容迟缓。也正是在

---

① 武曌共生四子:李弘,652年—675年;李贤,655年—684年;李显,656年—710年;李旦,662年—716年。其时李旦为皇嗣。又武承嗣为武曌同父异母兄武元爽之子,武三思为武曌同父异母兄武元庆之子。

这一点上,特殊的女皇身份使得武曌遭遇了在男性天子看来根本不存在的难题①:立子为储,必宗李姓,势必复唐②;立侄为储,周国号可以保持不变,太庙昭穆却是非变不可。换句话说,立侄可以维持继周之名,但无继周之实,也不得为她立庙;立子虽然继周之名、之实都不存在,但可以保证庙祭无穷。面对这一难题,雄才大略的武曌之劳心焦思自不待言。又《资治通鉴·唐纪二十二》圣历元年(698年)二月狄仁杰陈奏天册金轮圣神皇帝武照曰:

> 文皇帝栉风沐雨,亲冒锋镝,以定天下,传之子孙。大帝以二子托陛下。陛下今乃欲移之他族,无乃非天意乎!且姑侄之与母子孰亲?陛下立子,则千秋万岁后,配食太庙,承继无穷;立侄,则未闻侄为天子而祔姑于庙也。

武照终于打消了立侄之心。这年九月,皇嗣李旦逊位于李显,李显被立为皇太子。

李、武争立皇储,武照最终立李,原因是多方面的。首先,母子一体,使武曌产生安全感;其次,诸武才庸德浅,立武可能难保长久;第三,天下人心未厌唐德,朝中重臣反对立武,武曌内宠(如张易之、张昌宗兄弟)又转向拥李;第四,也是最根本的原因,武曌毕竟无法突破血祭(血统承袭)与儒教(祖先崇拜)的社会传统观念制约,正是立侄则姑父、姑母皆不得立庙、享祭,立子则庙祭无穷、子孙福佑,使得武曌痛苦地以周一世而斩作代价,立了亲子李显为储君。③

李显既被立为储君,李唐皇后、当世皇帝武曌遂有了一些不同寻常

---

① 对于男性天子来说,皇位继承是比较容易解决的问题,所谓父死子继、立嫡以长,已经成为金科玉律。

② 虽然武照建周伊始,就赐子姓武,但子从父姓的传统是难以改变的,一旦立子为储,武照也明白她"百年"之后,其子必然改武姓李。

③ 再综而言之,立子与立侄两相比较,武曌确实颇难取舍:一边是母子关系、政局稳定、享有祭祀、唐朝复辟、周朝不再存在,一边是姑侄关系、政局忧患、无人祭祀、周朝可能存在、唐朝也可能复辟。

的"复唐"举动：

圣历二年（700年）二月，谒升仙太子庙。按升仙太子王子晋，传为周灵王太子，少年好道，后来得道升仙，后人立庙祭祀。武曌之谒庙并重修庙观、亲撰庙碑，自是崇道的表现，而如前所述，李唐立国，托迹老子，始有道教之崇；

久视元年（700年）十月，恢复唐正朔，仍以正月为十一月，一月为正月；

神龙元年（705年）正月，在"五王政变"、自身病重的背景之下，武曌传皇帝位于太子李显。[①] 李显既为皇帝，却也并未轻易抹掉武曌的"皇帝"尊号，仍上已退位的母亲尊号为"则天大圣皇帝"。

705年二月，李显"复国号，依旧为唐。社稷、宗庙、陵寝、郊祀、行军旗帜、服色、天地、日月、寺宇、台阁、官名，并依永淳已前故事。神都依旧为东都，北都为并州大都督府，老君依旧为玄元皇帝"。[②] 至此，李唐复国，武周成为过去。[③]

705年十一月，有名无实的、82岁的"则天大圣皇帝"武曌凄凉病逝，其"遗制"却十分发人深省："祔庙、归陵，令去帝号，称则天大圣皇后"——破天荒地自立为帝的武照，临终时刻最为关心的问题，竟然还是木主祔祭于李唐祖庙，合葬于高宗李治乾陵，不再保留帝号，回归随夫而名的皇后本位——这就是父系传承、祖先崇拜、儒学孔教等等传统的力量吧！当然，武曌从周到唐所寄托的庙祭无穷之愿望，也是终归无法实现的：复国后的李唐，虽然历运可称长久，名义上一直维持到了907年的三月，却还是为朱梁所取代。

---

① 张柬之、崔玄暐、敬晖、桓彦范、袁恕己率羽林军入禁中，诛杀武照内宠张昌宗、张易之，迎立太子李显。后五人俱封为王。史称"五王政变"。
②《旧唐书·中宗本纪》。按永淳，682年二月至683年十二月，是高宗李治的倒数第二个年号。
③ 有趣的是，李显虽然恢复国号为唐，但仍用神龙年号，也不称中兴。及710年六月，李显驾崩，其子李重茂即位，方才改元唐隆。

第十三章 "五代"与"十国"：相承与分立

907年四月初一,李渊首创的大唐皇朝终结,唐哀帝李柷逊位于朱温,朱温即帝位,国号梁。梁是"五代"的开始,接续又有唐、晋、汉、周的更迭。至960年正月赵匡胤篡周建宋为止,"五代"前后共历53年。而为了区别于先前已有的朝代,这五个政权分别史称后梁、后唐、后晋、后汉、后周。它们皆在中原立国,并以正统自居;后世的史家也奉它们为正统,在作五代史时,即以五代为本纪。

与"五代"几乎同时,南方各地先后出现了一批割据政权,加上割据河东的北"汉",史称"十国"。十国结束于979年五月宋皇帝赵匡(光)义灭北汉,重建统一皇朝。

出现于统一皇朝唐、宋之间的"五代十国",是继三国、东晋十六国南北朝之后的又一次分裂时期。中原五代,大体战乱相连,历年短促;而南方九国及北汉,因推行保境息民政策,亨运相对长久。叙及国号,这十几个非统一时代的国号各有来源与背景,但也不无相同之处,今据旧、新《五代史》、《资治通鉴》及元胡三省《注》,清吴任臣《十国春秋》等史料,简略叙述如下。

第一节 "五代"相承

（1）梁。907年四月，出身唐宣武节度使的朱温①称帝，建都汴（今河南开封市），国号梁（史称后梁）。朱温原属黄巢起义军部下，及见黄巢政权没有希望，便投奔唐朝；投奔唐朝后，朱温与李克用仅用两年时间即将黄巢平灭，然后朱温设计暗算曾救其命的李克用，不料被李克用识破，从此两家反目成仇，朱温据河南，李克用据山西。后来朱温及时把持唐室，扫清河北藩镇，杀光唐帝左右宦官，而藩镇、宦官这两个祸害除掉后，唐朝也随之结束了。朱温的老家在宋州砀山（今安徽砀山县）午沟里，砀山战国时属梁地。唐朝任朱温为宣武节度使，治所在汴州（治今河南开封市），就是古大梁之地。② 随着朱温逐渐坐大，进封梁王，废唐建国时遂定国号为梁。

（2）唐。建立唐的李存勖是李克用之子。李氏本是内迁的沙陀③贵族，祖姓朱邪。先是突厥为唐击破，突厥别部同罗、仆骨转属薛延陀。唐太宗李世民灭薛延陀，分同罗、仆骨之人置沙陀都督府。唐贞元年间，吐蕃攻陷沙陀都督府，沙陀酋长朱邪尽忠率部东迁，后死于吐蕃的追袭；尽忠长子执宜归唐，"其部落万骑，皆骁勇善骑射，号'沙陀军'"。唐懿宗时，庞勋起义于徐、泗，朝廷征执宜之子赤心率沙陀军平叛。叛平，赤心以功"拜单于大都护、振武军节度使，赐姓名曰李国昌，以之属籍"。李克用是李国昌之子。李克用帮助唐朝镇压黄巢、攻破长安，被任为河东节度使，镇太原，进而封为晋王。后梁篡李唐后，李克用长期与朱温交战。及至李克用之子李存勖嗣位晋王，也与后梁争夺中原地区的统治权。923年四月，李存勖称帝，国号唐（史称后唐）。其以唐为国号，显然利用的是李唐皇室赐姓李、论属籍的有利条件，李克用、李存勖正是自居李唐后裔，以复唐为号召，"自以

---

① 其人称帝前本名温，改全忠，称帝后改名晃。
② 战国魏惠王自安邑（今山西夏县西北）迁都于此，后或以都城名国，所以魏也称梁。详《史记·魏世家》、明董说《七国考》卷五。
③ 沙陀为西突厥别部，本处西域，唐中后期部分内迁。

继唐有天下"。① 923 年十月，李存勖终于攻灭后梁，定都洛阳。

（3）晋。晋朝的建立者石敬瑭，沙陀部人。其父臬捩鸡，一直随从李国昌、李克用父子，以军校擢至偏裨。后唐明宗时，石敬瑭②累迁至太原尹、北京留守、河东节度使，一身而兼三要职，据重地（太原），握重兵。936 年十一月，石敬瑭在契丹帝耶律德光的支持下，于太原北门外柳林受契丹册立为大晋皇帝（史称后晋）。作为交换条件，石敬瑭许诺把幽蓟十六州割让给契丹（正式交割在 938 年），并且每年献帛 30 万匹，认契丹主为"父皇帝"，而自称"儿皇帝"。闰十一月，晋灭后唐。937 年，晋建都汴。据《资治通鉴·后晋纪一》胡三省《注》："石氏自代北从晋王起太原，既又以太原起事而得中原；太原治晋阳，契丹遂以晋命之，故国号为晋。"

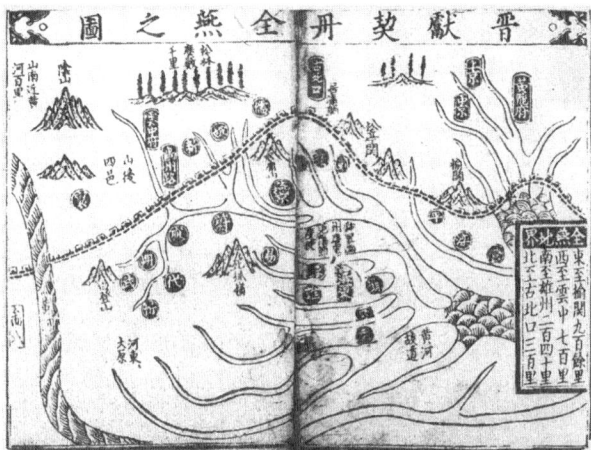

元雕版墨印《晋献契丹全燕之图》

① 据《新五代史·唐本纪·李存勖》，李存勖称帝后，立七庙于太原，其中四庙即为李唐皇帝（高祖李渊、太宗李世民、懿宗李漼、昭宗李晔）。又后唐监国李嗣源（沙陀部人，本名邈佶烈，李克用养子）将称帝时，或以为"唐运已尽，宜自建国号"，李嗣源问左右"何谓国号"，左右对曰："先帝赐姓于唐，为唐复仇，继昭宗后，故称唐。今梁朝之人不欲陛下称唐耳。"李嗣源曰："吾年十三事献祖（李国昌），献祖以吾宗属，视吾犹子。又事武皇帝（李克用）垂三十年，先帝（李存勖）垂二十年。……武皇之基业则吾之基业也，先帝之天下则吾之天下也，安有同家而异国乎！"其时史部尚书李琪以为："若改国号，则先帝遂为路人，梓宫安所托乎！"于是仍唐国号不改（《资治通鉴·后唐纪四》天成元年，参《旧五代史·唐明宗纪》）。
② 《资治通鉴·后晋纪一》胡三省《注》："其姓石，不知其得姓之始。"

(4)汉。947年初,契丹入汴,以晋帝石重贵(石敬瑭侄)为负义侯,后晋灭亡。二月,契丹改国号辽;后晋北京留守、河东节度使刘知远即帝位于太原,出于否定石重贵的昏庸无能、政治腐败,以及延续晋祚、争取晋之旧臣支持的用意,刘知远弃用石重贵开运年号,仍用石敬瑭天福年号,也不改晋国号。三月,在中原人民的群起反抗下,辽主离汴北归,晋文武官从行。六月,刘知远入汴,始改国号为汉(史称后汉),并于次年自定年号乾祐。按刘知远改晋为汉,有着地理的、民族的与自身的考虑。从地理上说,既已拥有中原、定都于汴,则地域色彩较强的"晋"便显得有些狭隘;从民族上讲,晋以"儿"的名义父事契丹(辽),于大义有亏;再从自身看,刘知远"本沙陀部人,居于太原。及得中国,自以姓刘,遂言为东汉显宗(刘庄)第八子淮阳王昺之后,国号曰汉",又"以汉高皇帝为高祖,光武皇帝为世祖"。如此,在当时北有异族(契丹)强敌、南有多国并立、中原地区民族情绪高涨的形势下,刘知远冒为刘邦、刘秀、刘庄后裔,并以汉为国号,便具有了显示政权正统、彰明民族大义、表现渊源有自的多重功效。

(5)周。后汉建国仅四年,朝廷内部夺权内讧,汉帝刘承祐欲谋害邺都(今河北大名县东北)留守郭威。后来郭威带兵南下,进入汴,刘承祐被乱兵所杀,后汉为郭威所建周朝取代。按郭威,邢州尧山(今河北隆尧县)人,曾任后汉邺都留守、天雄节度使、领枢密使等职。951年正月,郭威即帝位,建都汴,国号周(后称后周)。考《旧五代史·周太祖纪》,郭威即帝位制曰:"朕本姬室之远裔,虢叔之后昆,积庆累功,格天光表,盛德既延于百世,大命复集于眇躬,今建国宜以大周为号";又《资治通鉴·后周纪一》胡三省《注》:"周自以为周虢叔之后。春秋、战国之世,传记谓虢叔之后有国者为虢公,后谓之郭公。虢、郭音相近也。虞大夫宫之奇曰:虢仲、虢叔,王季之穆也。郭之得姓本于周,故建国号曰周。"九年之后的960年正月,后周被宋取代。

第二节　"十国"分立

（1）吴。892 年八月，庐州合肥（今安徽合肥市）人杨行密取得唐淮南节度使职位，据有扬州（今江苏扬州市）。902 年三月，因杨行密拥有淮南、江东的传统"吴"地，受唐封为吴王。919 年四月，杨行密次子杨渭登吴国王位，置百官、宗庙、社稷、宫殿、文武，皆行用天子礼。927 年十一月，杨行密四子杨溥即皇帝位，沿用吴国号，定都江都府（今江苏扬州市）。937 年十月，徐知诰受吴"禅让"，吴亡。

（2）唐。937 年十月，徐知诰即帝位于金陵（今江苏南京市），国号齐。徐知诰本姓李，徐州人，幼年时就成为孤儿，战乱中为杨行密收养，后来又成为吴国丞相徐温的养子，遂改姓徐。徐温卒后，徐知诰逐渐掌控吴政，先封浔阳公，改封豫章公，进封东海郡王，935 年封齐王，以昇、润等十州为封地。① 937 年，徐知诰以齐王身份接受吴帝杨溥的"禅让"，故

南唐李昪钦陵地宫

---

① 先是 915 年，吴国权臣、海州朐山人徐温得封齐国公。按海州朐山，治今江苏连云港市西南海州镇，属于传统地域"齐"地范围，徐温封齐国公以此。919 年徐温进封东海郡王；927 年徐温卒，追封齐王。

国号为齐。及至 939 年二月,徐知诰改国号为唐(史称南唐),复姓李,易名昇,又造谱系,自称唐室后裔。《资治通鉴·后晋纪二》天福二年胡三省《注》:徐知诰"自以本李氏之子,既举大号,欲篡唐绪,故改国号为唐"。① 975 年十一月,南唐亡于宋。

(3)吴越。吴越国的建立者钱镠,杭州临安(今浙江临安市北)人,唐朝末年因镇压黄巢起义军有功,893 年九月得授镇海节度使、润州刺史(润州治今江苏镇江市,当时并不属于钱氏)。后来钱镠完全据有两浙十三州之地,896 年十月遂升任唐镇海、镇东等军节度使。901 年五月又进封彭城王。次年五月,唐以"彭城郡王钱镠,浙江孕灵,天目钟秀,武足以安民定乱,文足以佐理经邦",又其地"环(越王)勾践之旧疆",乃封钱镠为越王。904 年四月,钱镠求封吴越王,朝廷不许,而以"(吴王)夫差适颠沛之际,罔替尊周;(孙吴孙)仲谋方争攘之时,犹知有汉。况尔名德,殿此大邦,必能宏济艰难,一匡天下",徙封钱镠为吴王。及至 907 年五月,后梁因传统地域名称"吴越"②,进封钱镠为吴越王;或有劝钱镠拒不从命者,钱镠以"吾岂失为孙仲谋邪"而受之。从此,钱氏以杭州为都,当吴、越之双封,立国直到 978 年五月钱镠之孙钱俶上版籍于宋朝,吴越国方才终结。③

(4)楚。楚国的建立者马殷·许州鄢陵(今河南鄢陵县)人。896 年九月,唐朝廷任马殷为潭州(治今湖南长沙市)刺史,898 年进为武安军节度使。899 年,马殷尽收岭北,悉有湖南。907 年四月,朱温篡唐建梁,马殷因遣使修贡,且有劝进之功,得封楚王。所以封楚王者,是由于马殷所据之地在先秦时属楚国境域。到 927 年六月,后唐又进封马殷为楚国王;八月,马殷开国,以潭州为长沙府,立宫殿,置百官,皆如天子制。951

---

① 《资治通鉴·后晋纪二》天福二年以徐知诰受吴禅即国号唐,恐误。此从《十国春秋·南唐烈祖本纪》。

② 先秦吴、越两国以今苏、浙一带为中心,地域相连,风俗相通。先秦以降,每以吴、越合称,即所谓"吴越之地"。

③ 按吴越钱氏始终没有称帝,所以名义上并非独立的王国。类此者又有"十国"之楚、南平,详下。

年十一月，楚为南唐所灭。

（5）闽。886 年八月，光州固始（今河南固始县）人王潮攻下泉州，投降唐朝，得任泉州刺史。893 年五月，王潮又取福州，自称留后①。唐朝廷以王潮尽有闽岭五州之地，任命王潮为福建观察使。896 年九月，唐升福建为威武军，以观察使王潮为节度使。898 年，王潮病死，其弟王审知继为威武军节度使，904 年四月进封琅琊王。909 年四月，王审知受后梁封为闽王。926 年，王审知之子王延翰因为后唐多有变故，乃取司马迁《史记》"闽越王无诸传"示其将吏，并说："闽，自古王国也，吾今不王，何待之有？"于是十月建国，称闽国王，兴建宫殿，置立百官，一切威仪文物皆仿天子之制。933 年正月，王延翰之弟王延钧即皇帝位，仍国号闽，建都长乐（今福建福州市）。按闽，先秦为种族号（闽越、七闽一类）；秦朝置闽中郡（治东冶，今福建福州市），有今福建及浙江东南一带；汉初有闽越国。王审知因此受封闽王，王延钧也因此定国号为闽。945 年八月，闽亡于南唐。②

（6）汉。904 年，彭城（今江苏徐州市）人刘隐（一说为上蔡人）取得唐清海军节度使的职位。907 年五月，刘隐向后梁称臣献礼，被封为大彭郡王，《资治通鉴·后梁纪一》开平元年胡三省《注》曰："自宋武帝以彭城之裔兴于江南，后多以彭城之刘为名族。刘隐封大彭王，意盖取此。"908 年十月，刘隐为清海、静海等军节度使，909 年四月改封南平王，910 年四月更进封南海王，取得了独霸岭南的合法地位。911 年刘隐死后，其弟刘陟继位。915 年，清海、建武节度使刘陟以"今中国纷纷，孰为天子，安能梯航万里，远事伪庭乎"，与后梁断绝贡奉。到 917 年八月，刘陟于番禺（今广东广州市）即帝位，以岭南自古号称百粤（越）之地，定国号为越。

---

① 唐中后期，节度使的子弟或亲信将吏代行节度使职务者，称节度留后或观察留后，事后多由朝廷补行任命为正式的节度使、观察使。

② 943 年二月，闽富沙王王延政称帝于建州（今福建建瓯市），国号殷，与兄闽帝王延曦互攻。944 年三月，闽臣朱文进杀王延曦，自立为闽王。945 年初，闽旧臣杀朱文进，迎王延政为闽帝。王延政仍都建州，而改殷为闽。

按刘陟的名号情结特别浓厚,"又性好夸大",他即帝位后先改名岩,又改名龚,再改名䶮,而且䶮还是取《周易》"飞龙在天"之意造出的新字。这种名号情结也反映在国号上。918年十一月,刘䶮改国号为汉(史称南汉)。刘䶮之所以要改越为汉,一则越具有太过明显的地域特征,而且百粤(越)之地自古为蛮夷之邦,以越为国号显得不够大气;二来因为自己姓刘,又为彭城人,兄刘隐还曾封大彭王,而彭城刘不仅出过南朝宋帝刘裕,刘裕又号为汉高祖刘邦之弟楚元王刘交的21世孙,于是刘䶮移植汉为国号,也就有了历史的依据与家族的理由;三则刘䶮"耻为蛮夷之主,又呼中国帝王为洛州刺史"①,也就是说,刘䶮的志向不在为岭南之主,而是欲取"中国帝王"代之,这种气势,也不是"越"能够笼罩的;四则唐末以来,"天下已乱,中朝士人以岭外最远,可以避地,多游焉。唐世名臣谪死南方者往往有子孙,或当时仕宦遭乱不得还者,皆客岭表",刘隐既礼贤好士,刘䶮也对这批中朝士人、名臣之后颇为倚重,弃越而用政治上大气、民族上正宗的汉为国号,应该符合这批臣僚的心愿,有利于其统治的巩固。971年二月,汉为宋所灭。

(7)蜀。891年十月,许州舞阳(今河南舞阳县西)人王建得任唐剑南西川节度使。897年十月,王建又取得剑南东川,占有今四川全省。②903年八月,王建受唐封为蜀王。907年梁代唐,王建遂自立,建都成都,国号蜀(史称前蜀)。又916年,蜀主王建"改明年元曰天汉,国号汉。天汉元年,……十二月,大赦,改明年元曰光天,复国号蜀"。据此,王建国号为蜀,而中间一年(917年正月至十二月)改称汉。王建以蜀为国号,是因据有蜀地、旧为蜀王。蜀本是先秦时的国名,领有今四川西部长江上游以北及陕西西南部地区;汉以后蜀成为对先秦蜀地的通称,所以王建称帝,在国号上沿用了传统的地域称谓。至于改蜀为汉,《旧五代史·王

---

① 《旧五代史·僭伪列传·刘陟传》。按"中国帝王",这里指都于洛阳、沙陀部人李氏所建的唐。
② 唐开元中有剑南节度使,后分置剑南东川、剑南西川两节度使,简称东川、西川(两川)。宋灭后蜀,分设峡、西川二路,后再分为益州、梓州、利州、夔州四路,合称川峡四路,后又简称四川路。元置四川行省。是为今四川省名的由来。

建传》说："及梁祖开国，蜀人请建行刘备故事，建自帝于成都。"则王建的短暂称汉，是欲行"刘备故事"，借用的是蜀人对刘备之汉的历史感情。只是王建少了称汉的最重要资源即姓王而非姓刘，所以汉国号行用一年就改回称蜀。相对于汉来说，蜀既是王建占有地域的传统名称，又是王建拥有的政治资本即前朝的封爵名号，两相权衡，王建终于舍汉取蜀。925 年十一月，后唐灭前蜀。

（8）蜀。925 年十一月后唐灭前蜀后，邢州龙冈（今河北邢台市）人孟知祥成为成都尹，充任剑南西川节度使。933 年二月，孟知祥又成为剑南东、西川节度使，封蜀王。934 年闰正月，孟知祥即皇帝位于成都，国号仍为蜀（史称后蜀）。965 年正月，宋灭后蜀。

（9）南平（荆南）。907 年五月，陕州硖石（今河南陕县东南）人高季昌任后梁荆南节度使，镇江陵（今湖北江陵县）。913 年八月，后梁封高季昌为渤海王。924 年三月，高季兴①受后唐封为南平王，史称南平或荆南。963 年二月灭于宋。按高季兴所据地域，先秦时属楚国；先秦、秦、汉时，又称楚国为荆国。② 又清吴任臣《十国春秋·凡例》云："宋初路振编《九国志》，不列南平，以南平止江陵一隅，不予其为国也。后振孙纶作《荆南志》续之，或称《十国志》焉。神宗时刘恕又著《十国纪年》，盖从《五代史》例也。"如此，高季昌虽未称帝立号，但后人习惯上以之作为"十国"之一。

---

① 此高季兴即高季昌，乃避后唐献祖李国昌讳而改名。

② 按先秦楚国，西周时起初立国于荆山（今湖北南漳县西）一带。考其国号由来，《说文解字》云："楚，丛木。一名荆也。从林，疋声。"楚即疋（疋，足也，脚也）于丛木之中。清段玉裁《说文解字注》则以为"楚"与"荆"是"异名同实"，楚国或称"荆"，或称"荆楚"，可知"楚"国号与"荆"类植物有关。顾颉刚《讨论古史答刘胡二先生》（收入《顾颉刚古史论文集》第一册，中华书局，1988 年版）认为楚人在林中建国，以荆棘繁多之故，所以名"楚"，也名"荆"。徐中舒《巴蜀文化续论》（收入所著《论巴蜀文化》，四川人民出版社，1982 年版）指出，因为楚人在村寨周围种植一种别称"楚木"的牡荆用以防卫，故而得名。又李学勤主编《清华大学藏战国竹简》第壹部（中西书局，2010 年版）末篇《楚居》中记载：楚国先君穴熊的妻子妣厉生子丽季时难产，剖腹产后去世，而丽季存活。妣厉去世后，巫师用荆条包裹埋葬。为了纪念妣厉，后人就称自己的国家为"楚"。这更加证实了"楚"国号来源于荆条的"荆"。

（10）汉。951 年正月郭威代汉（后汉）建周（后周），后汉高祖刘知远从弟、北京留守、河东节度使刘崇乃于太原称帝，仍用汉国号（史称北汉）与乾祐年号，既以表示继承刘知远事业的正统，也意在直揭后周的僭伪性质，所谓"朕以高祖之业一朝坠地，今日位号，不得已而称之"，"本朝沦亡，绍袭帝位"是也。979 年五月，北汉亡于宋。

第三节 "等而下之"的称尊建国者

以上略述了"五代"、"十国"各政权的国号得来情形，其间值得注意的有两个突出现象：一是诸多建号称尊者或封王立国者，起初的身份多为"节度使"；二是五代十国的国号多与地域名称有关，又或取用前代统一王朝或皇朝的国号。

就节度使论，统一皇朝唐的破灭、五代的更迭、十国的割据，一个关键原因，便是节度使的设置。

节度使之制始于唐朝①。早在唐景云二年（711 年），以贺拔延嗣为凉州都督充河西节度使。及至天宝初年，边境所置，增至九节度使（安西、北庭、河西、朔方、河东、范阳、平卢、陇右、剑南）、一经略使（岭南五府）。起初，节度（经略）使只管军事防御，或"遏四夷之事，不与民政"；其辖区称为方镇。后来，身兼范阳、平卢二节度使的安禄山大受李隆基、杨玉环宠信，使之兼任河北道采访使，遂开集军政、民政大权于一身的先例。安禄山正是凭藉着这一条件发动叛乱的。而为了扑灭安禄山及其后继者史思明的叛乱，唐政府不得不采取战时紧急措施，在全国普遍设置方镇，任命了一大批上马管军、下马管民的节度使。叛乱爆发后的一、两年间，已置方镇 40 多个。到安史乱后，节度使（或改名观察使）兼采访使的制度固定了下来，而且二使兼而为一，执掌军政大权，于是政区体制

---

① "节度"的起始则很早，如《后汉书·刘虞传》："诏命公孙瓒讨乌桓，受虞节度。"这里的"节度"作动词用，意为"调动"、"指挥"。

演变成了方镇（道）—州—县三级制。① 唐后期，全国方镇的数目大约在40至50之间波动，而每镇辖州，则三、四州至十来州不等。

方镇的存在严重削弱了唐中央政府的权力。诸多节度使的职务可以世袭或由将士拥戴，财赋不交国库，户口不上版籍，俨然与朝廷分土而治，有如古代诸侯；方镇又称藩镇者以此，唐皇朝也终于亡于藩镇割据，并且还祸延五代十国。五代十国作为唐末藩镇割据局面的延续，其时节度使的设置一如唐制，五代即以此更迭，而十国也因之割据。

五代十国称尊建国的节度使们的出身，又往往"等而下之"：朱温、王建出身流氓，石敬瑭、刘知远是出身卑下的沙陀军人，郭威乃黥面皇帝，高季兴少为人家僮，钱镠家族找祖宗才找到了家奴出身的唐朝功臣钱九陇，杨行密出身走卒，徐知诰是流浪孤儿，马殷少为木工，王潮兄弟出身农家，刘隐祖上经商，如此等等。② 只是身份虽是军阀，出身尽管低下，其封王得以立国，其称尊因而建号，却与统一皇朝没有什么区别。

又分析五代十国凡15个国号的来源，其与地域名称直接相关者占了大多数：五代之梁、晋，十国之吴、吴越、楚、闽、蜀（前蜀、后蜀）、南平（荆南），皆属此类。另一类国号，如五代之唐、汉、周，十国之唐（南唐）、汉（南汉、北汉），则意在攀附前代、显示正统。然则以上两类国号，来源虽然不同，起决定作用的因素却同为因袭心理：盖地理因袭即用传统地域名称为国号，历史因袭即用前代统一王朝或皇朝的国号为国号；而"因袭心理"在国号选择中所起的作用，据此也可见一斑。③

---

① 这里的"方镇"与"道"为互称。先是唐贞观元年（627年），因山川形便，分天下为十道。其时的道主要是地理区划，时或遣使分道观风、巡察、举刺，不为常制。开元二十年（732年）置十道采访处置使（简称采访使），检查非法，如汉刺史之职，定为常制。次年，分十道为十五道。然则采访使原是道一级的长官，节度使辖区则称方镇，而节度使既兼采访使之职，新形成的这级政区也就以方镇和道互称。

② 详陶懋炳：《五代史略》，人民出版社，1985年版。

③ 详靳润成：《五代十国国号与地域的关系》，《历史教学》1990年第5期。

第十四章　辽、夏、金：汉式国号与民族传统

　　960 年正月"五代"结束，979 年五月"十国"终止。"十国"终止以后的宋朝，相当程度上恢复了唐朝疆域，维持了中原地区的和平安定，所以传统史学认为 1127 年二月①以前的宋朝（史称北宋）为统一皇朝，"宋"便是这一时期（979 年五月至 1127 年二月）的天下共号。

　　不过北宋的统一程度，较之唐朝尤其是唐朝的前中期，差距还是不小：契丹族建立的辽（契丹）雄踞北边，党项拓跋氏建立的夏（白上）独霸西陲；女真完颜部建立的金 1125 年灭辽、1127 年灭北宋后，宋（史称南宋）、金之间更是长期以秦岭、淮河为界，南北对峙，同时夏仍据有西陲。考虑及此，"宋"自可作为统一皇朝国号详细讨论，而辽（契丹）、夏（白上）、金这些深具影响但非统一皇朝的国号，则依上章之例，简单申述其来源、取义如下。②

----

① 1127 年二月，金兵掳宋徽、钦二宗。三月，另立张邦昌为帝，国号楚。
② 又宋、辽、夏、金四国之外，该时期今云南一带的大理国、今青藏区域的吐蕃诸部及黄头回纥、今河西走廊以西先后存在的西州回纥、喀喇汗朝，以及蒙古高原上的一些部族，皆不赘述。

第一节　辽得名于辽水,契丹意为宾铁

辽是 916 年契丹族建国后所用的国号。这一国号的行用时间,一般认为是 947 年二月至 983 年六月,1066 年正月至辽灭亡的 1125 年二月。① 947 年二月以前,983 年六月以后、1066 年正月以前,则用族称契丹(汉译形式)②为国号。即使在称辽的时期,契丹语中仍以契丹为国号,也就是始终以族称为国号。③

契丹作为族称,始见于公元 6 世纪中叶成书的魏收的《魏书》,《魏书》中专门设立了《契丹传》。北魏以来,契丹在今辽河上游一带游牧、渔猎。迄至唐末,契丹势力开始大踏步地进展:先是 907 年,耶律阿保机称可汗;916 年,耶律阿保机在统一契丹以及邻近各部的基础上,创建了契丹国,两年后建都皇都(今内蒙古巴林左旗南波罗城)。契丹或辽的稳定疆域,东北至今日本海黑龙江口,西北到今蒙古人民共和国中部,南以今天津市海河、山西雁门关一线与宋接界。又辽灭亡的前一年即 1124 年,辽宗室耶律大石自立为王,率部西迁,1132 年称帝,仍辽国号,后建都虎思斡耳朵(今吉尔吉斯斯坦托克马克以东楚河南岸),史称西辽,又称黑契丹、哈刺契丹、哈喇契丹或合刺乞答④,其疆域包括今新疆及其以西的广大地区。⑤ 1211 年,契丹的西辽政权为蒙古乃蛮王屈出律所夺,但屈

---

① 按 947 年二月改国号辽,见《旧五代史·外国列传·契丹》、《辽史·太宗本纪》、《五代会要》卷二九;983 年六月更国号契丹,见《续资治通鉴长编》卷二三、南宋叶隆礼《契丹国志》卷七;1066 年正月恢复辽国号,见南宋王称《东都事略》卷一二三。又辽灭亡后,辽宗室耶律大石在西域恢复辽国的统治,仍辽国号,史称西辽(详下编第三十一章)。只是西辽纪年,一般不算在辽朝纪年内。

② 作为汉字记音,"契丹"也写成"奚丹"、"乞塔"、"赤丹"、"契达"、"山旦"等等,但使用最广泛而且为契丹人接受的译名,还是"契丹"。

③ 陈述:《契丹政治史稿》第一篇,人民出版社,1986 年版。

④ "哈刺契丹"云云,即黑契丹,盖以别于契丹本部;又中国古代北方民族大多尚黑,契丹应该也是如此。

⑤ 契丹贵族、后来的蒙古国大臣耶律楚材曾经赞叹:"后辽兴大石,西域统龟兹,万里威声震,百年名教垂。"(《湛然居士文集》卷一二《怀古一百韵寄张敏之》)

出律未改国号,直到 1218 年为蒙古所灭。

元雕版墨印《契丹地理之图》

据上,契丹或辽作为统治中国北部的皇朝,历时 210 年(916 年—1125 年),其中称契丹 110 多年,称辽近百年;又西迁之后的辽(西辽),历时也将近百年。后来,契丹更成为域外有关"中国"的重要称谓,甚至在俄语中,至今仍称中国为 Китай,即契丹。①

契丹与辽这两个国号的重要性由上可见。然而,契丹与辽的具体含义,却自古以来众说纷纭。如释辽者,有辽水、宾铁(镔铁)、辽远等说;释契丹者,因为契丹文字资料有限、研究尚待深入,更有宾铁(镔铁)、刀剑、切断、寒冷、领地(契丹始祖奇首可汗之领地)、酋名、奚东、奚丹(与奚杂居者)、水草丰美之地、松漠、大中、力量、东方太阳神等各种说法。② 但核诸典籍,考以史实,反复比较后起诸说,笔者还是以为较早见于记载的辽以辽水得名、契丹意为宾铁(镔铁)的传统说法,相对更加合理。

辽以辽水得名的说法,早在南宋徐梦莘 1194 年成书的《三朝北盟会编》卷三中就已提出,所谓"辽人以辽水名国也";又成书于 1208 年或稍

① 详下编第三十一章。

② 以上诸说的讨论辨难,详见下编第三十一章。

前的南宋李心传《建炎以来系年要录》卷一引金人张汇的《节要》也指出:
"辽以辽水名国。"

契丹族为什么要以辽水之辽作为国号呢? 冯家昇《契丹名号考释》[①]指出了五点:其一,战国燕将秦开破东胡后,设置辽东、辽西二郡。所谓东、西,大略以辽水为分界。[②] 其二,契丹源于东胡鲜卑族宇文部。宇文部南徙辽西,游牧而居,辽水不啻其发祥地。其三,土河(今老哈河)、潢水(今西拉木伦河)合流为辽水,合流处有木叶山;而在契丹族的历史传说中,土河、潢水以及木叶山皆具有特殊意义。如据《辽史·地理志》,"相传有神人乘白马,自马盂山浮土河而东,有天女驾青牛车,由平地松林泛潢河而下。至木叶山,二水合流,相遇为配偶,生八子。其后族属渐盛,分为八部。每行军及春秋时祭,必用白马青牛,示不忘本云";又木叶山上建有契丹始祖奇首可汗庙。是则契丹肇迹于辽水,"示不忘本",故以辽为国号。其四,上流曰潢水,下流曰辽水。上京以地临潢水,天显十三年(938年)更名临潢。为时上下流尽属契丹,既以上流名都,而以下流号国,甚属可能。其五,耶律德光破晋入汴,服汉服,登正殿,设乐悬仪,本有灭晋而奠都汴京之意,只因时局扰乱,又不服水土作罢。是则辽之作为国号,不但指契丹,且兼晋土而为一大国。盖辽为古名,晋人闻之尚觉耳熟,故以为国号。

又《金史·太祖本纪》记完颜阿骨打称帝时语:"辽以宾铁为号,取其坚也。"按"辽"得自辽水,已经无疑;"辽以宾铁为号",实指辽的另一国号契丹[③],因为"辽"没有宾铁的意思。换言之,"契丹"的意译即是宾铁(也

---

① 冯家昇:《契丹名号考释》,《燕京学报》第13期,1932年;收入《冯家昇论著辑粹》,中华书局,1987年版。

② 按《山海经·海内东经》有"潦水","出卫皋东,东南注渤海,入潦阳"。"潦水"即后来的"辽水",以音同而相通。只是"潦"取义于"雨水"即"雨下之水"(《说文解字》及清段玉裁注),辽域自古多雨水,道路泥潦,而"辽"取义于"远",故"潦"、"辽"取义不同。

③ 清张穆《蒙古游牧记》卷七:"案旧说契丹建国号曰辽,译言镔铁,盖即《尔雅》'白金美者谓之镣'。"考《尔雅·释器》:"白金谓之银,其美者谓之镣。"可知镣是银之美者,并非镔铁,是则以辽对镔铁,并以镣代辽,失之太远。

可以写作"镔铁")。宾铁，据冯家昇上引文所考，"即西域珍藏之印度钢"，因为是从印度输入中亚、西域以及中国内地的，所以称为"宾铁"，"宾"是外来的意思。① 宾铁非常坚硬，以宾铁打制的刀剑，锋利异常，可以切金削玉、断甲破胄。而索之史实，契丹族的冶炼业发展较早、相当先进，契丹的宾铁刀又素以精良著称于世，辽朝或者契丹每年贺宋正旦的重要礼物之一，就是宾铁刀剑。② 然则以宾铁作为自号的族称与立国的国号，正取义于宾铁的坚利或者宾铁刀剑。

再有需要说明者，即契丹与辽这两个国号具有不同的政治意义。按照刘浦江《辽朝国号考释》③的说法，"辽朝的汉文国号，主要是针对汉人及部分汉化程度较深的契丹人的，……而辽朝的契丹文国号则是针对契丹人及其它北方民族的。……汉文国号和契丹文国号的歧异，正是辽朝二元体制的一种表现。"这话有一定的道理。进而论之，按照笔者的理解，"契丹"本是族称，族称用作国号，自然有利于本族的团结；至于"辽"，明显是汉式国号，以边疆民族采行汉式国号，其动机其实在于减低种族色彩，增强政治号召。考契丹族首次改国号为辽的时间，正是契丹皇帝耶律德光（辽太宗）入汴灭晋之初的 947 年二月，同时还改年号为大同④；契丹当时本有久居中原之意，所以因时制宜地采用汉式国号"辽"，以期羁縻汉人，赢取中原正统。又契丹族再次改国号为辽的耶律洪基（辽道宗），"是一位虔诚的佛教徒和一个具有较深汉学修养的契丹人，……在辽朝的所有皇帝中，道宗要算是汉化倾向最明显的一位了。改大契丹为大辽，恐怕就应该归结于这种倾向。"⑤况且在汉字释义中，辽、远互训⑥，以辽作为国号，的确也未见不妥。

---

① 这就仿佛胡琴、胡桃等等的"胡"，意谓是从边疆或者域外输入中土的。
② 江应梁主编：《中国民族史》中册第五编第一章，民族出版社，1990 年版。
③ 刘浦江：《辽朝国号考释》，《历史研究》2001 年第 6 期。
④ 据《礼记·礼运》，"大同"意味着"天下为公，四海一家"。
⑤ 刘浦江：《辽朝国号考释》。
⑥《说文解字》："遼，遠也，从辵，尞声"，"遠，遼也，从辵，袁声。"按辽，先秦时已为地名，所以名"辽"，估计就与"远"的意思有关。盖先秦时代，辽地距中原颇为悬远，故以辽称之。

第二节　夏与白上:内外有别

　　唐末,出自鲜卑族系的党项拓跋氏①豪酋拓跋思恭因起兵"勤王"、助剿黄巢起义军有功,被任为夏州节度使,旋夏州号定难军,思恭遂为定难军节度使(881年),并被赐国姓李,封夏国公(883年),统辖夏、绥、银、宥四州,党项拓跋氏亦即夏州李氏由此成为名副其实的藩镇。

　　李思恭约九传至李继迁,受契丹封为夏国王(990年),受宋授为银州观察使,又受宋赐姓名赵保吉(991年)。1032年,赵保吉之孙赵元昊改姓嵬名,自称兀卒(汉语"青天子"之意);及至1038年十月,元昊更名曩霄②,称皇帝。当时,元昊保有夏、银、绥、宥、静、灵、盐、会、胜、甘、凉、瓜、沙、肃诸州,又升部分重要镇堡为州(如洪、定、威、怀、龙诸州),都于兴庆府(今宁夏银川市),其领域东尽黄河,西界玉门(今甘肃敦煌市西小方盘城),南接萧关(今宁夏同心县南),北控大漠。

　　此元昊政权的国号,据其上宋朝表,"国称大夏"(史称西夏)。按早在北魏太和十一年(487年),改统万镇(今陕西靖边县北白城子)置夏州,因该城本是十六国之夏国都而得名。唐末以来,党项拓跋氏世居此地,并形成割据政权。又元昊先世中,拓跋思恭建节夏州、受唐封为夏国公,李继迁、赵德明(李继迁之子)曾受契丹封为夏国王。所以元昊国号夏,正是顺理成章之举,且可用以显示其悠久的历史传统。又元昊以夏为国号,还与中原王朝的第一个可信朝代——启所建的夏有关。启以夏为国号,夏因此引申出西、雅、大等义释;雅、大自是美义,西之义则正与元昊

---

① 党项拓跋氏的族属,《隋书》及旧、新《唐书》的《党项传》认作羌族,宋、辽、金三《史》认作鲜卑。衡以史实,可以认为"党项人民是羌族,而其中的拓跋氏是鲜卑,前者是人数众多的被统治族,而后者则是统治族"。说详吴天墀《论党项拓跋氏族属及西夏国名》,《西北史地》1986年第1期。

② 亦有作"朗霄"、"郎霄"者。贾敬颜《民族历史文化荟要》(吉林教育出版社,1990年版)之"'邦泥定国'考"以为:本名"朗霄"或"郎霄",后因避讳宋远祖赵玄朗名讳,改名"曩霄"。"朗霄"等名意为"新满"、"满足"、"充盛",又与元昊小名"嵬埋"意为"惜富贵"有关。

所建国家在宋朝之西的相对地理位置吻合。①

不过值得注意的是,"夏"只是元昊对宋宣称的、符合汉人习惯的汉式国号;与此同时,元昊还另有"广泛流行国内,更具有正式的性质"②的党项语国号。《宋史·夏国传》宋庆历三年(1043 年):

> 遣六宅使伊州刺史贺从勖与文贵俱来,犹称男邦泥定国兀卒上书父大宋皇帝。

又宋叶梦得《石林燕语》卷八:

> 元昊遂遣其臣伊州刺史贺从勖入贡,称男邦面令国兀卒朗霄上书父大宋皇帝。

按邦泥定、邦面令,以及见于《续资治通鉴长编》卷一三九的"邦泥鼎"、见于南宋王称《东都事略》卷一二七的"邦儿定",显然都属同音异译,音译的是党项语𗼪𗂧𗵄;③而𗼪𗂧𗵄,据现存碑刻等实物资料④,汉语义译作"白上国"(也或译"白高国")。然则汉语义译为白上国、音译为邦泥定国的𗼪𗂧𗵄,正是元昊自定的正式国号。

分析"邦泥定国",也颇有趣味。首先,"国"字属于同义叠译(通名重复)。因为"邦泥定"三字在汉语中难以直接体现出"国"的意思,所以缀以"国"字;这就仿佛慕士塔格峰,"塔格"就是蒙语"峰"的意思,汉译仍要强加"峰"字。又元昊本通汉文,邦泥定的音译、白上的意译,可能即出自元昊之手。再者,按照汉语字义解释,邦可训为国,定可训为顶,有"上"的意思;泥在羌藏语中含有"白"的意思。果然如此,"邦泥定"即从字面

---

① 王静如《西夏国名考》(收入王静如等著《西夏研究》第 1 辑,国立中央研究院历史语言研究所单刊甲种之八,1932 年)也指出:"'大夏'二字乃西夏人纯窃中国禹称大夏,或因赫连勃勃昔称大夏之故地,遂袭用之。"

② 吴天墀:《论党项拓跋氏族属及西夏国名》。

③ [苏]N. A. 聂历山(Nevsky):《关于西夏国名》,唐叔豫译,《北平图书馆馆刊》第 9 卷第 2 期,1935 年。

④ 详史金波:《凉州感应塔碑西夏文校释补正》,《西北史地》1984 年第 2 期;吴峰云、李范文、李志清:《介绍西夏陵区的几件文物》,《文物》1978 年第 8 期。

上理解,竟然也有"白上国"的意思。

考元昊自定邦泥定即白上国号,有着深刻的外部原因与复杂的内部因素。

就外部原因言,出于处理与辽(契丹)、宋两国关系的考虑,1043 年元昊遣使赴宋,"称男邦泥定国兀卒";次年宋、夏达成媾和协议,宋以丰厚的"岁赐"换取元昊在政治上的让步,元昊以"夏国主"的名义对宋称臣。但实际上,元昊"帝其国中自若也"①,并视宋为"南朝"、"南国",契丹为"北朝"、"北边"。换言之,在元昊看来,"南朝"、"南国"的宋,"北朝"、"北边"的辽(契丹),与他自己的具有独立地位的"西朝",并无政治上的高下之分,所以在其国内,元昊自以邦泥定为国号。

元昊以邦泥定即白上为国号的内部因素,可以归纳出如下三个主要的方面②:

其一,采纳汉族信仰的五行传统学说。在传统的五行观念里,西方属金行、白色。元昊所欲成立的,正是"许以西郊之地、册为南面之君"③,与北"辽"(契丹)、南"宋"鼎足而立的"西朝"。1050 年之《夏国皇太后新建承天寺瘗佛顶骨舍利碑》有云:"我国家纂隆丕构,錞启中兴,雄镇金方,恢拓河右",又 1094 年之《重修护国寺感应塔碑》有云:"大夏开国,奄有西土。""金方"、"河右"(即河西)、"西土",正与五行之金、五方之西、五色之白互成一体,也正表明了"白上"是立于西方、秉持金德、崇尚白色的国家。

其二,宣扬本族固有的风俗习惯。元昊是拓跋魏后裔,出身鲜卑世系。鲜卑为"白部胡",汉人称为"白虏"。元昊要保存祖先故俗,以示自己族系的尊贵,建国而号"白上",即是一种重要的宣传手段。

其三,国号"白上",还有利于加强统治。按自赵德明以来,夏举国上下崇奉佛教。佛教以"白法"即白净之法为一切善法的总称,以人做好事

①《宋史·夏国传》。

② 参考吴天墀:《论党项拓跋氏族属及西夏国名》。

③《宋史·夏国传》。

为"白业"。元昊国号"白上",正是以白为善、崇尚白色之意,而此种意识形态与政治现实的紧密结合,有助于对内加强统治,是显而易见的。况且元昊政权的非汉族邻接地区,如吐蕃、西域也多有尚白的信仰与风俗,元昊国号白上,"这在争取朋友和孤立宋朝的政治斗争中也不失为是一个比较有利的策略。"①(见图 14-1、14-2)

要之,邦泥定国号或白上国号,是寓有深意的,绝非元昊偶然的即兴之作。

第三节　金:地缘的体认与民族的特征

1115 年正月,完颜阿骨打在今黑龙江省阿城市南的白城子古城即皇帝位,年号收国,国号金。

完颜阿骨打是女真族完颜部酋长。女真一名始见于五代,与商周之肃慎、两汉之挹娄、南北朝之勿吉、隋唐之靺鞨有着历史渊源关系。据王禹浪的考证②,女真即海东青;海东青是一种俊鹘,身长不到两尺,有坚硬如石的翅膀和锋利的爪子,女真人以之作为自己的族称。及至 11 世纪初,女真族崛起于东北的白山黑水间,是受辽统治的半游牧半渔猎民族。经过几代部族间的斗争,完颜部脱颖而出,统领女真族,继而在酋长阿骨打的率领下,揭竿反抗辽的统治。而正是从 1115 年正月阿骨打称帝建国开始,完颜部不再用辽的年号,并独立国号为"金"。及 1125 年二月,金灭辽;1127 年二月,金又灭宋(北宋)。至此,辽的大部分疆域及宋的北方地区归入金的版图。1234 年正月,在蒙古和宋(南宋)军的联合进攻下,金灭亡,行用 119 年的金国号终结。(见图 14-3)

---

① 吴天墀:《西夏史稿》第一章,四川人民出版社,1983 年版。
② 王禹浪:《"女真"称号的含义与民族精神》,收入所著《金代黑龙江述略》,哈尔滨出版社,1993 年版。

关于金国号的来源、取义,略有以下两种说法。①

其一,素以娴熟掌故见称的元翰林学士王磐以为:

> 契丹以国产镔铁,乃为国号,故女真称金以胜之。或谓以水生金,非也。②

这种"金胜于铁"的解释,还见诸其他一些典籍。如南宋徐梦莘《三朝北盟会编》卷三记阿骨打语:"辽以镔铁为国号,镔铁虽坚,终有销坏,唯金一色最为珍宝,自今本国可号大金";又《金史·太祖本纪》:"上曰:'辽以宾铁为号,取其坚也。宾铁虽坚,终亦变坏,惟金不变不坏。金之色白,完颜部色尚白。'于是国号大金。"而由此演绎,又有"金"指五德之金德的说法,如《大金德运图说》所载金宣宗朝田庭芳之议曰:

> 盖闻本朝肇迹之方,多出金宝,且金之正色也尚白,本地又有长白山,其中是物自生而白,此为金德,是其物色之奇应之者,一也。兼天辅之初,有纯白鸟兽屡尝来见,此为金德,是其符瑞之殊合之者,二也。又闻曾论本朝,合继唐之土德,……此为金德,是其与王迹之始继之者,三也。又闻故老相传,国初将举义师也,曾遣人诣宋相约伐辽,仍请参定其国之本号,时则宋人自以其为火德,意谓火当克金,遂因循推其国号为金,自想为得。③

但据今人陈学霖的论证④,上引"金德"的议论,实为金国号到了后期才产生的迥异解释,它将金国号"附会曲解为象征汉俗'五德终始'说之金德","俾使金国加入中原王朝递嬗的系统",即以金为远绍李唐(土德)的正统合法王朝。陈学霖并且进一步指出:金章宗、金宣宗召开德运议的

---

① 金毓黻《东北通史》(国立东北大学 1941 年版)卷六引述郑麟趾《高丽史》卷一四的记载,指出女真国号金的又一可能解释,是取其来自高丽之始祖本姓"金"为国号。按此说出自高丽国人的传闻附会,并无任何旁证,不足为据。
② 元王恽《秋涧先生大全文集》卷九五引"鹿庵先生云"。按"鹿庵",王磐之号。
③ 田庭芳:《德运议》,收入《金文最》卷五八。
④ 陈学霖:《金国号之起源及其释义》,收入陈述主编:《辽金史论集》第 3 辑,书目文献出版社,1987 年版。

结果,是以金承宋火德而为土德;然则土德的意义在于适合当世政治的需要,与此同时,"金"国号却变成了空洞无所依附的朝代旗帜。

其二,即王磐认为"非也"的"以水生金"说。南宋徐梦莘《三朝北盟会编》卷三:

> 杨朴者,铁州人,少第进士,累官至秘书郎。说阿骨打曰:"……大王创兴师旅,当变家为国,图霸天下。……愿大王册帝号,封诸藩,传檄响应,千里而定。东接海隅,南连大宋,西通西夏,北安远国之民,建万世之镃基,兴大王之社稷。行之有疑,祸如发矢,大王如何?"阿骨打大悦。吴乞买等皆推遵杨朴之言,上阿骨打尊号为皇帝,国号大金。(以本土名阿禄阻为国号。阿禄阻,女真语金也,以其水产金而名之曰"大金",犹辽人以辽水名国也。)

按类似的记述,还见于宋叶隆礼《契丹国志》卷十之"以其国产金,号大金",王称《东都事略》卷一二五之"以其国产金,号大金国",李心传《建炎以来系年要录》卷一引金张汇《节要》之"阿古达为帝,以本土爱新为国号,爱新,女真语金也,以其水生金而名之",《金史·地理志》之"上京路,即海古之地,金之旧土也。国言金曰按出虎,以按出虎水源于此,故曰金源,建国之号盖取诸此",《金史·金国语解·物象》之"金曰桉春"等。而据以分析,可以得出以下几点认识:

首先,阿骨打采用"金"为国号,是出自降归女真的铁州(治今吉林敦化市西南)汉化渤海人、辽朝旧臣杨朴的献议①,而吴乞买(阿骨打弟)等人附议。

其次,金国号源于其发祥地以产金得名的水名。此水名有多种形式的汉语音译,如阿禄阻、安出虎、按出虎、按出浒、阿术浒、安术虎、桉春、

---

① 参《契丹国志》卷一、《辽史·天祚皇帝本纪》。按渤海,唐时以靺鞨族粟末部为主体所建立的政权。渤海仿唐制建立政治、经济制度,并且使用汉文。926 年灭于契丹。

安春、爱新、阿勒坛、阿勒楚喀、阿什,等等。① 只是异译虽多,所指均为今黑龙江省哈尔滨市和阿城市东的松花江支流阿什河,而原其本义,女真语"金"也。

第三,此"金水"因盛产砂金而得名。女真以砂金换取高丽和契丹的铁制甲胄和铁原料,并学会"烧炭炼铁","修弓矢,备器械"②,人力既众,兵甲亦强。以此,砂金与女真的兴起建国,有着一定的关系。

第四,女真族完颜部建国,以其本土之水产金而国号"金",这就大体仿佛契丹以辽水而立汉式国号"辽"。当然,"金不变不坏","金一色最为珍宝",这层吉祥意思,较之"辽"或"契丹"(镔铁)国号更胜一等。如此,"金"国号既与因产金而名"金水"的女真族完颜部发祥地有关,也与"不变不坏"、寓意传诸永久的金属之"金"存在联系。

最后,正如陈学霖《金国号之起源及其释义》文中所指出的,"金"虽然是沿袭中原习惯的汉语译名国号,但事实上金国号代表的,"是女真完颜部兴起阿禄阻水产金之地立国的传统,既有地缘的体认,亦有本族固有文化的特征";在政治上,金国号表达了"以女真族本位为基础,以取代辽国统治北方,进而与赵宋王朝抗衡为鹄矢"的讯息。及至后来,金国号或被视为金德的象征,金国号的本义"因此便被混淆"。

---

① 详韩儒林:《女真译名考》,收入所著《穹庐集》,上海人民出版社,1982 年版;金启孮:《女真文辞典》,文物出版社,1984 年版。
② 《金史·世纪》。

第十五章　宋："天地阴阳人事际会"

如上章所述，979 年五月至 1127 年二月，宋勉强可以算得上是当时的天下共号。这一天下共号开始于 960 年正月，延用至 1279 年二月。按 960 年正月，即在郭威澶州兵变、黄旗加身、即皇帝位、建国号周、改元广顺的仅仅 9 年后，赵匡胤陈桥兵变、黄袍加身、即皇帝位、建国号宋、改元建隆。至此，从王莽代汉以及"汉魏故事"以来，越演越快、也越演越粗糙不堪的中国历史上的最后一幕禅让戏，宣告了"五代"的结束与宋朝的开始。963 年二月，宋灭荆南；965 年正月，宋灭后蜀；971 年二月，宋灭南汉；975 年十一月，宋灭南唐；978 年五月，吴越纳土于宋；979 年五月，宋灭北汉。北汉的亡于宋，又宣告了"十国"的终止与宋朝的重建中原地区的统一。

此统一的中原皇朝宋，史称北宋。北宋维持到了靖康二年（1127 年）二月灭于金。同年五月，宋康王赵构即帝位于南京（今河南商丘市南），改元建炎。北宋靖康之乱后重建的宋朝，正仿佛于西晋永嘉之乱后重建的晋朝（东晋），史称南宋。南宋与金对峙，略有半壁江山。1234 年正月金灭亡后，蒙古与南宋开战。及至 1276 年正月，宋帝赵㬎奉传国玺与降表举国降于大元①，元军入临安（今浙江杭州市）；又 1279 年二月，宋残军

---

① 1271 年蒙古大汗忽必烈定国号"大元"。

与元军决战于厓山(今广东新会市南约 50 公里临海处,当时在海中),宋军大败,左丞相陆秀夫负帝赵昺投海,南宋彻底灭亡。

按赵匡胤始建的统一皇朝宋,仍都开封(今河南开封市),赵构重建的偏安皇朝宋,则定都临安①;开封在北,临安在南,北宋、南宋之称因此而来,只是质之原始,赵匡胤、赵构的国号皆为"宋",并无分别。

在中国国号史上,"宋"的重要特别表现在以下两点:

其一,从宋开始,宋、大元、大明、大清等中原皇朝国号的由来,都与封爵无关,这迥然有别于汉、宋之间诸多国号来源于前朝封爵的状况。所以如此的直接原因,在于改朝换代形式的变化,即"从王莽代汉到赵匡胤篡周,王朝递嬗多通过内部'禅让'的形式完成;而宋、元、明、清等朝代之更迭,则大体为'外力'作用所致"②。对于中国历史发展过程中这一明显的政治文化现象,美国学者费正清(J. K. Fairbank)、赖肖尔(E. Reischauer)在《中国:传统与变革》中指出:"因为宋代完善了文官制度,中国政府相当稳定。赵匡胤 960 年的篡位是中国历史上的最后一次,在以前,皇帝不断被他的大将、皇后和其他有权的大臣夺去皇位,960 年以后,这种情况不再出现。王朝继续被外来征服或民众革命所灭亡,皇室的一些成员将皇位抢来抢去,但不再有臣下成功地篡夺皇权的事例。"③

其二,某种意义上可以认为,与三代之夏、周以及秦、汉等国号在中国历史的前半期具有域内与域外的深广影响相比较,中国历史的后半期在域内颇具影响的国号正是"宋"及其火德、红色,如元末的"反元复宋"及红巾军,清初的"反清复明"及天地会,都与"宋"及其火德、红色有关。

第一节　宋国号"因所领节度州名也"

《宋史·太祖本纪》:"建隆元年春正月乙巳,大赦,改元,定有天下之

---

① 1129 年升杭州为临安府,定为行在所。1138 年后为南宋事实上的首都。
② 2002 年南京大学中国古代史专业博士生入学考试"中国通史"试题题干。
③ 费正清(J. K. Fairbank)、赖肖尔(E. Reischauer)著,陈仲丹等译:《中国:传统与变革》第六章,江苏人民出版社,1992 年版。

号曰宋"；又《宋大诏令集》卷一《太祖即位赦天下制》：

> 昔汤武革命，发大号以顺人，汉唐开基，因始封而建国，宜国号"大宋"。

这是说汤、姬发以商、周为顺天应人的大号，刘邦、李渊因汉王、唐王之封定号汉、唐；至于"宜国号'大宋'"的具体原因，则并无说明。

考《旧五代史·周书·世宗纪》《恭帝纪》《宋史·太祖本纪》，赵匡胤，涿州（治今河北涿州市）人，927年生于洛阳夹马营，后周时与父赵弘殷分典禁军。显德六年（959年）六月，周世宗柴荣拜赵匡胤殿前都点检，加检校太傅，仍忠武军节度使；旋柴荣驾崩，其子柴宗训（周恭帝）7岁继位，七月以赵匡胤为"宋州节度使，依前检校太尉、殿前都点检，进封开国侯"。又次年正月，在军士们的拥戴下，赵匡胤逼柴宗训让位，禅周建宋。

据《续资治通鉴长编》卷一，赵匡胤之篡夺后周政权，相当迅速、顺利：显德七年（960年）元旦，边州谎报辽与北汉联军南下入侵，后周宰相范质等人派遣赵匡胤率军御敌；初二日，前军先行出发；初三，大军出城，当晚宿陈桥驿（今河南封丘县南陈桥镇）；初四凌晨至晚上，将士哗变，在赵匡义（赵匡胤之弟）、赵普（归德军掌书记）等人的授意下，将黄袍加诸赵匡胤之身，赵匡胤回师京城，群臣下拜，遂即皇帝位。（见图15-1）

赵匡胤所以能够篡夺后周政权，关键在其殿前都点检的重要职位。周世宗柴荣置殿前司，长官称都点检，为中央禁军近卫部队的统帅，这支部队，不仅是护卫宫廷的武装力量，也是征讨天下的主力部队。又唐末长期的藩镇割据，已经造成军士自行拥戴节度使的局面，五代十国时更发展为自行拥戴皇帝。而赵匡胤匆匆忙忙间以宋为国号，宋国号的直接来源正是其亲领的节度州"宋州"，清毕沅《续资治通鉴》卷一即明确指出："诏定有天下之号曰宋，因所领节度州名也。"

此节度州"宋州"，隋开皇十六年（596年）始置，治睢阳（开皇十八年改睢阳为宋城，治今河南商丘市南）；及大业三年改为梁郡，唐武德四年复为宋州，天宝元年又改睢阳郡，乾元元年再为宋州。又中唐以后，宋州作为节度州,先后为宣武军治、归德军治。① 959 年七月,赵匡胤由兼忠武军节度使(治许州,今河南许昌市)改兼归德军节度使,防守京师;因为归德军治宋州,所以也或称宋州归德军节度使、宋州节度使。然则作为方镇主帅的归德军节度使赵匡胤,宋州正是其自领、驻军之州。② 尽管赵匡胤作为中央禁军近卫部队统帅,驻在京师,与 100 多公里外的宋州并无多少密切的关系,但宋州归德军节度使既是当时非常荣耀的官职,又为赵匡胤篡周前担任的最高地方官职,故有"国家飞运于宋"③的说法,而赵匡胤建国,也就径直以宋为国号了。

宋成为国号后,其国号所本的宋州,地位也陡然上升。据《元丰九域志》卷一,景德三年(1006 年)升宋州为应天府,升宋城县为次赤;大中祥符七年(1014 年)应天府建为南京,宋城县升为正赤。考当时府虽与州同级,但地位重于州,"应天"者,更明显取义于"国家飞运于宋"的特殊背景,《升宋州为应天府诏》即曰:宋州"乃帝业肇基之地,恭惟圣祖,诞启鸿图,爰于历试之初,兼领元戎之寄,讴歌所集,符命荐臻,……宜锡崇名,用彰神武之功,具表兴王之盛"④;至于"南京",则是宋都东京开封府以外的陪都,当时有诏曰:"洪惟艺祖,历试是邦,同豳土之始基,应舂陵之王气,稽唐氏晋阳之制,肇建新都。"⑤又正赤、次赤,是当时县等第中最高的两级。如此,宋州及其治所宋城县地位的超常擢升,反过来也印证了宋国号得自宋州的事实。

第二节 巧合与附会

赵匡胤原任宋州归德军节度使,有国遂以宋为号,只是这样简单明

---

① 唐建中二年宋州置宣武军节度使,兴元初节度使移治汴州;五代梁复为宣武军治;五代唐至北宋初年为归德军治。
② 按节度使领州,少或二、三,多则十余。其中,方镇主帅自领一州,其余诸州称支郡。
③《宋史·律历志三》天禧四年光禄寺丞谢绛上书。
④《宋大诏令集》卷一五九。
⑤ 王应麟《玉海》卷一六"宋朝四京·南京"。按"艺祖"谓赵匡胤,"豳土"、"舂陵"指三代之周、东汉刘秀兴起之地,"晋阳"为大唐王业所起。

了的事实,深不切合文化已高度发达、精致的宋人特别是宋代文人的心理需求。堂堂大宋国号,怎能如此平白浅薄?在宋人看来,作为国家大号的"宋",如果没有些更具文化意蕴的解释,那是说不过去的;而历史、地理、天文、名称方面的一些偶然巧合,又为宋人造作附会之说,提供了多样的可能性。

(1)巧合之一:宋州为先秦宋国国都

前已述及,隋开皇十六年始置宋州,过了两年,改州治睢阳县为宋城县。而追根溯源,宋州、宋城县名称中的"宋",来自先秦的宋国。《史记·宋微子世家》:

> 周公既承成王命诛武庚,杀管叔,放蔡叔,乃命微子开代殷后,奉其先祀,作《微子之命》以申之,国于宋。

按宋国始祖启(《史记》避汉景帝刘启讳作"开"),本是商纣王同父异母之兄,封于微(今山东梁山县西北)。微子启因见国势危殆,民心动乱,数谏纣王,纣王不听,启遂愤怒出走。姬发灭商时,微子启投向军前乞降。公元前11世纪,周实行大分封,微子启代替纣子武庚,以商嗣的身份得封宋公,是为宋国。宋国长期建都商丘(今河南商丘市南)[1],其时商丘一带土地平坦,四望无际,又靠近周的东都洛邑;如此,周封微子于此,当是既笼络商的后裔、使之臣服于周,又接受了武庚叛乱的教训、使奉商先祀的宋国无险可守而便于控制的措施。及至战国初,宋迁都彭城(今江苏徐州市)。宋立国约800年,前286年灭于齐,宋地为齐、楚、魏三分。然则约2000年前的宋国之都商丘,即后周归德军节度使赵匡胤所镇的宋州,这一巧合,使得宋初文人首先把国朝与微子封宋勾连起来;"惜微子系亡国降君,无善可述,只得继续上溯,直至高辛氏长子阏伯。"[2]高辛氏长子阏伯者,既是商之后嗣宋国、也是三代之商的传说远祖。

---

[1] 王国维《说商》(收入所著《观堂集林》卷一二,中华书局,1959年版):"古之宋国,实名商丘。丘者虚也,宋之称商丘,犹洹水南之称殷虚。"
[2] 庞朴:《火历钩沉》,《中国文化》创刊号,中国艺术研究院,1989年。

（2）巧合之二:阏伯居商丘祀大火

在纷繁复杂、难以深究的古史传说中,有一种流行的说法,认为商的始祖契为帝喾之子,《史记·殷本纪》:

> 殷契,母曰简狄,有娀氏之女,为帝喾次妃。

契的父亲是帝喾之说,还见于《世本》、《大戴礼记》、《帝王世纪》等书;而据《史记·五帝本纪》,"五帝"之一的帝喾,又是黄帝的曾孙。

帝喾一名高辛氏。《说文解字》:"偰,高辛氏之子,为尧司徒,殷之先也",又《诗》西汉毛《传》:"汤之先祖,有娀氏女简狄配高辛氏帝,……生契。"

此商人远祖高辛氏,又有长子阏伯,《左传·昭公元年》:

> 昔高辛氏有二子,伯曰阏伯,季曰实沈,居于旷林,不相能也,日寻干戈,以相征讨。后帝不臧,迁阏伯于商丘,主辰。商人是因,故辰为商星。

《左传·襄公九年》则曰:

> 陶唐氏之火正阏伯居商丘,祀大火,而火纪时焉。相土因之,故商主大火。商人阅其祸败之衅,必始于火。

按《左传》的以上两条材料可以相互印证,今稍作解释如下:其一,"后帝"即"陶唐氏"即尧,《史记·五帝本纪》记载帝喾娶陈丰氏女,生放勋,是为帝尧。其二,"主辰"即"祀大火",《左传·昭公元年》西晋杜预注:"辰,大火也。"大火,心宿三星中的心宿二(天蝎座 α 星),为赤色一等恒星,故名大火。"主辰"谓以大火星为辰,视其移动的轨迹而定时节,亦即"火纪时焉";而阏伯为同父异母的帝尧火正,掌祭火星。其三,"商人是因"即"相土因之"。《史记·殷本纪》记载商先公的前三世,为契、昭明、相土;阏伯居商丘,而相土因之,阏伯主辰,相土迁商丘后继之,是以"商主大火","辰为商星",即商以大火为祭祀的主星,大火是商人的族星。

值得注意的是,阏伯主辰、商主大火的地点正在商丘①,商丘又是后世的微子宋公国之都。《左传·昭公十七年》:"宋,大辰之虚也。""大辰"即"辰星"、"商星"、"大火"。按照《左传》的这种说法,宋正是大辰星之分野,《汉书·地理志》因此指出:"周封微子于宋,今之睢阳是也。本陶唐氏火正阏伯之虚也。"(见图 15-2)

基础于传说中的上述这些古史因缘,宋人对赵匡胤建国而居火德,便有了进一层的解释。本来,赵匡胤立国之初,"有司言国家受周禅,周木德,木生火,当以火德王,色尚赤,腊用戌,从之。"②所谓"周木德",盖继承五代后汉的水德,《旧五代史·周书·太祖纪》:"今国家建号,以木德代水。"这还完全采用的是五德转移的传统政治循环理论;而自从与阏伯主辰、宋为心星联系起来以后,赵宋火德便有了悠久的历史渊源,仿佛赵匡胤既"作镇睢阳",就当然会秉承火德,成就一番开国的伟业,而且这番伟业,还是正而八经地远绍三代之商的。

(3) 巧合之三:宋、商可以互称

商的远祖阏伯居商丘祀大火,商的先公继之,商丘一地在商朝的崇高地位由此可知。周灭商以后,周成王时周公旦主持大分封,封微子启"以继殷后"、"以奉殷祀"③,则商丘显然是一处合适的地点。然而问题在于,微子启封商丘,为什么国号"宋"? 对此,《书》、《诗》、《史记》等都没有说明。东汉刘熙《释名·释州国》以为:

> 宋,送也。地接淮泗而东南倾,以为殷后,若云滓秽所在,送使随流东入海也。

按这种解释,视宋为"滓秽所在",要"送使随流东入海"④,应该说并不符

---

① 今商丘市西南有阏伯台,俗称火神台、火星台。现存建筑为宋、元建,而明、清均有重修。

②《续资治通鉴长编》卷一。

③《史记·殷本纪》:"立微子于宋,以续殷后焉",《乐书》:"封殷之后于宋",《鲁周公世家》:"封微子于宋,以奉殷祀",《陈杞世家》:"殷破,周封其后于宋",等等。按《史记》以殷称商,详本书第二章。

④ 这有些送瘟神的意味了。

合安抚商人、分封宋国、以奉商祀的本意。考《说文解字》:"宋,尻也,从宀木,读若送",虽然宋"读若送",其字义则如北宋徐铉等校《说文解字》的解释:"木者,所以成室以居人也"①,这也与《说文解字》"尻,处也,从尸几,尸得几而止也。《孝经》曰'仲尼尻',尻,谓闲尻如此"相吻合,清段玉裁《说文解字注》即称:"凡尸得几谓之尻,尸即人也。……闲处即尻义之引申。但闲处之时,实凭几而坐。"简而言之,以字义论,宋为成室、安家、闲居,周朝既尊重传统、分封宋国、以奉商祀,又寄望亡国而又曾经叛周的商人(如武庚)安居闲处,故封微子之国曰宋,可谓颇有寓意也。②

及至近世,王国维撰《说商》,又提出了微子封宋的另一种看法:

> 至微子之封,国号未改,且处之商丘,又复其先世之地,故国谓之宋,亦谓之商。③……周时多谓宋为商。……余疑宋与商声相近,初本名商,后人欲以别于有天下之商,故谓之宋耳。

按照王氏的意思,微子封国本号商,别称宋。笔者则认为其实应当相反。如周公封舜之后,不号虞而号陈;封禹之后,不号夏而号杞。以例方之,周既灭商,所封以奉商祀的国家,就不得再号商,因为商本是有天下之号,如果微子封国号商,将与新的天下共号周发生冲突,所以取用与商声相近而形迥异的宋,作为微子封国之号,实是相对合理的选择。至于习俗,往往宋、商互称。

其实,无论宋国号的来源如何,在赵宋之初,文人习知"宋,商后"、"商丘,宋地"、"宋、商、商丘,三名一地,梁国睢阳县也"④,应是无可怀疑的事实。例言之,成书于宋初雍熙四年(987年)以前的乐史《太平寰宇

---

① 许慎:《说文解字》徐铉校本,中国书店,1989年版。
② 王献唐更有发挥,其《古文字中所见之火烛》(1945年成书,齐鲁书社,1979年版)之"神主与宗宋"篇认为:宋即宗字异体,宗为神主置示宀内会意,宋为神主置木宀内会意。因为商丘为殷商旧都,宗庙在焉,地名可以称宋;微子之封,又以奉祀为主,所以封国之号亦为宋。宋即神主、宗庙之义。此亦可备一说。
③ 按宋之称商,例证颇多,或为自称,或为他称,详王国维《说商》。
④《左传·昭公元年》西晋杜预注,《左传·襄公九年》西晋杜预注、唐孔颖达疏引杜预《春秋释例》。

记》卷一二云：宋州"即高辛氏之子阏伯所居商丘，今州理是也。……武王封微子于宋"，又宋城县，"州城，古阏伯之墟，契孙相土亦都于此，春秋为宋国都"，有宋微子墓。而由这类事实出发，宋初文人又认为："作镇睢阳"、"飞运于宋"的"弘殷"之子赵匡胤既开国，便注定要以殷商之后的宋作为其沿袭的国号了。

（4）巧合之四：赵匡胤父名弘殷

据《宋史·太祖本纪》，宋太祖赵匡胤是赵弘殷的次子。按赵弘殷，少骁勇，善骑射，后唐庄宗留典禁军，后汉时以功迁护圣都指挥使。入周，改铁骑第一军都指挥使，转右厢都指挥，领岳州防御使，后累官检校司徒，封天水县男，与子赵匡胤分典禁军。显德三年卒，赠武清军节度使、太尉。

如本书第二章所述，三代之商，别号、他称为"殷"，司马迁的《史记》就以《殷本纪》记述先商及商朝的历史。然则宋太祖赵匡胤父名弘殷的天作之合，"弘殷"之有"大殷"即"大宋"以及光大、恢复"殷"即"宋"的美好寓意，在赵宋建国后，也就成了多事而富有文化修养的文人诠释大宋

宋太祖赵匡胤画像

国号冥冥之中已经定于先世、赵匡胤注定要做远绍商朝的真命天子的重要依据。

总之，本来简单地源于后周归德军节度使赵匡胤自领之州宋州的宋国号，由于种种的机缘巧合，其诠释越来越充分与完备，也越来越复杂与神秘，若宋初秦再思[①]《洛中纪异录》"宋之祀嚳"条，便可以作为典型：

---

① 据《续资治通鉴长编》卷二二太平兴国六年（981年）十一月辛亥条，"先是，有秦再思者，上书愿勿再赦"，是秦再思为宋初人。

208

> 帝喾有四妃，一生帝挚，一生帝尧，一生殷之先，一生周之先。
> 殷之后封于宋，即商丘；今上于前朝作镇睢阳，泊开国，乃号大宋。
> 先是王[皇]考讳弘殷，至是始验；弘者大之端也，殷者宋之本也，皇
> [是]庆中[钟]于皇运。今建都在大火之下，宋为火正，又国家承周，
> （以）火德王。按天文，心星是帝王，实宋分野，今高阳[辛]氏陵庙在
> 宋城三十里。即天地阴阳人事际会，亦自古罕有。①

按"帝喾有四妃"云云，详《帝王世纪》。又南宋初年李石《续博物志》卷二本于秦再思之说，也认为："今上于前朝作镇睢阳，泊开国，号大宋，又建都在大火之下，宋为火正。按天文，心星为帝王，实宋分野。天地人之冥契，自古罕有。"如此看来，有关宋国号及火德的这套解释，在整个宋世应该都是相当流行的。

这样流行于当世的有关宋国号的解释，可谓历史、地理、时事、家世、五行、天文等等方面都照顾到了，但却是后起的附会！

第三节　"火宋"及其附会之说在当世的影响

赵氏有国，以宋为号，定德为火；火德与宋，成为赵氏政权区别于其他中原皇朝的两大标帜。时人因有称"火宋"者，如北宋书画家米芾就有印章曰"火宋米芾"，其边款云：

> 正人端士，名字皆正。至于所纪岁时，亦莫不正。前有水宋，故
> 有火宋别之。②

清俞樾《茶香室丛钞》卷三"火宋"条解释说：

> 按水宋，谓刘宋也。……宋水德，故谓之水宋。至赵宋，则以火

---

① 秦再思：《洛中纪异录》，陶宗仪纂《说郛》本，参校《古今图书集成·明伦汇编·皇极典·国号部》。
② 李治：《敬斋古今黈》逸文卷二。又周密《云烟过眼录》卷下亦记米芾有方书画印，印文作"火正后人芾印"。

德王,故谓之火宋。火宋之称甚奇,世罕有用者。

其实,这"世罕有用者"的"火宋"及其种种的附会之说,影响到了赵宋当世现实的诸多方面,引发出一些有趣的现象。随举几例,以见一斑。

例一:宋受周禅,周木德,所以宋立国之初定国运为火德,色尚赤,又祀赤帝为感生帝,且有炎帝之崇。① 然而随着宋国号及宋火德新的诠释的出现,火德还与大火阏伯联系了起来,如《宋史·礼志六》曰:

> 康定初,南京鸿庆宫灾,集贤校理胡宿请修其祀,而以阏伯配焉。礼官议:"阏伯为高辛火正,实居商丘,主祀大火。……国家有天下之号实本于宋,五运之次又感火德,宜因兴王之地,商丘之旧,为坛兆祀大火,以阏伯配。建辰、建戌出内之月,内降祝版,留司长吏奉祭行事。"

据《宋会要辑稿·礼十九》,胡宿之上言为:"火正阏伯之祠在南京,国朝受命之神,……则大火之精,阏伯之灵,拥祐福荫,国家潜受其施者深矣。"《宋史·礼志六》也记南宋于行在(即今杭州)"望祭应天府大火,以商丘宣明王配"。商丘宣明王即阏伯,"缘国家以宋建号,以火纪德,推原发祥之所自,崇建商丘之祠,府曰应天,庙曰光德,加封王爵,锡谥宣明,……以称国家崇奉火德之意。"如此,赵宋在国家祀典上重视大火,实与"火宋"的附会之说有关。

例二:庞朴在《火历钩沉》文中指出,宋神宗年间,王安石推行新政,鼓励百姓租赁祠庙为市场。其时张安道知南京,上疏请免鬻阏伯、微子二祠,理由是:"宋,王业所基也,而以火王。阏伯封于商丘,以主大火;微子为宋始封。此二祠者,独不可免于鬻乎?""神宗览之震怒,批曰:'慢神辱国,无甚于斯。'于是天下神庙皆得免鬻。"按开辟祠庙为市场,不失为

---

① 按宋因唐制,每岁有祀五方上帝的活动。五方上帝者,昊天上帝之佐,所谓青帝、赤帝、黄帝、白帝、黑帝是也。古以为帝王之兴,必感其一。宋即奉赤帝为感生帝,每岁正月尊而祭之(详《续资治通鉴长编》卷四、卷二七)。又传说炎帝以火德王,也称赤帝,故赵宋又有炎帝之崇。

活跃经济的方法,不料却被地方长官张安道钻了空子,以与"火宋"具有密切渊源关系的阏伯、微子为借口,反对这一"新政";神宗皇帝也以为此举不仅"慢神",更有损于大宋的象征,是为"辱国"。然则有关宋国号的附会之说,竟然成了政治斗争的借口与工具。

例三:靖康二年二月北宋灭亡,金兵掳徽、钦二帝北归,五月,徽宗第九子、钦宗之弟康王赵构既以兴复宗庙自任,遂嗣位于"艺祖兴王之地"①的南京(即宋州、应天府),并改元建炎。"建炎"者,《三朝北盟会编》卷一〇一云:

> 初议改元,命幕府官属聚议。耿南仲等议曰:"王者即位,求端于天。探一元之意,以正本始,故必建元。故汉光武中兴,改元建武。大王再造王室,宜用光武故事纪元。……宋以炎德王,艺祖开基,改元建隆,累圣相授,逮至靖康,乃遭中微,殿下绍隆,益光前烈,南仲等请改元为建炎。"②

又《宋会要辑稿·礼五四》所录《改元诏》云:

> 朕惟火德中微,天命未改,考光武纪元之制,绍建隆开国之基,用赫丕图,益光前烈。

据知"建炎"寓有重建火德、延续宋祚的深意。而从此以后直到亡于大元,南宋始终维持火德。然则赵构之仍宋国号、改元建炎,实是昭彰正统的重要措施;又在与金对峙的过程中,南宋的自居正统,还具有非同小可的历史意义与现实作用。

例四:据陈学霖《大宋"国号"与"德运"论辩述义》③的研究,北宋既亡,"大宋之国号与德运,对于沦陷女真统治的民众,具有强烈的感情号

---

① 《宋史·高宗本纪》。
② 《三朝北盟会编》卷一〇一接续又云:"耿延禧《中兴记》曰:初议年号,黄潜善定为炎兴,耿南仲曰:此蜀年号,遂为建炎。"按三国之刘禅曾用炎兴年号。
③ 陈学霖:《大宋"国号"与"德运"论辩述义》,收入所著《宋史论集》,东大图书公司,台北,1993年版。

召,在反抗外族的政治活动曾发挥重要作用。"如建炎、绍兴年间活跃于太行山和中条山的一些抗金武装组织,用建炎年号,以红巾为标帜;金末起于益都、纵横山东淮海数十年、先由杨安儿与刘二祖统率、后由杨妙真与李全收领的"红袄军","皆衣红衲袄"。按用建炎年号,自是"心怀本朝"的表现;"红巾"、"红衲袄",则象征着火德,凸显出反抗女真金国统治、光复宋室江山的民族情结。

国号与德运的释义推源,会影响到现实的政治与文化,由上所举几例,已经可以断言。又有值得注意者,南宋灭于大元以后,宋之国号、火之德运,仍是伸张大汉民族主义的两面旗帜,如元末徐寿辉、韩林儿,皆以宋为国号,奉持火德,后来朱元璋的大明国号,与大宋、火德也有着复杂的关系。这又是饶有兴味的问题,详细的讨论见本书第十七章。

顺带提及,就夏、商、周三代国号在后世的影响而言,赵宋以前,夏、周国号为诸多政权所承袭;而赵宋及其以后,作为商之音转的宋国号的影响,又超过了夏、周。①

---

① 相对于起自西方的夏、周,出自东方的商属于另一民族与文化系统,又周人祖先后稷原系夏的联盟成员之一,周人也相信他们是代殷商之天命,而继有夏之旧疆。参考本书第二十三章。

第十六章　大元："大哉乾元"

　　1279 年二月,随着残宋国祚的断绝,中国历史上第一个由非汉族作为统治民族的全国性政权由此建立①,"大元"即这一政权的国号。② "大元"国号起用于 1271 年十一月,其时蒙古对南宋的进攻正取得不断胜利;"大元"作为中原皇朝的天下共号,则始自 1279 年二月,止于 1368 年八月。按 1368 年闰七月二十七日,大元皇帝妥懽帖睦尔北逃茫茫草原,及八月二日,明军③攻占大元都城大都④(今北京市),至是,大元在中原地区的统治结束,草原民族蒙古在经历了大蒙古国、大元计 160 余年的

①　或以为 1276 年正月宋帝赵㬎奉传国玺与降表举国降元,元军入临安,为南宋的灭亡。详谭其骧:《俗传中国史朝代起讫纪年匡谬》,《历史研究》1991 年第 6 期。

②　特别需要说明的是,元朝的正式国号是大元,"大元"是全称,"元"是简称。按国号加"大"字始于元朝,元朝以前各朝的"大"字则系尊称。明朱国祯《涌幢小品》卷二"国号"条即指出:"国号上加大字,始于胡元,我朝因之。……其言大汉、大唐、大宋者,乃臣子及外夷尊称之词。近见新安刻《历祚考》一书,于汉、唐、宋及司马晋,皆加大字,失其初矣(唐碑有称巨唐者,巨即大也。宋曰皇宋,皇亦大也。刘越石表亦云'天祚大晋')。"又近见金浩东《蒙古帝国与"大元"》(收入姚大力、刘迎胜主编:《清华元史》第 2 辑,商务印书馆,2013 年版)也强调:"'大元'起初就是二字国号。不过,正如'皇元'、'我元'等用例所见,二字国号'大元',与大汉、大唐的用例混而为一,从而'大'字被理解为含有自高意思的形容词,结果'元'似乎成为一字国号。"同例,"明"、"清"也是简称,"大明"、"大清"才是正式的全称。

③　1368 年正月,朱元璋即皇帝位于应天府(今江苏南京市),国号"大明"。

④　蒙古语称为"汗八里",意即汗城。

辉煌后，终于又回到了故乡北方大草原之上。

第一节　大元不等于蒙古汗国

　　建立大元的蒙古族，是有着悠久历史的草原民族。早在 5、6 世纪时，从今呼伦贝尔草原向东延伸到嫩江，南抵洮尔河，北迄额尔古纳河下游，已经居住着语言上和东胡有渊源关系的室韦部落。进入 7、8 世纪，室韦部落逐渐发展起来。据《旧唐书·北狄传·室韦》，室韦部落中有一支"蒙兀室韦"；"蒙兀"正是蒙古一词最早的汉译形式。在后来的汉文典籍中，又有大致同音的"萌古"、"朦骨"、"萌骨"等译写；写作"蒙古"，则最早见于南宋徐梦莘《三朝北盟会编》卷二四三所引无名氏《炀王江上录》。到了元代，"蒙古"已是普遍的写法。又据学者的研究，在古代蒙古语里，"蒙古"一词或是"鲁钝、孱弱"的意思，又有傲慢勇敢说、长生天说、圆秃说等①，它开始只是一个氏族或部落的名称；进入 13 世纪，在西起三河（今克鲁伦河、鄂嫩河、图勒河）之源、东至呼伦贝尔地带的广阔草原之上，乃形成了一个以蒙古为名称的新的民族共同体，而其标志，便是大蒙古国的建立。

　　大蒙古国的创始者，是蒙古乞颜部首领铁木真（1162 年—1227 年）。12 世纪末至 13 世纪初，骁勇善战的铁木真先后征服蒙古草原上主要的游牧部落，成为最强有力的草原领袖。1206 年，在斡难河（今鄂嫩河）②源头，铁木真召集诸弟、诸子、驸马、伴当和各部落首领，举行忽里勒台（蒙古语"会议"之意）。在这次忽里勒台上，铁木真建树了九旒白旗（蒙古尚九、尚白），接受了"成吉思汗"的称号。③ 至此，大蒙古国正式建立。

---

① 详韩儒林：《蒙古的名称》，收入所著《穹庐集》，上海人民出版社，1982 年版；杨宪益：《蒙古名称的原义及其来源》，收入所著《译余偶拾》，三联书店，1983 年版。

② 本章除部分重要地名用当时名称并括注今名外，大体用今名，以便读者。

③ "成吉思"的意思，说法不一，或为"坚强"，或为"大海"，或为"天"，等等；至于"汗"，原指部落或部落联盟的首领，后演变为"君主"，此前的柔然、突厥、回纥等北方民族，都曾用"汗"指称最高统治者。

其时,大蒙古国已控制了东起兴安岭、西迄阿尔泰山、北越贝加尔湖、南达阴山的广阔地域。(见图 16 - 1)

成吉思汗在建立大蒙古国之后,又把眼光投向了更大的外部世界,并逐步实行了分封制度;成吉思汗的继承者(大汗)们也不断地进行军事扩张,除自领一地外,分户封土,建立起"宗藩"性质的汗国(蒙古语称"兀鲁思",原义指"人民",延伸义为"领土"、"封地"、"国家";通称"汗国")。这些汗国,本是大蒙古国中央分封出去的军政首领,他们直接臣属于大汗,向大汗申报版籍、户口和缴纳贡赋。换言之,大汗与汗国之间存在着一种主从关系。

蒙古大汗与汗国之间的这种主从关系,当成吉思汗(1206 年—1227年在位)及其继承人窝阔台(成吉思汗三子,1229 年—1241 年在位)时代,是能够维持的;然而后来,随着围绕大汗权位争夺的斗争日趋激烈,其政治主从关系遂趋于瓦解。蒙哥汗(窝阔台之弟拖雷长子,1251 年—1259 年在位)时,大蒙古国即事实上已分裂成了大汗之国(后于 1271 年正式称"大元")与三大汗国(钦察汗国、察合台汗国、窝阔台汗国),并逐渐各自走上了独立发展的道路。

蒙古三大汗国加上后来的伊利汗国,疆域所及,从中亚、西亚直到欧洲。其中钦察汗国(金帐汗国)盛时,东起今鄂毕河下游及额尔齐斯河,西至今俄罗斯、乌克兰、白俄罗斯等地,南临巴尔喀什湖、里海、黑海,北近北极圈;[1]察合台汗国盛时,东起今新疆吐鲁番、罗布泊,西至阿姆河下游,北抵阿亚古斯河,南越兴都库什山;[2]窝阔台汗国盛时,西起今新疆喀什与塔拉斯河谷,东至今新疆吐鲁番,北抵额尔齐斯河上游,南及天山南路诸城;[3]又忽必烈继蒙哥即大汗位后始正式建立的伊利汗国,东起阿姆河和印度河,西北至今土耳其安卡拉以西的克罗卢山脉,西南沿幼发拉底河

---

① 15 世纪钦察汗国逐渐分裂出西伯利亚、喀山、克里米亚、阿斯特拉罕等汗国,1480 年统治告终。

② 14 世纪中期察合台汗国分裂成东、西两部,以后西察合台在贵族帖木儿当政时,演变为帖木儿帝国,东察合台分裂为若干小国,先后灭亡。

③ 1309 年窝阔台汗国为察合台汗也先不花所并。

西岸至今伊拉克巴士拉西南,南达印度洋海岸,北抵高加索山。①

按以上地跨亚欧大陆的蒙古汗国,与"大元"不是同一概念。中国历史上的元朝纪年,是从 1271 年开始的,是年,忽必烈建国号"大元"。然而,蒙哥弟忽必烈的成为大汗,是与弟阿里不哥争夺的结果;1260 年三月,忽必烈在开平(今内蒙古正蓝旗东闪电河北岸)举行的只有部分宗王参加的选汗大会,也与蒙古传统不合,因为按照蒙古传统,选汗的忽里勒台应在三河之源举行,而且必须有各系宗王参加。以此,忽必烈及忽必烈以后的大元皇帝,虽然名义上是"宗主"性质的蒙古大汗,如事实上已成独立政权的诸汗国,仍奉大元皇帝为大汗,为"一切蒙古君主的君主"、"四海万民之君和成吉思汗家族之长",又在通常情况下,诸汗国汗位的承袭,也必须在形式上取得大元皇帝的认可,但是这些,其实仅仅具有象征意义而已,大元的疆域,也并不包括蒙古汗国的疆域在内。

不过即便如此,以蒙古本部和中原地区为基础的大元疆域,还是远超汉、唐极盛时期。以灭宋的次年即 1280 年为例,大元版图所届,在北方,西起今额尔齐斯河,东至鄂霍次克海,即有今西伯利亚、伊犁河流域、黑龙江下游、乌苏里江以东至海及外兴安岭,跨海有库页岛;在东部,拥有朝鲜半岛的北部;在西南,有西藏、云南,并包括今克什米尔地区以及喜马拉雅山南麓的不丹等地,缅甸东北部,泰国北部,老挝北部;又东至海,并辖有今澎湖列岛、韩国济州岛。②

大元疆域是空前广大的,《元史·地理志》即指出:

> 自封建变为郡县,有天下者,汉、隋、唐、宋为盛,然幅员之广,咸不逮元。汉梗于北狄,隋不能服东夷,唐患在西戎,宋患常在西北。若元,则起朔漠,并西域,平西夏,灭女真,臣高丽,定南诏,遂下江南,而天下为一。

---

① 1335 年伊利汗国开始陷入分裂局面。14 世纪末,为帖木儿帝国所并。

② 大元疆域后来有所缩小,如以 1330 年为断,西北只至今新疆哈密地区,东北朝鲜部分也内缩到东以鸭绿江下游为限,西界今朝鲜江原道安边境内的铁岭。

按"起朔漠",1206 年铁木真建大蒙古国;"并西域",1218 年并西辽;"平西夏",1227 年事;"灭女真",1234 年蒙古、南宋联军灭金;"臣高丽",成吉思汗时高丽(今朝鲜半岛大部)称臣,此后对高丽的征服也维持了较长时间;"定南诏",1254 年定大理(同时招降吐蕃诸部);"下江南",1276 年宋廷奉表投降,1279 年残宋灭亡:至此,"天下为一"。而此"天下为一"的中原皇朝,正是从大蒙古国嬗变、分化而来的元朝,"大元"也由此成为继宋而起的又一天下共号。

第二节　蒙古大汗国号的演变

如上所述,1206 年成吉思汗铁木真在草原上建国,时以族名称国家,号 Yeke Mongghol Ulus,汉译"大蒙古国";1271 年十一月,名义上的蒙古大汗忽必烈在汉地定国号"大元"。按 Yeke Mongghol Ulus 及其汉译形式的"大蒙古国",都是蒙古大汗的国号;又有"大朝",为习用的简称,非正式的大汗国号。复杂的是,Yeke Mongghol Ulus、大蒙古国、大朝,使用对象既不同,施行地域也不一致。以下简略言之。[①]

（1）Yeke Mongghol Ulus

蒙古之有国号,始自成吉思汗时代,国号 Yeke Mongghol Ulus(英文意译"Great Mongol Nation";汉语音译"也可蒙古兀鲁思",意译"大蒙古国")。[②] 这一国号,符合中国历史上边疆民族政权最初多以种族名或部族名作为国号的一般规律。作为蒙古大汗的正式国号,Yeke Mongghol Ulus 在公文、尤其是外交文书上经常使用。现存史料中,最早载有蒙文 Yeke Mongghol Ulus 全名者,为 1246 年贵由汗(窝阔台长子,1246 年—

[①] 以下据萧启庆《说"大朝":元朝建号前蒙古的汉文国号》(《汉学研究》第 3 卷第 1 期,台北,1985 年)综合而成。有关原始资料,不再出注。

[②] 金浩东《蒙古帝国与"大元"》指出:"我们无法找到这个国号正式被宣布的明确记载";又陈晓伟《再论"大蒙古国"国号的创建年代问题》(《中华文史论丛》2016 年第 1 期)考证辛未岁(1211 年)建号"大蒙古国",而"与此密切相关的历史背景是,辛未年为蒙古伐金之开端,对蒙元政权具有重要的战略意义和深远的历史影响"。

1248 年在位)致罗马教皇英诺森国书所用玺书,玺书的前半部为"长生天气力里,大蒙古国与全世界之汗圣旨"(Möngke tngri-yin küchüdür Yeke Mongghol Ulus-un dalai-in Qanu jrlgh)。

必须指出的是,1271 年大元国号启用后,Yeke Mongghol Ulus 在蒙文中仍然延用,迄于元亡也未改变。如 1335 年汉蒙合璧碑中,有"Dai On Yeke Mongghol Ulus"("大元大蒙古国");1346 年汉蒙合璧碑中,有"Yeke Mongghol Ulus";又 1338 年、1362 年汉蒙合璧碑中,有"Dai On kemeke Yeke Mongghol Ulus"("被称作大元的大蒙古国")。甚至到了明代,草原蒙古政权仍自称 Yeke Mongghol。

(2) 大蒙古国

"大蒙古国"是蒙古大汗早期的正式汉文国号。据《元史·耶律留哥传》,这一汉文国号 1212 年即蒙古伐金之初已经采用;而由 1216 年成书的南宋李心传《建炎以来朝野杂记》用及"大蒙古国",又可证明其在 1216 年前必已通行。及 1271 年改易国号为"大元","大蒙古国"一号遂遭废弃。

由于"大蒙古国"带有明显的种族意味与外来征服政权色彩,影响到了该国号的使用范围。分析现存史料可以认为,该国号的使用主要不在于汉地士民,而是最为普遍地施行于外交文书中,如 1271 年前蒙古和金、南宋、高丽、日本等国的国书往来,即多用"大蒙古国"。

(3) 大朝

相对于"大蒙古国","大朝"是稍欠正式、但在汉地士民中使用却最为广泛的又一蒙古汉文国号。这一国号,应该是 Yeke Mongghol Ulus 的汉文简译,它省去了种族之称的"蒙古",并将 ulus(兀鲁思)依照汉人的观念译成了"朝",如此,"大朝"可以说是更为汉化的蒙古汉文国号。

"大朝"的采行时间,据出使蒙古的宋人赵珙所撰《蒙鞑备录》(1222 年成书)"国号年号"条,"去年春,珙每见其所行文字,犹曰大朝",则不得晚于 1221 年；更具可能的是，1217 年蒙古大将木华黎受命伐金、建牙燕京①以后，即有"大朝"之称。盖此时的蒙古，虽然仍为以草原为重心的游牧国家，但已有加速征服汉地、增强殖民统治的意图；与此相配合，蒙古开始部分地采行汉制，"大朝"应该就是采行汉制、以羁縻中原汉人的重要一环。

然而"大朝"毕竟不象正式的汉式国号，而且在汉语的语境中，"大朝"也有表示尊敬的本朝之意。1271 年，随着正式汉式国号"大元"的成立，"大朝"也如同"大蒙古国"一样，遭到了废弃。

第三节　《建国号诏》

1271 年十一月，继"大蒙古国"、"大朝"之后，蒙古大汗的又一个汉文、同时也是真正意义上的汉式国号"大元"，登台亮相。宣布这一国号的是忽必烈所颁发的《建国号诏》：

> 诞膺景命，奄四海以宅尊；必有美名，绍百王而纪统：肇从隆古，匪独我家。且唐之为言荡也，尧以之而著称；虞之为言乐也，舜因之而作号。驯至禹兴而汤造，互名夏大以殷中。世降以还，事殊非古，虽乘时而有国，不以义而制称。为秦、为汉者，著从初起之地名；曰隋、曰唐者，因即所封之爵邑。是皆徇百姓见闻之狃习，要一时经制之权宜，概以至公，不无少贬。

> 我太祖圣武皇帝，握乾符而起朔土，以神武而膺帝图，四振天声，大恢土宇，舆图之广，历古所无。顷者，耆宿诣庭，奏章申请，谓既成于大业，宜早定于鸿名。在古制以当然，于朕心乎何有。可建国号曰"大元"，盖取《易经》"乾元"之义。兹大冶流形于庶品，孰名资始之功？予一人底宁于万邦，尤切体仁之要；事从因革，道协天

---

① 燕京（今北京市），1153 年后为金中都大兴府。1214 年金迁都南京（今河南开封市）。1215 年蒙古攻克金中都，仍改称燕京。

人。於戏！称义而名，固匪为之溢美；孚休惟永，尚不负于投艰。嘉
与敷天，共隆大号。

这一篇皇皇文献，见于《元史·世祖本纪》至元八年十一月乙亥条，可谓
有关中国国号研究的颇为难得的材料。按极有意味的是，尽管中国历史
上称尊建号者众多，国号作为国家的政治文化符号也极为重要，国号的
具体由来却很少有正规的文件留传下来，或者当初就没有形成这样的正
规文件，尤其对于汉族政权而言更是如此。也许取名定号，本来就有一
定的规矩，并且肯定受到时代好尚的影响，所以不必赘言。值得注意的，
反而是一些比较"心虚"的、"底气"可能不足的、在汉地建立的非汉族政
权。如史籍出于某种情形，记下了某些非汉族政权定立国号的过程，前
述匈奴刘渊的汉、匈奴刘(赫连)勃勃的夏、鲜卑拓跋的魏就是如此；或者
这些非汉族政权为了表明其政治或文化取向，为了拉近与汉人之间的心
理距离，也往往会正而八经地君臣集议一番或出台一个文件，说明国号
的来源取义，而忽必烈颁发的《建国号诏》，应该就属于这种情形。

《建国号诏》既系统阐述了当时对此前历代中原王朝或皇朝国号由
来的看法，也列举了以"大元"为国号的冠冕堂皇的理由以及大略的过
程。而据以分析，并参证其他史料，对于"大元"国号，我们可以得出如下
几点认识：

其一，蒙古此次建国号的基本思路，是"以义而制称"，以"美名"来接
续历代中原王朝或皇朝的正统。按以美名为国号，本是东汉《白虎通德
论·号》以来所主张的正统思想，所谓"王者受命，必立天下之美号以表
功，自克明易姓为子孙制也"，便是这层意思；唐为荡、虞为乐、夏为大、殷
为中，也都是《白虎通德论·号》所作出的附会解释。以忽必烈《建国号
诏》与《白虎通德论·号》对读，其理论上的承续关系一目了然。然则大
元国号的定立，正表明了蒙古大汗政权接受"古制"——汉文化的一个方
面，及其通过采用汉式国号、以赢取中原正统的政治与文化企图。

"以义而制称"的大元国号，还有着现实的作用。如朱希祖指出：

> 蒙古崛起沙漠,而其统一中国,乃定国号曰元,消除地方及种族之色彩,使异国异族之人,失其外族并吞之观念,此最为当时之妙用也。①

的确,宣布于加紧征讨南宋之际的大元国号,客观上减少了蒙古统一战争的民族隔阂阻力,下诏建立国号后不到八年,蒙古便彻底平灭了南宋,完成了统一大业。当然,大元国号的"以义而制称",也有其不得不然的地方,如《建国号诏》认为的"著从初起之地名"的秦、汉,"因即所封之爵邑"的隋、唐,尽管都属一时的权宜,"事殊非古"②,可是就是这类"事殊非古"的国号,蒙古事实上也无法因袭。盖蒙古以外族而立国中原,先不曾受过中原皇朝的任何封爵,又无合适的"初起之地名"可用,所以"称义而名"云云,也就成了既符合汉族正统思想、又便于"操作"的国号命名方式了。③

其二,忽必烈国号大元,与他所宠任的王恽、刘秉忠等"耆宿诣庭,奏章申请"分不开。④ 王恽《乌台笔补》"建国号事状"条云:

---

① 朱希祖:《后金国汗姓氏考》,《中央研究院历史语言研究所集刊》外编第一种上册,1933年。

② 按秦、汉、隋、唐国号的取义并非如此简单,详本书相关各章。

③ 清赵翼《廿二史劄记》卷二九"元建国号始用文义"条也指出:"国号取文义自此始。……命世之君,创制显庸,必有以新一代之耳目,而不肯因袭前代,此其一端也。"其实,蒙古不是"不肯因袭前代",而是无法"因袭前代"。又金浩东《蒙古帝国与"大元"》从比较的角度分析道:"对蒙古人来说,中国式的'王朝史观'是非常陌生的。对定居民来说,这种强调王朝之间的连续性的历史观是非常熟悉的,因为定居民是根据一定地区不断代兴王朝,通过文字记录而保存并积累历史的。与此相反,从文字记录的传统非常稀薄,且逐水草而居的游牧民,我们找不到强调王朝连续性的观念的痕迹。在他们的历史观里,各个国家是各自独立的。正如匈奴、突厥、回鹘、契丹、蒙古中,没有哪一个自认为是前朝的继承者,更没有那种意识。这些国家均认为自己是按'腾格里'(tängri,天)的命令和祝福而建立的。"

④ 王恽(1227年—1304年),卫州汲县(治今河南卫辉市)人。1260年任职中书省,1268年为监察御史,后在地方任提刑按察副使。1292年为翰林学士。其著作甚多,诗文并茂。又刘秉忠(1216年—1274年),邢州(治今河北邢台市)人。少为僧,法名子聪。博览群书,精习《易经》,深研宋理学家邵雍《皇极经世》,通天文、地理、律历和三式、六壬、遁甲等卜算之术。约1242年时,忽必烈留置左右。1264年,子聪还俗,复姓刘氏,赐名秉忠。刘秉忠在忽必烈身边达30余年,"参帷幄之密谋,定社稷之大计","颁章服,举朝仪,给俸禄,定官制",有元一代成宪多出其主张。

　　伏见自古有天下之君,莫不首建国号,以明肇基之始。方今元虽纪而号未立,盖未有举行之者,是大阙然。钦惟圣朝统接三五,以堂堂数万里之区宇,垂六十年大号未建,何以威仰万方,昭示后世?愚以谓国之称宜下公卿大臣及五品以上官集议阙下,则天下幸甚!

按"方今元虽纪而号未立"者,"元虽纪"指 1260 年三月忽必烈即大汗位后,随即于五月建元"中统"(1264 年八月又改元"至元")。虽然在汉族的历史上,建元也是开国的头等大事,但对于旧制以十二生肖纪年(如猴儿年、鼠年一类)的蒙古民族而言,更为前所未有的创举。至于"号未立",盖王恽视"大蒙古国"、"大朝"为非正式国号,王恽所希望"集议"建立者,乃是符合历代中原皇朝传统的汉式国号,从而使"圣朝统接"三皇五帝一类的中国"有天下之君"。又"公卿大臣及五品以上官集议"的具体情形,虽然难以详考,但据《元史·刘秉忠传》至元"八年,奏建国号曰大元"的记载,则忽必烈最早信用的汉人幕僚刘秉忠,是献议以"大元"为国号的关键人物。

刘秉忠画像

在建国号这件大事上,不可不提者还有徒单公履。① 忽必烈所颁发的《建国号诏》,即出自徒单公履之手。

要之,汉臣王恽请建国号,汉臣刘秉忠奏号大元,汉化女真人徒单公履受命拟诏,于是乃有新的蒙古大汗汉式国号"大元"的出现。

其三,《建国号诏》"体仁之要"、"道协天人"云云,反映了蒙古从"马上取天下"的游牧国家到"不可以马上治"②的中原皇朝的转变;大元国号的确立,则可

---

① 徒单公履,女真族,获嘉(治今河南获嘉县)人。金末登进士第,仕元至翰林侍讲学士。公履秉性纯孝,博学多闻,善于辩论。
②《元史·刘秉忠传》。

以认作此种转变完成的标志之一。按 1260 年四月,忽必烈颁布了即位诏。诏书指出:成吉思汗创业以来的五十余年,"武功迭兴,文治多缺","爰当临御之始,宜新弘远之规,祖述变通,正在今日。……建极体元,与民更始"。以此为指导,早在继承大汗位前即长驻汉地、主管漠南汉地军政诸事的忽必烈,遂更加急进地推行汉法,如建立国家机构和职官制度,确定中央集权的专制统治;实行劝农政策,使农业得到恢复和发展;承认和提倡以儒学为主体的汉族传统文化,并设立国子学,用汉文化教育勋戚子弟;把都城移向中原地区;①采纳中原的礼仪制度。又建立年号、国号,为皇室先人奉上庙号,也是忽必烈以汉法治中原的重要措施:寓有"中原正统"之意的"中统"年号创立于 1260 年五月,1264 年八月,在战胜阿里不哥后,又改年号"至元";1265 年为成吉思汗奉上庙号太祖,次年又上太宗(窝阔台)、定宗(贵由)、宪宗(蒙哥)及生父睿宗(拖雷)庙号;1271年建国号大元。至此,蒙古大汗政权全面采取了汉族的建号模式,这"反映着蒙古从游牧国家到中原王朝转变的完成"。②

第四节　大元国号释义

关于大元国号的"以义而制称",上引《建国号诏》有明确的说明,译成白话文就是:"我决定以'大元'为国号,这是采取《易经》乾卦里'大哉乾元'的意思。这个陶铸自然界流动变化的各种形态而成宇宙万物的'元',是什么赋予它肇创功绩的名义?"考《易·乾卦》:

> ☰,乾,元亨利贞。……象曰:大哉乾元,万物资始,乃统天。云行雨施,品物流行。

可知"元"为乾卦"元亨利贞"四德之首,万物的生长都藉"元"开始,元是

---

① 先是 1235 年窝阔台以和林(今蒙古国前杭爱省额尔德尼召北哈拉和林)作为统治中心。1263 年忽必烈以开平为上都,1264 年以燕京为中都。1272 年升中都为大都。
② 萧启庆:《说"大朝":元朝建号前蒙古的汉文国号》。

天地万物的本原,天德的主宰。然则"元"的这层深奥意思,既与蒙古民族敬天的习俗十分吻合:乾为八卦之首(☰),代表着天,乾又为六十四卦之一(䷀),象征阳性或刚健;蒙古民族是个敬天的民族,无一事不归于天,成吉思汗本人就始终信仰萨满教宣扬的"长生天"——永恒的天神。如此,与乾相联系的"元",实在体现了"长生天"的意思,能为敬天的蒙古民族所接受。又"元"也与忽必烈《建国号诏》所宣称的"予一人底宁于万邦,尤切体仁之要;事从因革,道协天人"——"我奠定了天下万国的安宁,尤其能够体会仁德的重要性;所以一切事务都要按照原来的制度,治民之道也尽力谋求天人之间的协和"——协调一致,这样的取义,又无疑能为讲究和平安宁、仁义道德、天人合一的汉人所接受,"大元"国号也因此成为忽必烈实行汉化的文化标志之一,从而迎合了汉人的心理需求。

值得注意的是,"元"字还有其他诸多美意。如由元字本义为人头(首)①引申,元有"开始"的意思,《说文解字》:"元,始也";由《易·乾卦》"文言曰元者,善之长也",元有"善良"的意思;由《易·乾卦》"大哉乾元"云云,元又有"大"的意思,唐孔颖达《正义》:

> 大哉乾元者,阳气昊大,乾体广远,又以元大始生万物,故曰大哉乾元。万物资始者,释其乾元称大之义,以万象之物皆资取乾元而各得始生,不失其宜,所以称大也。

以此,元常用来表示"大","大哉乾元"的"元",甚至可以认为本义就是"大"。然则本来就精习《易经》的刘秉忠建议国号时,应当考虑到了"元"字此义。

"元"有"大"之义,由忽必烈的《建国号诏》也可以看出:"我太祖圣武皇帝,握乾符而起朔土,以神武而膺帝图,四振天声,大恢土宇,舆图之广,历古所无"——"我太祖圣武皇帝成吉思汗,手握天子的符瑞,兴起于北方,以神圣勇武的睿资,禀受帝王的谋猷,英伟的声名振动四方,大大

---

① 杨树达:《积微居小学述林》卷二"释元",中国科学院,1954 年版。

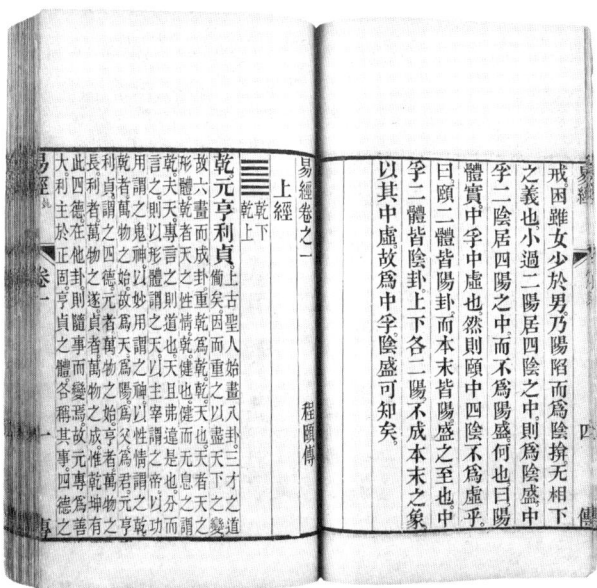

《易经》书影

地拓展了疆土,版图之广阔,为古所未有"——的确,当1271年定立国号为大元时,蒙古大汗之国已有蒙古本部、西夏、金、大理、吐蕃等五大区域及西辽、南宋部分地。而以此等泱泱大国,"称义"而定"鸿名","大元"可谓名副其实。

尤为巧妙的是,取义于"大"的"元",与此前的"大蒙古国"、"大朝"又有联系,能够衔接。《经世大典序录·帝号》:

> 自古有国家者,未若我朝之盛大者矣。盖闻世祖皇帝初易"大蒙古"之号而为"大元"也,以为昔之有国者,或以所起之地,或因所受之封,为不足法也。故谓之元焉。元也者,大也。大不足以尽之,而谓之元者,大之至也。呜呼,制作若此,所以启万万年之资,讵不信欤。[1]

---

[1]《经世大典序录·帝号》,收入苏天爵:《元文类》卷四〇。

如此,蒙古大汗的三个汉文国号,竟然一脉相承,而且做的都是"大"字的文章!"元"也是"大",只不过较"大"更富文彩,更加有典有据而已。

忽必烈画像

其实还不独"大元"国号,若世祖忽必烈之年号至元,成宗铁穆耳之年号元贞、大德,武宗海山之年号至大,也都与《易·乾卦》元亨利贞四德及"大"的意义有关。这样看来,立国中原后的蒙古大汗政权,不仅国家建号制度(如年号、庙号、国号)全面采取了汉族的模式、汉语的称谓,其年号、国号的取义,还多与汉民族的传统经典《易》有关。《易》即《易经》、《周易》,东汉班固《汉书·艺文志》列为《六经》第一,宋代理学家又以《易》居《十三经》之首;又《易经》开卷,便是"☰乾元亨利贞"。蒙古自忽必烈时代起,便不再是草原游牧国家,而是中原正统皇朝,由此也可见一斑。

中原正统皇朝"大元",立国至 1368 年,为新的中原正统皇朝"大明"所取代。不过大元国号并未马上消失,回到草原上的妥懽帖睦尔及其嗣立的二子爱猷识里达腊、脱古思帖木儿①,仍奉大元国号(史称"北元")。1388 年,脱古思帖木儿为其将也速迭儿所害,大元国号遂废弃不用。②

---

① 《明史》以脱古思帖木儿为爱猷识里达腊之子,恐误,参考高文德、蔡志纯编著:《蒙古世系》"十二",中国社会科学院出版社,1979 年。

② 按也速迭儿废弃大元国号,又联系着大元的建国历史。也速迭儿本是阿里不哥的后裔。当年忽必烈战胜阿里不哥,因而得建大元;而 120 余年后,阿里不哥的后裔也速迭儿袭杀忽必烈的后裔脱古思帖木儿,夺取汗位(卓里克图汗)。也速迭儿不会再用大元国号,据此也就容易理解了。详蔡美彪:《明代蒙古与大元国号》,收入明清史国际学术讨论会论文集编辑组编:《第二届明清史国际学术讨论会论文集》,天津人民出版社,1993 年版。

第十七章　大明："诸佛光明之王"

1368年正月初四,在和风煦日的钟山之阳,吴王朱元璋告祀天地,即皇帝位,"定有天下之号曰大明"①,建元洪武,以应天(今江苏南京市)为京师。

同年闰七月二十七日,大明北伐大军进占通州(治今北京市通州区);当日夜,元帝妥懽帖睦尔率同后妃、太子和一些大臣,开健德门逃出大都(今北京市)。八月二日,大都为明军占领。

元帝北奔,明军占领大都,这是有天下之"大元"灭亡的标志。从此,"大明"成为新的天下共号。②

有天下之大明终止于1644年。③ 这年的三月十九日,大顺王李自成破京师④,明帝朱由检自缢于煤山寿皇亭(今北京市景山东部)。四月三十日,大顺皇帝李自成弃城西撤。五月二日,大清⑤辅政王、奉命大将军

---

① 《明太祖实录》卷二九洪武元年正月乙亥。

② "大明"统一事业的真正完成,则要晚到洪武十五年平定云南或洪武二十年平定辽东。

③ 1644年以后之所谓"南明"问题,详第十八章的讨论。

④ 1644年正月,李自成称王,国号大顺,年号永昌;四月二十九日,李自成即皇帝位。又明初本都京师应天府(今江苏南京市),1421年改京师为南京,降为陪都,升北京(1368年改元大都为北平府,1403年改顺天府,建为北京)为京师(但民间仍习称北京),为首都。

⑤ 1636年四月,皇太极即皇帝位,国号"大清"。

多尔衮入京师,于是"大清"开始了其入主中原的历程。

第一节 反元复宋

如上章所述,大元是中国历史上第一个由非汉族作为统治民族的全国性政权。元朝末年,统治危机,弊端丛生,其时民间流行的一阕《醉太平小令》,对于社会情势有着相当真切的描写:

> 堂堂大元,奸佞专权。
>
> 开河变钞祸根源,惹红巾万千。
>
> 官法滥,刑法重,黎民怨。
>
> 人吃人,钞买钞,何曾见?
>
> 贼做官,官做贼,混贤愚,哀哉可怜!

由这阕"不知谁所造,自京师以至江南,人人能道之"的《醉太平小令》[①],可见元末政治的腐败、社会的黑暗、阶级矛盾与民族矛盾的尖锐;"开河变钞祸根源,惹红巾万千",则直接导致了大元在中原统治的覆灭。

按"变钞",指的是1350年元廷为了解决财政拮据问题,大量印造新钞,使得物价飞涨;"开河"即修治黄河。先是黄河接连决堤,严重影响国计民生。1351年四月,元政府征发汴梁、大名等13路民工15万及庐州等地戍军2万充当劳役,开整河道。治河本身无可非议,但监修官吏之鞭挞河工,克扣口粮,却使河工们怨愤交加,忍无可忍。而在这种形势下,一直"倡言天下大乱,弥勒佛下生,河南及江淮愚民皆翕然信之"[②]的白莲教首领、河北永年(治今河北永年县东南旧永年)白鹿庄人韩山童[③],遂乘机派人四出散播童谣,谓"石人一只眼,挑动黄河天下反",又阴凿一眼石人埋于当开河道之处。果然,石人被不知情的河工挖出来了,而且

---

① 陶宗仪:《南村辍耕录》卷二三《醉太平小令》。

②《元史·顺帝纪》。

③《元史·顺帝纪》:"初,栾城人韩山童祖父,以白莲会烧香惑众,谪徙广平永年县。"栾城,治今河北栾城县西。

背上分明刻着"莫道石人一只眼，此物一出天下反"的谶言，于是整个黄河工地上沸腾了起来。事件此后的发展，《元史·顺帝纪》至正十一年（1351年）五月条记载道：

> 颖州妖人刘福通为乱，以红巾为号，陷颖州。初，……福通与杜遵道、罗文素、盛文郁、王显忠、韩咬儿复鼓妖言，谓山童实宋徽宗八世孙，当为中国主。福通等杀白马、黑牛，誓告天地，欲同起兵为乱。事觉，县官捕之急，福通遂反。山童就擒，其妻杨氏、其子韩林儿逃之武安。

起义在仓促之间就这样提前爆发了。黄河工地上的河工闻讯，也一声呐喊，加入了刘福通的队伍。因为起义军"以红巾为号"，所以老百姓称之为"红巾军"、"红军"；也称"香军"，以白莲教烧香礼佛而得名。

刘福通首义，各地纷起响应：徐州有芝麻李、彭大、赵均用等，濠州（治今安徽凤阳县东北临淮关）有郭子兴、孙德崖、朱元璋等，襄阳（治今湖北襄樊市）有王权、孟海马等，蕲水（治今湖北浠水县）有徐寿辉、彭莹玉、倪文俊等；又不属红巾军系统者，浙东方国珍、高邮张士诚也乘机发展、起兵。

大元基业毁于红巾军起义，此不赘说。值得注意的是，刘福通等"以红巾为号"，"谓山童实宋徽宗八世孙，当为中国主"，实在具有深长的意味。[1]

刘福通，颖州（治今安徽阜阳市）白莲教首领。在元末民族矛盾尖锐复杂的情形下，韩山童、刘福通等既以白莲教之组织与教义（详下）为基础发动起义，又在政治上号召兴复汉族统治，其具体表现则为宣扬重建火德的宋朝：其一，火德于五色为红，红巾军头裹红巾、打着红旗，自有象

---

[1] 以下关于此问题的论述，参考了陈学霖：《大宋"国号"与"德运"论辨述义》，收入所著《宋史论集》，东大图书公司，台北，1993年版。

征赵宋德运之意;其二,韩山童诈称宋徽宗八世孙(或曰九世孙)①,又刘福通自认宋大将刘光世之后,"合辅之"②,这显然是借取亡宋之魂以为现实服务。应该说,红巾军起,声势浩大,影响所及,所在并反,与这种政治上的成功号召,有着相当密切的联系。

进而言之,当时反元运动借取宋朝为号召,并不限于韩山童、刘福通辈。《元史·顺帝纪》至正十二年(1352年)五月:

> 庚辰,监察御史彻彻帖木儿等言:"河南诸处群盗,辄引亡宋故号以为口实。……"

沦为被统治者的汉族之人心趋向可知!本来,"自古皆贵中华,贱夷狄"③,而中原之地的主人是汉族。及至元朝,汉族的地位却极为低落。元政府将治下的人民分为蒙古人、色目人、汉人、南人四等,实行严格的种族歧视政策,在选用官吏以及科举、刑罚等方面都有差别。最占优越地位者为蒙古人,次为色目人(包括哈剌鲁、钦察、唐兀、阿速、秃八、康里、畏兀儿、回回、乃蛮、阿尔浑、撒耳柯思、斡罗思、汪古、甘木里、怯失迷儿等),再次为汉人(原金朝统治下的汉人和女真、契丹、高丽等族),最后为南人(以汉人为主的南宋遗民)。而在这样的情势下,自残宋1279年灭亡以后,反元复宋起事其实已经断续不绝。④ 同样,反元复宋、恢复中华正统,也正是元末割据群雄基本相同的政治选择:如徐寿辉,1351年十

---

① 如叶子奇《草木子》卷三《克谨篇》记载:"以赵宋为名,韩山童诈称徽宗九世孙。伪诏略曰:'蕴玉玺于海东,取精兵于日本。贫极江南,富称塞北。'盖以宋广王走崖山,丞相陈宜中走倭,托此说以动摇天下。当时贫者从乱如归。朝廷发师诛之,虽即擒获,而乱阶成矣。"按"宋广王"即宋帝赵昺,1276年正月,元军迫近临安,信王赵昺徙封广王;又陈宜中,宋端宗赵昰左丞相,兵败后逃往国外,据陈学霖《宋遗民流寓安南占城考》(收入所著《宋史论集》),陈宜中的出走地为安南、占城,并非日本,最后死于暹罗。
② 何乔远《名山藏》卷四三《天因记》。按刘光世,保安军(治今陕西志丹县)人。北宋末年,从童贯镇压方腊起义。南宋初年,曾抗金有功,又政治上善于随机应变,所以颇受朝廷礼遇。
③ 《资治通鉴·唐纪十四》贞观二十一年,唐太宗李世民语。
④ 如1283年福建黄华起事,用宋帝赵昺祥兴年号;1286年西川赵和尚自称宋福王子,在广州起事;1337年合州韩法师起兵,自称南朝赵王,等等。详杨讷、陈高华编:《元代农民战争史料汇编》上编,中华书局,1985年版。

月称帝,建国蕲水(今湖北浠水县),国号大宋,建元治平;张士诚,1354 年
在高邮(今江苏高邮市)自称诚王,国号大周,建元天祐;陈友谅,1360 年
闰五月杀主徐寿辉而称皇帝,国号大汉,建元大义,建都江州(今江西九
江市);徐寿辉部将明玉珍,1362 年三月称帝重庆,国号大夏,建元天统。
至于刘福通,1355 年二月迎立"号宋徽宗九世嫡孙"的韩林儿为皇帝,又
号"小明王",建都亳州(今安徽亳州市),国号宋,建元龙凤。

　　以上宋、周、汉、夏,都是历史上汉族中原王朝或皇朝施用过的国家
大号;而在当时,则洵为有力的反元旗帜,表现了割据群雄收揽人心的策
略与重建汉族统治的决心。若其中的宋国号,因为"隐退"未久、潜在之
势可张,影响又尤为巨大,徐寿辉的宋与韩林儿的宋,便分别是南方红巾
军与北方红巾军的中坚与主力。①

　　元末割据群雄的"反元",最后以所谓"驱逐胡虏,恢复中华"②宣告了
成功,蒙古元朝回到草原,不再拥有中原的地理与文化正统,汉族政权则
继宋以后再建正统;不过,"复宋"却起码在名义上未能实现。出身"淮右
布衣"、起先听从"小明王"韩林儿号令、奉持大宋旗帜以征讨元廷的朱元
璋,后来建国号"大明";"大明"且取代"大元",成了"恢复中华"后的天下
共号。然则朱元璋的"大明"国号从何而来呢? 这是必须解答的问题。

第二节　"明王出世":小明王与大明皇帝

　　如上所述,元末割据群雄之蜂起反元,以兴复汉统或重建宋朝为政
治号召;又有值得探讨者,即红巾军与白莲教的密切关系。韩林儿之被

---

① 这里需要解释的是,在诸多的史料中,徐寿辉政权号为"天完",或以为"天完"寓有"誓压大
　　元"之意。按此非历史的真实。徐寿辉国本为"大宋",徐氏的"大宋"且早于韩林儿的
　　"宋"。及至起于龙凤政权的朱元璋(详下)建国号"大明",出于争立正统之故,遂不能容忍与
　　承认这一事实。于是明初史官刻意隐讳,在纂修《元史》及国史之际,一律以杜撰的"天完"替
　　代徐寿辉的"大宋"。详杨讷:《释天完》,《历史研究》1978 年第 1 期;史树青:《元末徐寿辉农
　　民政权的铜印》,《文物》1972 年第 6 期;章采烈:《谈玄宫之碑的史料价值》,《江汉论坛》1986
　　年第 4 期;戴玄之:《白莲教之反元运动》,《国立政治大学历史学报》第 3 期,台北,1985 年。
② 1367 年十月丙辰朱元璋北伐檄文,详《明太祖实录》卷二一。

拥立为"小明王",朱元璋之"定有天下之号曰大明",皆典出白莲教。

白莲教渊源于佛教净土宗的弥陀净土法门;创始人茅子元,平江昆山(治今江苏昆山市)人。南宋绍兴初年,已为僧 20 多年的茅子元在淀山湖建白莲忏堂,"劝诸男女同修净业,自称白莲导师,坐受众拜。"① 这样就产生了一个新的佛教宗派——白莲宗,亦即白莲教。迁延至南宋乾道年间,由于太上皇赵构召见及赐封茅子元,白莲教"从此宗风大振",逐渐传播开来。

白莲教的教义直接承袭了佛教净土宗的弥陀净土法门。按中国佛教的净土信仰,本分弥勒净土和弥陀净土两门;前者礼念弥勒佛,后者礼念阿弥陀佛。两者都信仰某个净土的存在,以"往生"净土为修行宗旨。东晋以后,弥勒净土信仰渐趋衰弱,弥陀净土信仰则"郁为净土之正宗"。② 具体到白莲教,即崇奉阿弥陀佛,以往生净土即阿弥陀佛所在的西方极乐世界为修行宗旨,宣扬"念念弥陀出世,处处极乐现前"③。又茅子元创白莲教,发展了净土宗的结社念佛之风,而尤重师徒关系、宗门关系;这种组织方面的创新,也在白莲教日后的发展历史上留下了深远的影响。

进入元朝,白莲教一派兴盛,为数众多、遍布各地的堂庵,各堂庵多则千百、少犹百人的信徒,使得白莲教"千枝万叶遍乾坤"④。其间,元武宗至大元年(1308 年)五月,鉴于白莲教徒接二连三的反元事件,政府曾经下令禁止白莲教;至大四年闰七月,元仁宗颁旨,又恢复了白莲教的合法地位。及至元中后期,与白莲教有着较近亲缘关系的弥勒净土信仰⑤

① 志磐:《佛祖统纪》卷四八。
② 详杨讷:《元代的白莲教》,元史研究会编:《元史论丛》第 2 辑,中华书局,1983 年版。以下有关白莲教的论述,即据杨文综合。
③ 普度:《庐山莲宗宝鉴》卷二,转引自杨讷编:《元代白莲教资料汇编》,中华书局,1989 年版。
④ 果满:《庐山白莲正宗昙华集》卷下《淀山白莲》,转引自杨讷编:《元代白莲教资料汇编》。
⑤ 按佛教净土宗弥勒净土法门之净土,指弥勒所在的兜率天。弥勒净土信仰在南北朝以后虽远不如弥陀净土信仰风行,但也始终没有断绝。弥勒佛像一直是佛教寺院供奉的主要佛像之一。从隋到宋,托称"弥勒下生"的造反事件也屡有发生。

之渗入白莲教,复使白莲教大为改观,白莲教徒除了信仰"弥陀出世"以外,也普遍接受了"弥勒下生"的宣传。

然则组织较为严密、流传已算长久、影响相当巨大、徒众成分复杂的白莲教,在元后期特殊的社会政治背景下,终于成为一些反元起事的白莲教首利用的工具。而元末白莲教所宣扬的"弥勒下生"、"弥陀出世"即成极乐世界的教义,也唤醒了当时生活在黑暗统治下的广大人民对美好未来的向往。韩山童、刘福通组织的反元起义,宗教方面的背景正在于此。

按韩山童,出生于白莲教世家。明高岱《鸿猷录》卷二《宋事始末》:

> 山童自其祖父以白莲会烧香惑众,至山童倡言:天下当大乱,弥勒佛下生,明王出世。河南江淮之人翕然信之。

又明何乔远《名山藏》卷四三《天因记》:

> 小明王韩林儿者,徐人群盗韩山童子。自其祖先为白莲会惑众,众多从之。元末山童倡言:天下乱,弥勒佛下生,明王出。江淮之人骚然皆动。

《元史·顺帝纪》所记略同,惟不同之处在于,由于明初史官"欲为明太祖讳,为明之国号讳",所以官修的《元史》不及"明王出世"之说。[①] 而事实上,"明王出世"正是"大明"国号的来源,大明皇帝朱元璋也正是承小明王而起的。

考元末明初之著述,韩林儿称"小明王"。韩林儿为韩山童之子,子既称"小明王",则韩山童在世时或以"明王"、"大明王"自称。又无论明王、大明王、小明王,都当出自韩山童所倡言的"明王出世"。韩山童为白莲教徒,元末白莲教宣扬"弥勒下生"、"弥陀出世";如此,韩山童倡言的"弥勒佛下生,明王出世"之"明王",或即弥陀。事实也正是这样。

---

① 参考吴晗:《明教与大明帝国》,《清华学报》第 13 卷第 1 期,1941 年;收入《吴晗史学论著选集》第二卷,人民出版社,1986 年版。

弥陀即阿弥陀佛。白莲教徒诵读的主要经典《大阿弥陀经》云：

> 佛言：阿弥陀佛光明明丽快甚，绝殊无极，胜于日月之明千万亿倍，而为诸佛光明之王，故号无量寿佛，亦号无量光佛……超日月光佛。其光明所照，无央数天下幽冥之处皆常大明。

既然阿弥陀佛是"诸佛光明之王"，也就是"明王"，"弥陀出世"自然也就是"明王出世"。明王为什么要出世呢？因为天下大乱了，红色的明王将来到人间，拯救苍生，然后就是没有痛苦与不平，充满庄严、清净、富足、美妙的极乐世界。再者，出身白莲教世家的韩山童，既以"弥陀佛下生"与"明王出世"并举，那么"明王出世"也只能出自其本教——白莲教的经典。[1]（见图17-1）

韩山童起事不久即被捕遇害。1355年二月，刘福通奉迎韩山童之子韩林儿到亳州，尊为"小明王"。韩林儿之为小明王及立国号宋，显然是继承父业，即一方面以反元复宋为政权的正统基础，另一方面又以白莲教的"明王出世"为号召；其"兵以红巾为志"[2]，则既有象征赵宋火德之意，也符合其宗教信仰，因为"明王"阿弥陀佛就属红色。

小明王韩林儿的宋龙凤政权，存在了12年：至正十五年（1355年）二月建都亳州，十二月移驻安丰（今安徽寿县）；龙凤四年（1358年）五月刘福通破汴梁（北宋故都，今河南开封市），自安丰迎接小明王入居，定为国都；又次年秋，汴梁失守，复退据安丰；龙凤九年，小明王所封吴国公朱元璋迎小明王与刘福通迁居滁州（今安徽滁州市）；龙凤十二年（1366年）十二月，吴王朱元璋以迎赴应天为名，暗中指使大将廖永忠中途沉小明王

---

[1] 先是吴晗《明教与大明帝国》考证"明王出世"口号以及"大明"国号出自明教经典《大小明王出世经》。《大小明王出世经》是唐朝时从波斯传来的摩尼教经典。公元3世纪时，波斯人摩尼（Mani）杂糅祆教、基督教、佛教而创立摩尼教。因为摩尼教宣扬光明必将战胜黑暗，最高主神为明尊，明尊下面有多位明使，明使出为明王，明王"教化众生，令脱诸苦"，故在中国，摩尼教也被称为明教。后来杨讷撰《元代的白莲教》，认为吴晗的看法属于主观臆测，缺乏历史证据，宜要扬弃更正，并新立白莲教之说。按杨说是。

[2] 何乔远：《名山藏》卷四三《天因记》。

韩林儿与刘福通于瓜洲江中,于是宋亡。

宋亡明兴。1368年正月,朱元璋称帝,国号"大明"。"大明"国号与宋皇帝韩林儿"小明王"尊号有着明显的表面承袭关系,明孙宜《洞庭集》之《大明初略》即云:"国号大明,承林儿小明号也。"而所以如此,又与朱元璋的发迹过程联系至为密切。

朱元璋(1328年—1398年),幼名重八,濠州钟离(治今安徽凤阳县东北临淮关)人,贫农出身。小时候为地主放牛牧羊。朱元璋17岁那年(1344年),淮北大旱,继以瘟疫,朱元璋父、母、长兄皆病死。九月,孤苦伶仃的朱元璋入皇觉寺(故址在今凤阳县西南,后移县北并赐名大龙兴寺)为行童(即僧侣的仆人)。为行童约50天左右,皇觉寺因为灾情太重,收不到租米,僧人们纷纷出门云游,朱元璋也被打发出门,扮作和尚模样,外出游方。朱元璋在淮西游方约4年;其时,这一带正是彭莹玉[①]潜伏活动、白莲教传播的地方,朱元璋深受影响,遂入白莲教。1348年底,朱元璋回到皇觉寺。

1351年五月,颖州白莲教首领刘福通起义,陷颖州;八月,白莲教徒芝麻李、彭大、赵均用等起义,陷徐州,又白莲教首彭莹玉、邹普胜、徐寿辉等起义,十月陷蕲水。次年二月,定远土豪、白莲教徒郭子兴响应刘福通红巾军起义,陷濠州,自称元帅。在这种情势下,经过小时放牛伙伴汤和从红巾军中的来信劝说、朱元璋犹豫不决中的卜卦问神[②],后来的大明皇帝朱元璋终于决定离开皇觉寺,参加红巾军。

元至正十二年(1352年)闰三月初一,25岁的朱元璋投入郭子兴部为步卒。朱元璋小时进过几个月私塾,识得一些字,作战又机智勇敢,于是在郭子兴军中提升颇快:先为郭子兴亲兵九夫长,再娶郭子兴养女马

---

① 彭莹玉,袁州(治今江西宜春市)人。先在袁州南泉山慈化寺为僧,人称彭和尚。白莲教徒。1338年与其徒周子旺起兵反元。周子旺称周王,被捕遇害;彭莹玉逃匿淮西。在淮西,彭莹玉继续传布白莲教,影响广泛。

② 据朱元璋所撰《皇陵碑》(收入沈节甫辑《纪录汇编》卷一),此次卜卦得到的结果为"卜逃卜守则不吉,将就凶而不妨",即出逃或守在庙里都不吉利,不妨投靠红巾军试试。

氏为妻,而为郭子兴女婿,回乡招兵后,更为总管,并在征得郭子兴同意后,率贴身将士外出发展。

外出发展的朱元璋,1353年略定远,下滁州;1355年克和州,并奉郭子兴命总诸将。1355年三月郭子兴病亡。五月,小明王命郭天叙(郭子兴之子)为都元帅,朱元璋为左副元帅,军中文告均用宋小明王龙凤年号。九月,郭天叙和右副元帅张天祐攻集庆路(治今江苏南京市)时双双战死,于是朱元璋继任都元帅,尽有郭子兴部将。

1356年三月,朱元璋攻下集庆路,改为应天府。而以应天府为根据地,发展至1359年时,朱元璋已有今皖南、苏南、苏皖江北以及浙东等地,从而成为称雄一方的霸主。

此时的朱元璋,仍奉韩宋龙凤政权为正朔。1356年,小明王升朱元璋为行枢密院同佥,寻升江南等处行中书省平章政事;1359年,复升任仪同三司江南等处行中书省左丞相。1361年,小明王更封朱元璋为吴国公。1363年,再迁中书省右丞相。又此一时期,反元复"宋"也仍是朱元璋征讨元廷的旗帜,如1359年朱元璋克婺州后,设浙东行省于金华府,省门建二大黄旗,旗上书:"山河奄有中华地,日月重开大宋天",又两傍竖立二牌,牌上写:"九天日月开黄道,宋国江山复宝图。"①

1364年正月,朱元璋自立为吴王。按自1356年以后,朱元璋即以应天府为根据地。应天府属吴地,又是三国孙吴的都城建业,小明王1361年封朱元璋为吴国公盖以此。而及1363年时,朱元璋之劲敌大汉陈友谅已经败死,陈友谅之子陈理被围于武昌,指日可以肃清;又平江张士诚局促自守,不能为害。当此形势,朱元璋自立为吴王,虽然文移布告仍用"皇帝圣旨、吴王令旨"的双重名义,但已设置百官,建中书省,并立长子朱标为世了。

这里值得一提的是,在朱元璋称吴王之前,1356年三月改称周王的张士诚,已于1363年九月在平江(今江苏苏州市)自立为吴王;然则朱元

---

① 钱谦益:《国初群雄事略》卷一《宋小明王》引俞本《皇明纪事录》。

璋仍称吴王,正表明了其摆脱龙凤政权控制、独立建国的心志。按此前若干年,民间已流行"富汉莫起楼,贫汉莫起屋,但有[看]羊儿年,便是吴家国"的童谣;朱元璋为了应童谣之"吴家国",自然非得称吴王不可。①又朱元璋害死小明王(1366年十二月)、包围张士诚的1367年(丁未年,未于十二生肖属羊),为了再次应童谣,遂罢用龙凤年号,改称吴元年。

　　吴元年十二月,平江张士诚已被执自缢,浙东方国珍已势窘投降,进取福建的水陆两军都势如破竹,南平两广的第一路军也已出发;又北伐大军已经克定山东。在这一片捷报声中,在重建统一已经指日可待的欢庆时刻,应天的文武们奉表劝请吴王朱元璋正位皇帝。几天后,朱元璋搬进了新盖的宫殿,并祭告上帝说:"诸臣下皆曰生民无主,必欲推尊帝号,臣不敢辞,亦不敢不告上帝皇祇。是用明年正月四日,于钟山之阳设坛备仪,昭告帝祇。惟简在帝心,如臣可为生民主,告祭之日,帝祇来临,天朗气清;如臣不可,至日当烈风异景,使臣知之。"②而精通天文地理的刘基刘伯温,早已看好了天象,次年正月初四那天,果然"天朗气清",换言之,吴王朱元璋获得了"上帝皇祇"的恩准,"可为生民主",于是就在那一天,朱元璋即皇帝位于应天南郊,"定有天下之号曰大明,建元洪武"。

　　综上所述,"大明"国号的由来,想必已不需要再详加论证。盖朱元璋17岁入寺为行童,再为游方僧约4年,并入白莲教,又回寺为僧3年

大明太祖朱元璋画像

---

① 《元史·五行志》,权衡:《庚申外史》卷上。由于同时有两位吴王,所以民间称平江张士诚为"东吴",应天朱元璋为"西吴"。
② 《明太祖实录》卷二八吴元年十二月甲子。

多。早年的这番经历,使得朱元璋对白莲教的主要经典《大阿弥陀经》相当熟悉,对韩山童所倡的"明王出世"口号及韩林儿身受的"小明王"尊号之出典,也应当了然。在这样的前提下,朱元璋以"大明"为国号,是意在向天下臣民表示:经历了这场大动乱以后,新皇朝的建立,乃是光明世界的到来,从此天下"大明",仿佛明王所在的西方极乐世界;再就朱元璋个人言,开国而号"大明",也未尝不是对自己出身佛徒的一个纪念①,因为自古以来,由和尚而掌有天下的仅他一人,如果真的有"诸佛光明之王"问世,那么这位"明王"舍他又能是谁? 他就是佛教明王的化身!②

第三节 "大明之秘义"

元末大乱,群雄并起,独有朱元璋"乘时应运,豪杰景从,戡乱摧强,十五载而成帝业"③,原因是多方面的,而其中尤为重要的一点在于,朱元璋自1353年始克定远、独力发展以来,即大体坚持了动员一切反元力量、争取不满蒙古贵族统治的汉族地主儒生支持的政策。若定远冯国用、冯国胜兄弟建议取金陵为根据地,若滁州范常建议整饬兵纪,若定远李善长建议效法刘邦以定天下,若休宁朱升建议"高筑墙、广积粮、缓称王",若浙东刘基、叶琛、章溢、宋濂"四先生"以定策安民、重经史、成帝业时时为说,这些地主儒生都给了朱元璋以广泛而深刻的影响。在这些影响下,"崛起布衣"、仿佛汉高祖刘邦的朱元璋,思想在转变,行为在蜕化变质,他已从讲义气、重友情的牧童行僧,变成深通治国之道、熟操驭人之术的"降生圣人"、万姓之主。然则朱元璋定有天下之号曰"大明",也可以看作是他"一石三鸟"(百姓、武将、文臣)的高超统治术,因为这一新皇朝的政治符号与文化标志,既大有利于他的专制统治,又使得其部下的红巾军与儒生两个主要

---

① 如据洪武十一年朱元璋亲撰的《皇陵碑》,朱元璋曾经颇为看重其成功前的艰难岁月,当时也不忌讳其佛徒的出身。
② 此段论述,采自杨讷的《元代的白莲教》。
③《明史·太祖本纪·赞》。

系统的武将文臣都感觉到了满意，都以为合式、对劲。

首先，就出自红巾军系统的武将来说，他们大多起自淮西，受了"彭祖"彭莹玉的教化；其余的不是郭子兴的部曲，就是小明王的故将，或徐寿辉大宋、陈友谅大汉的降将。总之，都是白莲教的信徒。朱元璋以出自白莲教经典《大阿弥陀经》的"大明"作为新皇朝的国号，表示出了新皇朝是继承小明王而起的意思，所有的白莲教徒也都是一家人，应该团结在一起，在"大明"的治下，共享富贵。这在出身红巾军的人看来，无疑显示了打天下时的"主公"、坐天下时的"今上"，并没有忘本。红巾军系统对此的欣慰之情，是可以想见的。

其次，对于更广大的、深受宗教影响的天下臣民来说，"大明"国号有着双重的效用：一方面，"大明"国号告诉亿兆斯民，"明王"已经出世，你们理当安心，理当老实本分地享受"明王"治下的和平安宁、幸福美满的生活；另一方面，"大明"国号也警告那些有心效尤的后来者，"明王"已经在世，"明王"仅此一家，其余的全是假冒，你们不必再痴心妄想了，因为百姓万民不会相信，你们已经无所藉口，你们应该收敛起不轨的心思，来做大明的顺民。①

再次，朱元璋重视儒生，招揽与相信儒士。名儒望族的合作，参预谋议，本来就是朱元璋在元末群雄中脱颖而出、得取天下的重要原因之一。朱元璋手下的儒生文臣集团，固然大体不信什么白莲教，且视"明王出世"为滑稽；然而，秉承着深厚的经史学术功底，对于这个起自红巾军，但是已经蜕化变质、与中国历史上传统皇朝并无多少区别的"大明"皇朝，

---

① 正是与这样的"暗示"相对应，为了避免再出现什么"明王"、"小明王"甚至"大明皇帝"，大明既建，为了巩固统治，乃以白莲教为非法，禁止白莲教的传播。朱元璋如此的做法，与赵匡胤陈桥兵变、黄袍加身、建立宋朝以后，为了避免别人也依样画葫芦而"杯酒释兵权"，其实是一样的思路。又据《明成祖实录》卷六五永乐七年七月戊戌："妖贼王金刚奴伏诛。金刚奴陕西阶州人，自洪武初聚众作耗，称三元帅，往来劫掠，而于沔县西黑山天池平等处潜住，常以佛法惑众。后又与沔县贼首邵福等作耗。其党田九成者，僭号后明皇帝，改元龙凤。高福兴称弥勒佛，金刚奴称四天王，前后攻破屯寨，杀死官军。"按类似这样"有心效尤"的起事，当时及其后还有不少。

儒生文臣们按照他们自己的理解，也可以不费力气、不伤脑筋地为"大明"附会出许多的"秘义"。而且这些"秘义"，由于渊源久远，他们乐于讨论；由于冠冕堂皇，他们津津乐道。

比如说，"明"字为"日月相依"之形，有"交放光辉"、"光明"之义。① 在古礼有祀"大明"（即祭日）、"朝日夕月"（春分拜日于东门外，秋分拜月于西门外）的说法；而千余年来，"大明"和日月均是朝廷的正祀，无论列作郊祭或特祭，都为历代皇家所重视。② 如此，国号与祭典相合，自是大吉大利。

又比如说，在阴阳五行说里，南方为火、为夏、为阳、色赤，北方为水、为冬、为阴、色黑。映证到现实政治上，"元"为玄"元"，"明"为炎"明"。所谓"玄元"，北方颜色黑，而玄即黑；又"大元"国号与《易经》"大哉乾元"有关，而"乾为天"，又"天玄地黄"。至于炎"明"，朱元璋起自红巾军；既称吴王，统一军装为红色，树立红色旗帜；及至称帝，徐达等上奏朱元璋称"钦惟皇帝陛下，……握赤符而启运"③，朱元璋《与元幼主书》称"今我朝炎运方兴之时"④。明刘辰《国初事迹》即于此申绎道："太祖以火德王，色尚赤"；明黄瑜《双槐岁钞》卷一《圣瑞火德》也胪列资料，考述明太祖"以火德王"之由。虽然事实上朱元璋即帝位后，由于形势改变，并未倡议讨论德运，推定行序，但社会上仍以"大明"为火，"炎明"也就仿佛于"炎汉"。简而言之，"大元"建都北方大都，起自更北之蒙古草原，"大明"建都南方应天，起自南方之江淮之间；那么，以火制水，以阳消阴，以明克暗，以炎"明"压玄"元"，都是有说法的，而南方之必然平定北方，大明之必然平灭大元，也就实在是阴阳五行的天定了！

再比如说，在中国古代神话里，火神祝融是帝颛顼之子，祝融故墟则

---

① 沈节甫辑《纪录汇编》卷一八八《摘抄一》引明田艺蘅语："大明者，国号也。一人为大，日月为明。天大、地大、人大，而宇宙人物如日月之明，无所不照也。"
② 详杜佑：《通典》卷四四《礼四·沿革四·吉礼三》。
③《明太祖实录》卷三四洪武元年八月辛巳《平元都捷表》。
④ 朱元璋：《明太祖集》卷五，黄山书社，1991年版。

在南方的金陵（即今南京），而巧合的是，“以火德王”的朱元璋正是“帝颛顼之后”①，其祖籍即“本家朱氏，出自金陵之句容，地名朱家巷，在通德乡”②，明朝又正好定都在金陵；更巧的是，祝融亦名“朱明”，意其赤热光明③，“朱明”且把皇帝的国姓“朱”和朝廷的国号“明”天衣无缝地联在了一起。诸如此类，虽然可以视为巧合甚或附会，但在儒生文臣们看来，更宁愿相信这些都是多少世代前的天意！

其他可以有说者，如历史上的中原皇朝宫殿名称，有大明宫、大明殿；《诗·大雅》有叙述三代之周开国历史而归于天意的《大明》诗篇……

呜呼！我汉人的名号情结真是深重，对名号的解释功夫也着实让人叹为观止。而如此等等与“大明”国号相关的巧合与附会，与本来非常简单的赵匡胤的“宋”国号，竟然附会出了“自古罕有”的“天地阴阳人事际会”，真是如出一辙。其实明朝当时人确是这么认识的。如晚明袁义新修、柯仲炯等纂的天启《凤阳新书》卷一《太祖本纪》云：

> 本姓朱，本祝融。祝融，帝颛顼子，为帝喾火正，有大勋于天下，故别为祝融。在国臣仲炯言：“……太祖定鼎金陵，则祝融之故墟也。……故建国号大明，其有祖也。夫祝融大明，容光必照。……所以我太祖以大明建国，亦以大明光天，中天下而立，定四海之民，所重民历，以示三纲五常，以昭日月，以引趋光而避凶，此皇明治天下，潜移默化之大旨，所以四海来朝，亦以是赐之耳。知此道者，其

---

① 《明太祖实录》卷一开篇即云：“大明太祖圣神文武钦明启运俊德成功统天大孝高皇帝，姓朱氏，讳元璋，字国瑞，濠之钟离东乡人也。其先帝颛顼之后。”

② 郎瑛《七修类稿》卷七《朱氏世德碑》云：“瑛旧于先辈大臣家，获《朱氏世德碑》一通，乃我太祖之手笔也。……拜录如左：本家朱氏，出自金陵之句容，地名朱家巷，在通德乡。……”又洪武二年，危素受命所撰《皇陵碑》（收入《全元文》卷一四七八）亦云：“朕幼时，皇考为朕言，先世居句容朱家巷。”

③ 《淮南子·天文训》：“南方火也，其帝炎帝，其佐朱明，执衡而治夏。”按祝、朱一声之转，融、明意义相通，所以火神祝融即朱明。朱明是五方帝中南方炎帝的辅佐，于四时配夏，《尔雅·释天》：“夏为朱明”，夏季赤热光明。又日本学者和田清《明の国号について》（《史学杂志》第42卷第5号，1931年）即怀疑“大明”国号出自上引的《淮南子·天文训》，典出“朱明”。

可以语我太祖取号大明之秘义乎!"①

这真是儒生文臣们所考证、所推求、所衍生出的丰富多彩、有根有据、深奥美妙、符合天意的"秘义"! 而根据这样的"秘义",国号"大明"既"有祖也",大明之德如日月,大明之治化天下,大明之道得天统,也都皆在其中了!

然则上述种种对于儒生文臣们来说并不见难的、层层解剖出的"秘义",终于使得秉承着"反元复宋"政治目标的吴王府里的他们,也力赞以"大明"为国号;又据说朱元璋确定国号为"大明",还是听从了其首席谋士刘基的建议,如明朝中期祝允明的《野记》开卷即云:刘基"因请建号大明,太祖从之"。按刘基(1311 年—1375 年),青田(治今浙江青田县)人,字伯温,元至顺进士,明初大臣。刘基博通经史,尤精象纬之学,明武宗朱厚照誉其为"渡江策士无双,开国文臣第一"。②(见图 17 - 2)

综上考述,朱元璋定立国号为"大明",可谓十分巧妙、功效显著。论其妙处,建国而号"大明",红巾军系统的武将从白莲教义去感触,儒生文臣集团由经史学术去理解;若朱元璋本人,又以此来纪念其佛徒的出身、来自居为出世的"明王"。而且三方并行不悖,皆自以为或至少宁可以为如其所忖度。又论其功效,红巾军系统则欣慰,感觉他们的这位开国皇帝没有忘本;儒生文臣则得意,认为他们效命的这个新皇朝渊源有自,合乎天意,顺乎民心;至于天下的黎民百姓,则会安心于"明王出世"后的光明极乐世界,而这又无疑有利于强化朱元璋的集权专制统治,巩固其一家一姓的天下。

此一家一姓的朱明天下,国运确也长久:自 1368 年元月开国于南方应天后,一直延续到 1644 年三月,方在内忧外患的重重打击下崩溃;而

---

① 陈学霖《明朝"国号"的缘起及"火德"问题》(原载《中国文化研究所学报》第 50 期,香港中文大学,2009 年;收入所著《明初的人物、史事与传说》,北京大学出版社,2010 年版)指出:"《凤阳新书》为明季修纂的太祖家乡新志,卷一描述朱元璋出身系以儒家经典观点作解释,显示代表官方的儒士立场。"
② 本节的叙述,参考了吴晗《明教与大明帝国》,并据杨讷《元代的白莲教》作了观点的修正。

"大明"国祚,则更残存至 1661 年甚至更后,才最终断绝。①

---

① 值得强调的是,"大明"国祚断绝后,关于"大明"的历史记忆并未断绝,而且在清初、清末、中华民国,这种历史记忆还转变成了现实行动,如在中华民国时代中华民族积弱之时,明史即成为"实用工具",郑和下西洋的辉煌成为研究热点,明代抗倭的研究著作层出不穷。如此等等,若从深层的文化心理看,当与大明乃中国历史上最后一个汉人皇朝有关。又何毅群《大明与中国历史上的火德》(《明代历史文化研究》2006 年第 4 期)指出:起码在汉人的观念里,中间隔着一个蒙古大元,都是汉族皇朝的朱明与赵宋之间,存在着隔代继承的关系;而大明的崇尚火德与红色以及其象征与标志意义,又对大明灭亡以后直至中华民国初年的历史发生了或显或隐的影响。以清初论,一则大明宗室如福王朱由崧南京弘光政权、唐王朱聿键福州隆武政权、桂王朱由榔肇庆永历政权等等,其年号取意、火德崇尚、红色标记,皆明显具有继承正统之京师(今北京市)大明皇朝的意义;二则以明朝遗民为主要成员的复社等团体,正以反清复明为号召与目标;三则民间秘密组织如天地会一类,恢复炎明江山的志向也堪称显然。再后来,朱六非、朱永祚、朱一贵、朱毛俚、朱明月等等真假明室后裔,也都以复兴汉室江山、大明政权为起事的口号。及至清末,反清复明的各种力量更形繁杂,其中,以孙文为代表的资产阶级革命派所成立的团体"兴中会",入会誓词明确提出"驱除鞑虏,恢复中华,建立民国,平均地权","驱除鞑虏,恢复中华"亦即排满灭清,这与元末朱元璋的"驱逐胡虏,恢复中华"以及清初的"反清复明",表面意思是一致的;而如果立足于中国传统史学的正统观念,那么 1912 年创立的中华民国,也就仿佛大明的重建。甚至中华民国时代代表广大民众利益的红军、红色苏维埃政权,后来的中华人民共和国之红地五星旗等等,也都带有某种特别的象征意义。

第十八章　大清：化被动为主动

　　1644 年五月二日，大清辅政王、奉命大将军多尔衮率军进入大明京师（今北京市）；九月十九日，大清幼帝福临抵达，十月一日举行了隆重的定鼎登极大典。于是，原来偏在一隅的大清，正式加入了明末以来再造天下共主的争战之中。

　　先是 1644 年三月，大明皇帝朱由检自缢于京师煤山寿皇亭。四月，大顺王李自成称帝于京师。① 五月，大明福王朱由崧②称帝于南京（以明年为弘光元年）。又十一月，大西王张献忠称帝于成都。③ 一时之间，四帝并立，分有天下：大清有漠南、东北及今河北部分地，大顺有今陕、甘、晋、豫诸省及河北部分地，大西主宰天府之国今四川，其他各地则大体仍奉大明正朔。又四方比较，大清仅有约 20 万军队④，为数最少，而且其军队的核心，还只是 5 万左右的满洲兵丁。

---

① 李自成（1606 年—1645 年），陕西米脂（治今陕西米脂县）人，农民出身。1629 年起兵，1636 年称闯王，1643 年称新顺王；1644 年正月称大顺王，年号永昌。李自成所部，是明末农民战争的主力军。
② 朱由崧（1607—1646 年），明神宗（即万历皇帝）朱翊钧之孙，1643 年袭封福王。
③ 张献忠（1606 年—1646 年），陕西柳树涧（今陕西定边县东）人，出身贫苦。1630 年起兵，1643 年称大西王。在明末农民战争中，张献忠所部，实力仅次于李自成。
④ 包括满洲兵丁、蒙古八旗、汉军八旗以及外藩蒙古、归降的大明平西伯吴三桂的军队等。

然而,历史竟然是如此地令人不可思议,就是这兵力最少的大清,1645 年灭弘光、败大顺①,1646 年克隆武②、灭绍武③、败大西④,1659 年走永历⑤,1664 年灭定武⑥,1683 年降台湾⑦。又 1644 年以后的约 20 年间,各地风起云涌的反清武装也次第被克平。于是九州一统,继蒙古"大元"之后的又一个由非汉族作为统治民族的全国性政权,得以建立;而中国传统帝制时代的最后一个天下共号"大清",也就名至实归地取代了"驱逐胡虏,恢复中华"而建的天下共号"大明"。⑧

第一节　英明汗的"金":追怀传统

1636 年四月十九日,在盛京(今辽宁沈阳市),爱新觉罗·皇太极称帝,建号大清。由此上溯到 1616 年正月初一,皇太极之父努尔哈赤在赫图阿拉(今辽宁新宾县西老城)建国称汗,国号"aisin",汉译"金";汗号"abka geren gurun be ujihini seme sindaha genggiyen han",汉译"天授养育诸国英明汗"。努尔哈赤还为自己的家族创姓"爱新觉罗"。女真语"爱新"是"金","觉罗"是"族"。这样,一个辖地数千里、臣民数十万的"金"国,出现在大明的东北地区。

---

① 1645 年夏,李自成为地主武装杀害。秋,李自成余部联明抗清,停用大顺国号。

② 1645 年闰六月,大明唐王朱聿键即帝位于福州,改元隆武。

③ 1646 年十一月,大明唐王朱聿键之弟朱聿𨮹即帝位于广州,改元绍武。

④ 1646 年十一月,张献忠抗清战死,后来余部联明抗清,停用大西国号。

⑤ 1646 年十一月,大明桂王朱由榔即帝位于肇庆,改元永历。后辗转移驻西南各地。1659 年正月,清兵入昆明,永历帝由腾越走缅甸。又 1661 年,永历帝被擒,次年被吴三桂杀于昆明。

⑥ 1646 年李自成余部和川鄂边区山地农民军联合,奉大明韩王朱本铉,年号定武。

⑦ 1645 年八月,隆武帝赐福建南安(治今福建南安市东丰州镇)人郑森姓朱、名成功。1646 年,朱成功在海上起兵反清,用隆武年号。1658 年,永历帝封朱成功为延平郡王。1662 年朱成功败荷兰殖民军,取台湾。1683 年八月,朱成功之孙朱克塽降清,奉大明永历正朔的台湾朱氏(郑氏)政权结束。按今人习称的郑成功,乃是清初"截头接尾,冠朱姓,接赐名,称郑成功,骂逆贼,为蓄意之丑辱",考详谢碧连:《郑成功应称朱成功》,台南"市政府"印行,2004 年。

⑧ 按 1644 年三月大明首都沦陷,明帝朱由检自缢,作为天下共号的"大明"即已终止。1644 年五月以后,迄 1664 年,残明力量建立的政权,如福王弘光政权、唐王隆武政权、鲁王(朱以海)政权、唐王绍武政权、桂王永历政权、韩王定武政权,清后期始称"南明"。

　　金国的创建，又可溯源至 1583 年。这年，建州苏克素护部酋长尼堪外兰引导明军攻打建州右卫首领阿台，努尔哈赤的祖父觉昌安（建州左卫枝部酋长，大明都指挥使）、父亲塔克世随军前往，战乱中为明军误杀；同年五月，努尔哈赤发兵攻打仇人尼堪外兰，打响了建立金国的第一仗。

　　金国的建立，是与女真各部的统一密切相关的。明万历（1573 年—1620 年）前期，女真分为建州、海西、东海（野人）三大部，各部又部落林立，"皆称王争长，互相战杀，甚且骨肉相残，强凌弱，众暴寡"①，一片混战。其中，出身建州女真一个小部酋长家庭的努尔哈赤，始起兵时，年方 25 岁，祖、父冤死，部众叛离，族人心变，惟遗甲 13 副、兵丁 30 人。② 然而，经过 30 余载的军事征战与政治联合，奇迹出现了，英勇机智的努尔哈赤竟力挫群雄，基本完成了几百年来未曾完成的统一女真各部的伟大事业，跃居英明汗的宝座，而为全女真的英主。当时，只有海西女真叶赫部尚未降附，及至 1619 年灭叶赫，终于征服女真各部。《满洲实录》卷六云："自东海至辽边，北自蒙古嫩江，南至朝鲜鸭绿江，同一语音者，俱征服。是年诸部始合为一。"

　　此全女真的英主，1616 年建立国号为"金"，两三年后，铸造老满文③"天命金国汗之印"（abkai fulingga aisin gurun han i doron）。按早在 501 年前的 1115 年，统领女真族的完颜部酋长阿骨打独立国号为"金"，1125 年灭辽，1127 年灭宋（北宋），成就了女真族前所未有的一番伟业，"金"立国且 119 年。而此时的努尔哈赤，正自比为其族的先世伟人阿骨打，其国也正可视作女真金国的复兴，如在《旧满洲档》中，即多次称呼 12 至 13 世纪的金朝为"我们金国"、"我们先朝金国"，并尊完颜金国诸帝为先帝。又"金"作为女真族文化传统与政治认同的象征，努尔哈赤在这时重新启

---

① 《满洲实录》卷一。

② 努尔哈赤幼年丧母，因为不堪忍受继母的虐待，11 岁就离开家庭，在外闯荡生活。他挖过人参，运过山货，翻山越岭，餐风露宿。早年的艰辛，将努尔哈赤磨炼成意志坚强的少年；而与汉人的大量接触，使他成了喜欢《三国》与《水浒》、见多识广、通晓谋略的不一般的女真人。

③ 女真本无文字。1599 年，努尔哈赤命女真人额尔德尼等以蒙古字头协女真语音，制成新文字，通行境内。这种文字后来被称为老满文。

用，自是因地制宜、追怀传统的举措，其对内对外的现实意义也是十分明显：对内，"金"国号是女真族政治与民族共同体的鲜明标帜，足以团结与安抚被征服的女真各部；①对外，重新启用的"金"国号，则向大明宣示了努尔哈赤振兴祖业、独立建国的追求与目标。

以对外的这种追求与目标为出发点，1618 年四月十三日，努尔哈赤以"七大恨"誓天，发军征明。"七大恨"为：明兵杀害努尔哈赤之父、祖；明违誓出边，护卫叶赫；伐木之争；明助叶赫，致使努尔哈赤聘定之叶赫美女，被叶赫转嫁蒙古；明国不许金收割其兼并之哈达（海西女真一部）地方粮谷；明使出言不逊，侮辱建州；明国责令努尔哈赤退还哈达，恢复其国。"七大恨"集中反映了女真十分痛恨的两大问题：一是明朝政府欺凌女真，二是明廷反对女真各部的统一，或打或拉，意欲维持女真"各自雄长，不相归一"的局面，以便实行分而治之的羁縻统治。②

金、明既开战，互有胜负，而金占有优势。1619 年，金兵取开原，下铁岭，灭叶赫；1621 年，陷沈阳，克辽阳，并迁都辽阳；1622 年降广宁；1625年迁都沈阳。又当此形势，大明辽东经略高第下令放弃山海关外各城，只有宁前道袁崇焕拒不从命，独守宁远城不撤。

1626 年正月，金兵攻宁远不下，努尔哈赤亦中炮负伤。八月十一日，后来被追尊为大清"太祖高皇帝"的努尔哈赤逝世，终年 68 岁。九月一日，经过一番明争暗斗，努尔哈赤第八子、35 岁的皇太极登上金国汗位，尊号淑勒汗（sure han），汉译天聪汗。③

---

① 如仿佛于元末汉民族的反元复宋，1348 年辽东的锁火奴、辽阳的冤颜拔鲁欢之起兵反元，也都自称"大金子孙"，以为动员女真反元的宣传口号。详《元史·顺帝纪》。日本学者稻叶君山著、但焘译《清朝全史》第十八章（中华书局，1914 年版）即指出："太祖朝之袭沿前金旧号，所以激动女真人之气。盖开国初期，满洲之状态，当为群雄割据。太祖用意专注于诸部之统一，故择公共思想之象征，以为牢笼之计也。加以驰驱于部下者，多女真之豪右，视太祖犹阿骨打之再生。此其用意之所在也。"

② 按明朝在东北的统治，宣德十年（1435 年）以前相当严密，此后逐渐减弱，乃至羁縻而已。

③ 蔡美彪《大清国建号前的国号、族名与纪年》（《历史研究》1987 年第 3 期）认为："淑勒汗"（满语淑勒为聪睿之意）并非汗号的全称，"汉文文献称为'天聪'，天字当有所本。"

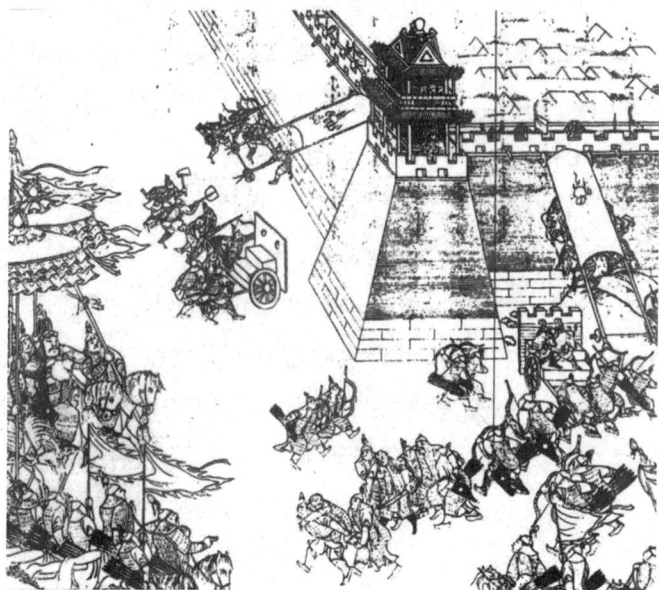

《清实录》中的宁远之战,图下方负伤者为努尔哈赤

第二节　天聪汗的"大清":审时度势

　　天聪汗皇太极雄才大略,力求开创崭新的局面。经过十年的努力,1636 年四月十一日,在满、汉、蒙文臣武将"至再至三"的"合辞劝进"下,皇太极举行登极大典,受"宽温仁圣皇帝"尊号,"建国号曰大清",并首定年号"崇德"。① 强大的大清国皇帝正式与大明国皇帝分庭抗礼。又此前一年,皇太极定族名为满洲(manju),废女真(jusen,或译"诸申")旧称。②

　　按皇太极之建国号大清,定年号崇德,受宽温仁圣皇帝尊号,论者多以为是其采纳汉文明的关键标志。大清国号的含义,下节再述。年号崇德,明显地带有儒家思想的色彩;尊号宽温仁圣皇帝,也显然是继承了汉

---

① 《清太宗文皇帝实录》卷二八天聪十年四月乙酉。
② 此族名问题颇为复杂,不细说,可参阅王钟翰主编:《满族历史与文化》,中央民族大学出版社,1996 年版。

文明传统，集中体现了传统的儒家观念和统治思想。又有值得注意者，皇太极定立国号为"大清"，也就意味着同时摒弃了"金"国号，而"金"国号的摒弃，又从另一方面说明了皇太极之采纳汉文明。

如上所述，在努尔哈赤创业的过程中，金国号曾经发挥过相当重要的作用。然而，随着金国所征服领地的扩大，所统治民族的增多，金国号的负面影响也逐渐暴露了出来；这种负面影响的不断扩大，甚至会妨碍到皇太极的事业。按皇太极时期的金国，已是一个多民族国家，女真、蒙古、汉则是其中的三大民族，只以象征女真复兴的金为国号，民族意义于是显得太为狭隘。又皇太极时期的金国，最大的威胁来自大明，大明同时也是皇太极施展最大抱负的对象。大明亿兆斯民，邦土万里，设或真有那么一天，能征而取之，那该是何等的奇勋伟业！而这样的奇勋伟业，仅有半壁河山的往昔金国，也是无法与之比拟的。再者，由于文明晚进，聚散分合，世系缅邈，努尔哈赤、皇太极所从出的建州女真，到底和 500 年前的女真族完颜部有无瓜葛，或有什么样的瓜葛，根本无法说清；在现实政治的需要面前，皇太极也并无非用"金"为国号的必要。

皇太极时期的现实政治需要之一，是为了对抗、战胜甚至取代明朝，必须赢取尽量多的汉将、汉兵、汉臣、汉民的支持，或至少争取他们抱持观望的态度；而在这方面，"金"国号无疑是个障碍。对于"金"国号，汉人太熟悉了：1126 年底金兵攻破宋都东京开封府，1127 年初金兵掳掠宋徽、钦二帝以及后妃宗室、大批官吏、内侍、宫女、工匠、倡优，并囊括礼器法物、天文仪器、书籍舆图、府库蓄积北归。这是汉人旷古罕有、衔怨极深的奇耻大辱，史称"靖康之耻"。麻烦的是，明朝也有类似的奇耻大辱：1449 年蒙古入侵①，大明皇帝朱祁镇率 50 万大军亲征，土木堡（今河北怀来县东）一战，明朝将士死伤数十万，皇帝朱祁镇被俘。这是大明最为屈辱丧败的战役，史称"土木之变"。"土木之变"以后，明人的民族本位

---

① 如所周知，明朝的主要外患为"北虏"与"南倭"。"南倭"指东南沿海的倭寇，"北虏"指北方草原的蒙古势力。那绵延万里的明长城，就是明朝为了抵御蒙古的侵扰而修建的。

意识空前高涨,历史记忆极度敏感,敌视蒙古以及其他外族;体现这种情绪的史学著作,则以改编《宋史》为寄托,宣扬大汉民族主义,竭力提醒汉人牢记"靖康之耻"与蒙古亡我大宋的史鉴。[①] 然则在这等情势下,"靖康之耻"的造祸者"金",便为汉人所深恶痛绝。(见图 18-1)

其实还在努尔哈赤金国时期,大明朝臣已经纷纷上本指出:努尔哈赤"自称后金,例我衰宋","妖称后金天祐,辱我皇上以徽钦";[②]而迁延至皇太极时期,由于金国的势力更强,境土更广,"金"国号对大明臣民的刺激,对归顺金国的汉人心理的压迫,遂更加显著与严重。如皇太极出于政治与军事需要,曾前后十多次与明朝议和,明朝即以宋、金前事为鉴,大体不予答复;而有鉴于此,皇太极也一再进行解释,如 1631 年皇太极致大明锦州守将祖大寿书即称:"我兵至北京,谆谆致书,欲图和好。尔国君臣惟以宋朝故事为鉴,亦无一言复我。尔明主非宋之苗裔,朕亦非金之子孙,彼一时也,此一时也。"[③]

按皇太极继承金国汗位以后,更章改制,十年之间,金国面貌一新。政治方面,皇太极加强集权统治,仿大明政体,设立六部,又一人南面独坐;经济方面,皇太极改变对汉政策,强调"安民"、"重本",以安抚汉官汉民,稳定与发展农业;文化方面,有着良好文化素养的皇太极,大力推行振兴文教的措施,并且非常重视吸收汉族的先进文化;又军事方面,皇太极的对外扩张,更超出了努尔哈赤:外藩蒙古十六部俱已降服,朝鲜已无

---

① 详陈学霖:《大宋"国号"与"德运"论辩述义》,收入所著《宋史论集》,东大图书公司,台北,1993 年版。又据近人考证,南宋岳飞"靖康耻,犹未雪。臣子恨,何时灭。……壮志饥餐胡虏肉,笑谈渴饮匈奴血"的《满江红》词,亦为明朝汉人所伪托以泄忿。

② 程开祜:《筹辽硕画》卷四四、卷四五。按"后金"者,蔡美彪《大清国建号前的国号、族名与纪年》指出:"'后金'一名,既不是努尔哈赤自建的国号,也非出于后世史家的追称。它初见于朝鲜,又由朝鲜传到了明朝。金国草拟文书的汉人也不无可能偶用'后金'之称,但并非正式的国名。"又卢正恒、黄一农《先清时期国号新考》(《文史哲》2014 年第 1 期)指出:"对努尔哈赤称汗迄皇太极称帝前,此政权国号究竟是'金'、'后金'或二者皆曾使用,学界至今仍缺乏共识。得益于近年来大量先清时期资料的刊行甚至数字化,通过首次地毯式地搜找相关满、汉文史料与文物,确认并无任何'后金'曾作为国号之坚实证据,且从查得的百余例官方用法,可知先清时期的国号应始终为'金'。"

③ 王先谦:《东华录》六《天聪六》天聪五年八月。

力抗争,关外除明军所占部分地区处,都已为己有。要之,1636 年时的"金",较之努尔哈赤时期的"金",已经有了诸多方面的非同寻常的变化;而具有强烈进取意识的金国汗皇太极,也有了与关内的主要敌人大明皇帝一争高下的雄心。[①] 然则皇太极由金国汗一变成为大清皇帝,正是此一雄心指导之下、审时度势地做出的伟大行动。

皇太极的这一伟大行动,起码对于汉人的影响是广泛的:汉人禁忌的"金"国号以及"女真"族称的摒弃,一定程度上缓解了由来已久、沉淀至深的民族矛盾,淡化了汉人的历史记忆

皇太极朝服像

与反感情绪;更定国号为"大清"以及一系列相关名号的确定,既显示了取代大明的意向,又诱使那些已效忠、待效忠、尚观望的汉人,更效忠、去效忠、不再观望这个以全新面貌出现的新政权。因为这个新政权也得了传国玉玺(详后),传国玉玺之意外地落入皇太极之手,实是天命新主的吉兆;也有着皇帝,而且是以汉文化为标准的"宽温仁圣皇帝";也定了年号,取义高于大明"崇祯"(崇尚祯祥)的"崇德"(崇尚道德)年号;更建了国号,那见仁见智、解释起来含义往往压住、胜过"大明"的"大清"国号!凡此种种,又都可以成为有"文化"的汉人效忠非汉族新政权的理由:固然,在"忠君"的原则下,他们可以抛头颅、洒热血,力撑现政权的危局,然而,他们也能够以"识天命"或"知大节"为由,心安理得地去拥戴新主;固

---

① 如 1635 年时群臣已上奏曰:"各处蒙古俱已归降,与我为敌者唯明而已。然明虽存,而国事日非,将惰兵疲,亡不久矣。"(《清太宗文皇帝实录》卷二三天聪九年六月乙酉)又 1629 年、1634 年,金兵也已两次入关,威逼大明京师。

然,蛮夷戎狄为"封豕豺狼",然而,"孔子之作《春秋》也,诸侯用夷礼,则夷之,进于中国,则中国之"①,本非一成不变。中夏传统儒家文化的妙处在此!② 进之,不仅濡染、而且深通这种文化妙处的皇太极,定立国号为"大清"的部分原因,也在于此!

第三节 压住、胜过"大明"

皇太极的"宽温仁圣皇帝"尊号、"崇德"年号,意思明显,不烦解说;晚出的大清第一个年号"崇德",取义既类似而又高于当时大明先定的年号"崇祯"(1628 年始),也无需细析。那么,皇太极的国号"大清",是否也是和行用已近 270 年的朱由检的"大明"国号相对比而制定的呢?并且其取义也胜过"大明"?

大清国号的取义,《清太宗文皇帝实录》以及当时与稍后的明、清文献,都没有任何说明。不过,联系当时的政治、军事、文化、民族形势,考虑到皇太极建大清为国号的同时,复受汉式尊号、用汉式年号、上汉式谥号,以及制定汉式皇帝仪仗、冠服,甚至祭祀孔庙等等的情况,则汉式国号"大清",取义本乎汉族经典,合乎汉族传统文化,顺乎汉人一般的思想观念,当是肯定无疑的。而由这一思路出发,"大清"在气势、含义等方面,的确压住了"大明"。

其一,五行方面。这也是最容易见出的,"明"属火,明朝国姓"朱"色赤,赤为火色;而"清"、"满洲"(新定族名)三字都带水。这符合五行相克

---

① 韩愈著、阎琦校注:《韩昌黎文集注释》卷一《原道》。

② 按改朝换代之际,对于臣子而言,往往遭遇忠孝难以两全的难题。于是,入仕新朝者,所谓"良禽择木而栖,贤臣择主而事",或者强调忠重于孝;不仕新朝者,所谓"忠臣不事二主",或者强调孝重于忠。又若新朝为蛮夷戎狄所建,则入仕者强调"变夷为夏",不仕者强调"夷夏之防大矣"。而值得深思的"案例",是文天祥的选择。据元大德八年(1304 年)刘将孙《读书处记》(《全元文》卷六三三),被囚禁于元大都狱中的文天祥,曾致信其弟文璧云:"我以忠死,仲(二弟文璧)以孝仕,季(三弟文璋)也其隐。……使千载之下,以是称吾三人";又 1281 年文天祥狱中致侄文陞信:"汝生父(文璧)与汝叔(文璋),姑全身以全宗祀。惟忠惟孝,各行英志矣。"(《文天祥全集》卷一八)

说的水克火，寓有清灭明的吉祥之兆。又原国号"金"，以五行论，犯了火克金的大忌，皇太极之废"金"，可能这也是一个原因。

其二，方位方面。后来的大清皇帝爱新觉罗·弘历在《钦定满洲源流考》中的御制韵诗里，有"天造皇清，发祥大东"之句。按《说文解字》："皇，大也"；又《释名·释言语》："清，青也。去浊远秽，色如青也"，清叶德炯注："青、清古通。"是"皇清"即"大青"。青为五色之一，五色配五方，东方色青；又"东"为四方之首。如此，天造东方的大清，是可以"去浊远秽"、扫除廓清南方的大明的。

其三，字义方面。由"天造皇清"一句引申，"天"与"清"之间也有着关联。汉语常见词有青天（天色青）、清妙（天体）、清汉（天河）、清穹（天）、清都（天帝所居的宫阙）等等；满洲人又视"天"为至高的存在，宗教上既显示出绝对的尊崇与敬畏，政治上也重天命以护佑国家[1]。而"明"字分开虽为日、月，但毕竟日、月在天，天包容了日、月。这样，代表天的"清"，能够涵盖带有日、月的"明"。于是，"大清"气势复在"大明"之上，压住了"大明"。

其四，政治方面。就为政而言，"清"可以表示王者的风范、王政的理想，如"清时"即太平盛世，"清晏"即清静安宁，"永清四海"即天下永远安宁。又有"清明"一词，本是先秦以来的一个固定搭配，如《礼记·乐记》："是故清明象天，广大象地，终始象四时"，《礼记·孔子闲居》："清明在躬，气志如神。"二十四节气之一的"清明"，也是"清"在"明"前、"清"居"明"上。再有"大清"在"大明"之前、之上者，如明末颇为流行、万历至崇祯年间即有不下十几种刊本的《管子》，其《内业》云："鉴于大清，视于大明"，又《心术》："镜大清者，视乎大明。"反之，"明"在"清"前、"明"居"清"上的"明清"一词，在皇太极建国号为"大清"之前，并不见于文献。

综上所作间接的推测，已经可以断言：在汉文化语境中，皇太极所以

---

[1] 如努尔哈赤汗印有"天命"之文，汗号有"天授"之文，皇太极汗号"天聪"，其意义，类似汉族的王者"受命于天"。

定国号为"大清",在于"大清"的气势、含义压住了"大明"。① 进之,在女真或满洲方面,"大清"是否也有讲究呢? 依据众多学者的研究,答案是肯定的。兹列述相关见解如下。

日本学者市村瓒次郎指出:"金与清在北京音稍有相近,金为 Chin 之上平,清为 Ching 之去声。北京人可明确区别开,然外国人则颇易混同。女真民族当时不可能正确区别汉字之发音,因而改金之国号为清,乃取音声之近似耶?"②孟森坐实此说曰:"清即金之谐音,盖女真语未变,特改书音近之汉字耳。……满人金息侯梁,撰有《光宣小纪》,亦称清即金之谐音,并举沈阳抚近门额,汉文称大金天聪年,其满文即终清世之大清字样。是可知金之为清,改汉不改满。有确证矣。"③又李洵、薛虹主编的《清代全史》祖述此说并论其意义道:"'金'的音近汉字中,只有'清'字的字义,作为国号比较适宜,而且这个'清'字,中国历史的朝代中还没有人用过,不论用五行相克学说,还是其他解释,也都能找出根据。……清国比金国的民族意义少得多,它的包容量却大得多。清国和中国历史上的汉、唐、宋、元、明的大朝代,在汉族文化系统中,并无二致,说明努尔哈赤、皇太极开创的事业,此时开始已进入了中国传统文化系统的轨道。"④

日本学者稻叶君山以为:皇太极去掉金的旧号而新号为清,"新旧两号之间,当有连络之义",又"选择国号,必含有一种普通之表象"。而符合这两个必要条件者,只有中国古代少昊金天氏的传说。"少昊金天氏父曰清,又曰胙土于清;据(宋人)罗泌所说,少昊氏以金为宝,历色尚白,故又曰金天氏。就史事征之,起于朝鲜南端之新罗,亦曰金天氏之后。……观于太宗即位,以翌日公表宫殿之名称,中宫曰清宁宫,东宫曰关雎,西宫曰麟趾,或择翔凤楼飞龙阁等佳名,以饰帝王之观瞻,则彼等

---

① 稻叶君山著、但焘译《清朝全史》第十八章:"大抵彼等已任用汉人,渐浸染汉族之文化,从各种知识之进步,觉以金或后金为国号,重袭前代称号,不免浅识之诮。"这也是从汉文化系统解释皇太极去"金"国号的合理说法。
② 市村瓒次郎:《清朝国号考》,收入《东洋协会调查部学术报告》第一册,1909 年。
③ 孟森:《明清史讲义》下册第四编第一章第二节,中华书局,1981 年版。
④ 李洵、薛虹主编:《清代全史》第一卷第五章,辽宁人民出版社,1991 年版。

殆以金国拟少昊金天氏,因金天氏胙土于清,故采用清字以命名也。"①这样做的意义,松村润以为,在于"既满足了女真人的国粹主义,不伤其自尊心,又缓和了汉民族自宋代以来对金怀有的反感情绪"。②

按以上清史研究大家的论断,各有其理,又互为补充。而皇太极之易"金"为"大清",能为本民族上下人等所认可,便也在情理之中了。还有可以指出的是,归服皇太极的蒙古各部,也必赞成皇太极易"金"为"大清"。

首先,可以避免双方的尴尬。女真、蒙古久通婚姻。③ 明正统年间,女真诸部又曾在蒙古的统治之下。其后,喇嘛教(藏传佛教)还成为蒙古、女真共同的宗教信仰。然而溯而上之,女真完颜金国是灭于蒙古与南宋联军的,这样的历史记忆,既使得女真雄主皇太极不愿再用"金"国号以取辱于蒙古,又使得已经归服金国汗皇太极的蒙古王公感到难堪。在女真与蒙古的关系中,金、女真由此成为不适宜的国号与族称,大清、满洲则不存在这样的问题。

其次,可以衔接双方的汗统。蒙古族最壮丽辉煌的功业,是成吉思汗大蒙古国的创立;在中土,则为继承蒙古大汗之位的大元。1634年十二月,蒙古墨尔根喇嘛带着嘛哈噶喇投靠皇太极;又1635年八月,皇太极得历代传国玉玺于蒙古察哈尔部。按嘛哈噶喇是大元帝师八思巴为大元世祖忽必烈铸造的金佛像,也是大元皇帝和蒙古大汗的象征;传国玉玺则是全中国正统皇帝的象征。④ 换言之,嘛哈噶喇、传国玉玺这两件

---

① 稻叶君山著、但焘译:《清朝全史》第十八章。

② 松村润:《大清国号考》,收入白寿彝主编:《清史国际学术讨论会论文集》,辽宁人民出版社,1990年版。

③ 如努尔哈赤时,纳蒙古科尔沁部女为妃;其子代善、莽古尔泰、德格类等也都娶蒙古札鲁特部女。皇太极亦曾娶蒙古后妃数人。

④《天聪九年档》(天津古籍出版社,1987年):"此玺相传为历代传国之宝,后为蒙古大元国所获";又大明降将、都元帅孔有德奏曰:"此宝非比寻常,乃汉时所传,至今已有二千余年矣!他人未得而独为汗所获者,盖汗爱民如子,顺时应天,故上天置千里之遥于不顾,赐汗九重至尊,造福于天下无疑矣! 不唯我一人喜不能寐,即中外之人亦欢欣鼓舞。尧舜之一统天下,今日再现矣";又大明降将、总兵官耿仲明也奏曰:"夫印者乃天子所掌国家之至宝也。既主天下,必当用之。……汗当速成大业以副臣民之所望。"

宝物之归皇太极,可能会被蒙古王公认作皇太极足以继承大元皇帝兼蒙古大汗之位的有力凭证。皇太极得到传国玉玺的当年十月,即定族名为满洲;次年四月,乃建国号为大清。而大清既建,蒙古各部除了承认大清皇帝为中国皇帝以外,更承认皇太极继承了蒙古大汗成吉思汗的汗统。[①]

第三,可以取得双方的共赢。就国号取义言,满洲"大清"与蒙古"大元"相当接近,可以说存在着亲缘关系。朱希祖《后金国汗姓氏考》指出:

> 自元入主中原,始以抽象之名词为建国之名号。……清太宗之称"清",实为有意识之摹仿,盖彼欲师蒙古之统一中国,而泯灭外族并吞之色彩也。[②]

此"泯灭外族并吞之色彩"的大清国号,蒙古王公是能够接受的;而且,"大元"、"大清"不仅都是"以义而制称"的"美名","元"之为天德的主宰,"元"之寓王政善良的意义,"元"之为"大哉乾元",竟都与"清"之为天、为太平、为广大等等的意思吻合无间,如此,蒙古王公对于"大清"这个国号,甚或还会产生相当的好感。

要之,1636年皇太极易"金"为"大清",可谓各种内、外部因素共同作用的结果。就主要的内部因素言,"金"国号已不足以规划其未来的发展,更不利于安抚其已统辖的汉、蒙民族;以关键的外部因素论,"大清"国号合乎"大元"、"大明"取号的传统,气势、取义更压住与胜过了"大明"。然则皇太极由金国天聪汗变成大清宽温仁圣皇帝,绝非简单的名号改易,而是借鉴历史、取典文化、服务现实、作用未来的伟大创举。这个创举,堪称是皇太极在与大明的对抗以及与蒙古的关系中,化被动为主动、转劣势成优势的关键一招。这关键的一招,既说明了国号、族称以及年号等等名号,可以成为现实斗争的有力武器,在更加紧迫的现实需要面前,民族的传统可以放弃,历史的记忆也可以故意淡化;又显示了皇太极及其身边的满、汉、蒙大臣们,心思的细密、考虑的周到以及雄图的

---

① 详金启孮:《从满洲族名看皇太极文治》,收入王钟翰主编:《满族历史与文化》。
② 朱希祖:《后金国汗姓氏考》,收入《中央研究院历史语言研究所集刊》外编第一种上册,1933年。

远大。①

　　雄图远大的皇太极，1643 年八月九日突发中风，在盛京清宁宫与世长辞，享年 52 岁。皇太极的功业，与初谥武皇帝、后谥高皇帝、庙号太祖的大清开创者努尔哈赤，可以相提并论：其谥号文皇帝、庙号太宗。当然，皇太极也有着遗憾，毕竟在他的有生之年，气势上压住"大明"、意思上胜过"大明"的"大清"，并未能从实质上压住、胜过大明；他梦寐以求的入主中原、移驾北京，也似乎还是距离现实较为遥远的理想。然而，皇太极不会想到的是，在他弃世仅仅 8 个多月以后，借着李自成农民军攻破大明京师的东风，借着镇守山海关的明朝大将吴三桂"冲冠一怒为红颜"的怒气，其同父异母弟弟多尔衮便率领着由满、汉、蒙三方组成的大清军队，顺利地开进了大明京师；又过了仅仅 4 个多月，其 7 岁的九子福临便已端坐在大明的金銮宝殿之上；再过了不到 15 年，随着残明永历帝的逃入缅甸，大清顺治皇帝福临便正式成了九州共主，"大清"也正式成了天下共号。

　　"大清"这一天下共号，行用到皇太极的第九代孙爱新觉罗·溥仪，寿终正寝：宣统三年十二月二十五日，亦即 1912 年 2 月 12 日，6 岁的大清小皇帝溥仪下制退位，大清退出了历史舞台；又此前的 1912 年 1 月 1 日，在大明的故都南京，一代伟人孙文宣誓就任临时大总统职，下令定国号为"中华民国"。

　　大清的退出历史舞台，是专制帝制的终止，也是夏、商、周、秦、汉以来一家一姓、一朝一号之国号历史的结束；中华民国的成立，则以近代意义上之全新的民主国家的形象，书写出国号历史的新篇章。② 中国的国号史，也由悠久的"帝"国时代，跨入了崭新的"民"国时代。

----

① 所谓后来者居上，"大清"国号可以说是中国传统时代国号的总结。"大清"国号对于大清从东北边区政权成为中国统一皇朝，发挥了或显或隐的作用。

② 当然，如果仅就国号而言，1851 年至 1864 年洪秀全以中国理想之"太平"加上西方宗教理想之天国而成的"太平天国"，形式上也非一家一姓、一朝一号的国号。只是"太平天国"毕竟没有成为"天下共号"，故此不赘论。关于"太平天国"国号的成立过程及其取义，详罗尔纲：《太平天国在何时何地建国》，收入所著《太平天国史丛考甲集》，三联书店，1981 年版；简又文：《太平天国典制通考》第一篇之贰，简氏猛进书屋，香港，1958 年版。

第十九章 中华民国：开创国号历史的新纪元

1912年1月1日,孙文在南京就任临时大总统职,宣布"中华民国"成立。1912年为中华民国元年。中华民国38年即1949年,4月23日中国人民解放军占领中华民国首都南京,12月8日中华民国"中央政府"迁往台湾省。此后,台湾省的"中华民国",其性质已是中国独特的地方政权;而以1949年9月21日至9月30日召开的中国人民政治协商会议第一届全体会议为标志,中华人民共和国成为中国唯一的合法政府。

就国号论,"中华民国"和"中华人民共和国"都与"中华"一词有关。分析这两个国号,"国"是通名,"民"与"人民共和"是通名的修饰成分,表示国家性质,而"中华"为专名。"中华"专名的由来与含义,本书第二十四章将作详细考述,本章与下章谨就"中华民国"与"中华人民共和国"国号的成立过程以及相关问题,予以简单的交代。

第一节 "一重公案"

如上章结尾所述,"中华民国"国号,标志着中国历史由悠久的"帝"国时代跨入了崭新的"民"国时代,换言之,"中华民国"国号可谓开创了中国国号历史的新纪元。那么，"中华民国"国号是如何得来的呢？这却有着不同的说法。

1936 年 10 月，鲁迅（周树人）在临终前，写了一篇文章《关于太炎先生二三事》，文中说到："至于今，惟我们的'中华民国'之称，尚系发源于先生的《中华民国解》（最先亦见《民报》），为巨大的纪念而已，然而知道这一重公案者，恐怕也已经不多了。"①这段话的意思非常明白，即"中华民国"国号"发源"于章炳麟（号太炎）1907 年发表于《民报》的《中华民国解》。然而何谓"公案"呢？1918 年孙文在《建国方略》中写道："予自乙酉中法战败之年，始决倾覆清廷，创建民国之志。……及乙巳之秋，集合全国之英俊而成立革命同盟会于东京之日，吾始信革命大业可及身而成矣。于是乃敢定立中华民国之名称，而公布于党员，使之各回本省，鼓吹革命主义，而传布中华民国之思想焉。"②按"乙巳"为 1905 年，则 1907 年章炳麟发表《中华民国解》之前，孙文已经"定立中华民国之名称，而公布于党员"了；又 1923 年 10 月 21 日，孙文《在广州全国青年联合会的演说》中更直接说到："中华民国这个名词，是兄弟从前创称的。"③

如此，"中华民国"国号的创称者，到底是章炳麟还是孙文，就无疑成了大麻烦，因为这里涉及到的章炳麟、孙文、鲁迅，都是极其重要的历史伟人。

再有一个大麻烦是，从 1912 年到 1949 年，号称"中华民国"的政权究竟有多少，竟然也是一个不容易回答的问题。孙文领导的南京临时政府（中华民国临时中央政府）是第一个中华民国政府；接下来，有袁世凯的中华民国北京政府，云南护国军政府、孙文广东护法政府、非常大总统

---

① 鲁迅：《关于太炎先生二三事》，收入所著《且介亭杂文末编》，人民文学出版社，1973 年版。
② 孙文：《建国方略》之《孙文学说》第八章《有志竟成》，收入中山大学历史系孙中山研究室、广东省社会科学院历史研究室、中国社会科学院近代史研究所中华民国史研究室合编：《孙中山全集》第六卷，中华书局，2011 年版。
③ 孙文：《在广州全国青年联合会的演说》，收入《孙中山全集》第八卷，中华书局，2011 年版。

府、大元帅大本营政府,广东—武汉国民政府,皖系军阀段祺瑞、黎元洪、徐世昌政府,直系军阀冯国璋、曹锟政府,奉系军阀张作霖陆海空军大元帅政府,蒋中正①南京—重庆—南京政府,阎锡山、冯玉祥北平国民政府,汪兆铭②、胡汉民广东国民政府,汪兆铭"还都"南京的国民政府……。这些政权,没有例外地都叫"中华民国"。它们彼此对立,又都宣称自己为"合法",或以全国中央政府自居;它们彼落此起,纷纷扬扬,令人眼花缭乱。

"一重公案",众多的"中华民国",究竟应该怎样理解呢?

第二节　正殿与主峰

无论如何,首号"中华民国"的政权,是临时大总统孙文领导与主持的"中华民国"政权。尽管这一政权昙花一现,只存在了短短的三个月③,但其意义却非常巨大、十分久远:它推翻了大清统治,结束了漫长的君主专制制度,建立了崭新的、追求"真共和"与"三民主义"的资产阶级民主共和国。"中华民国"国号的由来,也正在于孙文为之奋斗终身的"真共和"与"三民主义"。那些形形色色的"中华民国"政权,"推尊"孙文为"国父",也正显示了孙文与"中华民国"极深的渊源关系。所谓栋梁连云,不能缺少正殿,万山磅礴,其中必有主峰,在中华民国的创立过程中,孙文正是这种意义上的正殿与主峰。

---

① 蒋中正,字介石。按在中国传统文化中,称"名"是不褒不贬的,称"字"则是表示尊敬的意思,故在一般的情形下,当称"蒋中正"。

② 汪兆铭,字季新,笔名精卫。精卫取义于"精卫填海"的神话,自喻其推翻满清政府的坚定志向。及其堕落为汉奸,而我们仍以充满革命色彩的"汪精卫"相称,就极为不妥了。

③ 1912年2月13日,袁世凯致电赞成共和;2月14日,孙文提出辞职;2月15日,临时参议院选举袁世凯为临时大总统;3月10日,袁世凯在北京就任中华民国临时大总统;4月1日,孙文正式解职;4月2日,临时参议院议决,临时政府迁往北京。

孙文①(1866年—1925年)，字逸仙，广东香山（今广东中山市）人。早在1885年即中法战争大清失败之年，孙文即"始决倾覆清廷，创建民国之志"。1894年11月，孙文约集华侨志士，在檀香山②成立了第一个资产阶级的革命团体"兴中会"，兴中会章程宣布"是会之设，专为振兴中华、维持国体起见"，而盟书为："联盟人某省某县人某某，驱除鞑虏，恢复中国，创立合众政府。倘有贰心，神明鉴察。"③虽然排满灭清的"驱除鞑虏，恢复中国"，从历史上不难寻出它的前辈，④但"创立合众政府"则是完全资产阶级的革命语言，它代表了孙文等人在中国创立美国联邦式的资产阶级民主共和国的坚定政治理想。（见图19-1）

决定性的进展来自1903年。在"扶清灭洋"的义和团运动失败、拥帝"勤王"的自立军遭到镇压、"八国联军"大举侵华（以上1900年事）、屈辱的《辛丑条约》订立（1901年）的背景下，沦为帝国主义侵华治华工具的大清政府，已经无可救药、无力回天，排满革命、民主共和的宣扬，于是更加广泛传播、声势激荡。1903年5月，邹容著《革命军》出版，书中大声疾呼：中国必须以革命手段推翻满清卖国政府，建立"定名为'中华共和国'的国家"；在全书的末尾，邹容高喊"中华共和国万岁"，"中华共和国四万万同胞的自由万岁"；与《革命军》合刊的章炳麟《驳康有为论革命书》，斥责大清光绪皇帝"载湉小丑，未辨菽麦"，提倡"合众共和"，"以合众共和

---

① 孙文，即今人习称的"孙中山"。按"孙中山"缘于"中山樵"，而"中山樵"只是孙文流亡日本时的化名，孙文在日本的化名，此前尚有"高野长雄"、"中山平八郎"。如此，"中山"自为日本姓氏，而且是在日本约14万个姓氏中排名约50多位的大姓。故从孙文之"中国人"的身份以及"名从其主"的原则出发，当称"孙文"，称"孙中山"极为不妥。那么，"孙中山"的称呼又是从何而来呢？1903年黄中黄（章士钊）编译日本宫崎寅藏著《三十三年之梦》中记录的孙文事迹、言论，并加入评论，成书《孙逸仙》。由于章士钊当时的日文底子较为薄弱，在加写的一段评论中，误将真名"孙文"与化名"中山樵"的两个姓连缀，写成了"孙中山"；面对友人王侃叔"姓氏重叠，冠履倒错，子何不通乃尔"的指责，章士钊无言以对、只得认错，并于1906年再版时改正为"孙逸仙"。参考白吉庵：《章士钊传》之"陆师学堂闹学潮"，作家出版社，2004年版。
② 檀香山，本为夏威夷首府，1898年为美国并吞。
③ 《檀香山兴中会章程》、《檀香山兴中会盟书》，收入《孙中山全集》第一卷，中华书局，2011年版。
④ 如元末朱元璋1367年北伐檄文中提出的"驱逐胡虏，恢复中华"口号，清初的"反清复明"。

结人心者,事成之后,必为民主";①又 1903 年陈天华著《警世钟》,以通俗的文字、唱词的形式,写出了深重的民族危机与彻骨的亡国沉痛,署为"黄帝子孙之多数人"撰述、"黄帝子孙之一个人"编辑的《黄帝魂》,仇满反清。如此等等的口号与宣传,使得排满革命、民主共和,"深入于四万万国民之脑髓中"。

也是在 1903 年,孙文发展了他的革命纲领,并且加以定型。这年秋、冬,孙文在日本秘密组织军事学校、再至檀香山改组兴中会,所用誓词皆为"驱除鞑虏,恢复中华,创立民国,平均地权"②,"恢复中华,创立民国","中华民国"国号已经呼之欲出。1904 年 8 月,孙文在美国写成英文稿《中国问题之真解决》③,文中最早出现了英文的 National Republic of China(中华民国),称只有"把过时的满清君主政体改变为'中华民国'",才能真正解决中国问题。1905 年 8 月 20 日,在孙文的倡导下,以兴中会和华兴会④为基础,联络光复会⑤,在日本东京赤坂区霞关成立了中国同盟会——中国资产阶级的革命政党,全国性的革命组织。中国同盟会确定宗旨为以上十六字誓词。11 月,同盟会创办机关刊物《民报》。在《民报》"发刊词"中,孙文把十六字宗旨进一步阐发为民族、民权、民生三大主义。"驱除鞑虏、恢复中华"是为民族主义,即以革命的手段推翻已成帝国主义鹰犬的满清政府,建立民族独立的中国;"创立民国"是为民权主义,即铲除专制制度,建立资产阶级民主共和国;"平均地权"是为民生主义,即由解决土地问题,进而彻底解决社会问题。又 1906 年秋冬,同盟会《军政府宣言》指出:"中国者,中国人之中国;中国之政治,中国人任之。驱除鞑虏之后,光复我民族的国家。敢有为石敬瑭、吴三桂之所为

---

① 章炳麟:《驳康有为论革命书》,收入章炳麟:《章太炎全集》第四册,上海人民出版社,1985年版。

② 《东京军事训练班誓词》,收入《孙中山全集》第一卷。

③ 孙文《中国问题之真解决》的英文原稿,见胡汉民编:《总理全集》第四集《遗墨影印》,上海民智书局,1930 年版。

④ 华兴会,1904 年 2 月在长沙建立,政纲为"驱除鞑虏,复兴中华"。

⑤ 光复会,1904 年冬成立于上海,誓词为"光复汉族,还我河山,以身许国,功成身退"。

者,天下共击之!"此即"恢复中华";又"今者由平民革命以建国民政府,凡为国民皆平等以有参政权。大总统由国民共举。议会以国民共举之议员构成之。制定中华民国宪法,人人共守。敢有帝制自为者,天下共击之!"①此即"创立民国"。这样,"中华民国"的性质、建立方法以及国号,是时已经明确。

中国同盟会的成立,十六字宗旨以及中华民国国号的确定,同盟会总理孙文有关"三民主义"的阐述,使资产阶级革命派有了明确的奋斗目标,极大地推动了资产阶级民主革命高潮的到来。

其实,此革命成功后"为人民而设的"、"民有、民治、民享"的"中华民国",在革命尚未成功时已经深入人心。1906 年 12 月 2 日,孙文在《民报》创刊一周年纪念会上的演讲,正式用汉语宣称"中华民国",并且反复陈述"将来中华民国的宪法";②"有学问的革命家"、一代国学大师、《民报》主编章炳麟的演讲,亦称"这革命大事,不怕不成;中华民国,不怕不立"。③ 又 1907 年 7 月 5 日,《民报》第 15 号发表章炳麟所撰长文《中华民国解》,文中写道:

中国之名,别于四裔而为言。……就汉土言汉土,则中国之名以先汉郡县为界。……诸华之名,因其民族初至之地而为言。……神灵之胄自西方来,以雍、梁二州为根本。……民族奥区,斯为根极。……华本国名,非种族之号。……正言种族,宜就夏称。……夏本族名,非邦国之号,是故得言诸夏。……下逮刘季,抚有九共,与匈奴、西域相却倚,声教远暨,复受汉族之称。……汉家建国,自受封汉中始,于夏水则为同地,于华阳则为同州,用为通称,适与本名符会。是故华云、夏云、汉云,随举一名,互摄三义。建汉名以为族,而邦国之义斯在。建华名以为国,而种族之义亦在。此中华民

①《中国同盟会革命方略》,收入《孙中山全集》第一卷。
② 孙文:《在东京〈民报〉创刊周年庆祝大会的演说》,收入《孙中山全集》第一卷。
③ 章炳麟:《民报一周年纪念会上之演说》,收入章念驰编订:《章太炎全集·演讲集》上册,上海人民出版社,2015 年版。

国之所以谥。①

章炳麟先生

按章炳麟的这篇《中华民国解》，引经据典、饱含激情、大气磅礴，于是士林传诵、流播广泛；②而"中华民国"既由此为中外所知晓，也当然地成为"革命果成"后取用的、有别于以往历代国号的全新国号。

当然，"中华民国"的真正成为现实，仅靠口号、宣传、宗旨、政纲、主义等等，是无法实现的。推翻帝制、创立共和，在清末外患纷乘、内政腐败的形势下，必须通过革命暴力。自1906年至1911年，资产阶级革命派联合会党和新军，前赴后继，矢志不渝，发动了十多次悲壮惨烈的武装反清起义。这些起义，虽然最终都归于失败，但也沉重打击了大清的统治，为"中华民国"的真正到来，创造了条件。

1911年10月10日③，武昌新军④士兵中的革命党人再次起义，一夜之间占领了武昌城。次日晚及12日凌晨，驻汉阳、汉口的新军也先后起义，于是武汉三镇全部光复。又10月11日，湖北军政府成立。湖北军政府一成立，立即宣布"称中国为中华民国"，主权属于人民，废除宣统年号，发布申讨清政府的文告。10月12日，起义的革命党人电请奉为领袖

① 章炳麟：《中华民国解》，收入章炳麟：《章太炎全集》第四册。
② 值得指出的是，笔力万钧的章炳麟《中华民国解》一文，对于国体或政体意义上的"民国"，并无片言只语的阐述；而所解释的"中华"，在晚清特殊的排满革命的背景之下，也是颇多意气用事，因而并不准确。
③ 10月10日后来被定为中华民国国庆日。
④ 新军，清末编练的新式陆军。

而当时尚在美国的孙文回国,以主持大计。

武昌首义,分散在各地的同盟会会员以及与同盟会有联系的各地革命组织纷起响应,于是形成了全国规模的辛亥革命(宣统三年为辛亥年)。至 11 月 9 日,已有湖北、湖南、陕西、江西、山西、云南、浙江、江苏、贵州、安徽、广西、福建、广东 13 省宣布独立,大清的统治由此分崩离析。12 月 25 日,孙文抵达上海。12 月 29 日,17 省代表会议在南京丁家桥江苏咨议局召开,选举孙文为中华民国临时大总统。1912 年 1 月 1 日,孙文抵达南京,并于当晚 10 时在两江总督署宣誓就任,定立国号为"中华民国"。①

中华民国元年 2 月 12 日,大清皇帝溥仪奉隆裕皇太后懿旨,下诏辞位,大清正式退出历史舞台。3 月 11 日,孙文公布了意在约束袁世凯的、具有宪法性质的《中华民国临时约法》。《约法》第一章《总纲》规定:"中华民国,由中华人民组织之";"中华民国之主权,属于国民全体";"中华民国领土,为二十二行省、内外蒙古、西藏、青海";"中华民国以参议院、临时大总统、国务员、法院,行使其统治权"。这从法律上对"中华民国"进行了诠释。又《中华民国临时大总统宣言书》云:"国家之本,在于人民。合汉、满、蒙、回、藏诸地为一国,即合汉、满、蒙、回、藏诸族为一人";又 1923 年孙文《在广州全国青年联合会的演说》指出:"诸君自然知道中华民国和'中华帝国'不同,帝国是以皇帝一人为主,民国是以四万万人为主"——"中华民国"国号不同于以往"天下社稷"属于一家一姓的国号之进步意义,由此也可见一斑。

然则据上所述史实,回到上节所提出的问题,我们的答案是:"中华民国"国号的提出者是孙文,章炳麟的《中华民国解》则对"中华民国"国号进行了解释与分析。换言之,"中华民国"国号的"创称"者是孙文;具有重要的宣传、光大之功,从学术上奠定了"中华民国"国号的历史、地

---

① 《建国方略》之《孙文学说》第八章《有志竟成》:"予于基督降生一千九百十二年正月一日就职。乃申令颁布定国号为中华民国,改元为中华民国元年,采用阳历。于是予三十年如一日之恢复中华、创立民国之志,于斯竟成。"

理、民族与文化根据者，则是章炳麟。然而有趣的是，对于"这一重公案"，连曾经是光复会会员的当时之人鲁迅，也都不甚清楚基本的史实。或者，浙江绍兴人鲁迅《关于太炎先生二三事》文中"惟我们的'中华民国'之称，尚系发源于先生的《中华民国解》"的说法，是出于对其留学东京时曾经师事的浙江余杭人章炳麟的特别表彰？

第二十章　中华人民共和国：名实相副的新型民主国家

　　孙文首创的、追求"真共和"与"三民主义"的"中华民国"，在一些假共和、假三民主义的所谓"中华民国"的糟蹋下，很快就名不副实了；[①]换言之，真正的民主共和国并没有能够建成。但绝无疑义的是，"民国"的理念已经深入人心。若北洋军阀袁世凯之恢复帝制[②]、北洋军阀张勋之拥清复辟[③]，都是转瞬败灭，其中重要的一点，正在于他们的招牌上去掉了"民国"。然则"大清"已不可能再取代"中华"，"民国"已不可能再回到"帝国"，这是历史的进步、人民的选择，也是孙文创称的"中华民国"国号之政治意义所在！

　　在打着"中华民国"印记的年代里，中国共产党领导的政权开始武装割据。于是，孙文发展了的三民主义理想的实现[④]，孙文"革命尚未成功，

---

① 如 1923 年孙文《在广州全国青年联合会的演说》(收入《孙中山全集》第八卷，中华书局，2011年版)即感慨道："民国成立了十二年以来，徒有民国之名，毫无民国之实。……民国还不是在人民之手，完全是在武人官僚之手。"

② 1915 年 12 月 12 日至 1916 年 3 月 22 日，袁世凯称"中华帝国"皇帝，以 1916 年为"洪宪"元年。

③ 1917 年 7 月 1 日至 12 日，张勋、康有为拥立爱新觉罗·溥仪复辟，改中华民国六年为大清宣统九年。

④ 1924 年孙文重新解释三民主义，指对外反对帝国主义、对内求得各民族平等为民族主义，建立一般平民所共有、非少数人所得而私的民主政治为民权主义，民生主义则以耕者有其田和节制资本为中心。

同志仍须努力"的遗言,便历史性地落在了中国共产党人的肩上。中国共产党领导的政权,不仅实现了孙文新三民主义的理想,而且加以发展;又正是这种发展,使得国体、国号由"中华民国"进到了"中华人民共和国"。

第一节　从"中华苏维埃共和国"到"中华民主共和国"

"中华人民共和国"神圣国号之昭告全世界,是在 1949 年 10 月 1 日。是日下午三时,首都北京 30 万军民齐集天安门广场,举行隆重的开国大典。中华人民共和国中央人民政府主席毛泽东宣读了《中华人民共和国中央人民政府成立公告》,54 门礼炮齐鸣 28 响,地动山摇!

28 响礼炮,代表了中国共产党从 1921 年横空出世到 1949 年辉煌建国的 28 年征程。[①] 28 年的岁月,中国共产党领导中国人民,以血肉之躯铺就了人民共和国诞生的道路,以钢铁意志铸成了人民共和国坚强的国基!

然而中国共产党人建立的第一个国号,其实并非"中华人民共和国",而是"中华苏维埃共和国"。

先是 1927 年 8 月 1 日南昌起义,中国共产党开始独立地领导革命战争和创立革命军队;9 月 9 日,毛泽东领导的秋收起义爆发,10 月 27 日起义部队到达井冈山的中心茨坪,又由此开创了工农武装割据的局面。发展至 1931 年,工农武装割据的革命根据地,已有中央(闽赣)、川陕、鄂豫皖、洪湖等十多块,并普遍建立了红色政权——工农民主政府。1931年 11 月 7 日至 20 日,中国共产党人在江西瑞金召开了第一次全国工农兵代表大会(又称"中华苏维埃全国代表大会"),到会代表 600 多人。大会通过了《中华苏维埃共和国宪法大纲》,成立了中华苏维埃共和国临时中央政府(又称"中央工农民主政府"),选举了由 64 人组成的中央执行

[①] 按照国际惯例,本来最高规格的致敬礼节为 21 响礼炮。

委员会。11 月 27 日,中央执委会举行了第一次会议,推选毛泽东为中华苏维埃共和国临时中央政府主席。

"中华苏维埃共和国"国号,明显地受到了苏联的影响。1917 年 11 月 7 日(俄历 10 月 25 日),俄国十月社会主义革命爆发;中国共产党人的第一次全国工农兵代表大会,于 1931 年俄国十月革命胜利纪念日召开。俄国十月革命胜利后,1922 年底组成了苏维埃社会主义共和国联盟(简称"苏联");中国共产党人的第一个国号——中华苏维埃共和国,显示了中国共产党以苏联为榜样、建立社会主义共和国的奋斗目标。苏联权力机关的名称是苏维埃(俄文 совет 的音译,意即会议或代表会议),中华苏维埃共和国的最高权力机关为全国工农兵代表大会。如此等等,中华苏维埃共和国从形式到内容,可谓都受到了苏联模式广泛而深刻的影响。(见图 20 - 1)

中华苏维埃共和国存在于第二次国内革命战争时期。① 1934 年 10 月长征②以前,以瑞金为首都。第二次国内革命战争(1927 年—1937 年)后期,日本在占领中国东北后逐步侵入华北,民族危机空前严重。1936 年 8 月 25 日,中共中央以民族大义为重,直接致书中华民国国民党中央,呼吁"集中国力,一致对外",提议国共各派代表谈判,以实现两党抗日的民主合作,恢复孙文的三大政策③,实行新三民主义,结成全民族的统一战线,共同建立"中华民主共和国"。12 月 25 日,随着"西安事变"④的最终和平解决,全国结束内战、一致抗日的新阶段开始。1937 年 2 月 10 日,中共中央致电 2 月 15 日召开的国民党五届三中全会,提出为实现国共两党合作抗日的五项要求和四项保证;四项保证之一是:工农民主政府改名为中华民国特区政府,红军改名为国民革命军,直接受南京中

① 1937 年 9 月 22 日,正式宣布取消"中华苏维埃共和国"。从 1931 年 11 月 7 日至此,"中华苏维埃共和国"历时 5 年零 10 个月。

② 长征:中国工农红军主力从长江南北各根据地向陕北根据地进行的战略大转移。

③ 指 1923 年底孙文确定的联俄、联共、扶助农工的三大政策。

④ 1936 年 12 月 12 日,东北军张学良、十七路军杨虎城在离西安 50 里的临潼华清池扣留蒋中正,逼蒋答应"停止内战,一致抗日"。是为"西安事变"。

央政府与军事委员会之指导。2月21日,国民党五届三中全会通过了接受中国共产党提议的决议案。至此,抗日民族统一战线初步形成。

1937年至1945年的抗日战争时期,中国共产党领导的抗日民主政权,在国民党掌握全国政权的情况下,具有合法性质。其中为首的"中华民国特区政府",是中共中央所在的陕甘宁边区政府①,首府延安(1949年6月迁西安);其他抗日根据地的政权,和陕甘宁边区政府一样,也属于中华民国地方政权的一部分。

抗日战争时期,毛泽东曾经多次阐述将来所要建立的"中华民主共和国"的含义。1937年10月25日,毛泽东在和英国记者贝特兰(J. Bertram)的谈话中,解释中国共产党1936年8月提出的"民主共和国"口号,政治上组织上的含义包括以下三点:"(一)不是一个阶级的国家和政府,而是排除汉奸卖国贼在外的一切抗日阶级互相联盟的国家和政府,其中必须包括工人、农民及其他小资产阶级在内。(二)政府的组织形式是民主集中制,它是民主的,又是集中的,将民主和集中两个似乎相冲突的东西,在一定形式上统一起来。(三)政府给予人民以全部必需的政治自由,特别是组织、训练和武装自卫的自由。"②1939年12月,毛泽东在《中国革命和中国共产党》文中指出:"中国现阶段的革命所要造成的民主共和国,一定要是一个工人、农民和其他小资产阶级在其中占一定地位起一定作用的民主共和国。换言之,即是一个工人、农民、城市小资产阶级和其他一切反帝反封建分子的革命联盟的民主共和国。这种共和国的彻底完成,只有在无产阶级领导之下才有可能。"③又1940年1月,毛泽东发表了著名的《新民主主义论》,论述"现在所要建立的中华民主共和国,只能是在无产阶级领导下的一切反帝反封建的人们联合专政

---

① 1937年9月6日,中国共产党将中华苏维埃中央临时政府驻西北办事处正式更名改制为陕甘宁边区政府。11月10日至1938年1月,又改称"陕甘宁特区政府"。陕甘宁边区政府结束于1950年1月。

② 《和英国记者贝特兰的谈话》,收入《毛泽东选集》(一卷本),人民出版社,1964年版。

③ 毛泽东:《中国革命和中国共产党》,收入《毛泽东选集》(一卷本)。

的民主共和国，这就是新民主主义的共和国，也就是真正革命的三大政策的新三民主义共和国。这种新民主主义共和国，一方面和旧形式的、欧美式的、资产阶级专政的、资本主义的共和国相区别，那是旧民主主义的共和国，那种共和国已经过时了；另一方面，也和苏联式的、无产阶级专政的、社会主义的共和国相区别。……新民主主义的政治、新民主主义的经济和新民主主义的文化相结合，这就是新民主主义共和国，这就是名副其实的中华民国，这就是我们要造成的新中国。"①

第二节　从"中华人民民主共和国"到"中华人民共和国"

如上所述的"新中国"，在抗日战争胜利后，由于种种原因，并没有能够出现。1946 年 6 月底、7 月初，以蒋中正为首的南京国民政府悍然发动全面内战，中国共产党人奋起迎击，中国人民解放战争全面打响。解放战争的进展极为迅速。1947 年 7 月，中国人民解放军已由战略防御转入战略进攻，而中国共产党人要建立的"新中国"，也在筹划之中，只是这个"新中国"的国号，却有着"中国人民共和国"和"中华人民民主共和国"的不同表述。

1948 年 1 月 18 日，毛泽东在陕北米脂县杨家沟为中共中央起草的《关于目前党的政策中的几个重要问题》的党内指示，第一次提出了"人民大众组成自己的国家（中华人民共和国）并建立代表国家的政府（中华人民共和国的中央政府）"的奋斗目标。② 至 1948 年春，筹建全国人民政权的条件已经具备。4 月 1 日，毛泽东《在晋绥干部会议上的讲话》提到："由这个人民大众所建立的国家及政府，就是中华人民民主共和国及代表各民主阶级联合专政的民主联合政府。"③4 月 30 日，中共中央《纪念"五一"劳动节口号》第五条为："各民主党派，各人民团体及社会贤达，迅

---

① 毛泽东：《新民主主义论》，收入《毛泽东选集》（一卷本）。
② 毛泽东：《关于目前党的政策中的几个重要问题》，收入《毛泽东选集》（一卷本）。
③ 毛泽东：《在晋绥干部会议上的讲话》，《人民日报》1948 年 5 月 10 日。

速召开政治协商会议，讨论并实现召集人民代表大会，成立民主联合政府。"①7月29日，中共中央《致解放区工人代表大会祝词》又提到："建立独立自由强健和统一的中华人民民主共和国。"②10月10日，毛泽东起草的《中共中央关于九月会议的通知》则提到："召集政治协商会议的口号，团结了国民党区域一切民主党派、人民团体和无党派人士于我党周围。现在，我们正在组织国民党区域的这些党派和团体的代表人物来解放区，准备在一九四九年召集中国一切民主党派、人民团体和无党派民主人士的代表们开会，成立中华人民共和国临时中央政府。"③1948年12月30日，毛泽东为新华社写的1949年新年献词《将革命进行到底》明确宣布："一九四九年将要召集没有反动分子参加的以完成人民革命任务为目标的政治协商会议，宣告中华人民民主共和国的成立，并组成共和国的中央政府。这个政府将是一个在中国共产党领导的有各民主党派各人民团体的适当的代表人物参加的民主联合政府。"④

1949年，这样的政治协商会议如期召开；而"中华人民共和国"作为新中国的正式国号得以确定下来，则经过了新政治协商会议筹备会、中国人民政治协商会议第一届全体会议的充分讨论。⑤

6月15日，毛泽东在新政协筹备会第一次全体会议上的讲话，呼出了"中华人民民主共和国万岁"的口号；

6月16日，新政协筹备会第一次全体会议通过的《新政治协商会议筹备会组织条例》第三条第五款为："提出建立中华人民民主共和国政府之方案"；

---

① 《中共中央纪念"五一"劳动节口号》，收入张志平主编：《新中国从这里走来》，河北教育出版社，1996年版。

② 中共中央：《致解放区工人代表大会祝词》，《人民日报》1948年8月3日。

③ 毛泽东：《中共中央关于九月会议的通知》，收入《毛泽东选集》（一卷本）。

④ 新华书店编：《将革命进行到底：一九四九年新年献词》，新华书店，1949年5月版。

⑤ 本章的以下内容，参考的主要文献有：杨建新、石光树、袁廷华编著：《五星红旗从这里升起——中国人民政治协商会议诞生纪事暨资料选编》，文史资料出版社，1984年版；舒云：《开国纪事》，中国华侨出版社，1991年版。

6月19日,新政协筹备会第四小组讨论时,清华大学教授张奚若①对"中华人民民主共和国"国号提出质疑。张奚若说:有几位老先生嫌"中华人民民主共和国"国名太长,说应该去掉"民主"二字。我看叫"中华人民共和国"好。有"人民"就可以不要"民主"二字,焉有"人民"而不"民主"哉?且"民主"一词 Democracy 来自希腊字,原意与"人民"相同。去掉"民主"二字,从下面的解释也是很容易明白的:是共和而非专制,是民主而非君主,是人民而非布尔乔亚(Bourgeoisie,即"资产阶级")的国家。

由张奚若的质疑,第四小组又提出了有关国号的一些意见。民主建国会常务理事黄炎培、复旦大学教授张志让认为:"民主"和"共和"无并列之必要。汉语使用的"共和国"一词,纯系翻译西文列坡勃立克,这个词与"共和"二字在我国经典上的原意并无联系,也并非不可译为"民主国",因为西文的德谟克拉西(Democracy)与列坡勃立克(Republic),字面含义原无根本区别,不过前者指民主的政治体制,后者指民主的国家。黄炎培、张志让以此认为:"我国国名似可将原拟中华人民民主共和国,改为中华人民民主国,简称中华民国或中华民主国。将来进入社会主义阶段,即可改称中华社会主义民主国。"

新中国的国号最后采用的是"中华人民共和国"。对此,中国共产党中央政治局委员、中国人民革命军事委员会副主席周恩来 1949 年 9 月 7 日向新政协代表所作报告的解释是:"民主"与"共和"有共同的意思,无需重复。在国体上是用共和,在性质上则用民主。作为国家来用,还是"共和"两字比较好。本来中国的原名是"中华民国",有共和的意思,但不完全,可以双关地解释,而且很费解,不如把旧民主主义和新民主主义区别开来。因为在辛亥革命时期,十月革命尚未成功,那时只可能是旧

---

① 张奚若,1889 年出生,陕西大荔县朝邑镇人。早年加入同盟会,参加过辛亥革命,在美国哥伦比亚大学获政治学硕士学位。中华人民共和国建立后,历任中央人民政府委员、政务院政法委员会副主任、教育部部长、对外文化联络委员会主任、中国人民外交学会会长等职。1973 年去世,享年 84 岁。

民主主义。而今天是由不完备的旧民主主义进步到完备的新民主主义，为了要合乎国家的本质，我们的国名应该是"中华人民共和国"。9月22日，中国共产党中央政治局委员董必武在政协一届全会上《关于草拟中华人民共和国中央人民政府组织法的经过及其基本内容的报告》指出：本来过去写文章或演讲，许多人都用"中华人民民主共和国"。黄炎培、张志让两先生主张用"中华人民民主国"，张奚若先生以为不如用"中华人民共和国"。我们现在采用了最后这个名称，因为"共和国"说明了我们的国体，"人民"二字在今天新民主主义的中国，是指工、农、小资产阶级和民族资产阶级四个阶级的人，它有确定的解释，这已经把人民民主专政的意思表达出来了，不必再把"民主"二字重复一次。

1949年9月27日，政协一届全会通过四个决议案："一、全体一致通过：中华人民共和国的国都定于北平。自即日起，改名北平为北京。二、全体一致通过：中华人民共和国的纪年采用公元。今年为一九四九年。三、全体一致通过：在中华人民共和国的国歌未正式制定前，以义勇军进行曲为国歌。四、全体一致通过：中华人民共和国的国旗为红地五星旗，象征中国革命人民大团结。"

1949年10月1日，毛泽东在开国大典上宣读《中华人民共和国中央人民政府成立公告》，"宣告中华人民共和国的成立，并决定北京为中华人民共和国的首都。中华人民共和国中央人民政府委员会于本日在首都就职，一致决议：宣告中华人民共和国中央人民政府的成立，接受中国人民政治协商会议共同纲领为本政府的施政方针。……同时决议：向各国政府宣布，本政府为代表中华人民共和国全国人民的唯一合法政府。凡愿遵守平等、互利及相互尊重领土主权等项原则的任何外国政府，本政府均愿与之建立外交关系。"同日，《人民日报》发表社论《中华人民共和国万岁》，"前程无限光辉的中华人民共和国已经诞生，四万万七千五百万中国人民开始自己当权管理国家，我们这个古老的东方民族揭开了历史的新的巨册。"

第三节　关于是否"简称中华民国"的问题

又有需要说明者,在新政协筹备会上,曾有过中华人民共和国"简称中华民国"的意见,而 9 月 21 日开幕的中国人民政治协商会议第一届全体会议的文件中,"中华人民共和国"的后面,也或带有"简称中华民国"的括注。后来经过讨论乃至争论,"简称中华民国"被否决。

政协代表提案第四案提议统一国名为"中华人民共和国",把"简称中华民国"在政协文件中一律予以取消。1949 年 9 月 26 日,受政协一届全会主席团常委会的委托,周恩来在东交民巷六国饭店举行午宴,邀请了与会的 20 多位辛亥革命时期的老前辈,商谈此一重要问题。

首先发言的是曾加入过中国同盟会、参加过辛亥革命的民主建国会常务理事黄炎培。他认为由于老百姓受的是落后的教育,感情上习惯用"中华民国",一旦改掉,会引起不必要的反感,所以留个简称,是非常必要的。政协会议三年一届,三年以后,再去掉这一简称,并无不可。

接着发言的是中国国民党革命委员会中央常务委员何香凝。她说,"中华民国"是孙中山先生革命的一个成果,是许多烈士用鲜血换来的,如果能照旧用它,也是好的。如果大家不赞成,我也不坚持己见。

第三位发言者是辛亥革命后归隐了 38 年、生平不写中华民国国号的前清进士周致祥。他反对简称"中华民国",认为这是一个祸国殃民的、群众对它没有好感的名称,20 多年来已被蒋介石弄得不堪言状了,主张就用"中华人民共和国",表示两次革命的性质各不相同。

周致祥的发言得到了美洲华侨民主人士司徒美堂的赏赞。年逾 80 岁的司徒美堂语音响亮、情绪激动地说:我没有什么学问,我是参加辛亥革命的人,我尊重孙中山先生,但对于"中华民国"这四个字,则绝对没有好感,理由是"中华民国"与"民"无涉,22 年来更给蒋介石与 CC 派弄得天怒人怨。我们试问,共产党所领导的这次革命是不是跟辛亥革命不同? 如果大家都认为不同,那么我们的国号应该叫"中华人民共和国",

司徒美堂先生

抛掉又臭又坏的"中华民国"的烂招牌。国号应该是极其庄严的,既然改就得改好,为什么要三年以后才改?语曰"名不正则言不顺,言不顺则令不行",仍然叫"中华民国",何以昭告天下百姓?我们好象偷偷摸摸似的,革命胜利了,连国号也不敢改。我坚决反对什么简称,我坚决主张光明正大地用"中华人民共和国"。

司徒美堂的发言赢来了热烈的掌声。经济学家马寅初、教育学家车向忱、中国民主同盟中央常务委员兼主席张澜、商务印书馆董事陈叔通、南洋华侨民主人士陈嘉庚,也都发表了去掉"中华民国"简称的意见;中国民主同盟负责中央常务委员、法律学家沈钧儒并从法律的角度指出新旧国号不能并容的原因,他说:堂堂的政协会议文件里,"中华人民共和国"之下加上"简称中华民国"的括弧,是法律上的一个大漏洞,万万不可如此。遍观世界各国的国号,只有字母的缩写,而没有载之于立国文件上的其他简称。如果一定写上,那么将来在行文上,包括用国家名义与别国订约,都有诸多不便,所以,我也主张不用"中华民国"简称。

经过这样的讨论乃至争论,政协一次会议的大会文件,便去掉了"中华民国"简称,"中华人民共和国"成为新中国庄严神圣而又唯一的正式国号。

第二十一章　习称与统称：与国号相关的两方面问题

以上各章,考证、叙述了由夏、商、周至大元、大明、大清以及中华民国、中华人民共和国等众多国号的成立过程、来源取义及其影响。又有值得注意者两点:

首先,历史上对有关国号的使用,往往并非国号"名从其主"的本称,而是经过后人改造过的习称。这种改造过的习称国号,使用普遍,而为了区别于其本称,在习称国号上往往加上"史称"二字;至于被改造的国号,则以同名国号为主。比如"二十四史"中的《后汉书》、《南齐书》、《北齐书》,"后汉"即刘秀始建的"汉",它是相对于刘邦的"汉"而言的;"南齐"即萧道成始建的"齐","北齐"即高洋始建的"齐",为了区别,故称"南齐"、"北齐"。

其次,出于各种情形,还有对一批国家或一段时代的统称。如"二十四史"中的《三国志》,包括"魏"、"蜀"、"吴"三志,"魏"指曹丕代汉(后汉或东汉)而建的魏国,"蜀"指刘备继汉(后汉或东汉)而立的汉国,"吴"指从孙权开始的吴国;这大体并存于同一时代的三个国家,后人统称为"三国"。

然则类似于"后汉"、"南齐"、"北齐"这样对同名国号的习称,类似于"三国"这样对一段时代或一批国家的统称,在中国历史上多见其例,也形成了一些传统做法;而正确地称说或使用国号,系统地了解或研究中国历史,这是必须掌握的两个方面的相当重要的问题。不妨略举《中国历史朝代歌》的纠谬为例。

第一节 《中国历史朝代歌》纠谬

按照一般的理解,我们如数家珍的朝代就等同于国号。朝代是指建立这个国号的帝王家族的统治时代,国号是指这个帝王家族统治时代的国家称号。中国历史上不断地改朝换代,也就不断地出现新的国号。因为朝代很多,国号也很多,为了方便记忆,于是人们编了许多的《朝代歌》。而在笔者所见的《朝代歌》中,关涉朝代或国号的"常识"错误,可谓屡见不鲜。试举一首流传甚广的《中国历史朝代歌》为例:

> 夏商与西周,东周分两段。
>
> 春秋和战国,一统秦两汉。
>
> 三分魏蜀吴,二晋前后延。
>
> 南北朝并立,隋唐五代传。
>
> 宋元明清后,皇朝至此完。[1]

就在这首短短的《朝代歌》里,各样的问题实在不少:

一是统称。"春秋"、"战国"、"南北朝"、"五代",是对一段时代或一批国家的统称,既不是朝代,也不是国号。

二是习称。"西周"、"东周",是后人的习惯称呼,因为都城分别在今天的西安、洛阳,一在西、一在东,所以习称西周、东周,其实这是一个连续的朝代,国号就是周,周既是朝代,也是国号。当然,作为朝代的周,历时约 800 年,而作为国号的周,时间还要更长一些,超过了 900 年,经历

---

① 孟广恒主编:《历史地理综合科·历史分册》(全国各类成人高考复习指导丛书·高中起点升本科),高等教育出版社,2009 年版;戚兆磊:《2000 个应该知道的历史常识》,江苏人民出版社,2009 年版;杨永胜:《学生现代汉语全功能词典(图解版)》,江西教育出版社,2009 年版,等等。

了从商朝西部的邦属小国,到灭商以后的天下共号的转变过程。又与"西周"、"东周"类似的情形,还有"西晋"与"东晋"、"北宋"与"南宋"等等,在当时,无论朝代还是国号,就称"晋"、称"宋"。然而,现在的颇多影视剧中,君臣于朝堂之上,子民在交往之间,往往"我们西周"、"我朝西晋"、"我们北宋王朝"地说来说去,真是令人哑然失笑。

三是合称。"两汉",指的是前汉与后汉,或西汉与东汉,"二晋",指的是西晋与东晋。这前、后、西、东字样,都是后人加上去的,朝代或国号本来就称汉、称晋。

四是简称。元、明、清,其实是"大元"、"大明"、"大清"的简称,在某些场合,比如专门讲朝代情况的《朝代歌》里,这个"大"字是不宜省略的。

五是误称。"三分魏蜀吴"这句,实为"三分魏汉吴",这在本书第七章第二节已有专门的讨论。其实正确地认识刘备、刘禅的国号是汉而不是蜀,关系到其政权的立国依据,实为非同小可的问题。

六是漏称。如此简单的《朝代歌》,是概括不了中国复杂的历史朝代的。仅以作为中国历史纪年使用的统一皇朝来说,这首《朝代歌》里就漏掉了王莽的新朝、武曌的周朝。而由此导致的更加严重的"常识"错误,则是诸多版本的《中国历史纪年表》中,刘邦始建的汉朝错成了公元前206年到公元25年,李渊始建的唐朝错成了连续不断的公元618年到907年,又于是中国历史上开创了"和平"改朝换代之首例的王莽的新朝,中国传统帝制时代里、男权社会中唯一的、真正的女皇武曌的周朝,皆因此而消失于《中国历史纪年表》中。甚矣,史学之不讲也!

然则中国历史上朝代与国号的复杂,正是中国历史本身极为复杂的表征之一;而明确国号或朝代的各种统称、习称、合称、简称的含义,避免国号或朝代的各种误称与漏称,也是不言而喻的基本学术要求。有鉴于此,兹参考楚庄《我国古代的"国号"》[①]、徐俊《中国古代王朝名号的由

---

① 楚庄:《我国古代的"国号"》,《天津师院学报》1981年第3期。

来》①两文,选择其中社会大众往往认识最为模糊的习称与统称两个方面,综括说明如下。

第二节　对同名国号的习称

在以上各章所考述的诸多国号中,相同的国号着实不少。国号是国家的名称,名称的本质属性是起区别作用。列宁在《哲学笔记》中说:"甚么是名称? 名称就是一种用以识别事物的记号,一种惹人注目的标帜,我用它来代表事物,说明事物,以便使事物能够完整地呈现在我面前。"②国号这种名称当然也不应该例外。然而,出于复杂的政治、文化、民族、心理等等原因,中国历史上的各别政权却起用了大量的同名国号,这就混淆了国号的区别作用。而为了避免由此造成的各种麻烦,使国号的专指性更加明确、突出,历代以来,后人采取了多种处理方法(本章谓之"习称")以区别这些同名国号。

(1) 在同名国号前冠以顺序词

刘秀重建汉朝,为了区别于刘邦始建的汉,后人称之为"后汉",而把刘邦的汉称为"先汉"或"前汉",并把刘备再建的汉称为"季汉"。类此者有:刘曜的"前赵"与石勒的"后赵"③,张寔的"前凉"与吕光的"后凉",符健的"前秦"与姚苌的"后秦",慕容儁的"前燕"与慕容垂的"后燕",王建的"前蜀"与孟知祥的"后蜀"。

也有仅以"后"字冠于重出之国号前面者。拓跋珪的魏,为了区别于曹丕的魏,史称"后魏",但曹丕的魏并不称"前魏";萧詧的梁,为区别于萧衍的梁,史称"后梁",但萧衍的梁不称"前梁"。又唐、宋之间的梁、唐、晋、汉、周,五个国号以前均出现过,故史称"后梁"、"后唐"、"后晋"、"后

---

① 徐俊:《中国古代王朝名号的由来》,收入中共中央党校中国历史教研室编:《历史·制度·文化——中国古代史专题选讲》,中国青年出版社,1988 年版。

② 北京外国语学院俄语系语言学教研组编:《马克思主义经典作家论语言》"二、列宁论语言问题",商务印书馆,1959 年版。

③ 刘曜、石勒分别为前赵、后赵的始主,以下同。

汉"、"后周",但并不存在与此"后"相对而言的"前梁"、"前唐"、"前晋"、"前汉"、"前周"。

（2）在同名国号前冠以方位词

一种情况是,一个王朝或皇朝经历了重大变动(如疆域的巨大变迁、都城的远距离迁移),后人便根据变动前后的疆域特别是都城的相对位置,在国号前冠以方位词,以资区别。如"西周"(都镐,今陕西西安市沣河以东)与"东周"(都雒邑,今河南洛阳市),"西汉"(都长安,今陕西西安市西北)与"东汉"(都雒阳,今河南洛阳市东),"西晋"(都洛阳,今河南洛阳市东)与"东晋"(都建康,今江苏南京市),"北宋"(都开封,今河南开封市)与"南宋"(都临安,今浙江杭州市)等。

又一种情况是,依据相对的疆域所在地区或都城所处位置,用方位词来区分同时代或不同时代出现的同名国号。如孙权的"东吴",慕容冲的"西燕"、慕容德的"南燕"、慕容云(高云)与冯跋的"北燕",乞伏国仁的"西秦",秃发傉檀的"南凉"、李暠的"西凉"、沮渠蒙逊的"北凉",拓跋珪的"北魏",元善见的"东魏"、元宝炬的"西魏",萧道成的"南齐"、高洋的"北齐",萧衍的"南梁",陈霸先的"南陈",宇文觉的"北周",李昪的"南唐",刘龚的"南汉",元昊的"西夏"等。

按以上两种情况明显不同。第一种情况是指一个王朝或皇朝的两个阶段,其王统或皇统、国号并无改变,只是疆域形势或都城位置发生了重大的变动,所以藉方位词加以区别;而且,此前后两个阶段的同一王朝或皇朝,总是先西后东,先北后南,这事实上反映了中国历史上的一个现象,即该王朝或皇朝的统治中心,是由西北向东南转移的,这种转移往往又是被迫的,是由于受到了其他民族的强力压迫乃至入主中原所致,以及该王朝或皇朝的国势由盛而衰、疆域由大而小的变迁。第二种情况,藉方位词加以区别的同名国号,代表的是不同的甚至是对峙的国家,"东"、"西"、"南"、"北"依据的是各自的相对地理位置,所以不存在由西而东、由北而南的承续意义,也不一定东、西或南、北相对应地出现,如有"西燕"但无"东燕",有"西凉"但无"东凉",有"北魏"但无"南魏",有"北周"但无"南周",有"南唐"但无"北唐",等等。

还有一种情况是,一个皇朝的主体灭亡后,其残余势力不改国号,后人或也依据其相对地理位置,加上方位词以资区别,如汉(刘知远的"后汉")与刘崇的"北汉"(因在河东,也称"东汉"),辽与耶律淳的"北辽"①、耶律大石的"西辽",大元与妥欢帖睦尔及其二子的"北元",大明与诸多的朱氏"南明"(也称"后明")政权,都属于此类。

(3) 在同名国号前冠以国姓

在家天下的时代,冠以帝王姓氏即国姓,是区分同名国号的常用方法之一。如曹氏的魏和拓跋氏的魏,分别称"曹魏"、"拓跋魏";拓跋氏后来改姓元,所以又称"元魏"。类似的情况很多,如姬(发)周、宇文(觉)周、武(曌)周,嬴(政)秦、苻(健)秦、姚(苌)秦,孙(权)吴、杨(行密)吴,司马(炎)晋、石(敬瑭)晋,石(勒)赵、冉(闵)魏,赫连(勃勃)夏,刘(裕)宋、赵(匡胤)宋,萧(道成)齐、高(洋)齐,萧(衍)梁、朱(温)梁、陈(霸先)陈。至于杨(坚)隋、李(渊)唐、完颜(阿骨打)金、朱(元璋)明,等等,也常见诸史籍。

(4) 区别同名国号的其他方法

古有蜀国,分布在今四川省中部偏西;蜀后来且成为地域名称。刘备的汉因称"蜀汉",李雄的成因称"成蜀"。这是在同名国号前后缀以地名、以资区别的方法。

王莽以刘邦的汉为火德,而刘秀即以火德王天下,刘邦、刘秀、刘备的汉遂称"炎汉";刘裕的宋为水德,赵匡胤的宋为火德,于是刘宋又称"水宋",赵宋又称"火宋"。这是在同名国号前缀以五行、以资区别的方法。

刘邦的汉定都长安,刘秀的汉定都雒阳,长安在西称西京,雒阳在东

① 天祚帝耶律延禧保大五年(1125 年),辽为金所灭。先是 1122 年,金兵克中京(今河北平泉市),天祚帝出奔夹山(今内蒙古土默特左旗东北,武川县西南之大青山),燕京留守李处温等立秦晋王耶律淳为帝,遥降天祚帝为湘阴王。此政权史称"北辽"。又西辽,详第三十一章的讨论。

称东京，于是以"西京"作为西汉的代称，以"东京"作为东汉的代称。东晋、宋、齐、梁、陈建都建康，称建都中原洛阳的西晋为"中朝"，因洛阳在建康之西，又称西晋为"西朝"；西晋都于江右洛阳、东晋都于江左建康，西晋、东晋于是又有"江右"、"江左"的代称。刘备的汉、李雄的成（李寿改为汉）有古蜀国之地，又皆建都成都（战国以来为蜀郡治），所以刘备的汉别称"蜀"，李雄、李寿的成、汉别称"前蜀"（大概是相对于东晋时成都王谯纵的割据政权、史称"后蜀"而言的）或"后蜀"（相对于刘备的"蜀"）。曹氏代汉，自以为应"代汉者当涂高"之谶，"当涂高者，魏也，……当道而高大者魏"①，所以"当涂"又成了曹魏的代称。《三国志·蜀书·谯周传》："周语次，因书版示（文）立曰：'典午忽兮，月酉没兮。'典午者谓司马也，月酉者谓八月也，至八月而文王（司马昭）果崩。"按典、司都有掌管之意，午在十二属中是马，所以"典午"可以等同司马，晋朝国姓司马，后人因以"典午"代称晋朝。《资治通鉴·宋纪四》元嘉十二年春正月："燕王数为魏所攻，遣使诣建康称藩奉贡。癸酉，诏封（冯跋）为燕王；江南谓之黄龙国。"按十六国时期冯跋都于龙城（今辽宁朝阳市），龙城又名黄龙城，所以冯跋的北燕得称"黄龙国"。宋太祖赵匡胤之父赵弘殷，后周时封天水县男，赵宋一朝因此又有代称"天水"。② 元昊建国河西，当时宋、金、蒙古及后人遂以"河西"作为夏国的代称。凡此种种，都是以各种代号相区别的同名国号。有趣的是，还有并无重出国号、而也有别称者，如《金史·地理志》：上京路"金之旧土也。国言金曰按出虎，以按出虎水发源于此，故曰金源，建国之号盖取诸此"，又阿鲁图《进金史表》："维此金源，起于海裔，以满万之众，横行天下，不十年之久，专制域中"③，于是完颜氏的金国又有别称"金源"。

---

① 《三国志·魏书·文帝纪》南朝宋裴松之注。
② 如王国维《宋代之金石学》（收入林文光选编：《王国维文选》，四川文艺出版社，2008 年版）："天水一朝人智之活动与文化之多方面，前之汉唐，后之元明，皆所不逮也"；陈寅恪《赠蒋秉南序》（收入陈寅恪：《寒柳堂集》，上海古籍出版社，1980 年版）："天水一朝之文化，竟为我民族遗留之瑰宝。"
③ 脱脱等：《金史》附录《进金史表》，中华书局，1975 年版。

第三节　对一段时代与一批国家的统称

本书重点考述的中国历代统一王朝或皇朝国号,指的是对应于各别历史时期而又某种意义上取得了全国统治地位的夏、商、周、秦、汉、新、晋、隋、唐、周、宋、大元、大明、大清,这些国号同时也具有"天下共号"的意义;换言之,这些不同的天下共号,大体又是不同时代的代称。然则正如《三国演义》开篇语所云:"话说天下大势,分久必合,合久必分",中国历史上,统一局面与分裂局面交替出现,虽然统一的时间越来越长,统一的地域越来越大,统一的程度越来越高,但分裂局面的存在毕竟是客观的事实。当分裂时代,天下无主,往往同时或先后出现几个甚至一二十个政权,也就是同时或先后存在几个甚至一二十个国号。在这种情况下,一个时代就难以用其中的一个国号来指称了,即不存在真正的"天下共号"。于是针对这种情况,后人甚至当时之人往往另创综合性的统称,来指代这些分裂时期。还有一种情形是,历史上同时或先后存在的某些国家,因为有着某些关联,后人甚至当时之人或也另创综合性的统称,来指代这些国家。

按对一段时代的统称及对一批国家的统称,迄今仍然较为常见者,例举若干如下:

(1) 三代。"三代"谓夏、商、周,既是时代的统称,也是这三个国家的统称。

(2) 春秋、战国。公元前 770 年,周平王东迁雒邑,东周开始。东周时代,王室衰微,诸侯力争,与西周时代王室强大、诸侯听命形成鲜明的区别。东周的前期,因之习称"春秋";东周的后期,因之习称"战国"。按"春秋"得名于鲁国编年史《春秋》。《春秋》编年起鲁隐公元年(前 722 年),迄鲁哀公十四年(前 481 年);作为时代统称的"春秋",则一般起周平王元年(前 770 年),而下接战国。春秋时代的特征是尊王攘夷、大国争霸。又"战国"作为时代统称,始自西汉末年刘向编《战国策》;这一时代,以战争频繁为特征,故称"战国"。"战国"的起始年(前一年即"春秋"的终止年)说法不一:《史记·六国年表》始于周元王元年(前 475 年);《资治通鉴》始于周威烈王二十三年(前 403 年。是年,周天子正式承认韩、赵、魏三家为诸侯);南宋吕祖谦《大事记》起于周敬王三十九年(前 481 年),以上接《春秋》;清林春溥《战国纪年》、清黄式三《周季编略》起于周贞定王元年(前 468 年),以上接《左传》(《春秋》三《传》之一,编年至前 468 年止)。现在人们一般以周元王元年(前 475 年)至秦灭六国(前 221 年)为战国时代。

　　(3) 十二诸侯。因《史记》中的《十二诸侯年表》得名。《史记·十二诸侯年表》并列周、鲁、齐、晋、秦、楚、宋、卫、陈、蔡、曹、郑、燕、吴 14 国,详记周共和元年(前 841 年)至周敬王四十三年(前 477 年)间各国纪年及大事。因为周为天子,吴到春秋后期(前 585 年)才有详确纪年,所以《史记》以周、吴之外的春秋时代 12 国为十二诸侯;又或以为"十二"乃是"天之大数"[1],既然是诸侯年表,当然不能超过十二,所以尽管谱的是"十四诸侯",出自天文世家的司马迁也只能称为《十二诸侯年表》,否则就是僭越了。[2]

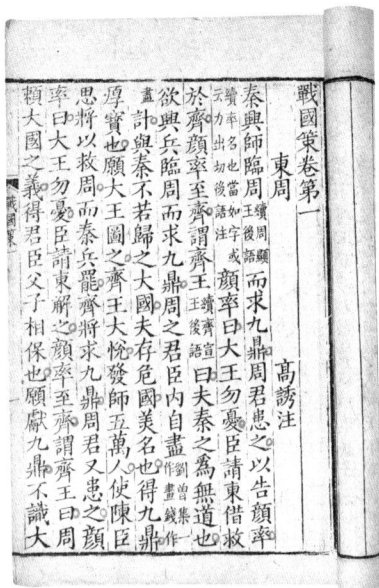

东汉高诱注《战国策》书影

　　(4) 三晋、六国、七雄。春秋晚期,晋国由赵、韩、魏、智、范、中行六卿专权。前 490 年,赵氏击败范氏、中行氏;前 458 年,智、赵、韩、魏尽分

---

[1]《左传·哀公七年》:"周之王也,制礼,上物不过十二,以为天之大数也。"
[2] 张政烺:《"十又二公"及其相关问题》,收入尹达等主编:《纪念顾颉刚学术论文集》上册,巴蜀书店,1990 年版。

范、中行之地;前 453 年,赵、韩、魏又灭智氏,三分其地。于是赵、韩、魏分据晋之北部、中部和南部地区。前 403 年,赵、韩、魏成为诸侯。因为赵、韩、魏共分晋地,所以合称"三晋"。又《史记》有《六国年表》,表中并列周、秦、魏、韩、赵、楚、燕、齐八国;周为天子,秦为后来的天下共主,所以魏、韩、赵、楚、燕、齐合起来统称"六国"。至于"七雄",则谓战国时代魏、赵、韩、齐、秦、楚、燕七大强国。

(5)先秦。公元前 221 年,秦国完成平灭六国的大业,造成空前规模的统一,并废分封、行郡县、推行皇帝制度,中国历史由此开创新时代。而由前 221 年上溯直至远古的历史时期,习称"先秦"。

(6)三国。东汉以后差相同时存在的魏、汉、吴,合称"三国";又 220 年曹丕篡汉建魏起、280 年晋灭吴止的历史时期,则为三国时代。

(7)十六国。从 304 年匈奴刘渊称汉王起,到 439 年拓跋魏统一北方止,凡 135 年,习称十六国时期。又此 135 年间,各族先后建立的割据政权有 20 余个,其中成汉、夏、二赵(前、后)、三秦(前、后、西)、四燕(前、后、南、北)、五凉(前、后、南、北、西),史称"十六国"。

(8)南北朝。作为时代的统称,"南北朝"指 420 年刘宋建立至 589 年陈朝灭亡;此 170 年间,南北对峙。作为一批国家的统称,"南朝"包括宋、齐、梁、陈四个连续的政权,它们均定都于建康,而且大体通过"禅让"的形式实现更迭;又"北朝"含 439 年统一北方以后的北魏,由北魏分裂成的东魏、西魏,取代东魏、西魏的北齐、北周。

(9)六朝。用作时代统称的"六朝",起自三国,止于隋灭陈统一以前,南北兼指,是 3 世纪初至 6 世纪末前后 300 余年的历史时期的泛称。又用作国家统称的"六朝",有两说。曹魏、西晋、北魏、北齐、北周、隋,是为"北六朝";孙吴、东晋、宋、齐、梁、陈,是为"南六朝"。"南六朝"都以建康(吴称建业,今南京)为都,故或以"六朝"专指"南六朝"。

(10)五代、十国。907 年朱温灭唐称帝,国号梁;梁立国中原,此后相继出现唐、晋、汉、周,是为"五代"。"五代"结束于 960 年正月赵匡胤篡周建宋。又与"五代"差相同时,南方各地先后出现过吴、唐

六朝陶俑（六朝博物馆藏）

（南唐）、吴越、楚、闽、汉（南汉）、蜀（前蜀）、蜀（后蜀）、南平（荆南）九国，加上割据河东的汉（北汉），史称"十国"。"十国"结束于979年宋灭北汉。

按对一段时代或一批国家的统称，当然还不止上述这些。如与"三代"有关的"五代"（传说中的唐、虞加上夏、商、周三代），与"后五代"（梁、唐、晋、汉、周）相对的"前五代"（南朝梁、陈，北朝齐、周、隋），因王畿所在而统称"江左"①的孙吴与东晋、宋、齐、梁、陈以及六朝（孙吴、东晋、宋、齐、梁、陈），以及"秦汉"（包括新）、"魏晋南北朝"（包括蜀汉、孙吴、十六国）、"东晋十六国"、"隋唐五代"（包括武周、十国），"二周"（西周、东周）、"两汉"（西汉、新、东汉）、"两晋"（西晋、东晋）、"两宋"（北宋、南宋），等等，也都属于有关时代或国家的统称，不再细说。

---

① 中国古代出于坐北朝南的视角，常常以南为上，以北为下，因此左为东，右为西，东西与左右又可相互替代。"江左"即special指江东，为地区名，盖自江北视之，江东在左，故名。又"江东"，因长江在今芜湖、南京间作西南南、东北北流向，故习称自此而下的长江南岸地区为"江东"。

第四节 名无固宜,名无固实

以上举例说明了与国号相关的两个问题。第一个问题即对同名国号的处理。由于国号必须具有专指性,而大量的同名国号与此存在矛盾,所以各种区别同名国号的方法应运而生。第二个问题是对一段时代与一批国家的统称。被统称的一段时代,一般是天下无主的分裂时代,被统称的一批国家,则往往具有某种或某些共性。然则那些经过处理、已非本来的新"国号",因为历久的沿用,也就成了习称,具有了专指性;一段时代的统称,一批国家的统称,同样由于历史上的约定俗成而大体得以定型。

当然,有关同名国号的处理方法及处理出的"国号",指称一段时代、囊括一批国家的造作出来的统称,并不见得都合理。比如"西晋"、"东晋",分别建都于北方的洛阳和南方的建康,称为"北晋"、"南晋"其实未尝不可,但历史上却一直称为"西晋"、"东晋",这就没有多少的道理可讲。"南宋"专指 1127 年以后偏安南方的赵宋;南朝时刘裕所建的宋,虽然也在南方,却不称"南宋",而称"刘宋"。又五代有"后唐",但五代以前的李唐并不因此称为"前唐";十国有"南唐",但五代"后唐"并不相对称为"北唐"。再如"十六国"或"五胡十六国",当时在北方以及巴蜀地区建立的割据政权,实在不止十六国,建立政权的民族,也不仅匈奴、鲜卑、羯、氐、羌之所谓的"五胡";但自从北魏崔鸿撰《十六国春秋》以来,"十六国"这一统称即为后来一直沿用。又"南北朝"与"五代十国",南方先后出现的四国统称"南朝",北方先后出现的五国统称"五代",其实,"南朝"改称"四代"或"四国","五代"改称"北朝",并无不可。还有,人们既用"先秦"概括秦朝以前的历史时期,却少见"先唐"、"先宋"一类的说法。然则诸如此类的问题,皆不可拘泥以求。盖无论是对同名甚或并不同名的国号的处理以及处理出的"国号",对一段时代与一批国家的统称,都属后人甚至当时之人为了撰述的方便、研究的需要,而改造、造作出来的，要之，都不是当时就存在的本来名称。但这些新的名称既经提出、并在历史上沿用了下来，也就逐渐具备了"制名以指实"的性质与作用，这就诚如《荀子·正名》所言：

> 名无固宜，约之以命，约定俗成谓之宜，异于约则谓之不宜。名无固实，约之以命实，约定俗成谓之实名。名有固善，径易而不拂，谓之善名。

按本编所考述的中国历代王朝与皇朝国号以及现代新型民主国家国号，自是战国家荀况所谓的"善名"；而且这些"善名"，区别与指称着不同的国家。进之，由于同名国号混淆了国号的区别性，因此有了后人甚至当时之人对国号的改造；而改造出的"国号"，经过历代的大量沿用，遂至"约定俗成"。既然"约定俗成"了，也就不必也不能再随意更动。"国号"如此，那些"约定俗成"的时代统称与国家统称，当然也是如此。

国号是"名"，国家是"实"，就《荀子·正名》之"制名以指实"而言，国号与国家的名实关系相当清晰。因为国号的指称对象——国家，无论时间（兴亡时间）抑或空间（疆域范围），都是明确可考的。然而与清晰明确的国号使用时间、国号指称空间相比较，下面的两编所要考述的中国古今"名号"、域外有关中国的"称谓"，便不仅时空范围模糊，而且文化的、民族的、政治的含义也往往多变。

中　编

中国古今名号

中国拥有4000多年的文明史,表现在称谓方面,除了历代统一王朝与皇朝国号外,又有众多的古今名号。这些名号的出现时间多在先秦时期,而又跨朝代、越古今地使用了下来。其中为今人所习用者,有中国、华夏、中华、九州、赤县神州,等等;至于区夏、有夏、时夏、诸夏、中夏、函夏、方夏、诸华、禹迹、禹甸、禹域、九有、九围、九服、九域、九区、九壤、九宇、四海、四方、四表、海内、天下、冀州、齐州,等等,现在虽为一般社会大众所陌生与少用,但在古代却和中国、华夏、九州等名号并行同用,并且和中国、华夏、九州等名号一样悠久而响亮!

如此,无论历代统一王朝或皇朝国号还是上述的这些名号,都是中国这个人文地理实体的称谓。当然,本编所谓"中国古今名号",也颇不同于上编之"中国历代国号"。上编的"国号",由于朝更代迭而多有变易;本编的"名号",作为由古迄今中国这一区域的习惯性的自称,大体并不随着政权的递嬗而改变。至于众多名号的产生原因,则极为复杂,它们或与民族相关,或与文化有缘,或联系着历史传说,或根源于地理观念,语言的嬗变、政治的影响、经济的发展、文风的变迁……也往往作用于某些名号的形成及其含义的变化。而事实上,含义多变、指称的时空范围模糊,又正是本编的研究对象——"中国古今名号"区别于上编"中国历代国号"的两大特点。

第二十二章　中国：天地之中

1949 年 9 月 30 日,《中国人民政治协商会议第一届全体会议宣言》庄严宣告:"中国人民已经战胜了自己的敌人,改变了中国的面貌,建立了中华人民共和国。我们四万万七千五百万中国人现在是站立起来了。"在这里,"中国"就等于"中华人民共和国","中华人民共和国"国号的正式简称就是"中国"。

今天,生活在中国这片土地上的人们,都知道自己的国家称"中国",自己是"中国人"。然而,在历史上,从夏、商、周直到大元、大明、大清,各个朝代都有自己的国号,并不称"中国"。换言之,先秦时代即已存在的"中国"一词,直到 1912 年"中华民国"建立、并以"中国"作为"中华民国"的正式简称以前,都只是地域的或文化的概念。那么,历史上的"中国"是什么含义?"中国"是怎样成为一个纵贯古今、涵括全域的名号的? 又是怎样由名号成为国号的简称的?"中"与"国"两字本来又作何解? 如此等等的这些问题,都需要进行考证,予以梳理。

第一节　释"中"释"国"

《说文解字》:"中,内也,从囗丨,下上通也。"清段玉裁《说文解字注》："下上通者，谓中直或引而上，或引而下，皆入其内也。"今按中字本来的形义并非如此简单。在殷商甲骨文与商、周金文中，中字的首尾都加有若干条波浪形的飘带，向右或向左飘：

殷商甲骨文与商、周金文的"中"字（各举四例）

对此，于省吾指出：

甲骨文的 ![中] 字本像有旒之旂，商王有事，立 ![中] 以招集士众，士众围绕在旂之周围以听命，故 ![中] 字又引伸为 ![中] 间之 ![中]。甲骨文的"王作三师右 ![中] 左"，已用 ![中] 字为 ![中] 间之 ![中]，这就是中国之中字本应作 ![中] 的由来。①

由中间之中，又产生了中的引申义与诸多美义。《说文解字》释中为内，又释内为入，段玉裁《说文解字注》则发挥之："中者，别于外之辞也，别于偏之辞也，亦合宜之辞也。"段说甚是。盖中，"中央四方之中也"②，"中有定名而无定位"，"随地而各不同"③，即中是一个相对的概念。没有两端，就不会有中间；没有四方，就不会有中央。中作为地理用语，乃对外而言，乃对偏而言。然则中的含义，又不独仅此，在文化上，中显得更为可贵，所谓"天地之道，帝王之治，圣贤之学，皆不外乎中"④，所以古人视中

---

① 于省吾：《释中国》，收入中华书局编辑部编：《中华学术论文集》，中华书局，1981 年版。按"中"字本义，又有日表说（姜亮夫：《"中"形形体分析及其语音演变之研究》，《杭州大学学报》第 14 卷增刊，1984 年）、建鼓说（田树生：《释中》，《殷都学刊》1991 年第 2 期）、神杆说（萧兵：《"中"源神杆说》，《中国文化》第 9 期，1993 年秋季号）等，不赘，因为"中"引申为"中间之中"，各家并无异议。

②《汉书·律历志》。

③ 家铉翁：《则堂集》卷一《中斋记》、卷三《中庵说》。

④ 钱大昕：《中庸说》，收入所著《潜研堂集》卷三。

尤重。就为政而言,要"允执其中"①,"用其中于民"②;就立身而言,"民受天地之中以生"③,所以一切言行要无过无不及,守常不变;就处世而言,中为"天下之大本"④;古人论道,也以中为归旨:"中即道也,道无不中,故以中形道。"⑤以此,文化上的中,为正,为顺,为和平,为忠信,为合宜。

中既具备了上述的美义,于是中国人的心目中遂惟中为是。夏丏尊《误用的并存与折中》略说:

> 从小读过《中庸》的中国人,有一种传统的思想与习惯,凡遇正反对的东西,都把他并存起来,或折中起来,意味的有无是不管的。已经用白话文了,有的学校,同时还教着古文。已经改了阳历了,阴历还在那里被人沿用。已经国体共和了,皇帝还依然住在北京,……这就是所谓并存。……至于折中的现象,也到处都是,……讨价一千,还价五百。再不成的时候,就再用七百五十的中数来折中。这不但买卖上如此,到处都可用为公式。什么"妥协",什么"调停",都是这折中的别名。中国真不愧为"中"国哩。⑥

鲁迅《无声的中国》也表达了同样的意思:

> 中国人的性情是总喜欢调和,折中的。譬如你说,这屋子太暗,须在这里开一个窗,大家一定不允许的。但如果你主张拆掉屋顶,他们就会来调和,愿意开窗了。没有更激烈的主张,他们总连平和的改革也不肯行。那时白话文之得以通行,就因为有废掉中国字而用罗马字母的议论的缘故。⑦

---

① 《论语·尧曰》。
② 《礼记·中庸》。
③ 《左传·成公十三年》。
④ 《礼记·中庸》。
⑤ 朱熹:《已发未发说》,收入《朱子文集》卷六七。
⑥ 丏尊:《误用的并存与折中》《东方杂志》第19卷第10号,1922年。
⑦ 鲁迅:《无声的中国》,收入所著《三闲集》,人民文学出版社,1973年版。

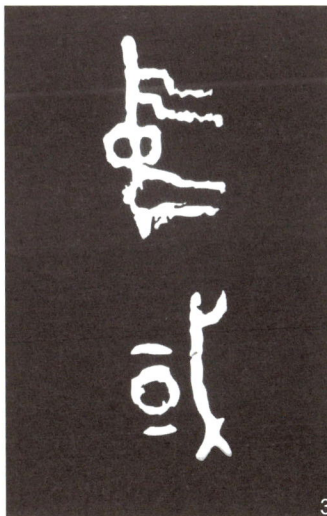

1. 图22-1：何尊
2. 图22-2：何尊铭文拓片
3. 图22-3：何尊铭文中的"中国"二字

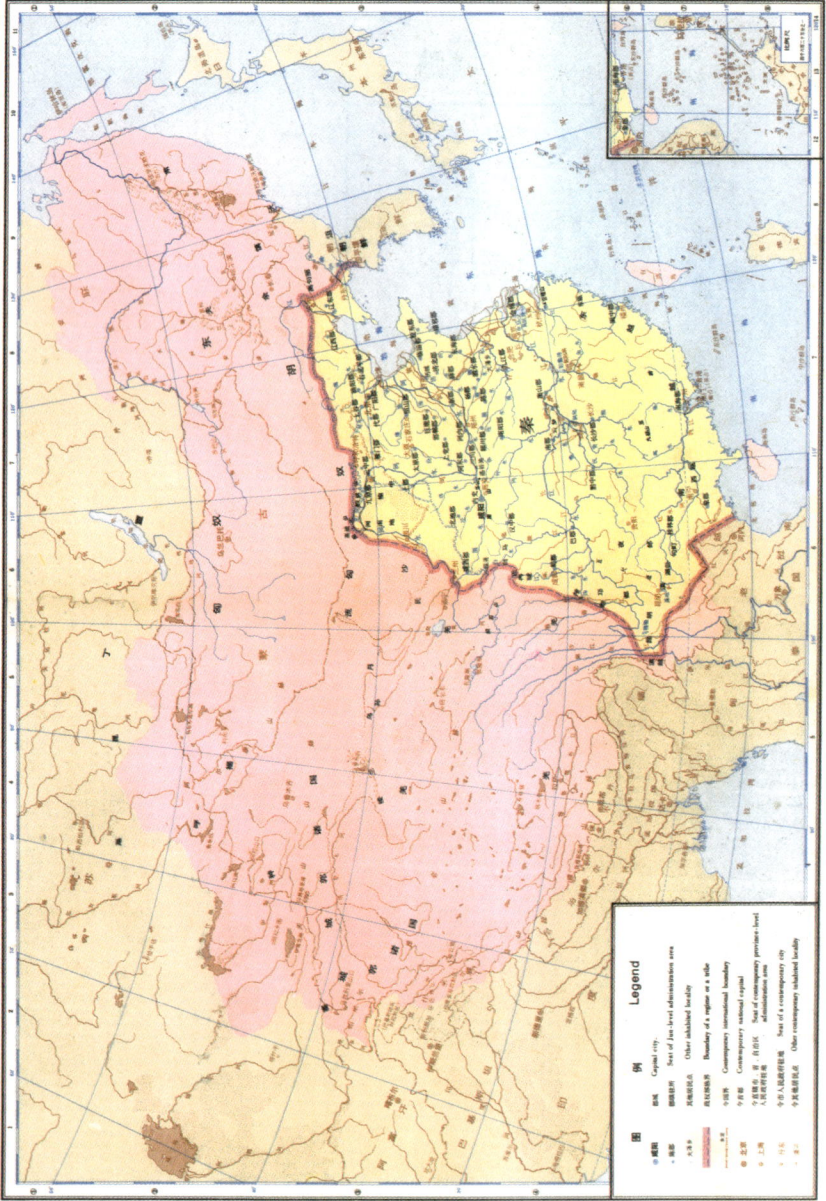

秦 时 期 全 图

图22-4：秦朝、大清之疆域比较（秦朝疆域为黄色部分，1820年大清疆域为黄色再加浅紫部分）
（选自谭其骧主编《中国历史地图集》，秦·西汉·东汉时期，3~4，地图出版社，1982年版）

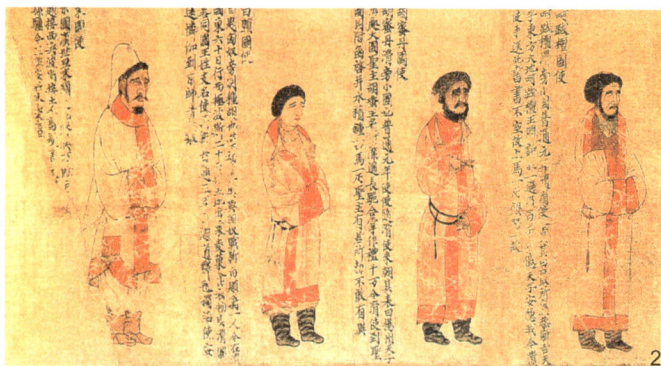

1. 图23-1：山东临淄管仲纪念馆
2. 图23-2：梁元帝萧绎《职贡图》（局部）中所见"蛮夷"国家来使
3. 图25-1：浙江绍兴大禹陵

图27-1：利玛窦改绘的《坤舆万国全图》

这似乎可以称为"行为中国"吧,它使得中国人的行为,整体而言,不同于英国人的绅士风度冷静老成、德国人的准确高效严肃、美国人的自由开放幼稚、日本人的善采异邦与实用主义,中国传统文化的精华与中国人的典型行为,凝聚在一个意蕴丰富而且深刻的"中"字之上,这个"中",就是中庸、折中、并存,和平而不激烈、调和而不偏颇,不过激、不不及。这样的"中国人",真与"中国"之"中"协调合一!

然则国字又作何解?《说文解字》:"國,邦也,从囗①,从或。"南唐徐锴《说文解字系传》:"國,邦也,从囗或声。囗其疆境也,或亦域字。"段玉裁《说文解字注》:"邦、國互训,……古或、國同用。"又《说文解字》:"或,邦也,从囗从戈以守一。一,地也;域,或又从土。"段玉裁《说文解字注》:"或、國在周时为古今字。古文只有或字,既乃复制國字,以凡人各有所守,皆得谓之或,……而封建日广,以为凡人所守之或字未足尽之,乃又加囗而为國。……(或)从土,是为后起之俗字(即域)。"

按殷商甲骨文中没有或、國二字。周金文國字早期作或,表示"执干戈以卫社稷"②;后期孳乳为國者,盖加囗以为國界,此属文字上的自然演变。③

中与國两字连在一起,便成为我国的古老名号之一——中國。那么,中國名号出现于什么时候呢? 这个问题的答案,联系着一次偶然的惊世大发现……

第二节　发现"中或"与中国名号的起源

1963 年 8 月,一个雨后的上午,在陕西省宝鸡县贾村,因为饥荒从宁夏固原回到老家宝鸡的村民陈堆,在租住的东隔壁陈乖善家的后院,看

---

① 音围,下同。

②《礼记·檀弓》。

③《说文解字》训"或"为"从囗从戈以守一"。又有发挥者:以囗为人,一为地,戈为兵器;以囗为地,一为人字之略写;以从戈守囗,像城有外垣。于省吾则提出新说,以或为从囗从邑,详于省吾《释中国》。

见院子后面雨后坍塌的土崖上闪着亮光,好奇之中,就拿了块木板当梯子,和妻子张桂芳一起爬到亮光处,用手和小镢头刨,结果就刨出了个铜器。第二年,陈堆夫妇返回张桂芳的老家固原,临走时将铜器交给哥哥陈湖保管。1965 年,因为生活困难,陈湖背着铜器到宝鸡,把铜器卖给了废品收购站,用换得的 30 元钱买了一斗高粱。

也是在 1965 年,宝鸡市博物馆干部佟太放在市区的玉泉废品收购站,看到了这件铜器,感觉应该比较珍贵,便向馆长吴增昆汇报。吴增昆随即让保管部主任王永光前往查看,王永光也断定这是一件珍贵文物,便以收购站当初购入的价格 30 元将这件铜器买回博物馆。经过考古人员确认,这是一尊西周早期的青铜酒器,高约 39 厘米,口径 28.6 厘米,重约 14.6 公斤。

至 1975 年,国家文物局调集全国新出土的文物精品出国展览,这件失而复得的铜器,因为造型凝重雄奇、纹饰精美严谨而被选中,送到了北京。当时负责展览筹备工作的上海博物馆青铜器专家马承源在清除这件铜尊的蚀锈时,在其内胆的底部,发现了一篇计 12 行、122 字的铭文,内容涉及了周初的两件大事,即武王灭商与武王、成王相继营造雒邑。因为作器的贵族名何,马承源就将这件铜器命名为"何尊",并赞誉何尊堪称"镇国之宝"。(见图 22 - 1)

为何何尊堪称"镇国之宝"呢? 最为关键的一点是,在这件制作于周成王五年(约公元前 1038 年)的何尊的铭文中,首次出现了"中国"一词,相关的一段铭文是这样的:

> 唯王初迁宅于成周。……武王既克大邑商,则廷告于天曰:余其宅兹中或,自之义民。[①]

这段铭文的意思是:成王初迁居于成周。先是武王克商后,在庙廷祭告

[①] 关于何尊铭文的考释,详唐兰:《矞尊铭文解释》,马承源:《何尊铭文初释》,张政烺:《何尊铭文解释补遗》,均刊于《文物》1976 年第 1 期。

于天说:我将居此中或①,自此治理民政。又《尚书·梓材》:"皇天既付中国民,越厥疆土于先王",先王指武王。本诸上述,虽然何尊为成王时器,但由于追述武王祭告于天而言及中或;《梓材》虽然也是成王时所作,但由于追述皇天付与人民和疆土于武王而言及中国。以金文和典籍互相验证,则"中国"名号已见于西周武王时期,当是可以肯定的。(见图 22-2、22-3)

更追溯之,从殷商甲骨卜辞中可以知道,那时商人称他们的国为中商。如武丁时卜辞:"戊申卜,王,贞:受中商年","□巳卜,王,贞:于中商乎御方。"又武丁、文丁时的卜辞,称他们的国家为商方:"叀商方步立于大乙戋羌方。"卜辞及典籍中,商王都所在又称大邑商。② 叶玉森《殷墟书契前编集释》:"告于大邑商。《尚书·多士》:"肆予敢求尔于天邑商。"天邑即为大邑之讹。③《说文解字》:"邑,国也,从□";段玉裁《说文解字注》:"古国、邑通称。《白虎通》曰:夏曰夏邑,商曰商邑,周曰京师。……(□)音韦,封域也。"于省吾《释中国》也指出:"古文字的或、國、邑三个字的构形有着密切的联系,故《说文》既训或与國为邦,又训邑为國。……甲骨文屡见'大邑商'之称,商代乃'城邦制',故以'大邑商'代表商国。"

商而称中商、商方者,乃相对于周边的诸方国(如羌方、鬼方、苦方、人方等)而言。方即国,《诗·大雅·皇矣》"维彼四国",东汉郑玄《笺》:"四国,四方也。"方既是国,则中商、商方也可称作中商国。

---

① "成周"指以洛阳为中心的地区,这里本是夏的中心区域。就地区而言,夏居商、周之间,宜其被周人称为"中或"。《说文解字》"夏,中国之人也",从这样的角度来理解,或不失中国名称起源的初义。又《逸周书·作雒》:"周公敬念于后曰,予畏周室不延,俾中天下。及将致政,乃作大邑成周于土中。"按周成王时周公筑城(故址在今河南洛阳市白马寺之东),迁商遗民居此,并以为天下四方的中心。《汉书·地理志》:"昔周公营雒邑,以为在于土中,诸侯蕃屏四方,故立京师。"按战国时改成周城为雒阳。而词有倒正,"土中"即"中土",即天下之中。引申之,这也是后世儒家以豫州("三代九州"之一。洛阳在豫州,而豫州在九州之中)、以河南("河南曰豫州")为天下之中、为中州、为中原的由来。参阅第一章、第二十五章。

② 详王国维:《说商》,《观堂集林》卷一二,中华书局,1959年版。

③ 邢义田《天下一家——中国人的天下观》(收入刘岱总主编:《永恒的巨流》,联经出版事业公司,台北,1983年版)则认为大邑商、天邑商者,盖大字与天字通。

商而称大邑商者,则是相对于四土以及四方而言。甲骨文称:"东土受年,南土受年,吉。西土受年,吉。北土受年,吉。"这是说占卜东土、南土、西土、北土的年谷成熟。此外,甲骨文言祭四方者屡见,四方指四方远处的方国。而所谓四土、四方,均以大邑商为中心言之。①

又商既可称中商国,则去掉商字,正是中国;换言之,由"中商"而"中国",是以"国"替换"商",即以普通名词替换专有名词。胡厚宣因说:"商而称中商者,当即后世中国称谓的起源"②;田倩君也指出:邑既训国,则大邑商就是称谓中国之义,"准此'中国'称谓的起源定然是从商代开始的"③。

总之,"中国"确见于西周武王时期;商代虽然没有直接出现"中国"这一名号,却也形成了中商、商方、大邑商居于中的地域与文化概念,从这个意义上讲,认为"中国"名号始于商代,也不为过分。

第三节　地域概念的中国及其地域范围的扩大

"中国"名号自从公元前 11 世纪西周初期出现以来,直到公元前 221 年秦国统一以前,在这大概 800 多年的先秦时代里,依据当时人及后来人的说法,其所指地域随着对象与时代的不同,也不尽一致。

其一,指京师。《诗·大雅·民劳》:"惠此中国,以绥四方。……惠此京师,以绥四国。"以中国和京师互称,正表明其含义相同,以此西汉毛亨《传》解释道:"中国,京师也。四方,诸夏也";唐孔颖达《正义》:"中国之文与四方相对,故知中国谓京师,四方谓诸夏。"又《史记·五帝本纪》:

---

① 《诗·商颂·殷武》:"商邑翼翼,四方之极。"东汉郑玄《笺》:"极,中也。商邑之礼俗翼翼然,可则效,乃四方之中正也。"按中是相对于四方而言的,商已有东南西北四方与中央的观念,此为中国一词产生的关键。关于五方观念的详细讨论与考古证据,参阅邢义田《天下一家——中国人的天下观》的综述。

② 胡厚宣:《论五方观念及中国称谓之起源》,收入所著《甲骨学商史论丛初集》第二册,成都齐鲁大学国学研究所,1944 年。

③ 田倩君:《"中国"与"华夏"称谓之寻原》,《大陆杂志》第 31 卷第 1 期,台湾,1966 年。

"夫然后之中国,践天子位焉",南朝宋裴骃《集解》引东汉刘熙曰:"帝王所都为中,故曰中国。"

按京师即后世所习称的首都,它是中央之都城,是天子所居之城。如此,则中国指京师,盖源于商代以大邑商对四土的观念。

其二,指国中、国都。《春秋谷梁传·昭公三十年》:"中国不存公",即季孙不让鲁昭公在中国存身,晋范宁《注》:"中国犹国中也。"按古代的国以城圈为限,城圈以内为国中,城圈以外为郊,郊已不属于国的范围;住在城圈里的人称"国人"。这一概念,西周时已然存在;而由于西周分封的诸侯也都是一些城邦制的国家,所以到了春秋时期,当列国强大起来后,便以自己的国都为中心,看待境内的属邑时,遂以中国自居。如《国语·吴语》:"吴之边鄙远者,罢而未至,吴王将耻不战,必不须至之会也,而以中国之师与我战",三国吴韦昭注:"中国,国都。"这种以中国为国都的习称,一直延续到战国。《孟子·公孙丑》:"我欲中国而授孟子室。"当时齐国的学者都集中在稷门之外,孟轲和他们意见不合,所以齐宣王打算请他住在国中。

以中国指国中、国都,较之以中国指京师,中国指称的对象大大增加了,即从为周天子专用,扩展到为诸侯共享,而所指称的范围仍以城圈为限。

其三,指王畿。《周礼·大司寇》:"凡害人者,置之圜土而施职事焉,以明刑耻之。其能改过,反于中国。"东汉郑玄《注》:"反于中国,谓舍之还于故乡里也。"郑氏以中国为乡里,而乡里实等于近畿,属王畿以内之地。又《左传·昭公九年》:"允姓之奸,居于瓜州。伯父(晋)惠公归自秦,而诱以来,使偪我诸姬,入我郊甸,则戎焉取之。戎有中国,谁之咎也?"是周的郊甸可以称为中国。

周的郊甸既可称中国,则承此例,列国的郊甸也可称中国,于是中国的地域范围进一步放大,即从城圈之内而城圈之周围了。

其四,指天子直接统治的地区。《诗·大雅·荡》:"文王曰咨,咨女殷商。女炰烋于中国,敛怨以为德";又说:"内奰于中国,覃及鬼方。"这是作者借周文王历数商王罪恶,使中国以至远方各族怨怒的告诫,来警刺周厉王。又《诗·大雅·桑柔》:"天降丧乱,灭我立王。降此蟊贼,稼穑卒痒。哀恫中国,具赘卒荒。靡有旅力,以念穹苍。"诗中的中国也显然是指周天子直接统治的地区。

春秋时,列国逐渐强大,形势有了变化,周天子的直接统治区即中国已大为缩小。据《左传·僖公二十五年》,周襄王把阳樊之地赐给晋文公,当地居民却不肯附晋,文公出兵攻取,仓葛呼曰:"德以柔中国,刑以威四夷,宜吾不敢服也。此谁非王之亲姻,其俘之也?"阳樊是周的属邑,其居民是周天子的亲姻,所以自称为中国。

其五,指诸夏国家。周天子的直接统治区——周国既可称中国,分封的诸侯列国——诸夏也不甘居后,况且诸夏国家的利害相对于四夷来说,与周大体一致①,于是中国也可用以指称周和诸夏这个总体。《左传·成公七年》:"中国不振旅,蛮夷入伐而莫之或恤,无吊者也夫",《春秋公羊传·僖公四年》:"夷狄也,而亟病中国,南夷与北狄交,中国不绝若线",这里的中国,与诸夏之义相当。② 又《论语·八佾》:"子曰:夷狄之有君,不如诸夏之亡也",三国魏何晏《集解》:"诸夏,中国也。"

当中国的含义由周的直接统治区扩展到诸夏时,遂为中国发展成诸侯列国全境的称号奠定了基础。上面已说过,列国初封时尚是一些城邦国家;以后,按照"诸侯立家"的原则,以扩建都邑的办法,又分封了许多贵族之家。于是本来是距离遥远的许多城邦,逐渐扩大为境界相接并拥有大片领土的国家。不过各国间的疆界还不很固定,边界上的城邑时常成为争夺的对象;而随着国与国之间"隙地"(无人区)的越来越少,列国疆域终于连成一片,换言之,即一个一个的"中国"并为一体,如此,中国终于扩展为列国全境的称号。

其六,指地处中原之国。诸夏国家相对于四夷都统称中国了,然而

---

① 《左传·僖公二十一年》:"蛮夷猾夏,周祸也。"正反映了周与诸夏的一体关系。
② 《史记·匈奴列传》冒顿"南与中国为敌国",《汉书·匈奴传》则作冒顿"南与诸夏为敌国"。此处之"中国"与"诸夏",含义便完全相同。

毕竟位置有远近,文化有高低,因此在习惯上,诸夏国家的内部还是有区分的,那些位置近(黄河中下游两岸以至江淮地区)、文化高的诸夏国家,往往并不承认环列其外围的位置远、文化低的诸夏国家为中国。以战国时为例,《孟子·梁惠王》说齐宣王曾经"欲辟土地,朝秦、楚,莅中国而抚四夷"。又《孟子·滕文公》:"陈良,楚产也,悦周公、仲尼之道,北学于中国。"这里所说的中国,都是指中原国家。再如《战国策·秦策》范雎说秦昭王:"今韩、魏,中国之处而天下之枢也。"《韩非子·存韩》:"韩居中国,地不能满千里。"是韩、魏在当时均被视为中国。又《战国策·秦策》公孙衍谓义渠君:"中国为有事于秦。……居无几何,五国伐秦。"五国谓齐、宋、韩、赵、魏,这五国也被认为中国。

但是,位置之远近、文化之高低并不是绝对的,以此,此义的"中国"所涵盖的国家也不会凝固。南宋洪迈《容斋随笔》卷五"周世中国地"条尝论春秋之世,"其中国者,独晋、卫、齐、鲁、宋、郑、陈、许而已",至于吴、越、楚、秦、燕等国,皆为蛮戎。如吴、越,《尸子·广泽》:"夫吴、越之国以臣妾为殉,中国闻而诽之。"《史记·吴太伯世家》:"自太伯作吴,五世而武王克殷,封其后为二。其一虞,在中国;其一吴,在夷蛮。十二世而晋灭中国之虞。中国之虞灭,二世而夷蛮之吴兴。"《史记·仲尼弟子列传》:"子贡之越,越王除道郊迎,身御至舍,而问曰:此蛮夷之国,大夫何以俨然辱而临之?"《韩非子·孤愤》:"夫越虽国富兵强,中国之主皆知无益于己也。"又楚,《史记·楚世家》记其国君熊渠曰:"吾蛮夷也,不与中国之号谥。"春秋初年楚武王也公开说:"我,蛮夷也。"《汉书·五行志》云:"中国齐、晋,南夷吴、楚为强。"唐颜师古注:"中国则齐、晋为强,南夷吴、楚为强。"秦,本来奄有西周旧畿,但因受"戎翟之教,父子无别,同室而居"[①],所以亦非中国。《史记·秦本纪》载:"秦僻在雍州,不与中国诸侯之会盟,夷翟遇之。"再有燕,虽为召公奭之后,却以离中原稍远,与鲜虞山戎比邻,而自认蛮夷。据《战国策·燕策》,当张仪为秦破合纵说燕

---

① 《史记·商君列传》。

王时,燕王即说:"寡人蛮夷僻处,虽大男子,裁如婴儿,言不足以求正,谋不足以决事。"

值得注意的是,此本非中国的吴、越、楚、秦、燕,随着疆域的扩大或文化的进步,也逐渐得忝或一时得忝中国之名号。在春秋先后成为霸主的诸侯中,就有秦穆公、楚庄王、吴王阖闾、越王勾践。霸主之国作为诸夏的重心,"尊王攘夷"的主角[1],当然谁也不能否认其进入中国的行列。到战国后期,魏、赵、韩、齐、秦、楚、燕七雄,事实上就都被视为中国了。

把战国七雄都视为中国,是一种相对于四夷的广义的中国范围,它与上述的中国"指诸夏国家"含义近同;把吴、越、楚、秦、燕等国排除在外而特指中原诸国,则是习惯上的狭义的中国范围。

总括来看,先秦时期作为地域概念使用的中国,积有六义。推此六义的演变,则开始发生的时间,大体一义比一义晚;所指称的对象与地域范围,也基本上后者比前者为多为广。然而比较言之,第五、第六两义发生的时间既晚,沿用的时间也较久,涵盖面则最大。在此两义的中国的背后,实际上显示着一种相对于四夷的地理上与文化上的自豪感,表明了诸夏国家在民族、地理以及文化上的一种相互认同。从这个意义上讲,中国已成为诸夏国家共同的国号,成为诸夏国家所共同拥有的地域的专称。[2]

然而进一步推求,地域概念的中国,其名则一,其义为什么会一变再变,再变而至于五、六变?而且每一变基本都是指称对象的增多而不是减少、指称地域的扩大而不是缩小?思之,当因"中国"文化上为一美名,

---

[1] 春秋时代,"南夷与北狄交,中国不绝若线",于是"尊王攘夷"成了霸主事业的主要准则,而"夷夏之辨"也因之更加义正词严。

[2] 王尔敏曾撰《"中国"名称溯源及其近代诠释》(《中华文化复兴月刊》第5卷第8期,台北,1972年),统计先秦古籍中"中国"一词凡出现172次,而别其含义为五:或指京师,或指国境之内,或指诸夏领域,或指中等国力之国,或指位于中央地区之国。又五义之中,最重要者为指诸夏,次之为指国境之内。考此可知,先秦所谓"中国","主要在指称诸夏之列邦,并包括其所活动之全部领域",甚至在于显示此一区域"民族文化一统观念"。换言之,先秦时"中国"一词,已普遍成为国土之共称,并代表着大一统观念,而这又为以后秦汉的统一奠定了坚强的基础。

"中国"代表着一种文化标准。

第四节　文化概念的中国及其文化意义的伟大

中字具有诸多美义,上文已述;而由中字之美义,又使中国成为一美名。《韩非子·初见秦》:"赵氏,中央之国也,杂民所居也,赵居邯郸,燕之南,齐之西,魏之北,韩之东,故曰中央。"盖训中国为中央之国,其名已美;更求之,则中国之为美名者,尚不仅此。如《战国策·赵策》记公子成劝谏赵雍(赵武灵王)莫行胡服骑射,即对所谓中国有一段极具体的描述:

> 臣闻之,中国者,聪明睿知之所居也,万物财用之所聚也,贤圣之所教也,仁义之所施也,诗书礼乐之所用也,异敏技艺之所试也,远方之所观赴也,蛮夷之所义行也。今王释此,而袭远方之服,变古之教,易古之道,逆人之心,畔学者,离中国,臣愿大王图之。

是中国之为中国者,其人则聪明睿智,其用则万物所聚,其礼则至佳至美,是具有高度文明的区域;凡诗书礼乐不及或风俗有殊者,即不得在中国之列。要之,"中国有文章光华礼义之大"①,为远方所仰慕,为蛮夷所心仪。这就是文化概念的中国。

文化概念的中国,其标准又是相对的而非绝对的。也就是说,文化上达此标准者,即为中国;反之则为蛮夷。② 文化是不断进步的,于是中国的地域范围不断放大,中国的成员也不断增多。文化的中国意义之伟

---

① 《尚书·舜典》唐孔颖达《正义》。
② 《孟子·滕文公》:"吾闻用夏变夷者,未闻变于夷者也。"事实上,"变于夷者"也是有的,赵武灵王胡服骑射即为一例。盖不同文化,本非截然分判,互不交融,而自中国文化日益发展后,在优越的文化观下,遂以诸夏文化为正宗,此《孟子》所谓"用夏变夷者"。再者,值得指出的是,中国人立足于优势的文化地位,又开始萌生一种强烈的文化使命感,认为中国有责任将自己的文化向外推展,以使四夷一体濡染德教,即"一乎天下"。"一"的方法是"用夏变夷",而"一"的范围则是"溥天之下",并不限于中国。这一理想,由先秦而至近代,一直显然或隐然地存留在中国帝王及士大夫的脑海之中。参阅第二十六章。

内蒙古包头市赵武灵王"胡服骑射"雕塑

大,正在于此!

文化的中国之地域范围的不断放大,又有个过程。洪迈《容斋随笔》卷五"周世中国地"条:

> 成周之世,中国之地最狭。以今地理考之,吴、越、楚、蜀、闽皆为蛮,淮南为群舒,秦为戎,河北真定、中山之境乃鲜虞、肥、鼓国,河东之境有赤狄里[甲]氏、留吁、铎辰、潞国。洛阳为王城,而有杨拒、泉皋蛮氏,陆浑、伊洛之戎。京东有莱、牟、介、莒,皆夷也。杞都雍丘,今汴之属邑,亦用夷礼。① 邾近于鲁,亦曰夷。②

按洪氏所云,即大体以文化立说。吴、越、楚、秦、燕等国,春秋以至战国

---

① 杞本为禹后。然《春秋·僖公二十七年》"杞子来朝",《左传》评论道:"杞桓公来朝。用夷礼,故曰子。"西晋杜预《注》:"杞,先代之后而迫于东夷,风俗杂坏,语言衣服有时而夷。"据此,杞之风俗已变夏为夷,故杞桓公来朝用夷礼。

② 邾本属中国。然《左传·僖公二十一年》,邾灭须句(须句是服事诸夏的东夷小国),"蛮夷猾夏,周祸也"。西晋杜预《注》:"此邾灭须句而曰蛮夷,昭公二十三年叔孙豹曰邾又夷也。然则邾虽曹姓之国,迫近诸戎,杂用夷礼,故极言之'猾夏',乱诸夏。"

之世，大体已中国化；而老牌的中国如鲁、齐、晋、宋、蔡、陈诸国，其文化上的完全中国化也并非一蹴而就。如鲁号称旧邦，而《史记·鲁周公世家》云："鲁公伯禽之初受封之鲁，三年而后报政周公。周公曰：'何迟也？'伯禽曰：'变其俗，革其礼，丧三年然后除之，故迟。'"是鲁，周初分封时尚未完全中国化，其他可想而知。

西周以后，鲁、齐、晋、宋、陈、蔡、卫、曹等国，或以宗周之懿亲，或以前代之华阀，其为中国，已无疑义，然而细揆其境内，蛮夷戎狄之非中国者，如洪迈所言，却也纵横参互于其间。《史记·匈奴列传》："戎狄或居于陆浑，东至于卫，侵盗暴虐中国，中国疾之"；又《后汉书·西羌传》："平王之末，周遂陵迟，戎逼诸夏。自陇山以东，及乎伊、洛，往往有戎。""中国"内部尚且如此，"中国"以外的四夷就更多，更加交错复杂，如戎、狄主要分布在黄河流域及其以北地区，夷分布在江淮至沿海地域，楚的南部则有群蛮和百濮。

上述"中国"内部的蛮夷戎狄与"中国"四周的蛮夷戎狄，自春秋时代起，迄于秦汉统一前，则大体已中国化者居多，所谓文化的"中国的初步的型成"①，即在这一时期；而这一成果的达成，又基于以下两方面的原因。

其一，民族同化。春秋时代，同化蛮夷彰彰可考者，如"齐之经营山戎，则山东、河北之境固。……晋之经营陆浑、姜戎、东山、骊戎，则山西之土定。……楚之经营百濮、南蛮、滇池、江汉之间、黔滇之域，举而入诸中国。"②及战国时代，诸侯内竞，则赓续春秋以来遗绪，杂居于内地的蛮夷戎狄各部族，遂为诸夏国家所同化；诸侯外拓，则"东北有燕之拓土，东北、河北已固矣。北有赵之拓土，河北已定矣。南有楚之拓土，湖广滇黔已启矣。西有秦之拓土，甘陇巴蜀已平矣"③。于是居于诸夏之外的蛮夷戎狄各部族又被统一、被融合，或退处更远的边陲，于是在一个连成一体的相当大的范围内都中国化了：秦固中国之一分子，而六国自为中国，

① 陈登原：《国名疏故》"五"，商务印书馆，1936 年版。
② 陈登原：《国名疏故》"五"。
③ 同上。

《史记·张仪列传》:"中国无事。"唐司马贞《索隐》:"谓山东诸侯齐、魏之大国等。"又唐张守节《正义》:"中国,谓关东六国。无事,不共攻秦。"既七国共为中国,则秦统一后,中国之范围更加恢廓。

其二,观念转变。唐韩愈《原道》:"孔子之作《春秋》也,诸侯用夷礼则夷之,进于中国则中国之。"又清王韬《弢园文录外编·华夷辨》指出:"《禹贡》划九州,而九州之中诸夷错处;周制设九服,而夷居其半。……苟有礼也,夷可进为华;苟无礼也,华则变为夷。"又1907年杨度所撰《金铁主义说》指出:"《春秋》之义,无论同姓之鲁、卫,异姓之齐、宋,非种之楚、越,中国可以退为夷狄,夷狄可以进为中国,专以礼教为标准,而无有亲疏之别。"据知中国、蛮夷之分,不在族类,不在地域,而在文化;从这个意义上,我们又可以说:中国以文化成!中国者,文化之中国!若没有中国文化,在其后2000多年里,又何以能混杂融汇数千百人种①,而保持中国如故?而地域的中国渐趋扩大?而政治的中国愈益巩固?

第五节 秦汉及其以后中国概念的流变

秦朝统一至今,已经2200多年过去了。在这2200多年的时间里,无论皇朝怎样更迭、时代如何变迁,"中国"作为我国通用的名号以至国号的简称,都一直在使用着。而就"中国"的含义来说,则较之先秦时期,又有了进一步的发展:一则文化意义加强,二则地域范围扩大,三则作为政治概念使用的"中国"逐渐走向定型。

(1)文化意义的进一步加强

《汉书·五行志》:"刘歆曰:昼象中国,夜象夷狄";扬雄《法言·问

---

① 柳诒徵:《中国文化史》(中国大百科全书出版社,1988年版)"绪论"略谓:"数千年来,其(指汉族,文化的中国的主体民族)所吸收同化之异族,无虑百数。春秋战国时所谓蛮、夷、戎、狄者无论矣,秦、汉以降,若匈奴,若鲜卑,若羌,若奚,若胡,若突厥,若沙陀,若契丹,若女真,若蒙古,若靺鞨,若高丽,若渤海,若安南,时时有同化于汉族,易其姓名,习其文教,通其婚媾者。外此如月氏、安息、天竺、回纥、唐兀、康里、阿速、钦察、雍古、弗林诸国之人,自汉、魏以至元、明,逐渐混于汉族者,复不知凡几。"

道》:"或曰孰为中国? 曰:五政之所加,七赋之所养,中于天地者为中国";《史记·司马相如传》:"盖闻中国有至仁焉,德洋而恩溥,物靡不得其所";又《盐铁论·轻重》:"中国,天地之中,阴阳之际也。日月经其南,斗极出其北,含众和之气,产育庶物。"按照汉人的这些说法,则中国象征着光明,为至高无上、雍容华贵之域。

两汉以后,中国雍容华贵之程度愈增,故或谓中国为才智人士所荟萃,《三国志·魏书·武帝纪》汉建安十九年:

> 安定太守毋丘兴将之官,公(曹操)戒之曰:"羌、胡欲与中国通,自当遣人来,慎勿遣人往。善人难得,必将教羌、胡妄有所请求,因欲以自利。"

是中国"人才"不能外流,以利羌、胡。又《魏书·广陵王传》记北魏孝文帝拓跋宏自平城迁都洛阳云:

> 朕为天子,何假中原! 欲令卿等子孙,博见多知。若永居恒北,值不好文主,卿等子孙,不免面墙也!

北魏杨衒之著《洛阳伽蓝记》,也盛赞中国之繁荣:

> 自葱岭已西,至于大秦,百国千城,莫不欢附,商胡贩客,日奔塞下,所谓尽天地之区已,乐中国土风,因而宅者,不可胜数。是以附化之民,万有余家。①

浸至南北朝末年,文中子(王通)《中说·述史》遂谓:

> 大哉中国! 五帝三王所自立也,衣冠礼义所自出也!

而过此以往,以中国之盛夸示于四夷外邦者,史不绝书,兹举隋炀帝两例以见一斑。《隋书·裴矩传》:

> 及帝西巡,次燕支山,高昌王、伊吾设等,及西蕃胡二十七国,谒

---

① 杨衒之:《洛阳伽蓝记》卷三"龙华寺"条。

于道左。皆令佩金玉,被锦罽,焚香奏乐,歌舞喧噪。复令武威、张
掖士女盛饰纵观,骑乘填咽,周亘数十里,以示中国之盛。

如此场面,使"帝见而大悦"。又《资治通鉴·隋纪五》大业六年:

> 诸蕃请入(东都洛阳)丰都市交易,帝许之,先命整饰店肆,檐宇
> 如一,盛设帷帐,珍货充积,人物华盛,卖菜者亦藉以龙须席。胡客
> 或过酒食店,悉令邀延就坐,醉饱而散,不取其直,给之曰:"中国丰
> 饶,酒食例不取直。"胡客皆惊叹。

呜呼! 炫耀国力、粉饰盛世乃至于此。而如隋炀帝者,汉武帝、大明成
祖、慈禧太后,中国历史上正不知有几人! 何以如此呢? 既为中国,则是
人间最富庶、最文明的天堂。本来,在中国文人的观念里,"居天地之中
者曰中国,居天地之偏者曰四夷",中国之所以居天地之中,乃因有"礼乐
教化",四夷之所以居天地之偏,乃因无"礼乐教化",中国、四夷之"限"在
此。[1] 而在中国至尊的真龙天子的眼中,一切外邦也就成了蛮夷戎狄,照
例是贫穷、落后、野蛮的地方。中国的文化概念流变至此,其间弊端,自
不容讳。

然而另一方面,文化的中国对于周边民族与国家的吸引力又是巨大
的,这奠定了中国这个统一的多民族国家形成的思想基础。如北宋晁说
之《嵩山集》卷二记契丹主耶律洪基:

> 尝以白金数百两铸两佛像,铭其背曰:"愿后世生中国!"

《续资治通鉴长编》卷一五〇载宋人富弼之语也称:

> 自契丹侵取燕蓟以北,……其间所生豪英皆为其用,得中国土
> 地,役中国人力,称中国位号,仿中国官属,任中国贤才,读中国书
> 籍,用中国车服,行中国法令。

此辽国契丹民族之深慕中国。又《宋史·陈亮传》:

---

[1] 石介:《徂徕集》卷一〇《中国论》。

> 昔者金人草居野处,往来无常。……今也城郭宫室,政教号令,一切不异于中国。

是金人已中国化。其后蒙古混于中国,《明经世文编》卷七三载明丘浚《内夏外夷之限》云:

> 国初平定,凡蒙古、色目人散处诸州者,多已更姓易名,杂处民间。……久之,固已相忘相化,而亦不易以别识之也。

至于清朝,满洲统治者也不自外于中国。爱新觉罗·胤禛(雍正皇帝)尝谓:就民族言,"本朝之为满洲,犹中国之有籍贯",同是中国人,不能因籍贯(民族)的不同,而"妄生此疆彼界之私",而"妄判中外";①就疆域言,则"中国之一统始于秦,塞外之一统始于元,而极盛于我朝"②,此皆天时人事之自然,非人力所能强者。

"海不辞水,故能成其大;山不辞土石,故能成其高。"③而类似上述的这种非汉民族不自外于中国,盖与中国文化概念之宽泛、中国文化意义之伟大密切相关。正是在这种观念的支配下,中国文化渐趋发达与丰富,而中国地域也由仄小而广大!

(2) 地域范围的进一步扩大

秦汉以还,作为地域概念使用的中国,所指仍然不一:或指京师,或指中原,或指内地,又或指全国;还或指汉族建立的国家或皇朝法统。兹分别讨论如下。

中国指京师。《汉书·韩安国传》:"梁王念太后、帝在中,而诸侯扰乱,壹言泣数行而下。"唐颜师古注:"中,关中也。一说谓京师为中,犹言中国也。"又《汉书·扬雄传》:"天下已定,金革已平,都于洛阳。娄敬委辂脱挽,掉三寸之舌,建不拔之策,举中徙之长安,适也。"颜师古注:"中国谓京师。"

---

① 爱新觉罗·胤禛:《大义觉迷录》卷首上谕。
② 《清世宗宪皇帝实录》卷八三。
③ 《管子·形势解》。

中国指中原地区。其例甚多，《史记·东越列传》："东瓯请举国徙中国，乃悉众来处江淮之间。"又《史记·南越尉佗列传》："闻陈胜等作乱，……中国扰乱，未知所安。"东汉建安中王粲诗："复弃中国去，委身适荆蛮。"这三处的中国，含义与中原同。《三国志·蜀书·诸葛亮传》裴松之注引《袁子》曰："诸葛亮始出陇右，南安、天水、安定三郡人反应之，若亮速进，则三郡非中国之有也。"《晋书·宣帝纪》："孟达于是连吴固蜀，潜图中国。"此所谓中国，都指立国于黄河中下游的曹魏。《晋书·五行志》："局缩肉，数横目，中国当败吴当复。"中国指篡魏而立的司马晋。又《晋书·周顗传》："时中国亡官失守之士，避乱来者，多居显位，驾驭吴人，吴人颇怨。"《新五代史·十国世家年谱》："十国皆非中国有也。""中国"亦与中原不殊。

中国指内地。清吴桭臣《宁古塔纪略》："其绅士在彼者，俱照中国，一例优免。"又清陈鼎《滇游记》云南省："楚雄、姚安、开化三郡，……诸生皆恂恂儒雅，敬慕中国。"

按以中国指称内地或中原，盖为区别于边疆及其他地区。不过边疆及其他地区也是相对的概念。如西汉时，今湖南、江西都已设郡置县，纳入朝廷的直接统治之下，却未被承认为中国；到了明朝，湖南、江西可以称中国了，更边远偏僻的地区如云南、贵州却还是非中国。有些地区随着经济文化的提高，自认为可以跻身于中国，对周围地区更是以中国自居，但在老牌的中国看来，仍被视为非中国。如西汉时，四川盆地的汉人聚居区对周围非汉民族早以中国自居，但在关中人和关东人的眼中，四川或许还没有称中国的资格。

在自称中国的内地或中原地区看来，边疆及其他地区大体是蛮夷戎狄所居的地方或经济文化落后的地域；然而经济文化发展了，蛮夷戎狄中国化了，也就可以自称中国或被视为中国。如此，则秦汉以后的中国，无论以地域言，还是以文化言，其引申义之一，乃是区别于蛮夷而言。

以中国区别于蛮夷,与先秦无殊,而秦汉以还,"要当以汉人为最"①。《史记·武帝本纪》:"天下名山八,三在蛮夷,五在中国";《白虎通德论·王者不臣》:"夷狄者,与中国绝域异俗,非中和气所生,非礼义所能化,故不臣也。"又《白虎通德论·礼乐》:"先王推行道德,和调阴阳,覆被夷狄,故夷狄安乐,来朝中国。"

然则何谓蛮夷?《礼记·王制》释之甚明:

> 中国戎夷,五方之民,皆有性也,不可推移。东方曰夷,被发文身,有不火食者矣。南方曰蛮,雕题交趾,有不火食者矣。西方曰戎,被发衣皮,有不粒食者矣。北方曰狄,衣羽毛穴居,有不粒食者矣。中国、夷、蛮、戎、狄,皆有安居、和味、宜服、利用、备器。

由此,中国与四夷的区别,关键还是文化,即夷狄"饮食衣服,不与华同",中国"以诗书礼乐法度为政",而"戎夷无此"。②

按汉世所谓蛮夷,南越则今两广,闽越则今福建,东瓯则今浙江,西南夷则今川、黔、滇,匈奴则当今内外蒙古,羌则当今甘、青、藏,西域诸国则当今新疆及其以西。以此,别于蛮夷而称之中国,其范围之仄小可知。而自西汉武帝以后,历朝历代,蛮夷戎狄中国化者,或换言之,化蛮夷为中国者,史籍所载,又比比皆是,陈登原尝综言之曰:

> 自西汉武帝承累世之承平,张威武之挞伐,通西南夷,平闽、南越,北却匈奴,西通西域,而中国两字之意义,自大异于前此。③ 虽以东南言之,汉以后有吴之经营;以西南言之,汉以后有蜀之经营;以西域言之,汉以后有唐之犁庭扫穴;以朔北言之,汉以后有元之远逾

---

① 陈登原:《国名疏故》"四"。后世也一以贯之,兹举一例。吴元年(1367 年)朱元璋北伐檄文:"自古帝王临御天下,中国居内以制夷狄,夷狄居外以奉中国。"(《明太祖实录》卷二六吴元年十月丙寅)中国即与夷狄对举为文。
② 《史记·秦本纪》。
③ 明末清初王夫之《读通鉴论》卷三"论武帝开边"云:"以一时之利害言之,则病天下;通古今而计之,则利大而圣道以宏。……因是而贵筑昆明垂及于今,而为冠带之国;……江浙闽楚,文教日兴,迄于南海之滨;滇云之壤,理学节义,文章事功之选,肩踵相望,天所佑也,汉肇之也!"

漠北;而改土司以入归流官,罗蒙、藏入职方,汉以后犹有清之经营。然则中国之作中国解,如今日之意义者,渊源于汉,可决知也。而"汉"之一字,与中国两字之意义,亦于以明矣。①

但是,章炳麟《中华民国解》准此又说:

> 中国以先汉郡县为界,而其民谓之华民。……故以中华民国之经界言之,越南、朝鲜二郡必当恢复者也;缅甸一司则稍次也,西藏、回部、蒙古三荒服则任其去来也。②

对此,陈登原驳云:"夫国疆之成,端赖人力,章氏安得而有此论乎?"况且按历史之事实,秦汉以还之中国,也时时指称全国,即皇帝直接统治的地区。如汉初,陆贾出使南越,言于自立岭南的南越武王赵陀曰:

> 皇帝起丰沛,讨暴秦,诛强楚,为天下兴利除害,继五帝三王之业,统天下,理中国。中国之人以亿计,地方万里,居天下之膏腴,人众车舆,万物殷富,政由一家,自天地剖判未始有也。③

又《史记·天官书》:"其后秦遂以兵灭六国,并中国。"唐骆宾王诗:"河山通中国,山途限外区。"唐韩愈《论佛骨表》:"佛者,夷狄之一法耳,自后汉时流入中国,上古未尝有也。"此义的中国,盖为区别于间接统治的地区及统治范围之外的地区,在这些地区里,自然有蛮夷戎狄;然而直接统治的地区,又何尝没有蛮夷戎狄呢?

本来,在先秦时,中国就或指天子直接统治的地区;而由此引申,秦汉以还,凡是天子(皇帝)直接统治的地区,都可以称为中国。在这一义中,中国的地域范围虽然不断变化,但却表现出一个显著的趋势,即指称

---

① 陈登原:《国名疏故》"六"。

② 章炳麟在《中华民国解》中又自相矛盾道:"今者,中华民国虑未能复先汉之旧疆,要以明时直省为根本(除缅甸)。越南、朝鲜其恢复则不易。惟缅甸亦非可以旦夕致者。三荒服虽非故土,既不他属,循势导之,犹易于二郡一司。其同化则互有难易",具体而言,"语言文字之化当尽力者莫西藏若也,……居食职业之化当尽力者莫蒙古若也,……法律符令之化当尽力者莫回部若也。"

③ 《汉书·陆贾传》。

地域的逐步扩大。

秦汉统一后,随着新的大一统局面的出现,中国的地理内涵大大地扩展了。《史记·秦始皇本纪》叙述秦地:"东至海暨朝鲜,西至临洮、羌中,南至北向户,北据河为塞,并阴山至辽东。"也就是说,秦朝的辽阔疆域——北起河套、阴山山脉,东北向至辽河下游流域及朝鲜西北部一隅之地,南至今越南东北一角和两广,西起陇山、川西高原和云贵高原,东至海——均已归入"中国";而这一"中国"范围,既构成了以后历代中原皇朝疆域的主体,也成为地域概念的中国之发展的根基。

在秦时中国即秦朝的直辖领地之外,东北有肃慎、夫余、高句丽、东胡,阴山以北为匈奴,河西走廊及其以西地区有月氏、乌孙及绿洲上的城郭诸国,又青藏高原及云贵高原的西部分布着一些羌人部族。

西汉时代尤其是武帝时期,中国的地域范围较秦又有拓殖:南、北略同于秦而或稍有扩展,东面扩展到今朝鲜中部,西有河西及广大的西域,又西南达四川西南及云贵等省,南有越南的中北部——这一直接统治区,为现代中国的广大疆域奠定了基础。在这一统治区的外围,则活动着匈奴、丁零、鲜卑、乌桓、夫余、肃慎、沃沮、哀牢及羌等民族、部族。

由秦、西汉以政治统治为基础的中国地域范围的演变,可以得出这样一个结论:随着统一国家的形成、疆域的扩大,中国的地域范围也在不断变化和扩大;一般来说,一个中原皇朝(或称中央皇朝,详后)建立了,它的直接统治区就可以被称为中国,而它间接统治的边远地区以及统治范围之外就是蛮、夷、戎、狄,就不是中国。延至清朝,当1759年爱新觉罗·弘历(乾隆皇帝)平定大小和卓木之乱以后,西达葱岭以西和巴尔喀什湖北岸及其西南,东到库页岛,北抵西伯利亚南部萨彦岭和外兴安岭,南届南沙群岛,"溥天之下,莫非王土",都置于大清中央政府各有特色的有效管辖之下,地域概念的中国,于是第一次与政治概念的中国(详后)合而为一,"中国"和"中原皇朝"两个概念指称的地域范围,也从此吻合一致。(见图22-4)

与文化概念的中国相联系,地域概念的中国还有一解,即经常被用来指称汉族建立的国家或皇朝法统。把汉族（由华夏族融合发展而成）建立的国家称为中国，始于汉朝而以后一直沿用，这无需多说。① 然而问题在于：历史上非汉族建立的国家也往往自称中国，尤其在分裂时期更是如此，有时还与同期存在的汉族国家争夺中国名号，至少也要平分秋色：

比如，十六国时期匈奴人刘渊初建国号为汉，自称汉王，"立汉高祖以下三祖五宗神主而祭之"②；另一匈奴人刘勃勃"自以匈奴夏后氏之苗裔也，国称大夏"③，以继承夏朝法统的中国皇帝自居。又如羯人石勒、氐人苻坚，都因拥有长安、洛阳两京，而自居"中国皇帝"，反指东晋为"司马家儿"、"吴人"。

又如，南北朝时期，南朝政权和东晋一样，自认是真正的中国，贬斥北朝为索虏，而北朝政权以占据着传统的中国地区——中原，遂以中国正朔自居，反骂南朝为岛夷。④ 这场中国之争，到隋朝统一才得以解决。隋朝继承了北朝的法统，自然承认北朝是中国，但它又不能否认南朝的中国传统，更何况南朝也已归入自己的版图，于是给了双方平等的地位：都被视为中国。

再如，宋、辽、夏（西夏）、金对峙时期，大家平分秋色，同为中国，较之南北朝时期的互相排斥，无疑进了一步：契丹的辽、女真的金是北朝，汉族的宋是南朝，党项的夏是西朝。辽朝从耶律阿保机到耶律德光，将"中国帝王名数"⑤尽袭用之，以示自己是中国之君。金朝从章宗开始，致祭三皇、五帝、四王及夏、商、周、汉、唐十七君⑥。夏也以中国正统自居，但

---

① 如李焘《六朝通鉴博议》卷一："若夫东晋、宋、齐、梁、陈之君，虽居江南，中国也；五胡、元魏，虽处神州，夷狄也。……王猛丁宁垂死之言，以江南正朔相承，劝苻坚不宜图晋；崔浩指南方为衣冠所在，历事两朝，常不愿南伐。……天意佑华，亦不可以厚诬其实。"

②《晋书·刘元海载记》。

③《晋书·赫连勃勃载记》。

④《资治通鉴·魏纪一》黄初二年"臣光曰"："宋、魏以降，南、北分治，各有国史，互相排黜，南谓北为索虏，北谓南为岛夷。"

⑤ 叶隆礼：《辽志·本末》。

⑥《金史·章宗纪》。

并不排斥其他政权之为中国。及至大元建立,开修宋、辽、金三史,便符合历史实际地各与正统,各系年号。

按非汉民族政权自称中国者,起初多以占有传统的中国地区即中原为由;离开了中原的汉族政权并不放弃中国名号者,既以中国的合法继承者自居,也缘于从文化上讲,具有称中国的资格。而随着非汉民族政权经济文化上的中国化,则不仅从地域上,也从文化上,都成为中国的一分子。从这个角度理解,中国者,又不是哪一族的中国,而是各族共有的中国;今天是如此,历史上本也如此。换言之,则历史上的中国,无论是地域的中国还是文化的中国,都不仅包括以汉族为主所建立的中原皇朝,也包括了汉族以外的非汉民族建立的中原皇朝。

然则中原皇朝的概念,也是模糊而多变的。毛泽东曾经指出:"中国是一个由多数民族结合而成的拥有广大人口的国家。"①今天的中国,汉族和50多个少数民族和衷共济;历史上的中国,就民族成员而论,也是如此。在这众多的民族中,汉族建立的皇朝习称中原皇朝;汉族建立的统一范围较大、统一程度较高的皇朝又习称中央皇朝。非汉民族建立的皇朝,如果汉化程度较高,或主要建立在传统的汉族地区,或所统治的主要是汉人,传统史学也称之为中原皇朝;而若统一范围和统一程度也较大较高,则也得称为中央皇朝。以此,前秦、北魏与东晋、南朝,虽都自称中国而互不承认对方是中国,其实都是南北分立的中原皇朝;辽与北宋、金与南宋,也都是中原皇朝。即便如西夏,因为立国于传统的汉族地区,文化、制度也都仿汉,也可以看作是中原皇朝。而秦、汉的匈奴,唐时的吐蕃、突厥,明时的鞑靼、瓦剌一类,即不算中原皇朝,当然更谈不上是中央皇朝,他们只是各该时期的边疆民族所建立的边区政权或国家,既不被该时期地域的中国所涵盖,也不包括在该时期文化的中国以内;然而,他们却属于现代更新了的政治概念的中国之一分子。

---

① 毛泽东:《中国革命和中国共产党》,收入《毛泽东选集》(一卷本),人民出版社,1964年版。

（3）政治概念的中国及其含义的现代更新

所谓政治概念的中国，即作为国家代名词使用的中国。它不同于文化的中国之模糊，也不同于地域的中国之多变，政治的中国，无论是空间抑或时间，指称都相当明确。

政治概念的中国，如果一定要追溯其本源的话，似乎可从明朝后期算起。翻检《明史》，大明朝廷对内对外的诏令、敕谕，往往自称中国；九篇《明史·外国传》中，中国作为明朝的代名词，与朝鲜、安南、日本、苏禄等国并称。又大清康熙二十八年（1689 年）与沙俄订立《尼布楚界约》，这是中国与外国确定边界的第一个具有国际法律水准的条约，这个条约订约的中方是清廷，但使用的国名是中国；中国首席代表索额图的全衔即是"中国大圣皇帝钦差分界大臣、议政大臣、领侍卫内大臣"，这表明索额图是中国皇帝（即大清皇帝）的钦差，行使的是中国（即大清国）的主权。至于明清时代来到中国的西方人，一般都用中国（或中华、中华帝国）直称中国，而不用明朝或清朝。鸦片战争以后，中国作为国家或清朝的代名词，使用逐渐普遍，尤其是在国际交往中。但是人们的概念还是相当模糊的，各种含义时常混用，甚至自相矛盾。像魏源这样一位杰出的学者和思想家，在他的《圣武记》中，中国一词有时指整个清朝的领土，与现代的概念已经一致；有时却只指传统的范围，即内地十八省（直隶、江苏、安徽、陕西、甘肃、湖北、湖南、山东、山西、河南、江西、浙江、福建、广东、广西、四川、云南、贵州），而不包括蒙古、青藏、新疆、东北和台湾。17 世纪以来的西方著作，也往往将清朝建省的地区称为中国或中国本部、中国本土，而称其他地区为鞑靼、蒙古、西藏和新疆（中国突厥）等。我们以前往往将这类称呼看得非常严重，认为是帝国主义者别有用心，其实大多数人并无恶意，而只是概念上的不同。

到了晚清，中国作为国家的概念已经明确，中国的地域范围即指大清主权所达到的范围，但清朝的正式国号仍是"大清"。清朝在对外交往或正式条约中之所以乐于接受中国一词，那是一种传统心态在起作用，即沉醉于中国所代表的地域概念与文化意义:中心、中央、天下之中的国家,先进文明的中心;也未尝不是对鸦片战争后国际关系中屈辱地位的一种心理补偿:大清对外一系列不平等条约中所使用的国体意义上的"中国",所伴随的是割地赔款的耻辱![①] 历史真是既冷酷又深刻。同样一个中国,西方人的理解只是一个国家,即 China,并无什么尊崇的意思;清朝却理解为 Central Empire,即将之当成一种褒称,一种尊号,于是"中国"成了一种可悲的精神慰藉。[②]

1912 年中华民国建立,"中国"首次成为"中华民国"国号的正式简称,"中国"也有了明确的地域范围:"二十二行省,内外蒙古、西藏、青海"[③],即中华民国的全部领土。

据上,由大明、大清而中华民国,政治概念的中国由习惯而逐渐走向定型。又站在今天的立场上,经过历久的讨论乃至争论,我们理解的政治概念的中国,其含义又有了进一步的更新。

现代学者认为:所谓历史上的中国,既不应该等同于历代的奴隶制与封建制王朝(皇朝),当然更不应该与汉族或中原地区画等号。把中原王朝(皇朝)或中央王朝(皇朝)和历史上的中国等同起来,并不符合我们这个多民族国家发展的历史事实。历史上的中国,"应该包括我们所明确规定的地域范围内的一切政权和民族。"[④]

那么,用什么范围来规定历史上的中国呢? 用今天中华人民共和国的领土吗? 显然不妥当。100 多年来,由于帝国主义的侵略和掠夺,清朝

---

① 从鸦片战争后最初连续签署的几个不平等条约中,已经可以清晰地看到,"大清国"与"中国"表达的是近乎等同的含义。如在《江宁条约》(中英《南京条约》,1842 年 8 月 29 日)中,除了"大清大皇帝"、"大清钦命大臣"的称谓外,凡涉及中国事项处均以"中国"、"中国人"、"中国商人"述之;而《中美五口通商章程》(《望厦条约》,1844 年 7 月 3 日)开篇竟然使用了"中华大清国"这样的合成词汇,以与"亚美理驾州大合众国"相对,条约的正式文本中,皆以"中国"、"中国朝廷"、"中国地方官"、"中国大臣"、"中国官民"、"中国海关"、"中国商人"、"中国各方士民人等"、"中国人民"、"中国民人"、"中国人"等叙述,惟落款处复用"大清国"。
② 以上参阅葛剑雄:《普天之下——统一分裂与中国政治》,吉林教育出版社,1989 年版。
③《中华民国临时约法》。按"二十二行省"者,上述内地十八省加上新疆、吉林、奉天、黑龙江。
④ 葛剑雄:《普天之下——统一分裂与中国政治》Ⅱ·1。

的 300 多万平方公里的领土已被攫取。当今的中国领土已经不能包括 18 世纪清朝的最大疆域,甚至不能包括中华民国建立之初的疆域,不能反映当时的实际形势。以政治为标准,则历史上的中国,正如谭其骧师主编的《中国历史地图集·总编例》所指出的:

> 十八世纪五十年代清朝完成统一之后,十九世纪四十年代帝国主义入侵以前的中国版图,是几千年历史发展所形成的中国的范围。历史时期所有在这个范围之内活动的民族,都是中国史上的民族,他们所建立的政权,都是历史上中国的一部分。……有些政权的辖境可能在有些时期一部分在这个范围以内,一部分在这个范围以外,那就以它的政治中心为转移,中心在范围内则作中国政权处理,在范围外则作邻国处理。[①]

具体来讲,历史上中国的范围,就是今天的中国加上巴尔喀什湖和帕米尔高原以东,蒙古高原和外兴安岭以南,这一范围是传统时代中国历史演变成一个统一的、也是最后的帝国清朝所达到的稳定的最大疆域。

之所以用清朝前期的疆域来确定"历史中国"的范围,当然也不仅仅是由于地域的中国的多变,文化的中国的模糊,或者任意选择一个最有利的历史时期。按现代民族是社会发展的资产阶级时代的必然产物和必然形式,而民族的要素是在资本主义以前的时期逐渐形成的。多元一体的中华民族作为现代民族走向历史舞台,正是在悠久的多民族国家不断发展的传统的基础上,与中国近代民族民主革命相联系的。[②] 现代民族和现代主权国家,确立了国家主权和领土完整神圣不可侵犯的国际关系准则。近百年来,亚、非、拉地区许多原先沦为殖民地、半殖民地的国家,都在其原有的、即资本帝国主义破坏其独立以前的历史疆域内恢复

---

① 谭其骧主编:《中国历史地图集》第一册,地图出版社,1982 年版。

② 换言之,正是"异种"外国的压迫与侵略,促成了中华民族一体意识的觉醒。参阅第二十四章。

了独立。① 根据以上这些原则和国际惯例，则政治概念的历史中国范围，理所当然地就是 1840 年帝国主义者入侵以前的清朝疆域。

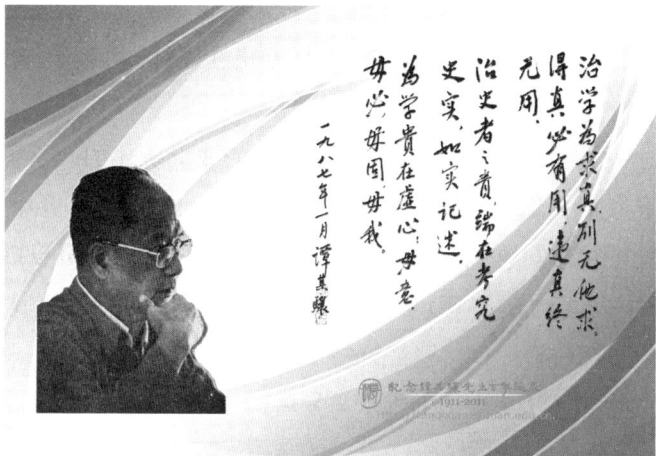

治学为求真，列无他求，
得真必有用，遂真终
无用。
治史者之责，端在考究
史实，如实记述，
为学贵在虚心毋意，
毋必毋固毋我。
一九八七年一月谭其骧

谭其骧先生

1840 年帝国主义者入侵以前的清朝，是独立于世界民族之林的、统一多民族的、具备完整主权的国家；它有着明确的疆域范围（比如早在 1689 年即与俄国签订了《尼布楚界约》）。这一疆域范围，又是历史发展所自然形成的。1991 年，谭其骧师《历史上的中国和中国历代疆域》就此讨论道：

> 清朝以前，我们中原地区跟各个边疆地区关系长期以来就很密切了，不但经济、文化方面很密切，并且在政治上曾经几度和中原地区在一个政权统治之下。……到了 17 世纪、18 世纪，历史的发展使中国需要形成一个统一的政权，把中原地区和各个边区统一在一个政权之下。而清朝正是顺应了历史发展的趋势，完成了这个统一任务。……清朝的统一，实际上是先统一了满族的地区，即广义的满洲；再统一汉族的地区，即明王朝的故土；再统一蒙族地区和蒙族所

---

① 陈连开《论中国历史上的疆域与民族》(《中央民族学院学报》1981 年第 4 期)对此有较为详细的论证，可参看。

统治的维藏等族地区。……完成统一之时是在乾隆中叶，即 18 世纪 50 年代。

据此，谭其骧师作出结论："清朝在 18 世纪时形成的这个版图是中国历史发展的结果，拿这个版图来作为历史上中国的范围应该是恰当的。"①

总之，站在当今的立场上，我们所理解的如上所述的政治概念的中国，较之传统时代地域概念和文化概念的中国，更加客观、更加全面，它是中国概念在新时代的新发展，是中国含义的升华，它充分反映了这样的史实：中国的历史是中国境内各民族——无论文化高低、地域远近，是汉族抑或非汉民族——共同缔造的；中国的版图是由中原和边疆共同组成的；现代中国是历史中国的继承与发展。

① 谭其骧：《历史上的中国和中国历代疆域》，《中国边疆史地研究》1991 年第 1 期。

第二十三章 诸夏与华夏：继承夏朝与彰显文化

如上编第一章所述,中原王朝的第一个可信朝代夏,统治延续了400多年,夏这个国号也由此固定了下来,并为周围的方国与部族所接受。在当时及随后的岁月里,夏字又被添加上种种美好的义释。又有值得注意者,即夏朝灭亡后,作为地域概念的夏,作为文化意义的夏,并未随之消失,不仅在使用上仍然频繁、广泛,而且由此导出了诸多相当于"中国"别称的名号,如区夏、有夏、时夏、诸夏,中夏、函夏、方夏,以及相关的华、诸华、华夏;尤其是诸夏与华夏,前者在古代使用普遍,后者乃至逐渐演变成了族称。然则这个系列的名号是如何得来的? 又是怎样演变的? 追根溯源,还要从周朝与夏朝那特殊而有趣的继承关系说起……

第一节 区夏、有夏、时夏、诸夏

话说中国历史上有种现象,就是改朝换代的过程中以及改朝换代以后,往往要找个继承对象,以此显示自己的新朝代不是抢了别人的天下,而是恢复了祖宗的江山。为什么要这么做呢? 作为中国古代最大的政治,改朝换代如果没有理由、没有说法,如何能够树立新朝代的道德形象？如何能让天下人口服心服地接受统治？于是,在中国历史上,无论是真刀真枪打江山的外力征服,还是宫廷政变篡天下的内部禅让,都会有正当的理由、冠冕堂皇的说法。

单说通过外力征服完成的改朝换代,对于汉族来说,往往有着"反元复宋"、"反清复明"一类的宣传与行动。按大元、大清都是非汉民族在传统汉族地区建立的皇朝,宋、大明都是汉族作为统治民族的皇朝,反元、反清的目的,本是为了恢复宋朝、明朝,而非建立什么新的朝代。至于这种做法的老祖宗,则是周人的"反商复夏",周人的"反商复夏",又正是区夏、诸夏等名号出现的关键。为什么这么说呢？

首先,周人是以夏人的继承者自居的。如《尚书·立政》:"帝钦罚之,乃伻我有夏,式商受命,奄甸万姓。"这几句话的意思是:上帝要重重地惩罚商人,于是就让我们夏人代替了商人,承受天命,治理天下的民众。很明显,这里的"我"就是"夏","有夏"就是"有周",周人就是夏人的继承者。那么,周人凭什么自称夏人的继承者呢？这有传说与地理两方面的依据。传说方面的依据是,在纷繁复杂的古史传说里,有种传说把周人的先祖与夏朝连在了一起,说周人的男性始祖弃(后稷)以及后来的周人首领一直担任着夏朝的农官；[①]地理方面的依据是,商是由东方民族所建立的王朝,夏与周都是由西方民族所建立的国家,这样,商人属于东方文化系统,而夏人、周人同属西方文化系统。

其次,周朝是以夏朝的继承者自居的。既然周人以夏人的继承者自居,于是周人就打着夏朝的名义,以恢复夏朝作为政治上、军事上与文化上的号召,反抗、对峙以至最后灭了商朝。周人的这种做法,又可谓始作俑者、其多后也,比如上面提到的"反元复宋"与"反清复明",就可以认为是"反商复夏"的历史重演。

第三,周土是以夏土的继承者自居的。"反元复宋"成功之后,出现的国号是"大明"；"反清复明"成功之后,出现的国号是"中华民国"。

---

① 如《国语·周语》云:"昔我先王世后稷,以服事虞、夏。"参考上编第三章的讨论。

而周人在"反商复夏"成功之后,尽管新的朝代是以"周"为国号的,但周人相信他们确实是取代了商朝的天命、继承了夏朝的旧疆,于是广泛使用了与"夏"有关的名号,作为周朝国土的称呼,并且以此作为安抚天下、统治子民的手段。① 这样的名号很多,我们略作梳理如下。

西周初年,称其本国为区夏。《尚书·康诰》:"惟乃丕显考文王,克明德慎罚,不敢侮鳏寡,庸庸祇祇威威显民,用肇造我区夏,越我一二邦,以修我西土。"这段话是说周文王的政治影响由近而远,区夏最近,指周本国。实际上区夏就是夏区,即保持夏文化的地方,这当然又缘于周人之以夏人的继承者自居。

区夏也作有夏或时夏。《尚书·君奭》:"惟文王尚克修和我有夏",《诗·周颂·时迈》:"我求懿德,肆于时夏,允王保之。"有字是语助词,有夏就是夏;时即是,时夏就是这个夏。《君奭》和《时迈》说的都是周境内的事,由此可知,有夏与时夏指的就是《康诰》所说的区夏。

较之区夏、有夏、时夏,"诸夏"的使用更为广泛。《论语·八佾》孔子曰:"夷狄之有君,不如诸夏之亡也";《左传·闵公元年》管仲曰:"戎狄豺狼,不可厌也。诸夏亲昵,不可弃也。"又《左传·襄公十三年》:"奄征南海,以属诸夏";《国语·晋语》:"诸夏从戎,非败而何?"何以会有诸夏之称呢? 按周灭商尤其是周公东征胜利后,依照周本身的组织形式,分封了许多诸侯国。这些诸侯国的文化与周同属一个系统,既然周国自称为夏——区夏、有夏、时夏;这些诸侯国,尤其是在逐渐强大起来以后,也就纷纷自称为夏,又因为诸侯国非止一个,所以称为诸夏。② 或者浅白些说,对于整个的周朝疆域而言,是个夏,是个大夏;对于分封的各个诸侯国而言,也是夏,是一个一个的小夏,也就是许许多多的夏,于是"诸夏"

---

① 按禹迹、九州等名号也与此有关,另详第二十五章。又在周朝分封的过程中,亦封禹之后东楼公于杞,并"启以夏政"。

② 诸夏既指同属周文化系统的全部诸侯国,如果只言其中的一部分,则可以方位表示之,一般多用于东方。如在《左传》、《国语》等先秦典籍中,齐、鲁、宋、卫、沈、蔡等国,即常被称作"东夏"。

应运而生，诸夏的本义就是"许多的夏"。

颇有意思的是，能否列入诸夏，主要条件还不是氏族和地域，而是文化。在今日可知的诸夏中，就氏族而言，如晋、鲁、卫、郑、邢、蔡、曹等，与周天子同为姬姓，齐、许、纪、州等是姜姓，宋、谭等是子姓，秦为嬴姓，陈为妫姓，杞为姒姓，任为薛姓，邾为曹姓，楚为芈姓，可见诸夏的氏族并不一致；就地域来说，周的附近有陆浑之戎等，晋的附近有赤狄等，齐的附近有莱夷等，可见在地域上也是夷、夏交错的。反之，当所谓蛮夷戎狄吸收诸夏文化、具备了诸夏国家的条件时，即可进入诸夏的行列（如楚国），正如诸夏国家在丧失其条件时，即被视为蛮夷戎狄一样（如秦国、杞国）。[①]

从西周的区夏、有夏、时夏，而东周王室式微后的诸夏，所指称的地域范围在扩大，文化意义也在加强。春秋时期多用诸夏，其时"蛮夷入伐"，大国争霸，霸主之国即为诸夏的重心，以诸夏国家的保卫者自居，诸夏名号也就有了一种加强团结的作用。[②] 到战国时，由于民族融合，原先杂居在一起的诸夏和蛮夷戎狄，对立逐渐消失，又列国互争雄长，诸夏的名号不能起多少的号召作用，所以诸夏也就很少再用，而为中国这一名号所代替。（见图 23-1）

[①] 以文化而不以氏族或地域区别蛮夷、诸夏，前人推崇为伟大的思想、宽广的胸怀，参考上章的讨论。

[②] 所谓"霸主之国"，《资治通鉴·魏纪一》黄初二年"臣光曰"："王德既衰，强大之国能帅诸侯以尊天子者，则谓之霸。"如春秋首霸齐桓公，即在管仲的辅佐下，帮助燕国击败山戎，营救被赤狄攻打的邢国。管仲所以如此的原因，在于他认为"戎狄豺狼，不可厌也。诸夏亲昵，不可弃也"——戎狄贪婪成性，不知道满足；诸夏之间相互亲近，不可以抛弃。至于"管仲相桓公，霸诸侯，一匡天下"的结果，便是孔子所称赞的"民到于今受其赐"，所感慨的"微管仲，吾其被发左衽矣"（《论语·宪问》）。而由"被发左衽"之言，又可知诸夏作为与蛮夷戎狄相对的名号，也指与蛮夷戎狄不同的文化，如在孔子的时代，戎狄是"被发左衽"，诸夏则是束发右衽，蛮夷是"不火食"，戎狄是"不粒食"（《礼记·王制》），诸夏则是习惯熟食、习惯五谷粒食。简而言之，诸夏与蛮夷戎狄的区别，首先在于衣食住行等物质文化方面的区别。

第二节　中夏、函夏、方夏

秦汉及其以后,区夏、有夏、诸夏等旧名号仍然在使用①,并且衍化出一些新的名号,如中夏、函夏、方夏等。这里略举几条例证。

《后汉书·班固传》载《东都赋》:"目中夏而布德,瞰四裔而抗棱。"《后汉书·马融传》载《广成颂》:"是以明德耀乎中夏,威灵畅乎四荒。"中夏者,指的即是诸夏。唐《大秦景教流行中国碑》"聿来中夏",这是说当时的西域景教徒东来,中夏指唐朝全境。又现代作家孙犁《戏的梦》:"虽然在这些年,样板戏以独霸中夏的势焰,充斥在文、音、美、剧各个方面,直到目前,我还没有正式看过一出、一次。"②

函夏始出于西汉扬雄的《河东赋》:"以函夏之大汉兮,彼曾何足以比功。"东汉服虔注:"函夏,函诸夏也。"可见函夏本不是一个名词,但到魏、晋时,也与诸夏等名号混用起来,如陆云《大将军宴会被命作诗》:"函夏无尘,海外有谧",皇甫谧《三都赋序》:"魏武拨乱,拥据函夏。"

方夏者,原为无需指明方位的局部地区的称呼。如《晋书·乐志》载张华《命将出征歌》:"元帅统方夏,出车抚凉秦",方夏指凉秦一带;又《晋书·杜弢传》:"先清方夏,却定中原",方夏谓杜弢所居的湘中地区。东晋时出现的伪古文《尚书·武成》有"诞膺天命,以抚方夏"之语,方夏犹指诸夏。最典型的例子是《后汉书·董卓传》"方夏崩沸,皇京烟埃",唐李贤注:"方,四方;夏,华夏也。"方夏的含义竟与华夏等同了起来。方夏这样的含义,又如北宋秦观《代贺皇太妃受册表》:"举令典于宫闱,溢欢声于方夏。"

值得注意的是,在夏之前加方位字以表示诸夏的某一局部地区,魏、

---

① 典籍习见,不烦举例。而直到近现代尚多有使用,如20世纪30年代,鲁迅编校瞿秋白译文集《海上述林》,出版者为"诸夏怀霜社"。按秋白原名霜,"诸夏怀霜"意即全国人民都怀念被反动派杀害的瞿秋白烈士。

② 孙犁:《戏的梦》,收入所著《耕堂散文》,花城出版社,1982年版。

晋以后也多见其例。仅从《晋书》来看,南夏或指荆州、湘州一带,东夏或指徐州、青州一带,西夏或指河西凉州一带,即和现代用语中的华南、华东、华西之义相似,均是就晋时的全国方位形势而言的。但也有专就其本身所处之地而说的,如孙吴韦昭《吴鼓吹曲》叙述孙权初期的武功:"摅武师,斩黄祖,攘夷凶族,革平西夏。"黄祖居江夏,从全国来说应为南夏,只因他在孙权的西方,就称"西夏"。又如《晋书·慕容德载记》称慕容德"领冀州牧,承制南夏",从全国形势来看,冀州决非"南夏",但因后燕都于河北中山,故以冀州为"南夏"。

总之,经过不断的演变,"夏"的内涵与外延愈加丰富,并在不同的场合被古人加以运用。而若论起运用的广泛与影响的深刻,还是首推"华夏"。

第三节　华字本义及引申义

华夏又是何义? 这牵涉到华的问题。事实上,自春秋时代起,也称古代中国为华、诸华,有时并与夏连称为华夏。而破译华、诸华、华夏三个名号的关键,无疑是华。

华字出现于何时? 这很难说清。有人认为华可能产生于夏时,因为华代表了夏族的服饰和文化特征[1]。然而在殷墟甲骨文中,并未发现华字,所以此说不能成立。比较可靠的关于华的文献记载,始于西周,金文中华字即甚多,田倩君更直言:"华字是创自周朝无疑。"[2]

华字本义,传统说法释为花。如《诗·国风·桃夭》"桃之夭夭,灼灼其华",这是说桃树长得很茂盛,桃花开得很鲜艳,华就是花。又《诗·小雅》"常棣之华"、"裳裳者华",花均作华。那么何以不言花呢? 据清王念孙《广雅疏证》卷一的考证,华、花为古今字,华为古字,花为晋朝时才出

---

[1] 田继周:《夏族的形成及更名汉族》,《民族研究》1990 年第 4 期。
[2] 田倩君:《"中国"与"华夏"称谓之寻原》,《大陆杂志》第 31 卷第 1 期,台湾,1966 年。

现的今字。① 而等到华、花两字同时存在以后，彼此之间也有了分工，大体来说，木本植物所开之花为华（華），草本植物所开之花为花。② 如在唐诗中，张九龄的《感遇》诗："兰叶春葳蕤，桂华秋皎洁"，桂华即桂花，桂树开的花；刘禹锡的《乌衣巷》诗："朱雀桥边野草花，乌衣巷口夕阳斜"，野草花，即野草开的花。

华既然是植物的花，于是就有了许多的引申义。花是美丽的，华引申出美丽、华丽之义；花有光泽，华引申出光华、鲜美之义；花的品种众多、五颜六色，华引申出繁华、华彩之义。再由这些具体的意义引申到抽象一些的文化方面，华就指美丽的服饰、高雅的文章、灿烂的文化，遂与夏的引申义近同。如伪古文《尚书·武成》"华夏蛮貊"伪孔传："冕服采章曰华，大国曰夏。"章炳麟《中华民国解》也说："以为华美，以为文明，虽无不可，然非其第一义，亦犹夏之训大，皆后起之说耳。"又《尚书·舜典》"蛮夷猾夏"唐孔颖达《正义》：

> 夏，训大也，中国有文章光华礼义之大。定十年《左传》云："裔不谋夏，夷不乱华。"是中国为华夏也。

按孔颖达的这个解释，训夏为大，"文章光华礼义"云云，又合"华"字为说，是以华为夏的同义语。

值得注意的是，不仅华的引申义与夏的引申义近同，华、夏两字的古音亦复相近。吕思勉指出："二字音近义同，窃疑仍是一语"；"二字连用，则所谓复语也。……古书往往有之，可看俞樾《古书疑义举例》。"③谢维扬以为：古音夏、华皆属匣纽鱼韵，乃双声叠韵，可以互假。④ 顾颉刚、王

---

① 段玉裁《说文解字注》则曰：华，"俗作花，其字起于北朝。"
② 本来，如《尔雅·释草》曰："木谓之华，草谓之荣"，北宋邢昺疏："木则名华，《月令》：'季春，桐始华。'草则名荣，《月令》：'仲夏，木槿荣。'此对文尔，散文则草亦名华。《郑风》云'隰有荷华'是也。"即对言时，木本植物的花为华（華），草本植物的花为荣，非对言时，草本植物的花亦可称华（華），此即朱骏声《说文通训定声》所谓"华虽从草，而草木之通名矣"。
③ 吕思勉：《中国民族史》第二章，中国大百科全书出版社，1987年版。
④ 谢维扬：《论华夏族的形成》，《社会科学战线》1982年第3期。

树民也认为：华字古音敷，夏字古音虎，其音相近。①

综上所述，因为华的引申义及华字古音与夏的引申义及夏字古音近同，于是华从指花而发展为具有文化意义与地域意义的名号。如《诗·小雅·苕之华》"苕之华，芸其黄矣"东汉郑玄笺云：

> 陵苕之干，喻如京师也，其华犹诸夏也，故或谓诸夏为诸华。

按郑玄以干比喻周的京师，以华比喻诸夏（周的诸侯国），自是经学家的说法，而"华犹诸夏"、"谓诸夏为诸华"，则显示了华、诸华与诸夏三个名号的并用情形。

第四节　华、诸华、华夏

然而问题在于，既然华、夏两字的音义近同，那么华与夏、诸华与诸夏就是名异而实同的称号，用夏、诸夏足矣，为什么又要衍出华、诸华，以至组合出华夏呢？既往的研究认为其故有三：

其一盖为加重语气。按照顾颉刚、王树民的说法，自西周以来及于春秋，夏、诸夏等名号使用的机会既多，指代也日趋广泛，于是"便由音近而推衍出华字来，以便加重语气"②。如《左传·定公十年》："裔不谋夏，夷不乱华"，夏和华两字互举为文，正与裔和夷两字互举为文一样，都是加重语气的写法。

其二盖为加强语义。按夏的主要引申义为大，然而只以大来称扬国家，还是感觉不够，不足以显示出其文化来，于是或代以华字，以喻其冕服采章，礼义光华；或在夏字前冠以华字，而成"华夏"一词，华夏者，代表

---

① 顾颉刚、王树民：《"夏"和"中国"——祖国古代的称号》，《中国历史地理论丛》第 1 辑，1981 年。
② 顾颉刚、王树民：《"夏"和"中国"——祖国古代的称号》。

了既华美、文化又高的大国,所以区别于、并凌驾于蛮夷戎狄之上。①（见图23-2）

其三盖为词汇演变。从历史词汇学的角度看,正如童书业所指陈的,夏、华既为一音之转,由夏、华而华夏,可以理解为是由单音节词向双音节词的自然演变。② 而类似的双音节词代替单音节词,在春秋前后这一时期还可以举出许多例证。

这里可以进一步说明的是,如上所述,虽然能否列入诸夏的判定标准主要是文化,但"诸夏"毕竟只是"许多的夏"的意思,基本是个数量概念,缺乏文化色彩,于是为了彰显诸夏与蛮夷戎狄的不同,为了强调诸夏文化的传统正宗、辉煌灿烂,为了强化诸夏国家之间同声相应、同气相求、利害一致、生死与共的关系,华、诸华特别是华夏名号遂应运而生,并在"南夷与北狄交,中国不绝若线"也就是蛮夷戎狄对诸夏国家构成严重威胁的春秋时代背景下,广泛使用了起来。③

华、诸华、华夏这三个名号在春秋时代的使用情况,可以《左传》为例。襄公四年魏绛谏晋悼公说:"诸华必叛",又说:"获戎失华,无乃不可乎。"襄公十一年晋悼公赐魏绛女乐云:"子教寡人和诸戎狄,以正诸华。"

---

① 事实上,周文化也确实超迈前代,连孔子也不得不说:"郁郁乎文哉,吾从周!"(《论语・八佾》)拥有灿烂文化的周人难免逐渐看低那些所谓的蛮夷戎狄,这在《国语・郑语》所记西周史伯的话里有明确的表述。盖在周人的观念里,天下就是由文化很高的诸夏和文化落后的蛮夷戎狄组成。而随着经济生活方式上差异的拉大(如《礼记・王制》所谓"中国、夷、蛮、戎、狄,皆有安居、和味、宜服、利用、备器"),以及西周以后生存竞争的加剧,蛮夷戎狄更是被诸夏恶言相加,视之为"封豕豺狼"(《国语・周语》)、"禽兽"(《左传・襄公四年》)。当然,立足于今天的认识,衣食住行这类物质文化以及与之相关的诗书礼乐这类精神文化的差异,并不构成自傲或被歧视的理由,所谓"一方水土养一方人",一方水土所养出的一方的生活、风俗、宗教、信仰、制度、礼仪,也各与本土的地理环境相联系、相适宜,我们无需评其是非,定其高下。但在中国古代,民族歧视仍是不必讳言的普遍现象。
② 童书业:《蛮夏考》,《禹贡》第2卷第8期,1935年。
③ 《春秋公羊传・僖公四年》。如所周知,当春秋时代,蛮夷戎狄不但侵占土地,抢夺财富,威胁着诸夏国家的安全,而且使得有些诸夏国家抛弃了传统(如赵武灵王之"胡服骑射"),这又是何等严重的状况!而面对这样的状况,那些与周天子的关系较为亲近,或自身实力较强,或地理位置比较居中,或坚守传统的诸夏国家,开始彼此认同,抱团升级,政治上则祭起了"尊王攘夷"的大旗,文化上则推出了华、诸华、华夏的名号。

襄公十四年戎子驹支谓晋大夫范宣子："我诸戎饮食衣服不与华同,贽币不通,言语不达。"昭公三十年子西曰："吴,周之胄裔也,而弃在海滨,不与姬通,今而始大,比于诸华。"这些华、诸华与戎狄对举,和夏、诸夏显然是名异而实同。夏、诸夏"中国之人也","别于北方狄,东方貉,南方蛮、闽,西方羌,西南焦侥,东方夷也。"①又《左传·襄公二十六年》,蔡声子对楚令尹子木说："晋遂侵蔡,袭沈,获其君,败申、息之师于桑隧,获申丽而还,郑于是不敢南面。楚失华夏,则析公之为也。"这里的"华夏"明指中原诸侯,和诸夏的含义相同。

　　和夏、诸夏等名号一样,并且出于相同的原因(民族融合、列国争雄),春秋以后,华、诸华、华夏等名号逐渐少用,"中国"则代之通行起来。及至东汉魏晋时,学术上有复古思潮的兴起,文人则风行使用旧时名号,于是华、诸华在一定程度上得以复活,而华夏一词以其美义,更成为文人摇笔即来的熟语以及悠久历史、发达文化的象征。东汉蔡邕《郭泰碑》："周流华夏,随集帝学";《后汉书·刘祐传》："延陵高揖,华夏仰风";《三国志·魏书·王朗传》王朗上疏："取威中国,定霸华夏。"这几处的华夏,都与中国显为互文。换言之,汉魏以降的"华夏",已是与"中国"同义、具有美好内涵、可以指称天下的重要名号了。

　　进而言之,伴随着名号的"华夏"的演变,族称的"华夏"也应运而生。先是春秋时期,属于华夏集团的诸侯国,不仅有着共同的历史记忆、相同或相近的文化传统,而且有着一致的"尊王攘夷"的政治取向。尊王,就是尊奉周天子为主,攘夷,就是排斥蛮夷戎狄。于是,华夏名号带上了民族的意味乃至成为民族的名称。及至战国时代,更形成了事实上的华夏民族,华夏民族就是以夏、商、周人为主体,并逐渐融合四周与内部的一些蛮、夷、戎、狄而形成的民族,就是区别于蛮夷戎狄的、文化灿烂、如同花一样美丽的民族。再到魏晋南北朝时期,汉成为族称以后,华夏族称

---

① 段玉裁:《说文解字注》。

也仍然在使用。如果说汉是个正式族称的话,那么华夏就是汉族的雅称。① 这个雅称,按照初始的意思来说,又是色彩斑斓的植物之花、居高鸣远的动物之蝉的组合,寓意着高雅、优秀、美好、常新的民族。而这个高雅、优秀、美好、常新的"华夏"民族,因为居于中间的"中国",于是又组合出了更加富有意涵的"中华"名号乃至"中华"族称。

第五节　华山、昆仑、华水、花族四说辨

上述华、诸华、华夏三个名号的由来,也有从历史地理学角度来作解释的。如谓华字由华山得名,章炳麟是此说的代表,其《中华民国解》指出:

> 诸华之名,因其民族初至之地而为言。……神灵之胄自西方来,以雍、梁二州为根本。……雍州之地东南至于华阴而止;梁州之地东北至于华阳而止,就华山以定限,名其国土曰华,则缘起如是也。……华本国名,非种族之号,然今世已为通语。世称山东人为侉子者,侉即华之遗言矣。正言种族,宜就夏称。②

按章炳麟以夏为族名,华为国名,并推衍近代国外一些学者的"中国人种西来说"③,就华山定限,认为是中国古代先民初至之地。而近几十年来,中国考古方面的巨大成就已经证明了中国人种西来说的谬误,则章说亦随之难以成立。事实上,华山在中国古代文化中的意义,与泰山相比实不足道。古帝王封禅祭天均赴泰山,而非华山。华山之名出现也较迟,《尚书·禹贡》及《吕氏春秋·有始览》有太华,《周礼·职方氏》、《山海

---

① "华夏"与"汉"这两个族称没有本质的区别,只有规模大小的不同。而时至今日,不仅"华夏"仍是我们祖国的名号之一,"华夏"也成了使用非常广泛的社会词汇,如华夏银行、华夏基金、各种与"华夏"沾边的企事业单位名称,可谓不胜枚举。

② 章炳麟:《中华民国解》,收入《章太炎全集》第四册,上海人民出版社,1985年版。

③ 或谓来自埃及,或谓来自阿富汗,或谓来自巴比伦,或谓来自于阗,或谓来自日本,或谓来自马来半岛,更有谓来自美洲者,等等,莫衷一是。

经·西山经》有华山,①汉时才以华山为五岳之一的西岳。再者,"华山在《禹贡》只为梁州北界,也不能成为我国全境之名号,何况我国古代也从未有过'华'这个时代。"②以此,华由华山得名,即就中国历史地理来说,也是缺乏坚强依据的。

另一种从历史地理来加以阐释的说法,谓华由昆仑得名:

（法国学者）拉克伯里（Lacouperie）谓华夏族系经昆仑东来,昆仑意为"花土",华即花字,故称其族为华。③

按这种说法,也是由"中国人种西来说"派生出来的。"西来说"既不能成立,则昆仑、花土云云,都无非是些穿凿附会之词罢了。章炳麟《中华民国解》也力驳其说,谓"世言昆仑为华国者,特以他事比拟得之,中国前皇曾都昆仑与否,史无明征,不足引以为质"。

再一种立足于历史地理学的观点,为刘起釪的华水说。此说的依据是《水经·汾水注》"汾水又西,与华水合,水出北山华谷"。刘起釪认为夏族又名华族,其发祥地在汾水下游即今晋南地区,而这里有华水,华水"被夏族用以为己族之名,完全是很自然的事。何况还有可能是别族看见他们居住在华水而称之为华人"④。今按夏族又名华族证据薄弱,作为水名的"华"更于先秦典籍无考。径取见载于 1000 多年后的一条短小的水名,以为始见于西周的"华"字的语源,又以为所谓"华族"得名所自,这显然不能令人信服。

还有一种说法,则是从民族学、人种学方面加以推论的。林惠祥以为华族即花族,是以花为图腾的原始民族。⑤ 是哪一支原始民族呢? 以李得贤、何新为代表的两说绝然不合。李得贤"设想华字原为族名,春秋

---

① 有关诸书的成书年代,参见第二十五章的讨论。
② 顾颉刚、王树民:《"夏"和"中国"——祖国古代的称号》。
③ 林惠祥:《中国民族史》第三章,商务印书馆,1936 年版。
④ 刘起釪:《由夏族原居地纵论夏文化始于晋南》,收入所著《古史续辨》,中国社会科学出版社,1991 年版。
⑤ 林惠祥:《中国民族史》第三章。

时用以指早期进入中原的炎帝族。……炎帝姜姓,是西戎羌族的一支",
夏族姒姓,乃黄帝族的后裔。"传说中黄炎两族曾合为部落大联盟,融合
东方夷族等而形成为华夏族,华夏族与华夏文化的名称,便就此而产
生。"①何新解释"远古华族……就是崇拜太阳和光明的民族","起源于山
东以泰山曲阜为中心的东方滨海地域。"②按李、何两说立意新奇,一定程
度上也能自圆其说,然而立新说当先破旧说,以李说与何说相互比照,则
两说都不敢置信无疑。再就林说论之,虽然以某种自然物为图腾,并取
其物之名以名其族,在社会发展史上多见其例,但用之于中国历史上特
定的华字,则并不恰当,在古史传说以及史籍记载中,中国上古何曾有过
华族?

综上,起码到目前为止,传统的说法仍然是比较可靠的,即华初义为
花,与夏发生联系,则在于华的引申义及华字古音与夏字近同。

---

① 李得贤:《"华夏"臆说》,《中国历史地理论丛》第 2 辑,1985 年。
② 何新:《诸神的起源——中国远古神话与历史》第一章,三联书店,1986 年版。

第二十四章　中华：大美天地人

我们伟大的祖国,已有 4000 年以上的文明史。表现在称谓上,则是古今名号繁杂,历代国号多变。然而,最近的两个国号,即 1912 年创建的中华民国与 1949 年成立的中华人民共和国,却都以"中华"作为专名。① 为什么要选择中华作为专名?中华在历史上都有些什么指称意义?进之,现在习称的"中华民族"又是怎么回事?这些问题看似简单,细究起来,却并不容易解答。②

第一节　中华之于天文

关于中华名号的来历,传统有两种说法:其一,"古代中原地区(黄河流域一带)的人们,认为自己是'冕服章采'的文明地区,因为古代'华'字

---

① "中华民国"之通名为"民国",按照《中华民国临时约法》的规定,"中华民国,由中华人民组织之","中华民国之主权,属于国民全体。"又"中华人民共和国"之通名为"人民共和国",按照《中华人民共和国宪法》(1954 年版)的规定,"人民共和国"说明了我们国家的国体是"工人阶级领导的、以工农联盟为基础的人民民主国家",说明了我们国家的政体是"一切权力属于人民"的"全国人民代表大会"制度。
② 本章于王树民《中华名号溯源》(《中国历史地理论丛》第 2 辑,1985 年)一文有所参考,特此说明。

是'美丽'的意思,又由于历史、地理、认识等条件的限制,他们认为自己所居住的地方位于天下的中央,……故名'中华'。"其二,"'华'字古代为'赤色'之意,周朝人尚赤,又因认为自己的民族居住于中央,故称'中华'。"①

按以上两说其实与华、华夏、中国诸名号的来历有关,至于中华一词,显然是"中国"与"华夏"之合称。上面两章已对中国、华夏之由来予以疏证。好比一条大河,上游有两个源流,察看清楚了这两个源流,下游也就有了着落。而从这个角度来讲,中华名号的来历与取义已经不言自明,如果按照字面意思"强解","中华"就是"位于中间的花园",或者"仿佛花园一样美丽的位于中间的国家",中华的"中"来源于"中国",主要是个地理概念,中华的"华"来源于"华夏",主要是个文化概念,合在一起的"中华"就是具有丰富内涵的地理加文化的概念,或者文化地理概念。如此,问题的关键就变成了:中华名号是如何出现与怎样使用的? 中华指称的对象又是如何流变的?

根据现有文献的记载,"中华"一词初见于魏晋时期,产生的时间应该更在魏晋以前。魏晋时期太史令陈卓所定《天文经星》云:

> 东蕃四星,南第一星曰上相,其北,东太阳门也;第二星曰次相,其北,中华东门也;第三星曰次将,其北,东太阴门也;第四星曰上将:所谓四辅也。西蕃四星,南第一星曰上将,其北,西太阳门也;第二星曰次将,其北,中华西门也;第三星曰次相,其北,西太阴门也;第四星曰上相:亦曰四辅也。②

据此,从时间看,"中华"一词最晚当定于陈卓,更可能是出自陈卓以前的天文家;从指称看,"中华"起先是指浩瀚星空中的中华东门、中华西门。那么,星空中的中华东门、中华西门具体在什么位置呢? 我们看幅星空的"太微垣图"就清楚了:

---

① 葛方文:《中国名称溯源》,收入褚亚平主编:《地名学论稿》,高等教育出版社,1986年版。
②《晋书·天文志》。

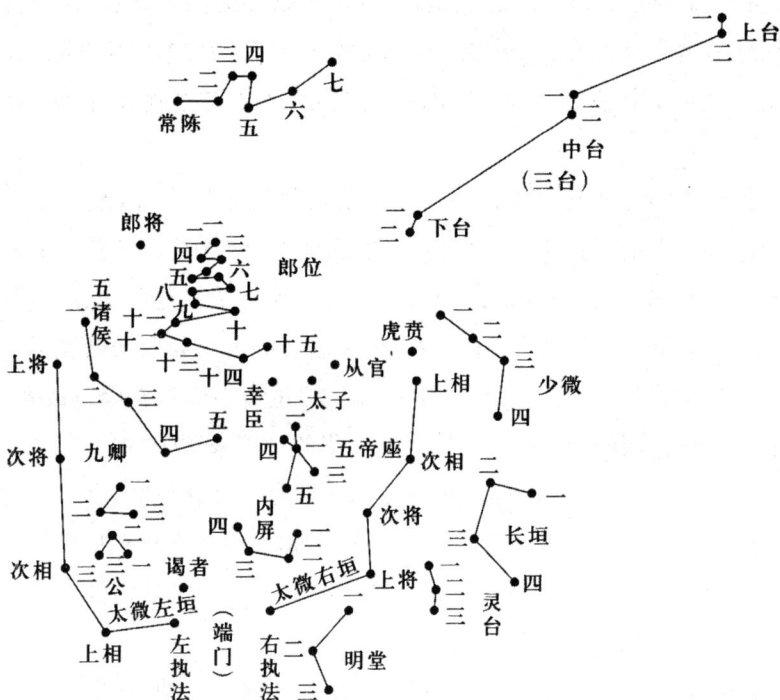

太微垣图

这里需要"普及"一下中国古代的天文学常识。中国古人把星空划分为三垣、二十八宿31个星区。二十八宿又分四组,分别用四种动物的形象作代表,即东苍龙、北玄武、西白虎、南朱雀;三垣即紫微垣、太微垣、天市垣。其中的太微垣,位于北斗七星以南、黄道以北。《汉书·天文志》里说:"太微者,天庭也",太微就是天宫的政府官邸,所以其星多以官职命名,如以五帝(黄帝、苍帝、赤帝、白帝、黑帝)座为中枢,周围围绕着幸臣、太子、从官、虎贲、郎位、郎将、五诸侯、三公、九卿、谒者、左执法、右执法,再往外围,就是文武重臣丞相与将军了,即东蕃(也称东垣、左垣)四星上相、次相、次将、上将,西蕃(也称西垣、右垣)四星上将、次将、次相、上相。

我们知道,垣是墙的意思,太微垣这个天宫当然也要有墙,而有墙就有门。如左执法的东边有左掖门,右执法的西边有右掖门,左、右执法之间的天宫正南门称端门,进了端门就是内屏,内屏四星连接起来,好像五帝座的照壁。至于东、西两边的天门,则分别称为东太阳门、中华东门、东太阴门与西太阳门、中华西门、西太阴门;而具体说到中华东门、中华西门,就是东、西两边开在次将与次相之间的天门。

那么,为什么要以中华命名天门呢? 在太微垣这个天宫中,东、西两边各有三座门,中间之门以中华命名,两旁之门则以太阳和太阴命名。阳和阴,古人常用来表示天和地,而天地之间,中国为大,所谓"中于天地者为中国"①,但是毕竟"中国"不便拿来命名宫门,于是就从中国与华夏两个名号中各取一字,组合成为中华,从而配成太阳、中华、太阴的宫门系列名称。

第二节　中华之于地理

众所周知,传统时代的中国人特别讲究天文与人事的对应,《易经·卦传》所谓"观乎天文,以察时变",就是通过仰观天象,占知人间的吉凶祸福。即以三垣为例,观察代表天帝宫殿的紫微垣,可以预测帝王的家事变化;观察代表政府官邸的太微垣,可以预测国家的治乱兴衰;观察代表街市民居的天市垣,可以预测社会的祥和灾异。这就是具有悠久历史的星占术。比如按照星占术的说法,太微垣的五帝座如果明亮有光,则天子威严而且长寿;如果东、西两蕃见有彗星或星星摇动不定,就预示着诸侯图谋天子。

上有天文,下有地理,中国古人又认为,天与地也是相对应的,《易经·系辞》所谓"仰以观于天文,俯以察于地理"是也。如此,既然天上有了中华,地上怎么能没有呢? 仍以太微垣为例,在堪舆家那里,太微垣投射到大地之上,就如"太微垣地形之图":

于是人间社会的宫城、皇城或都城,也就有了端门、左掖门、右掖门、

---

① 扬雄:《法言·问道》。

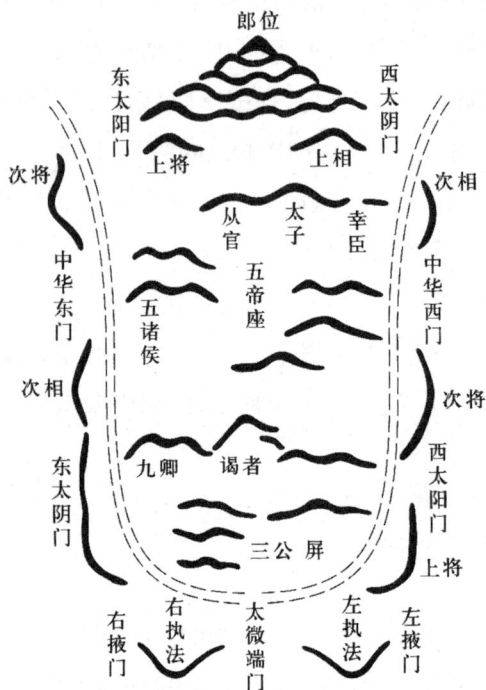

太微垣地形之图

中华门等名称,以及由中华东门演变来的东华门、由中华西门演变来的西华门。即以魏晋南北朝时期来说,与天宫的中华东门、中华西门相对应,早期的中华在地理上正多用为宫门名称。如西晋都城洛阳宫中有东中华门[①],十六国后赵邺都(今河北临漳县西南)宫中有西中华门[②],北魏都城洛阳宫中有中华门[③],梁朝都城建康(今江苏南京市)宫中有东中华门、西中华门[④]。南北政权的统治者都以中华命名宫门,可见中华名称在当时的极受重视。

时至今日,最著名的中华门当数有"天下第一瓮城"美誉的南京中华

---

① 《晋书·礼志》"五礼"。
② 《晋书·石季龙载记》。
③ 《水经·洛水注》。又《北史·叙传》称李宏为中华令,当即主管中华门之官。
④ 《隋书·百官志》"廷尉"条。

门。1928 年亦即中华民国再次定都南京的次年,改明朝南都南门聚宝门为中华门,并由蒋中正题写了门额。另外,在北京天安门广场正阳门北、相当于毛主席纪念堂处,也曾经有座中华门,这座中华门,明朝时称大明门,清朝时称大清门,是明、清两朝皇城南面的正门,1912 年改名中华门,1958 年因为扩建天安门广场而被拆除。从南京、北京这两座中华门的规模、位置以及改名时间看,又能感受到中华名称在现代的极受重视。

民国初年的北京中华门

然则为什么从古到今,中华名称都受到如此的重视? 为什么中华民国开国之初以及再次定都南京之初,北京的大清门、南京的聚宝门改名中华门? 问题的关键其实不在天文的中华,而在地理的中华,不在地理的中华作为门的名称,而在地理的中华作为我国的另一古老名号,也逐渐使用了起来。

中华作为我国的古老名号,大体开始于西晋时期,并且一直沿用到了今天。当然,中华名号通行以后,因为言者的出发点不同,所指称的地域范围也不一样,这种情况,正与中国、华夏两个名号相同,即一般是指全国或内地,有时也特指中原。

《晋书·刘乔传》载刘弘上表晋惠帝云:"今边陲无备豫之储,中华有杼轴之困。"以中华对边陲,中华是指内地。《魏书·宕昌传》的用法同此:"其地东接中华,西通西域。"

《晋书·陈頵传》载陈頵上书王导云:"中华所以倾弊,四海所以土崩者,正以取才失所。"中华与四海为互文,中华是指全国。《隋书·突厥传》:"隋末离乱,中国人归之者无数,遂大强盛,势凌中原。"《新唐书·突厥传》则云:"隋季世虚内以攻外。……当此时,四夷侵,中国微,而突厥最强,控弦者号百万,华人之失职不逞,皆往从之。"比照以观,中国人等于华人,中国、华皆指隋朝所直辖的领土全境。

《晋书·殷仲堪传》载殷仲堪上奏云:"盖定鼎中华,虑在后伏,所以分斗绝之势,开荷戟之路。"《晋书·桓温传》记桓温上疏称:"自强胡凌暴,中华荡覆,狼狈失据,权幸扬越。"《晋书·陶侃传》:"孙秀以亡国支庶,府望不显,中华人士耻为掾属。"这三例的中华,指的都是中原地区,所以剑阁之内、扬越之地可以视为中华以外之地。又《资治通鉴·晋纪十八》咸康七年,慕容皝使节刘翔至建康言:"自刘、石构乱,长江以北,翦为戎薮,未闻中华公卿之胄有一人能攘臂挥戈,摧破凶逆者也。"至南北朝,裴松之《三国志·蜀书·诸葛亮传》注云:"若使(亮)游步中华,骋其龙光",必不出曹操诸谋士之下。又《魏书·礼志》:"下迄魏晋,赵、秦、二燕,虽地据中华,德祚微浅。"这三例的中华,所指也是中原地区。

以此,中华之于地理,大抵是指内地或全国,以与边疆或域外相对;分裂时则指中原。而随着统一皇朝的一再形成及其疆土的渐广,凡所统辖,皆称中华,于是中华成为全国的名号。如唐韩偓《登南神光寺塔院》诗:"中华地向城边尽,外国云从岛上来",中华已与外国对用,中华是指唐朝。大清太后慈禧有句厚颜无耻的名言:"量中华之物力,结与国之欢心"[1],中华指大清,与国指资本帝国主义列强。进之,即便分裂时期,若具有一定的文化,则不在中原地区的政权或不是汉族建立的政权,也得

---

[1]《清德宗景皇帝实录》卷四七七光绪二十六年十二月癸亥。

称为中华。如《南史·顾欢传》:"佛非东华之道,道非西夷之法",虽然因
与西夷对称,而改中华为东华,所指却仍为中华全境,即不论汉族的南朝
和拓跋的北朝,都得称为中华。是中华者,不仅表示一定的地域,也表示
某种特定的文化,而且不为民族所限。

第三节　中华之于文化与民族

中华之于文化,本指传统文化;中华之于民族,本指汉族。而随着非
汉民族的接受传统文化,非汉民族也成为中华的一部分,即汉族与非汉
民族共同组成"中华民族"。

中华之具备文化与民族意义,1907 年杨度所撰《金铁主义说》论
述道:

> 一国家与一国家之别,别于地域,中国云者,以中外别地域之远
> 近也。一民族与一民族之别,别于文化,中华云者,以华夷别文化之
> 高下也。即此以言,则中华之名词,不仅非一地域之国名,亦且非一
> 血统之种名,乃为一文化之族名。……其后经数千年混杂数千百人
> 种,而称中华如故。以此推之,华之所以为华,以文化言,不以血统
> 言,可决知也。①

至于以中华作为文化与民族的称谓,文献颇多可征。桓温《荐谯元
彦表》:"中华有顾瞻之哀,幽谷无迁乔之望。"其时晋已丧失了中原之地,
此处所称中华,盖指具有中原传统文化的人。《晋书·慕容超载记》记南
燕将为晋将刘裕所灭时,慕容镇谓韩淖曰:"今年国灭,吾必死之,卿等中

---

① 杨度:《金铁主义说》,收入刘晴波主编:《杨度集》第一册,湖南人民出版社,2008 年版。又中
华之具备文化与民族意义,陈连开《中国·华夷·蕃汉·中华·中华民族》(收入费孝通等
著:《中华民族多元一体格局》,中央民族学院出版社,1989 年版)考其源始,认为或与"衣冠华
族"有关:"鄙意以为,东汉以来,经术学问,演成私家世业。及至魏晋,成为仕家大姓,掌握传
统文化学术,又进而垄断'九品中正',品评人物,官居上品,位清势隆,自谓'衣冠华族',不仅
傲视于'四夷',也傲视于寒门'浊流'。……'中华'一词,最初或许与这些'衣冠华族'相关,
逐渐地扩及于指传统文化和具有这种文化的人民。"按此说颇有浮泛附会或颠因为果之嫌。

华之士,复为文身矣。"慕容镇认定中原汉人才是中华,东晋反被称为吴越"断发文身"之族,是中华也指传统文化。又《资治通鉴·晋纪二十六》太元七年记淝水战前,前秦苻融谏苻坚曰:"国家本戎狄也,正朔会不归人。江东虽微弱仅存,然中华正统,天意必不绝之。"这里的中华,既指东晋继承的传统文化,而与戎狄对称,又自然成了民族的称谓。

南北朝对立时期,以中华表示传统文化更为明显,乃至北朝与南朝争夺中华名号。以南朝言,继承了传统文化,虽然按地域说,南朝离开了中原地区,或不能自称中华,但按文化说,南朝却有称中华的条件。北朝对此则不以为然,《魏书·韩显宗传》载北魏孝文帝时韩显宗上疏曰:

> 自南伪相承,窃有淮北,欲擅中华之称,且以招诱边民,故侨置中州郡县,自皇风南被,仍而不改。

按北魏以中华正统自居者,一则强调鲜卑是黄帝少子昌意之后[1],此民族上的理由;二则立都洛阳,居于中土,即据有传统的中华地区,此地理上的理由;三则北魏接受并发扬了汉族的传统文化,此文化上的理由。在这三条理由中,民族上的理由是扯不清的一笔糊涂账;地理上的理由显得十分充足,以致北魏敢理直气壮地斥南朝为"南伪",鄙视南朝为"僻居一隅"的"岛夷";文化上的理由起初虽然薄弱,而当孝文帝厉行汉化后[2],北魏传统文化的发展确已达到了相当的程度,梁朝北伐名将陈庆之就心悦诚服地说过这样的话:

> 自晋宋以来,号洛阳为荒土;此中谓长江以北尽是夷狄。昨至洛阳,始知衣冠士族并在中原,礼仪富盛,人物殷阜,目所不识,口不

---

[1] 如《魏书·序纪》所谓"昔黄帝有子二十五人,或内列诸华,或外分荒服,昌意少子,受封北土,国有大鲜卑山,因以为号。其后,世为君长,统幽都之北,广漠之野"云云。

[2] 北魏孝文帝拓跋宏(元宏)实行汉化改革,如禁鲜卑语,凡朝廷官员年30以下者均须讲汉语;禁鲜卑服,令著汉人服装;改鲜卑姓为汉姓;变南徙鲜卑人籍贯为洛阳,逝后葬于洛阳;鼓励与汉人通婚;推行门阀之制;参照汉、晋、南朝典章旧制,审订新律令、官制及朝仪;亲祠孔庙,至太学问博士经义,如此等等。

能传。所谓帝京翼翼,四方之则,如登泰山者卑培塿,涉江海者小湘
沅,北人安可不重!①

陈庆之以此"钦重北人,特异于常。……羽仪服式悉如魏法,江表士庶竞
相模楷,褒衣博带,被及秫陵"。

　　由陈庆之一例,可以了解南朝士庶对于北朝文化的首肯乃至景慕。
南朝至此,也不得不承认北朝与南朝一样,同为中华;北朝当然就更以中
华自居,如杨元慎言于陈庆之曰:"江左假息,僻居一隅。……我魏膺箓
受图,……移风易俗之典,与五帝而并迹,礼乐宪章之盛,凌百王而独
高。"②这样的礼乐文教,自为中华正朔。又北魏末年鹿悆《讽真定公诗》
云:"峄山万丈树,雕镂作琵琶。由此材高远,弦响蔼中华。"诗中的中华
指北魏,而且地域范围还不以北魏的国境为限。又北朝末年所称的"中
华朝士",不仅指具有传统文化的汉人,也包括一些鲜卑,乃至来自乌桓、
匈奴等族的人物,他们都是久居中土而且掌握了传统文化的士大夫。

　　北朝这样的例子,在整个中国历史上还能举出许多。如唐朝以后的
辽、夏、金,因为具备了传统的中原文化,都无愧于居中华名号。以辽为
例,耶律楚材在《怀古一百韵寄张敏之》诗中歌颂道:"辽家遵汉制,孔教
祖宣尼。"辽道宗耶律洪基听汉臣讲《论语》,以"北极之下为中国"附会辽
地,又说:"上世獯鬻、猃狁,荡无礼法,故谓之夷。吾修文物彬彬,不异中
华。"③是辽道宗自认为地居中国,礼堪中华。

　　综上,中华用于文化与民族,是指中原或汉族的传统文化和具备这
种传统文化的人或民族。然则中华若专作民族名称,本义还是指汉族。
如《资治通鉴·唐纪十四》贞观二十一年载唐太宗李世民总结其既能"平
定中夏"、又能"服戎狄"的经验之一是:"自古皆贵中华,贱夷狄,朕独爱

①　杨衒之:《洛阳伽蓝记》卷二"景宁寺"。
②　同上。
③　洪皓:《松漠纪闻》卷上。

之如一,故其种落皆依朕如父母。"①又唐杜佑《通典·边防典·序》:"覆载之内,日月所临,华夏居土中。……缅惟古之中华,多类今之夷狄。"又《唐律疏议》卷三:"妇人之法,例不独流。……造畜蛊毒,所在不容,摈之荒服。……纵令嫁向中华,事发还从配遣。"这三例的中华,与中夏、华夏为互文,而与夷狄、荒服为对称,盖地理上与中国同义,而民族上指称汉族,元王元亮《唐律释文》卷三即说:"中华者,中国也。亲被王教,自属中国,衣冠威仪,习俗孝悌,居身礼义,故谓之中华。非同夷狄之俗,被发左衽,雕体文身之俗也。"是中华既常指地域的中国,也泛指传统文化,有时还特指有别于蛮夷戎狄的汉族。②

以中华指汉族而且用之于政治目的或民族情绪的渲染,在古代也是常有的事,最有名者,大概要数朱元璋为推翻元朝统治而提出的"驱逐胡虏,恢复中华"。出于对元朝实行的民族歧视政策的痛恨,吴元年(1367年)朱元璋在他发布的北伐檄文中,提出了"驱逐胡虏,恢复中华"的口号,檄文中还说:"归我者永安于中华,背我者自窜于塞外。"③以中华④对胡虏⑤,中华自然是族称,其中的主体民族是汉族;而以中华对塞外,"中华"指的又是时人所认为的全国,正所谓"自宋祚倾移,元以北狄入主中国,四海内外,罔不臣服"⑥,而这正是朱元璋要恢复的地域的中华。

朱元璋如愿以偿地恢复了地域的中华,也重建了文化的、民族的中

----

① 唐太宗李世民"爱之如一"的民族政策,的确获得了极大的成功。如630年,西域和北部边疆各族的君长来到长安,尊奉李世民为各族共同的首领"天可汗";而649年李世民驾崩时,"四夷之人入仕于朝及来朝贡者数百人,闻丧皆恸哭,翦发、劙面、割耳,流血洒地"(《资治通鉴·唐纪十五》贞观二十三年),这也就是李世民自信的"故其种落皆依朕如父母"吧。

② 换言之,"中华"与"中国"、"华夏"一样,都具有地理中心、传统文化、汉族主体等多重含义。在这多重含义中,所谓传统文化的含义其实又最为模糊。一方面,"中华"代表的是"衣冠威仪,习俗孝悌,居身礼义"的汉族传统文化;另一方面,非汉族只要接受了这种文化,也就成了"中华"的一分子。而从这层意义上,我们又可以说,文化概念以及民族概念的"中华",好像一只容器,有容乃大,好像一块磁铁,吸附周边,"中华"名号的伟大意义,也正在于此。

③ 《明太祖实录》卷二六吴元年十月丙寅。

④ 这里的"中华"指汉人、南人。按汉人也包括契丹、女真、高丽等汉化较深的民族。南人即南宋遗民,以汉族为主。

⑤ 这里的"胡虏"指蒙古人、色目人。色目人谓从西域、中亚、东欧一带迁入内地的一些民族。

⑥ 《明太祖实录》卷二六吴元年十月丙寅。

华。然而两百多年后,满洲入主中原,建立了大清。清朝统治者虽然一直强调"满汉一体",鼓吹"华夷无别",较之元朝的人分四等(蒙古、色目、汉、南)进了一大步,但清朝中后期以还,一则满洲的民族优越感无可避免地依然存在;二则如元朝一样,虽"祖宗有德,天命入主中国",而"子孙怠荒,罔恤民艰"①;三则外国资本帝国主义列强蚕食鲸吞清朝领土,分化瓦解清朝民族。在这种形势下,中华之于民族,之于文化,之于地理,其含义又有了进一步的发展。

就民族的中华而言,20世纪的中国,主要矛盾乃是国内民族与外国侵略者之间的矛盾。于是义和团提出"扶保中华,逐去外洋"的口号,这一口号实与"扶清灭洋"同义。以孙文为代表的资产阶级革命派虽然立足于当时国内的主要任务——推翻帝制,缔造共和——再一次提出了"驱除鞑虏,恢复中华"的口号,然而这里的中华,其民族的含义已经有了变化。鞑虏者,以少数满清统治者为代表的、逆浩浩荡荡之世界潮流而动的帝制势力;中华者,结成一体的、为推翻专制帝制、创立民国而奋斗的中国各民族。及至1911年辛亥革命后,汉、满、蒙、回、藏"五族共和",建立中华民国,此即中华之民族含义扩展的显著例证。

就文化的中华而言,由于社会发展阶段的不同,地理环境的差别,同属中华的中国各民族客观存在着传统的差异、文明的先进与后进,但这并不妨碍"合汉、满、蒙、回、藏诸族为一人"②,并不妨碍诸族共有中华这一文化名号,也并不妨碍"中国民族自求解放,……境内各民族一律平等"③。

就地域的中华而言,"合汉、满、蒙、回、藏诸地为一国"④,是为中华民国,于是中原之中华,内地之中华,一变而为中华民国之中华!

然则随着"中华"含义多方面的更新,又为近代以来崭新的"中华民

①《明太祖实录》卷三二洪武元年七月辛卯条。
②《中华民国临时大总统宣言书》,收入《孙中山选集》,人民出版社,1981年版。
③《中国国民党第一次全国代表大会宣言》,收入《孙中山选集》。
④《中华民国临时大总统宣言书》。

族"一词的应运而生,提供了孕育的土壤。① 据考证,梁启超是最早使用
"中华民族"一词的。1902 年,梁启超在《论中国学术思想变迁之大势》一
文中,首先对"中华"一词的内涵作了说明:"立于五洲中之最大洲,而为
其洲中之最大国者,谁乎?我中华也。人口居全地球三分之一者,谁乎?
我中华也。四千余年之历史未尝一中断者,谁乎?我中华也。"随后,梁
启超论述战国时期齐国的学术思想说:"齐,海国也。上古时代,我中华
民族之有海权思想者,厥惟齐。"②可以看出,梁启超的中华民族概念,受
限于古代传统的窠臼,起初仍然以指汉族为主。但是很快的,中华民族
的含义就有了拓展。1905 年,梁启超在《历史上中国民族之观察》一文中
特别指出:"中华民族自始本非一族,实由多民族混合而成";③1922 年,
在《中国历史上民族之研究》一文中,梁启超又形象地比喻道:"凡遇一他
族而立刻有'我中国人'之一观念浮于其脑际者,此人即中华民族一员
也","故凡满洲人今皆中华民族之一员"。④ 也就是说,中华民族包括了
中国境内的所有民族,具有中国各民族认同的一体特征。⑤ 令人欣慰的
是,梁启超的这些认识,也是当时许多非汉民族的共识。比如 1913 年
初,在归绥(今内蒙古呼和浩特)召开的西蒙古王公会议通电全国申明:
"数百年来,汉蒙久成一家。……现在共和新立,五族一家,南北无争,中

---

① 按"民族"一词,在古汉语里并没有构成,而用人、种人、族类、部落、种落等词表示。用民族来
表示稳定的人们共同体,是 19 世纪与 20 世纪之交从日文中引进的。在"民族"一词引进后,
不久就复合出了"中华民族"一词。又目前使用最为广泛的"民族"定义,是斯大林在《马克思
主义和民族问题》(收入中共中央马克思恩格斯列宁斯大林著作编译局译:《斯大林全集》第
二卷,人民出版社,1953 年版)中的定义:"民族是人们在历史上形成的一个有共同语言、共同
地域、共同经济生活以及表现于共同文化上的共同心理素质的稳定的共同体。"
② 梁启超:《论中国学术思想变迁之大势》,收入《梁启超全集》第三卷,北京出版社,1999 年版。
③ 梁启超:《历史上中国民族之观察》,收入《梁启超全集》第十二卷,北京出版社,1999 年版。
④ 同上。
⑤ 这也是现代中国学者的主流认识,如费孝通《中华民族的多元一体格局》(收入费孝通等著:
《中华民族多元一体格局》)指出:"中华民族这个词用来指现在中国疆域里具有民族认同的
十一亿人民。它所包括的五十多个民族单位是多元,中华民族是一体。"陈连开《中国·华
夷·蕃汉·中华·中华民族》则定义中华民族"是中国古今各民族的总称,是由众多民族在
形成统一国家的长期历史发展中逐渐形成的民族集合体"。

央有主,……我蒙同系中华民族,自宜一体出力,维持民国"①,这是第一次在政治文件中,非汉民族代表人物共同决议,庄严宣告自己的民族属于中华民族。

汉族与非汉民族共同组成中华民族,于是,"中华民族"概念就成了高度凝聚中国各民族奋斗力量的伟大概念,"中华"名号就成了充分体现中国各民族精神文化的美好名号,而中华民国、中华人民共和国国号,也就具备了全新的含义,表明了国家的主权属于中国各民族,属于中华民族。在此,我们不妨举个反例进行说明。1919 年,同盟会会员、留日学生王拱璧在他所编的《东

梁启超先生

游挥汗录》中说:"犹忆当民国肇造之初,倭人闻我将以'中华民国'名我国,即由著名浪人某固请我民党领袖,易以'大汉',希冀离我五族。"②这段话的意思很清楚,是说某些别有用心的日本人,坚持请求民党领袖也就是孙文孙逸仙,不要称"中华民国",而要称"大汉"。按照王拱璧的理解,如果"中华民国"真称"大汉国"了,就会"离我五族",也就是会造成所谓"汉满蒙回藏"五族的离心离德,甚至造成国家的分裂。由此可见,与4000 多年文明史紧密相连的"中华"名号,确实具有强大的民族凝聚力③,而作为中华民国、中华人民共和国国号组成部分的"中华",也确实具有非同一般的大意与美意。

---

① 西盟王公招待处编辑:《西盟会议始末记》,收入忒莫勒、乌云格日勒主编:《中国边疆研究文库·初编·北部边疆》第二卷,黑龙江教育出版社,2014 年版。

② 王拱璧:《东游挥汗录》之《日本外交之概略——对支根本政策》"附言",收入窦克武主编:《王拱璧文集》,河南大学出版社,1991 年版。

③ 如唱响于抗日战争中的电影《风云儿女》的主题曲,现在为中华人民共和国国歌的《义勇军进行曲》,那一句"中华民族到了最危险的时候",曾经激起了我们怎样的坚强斗志与不屈精神。

综上所述,历经魏晋以降大约 1800 年的演变,"中华"名号可谓包容了"仰以观于天文,俯以察于地理"的神秘理念,涵盖了"纵横一万里"的广袤疆域,凝聚了"上下五千年"的传统文化,写照了多元一体的"中华民族",这样的"中华",真可谓"大美天地人"!

第二十五章　禹迹与九州："中国之《创世记》"

在秦统一以前，我国古代名号除了源于夏国号的区夏、有夏、时夏、诸夏、华、诸华、华夏及另成一系的地域的中国与文化的中国外，还有两大类名号，也时常见于典籍的记载：

第一类，是据历史传说而称我国全境为禹迹、禹甸、禹服等，以及九州、九有、九围、九囿等；

第二类，是依天地观念而称我国全境为四海、海内、天下等。

上述这两大类名号，自秦统一以后，仍然或频繁或偶然地为人所使用；有的作为习惯用语，还沿袭至今。本章先说第一类，即禹迹、九州等。

以"禹迹"指称全国，如唐张说《奉和圣制赐诸州刺史应制以题坐右》诗："文明遍禹迹，鳏寡达尧心"，又五代晋朝的《武功舞歌》："百川留禹迹，万国戴尧天。"以"九州"指称全国，所见更多，如唐王昌龄《放歌行》："清乐动千门，皇风被九州"，南宋陆游《示儿》诗："死去原知万事空，但悲不见九州同"，清龚自珍《己亥杂诗》："九州生气恃风雷，万马齐喑究可哀"，郭沫若《满江红·赞雷锋》有句："二十二年成永久，九州万姓仰英烈。"值得注意的是，"禹迹"与"九州"在诗中还往往成对出现，如北周庾信《羽调曲》："九州攸同禹迹，四海合德尧臣"，明胡翰《吕梁碛》："鸿飞九州野，吾愿观禹迹。"那么，为什么会有禹迹、九州这类名号？禹迹、九州又为什么往往成对出现呢？细说从头，这里面不仅联系着复杂的历史事实，而且还夹杂着屡变的神话传说……

第一节　古史的神话传说与神话传说中的禹

禹迹等名号的来历，显然与禹有关。禹是古史传说中的人物，其子启建立了中国历史上第一个世袭制国家夏。夏以后的商、周有文字记载与实物遗存，而夏以前的时代则只有神话传说。神话作为原始时代的产物，本是原始人类对大自然的蒙昧认识和野蛮生活的反映，然而一到传说，便把神话历史故事化了。而这类故事又大体总是美好的，因而在后世人的心目中，遂成为确实可信的历史。

然而传说也不一定完全无据，起码可以说有当时历史的影子在内。以春秋战国时代为例，杀伐连年，社会动乱，人们感于时事，以为今不如古，便制造出尧、舜、禹三代揖让而升、垂拱而治的故事，以寄托对太平盛世的向往。但古史的发展，本不以人的意志为转移，要想了解古史的真面目，就必须避开传说的空想。

重新认识古史的代表学说，有五四运动以后以顾颉刚为宗师的古史辨派。古史辨派的中心观点是：古史是层累地造成的，"譬如积薪，后来居上"，即是造史的很好比喻。关于这一点，顾颉刚说大体有三个意思：[①]

其一，"时代愈后，传说的古史期愈长。"如周代人心目中最古的人是禹，到孔子时有尧、舜，到战国时有黄帝、神农，到秦有三皇，到汉以后有盘古等。

其二，"时代愈后，传说中的中心人物愈放愈大。"如舜，在孔子时只是一位"无为而治"的圣君，到《尧典》就成了一位"家齐而后国治"的圣人，到孟子时又成了一位孝子的模范。

其三，我们虽不能知道某一件事的真确状况，但可以知道某一件事

---

① 顾颉刚：《与钱玄同先生论古史书》，收入顾颉刚编著《古史辨》第一册，朴社，1926年版。

在传说中的最早状况。如我们虽然不能知道夏商时的夏商史,但至少能知道东周时的夏商史。

按顾颉刚的上述观点,是对唐刘知几、清崔述、近人崔适诸家学说的系统与完善,又得到了钱玄同、胡适诸家的赞同与补充。由古史辨派的细密考证,尧、舜、禹之为传说人物,遂成为被广泛接受的观点。

《古史辨》书影

关于禹的传说,顾颉刚曾经指出:

> 由戎的宗神禹,演化而为全土共戴之神禹,更演化而为三代之首君。[1]

传说中禹的事迹,也像滚雪球一样,越来越大,越来越多,如《山海经》鲧腹生禹,《国语》禹致群神于会稽,《汉书·郊祀志》禹封禅于会稽,《墨子》禹道死葬会稽,等等;而影响最大者,则是治洪水与分九州二事,与此相关的禹的传说,"乃为中国之《创世记》耳"[2]。

---

[1] 顾颉刚:《九州之戎与戎禹》,《禹贡》第 6 卷第 6、7 合期,1937 年。
[2] 顾颉刚、史念海:《中国疆域沿革史》第三章,商务印书馆,1938 年版。

关于《创世记》,《正名中国:胡阿祥说国号》有这样的"通俗"描述:

> 读过《圣经》的朋友都知道洪水与诺亚方舟的故事,没有读过《圣经》的朋友也肯定听说过这个故事。这个故事见载于《圣经》的《创世记》里,说上帝耶和华看到他创造的世界变得一团糟了,就决定毁灭所有的人类,只留下为人虔诚、与人和睦相处的好人诺亚一家。于是上帝告诉诺亚造一条大船,那船长四百五十英尺,宽七十五英尺,高四十三英尺,这跟现代的远洋轮船差不多大。诺亚又捕捉了许多动物放在船上,然后上帝就让暴雨连下了四十个昼夜。洪水汹涌澎湃,淹没了整个地球,只有诺亚方舟漂浮于汪洋大海中。等到洪水消退了,诺亚一家和他带上方舟的动物,是这场可怕的洪水后仅存的生物,并一直繁衍至今。①

至于"中国之《创世记》",即所谓的"大禹治水",而记载"大禹治水"较为系统全面、影响也较为广泛的史书,当推西汉太史公司马迁所撰我国第一部纪传体通史《史记》。

按《史记》的第一篇是《五帝本纪》,第二篇是《夏本纪》;《五帝本纪》首黄帝,《夏本纪》首禹。黄帝、禹本非完全的信史,但传说也并非无据,况且黄帝葬桥山②,禹崩会稽,有冢可据。司马迁作为史家,信以传信,疑以传疑,遂整齐百家杂语,"择其言尤雅者",并结合自己对山川的考察与对长老的访问,著成《五帝本纪》与《夏本纪》。在《夏本纪》中,司马迁述禹道:

> 禹者,黄帝之玄孙而帝颛顼之孙也。禹之曾大父昌意及父鲧皆不得在帝位,为人臣。当帝尧之时,鸿水滔天,浩浩怀山襄陵,下民

---

① 胡阿祥:《正名中国:胡阿祥说国号》第二讲,中华书局,2013 年版。
② 今天的黄帝陵位于陕西黄陵县西北桥山。按西汉司马迁《史记·五帝本纪》:"黄帝崩,葬桥山。"东汉班固《汉书·地理志》上郡阳周:"桥山在南,有黄帝冢";《汉书·王莽传》:"治黄帝园位于上郡桥畤",即在桥山之上设时祭祀黄帝。如此,汉代桥山即今陕西子长县西北的梁山。关于黄帝陵从汉至今的"迁徙"过程,参考胡阿祥:《黄帝陵究竟在何处》,《中国审计报》2005 年 5 月 25 日。

其忧。尧求能治水者,群臣、四岳皆曰鲧可。……用鲧治水,九年而水不息,功用不成。于是帝尧乃求人,更得舜。舜登用,摄行天子之政,巡狩。行视鲧之治水无状,乃殛鲧于羽山以死。天下皆以舜之诛为是。于是舜举鲧子禹,而使续鲧之业。……

禹为人敏给克勤;其德不违,其仁可亲,其言可信,声为律,身为度,称以出;亹亹穆穆,为纲为纪。

禹乃遂与益、后稷奉帝命,命诸侯百姓兴人徒以傅土,行山表木,定高山大川。禹伤先人父鲧功之不成受诛,乃劳身焦思,居外十三年,过家门不敢入。薄衣食,致孝于鬼神;卑宫室,致费于沟淢。陆行乘车,水行乘船,泥行乘橇,山行乘檋。左准绳,右规矩,载四时,以开九州,通九道,陂九泽,度九山。令益予众庶稻,可种卑湿。命后稷予众庶难得之食。食少,调有余相给,以均诸侯。禹乃行相地宜所有以贡,及山川之便利。……于是九州攸同,四奥既居,九山刊旅,九川涤原,九泽既陂,四海会同。六府甚修,众土交正,致慎财赋,咸则三壤成赋。中国赐土姓:"祇台德先,不距朕行。"令天子之国以外五百里甸服,……甸服外五百里侯服,……侯服外五百里绥服,……绥服外五百里要服,……要服外五百里荒服。……东渐于海,西被于流沙,朔、南暨:声教讫于四海。于是帝赐禹玄圭,以告成功于天下。天下于是太平治。……

帝舜荐禹于天,为嗣。十七年而帝舜崩,三年丧毕。……禹于是遂即天子位,南面朝天下。……及禹崩,虽授益,益之佐禹日浅,天下未洽。故诸侯皆去益而朝启,曰:"吾君帝禹之子也。"于是启遂即天子之位,是为夏后帝启。

通读《史记》关于禹的上引记载,禹迹、九州等名号的源始已经相当明白;九州、四海、天下之为互文,也可见出大概。

然则禹迹、九州等名号始自何时,仍是需要考索的问题。

四川汶川大禹雕塑

第二节 "芒芒禹迹,画为九州"

《史记》关于禹的上引记载,乃是综合西周以来的古史传说而成。而按照顾颉刚等人的考证,周朝人心目中最古的人即是禹。盖在西周时,周人已认定禹是首出奠定山川、敷布土地者,凡后人所居,皆禹之迹,禹治水,足迹遍全国。以此,禹迹成了全国的代称,广被当时人所知的天下:①

> 其克诘尔戎兵,以陟禹之迹,方行天下,至于海表,罔有不服。
>
> 禹平水土,主名山川。
>
> 丰水东注,维禹之绩(迹),四方攸同。
>
> 洪水芒芒(茫茫),禹敷下土方。
>
> 天命多辟,设都于禹之绩(迹)。
>
> 丕显朕皇祖受天命,鼏宅禹赍(迹)。

这样的天下,按照《尚书·禹贡》的记载,包括了从黄河北岸到长江北岸

---

① 以下引文,分别出自:《尚书·立政》、《尚书·吕刑》、《诗·大雅·文王有声》、《诗·商颂·长发》、《诗·商颂·殷武》、秦公簋铭文。

的 27 座山,弱水、黑水、河水、汉水、江水、济水、淮水、渭水、洛水 9 条水,简而言之,就是禹迹踏遍的山山水水、全国各地。

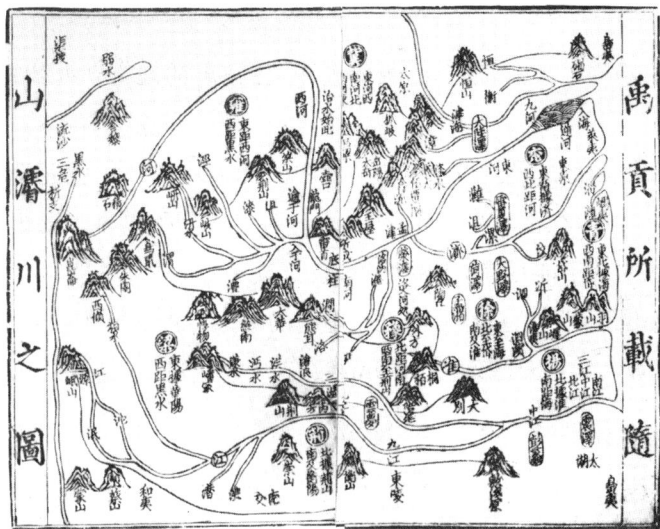

南宋《禹贡所载随山浚川之图》

禹迹所指的天下,又可称为九州。《左传·襄公四年》魏绛为晋侯引《虞人之箴》[①]:

> 芒芒禹迹,画为九州。经启九道,民有寝庙,兽有茂草,各有攸处,德用不扰。

这几句话的意思是:茫茫无际的禹迹啊,被划分成了九州,开通了条条道路,人民有了居住的房屋与祭祀的宗庙,野兽有了丰茂的青草,他们、它们各有住处,遵守道德,互不干扰。由此也可以看出,禹迹是被划分为九州的,禹迹的范围就等于九州,禹迹、九州本是相互关联的一对名号,而以禹迹与九州代表天下,又是西周以来通行的看法。

---

① 传统观点以为,《虞人之箴》是周武王时虞人(掌田猎之官)的官箴。

九州一名的出现，则稍晚于西周时出现的禹迹。[①] 春秋时铜器叔夷钟（据考作于公元前566年）铭文云：

> 虩虩成唐（汤）……尃受天命……咸有九州，处禹之堵。

这是说成汤受了天命，便享有禹的九州，住在禹的地方。九州即指成汤的天下。

考察九州的原始含义，本指洪水中的许多块陆地。就九而言，古代"九"这个数字，往往不是实数，而是表示数量多到无以复加的虚数，所谓"凡一、二之所不能尽者，则约之三，以见其多；三之所不能尽者，则约之九，以见其极多"[②]，也就是说，九是虚指的极数。古书上所谓九山、九道、九泽、九河以至九天，都不是确切的数字。[③] "九州"也是这样，是指许多的州。再就州来说，《说文解字》："州，水中可居者曰州。水周绕其旁，从重川……州，古文州。"清段玉裁《说文解字注》："州本州渚字，引申之乃为九州，俗乃别制洲字，而小大分系矣。……州，此像前后左右皆水。"也就是说，州的原义为水所围绕的陆地、水中陆地之可居者。《汉书·地理志》"尧十二州"（详下）唐颜师古注云："洪水泛大，各就高陆，人之所居，凡十二处"；同理，禹之九州，也可作如是解，则九州仍与禹治平洪水的传说有关。

洪水的传说，联系着我国上古文明滥觞于黄河流域。夏、商、周三代的统治民族均播迁流转于黄河上中游（夏、周）或黄河下游（商）。夏已经以农业为经济基础，周更以擅长农业著称，而黄河流域自古即多泛滥之灾[④]，洪水的传说盖缘此而产生。上面已经说过，周人认为首出治水的人

---

① 殷商卜辞中不见禹字，也无九州一词。而据顾颉刚的观点，最早关于禹的神话，也只有治水而无分州。
② 汪中：《释三九》，收入汪中著、田汉云点校：《新编汪中集》，广陵书社，2005年版。
③ 理解这个问题，可以成语"九牛一毛"为例。所谓"九牛一毛"，意为从很多牛的身上只拔下了一根毛，以此比喻在极大数量中的极小数量。
④ 参考李欣：《"母亲河"的身世——历史时期的黄河与谭其骧的重大发现》，收入胡阿祥、彭安玉主编：《中国地理大发现》，山东画报出版社，2004年版。

物为禹;而随着时代的推移,自燧人氏、颛顼以至尧、舜、鲧,都莫不治洪水,于是洪水的传说变得愈加纷歧。随洪水而来的传说,是划分九州,九州的传说也因之复杂起来,并有了九州疆域的划分及各州名称的拟定,即九州从一种空泛的名号,逐渐变成传说中实有的制度。

关于九州的划分及各州的名称,在战国时代出现了好几种说法①:

其一,《尚书・禹贡》:冀州,济、河惟兖州,海、岱惟青州,海、岱及淮惟徐州,淮、海惟扬州,荆及衡阳惟荆州,荆、河惟豫州,华阳、黑水惟梁州,黑水、西河惟雍州。是《禹贡》以山川地形划分九州。

其二,《周礼・职方氏》:东南曰扬州,正南曰荆州,河南曰豫州,正东曰青州,河东曰兖州,正西曰雍州,东北曰幽州,河内曰冀州,正北曰并州。是《职方》以方位与地形划分九州。

其三,《尔雅・释地》:"两河间曰冀州,河南曰豫州,河西曰雍州,汉南曰荆州,江南曰杨州,济、河间曰兖州,济东曰徐州,燕曰幽州,齐曰营州。"是《尔雅》以地形及国家方位划分九州。

其四,《吕氏春秋・有始览》:"河、汉之间为豫州,周也。两河之间为冀州,晋也。河、济之间为兖州,卫也。东方为青州,齐也。泗上为徐州,鲁也。东南为扬州,越也。南方为荆州,楚也。西方为雍州,秦也。北方为幽州,燕也。"是《吕览》以重要国家的位置结合山川地形以及方位划分九州。

以上四说之异同,列表比较如下:

书名	九州										
禹贡	冀	兖	青	徐	扬	荆	豫	梁	雍		
职方	冀	兖	青		扬	荆	豫		雍	幽	并	
尔雅	冀	兖		徐	扬	荆	豫		雍	幽		营
吕览	冀	兖	青	徐	扬	荆	豫		雍	幽	

① 与此相关者,还有大九州说,另详第二十七章,这里不赘。

按四种九州说,一般认为《禹贡》的时代最早。[①]《禹贡》一篇,属于《尚书》中的《夏书》,古人认为这篇文献是禹治平洪水、划分九州、依据九州土地的肥瘠状况而制定贡赋等级的记录,故名《禹贡》,而《禹贡》九州,也就自然成了禹治水后所划分的九州。然而西汉以前,另外三种九州说也被认为是禹九州,这就露出了破绽:四种九州说,不仅所取的州名不同,划分原则也很不一致;如果四种九州都反映了客观事实的话,那么它们理当一致。为了弥缝这一破绽,后世学者解释:这是时代不同所造成的,具体来讲,《汉书·地理志》始以《职方》九州为周制,东汉李巡始以、三国魏孙炎继以《尔雅》九州为商制,加上夏制的《禹贡》九州,经学家遂合称为"三代九州"。《吕氏春秋》因为不是儒家经典,所以经学家并未为之立说。

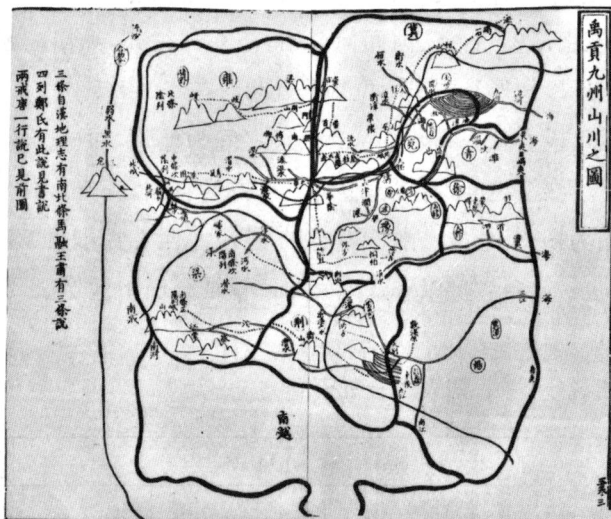

南宋《禹贡九州山川之图》

---

① 《禹贡》、《职方》的著作时代,学术界较普遍的看法是战国时代。《尔雅》旧时多以为周公所著或孔子增订,然而从是书辄取春秋战国乃至秦汉古籍之文看,当是由小学家缀辑旧文,递相增益,而成型于汉代。《吕氏春秋》是战国末年秦国宰相吕不韦汇集一些门客共同编纂的,成书于秦王政八年(公元前 239 年)。

　　然则当禹九州已变得不那么空泛的时候,战国时传说中的古史已上延到了黄帝与神农,汉时更有了盘古开天辟地的神话,于是划野分州的时代也就溯源到了黄帝,并产生了尧、舜十二州的说法。如《汉书·地理志》谈沿革,劈头就说:

> 　　昔在黄帝,作舟车以济不通,旁行天下,方制万里,画野分州,得百里之国万区。……尧遭洪水,怀山襄陵,天下分绝,为十二州,使禹治之。水土既平,更制九州,列五服,任土作贡。

中国的文化真是太过古老! 一切事物推其源始,都要说得十分久远;而在后世所精心构筑的古史传说体系中,黄帝又是一位非常重要的人物。他是华夏民族的老祖宗,许多事物的发明权都要归功于他,许多典章制度也须由黄帝首创,"画野分州"自然也不例外。

　　不过话虽如此,黄帝却毕竟过于缅邈。黄帝是如何划野分州的,也实在难以说清。[①] 比较而言,禹置九州,有名列五经之一的《尚书·禹贡》的详细描述,自然使人深信不疑。进之,禹之前为尧、舜,如禹一样,尧、舜也治水,那么也应当分州,《尚书·尧典》[②]即说"肇十有二州",西汉谷永、东汉班固都解释成"尧遭洪水,天下分绝为十二州"[③],即在禹置九州之前,尧时已有十二州,《史记·五帝本纪》略同:

> 　　于是帝尧老,命舜摄行天子之政。……肇十有二州,决川。

南朝宋裴骃《集解》引东汉马融说:"禹平水土,置九州。舜以冀州之北广大,分置并州。燕、齐辽远,分燕置幽州,分齐为营州,于是为十二州也。"按照这样的解释,十二州是就禹九州再分置并、幽、营三州,恰与谷永、班固之说相反。马融之说多为后世经学家所采用,当然也有反对的,如唐

---

① 明末清初顾祖禹《读史方舆纪要》卷一改曰:"昔黄帝方制九州,列为万国(《周公职录》黄帝割地布九州……)。或曰:九州颛帝所建,帝喾受之(《帝王世纪》、《通典》)。……夏有天下,还为九州,《禹贡》所称,其较著矣。"

② 据顾颉刚的考证,今本《尧典》为汉人所作。

③《汉书·地理志》、《汉书·谷永传》。

贾公彦《周礼正义》即称:"自古以来,皆有九州。惟舜时暂置十二州,至夏还为九州。"

其实,十二州的说法源于九州说是很明显的,合前述四种九州说,虽然州名不一,总数却正是十二①,即《禹贡》九州加上幽、并、营三州。这样,十二州的说法也不过是为了填补多种九州说所造成的漏洞而已。更求之,十二州说的背后还有着历史的真实。西汉武帝元封五年(公元前106 年),为了加强中央集权,除京师附近七郡外,分境内为豫州、兖州、青州、徐州、冀州、幽州、并州、凉州、益州、荆州、扬州与交趾、朔方十三区,各置刺史一人,巡察境内地方官吏与强宗豪右,称"十三刺史部",习惯上也称"十三州"。是十二州的传说,乃因汉人影射武帝所置的十三刺史部而起。尧、舜时代之不存在十二州,正如武帝置十三州,一样真实可靠。

十二州说产生于西汉而影射武帝置州的真实,那么产生于战国的九州说,是否也有着某种历史的真实呢? 答案是肯定的:九州说反映了当时人们对统一的向往,是学者们为未来统一时代所设计的政区划分方案。童书业指出:

> 春秋而后,各大国努力开疆之结果,所谓"中国"愈推愈大,渐有统一之倾向,于是具体区划"天下"之需求乃起;《吕览》、《禹贡》、《尔雅》、《职方》等书始有具体之"九州"制度。"九州"之名各书所载不同,略有四说。……其各州地域,各书所载亦略不同,大致以《吕氏春秋》之说最为近古,以其较少托古之色彩也。……由此知"九州"制度之背景,实为春秋、战国之疆域形势。②

其实九州的具体名称,也有力证明了九州由空泛到实在、由模糊到清楚的历史背景,"实为春秋、战国之疆域形势。"

---

① 《左传·哀公七年》:"周之王也,制礼,上物不过十二,以为天之大数也。"此或为取用"十二"这个数字的理由。按古人法天之数而多用"十二",详张政烺:《"十又二公"及其相关问题》,收入尹达等主编:《纪念顾颉刚学术论文集》上册,巴蜀书社,1990 年版。

② 童书业:《中国疆域沿革略》第二篇第一章,开明书店,1946 年版。

如以《禹贡》九州为例，冀州得名于冀国，春秋时冀国为晋国所灭，所以冀州范围与晋国范围相当；徐州得名于徐国，春秋时徐国为吴国所灭；扬州缘于越国，扬、越二字音近义同，战国时越国为东南霸主；荆州得名于楚国的别称荆国，春秋战国时楚为南方大国；雍州得名于雍城（今陕西凤翔县），春秋战国时秦国在此建都 290 多年。另外，青州属于东方齐国的范围，"东方色青，乃五行说既起后之规定"；兖州属于卫国的范围，得名于沇水，沇水是济水的别称，济水是战国时代江、河、淮、济"四渎"之一；①豫州在春秋战国时属于周天子周国之地，东汉刘熙《释名·释州国》："豫州，地在九州之中，京师东都所在，常安豫也"，意即居中的天子希望安闲舒适；至于梁州，属于战国时代秦国新开拓的疆域范围，即汉中、巴蜀之地，秦人架有栈道通达，而梁即有桥梁沟通之义。② 如此看来，《禹贡》九州的具体名称以及方位、范围、背后的相关国家，都是春秋战国时代情况的反映，也就是说，如果不到战国时代，学者们是无论如何也设计不出这样一套州名的。

然则向往统一而区划天下的九州，又何以要说成是由大禹所定呢？简而言之，这是要"托古改制"与弘扬"正能量"。

我们知道，在农业经济占优势、生产力水平低下的先秦时代，人们很尊敬有丰富经验、见多识广的老年人。③ 而处于这种"老就正确"的思维定势下，很容易使人向往过去，向往古代。以此，思想家们提出一项政治改革的设想，政治家们规划一项政治改革的方案，都需要托古，即把当前的设想、方案假托于古代，说这种改革不过是恢复古代已经实行过的制度而已。因为在层累地造成的古史传说中，古代有尧、舜、禹那样的圣君，有天下一统的太平盛世，这样的圣君与盛世所实行的地方制度，也是

---

① 济水流经今河南、山东境内，后来湮没，但仍留下诸多的相关地名，如济南即因在济水之南而得名。

② 参考童书业：《中国疆域沿革略》第二篇第一章。童书业又云：燕为幽州，乃字之声转；并州盖暗射中山之国；营州源于齐都之营丘。

③ 哪怕直到今天，还有"不听老人言，吃苦日子在眼前"的说法，还有"老生常谈"的成语，还有难以清除的"老中医"、"祖传秘方"一类的城市"牛皮癣"。

尽善尽美、整整齐齐的——大禹时代即是如此。

当然，具体到选择大禹九州作为未来制度的原因，又在于古史传说、历史记忆中的大禹形象，可谓充满了"正能量"。如墨子称道曰：

> 昔者，禹之湮洪水，决江河，而通四夷九州也，名山三百，支川三千，小者无数，禹亲自操橐耜，而九杂天下之川。腓无胈，胫无毛，沐甚雨，栉疾风，置万国。禹大圣也，而形劳天下也如此！①

可见大禹为了治平水土，真是备极辛劳。这样的备极辛劳，换来的则是后人真挚有情的感恩感念，如《左传·昭公元年》记周景王派遣刘夏出使，在洛水入黄河处，面对着滔滔河洛，刘夏感叹道："美哉禹功，明德远矣！微禹，吾其鱼乎"——多么美好啊，大禹的功劳，他光明磊落的德行照耀千秋！倘若没有大禹治平洪水，我们早就化成了鱼鳖！孟子也赞美道："禹疏九河，瀹济、漯而注诸海，决汝、汉，排淮、泗，而注之江，然后中国可得而食也"②——大禹疏通了九河，然后"中国"的人们才有了收获、有了粮食。

相对于大禹治平洪水、拯救土地、造福万民的丰功伟绩，战国时代的统治者们就非常不堪了，其时列国割据，"贪饕无耻，竞进无厌；国异政教，各自制断；上无天子，下无方伯；力功争强，胜者为右，兵革不休，诈伪并起"③，人民痛苦流离，社会混乱异常，真是今不如古。于是学者们——无论是儒家学派的孔子、孟子、荀子，还是法家学派的商鞅、申不害、韩非，以及其他学派的大师们——都主张大一统而反对分裂。而为了证实这种大一统思想的正确性，许多学者又沉思不已，各就其所知的大陆勾画蓝图、划分区域，并且告诉当政者和天下庶民：中国自古以来就是一统天下，自古以来就有由中央政府划分好了的地方区域——比如大禹的九州；统一以后的疆域划分，就应当恢复大禹九州的政区制度，以方便政府

---

① 《庄子·天下》。
② 《孟子·滕文公》。
③ 《战国策》刘向《叙录》。

的管理与人们的居住——而这，就是多种九州在统一趋势日渐明朗的战国之世具体化的社会历史背景。

遗憾的是，公元前221年秦灭六国，虽然完成了统一的重任，然而战国学者们设计的规模与名称俱备的九州，却没有被秦始皇帝采用，秦朝分天下为36郡。到汉武帝时，尊重经学，才汇合《禹贡》和《职方》的记载再加上自己的决定而实行了州制，然而不是九州，而是十三州①；不是行政区，而是监察区。再到东汉晚期，州变成了一级行政区，却又引发了魏晋南北朝约400年的大分裂。② 而从此以

湖南长沙岳麓山禹碑

后直到明清，作为行政区的州制也一直存在，今日还能找到这方面的痕迹，如冀州、兖州、青州、徐州、扬州、荆州等市的设置，即是明显的例证。③

总之，九州制开始酝酿并成型于春秋战国，而实现于汉代。在历史

---

① 十三州中，豫、兖、青、徐、冀、荆、扬七州是《禹贡》州名，幽州、并州是《职方》州名，《禹贡》、《职方》的雍州改名凉州，《禹贡》的梁州改名益州。

② 胡阿祥：《六朝疆域与政区的演变及其经验教训》，《江苏行政学院学报》2001年第3期。

③ 当今的现实情况是，我国在一些“少数民族”地区还设置有“自治州”，如延边朝鲜族自治州、恩施土家族苗族自治州、甘孜藏族自治州、凉山彝族自治州等；至于现行政区名称中带“州”字者，不仅不胜枚举，而且成为时尚，以致现在许多政区改名时，若不带个“州”字，好像就不雅致了，也许，这就是历史的惯性吧。

的演进中,它似真而实假,由假而化真。当它还是一种理想时,它代表了全域,是春秋战国时代中国的又一个名号;当它经过变形、成为一种现实时,它的原形——九州,仍是秦汉以后中国的一个代称。

第三节　禹迹、九州的"孪生兄弟"

如上所述,禹治平水土,人民得以安居,九是虚指的极数,在地理上后来多谓八方(东、南、西、北、东南、西南、东北、西北)加中央,于是禹迹、九州成了全国的代称;又因禹治平洪水,显露出许多块陆地,人们得以安居在这些陆地上,所以这些陆地被合称为禹迹,禹迹是由许多块陆地、也就是"水中可居"的州组成的,所以禹迹也被称为九州,而且禹迹与九州这两个名号还往往成对出现。

进而言之,分析禹迹、九州这两个名号,"迹"指禹之足迹所至的范围,"州"本指水中可居的陆地,后来演变成九个理想中的大行政区。也就是说,"迹"、"州"这两个字是通名,与"禹"、"九"这两个专名结合在一起,构成了指称全国的专有名词。而从理论上讲,若"禹"字加上与"迹"字义同义近的通名,或者"九"字加上与"州"字义同义近的通名,也就可以构成与"禹迹"、"九州"义同义近的、指称全国的专有名词了。事实也正是如此,禹迹、九州有着众多的孪生兄弟,它们都是指称全国的古老名号。兹各举例证若干如下。

禹甸:《诗·大雅·韩奕》:"奕奕梁山,惟禹甸之。"《诗·小雅·信南山》:"信彼南山,惟禹甸之。"毛《传》训甸为治,禹甸即禹治理过的地方,郑《笺》:"禹治而丘甸之。……六十四井为甸,甸方八里。"丘甸之,即把土地分成丘、甸,两者的关系是四丘一甸。后人用此义,遂称中国九州之地为禹甸,如宋方夔《苦热》诗:"谁是苍生霖雨手,普将禹甸酿西成";清王式丹《南中书事》诗:"禹甸埋坟殊广大,蛮方节钺漫纷纭。"

禹服:《尚书·仲虺之诰》:"表正万邦,缵禹旧服",孔《传》:"仪表天下,法正万国,继禹之功,统其故服。"服指王畿以外的疆土,后世即以禹服称中国九州之地。《南齐书·乐志》载《乐歌辞》:"诞应休命,奄有八夤。握机肇运,光启禹服。"唐许敬宗《奉和执契静三边应诏》诗:"星次绝轩台,风衢乖禹服。寰区无所外,天覆今咸育。"又唐王维《兵部起请露布文》:"伏惟皇帝陛下,大道先天,至德冠古,……亿兆广尧封之时,郡县加禹服之外。"又清陈廷敬《上御神武门观西洋进贡狮子》诗:"皇威远被海西偏,灵产欣观自九天。王会地图过禹服,帝疆方物集尧年。"

禹域:《禹贡》九州的范围,后人又称禹域,义同禹迹。清黄遵宪《唐铍臣明经》诗:"芒芒此禹域,滔滔彼汉江。"又黄遵宪致梁启超信云:"一言兴邦,一言丧邦,茫茫禹域,惟公是赖。"章炳麟《驳康有为论革命书》:"以长素魁垒耆硕之誉,闻于禹域,而弟子亦多言革命者。"鲁迅《无题》诗:"禹域多飞将,蜗庐剩逸民。"陈毅《送董老出席旧金山会议即日出洋》诗:"百年家国恨,禹域日倾颓。"又20世纪30年代创办的研究中国历史地理的"禹贡学会"及《禹贡》半月刊,在《募集基金启》中说:"今日一言'禹域',畴不思及华夏之不可侮与国土之不可裂者!"

九有:《诗·商颂·长发》:"武王(汤)载旆,……九有有截。"又《诗·商颂·玄鸟》:"方命厥后,奄有九有",毛《传》:"九有,九州也。"《礼记·祭法》"共工氏之伯九州也",《国语·鲁语》作"共工氏之伯九有也"。以九有泛指全国,如西晋潘岳《为贾谧作赠陆机诗》:"茫茫九有,区域以分";北周庾信《将命至邺酬祖正员诗》:"我皇临九有,声教泊无隄";前蜀贯休《行路难》诗:"九有茫茫共尧日,浪死虚生亦非一";清黄遵宪《感事》诗:"茫茫九有古禹域,南北东西尽戎狄。"又《三国志·蜀志·郤正传》:"今三方鼎跱,九有未乂,悠悠四海,婴丁祸败。"

九囿:北宋刘恕《资治通鉴外纪·包牺以来纪》:"人皇氏……依山川土地之势,财(裁)度为九州,谓之九囿。"清段玉裁《说文解字注》:"凡分别区域曰囿。常道将引《洛书》曰:'人皇始出,分理九州为九囿。'九囿即《毛诗》之九有,《韩诗》之九域也。"又东晋常璩《华阳国志·巴志》:"昔在唐尧,洪水滔天。鲧功无成,圣禹嗣兴,导江疏河,百川蠲脩;封殖天下,因古九围以置九州。"如此则九围的出现,可能还早于九州。①

九围:《诗·商颂·长发》:"帝命式于九围。"孔颖达《疏》:"谓九州为九围者,盖以九分天下,各为九处,规围然。"毛《传》:"九围,九州也。"唐元稹《月》诗:"迢递同千里,孤高净九围。"唐太宗李世民《过旧宅》诗:"昔地一蕃内,今宅九围中。"唐柳宗元《祭独孤氏丈母文》:"名播九围,望高群士。"又《隋书·西域传·高昌》:"自我皇隋,平一宇宙,化偃九围,德加四表。"

九土:《国语·鲁语》:"共工氏之伯九有也,其子曰后土,能平九土",是九土后世理解为九州之土、九州。东汉张衡《思玄赋》:"思九土之殊风兮,从蓐收而遂徂。"西晋左思《蜀都赋》:"九土星分,万国错跱";唐李白《经乱离后天恩流夜郎,忆旧游,书怀赠江夏韦太守良宰》诗:"炎凉几度改,九土中横溃。"又宋司马光《乞官刘恕一子札子》:"至于十国五代之际,群雄竞逐,九土分裂。"

九原:《国语·周语》:"汨越九原。""原"意为"广大而高平",后世以九原指九州者,盖因禹治平水土,使民宅居。南宋陆游《一编》诗:"死去虽无勋业事,九原犹可见先贤",《春感》诗:"多病更知生是赘,九原那恨死无名。"

九牧、九伯:《荀子·解弊》:"此其所以代殷王而受九牧也",唐杨倞《注》:"九有、九牧,皆九州也。抚有其地则谓之九有,养其民则谓之九牧。"牧为州长官的名称,天下分为九州,则九牧代指九州。《周礼·掌交》"九牧之维",郑玄《注》:"九牧,九州之牧。"《史记·封禅书》:"禹收九牧之金,铸九鼎。"《后汉书·孔融传》:"以九牧之地,千八百君",唐李贤注:"以九州之人养千八百君也。"南宋陆游《送黄文叔守福州》诗:"议论前修似,声名九牧传。"又《左传·僖公四年》:"五侯九伯,女实征之,以夹

---

① 对此,李得贤《夏禹传说与大夏地理》(《中国历史地理论丛》1993年第4辑)指出:"所谓九围,实部落社会的缩影。……在部落联盟时代,每个部落,都相当于一个围,而每个围又都由山泽林薮组成,如此则围中的塘、场,又是其小围。……《毛传》:'围所以域养禽兽也,天子百里,诸侯四十里。'这是周初的事,传说或就缘此而产生。……所谓九州,实际上仍是舜禹时游猎社会的写照,与围没有什么分别。"推源李得贤的本意,作为自然地理区划的九州,与九围同义,而且九州还可能是假借于九围、九有的一个名词。

辅周室"，九伯者，九州之方伯，即各州诸侯之长，或以为九伯指散列九州之伯，即统言天下诸侯。后世遂偶以九伯指九州，如北宋王安石《谢知州启》："谢守论功，当为九伯之冠。"

九服、九畿：《周礼・职方氏》："乃辨九服之邦国"，即方千里的王畿以外的地方，按远近分为九等，每五百里为一等，由内而外依次是侯服、甸服、男服、采服、卫服、蛮服、夷服、镇服、藩服。"服，服事天子也"，"诸侯皆服事于周，……故称服也"。① 九服也称为九畿，据《周礼・大司马》，以国畿为中心，向外依次为侯、甸、男、采、卫、蛮、夷、镇、藩九畿。郑《注》："畿，犹限也，自王城以外五千里为界，有分限者。"按九服、九畿也是先秦时理想中的一种区划，其范围包括了诸侯领地及外族所居之地，后来泛指全国。南朝梁沈约《法王寺碑》："济横流而臣九服，握乾纲而子万姓。眷言四海，莫不来王"；《宋书・武帝纪》："王略所宣，九服率从"；又《周书・文帝纪》诏："朕所以垂拱九载，实资元辅之力；俾九服宁谧，诚赖翊赞之功。"顺带可以提及，除九服、九畿的名号外，还有类似的三服、五服的说法。《逸周书・王会》："方千里之内为比服，方二千里之内为要服，方三千里之内为荒服"；《尚书・禹贡》所记为甸、侯、绥、要、荒五服②，每服四方各五百里，唐孔颖达《疏》："五服之名，尧之旧制；洪水既平之后，禹乃为之节文，使赋役有恒，职掌分定。"清孙星衍《尚书今古文注疏》："周之九服，即禹弼成之五服分为九者，故云禹迹。"以此，三服、五服也可以代称全国。③

九共：《尚书・舜典》之《书序》曰："帝釐下土方，设居方，别生分类，作《汩作》、《九共》九篇。"西汉伏生称《九共》是述诸侯来朝，各言其土地所生，人民好恶，为之贡赋政教。后因以九共泛指全国。章炳麟《中华民

① 《周礼・职方氏》汉郑玄《注》，唐贾公彦《疏》。
② 《国语・周语》作甸、侯、宾、要、荒五服。
③ 按九服、五服、三服的具体名称也各有其含义。以《禹贡》五服为例，甸服指王畿地区，侯服即诸侯领地，绥服指已绥靖的地区，要服指与中心结成同盟的外族地区，荒服指未开化地区，而五服地区都要服从王都里的最高统治者。服制的背景是分封制下诸侯向天子服事纳贡，所以顾颉刚称服制是似假而实真、由真而化幻。

国解》："下逮刘季,抚有九共,与匈奴、西域相却倚,声教远暨。"

九域:《礼记·祭法》"共工氏之伯九州也",《汉书·律历志》引《祭典》作"共工氏之伯九域",是九域即九州,用以泛指全国。《晋书·孙惠传》:"今明公名著天下,声振九域。"东晋陶潜《赠羊长史》诗:"九域甫已一,逝将理舟舆。"又北宋有《九域图》、《九域志》,都是记载全国疆域的地理图志。

九隅:犹言九州。《逸周书·尝麦》:"蚩尤乃逐帝,争于涿鹿之阿,九隅无遗";西汉王褒《九怀·匡机》:"弥览兮九隅,彷徨兮兰宫。"

九方:九方即中央加八方,可以指称全国,如南朝梁简文帝萧纲《七励》:"情苞六合,德贯九方。"六合指天地四方,也泛指九州的天下,《汉书·王吉传》:"《春秋》所以大一统者,六合同风,九州共贯也。"又李白《古风》诗:"秦皇扫六合,虎视何雄哉!"

九垓:犹言九州,指兼该八极的九州地面。《国语·郑语》:"故王者居九垓之田,收经入以食兆民",孙吴韦昭注:"九垓,九州之极数也",《说文解字》"垓"字引作"天子居九垓之田"。晋葛洪《抱朴子·审举》:"今普天一统,九垓同风。"南朝梁简文帝《南郊颂》:"九垓同轨,四海无波。"

九区:犹言九州,泛指全国。东汉刘騊骎《郡太守箴》:"大汉遵周,化洽九区。"西晋陆机《皇太子宴玄圃宣猷堂有令赋》诗:"九区克咸,宴歌以咏。"元王冕《悲苦行》诗:"安得壮士挽天河? 一洗烦郁清九区。"

九野:《后汉书·冯衍传》:"疆理九野,经营五山。"野指界线或范围,九野即谓九州地域。魏曹植《汉高祖赞》诗:"朱旗既抗,九野披攘。"唐王勃《梓州玄武县福会寺碑》:"皇业未昌,九野被豺狼之毒。"宋苏轼《江上值雪》诗:"霍然一麾遍九野,吁此权柄谁执持。"

九壤:犹言九州。魏曹植《文帝诔》:"朱旗所剿,九壤被震。"《晋书·乐志》:"洋洋玄化,润被九壤。民无不悦,道无不往。"西晋束皙《补亡诗》:"恢恢大圆,芒芒九壤",《文选》唐李善注:"九壤,九州也。"

九宇:义同九州。唐李白《古风》诗:"征卒空九宇,作桥伤万人。"《隋书·音乐志》:"四海之内,一和之壤。……九宇载宁,神功克广。"清刘震《祖龙》诗:"六国邱墟九宇恢,更张周典见雄才。"

九县:义同九州。《后汉书·光武帝纪》:"九县飙回,三精雾塞",唐李贤注:"九县,九州也。"《梁书·元帝纪》:"九县云开,六合清朗。矧伊黔首,谁不载跃。"又南宋文天祥《己卯岁除》诗:"日月行万古,神光索九县。"

九廛:犹言九野、九州。《宋史·乐志》:"帝奠九廛,孰匪我疆;繄我东土,山川相望。"

九纲:犹言九州。《南齐书·陈显达传》:"神武横于七伐,雄略震于九纲。"

九夏:犹言九州华夏。1912年2月12日清帝退位制书:"前因民军起事,各省响应,九夏沸腾,生灵涂炭。"

按以上这些名号,"出生"的年代有早有晚,早者如禹甸、禹服、九有、九囿、九围等,或与九州同时代,甚或早于九州;晚者如禹域、九垓、九区、九野、九壤、九宇等,"出生"的时间尚未及详考。然则笔者关心的问题是,为什么"禹迹"、"九州"会有如此多的孪生兄弟?而且"禹迹"一类的名号,其使用之广、影响之深,远远胜过"尧封"、"舜壤"①一类的名号?

第四节　"创世记"的人文意义

"禹迹"、"九州"之所以会有如此多的孪生兄弟,可从一般与特殊两个方面的原因去理解。

一般的原因在于,汉魏两晋南北朝时期,社会上流行复古思潮与创新时尚。因为复古,一些旧名号被重新使用起来,而且被赋予了更加明确或复杂的含义,如禹甸、禹服、九有、九围、九土等;因为创新,许多新名号又被造立出来,从而使得诗歌文赋的形式与内容更加丰富多彩,如九垓、九区、九野、九壤、九宇等。

①《尚书·舜典》:"肇十有二州,封十有二山。"按尧、舜之十二州,详见本章上文的讨论;"封十有二山",即每州表封一山,以作祭祀。后世因以"尧封"、"舜壤"作为中国疆域的代称、称呼中国的名号。如唐杜甫《诸将》诗:"沧海未全归禹贡,蓟门何处尽尧封";《清史稿·乐志》"巡幸铙歌清乐·万国瞻天":"酒醴笙簧,饮尧尊,歌舜壤。"

特殊的原因在于，大禹治水的人文意义与"九"这个数字的特别象征。

先说"九"这个数字的特别象征。如上所述，"九"不仅代表虚指的极数，是极多的意思，在中国文化中，"九"还是一个神圣的数字、吉祥的数字。《易经》以"九"代表乾坤万物，《黄帝内经》称"天地之至数，始于一，终于九焉"，九月九日是两个最大阳数的重叠，所以称为"重阳节"，中国古代品评人物，也分"九品"，诸如此类，不一而足。与此相关联，以"九"这个数字配上合适的字眼，作为中国的名号，也就寄寓了神圣的意味与吉祥的祝愿。

再说大禹治水的人文意义。水是生命的源泉，人类的古老文明大多傍水而居。古中国文明发源于黄河流域，古印度文明发源于恒河流域，古埃及文明发源于尼罗河流域，古巴比伦文明发源于两河流域，概莫能外。然而，傍水而居尤其是傍着平原地方的大江大河而居，也容易遭受洪水的袭扰乃至灭顶之灾，于是能否解决洪水问题，理所当然地成为人类早期文明能否维系、能否发展的关键所在。于是我们看到，世界诸多的民族都有洪水与治水英雄的神话传说[1]，其实这类神话传说都有历史的影子或者依据。具体到我们中国，最富影响的洪水与治水英雄的神话传说与历史记忆，就是大禹治水；[2]而"禹迹"、"九州"这两个沿用至今的古老名号，则形象地彰显了大禹治水的丰功伟绩。（见图25-1）

---

[1] 著名者如巴比伦、犹太、印度、波斯，等等。

[2] 除了本章上文所述者外，其实围绕着大禹治水的神话传说，可谓丰富多彩。顾颉刚在《禹贡（全文注释）》（收入侯仁之主编：《中国古代地理名著选读》第一辑，科学出版社，1959年版）中指出："禹的治水，本是古代一个极盛行的传说，在这传说里，极富有神话的成分，例如说上帝怎样发怒降下洪水，禹怎样在茫茫的洪水之中铺起土地，禹怎么变成动物来治水，禹和各处水神如何斗争获得胜利等等。这些传说杂见于诗经、山海经、楚辞、淮南子等书。但禹贡的作者则删去其神话性的成分，专就人类所可能做到的平治水土的方面来讲。"又如围绕着大禹治水的历史记忆，仅就相关的所谓"名胜古迹"来说，就可谓星罗棋布。今黄河山陕峡谷中的禹门口，那是大禹治黄河时拓宽整治的河道；陕西旬阳县禹穴，那是大禹治汉水时住过的地方；山东济南市的禹登山，大禹曾经登过。四川汶川县相传是大禹的出生地，安徽怀远县相传是大禹夫人涂山氏女的家乡，浙江绍兴市相传是大禹的归葬地，这几处有关大禹的名胜古迹尤其繁多。至于禹庙，更是遍布神州大地。

位于陕西韩城与山西河津交界处的黄河禹门口，
传说为大禹治水时拓宽整治的

再上升一步来说，大禹治水的人文意义还在于：此前人类只能被动适应的自然世界，变成了一个有主动奋斗、有历史记忆、有血有肉的人文世界；自然经济为主、缺乏行政管理的生活，开始向农业经济为主、政区有序管理的生活演进；部落联盟、选贤任能的社会状态，逐步变为统治权力、家族世袭的国家体系。如此等等，于是大禹成了中国先民与大自然既搏斗又适应的象征，成了华夏民族自强不息、厚德载物的标志，乃至成为开创中国疆域的偶像、中国"国家"的奠基人。[①] 而从这层意义上说，治平洪水、划分九州、传位于启的禹的历史与神话，正是中国的"创世记"，这样的"创世记"，较之《圣经・创世记》里诺亚方舟的故事，又更加积极、主动、充满"正能量"；再由这样的"创世纪"中凝练出来的"禹迹"、"九州"及其众多的孪生兄弟，也就非常恰当地成了我们祖国古老而雅致的名号。

[①] 顾颉刚《战国秦汉间人的造伪与辨伪》(收入所著《汉代学术史略》附录)，东方出版社，1996 年版指出："战国秦汉之间，造成了两个大偶像：种族的偶像是黄帝，疆域的偶像是禹。这是使中国之所以为中国的，这是使中国人之所以为中国人的。二千余年来，中国的种族和疆域所以没有多大的变化，就因这两个大偶像已规定了一个型式。"

第二十六章　四海、海内与天下：大地有多大？

据《淮南子·地形训》①的记载，当大禹治水获得成功后，想知道大地的面积有多大，"乃使太章步自东极至于西极，二亿三万三千五百里七十五步；使竖亥步自北极至于南极，二亿三万三千五百里七十五步。"太章、竖亥步测的结果，大地竟然是一点偏差都没有的正方形，而求其面积，约为94.26亿平方公里②，即为今地球总面积5.1亿平方公里的18.48倍。

姑且不论《淮南子》关于大地的上述数据是怎么得出来的，值得关注的是这个数据传达出的观念：大地是正方形的，而且这个正方形无论多大，也是有边际的。特别需要指出的是，正是这样的观念，造成了又一个系列的中国名号，即四海、海内、天下。

这个系列的中国名号的使用情况，不妨以西汉司马迁的《史记·高祖本纪》为例。《史记·高祖本纪》记载，公元前202年，群臣请尊汉王刘邦为皇帝曰："大王起微细，诛暴逆，平定四海，有功者辄裂地而封为王

---

① 《淮南子》，西汉宗室淮南王刘安（公元前179年—公元前122年）与其宾客们集体编纂，《汉书·艺文志》列为杂家。

② 今天所谓的"亿"是1万万的概念，中国古人的"亿"通常指的是10万。如此，从东极到西极、从北极到南极，不算余步，都是233500古里。1古里＝0.8316里＝0.4158公里，233500古里＝97089.3公里。又西汉的1步等于5尺，每尺等于23.1厘米，75步＝0.086625公里。里与步相加，大约等于97089.4公里。长与宽相乘，得出面积为94.26亿平方公里。

侯。大王不尊号，皆疑不信"；前 195 年，皇帝刘邦回到家乡沛县，"置酒沛宫，悉召故人父老子弟纵酒，……酒酣，高祖击筑，自为歌诗曰：'大风起兮云飞扬，威加海内兮归故乡，安得猛士兮守四方！'"歌罢，刘邦又对家乡父老说："朕自沛公以诛暴逆，遂有天下，其以沛为朕汤沐邑，复其民，世世无有所与。"显然，上引文中的"平定四海"、"威加海内"、"遂有天下"、"守四方"意思是一样的，而"四海"、"海内"、"天下"、"四方"，指的也都是汉朝的疆域全境。

那么，四海、海内、天下这些名号是怎么成为一个系列的？四海、海内、天下的范围究竟有多大？这些名号的含义又是如何演变与怎样丰富的？追根溯源，首先需要理解中国古人的天地结构观念。

第一节　盖天说与浑天说

先秦时代的中国人对于天与地的形状以及它们之间的相互关系，有过种种的讨论，其与四海、海内、天下名号有关者，主要是盖天说与浑天说。[①]

盖天说前后略有三种不同的见解。最早的盖天说认为"天圆如张盖，地方如棋局"，即把天穹看成像一口倒扣着的锅，笼罩着仿佛棋盘一样平直的大地；后来，人们又把天地的结构想象成一座凉亭，大地的边缘有八座大山好似凉亭的柱子一样，支撑着圆穹状的天；再到后来，又认为"天似盖笠，地法覆槃，天地各中高外下"，即天像一只斗笠，地像一个倒扣着的盘子，天盖着地，天、地都是中间高、外围低。[②]

[①] 盖天、浑天二说以外，又有宣夜说。《隋书·天文志》云："古之言天者有三家，一曰盖天，二曰宣夜，三曰浑天。……宣夜之书，绝无师法。唯汉秘书郎郗萌，记先师相传云：'天了无质，仰而瞻之，高远无极，眼瞀精绝，故苍苍然也。譬之旁望远道之黄山而皆青，俯察千仞之深谷而窈黑，夫青非真色，而黑非有体也。日月众星，自然浮生虚空之中，其行其止，皆须气焉。是以七曜或逝或住，或顺或逆，伏见无常，进退不同，由乎无所根系，故各异也。故辰极常居其所，而北斗不与众星西没也。'"按宣夜说与四海、海内、天下这个系列的名号关系较远，故这里不予讨论。

[②] 参考《隋书·天文志》及所引《周髀》。

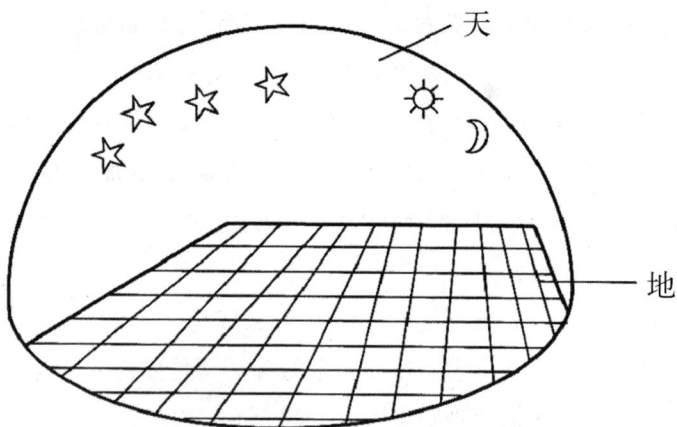

盖天说示意图之一

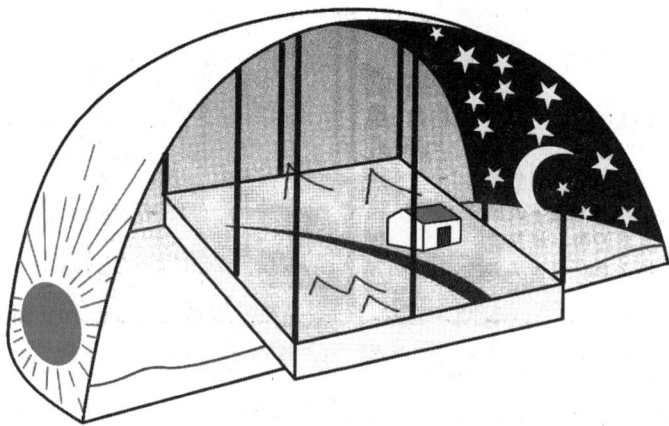

盖天说示意图之二

浑天说主张天体呈球形，大地位于这个球形的中心。东汉张衡系统总结此说指出："浑天如鸡子。天体圆如弹丸，地如鸡中黄，孤居于内，天大而地小。天表里有水，天之包地，犹壳之裹黄。天、地各乘气而立、载水而浮。……天转如车毂之运也，周旋无端，其形浑浑，故曰浑天也"[1]，

---

① 张衡：《浑天仪》，收入严可均校辑：《全上古三代秦汉三国六朝文·全后汉文》卷五五。

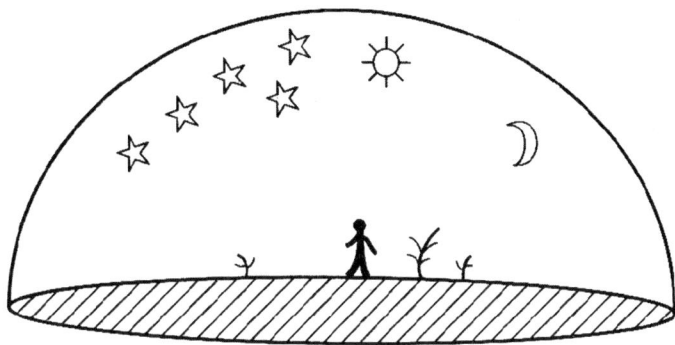

盖天说示意图之三

又说:"天体于阳,故圆以动。地体于阴,故平以静。"①简而言之,大地就像鸡蛋中的蛋黄,独居在仿佛蛋壳一样的天球的中央,而且大地是浮在水面上的。但是大地"载水而浮"的见解引起了一些质疑,比如日月星辰随天旋转,当运行到地平线以下时,如何能从水中通过呢? 所以浑天说后来又有发展,认为大地是浮在气中的,大地的上下左右都是气。

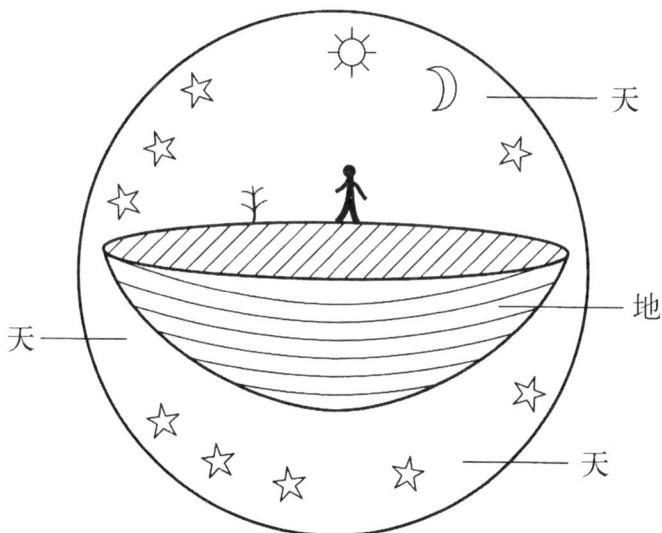

浑天说示意图

① 张衡:《灵宪》,收入严可均校辑:《全上古三代秦汉三国六朝文·全后汉文》卷五五。

然则理解盖天说与浑天说的基本原理,意义可谓非常广泛,比如我们可以由此真正明白中国古代一些神话传说、文学作品、习惯说法的意思。

以言神话传说,如《淮南子·天文训》记云:"昔者,共工与颛顼争为帝,怒而触不周之山,天柱折,地维绝。天倾西北,故日月星辰移焉,地不满东南,故水潦尘埃归焉。"这不周之山即盖天说里的天柱。由于共工的猛触,这根天柱折断了,于是天地为之晃动。天的倾斜使西北方高起来,所以日月星辰都向西北方移动,地的倾斜使东南方陷下去,所以江河泥沙都向东南方流去。

以言文学作品,如北朝民歌《敕勒歌》:"敕勒川,阴山下。天似穹庐,笼盖四野。天苍苍,野茫茫,风吹草低见牛羊。"所谓"穹庐",指游牧民族居住的圆顶毡房,今天习称"蒙古包",它中央隆起,四周下垂,形状似天。"天似穹庐,笼盖四野",是说形似穹庐的天空,笼罩着四方的原野,这明显就是盖天说"天圆如张盖,地方如棋局"的文学呈现。

以言习惯说法,如蒙学读物、南朝齐梁时代周兴嗣的《千字文》起首云:"天地玄黄,宇宙洪荒。日月盈昃,辰宿列张",这四句的意思是:天是青黑色的,地是土黄色的,宇宙形成于混沌蒙昧的状态中。太阳正了又斜,月亮圆了又缺,星辰布满在浩瀚无际的太空中。这又是浑天说的形象表达。

当然,按照现代天文学、地理学的认识,中国古代的盖天说、浑天说都存在着诸多的疑误,比如大地虽有起伏,但是没有认识到大地是球形的。然而尽管如此,以盖天说、浑天说为基础,还是产生了一批称谓中国的古老名号,比如大地"载水而浮",于是有了"四海"、"海内"的名号,"天圆如张盖"、"天似盖笠"云云,于是有了"天下"的名号。

第二节 "四海之内皆兄弟"

先说四海与海内。《论语·颜渊》中有段对话:"司马牛忧曰:'人皆有兄弟，我独亡。'子夏曰：'商闻之矣：死生有命，富贵在天。君子敬而无失，与人恭而有礼，四海之内皆兄弟也。君子何患乎无兄弟也？'"而直到今天，"四海之内皆兄弟"还是中国人张口就来的习语。那么，"四海之内"也就是"四海"、"海内"的说法从何而来呢？

首先，我们的先人曾将海看作世界的边际。《诗·商颂·长发》："相土烈烈，海外有截"，这证明了东方的商人把"海外有截"看成不世的盛业。《尚书·君奭》："海隅出日，罔不率俾"，《尚书·立政》："方行天下，至于海表，罔有不服"，这又证明了西方的周人也把海边看作世界的边际。

其次，从文献记载看，"四海"一词的首先出现，是商朝遗民所作《诗·商颂·玄鸟》："肇域彼四海，四海来假"，这话的意思是：商朝开创的疆域，达到了四海边，四海的诸侯都来朝觐。按东方的商人本来滨海而居，习见东方海陆相连，商人又已经有了四方的观念①，而由此进行推演，在地理知识还比较落后的时代，人们认为既然大地的东方边际是大海，另外的西、南、北三方，自然也是以茫茫大海作为边际的；又既然大地的四周都是大海，"四海"或"海内"就可以用来指称中国了。

以四海或海内指称中国，如《尚书·禹贡》：禹平水土以后，"四海会同"，"声教讫于四海"；《国语·周语》："高高下下，疏川导滞。……汨越九原，宅居九隩，合通四海。"《孟子·梁惠王》也称："海内之地方千里者九，齐集有其一"，又"推恩足以保四海"。此处所谓四海，等于禹迹，所谓海内，范围同于九州。

然而何谓四海？说法并不一致。起初，"四海"只是一个空泛的名称，就是指中国四周的海疆。后来，人们在因名求实的习惯思维作用下，又把"四海"具体化为东海、南海、西海、北海。② 只是这东、南、西、北"四海"的确切海域，随着政治疆域的扩展、地理视野的放大，在不同的时代

---

① 详第二十二章。
② 按这样的情形，与上章所讨论的"九州"从空泛到实在的情形非常相似。

又是不一样的,其大致情况如下。

东海:先秦古籍中的东海,大致相当于今之黄海。《礼记·王制》:"自东河至于东海",东汉郑玄《注》:"徐州域。"但战国时已有兼指今东海北部者。《战国策·楚策》:"楚国僻陋,托东海之上。"秦汉以后,始以今之黄海、东海同为东海。明朝以后,东海又分成两部分,即北部为黄海,南部仍称东海。

南海:先秦古籍中的南海,相当于今之东海。《诗·大雅·江汉》:"于疆于理,至于南海",又《史记·秦始皇本纪》:"上会稽,祭大禹,望于南海",南海均指今东海。秦朝统一岭南后,设置南海郡,其海疆实临南海。及至西汉以后直到现在,南海就专指今南海(古又名涨海)了。

广州南海神庙

西海:西海所指,各个时期大不相同。西汉末年,在今青海湖附近设置了西海郡,这是把古青海湖看作西海;东汉末年,在今内蒙古居延海附近设置了西海郡,这是把古居延海看作西海。其他曾经被看作西海的水域,还有很多,如博斯腾湖、咸海、里海、波斯湾、红海、阿拉伯海以及印度洋西北部,甚至地中海,都曾经有过西海的称呼,总之都是我国西部或以西的较大水域。

北海：先秦古籍中的北海，指今之渤海，如《孟子·梁惠王》："挟太山以超北海。"秦汉以降，随着中原皇朝疆域的不断扩展，渤海已不处于北方，以此凡是塞北大泽，往往就被称为北海，如里海、贝加尔湖、巴尔喀什湖，都曾拥有北海之名。

通过以上的简单说明，可见具体的"四海"所指，仍是非常麻烦乃至没有定论的，问题出在哪里呢？正如清《古今图书集成·山川典·海部》所指出的：

> 从古皆言四海，而西海、北海远莫可寻，传者亦鲜确据，惟东海、南海列在职方者，皆海舶可及。

也就是说，问题出在西海与北海上。一方面，既然是四海，所谓"地中高外卑，水周其下。……四方皆水，谓之四海"①，那就不能没有西海、北海；另一方面，中国的西边与北边，又确实没有呈环绕状的、水大于地的海域，所以学者们对于上述的各种"西海"、"北海"，总是觉得不惬于意。

有趣的是，大概正是为了弥补这样的缺憾，先秦时代就出现了一种崭新的"四海"概念，这种概念的"四海"，竟然不是指海域，而是指地域。什么样的地域呢？《尔雅·释地》："九夷、八狄、七戎、六蛮，谓之四海"，即"四海"是指四邻的蛮夷戎狄的居住地域；又《荀子·王制》："王者之法，……四海之内若一家"，具体而言，"北海则有走马、吠犬焉，然而中国得而畜使之；南海则有羽翮、齿革、曾青、丹干焉，然而中国得而财之；东海则有紫紶、鱼盐焉，然而中国得而衣食之；西海则有皮革、文旄焉，然而中国得而用之。……故天之所覆，地之所载，莫不尽其美，致其用，上以饰贤良，下以养百姓而安乐之"，唐杨倞《注》曰："海谓荒晦绝远之地，不必至海水也"，即"四海"是指荒凉僻远的地方，并不一定特指大海。

比较而言，虽然秦汉统一以后，地域的四海说渐少为人提起，海域的

---

① 《隋书·天文志》载刘宋何承天曰。

四海说则益趋明朗,其实指海域与指地域的这两种"四海"概念,仍是有些联系的。因为从大地为海围绕的观念出发,有海的地方意味着已是大地的边缘,所以"海"又引申为荒凉僻远之地,荒凉僻远之地又是所谓的蛮夷戎狄之地。进一步说,我们上面引过的"四海之内若一家"名句、"四海之内皆兄弟"习语,如果把"四海之内"理解为包括了中原的华夏与四邻的蛮夷戎狄,那无疑是更加恰当的,因为"若一家"、"皆兄弟",毕竟都是说人的。

第三节　"海内"的范围与"四海"的兄弟

我们的先人不仅有着四海之内、兄弟一家的恢弘气度,对于"四海之内"这个家的形状、面积,也有着或者大胆的想象,或者务实的猜度,这就是大概念与小概念的"四海之内"。

大概念的"四海之内",如《吕氏春秋·有始览》的想象:"凡四海之内,东西二万八千里,南北二万六千里",呈现为东西稍长、南北略短的近正方形,面积约为 1.26 亿平方公里,约合今中国版图 960 万平方公里的 13 倍,是整个亚欧大陆的近 2.5 倍。到了后来,有些想象就更吓人了,如汉《春秋命历序》说:"神农始立地形,甄度四海远近,山川林薮所至,东西九十万里,南北八十一万里",这样的"四海远近",达到了 1260 亿平方公里,是地球总面积的 247 倍,真是极尽想象之能事、用尽夸张之修辞,也正如《庄子·秋水》的比喻:"计中国之在海内,不似稊米之在太仓乎!"

至于小概念的"四海之内",则要实际得多。如《礼记·王制》:"自恒山至于南河,千里而近;自南河至于江,千里而近;自江至于衡山,千里而遥。自东河至于东海,千里而遥;自东河至于西河,千里而近;自西河至于流沙,千里而遥。西不尽流沙,南不尽衡山,东不尽东海,北不尽恒山,凡四海之内,断长补短,方三千里",对照《吕氏春秋·慎势》的说法:"凡冠带之国,舟车之所通,不用象译狄鞮,方三千里",可知"四海之内"与"冠带之国"都是"方三千里",亦即 155.6 万平方公里。这样的"四海之内"，语言互通，不用"象译狄鞮"①，自然是立足于战国时代华夏核心地区而言的，其范围基本就等于上章所述的"禹迹"、"九州"。如《尚书·禹贡》说：禹平水土以后，"声教讫于四海"，《礼记·王制》说："凡四海之内九州，州方千里"，于是，"四海"、"海内"与"禹迹"、"九州"一样，都成了称谓中国的名号。

"四海"、"海内"作为称谓中国的名号，相关例证不胜枚举。《三国志·蜀书·诸葛亮传》记诸葛亮对刘备说："将军既帝室之胄，信义著于四海"，唐吕岩《绝句》："斗笠为帆扇作舟，五湖四海任遨游"，毛泽东的文章《为人民服务》："我们都是来自五湖四海，为了一个共同的革命目标，走到一起来了。"这三例的"四海"，都是指全国。唐王勃《杜少府之任蜀州》诗："海内存知己，天涯若比邻"，北宋曾巩《熙宁转对疏》："海内智谋之士，常恐天下之势不得以久安也"，鲁迅《朝花夕拾·后记》："不知海内博雅君子，以为何如"，这三例的"海内"，也是指全国。

值得一提的是，上章讨论到"禹迹"、"九州"这两个名号有着众多的"孪生兄弟"，如禹甸、禹域、九有、九围、九夏等等，其实"四海"也是这样。"四海"的众多孪生兄弟，如四方、四表、四隅、四隩、四垂、四封、四国、四履等等，也是我国的古老名号。这些名号中的"四"字，都包括了东、南、西、北四方，进而泛指天下各处；这些名号中的"方"、"表"、"隅"、"隩"、"垂"、"封"、"国"、"履"，都是相关的地理概念。今各举例如下。

四方：《周礼·校人》："凡将事于四海山川"，东汉郑玄《注》："四海，犹四方也。"《淮南子·原道训》："泰古二皇，得道之柄，立于中央，神与化游，以抚四方"，东汉高诱《注》："四方，谓之天下也。"又《新唐书·吐蕃传》："陛下平定四方，日月所照，并臣治之。"

四表：《尚书·尧典》："光被四表，格于上下"，四表谓四方极远之处，四表之内为中国。如唐李德裕《谢恩不许让官表状》："况今四表无事，六

---

① 不同地区语言之间的翻译有不同称呼，《礼记·王制》："东方曰寄，南方曰象，西方曰狄鞮，北方曰译。"

气斯和,箫勺可致于治平,文轨尽同于元化。"

四隅:《淮南子·原道训》:"经营四隅,还反于枢。故以天为盖,则无不覆也;以地为舆,则无不载也",东汉高诱《注》:"隅,犹方也",是四隅谓四方。如西晋潘岳《为贾谧作赠陆机诗》:"强秦兼并,吞灭四隅。"

四隩:《尚书·禹贡》:"九州攸同,四隩既宅",西汉孔安国《传》:"四方之宅已可居",引申指全国,与九州为互文。如《后汉书·蔡邕传》:"曩者洪源辟而四隩集,武功定而干戈戢。"又南朝宋颜延之《赭白马赋并序》:"五方率职,四隩入贡。"

四垂:《汉书·韦玄成传》:"四垂无事,斥地远境,起十余郡",四垂指四境。《新唐书·南蛮传》:"羽葆四垂,以象天无不覆;正方布位,以象地无不载。"

四封:《管子·戒》:"如此,而近有德而远有色,则四封之内,视君其犹父母邪?"四封也指四境。如《晏子春秋》:"今四封之民,皆君之臣也。……四封之货,皆君之有也。"又唐李白《虞城县令李公去思颂碑并序》:"由是百里掩骼,四封归仁。"

四国:《周易·明夷》:"初登于天,照四国也",四国谓四方。如《诗·大雅·崧高》:"揉此万邦,闻于四国",郑玄《笺》:"四国,犹言四方也。"

四履:唐杜牧《原十六卫》:"四履所治,指为别馆",四履指四境所至。如唐卢照邻《释疾文·粤若》:"有太公兮,卷舒龙豹,奄经营乎四履;有先生兮,乘骑日月,期汗漫乎九垓。"又唐储光羲《观范阳递俘》诗:"四履封元戎,百金酬勇夫。"

以上这些"四"字名号,大体而言,都是各自语境中的全国代称、中国名号。当然,历史发展到了近现代,"四海"这个系列的名号,在某些场合似乎又有了新的含义,如习语"放之四海而皆准",毛泽东《满江红·和郭沫若同志》词中的"四海翻腾云水怒,五洲震荡风雷激",这两例的"四海",一般理解为"全世界"的意思。不过,若以为这是"四海"概念指称范围的扩大,那就错了,因为"四海"以及"海内"指的是人迹所到的地方,指的是"全世界",指的是"天下",本来就是"四海"与"海内"的原始含义。

第四节　理想的"天下"与现实的"天下"

如何理解"四海"、"海内"的原始含义就是全世界、就是天下呢？如前所述，按照中国古人的天地观，"天似穹庐，笼盖四野"，天笼盖着地，天的下面就是天下、就是大地，大地既是浮在水面上的，又为大海所包围，所以"四海"、"四海之内"、"海内"的范围就是大地，大地在天地之间的具体位置就是"天下"，换言之，"四海"、"海内"、"天下"在某种意义上是一致的。如《尚书·大禹谟》："奄有四海，为天下君"，《汉书·地理志》："秦遂并兼四海，……分天下为郡县"，《汉书·董仲舒传》："今陛下并有天下，海内莫不率服"，可见四海、海内、天下都是可以互换的名号。

那么"天下"的范围又有多大呢？这涉及到了"四极"的概念。所谓"四极"，就是在大地的东、西、南、北四方各寻出一个最远的点，作为那一方的极，四极之间即天下范围。有趣的是，"四海之内"有大、小两种概念，"四极"也有大四极与小四极。①

大四极的范围，上文说过《淮南子·地形训》中记载的四极，从东极到西极、从北极到南极，都是 233500 古里零 75 步，也就是说天下是个正方形，面积大约 94.26 亿平方公里，约为地球总面积的 18.48 倍。至于《吕氏春秋·有始览》中记载的四极，那就更大了：

> 凡四极之内，东西五亿有九万七千里，南北亦五亿有九万七千里。极星与天俱游而天极不移。冬至日行远道，周行四极，命曰玄明。

---

① 顾颉刚、童书业在《汉代以前中国人的世界观念与域外交通的故事》(《禹贡》第 5 卷第 3、4 合期，1936 年)文中分析道：春秋以后，随着人们地理知识的扩展，四海的概念逐步放大，是为大概念的"四海之内"，而小概念的"四海之内"，就成了传统的、狭义的"四海之内"。又大四极、小四极的情形与此类似。小四极之有实在的地点，始于战国，盖战国以来，随着交通路线的开拓、地理视野的增广，造就了四极的观念，又因各时各地之各人的看法不同，小四极也就有了许多不同的说法；至于大四极的来源，则与小四极的步步放大、大九州说的暗示或配合、天文学的进步三者有关。关于大九州说，详见下章的讨论。

也就是从东极到西极、从北极到南极,都是 597000 古里,面积达到了 616.2 亿平方公里,约为地球总面积的 121 倍。这样的四极所显示的天下,大概除了一个筋斗就是十万八千里的孙行者外,无人能够周历了。

小四极的范围,则要实在得多。小四极虽然也有诸多的说法,但都有具体的地点与相关的历史背景。最早的小四极说似乎可推《孟子·万章》所记舜罪四凶的地点,即北幽州,南崇山,西三危,东羽山;这个四极的地点,相距其实并不甚远。《吕氏春秋·为欲》中记着第二种四极:"北至大夏,南至北户,西至三危,东至扶木";与《吕氏春秋·为欲》近同的四极,又有《楚辞·大招》的"北至幽陵,南交趾只,西薄羊肠,东穷海只",《淮南子·主术训》的"南至交趾,北至幽都,东至旸谷,西至三危",《大戴礼记·五帝德》的"北至于幽陵,南至于交趾,西济于流沙,东至于蟠木"。在《尚书·禹贡》里,则记着第三种四极:"东渐于海,西被于流沙,朔、南暨",即北(朔)也至于流沙,南也至于海。第四种四极见于《尚书·尧典》,即东嵎夷(旸谷),南南交,西西(昧谷),北朔方(幽都)。又第五种四极,据《尔雅·释地》:"东至于泰远,西至于邠国,南至于濮鈆,北至于祝栗,谓之四极。"

按以上诸家的小四极说所涉及的众多地点,究属何地,说法纷纭,但大体一说比一说放大。如《禹贡》的四极大概等于后世秦朝的疆域范围,《尧典》的四极大概等于后世西汉武帝的疆域范围,至于《尔雅》的四极,则东晋郭璞《注》、北宋邢昺《疏》都说是"四方极远之国"了。

再就大、小两种四极说进行比较,显然大四极说是凭借大胆想象而建构的天下范围[1],小四极说则是依据实际地理知识而拟定的天下范围。大四极说的大胆想象这里不予讨论,那么小四极说之依据实际地理知识,又当如何理解呢?诚如顾颉刚、童书业所指出的:

---

[1] 按与大四极说所支撑的天下相呼应,古帝王的疆域——四海、海内,也随之凭借着大胆的想象而建构了起来。如北宋《太平御览》引汉《春秋命历序》,说神农"四海远近,……东西九十万里,南北八十一万里";又出于晋代的《竹书纪年》,说周穆王"东征天下二亿二千五百里,西征亿有九万里,南征亿有七百三里,北征二亿七里"。

在世界交通未大开的时候，一地的人类往往就把他们所居住的
地方看作世界，这在地球上的民族差不多都是这样的。……说起我
们中国的疆界来，在地理上本来就是一个独立的区域：往西面去有
高山，往北面去有大沙漠，往东南两面去又是大海，四边的墙壁这样
森严，怎不使人不信在中国以外还有什么很大的世界！①

换言之，按照顾颉刚、童书业的理解，汉代以前，尤其是在春秋战国以前，
建立于实际地理知识之上的四极所范围的"天下"，与"中国"的范围某种
意义上正是相等的。进之，这凭借想象与依据实际的大、小两种四极说
所显示的天下，又在中国古代的政治理想与政治实践中，发挥着虽然不
同但都堪称复杂而深刻的作用与影响。这个问题非常重要，不妨稍事
展开。

按"天下"一词，依据现存文献的记载，首见于西周的《尚书·召诰》：
"用于天下，越王显"，意思是说在天下施行此道，君王的功德就会显扬光
大。又据《史记·周本纪》的说法，《召诰》是召公营雒邑、周公诫成王的
一番话，如此，则《召诰》的天下指以"天下之中，四方入贡道里均"②之洛
阳为中心的四方。以天下为四方的用法还见于康王、穆王时。及西周
末，天下一词的意义又有所拓展，即不仅指四方之内，也泛指普天之下。
而由春秋到战国，随着华夏民族意识的逐渐明朗，中国人的天下观也逐
步成熟起来，终于形成了由方位、层次和夷夏交织而成的新的天下，这新

---

① 顾颉刚、童书业：《汉代以前中国人的世界观念与域外交通的故事》。其实说到中国古代"四
边的墙壁这样森严"，南面不必至大海，南岭及岭南的亚热带热带丛林及其产生的烟瘴之气、
出没的虫蛇蛊毒，在很长的时间里，也足以构成难以逾越的地理障碍。然则"四边的墙壁这
样森严"，又广泛而深刻地影响着中国历史的发展以及中国人的天下观。例言之，封闭的生
存空间既保证了中国历史演变过程的始终连贯，不似其他的文明古国如印度、埃及、巴比伦
、希腊、罗马都曾发生过由外来力量所导致的文明断裂；也使得中国文明虽然发展早、水平高，
但在中国天下、天下即中国的观念影响下，中国与外部世界的交流，总体来说是较少的，其
交流的范围与程度，既不足以改变中国的社会经济结构与思想文化观念，也不足以改变中国
作为大陆国家，文化独树一帜，物质生活基本无所求于海外的状况与观念。而长此以往，自
我中心的地理意识、"自娱自乐"的文化心态，更是阻碍了中国人的主动对外交流。哪怕时至
近现代，大清乾隆皇帝就仍以"天朝上国"本来就物资富有而拒绝与西方开展贸易交流。
②《史记·周本纪》。

的天下,按照邢义田的描述,结构是这样的:

> 天下由诸夏及蛮夷戎狄组成,中国即诸夏,为诗书礼乐之邦,在层次上居内服,在方位上是中心;蛮夷戎狄行同鸟兽,在层次上属外服,在方位上是四裔。方位和层次可以以中国为中心,无限地延伸;诗书礼乐的华夏文化也可以无限地扩张。最后的理想是王者无外,合天下于一家,进世界于大同。①

这样的天下,无疑具有很大的伸缩性,它可以是华夏与蛮夷戎狄组成的四海之内,也可以是抽象或具象的"日月所照,风雨所至"②的普天之下;这样的天下观,又深刻影响了从此以后中国传统帝制时代的历史。比如中国传统思想认为,人间的帝王是受天父之命而拥有天下、统治万民的,所以都自称天子,只是对于一位真正的天子来说,如何"受四海之图籍,膺万国之贡珍,内抚诸夏,外接百蛮"③,使得四夷都"沐浴"在天朝的恩泽之下,合天下为一家,进世界于大同,就成了一项永恒的挑战,天子们都面临着理想与现实的差距所造成的矛盾、困惑甚至痛苦。

从现实来说,秦汉以降,统一"中国"就是拥有"天下"了。《史记·秦始皇本纪》:"六王咸伏其辜,天下大定",又《晋书·苻坚载记》:"四方略定,而东南一隅未宾王化,吾每思天下不一,未尝不临食辍餔。"然则无论是秦始皇帝嬴政完成的"天下大定",还是前秦皇帝苻坚遗憾的"天下不一",都不能算作真正的天下,而只是传统中国的范围。《汉书·董仲舒传》:"今陛下并有天下,海内莫不率服,广览兼听,极群下之知,尽天下之美,至德昭然,施于方外",也就是说,从理想上讲,"方外"的天下也应当列在统一的范围之内,如此才是"溥天之下,莫非王土,率土之滨,莫非王臣"④,反之,如果"六合之内,八方之外,怀生之物有不浸润于泽者,贤君

---

① 邢义田:《天下一家——中国人的天下观》,收入刘岱总主编:《永恒的巨流》,联经出版事业公司,台北,1983年版。
② 《史记·五帝本纪》:"帝喾溉执中而遍天下,日月所照,风雨所至,莫不从服。"
③ 《后汉书·班固传》。
④ 《诗·小雅·北山》。按"率土之滨"之滨,意味着土有边缘,边缘之外即海外。

耻之"①——可以说,正是这样的理想,强力刺激着一代又一代雄才大略的中国帝王们开疆拓土的决心,他们期望着"王者无外"②,"皇帝之德,存定四极"③,从而成为一位真正的天下之君;这样的理想,也持久鼓舞着一批又一批的中国文人士大夫们强烈的文化使命感,他们秉持着修身、齐家、治国、平天下的理念,感觉有责任把自己的优越文化向外推展,从而使得蛮夷戎狄统统濡染德教,这也就是中国人所追求的"一乎天下"④,"一"的方法是"用夏变夷","一"的范围则是"溥天之下"。

　　然而理想的尴尬、现实的矛盾又是,没有哪一位中国帝王、哪一批中国文人士大夫能够真正做到政治的统一天下、文化的德泽天下。别说真正的天下了,哪怕就是今天的亚欧大陆,也从来没有统一在中国天子、华夏文化的范围之内。那绵延万里的长城,对于梦想统一天下的中国天子而言,就实在是一道十分刺目的羞辱表记!⑤　于是或深感惭愧地自我安慰,说是"德薄而不能远达也"⑥,或干脆退而求其次,把蛮夷戎狄排除在华夏之外,以为夷夏之间,乃是天地所以隔绝内外,如此也就弥平了理想的缺憾,慰藉了现实的政治。

---

①《汉书·司马相如传》。
②《春秋公羊传·隐公元年》。
③《史记·秦始皇本纪》。
④《春秋公羊传·成公十五年》。
⑤ 在胡阿祥主编主撰的《兵家必争之地——中国历史军事地理要览》(河海大学出版社,1996年版)第四讲"中国古代军事防御工程:长城"中,曾有如下的议论:把长城作为中华民族共同的象征,并不符合历史的事实;而这种观点的流衍,甚至可以说是有害的,它不利于国家的统一与民族的团结。在历史上,长城从来就不是中华民族共同的象征;反之,从先秦时期秦、赵、燕修筑的北长城,到明朝完成的万里长城,历来都是中原农耕民族以及入主中原的少数民族对付北方游牧民族的手段,它是历史上不可能解决的民族矛盾的标志。再者,长城在遏制北方游牧民族的入侵与破坏的同时,作为"华夷天堑",很大程度上限制了民族间的交流与融合,固定了农牧业的界限。汉朝皇帝就曾对匈奴单于宣布:"长城以南,天子有之;长城以北,单于有之";东汉蔡邕指出:"天设山河,秦筑长城,汉起塞垣,所以别内外,异殊俗也。"而从这个意义上说,长城又意味着封闭与保守。
⑥《史记·文帝本纪》。

天津蓟县黄崖关段明长城

　　相对而言，这后一种天下观，即重华夷之辨、严夷夏之防①，对于现实的中国历史的影响更大。比如为了抑制帝王们野心的膨胀，影响国计民生，汉族儒家提倡的大一统是有范围的，即内地农耕地区，除此之外的地方就是"不毛之地"，不可耗费精力去征伐，而是提倡采取羁縻、怀柔的政策，维持名分上的君臣关系或朝贡关系。而从这层意义上说，那些众多的非汉民族对于历史中国的统一，又具有伟大的贡献，正是他们，使得农业、游牧、狩猎、采集等等地区，也就是长城内外、塞北江南，统一在一个国家之内，从而在实质上打破了汉族儒家天下观以及相关的统一观的局限。

---

① 东汉班固在《汉书·匈奴传》中的"赞"，可谓概括了重华夷之辨、严夷夏之防一派的论点："先王度土，中立封畿，分九州，列五服，物土贡，制外内，或修刑政，或诏文德，远近之势异也。是以《春秋》内诸夏而外夷狄。夷狄之人贪而好利，被发左衽，人面兽心，其与中国殊章服，异习俗，饮食不同，言语不通，辟居北垂寒露之野，逐草随畜，射猎为生，隔以山谷，雍以沙幕，天地所以绝外内也。是故圣王禽兽畜之，不与约誓，不就攻伐；约之则费赂而见欺，攻之则劳师而招寇。其地不可耕而食也，其民不可臣而畜也，是以外而不内，疏而不戚，政教不及其人，正朔不加其国；来则惩而御之，去则备而守之。其慕义而贡献，则接之以礼让，羁縻不绝，使曲在彼，盖圣王制御蛮夷之常道也。"

　　总之，"天下"这个称谓中国的特殊名号，广泛作用于中国古代政治疆域的拓展，深刻影响了中国古代文化道德的推广。那么，期望作为文化道德推广范围的"方外"或"海外"又是怎样的呢？其实这在中国历代帝王、文人士大夫们的心目中也是清楚的，那就是中国这个小天下以外的大天下，中国这个小九州以外的大九州……

第二十七章　赤县神州与冀州、齐州：
"博览宏识"的大九州说

在上一章的最后，提到了大四极说及其显示的想象的天下。其实先秦时期，还有一种更加具体的大九州说与大四极说配对。关于大九州说，《史记·驺衍传》记载：

> （邹衍）①以为儒者所谓中国者，于天下乃八十一分居其一分耳。中国名曰赤县神州。赤县神州内自有九州，禹之序九州是也，不得为州数。中国外如赤县神州者九，乃所谓九州也。于是有裨海环之，人民禽兽莫能相通者，如一区中者，乃为一州。如此者九，乃有大瀛海环其外，天地之际焉。

如何理解这段记载？我们看幅明朝刊刻的《四海总图》就清楚了：

按图中的"中原"，即居天下1/81的"中国名曰赤县神州"；"赤县神州内自有九州"，则指大禹九州，所谓冀、兖、青、徐、扬、荆、豫、梁、雍是也。至于图中"中原"以外的大块陆地，又是"中国外如赤县神州者九"，其实应该是"如赤县神州者八"②，加上"赤县神州"，"乃所谓九州也"。在

---

① 驺、邹音同形近，古常通用，如《史记》、《汉书》中即驺衍、邹衍互用。本书遵今惯例，作"邹衍"。
② 如东汉王充《论衡·谈天》："复更有八州，每一州者四海环之，名曰裨海。"

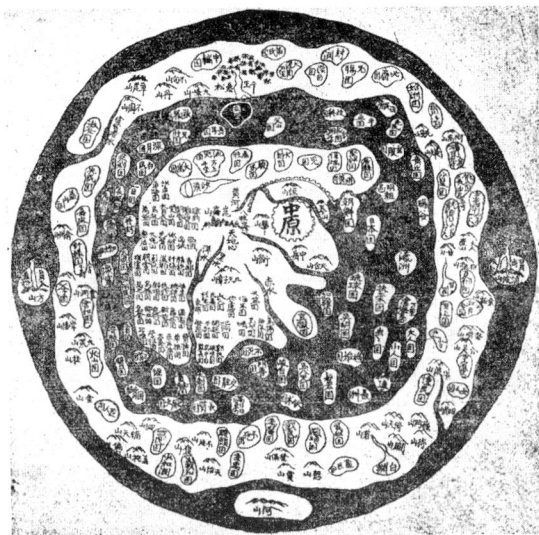

16 世纪初刊刻的《四海总图》

这九州的外面,"裨海"与"大瀛海"亦即小海与大海之间的陆地,又可以划分为八个大州。如此,中间的大州加上周边的八个大州,合计九个大州。再往外围,乃是无边无际的"大瀛海",它们好像"天地之际"。这就是邹衍的"大九州说"。或再简单些归纳:在邹衍看来,"天下"是由四圈海陆构成的,居中的大陆是第一圈,环绕这块大陆的裨海是第二圈,裨海与大瀛海之间的八块大陆是第三圈,最外围的大瀛海是第四圈。

　　在上一章中,讨论了中国古人的天地观,得出的基本认识是:天穹覆盖着大地,大地又是四周为大海环绕的一整块陆地,于是中国有了"四海"、"海内"、"天下"这个系列的名号。然而,邹衍大九州说的海陆世界与此有着明显的不同,因为这样的不同,中国又多了一个系列的名号,即"赤县神州"与"冀州"、"齐州",而且这个系列的名号尤其是赤县神州与冀州非常特别的一点在于,取名人或者说版权所有人非常清楚,就是邹衍。

第一节 "谈天衍"的"海话"

大九州说可考的创始人、赤县神州与冀州的命名人，是战国时代齐国人邹衍（约公元前 305 年—约公元前 240 年）。邹衍曾在齐国国都临淄（今山东淄博市）的稷下学宫讲学，这里学术氛围自由，是当时百家争鸣的中心园地之一。邹衍聪明睿智，能言善辩，特别擅长由小及大、由今及古，得出一些怪异宏阔、不合常理的结论，因此得了"谈天衍"的雅号。作为著名学者，邹衍不仅在齐国得到尊崇，而且周游列国。他到魏国，魏惠王亲自出城迎接，执宾主之礼；在赵国，平原君为他整理坐席；在燕国，燕昭王为他扫尘，替他建造学宫，听他讲学，拜他为师。如此高规格的礼遇，以致司马迁发出感叹："其游诸侯见尊礼如此，岂与仲尼菜色陈、蔡，孟轲困于齐、梁同乎哉！"[1]

那么，邹衍凭什么获得诸侯们如此的礼遇呢？凭他的"五德终始说"与"大九州说"，这样的学说与孔子的"成仁"、孟子的"取义"大相径庭。"成仁取义"是好，但儒家的德治仁政并不适合竞争激烈、追逐名利、波诡云谲的战国时代，所以儒家失去了往日的魅力，虽然仍为诸侯们认同，却难为诸侯们实施，反之，邹衍的学说或解释政治盛衰的自然奥秘，绕来绕去，令人眼花缭乱，或推论地理空间的广阔无垠，大话连篇，使人信以为真，这当然对于统治者们就特别富有吸引力了。[2]

单言作为赤县神州以及冀州名号来源的大九州说。分析"谈天衍"的大九州说，起码可以得到以下三点认识：

第一，从方法言，大九州说是从大禹九州推出来的。在《史记·骈衍传》中，司马迁评论邹衍的治学特点是，"其语闳大不经，必先验小物，推

---

[1] 《史记·骈衍传》。

[2] 据《盐铁论·论儒》，"邹子以儒术干世主，不用，即以变化始终之论，卒以显名。"可见邹衍先曾致力于儒学。又《汉书·艺文志》阴阳家载《邹子》四十九篇，《邹子终始》五十六篇，而《隋书·经籍志》、《新唐书·艺文志》并不著录，是汉以后其书亡佚。

而大之,至于无垠。"如邹衍之推中国,"先列中国名山大川,通谷禽兽,水土所殖,物类所珍,因而推之,及海外,人之所不能睹。"至于大九州,也分明是邹衍从现成的大禹九州中推出来的。按照邹衍的推法,大禹九州的每一州仅占天下的1/729,这样的州太小了,所以"不得为州数",我们姑且称为"小九州";而包括了整个大禹九州的中国,亦即赤县神州,占了天下的1/81,可以称为中九州;中九州再推一次,放大九倍,就是"裨海环之"的九州,这占了天下的1/9,可以称为大九州;大九州又推一次,放大九倍,就是"大瀛海环其外"的天下了。换言之,按照邹衍的推法,天下、海内、中国的比例关系是:天下九倍于海内,海内九倍于中国,中国分为九州,即儒家所谓的大禹九州。

第二,从思维言,大九州说是齐地文化的反映。为何齐人邹衍有大九州这么闳大无垠的思维呢? 一方面,齐国滨海,齐人因此善说"海话",就是特别会夸海口、说大话。如《庄子·逍遥游》所记大鹏寓言,引的即是齐人的海话:

> 北冥有鱼,其名为鲲。鲲之大,不知其几千里也。化而为鸟,其名为鹏。鹏之背,不知其几千里也;怒而飞,其翼若垂天之云。是鸟也,海运则将徙于南冥。南冥者,天池也。《齐谐》者,志怪者也。《谐》之言曰:"鹏之徙于南冥也,水击三千里,抟扶摇而上者九万里,去以六月息者也。"

这真是没有边际、极尽夸张的海话! 邹衍的大九州也正属于这类海话。当然,邹衍的大九州并非没有影子的"胡吹"。如邹衍说到在裨海与大瀛海之间,有"人民禽兽",这种说法的"影子",恐怕就是今天山东沿海一带还常常可见的海市蜃楼。海市蜃楼现象,今天有科学的解释,那是地球上的物体所反射的光,经过大气折射以后形成的虚像,但是我们的先人不知道这个原理,于是在齐人那里就有了一些相关的说法。如《史记·秦始皇本纪》记载:"齐人徐市等上书,言海中有三神山,名曰蓬莱、方丈、瀛洲,仙人居之";《史记·封禅书》的记载更加具体:

> 自（齐）威、宣、燕昭使人入海求蓬莱、方丈、瀛洲。此三神山者，其傅在勃海中，去人不远；患且至，则船风引而去。盖尝有至者，诸仙人及不死之药皆在焉。其物禽兽尽白，而黄金银为宫阙。未至，望之如云；及到，三神山反居水下。临之，风辄引去，终莫能至云。

换言之，对于齐人来说，海外有人、有国、有文明，可谓"眼见为实"，况且战国时代齐国的航海事业确实相当发达，齐人应该真的接触过海外文明。

第三，从影响言，大九州说促进了中国古代帝王的开疆拓土与中国古人的交通海外。以言交通海外，大九州说在当时虽然无法进行验证，但毕竟开阔了人们的眼界，所谓"世界那么大，我想去看看"，这持久激发了中国古人探索海外的热情。再言开疆拓土，由《盐铁论·论邹》的一段辩论即可见出端倪。当西汉昭帝时，以桑弘羊为代表的西汉主政派认为：

> 邹子疾晚世之儒墨，不知天地之弘，昭旷之道，将一曲而欲道九折，守一隅而欲知万方，犹无准平而欲知高下，无规矩而欲知方圆也。于是推大圣终始之运，以喻王公，先列中国名山通谷，以至海外。所谓中国者，天下八十一分之一，名曰赤县神州，而分为九州。绝陵陆不通，乃为一州，有大瀛海圜其外。此所谓八极，而天地际焉。《禹贡》亦著山川高下原隰，而不知大道之径。故秦欲达九州而方瀛海，牧胡而朝万国。诸生守畦亩之虑，间巷之固，未知天下之义也。

亦即邹衍的大九州说是大可借鉴的为政之道。至于"祖述仲尼"的贤良、文学一派则不以为然，他们指责邹衍的怪诞之论：

> 尧使禹为司空，平水土，随山刊木，定高下而序九州。邹衍非圣人，作怪误，荧惑六国之君，以纳其说。此《春秋》所谓"匹夫荧惑诸侯"者也。孔子曰："未能事人，焉能事鬼神？"近者不达，焉能知瀛海？故无补于用者，君子不为；无益于治者，君子不由。三王信经

道,而德光于四海;战国信嘉言,而破亡如丘山。昔秦始皇已吞天下,欲并万国,亡其三十六郡;欲达瀛海,而失其州县。知大义如斯,不如守小计也。

那么,历史的事实又是怎样呢?

就《盐铁论·论邹》所辩之秦始皇帝开疆拓土来说,嬴政兼并六国、"已吞天下"以外,既派蒙恬北取匈奴河南地(今内蒙古河套以南),置九原郡,因河为塞,筑城临河,又发兵越南岭,置桂林、南海、象郡,于是"其地西临洮而北沙漠,东萦南带,皆临大海"①,确实从地理层面超越了先秦儒家所设定的大禹九州的范围。虽然历来的不少学者沿袭西汉贤良、文学一派的论调,批判"邹衍怪说,荧惑诸侯,秦欲达瀛海,而失其州县",如南宋王应麟即称"愚谓秦皇穷兵胡粤,流毒天下,邹衍迂诞之说实启之。异端之害如此",②但也有诸多学者认为:"王氏指斥(邹)衍、(嬴)政,语近罗织。然谓由邹衍时之小中国,而生秦时之大中国,则与历史进化之说,无相背也。"③

再就作为《盐铁论·论邹》辩论背景④之一的西汉武帝之开疆拓土来说,"武帝逐匈奴(武帝遣卫青等击走匈奴,取河南地,后又过焉支,逾祁连,取河西地,又绝大漠,匈奴远遁,而幕南无王庭。……),平南越及西南夷,又通西域,开朝鲜,于是南置交阯,北置朔方,分天下为十三部"⑤,这样的疆土,更是远远超越了传统儒家《禹贡》九州的范围。

然则由秦皇、汉武"欲并万国"、"欲达瀛海"的武功,可以认为:邹衍大九州说在推进秦汉大一统国家开疆拓土的过程中,的确发挥过实实在

---

① 顾祖禹:《读史方舆纪要》卷一。
② 王应麟:《困学纪闻》卷一〇。
③ 陈登原:《国名疏故》"叙",商务印书馆,1936年版。
④ 汉昭帝始元六年(公元前81年),召集各地推举的贤良、文学60多人到京城举行会议,"问民间所疾苦"。贤良、文学与御史大夫桑弘羊等就汉武帝时期政治、经济、军事、文化等方面的政策,进行了反复的辩论,是为"盐铁会议"。桓宽编著的《盐铁论》,即为记录"盐铁会议"的文献。
⑤ 顾祖禹:《读史方舆纪要》卷一。

在的作用;进而言之,邹衍大九州说对于海外世界的描述,又可谓为中国古代的疆域开拓提供了思想源泉与精神动力,至于这种疆域开拓之是非功过的评价,那是另一个层面的问题。

关于大九州说,就先讨论到这里。而收缩到成为中国名号的大九州说里的"赤县神州",又该如何解释呢?

第二节 "中国名曰赤县神州"

自从战国晚期大九州说出现以后,"中国名曰赤县神州"就被一直沿用了下来,或者也称"神州赤县";有时还分开来用,或称中国为"赤县",或称中国为"神州"。各举几例如下。

"赤县神州",如清黄遵宪《八月十五夜太平洋舟中望月作歌》:"岂知赤县神州地,美洲以西日本东";梁启超《论小说与群治之关系》:"此又天下万国凡有血气者莫不皆然,非直吾赤县神州之民也。"

"神州赤县",如《晋书·武帝纪》:"海内版荡,宗庙播迁。帝道王猷,反居文身之俗;神州赤县,翻成被发之乡";唐刘禹锡《为京兆李尹答于襄州第一书》:"盖神州赤县,尊有所厌,非它土之比";唐义净《南海寄归内法传》:"其四部之中,大乘小乘区分不定。北天南海之郡,纯是小乘;神州赤县之乡,意存大教。自余诸处,大小杂行";李大钊在《青春》一文中写道:"神州赤县,古称天府,胡以至今徒有万木秋声、萧萧落叶之悲,昔时繁华之盛,荒凉废落至于此极也!"

"赤县",如东晋道朗《大涅槃经序》:"微言兴咏于真丹,高韵初唱于赤县";唐杨巨源《寄昭应王丞》:"瑞霭朝朝犹望幸,天教赤县有诗人";清朱彝尊《岳忠武王墓》:"赤县期全复,黄河渡几湾";毛泽东《浣溪沙·和柳亚子先生》:"长夜难明赤县天,百年魔怪舞翩跹。"

"神州",如西晋左思《咏史》:"皓天舒白日,灵景耀神州";西晋刘琨《答卢谌诗》:"火燎神州,洪流华域";《晋书·王导传》载丞相王导曰:"当共戮力王室,克复神州,何至作楚囚相对泣邪";唐虞世南《赋得吴都》:

"三分开霸业,万里宅神州";金刘昂霄《题裕之家山图》:"万里神州劫火余,九原夷甫有余辜";太平天国洪仁玕《干王洪宝制》:"堂堂中土,亘古制匈奴;烈烈神州,岂今宥胡狗";毛泽东《送瘟神》:"春风杨柳万千条,六亿神州尽舜尧。"

"赤县"、"神州"有时还连起来用,如郭沫若《哀时古调》:"神州原来是赤县,会看赤帜满神州。"

那么,"赤县神州"到底是什么意思呢? 相对而言,"神州"比较容易理解。"神"有不可思议的、特别高超的意思,如神奇、神医、神通广大、神机妙算等,而"州",如第二十五章的讨论,初义为"水中可居者曰州",即"州"本指水中可居的陆地。如此,"神州"直接翻译过来,就是"神奇的陆地"之义。[①] 至于"赤县",联系取名者邹衍所处的时代背景,似可这样理解:

首先,"赤"代表方位,指的是广义的南方。顾颉刚指出:邹衍"一手组织了历史和地理的两个大系统"[②],历史的系统是五德终始,地理的系统是大九州说。五德终始说后来的影响非常广泛、深刻,如在这种学说的指导下,从秦朝到宋朝的千余年里,每个朝代立国伊始,就要依据与前朝的关系,确定自己的朝代属于五德中的哪一德,具体来说,若是征服关系,就取金、木、土、水、火的相克次序,若是禅让关系,就取金、水、木、火、土的相生次序。五德终始说又来源于解释自然的五行观念。中国古代思想家认为,金、木、水、火、土是构成世界的五种最基本的物质,它们充盈天地之间,可谓无处不在。到了战国时代,邹衍等人更把五行观念与阴阳八卦、四季五方以及五色、数字等等连成一体,我们习称为"阴阳五

---

① 有趣的是,时至当代,"神州"名号又有了新的引申义。众所周知,中国自主研制的航天飞船被命名为"神舟"号。据中国航天科技集团公司透露:中国载人航天工程开始于1990年代初期,当年有关部门曾提出飞船命名的几个方案,经过广泛征求意见,最后选定了"神舟"二字,而这主要基于两点考虑:首先,在汉语中,"船"又称"舟",故以"神舟"命名遨游在神秘太空中的宇宙飞船,既形象又贴切;其次,"神舟"谐音"神州",一语双关,寓意"神州大地"中国的腾飞。

② 顾颉刚:《昆仑传说和羌戎文化》,收入顾颉刚:《古史辨自序》下册,商务印书馆,2011年版。

行说"。在这种学说里,南方为火,颜色为赤。赤色是青、黄、赤、白、黑五种正色之一①,而"赤"的本义即是火,如小篆的 (赤)字从大从火,是由大、火合成的会意字。简而言之,"赤县"就是南方的县。

其次,"县"又代表国土,指的是天子直辖的地方。"县"的繁体字写作"縣",右边是个"系"字,左边是"首"字的倒写,《说文解字》:縣,"从系持首",所以"縣"字本义是"首之所系"、"首之所在"。于是天子所在的京都,被称为"县";天子住在京都、统治天下,所以天子也被称为"县官";②天子这位"县官"又是国家元首,于是连带着国家也可称为"县",如三国时成书的《广雅・释诂》即称:"县,国也。"③

按照上面的讨论,"赤县神州"名号的字面意思,如果直译出来,就是"南方的国土,神奇的陆地"。④ 然则居中的"中国",怎么变成了"南方的国土"? 这个问题,留待本章第四节再行讨论,下面可以先行讨论的是,不仅"中国名曰赤县神州"源于大九州说,中国的另外两个名号"冀州"、"齐州",也得自大九州说。

第三节 冀州与齐州

依据上引的《史记・驺衍传》,邹衍大九州的州名,我们一概不知,中九州的州名,也只见载了一个"赤县神州"。但在西汉的《淮南子・地形训》及纬书《河图括地象》中,却很整齐地记着一套中九州的州名:

---

① 赤色,按照今天的通俗说法即是红色,但在古代,赤为正色,红为并不纯正的间色,还是有区别的。

② 如《史记・绛侯周勃世家》"庸知其盗买县官器"唐司马贞《索隐》:"县官谓天子也。所以谓国家为县官者,《夏官》王畿内县即国都也。王者官天下,故曰县官也。"

③ 按"县官"也可指朝廷。《史记・孝景本纪》:"令内史郡不得食马粟,没入县官";《史记・平准书》:"乃徙贫民于关以西,及充朔方以南新秦中,七十余万口,衣食皆仰给县官。"又《汉书・哀帝纪》:"诸名田畜奴婢过品,皆没入县官";《汉书・食货志》:"胡降者数万人皆得厚赏,衣食仰给县官,县官不给,天子乃损膳,解乘舆驷,出御府禁藏以澹之。"

④ 在具体使用上,"赤县"又或指治所设在京都(首都)的县(如唐之长安、万年,北宋之开封、祥符,大元之大兴、宛平),神州又或指京都(首都)。

文献 方位	《淮南子· 地形训》	《河图括地象》	
		《后汉书·张衡传》注引	唐《初学记》引
东南	神州,曰农土	神州,曰晨土	神州
正南	次州,曰沃土	卬州,曰深土	迎州,一曰次州
西南	戎州,曰滔土	戎州,曰滔土	戎州
正西	弇州,曰并土	弇州,曰开土	拾州
正中	冀州,曰中土	冀州,曰白土	冀州
西北	台州,曰肥土	柱州,曰肥土	柱州,一作括州
正北	泲州,曰成土	玄州,曰成土	玄州,亦曰宫州,又曰齐州
东北	薄州,曰隐土	咸州,曰隐土	咸州,一作薄州
正东	阳州,曰申土	扬州,曰信土	阳州
中则			赤县之州

按上表所涉及的问题甚多。如以州名论,还有一些不同的说法,若西北之州,《周礼·职方氏》唐贾公彦《疏》作桂州,又《太平御览》卷三四四引《龙鱼河图》有流洲,"在西海中,地方三千里。"但可以肯定的是:其一,旁证以东汉王充《论衡·谈天》"邹衍之书言天下有九州,《禹贡》之土所谓九州也,《禹贡》九州所谓一州也,若《禹贡》以上者九焉。《禹贡》九州,方今天下九州也,在东南隅,名曰赤县神州;复更有八州,每一州者四海环之,名曰裨海。九州之外更有瀛海"云云,虽与《史记·驺衍传》所述稍有出入,仍然大致相合,而王充说赤县神州在东南隅,正与《淮南子·地形训》相合,如此《淮南子·地形训》所举州名,当即邹衍大九州说里的中九州州名;其二,这些州名与土名,都能从先秦人的实际地理知识与活动范围内找到原型或解释,如"泲州的泲,分明就是河泲的泲(济)字;……薄州的薄也就是亳字;台州的台恐怕即是邰字,邰是西北方的一个国名",云云;[1]其三,赤县神州本来是个完整的州名,《河图括地象》却

---

[1] 顾颉刚、童书业:《汉代以前中国人的世界观念与域外交通的故事》,《禹贡》第 5 卷第 3、4 合期,1936 年。

把它腰斩了："昆仑之墟，下洞含右，赤县之州，是为中则。东南曰神州，正南曰迎州……"以赤县之州为中则即为天地的中央，缘于昆仑为天柱的观念，而相对于昆仑，神州既成了东南之州，赤县神州一剖为二，九州也就变成了十州。

在上述中九州的州名中，冀州后来成为中国的又一名号。按冀州本是《尚书·禹贡》九州即小九州之一，考其来源，成书于春秋战国之际的《墨子·兼爱》说：

> 古者禹治天下。……东方漏之陆，防孟诸之泽，洒为九浍，以楗东土之水，以利冀州之民。

是冀州或为"古者禹治天下"之东土的代称。到了后来，冀州一面变成《禹贡》里北方的冀州，一面又变成邹衍一派人大九州下中九州的"正中"之州。

以言《禹贡》里北方的冀州，盖与古冀国有关。冀国，《左传·僖公二年》有载，其国势与影响曾为一方之长。冀之建国早于晋，《路史·后纪》卷十一以为殷商傅说之后。冀国国都在今山西河津市东北与稷山县界。然则居今山西西南的冀国，相对于春秋战国时天子所居的周国，位置在北，所以《禹贡》作者分天下为九州，把西、东、南三面距河的北方定名为冀州。而由冀州一名，又可推知在文献中仅见一鳞半爪的冀国，一定曾是国力不小的国家。

以言邹衍一派人这个"正中"的冀州，其名正取自《禹贡》，其义则缘自古史传说。《河图括地象》："正中冀州，曰白土"，这与《禹贡》冀州"厥土惟白壤"恰相契合。又在古史传说中，自唐尧、虞舜至夏、商，皆都于《禹贡》冀州地域，"则冀州是天子之常居。……故邹衍著书，云九州之内名曰赤县，赤县之畿从冀州而起，故后王虽不都冀州，亦得以冀州言之。"[1]王都可称中国，则冀州也就可称为"中土"了。

---

[1]《春秋谷梁传·桓公五年》唐杨士勋《疏》。

由"正中"、"中土"之义，冀州遂成为中国的又一名号。《楚辞·九歌·云中君》："览冀州兮有余，横四海兮焉穷。"又《淮南子·览冥训》：

> 往古之时，四极废，九州裂，天不兼覆，地不周载。……于是女娲炼五色石以补苍天，断鳌足以立四极，杀黑龙以济冀州，积芦灰以止淫水。苍天补，四极正，淫水涸，冀州平。

东汉高诱《注》："冀，九州中，谓今四海之内。"而以四海、四极与冀州对举，以九州为冀州互文，这冀州当然就是指九州的中国了。[①] 此正如清初顾炎武《日知录》卷二"惟彼陶唐有此冀方"条所指出的："古之天子，常居冀州。后人因之，遂以冀州为中国之号。……《路史》云：中国总谓之冀州"；又清胡渭《禹贡锥指》卷三亦云："则号中国为冀州也。"[②]

中国还曾称为齐州。唐李贺《梦天》诗：

> 老兔寒蟾泣天色，云楼半开壁斜白。玉轮轧露湿团光，鸾佩相逢桂香陌。黄尘清水三山下，更变千年如走马。遥望齐州九点烟，一泓海水杯中泻。

诗的最后两句，意为从月宫俯视齐州，齐州小得就像九点烟尘，而那深广的大海，也就像杯中倒出的一泓水。这里的齐州，即是中州、中国的意思。又《尔雅·释地》：

> 距齐州以南戴月为丹穴，北戴斗极为空桐，东至日所出为太平，西至日所入为大蒙。

北宋邢昺《疏》："齐，中也。中州，犹言中国也"；清郝懿行《疏》："齐州即

---

① 冀州这样的用法，又如《吕氏春秋·孝行览》："高泉之山，其上有涌泉焉，冀州之原"，高诱《注》："冀州在中央"；《逸周书·尝麦》："是威厥邑，无类于冀州。"按类似的史料，在战国著作如《山海经》、《晏子春秋》中也有，皆扩展冀州的含义为指中土、中国、天下。
② 这个中国的冀州，后来在儒家的传说里又变成豫州的代称，如《春秋谷梁传·桓公五年》："郑，同姓之国也，在乎冀州。"郑在豫州，怎么在冀州呢？唐杨士勋《疏》云："冀州者，天下之中州"，那么这个冀州实在就是豫州了。

中州。"又齐州也见于可能是晋人托伪的《列子·汤问》,如"四海之外奚有?……犹齐州也。……四海、四荒、四极之不异是也","禹之治水土也,迷而失涂,谬之一国,滨北海之北,不知距齐州几千万里,其国名曰终北,不知际畔之所齐限。无风雨霜露,不生鸟兽、虫鱼、草木之类。"

按此齐州的由来,当与齐国有关。《列子·黄帝》:黄帝"昼寝而梦,游于华胥氏之国。华胥氏之国在弇州之西,台州之北,不知斯齐国几千万里",刘盼遂指出:"此'齐国'亦非仅斥太公所封之齐国,实通举中国为言。张湛注曰:'齐,中也',信得之矣。"①又《列子·周穆王》:"四海之齐,谓中央之国,跨河南北,越岱东西。"然则齐国又何以成了"中央之国"呢?盖齐国本是大国,其文化也相当发达,所谓"万物滋殖,才艺多方,有君臣相临,礼法相持,其所云为不可称计"②。表现上述观念的例证甚多。《尔雅·释地》以岱宗(泰山)为中央;③《史记·封禅书》记秦始皇帝祀八神,天主祠天齐,地主祠泰山梁父,又兵主、阴主、阳主、月主、日主、四时主,其祠也都在齐国境内。《史记·封禅书》、《汉书·郊祀志》还说:

> 齐所以为齐,以天齐也。

又《水经·淄水注》:

> 淄水……又东迳临淄县故城南,东得天齐水口,水出南郊山下,谓之天齐渊。五泉并出,南北三百步,广十步,山即牛山也。左思《齐都赋》曰:牛岭镇其南者也。水在齐八祠中,齐之为名,起于此矣。《地理风俗记》曰:"齐所以为齐者,即天齐渊名也。"

---

① 刘盼遂:《齐州即中国解》,收入刘盼遂著、聂石樵辑校:《刘盼遂文集》,北京师范大学出版社,2002年版。

② 《列子·周穆王》。

③ 吕思勉《先秦史》(开明书店,1941年版)第三章:"吾国古代,自称其地为齐州,济水盖亦以此得名。《汉书·郊祀志》曰:'三代之居,皆在河洛之间,故嵩高为中岳,而四岳各如其方。'以嵩高为中,乃吾族西迁后事,其初实以泰岱为中。"

按此又涉及到了齐的字义。齐,古文通作脐。① 脐是人体中位,清王引之
《经义述闻》卷二七:"齐,中也。"②于是天地之中所在的陆地,也称作齐,
是齐州即中州,齐国即中国,天齐(脐)即天地之中。上引《史记·封禅
书》唐司马贞《索隐》引解道彪《齐记》:齐都"临淄城南有天齐泉,五泉并
出,有异于常,言如天之腹齐也"。天齐泉这一地名,也证明了在东方人
的观念里,齐国、齐州所在的齐鲁大地,曾被看作天地的正中,于是齐州
成为中国的又一古老名号。③

今山东淄博市临淄区齐园的天齐渊胜景

　　齐州、冀州这两个名号之间,或也存在着某种关系。顾颉刚、童书业
指出:"齐州之名是起于东方的,冀州之名大约也起于东方。冀州、齐州

---

① 《左传·庄公六年》:"若不早图,后君噬齐。"杨伯峻《春秋左传注》(中华书局,1981 年版):"齐
　　假为脐,今言肚脐。……人不能自咬其肚脐,比喻后悔不及。"
② 齐字本义,众说纷纭,有麦苗丰茂、吐穗齐平说,有箭头说,有济水说,有天齐泉说,有切割方
　　正说,有女子头饰说,等等,此不赘述。按"齐,中也"应非本义,而是较早产生的引申义。
③ 又顾颉刚《五德终始说下的政治和历史》(收入《顾颉刚古史论文集》第三册,中华书局,1996
　　年版)"驺衍的略史及其时代":"恐因那时海上交通的中心在齐,故海外民族就以齐州称全中
　　国。"此亦可备一说。

或是一名之变，所以大九州说里有了冀州，就不要齐州了。"①

第四节　"若邹衍者，其圣矣乎"

与大九州说有关的冀州、齐州，据上所述，其得以成为称谓中国的名号，离不开"中"义；而回到本章第二节最后所提的问题，在邹衍的大九州说里，"赤县神州"并不在中央，为何也"中国名曰赤县神州"呢？其实，这正是邹衍大九州说的勇敢与解放之处，是邹衍对传统说法的伟大而求实的反动。

首先，从名号上看，邹衍是不承认"儒者所谓中国"的。在邹衍所构筑的宏大世界里，没有儒家所传的《禹贡》九州的地位，《禹贡》九州的每一州"不得为州数"。又合《禹贡》九州的"中国"，邹衍也不以为然，而另为"中国"起了一个"赤县神州"的名号。

其次，从方位上看，邹衍的"赤县神州"位于东南，这就打破了"中国"居于"天地之中"的传统定位。东汉王充《论衡·谈天》："邹衍曰：方今天下在地东南，名赤县神州"，也就是说，邹衍把"赤县神州"放在了位于中间的那个大九州的东南，而不置于正中，所以如此，是因为邹衍看到了事实本来就是这样：中国的东、南两面有海（所谓裨海），至于西海、北海，却不知道究竟在哪里！②

然则赤县神州名号及其客观的定位，充分反映了滨海文化中人邹衍那博大开放的地理观，它与儒家狭隘封闭的内陆地理观——中国最居天地之中，形成了鲜明的对照，但也因此而产生了强烈的冲突。如西汉武帝独尊儒术以后，邹衍的大九州说不仅不为普通学人所接受，而且诟病

---

① 顾颉刚、童书业：《汉代以前中国人的世界观念与域外交通的故事》。按引文中的冀州，指代表东土和中国的冀州。

② 据《史记·大宛列传》，西汉武帝时张骞出使西域，已经模模糊糊地意识到了有"西海"、"北海"的存在。又在张骞的大陆地理观中，汉朝位于东南，也不再是四海之内、中国居中。然而张骞之大陆地理观的命运，正仿佛邹衍的大九州说，即在传统时代大体不为后人所认同。

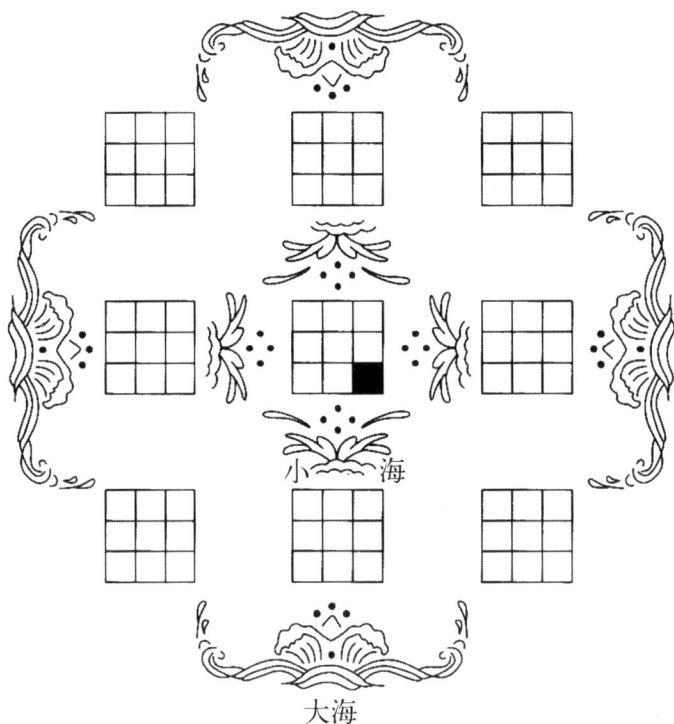

小　海

大海

邹衍大九州说示意图

大九州说为迂怪虚妄、荧惑世人的异端邪说者,也是史不绝书。应该说,
这是一件非常遗憾的事情,它甚至影响到了中国古代皇朝对于世界其他
文明的认可与接受。① 如直到清朝,那些最高统治者还仍然陶醉在"天朝
上国"居于世界中心的蒙昧观念里,乾隆年间所修《清朝文献通考·四裔
考》就说:"中土居大地之中,瀛海四环,其缘边滨海而居者,是谓之裔,海
外诸国亦谓之裔。裔之为言,边也。"甚至直到近今,强调中国为天地之
中的仍大有人在,如张其昀《中国地理大纲》第一册第一章即说:

---

① 当然,邹衍的大九州说也存在局限性,如"有裨海环之,人民禽兽莫能相通"云云,即各州之间
　有海阻隔,人民禽兽无法往来。从这个意义上讲,尽管中国以外还存在着同样发达的人类社
　会,但受限于当时的交通条件,却对中国不具有现实的影响。

世界七大洲亚洲最大，中国位于亚洲之东部。世界五大洋太平洋最大，中国位于太平洋之西岸。中国地跨东亚与西太平洋，当世界海陆二大主流汇合之冲。自上海至英国伦敦与美国纽约，航程适均（即各一万海里），在世界地图上，实处于优越之地位。负有沟通东西文化之责任。①

更加令人遗憾的是，哪怕等到外国人把与邹衍大九州说类似的地理观念传入中国以后，绝大多数的中国人仍然不愿意接受。不妨举个利玛窦修正中国位置的典型事例。明朝万历十二年（1584 年），在中国传教的意大利人利玛窦，绘制出了介绍给中国人的第一幅世界地图——《山海舆地全图》。在庞然世界中，中国被安放在一个不起眼的角落，而且看起来也不很大——这与中国人过去看到的自刊地图完全不一样②，因为中国人"把自己的国家夸耀成整个世界，并把它叫做天下，意思是天底下的一切。……他们认为天是圆的，但地是平而方的，他们深信他们的国家就在它的中央。他们不喜欢我们把中国推到东方一角上的地理概念"③，于是看到地图的中国文人士大夫们大多感到不满甚至愤怒，他们批驳利玛窦的世界地图为"惑世邪说"，如福建松溪人、万历甲辰（1604 年）进士、朝廷重臣、学问渊博、著述甚多的魏濬，即撰《利说荒唐惑世》批驳云：

近利玛窦以其邪说惑众。……所著《舆地全图》，及洸洋窅渺，

① 转引自赵振绩：《中国之释义》，《中国历史学会史学集刊》第 10 期，台湾，1978 年。

② 中国人"表示整个世界"的自刊地图，《利玛窦中国札记》第二卷第六章（利玛窦、金尼阁著，何高济、王遵仲、李申译，中华书局，1983 年版）的描述是这样的："他们的世界仅限于他们的十五个省，在它四周所绘出的海中，他们放置上几座小岛，取的是他们所曾听说的各个国家的名字。所有这些岛屿都加在一起，还不如一个最小的中国省大。"又与此相应，中国人的文化理念是："所有各国中只有中国值得称羡。就国家的伟大、政治制度和学术的名气而论，他们不仅把所有别的民族都看成是野蛮人，而且看成是没有理性的动物。在他们看来，世上没有其他地方的国王、朝代或者文化是值得夸耀的。"

③ 《利玛窦中国札记》第二卷第六章。又法国汉学家谢和耐（Jacques Gemet）《17 世纪基督徒与中国人世界观之比较》（收入安田朴、谢和耐等著，耿昇译：《明清间入华耶稣会士与中西文化交流》，巴蜀书社，1993 年版）分析道：当时中国人对西方地理学的抵制，并不仅仅因为这与传统宇宙图像不同，更"主要的是因为它遇到了一整套同时涉及到社会和宇宙的传统观念"。

直欺人以其目之所不能见,足之所不能至,无可按验耳。其所谓画
工之画鬼魅也。毋论其他,且如中国于全图之中,居稍偏西,而近于
北,试于夜分仰观,北极枢星乃在子分,则中国当居正中,而图置稍
西,全属无谓。……焉得谓中国如此蕞尔,而居于图之近北,其肆谈
无忌若此。"谈天衍"谓中国居天下八分之一,分为九州,而中国为
赤县神州。此其诞妄,又甚于衍矣。①

而面对这等舆情汹汹的情势,为了传教事业的顺利进展,已经深谙"中
庸"之道的利玛窦倒也聪明,干脆改绘地图,"抹去了福岛的第一条子午
线,在地图两边各留下一道边,使中国正好出现在中央"。虽然中国以外
的其他国家变大了、变多了,却毕竟"中国"居中了,其结果便是使得中国
人"十分高兴而且满意"。②（见图 27-1）

真是呜呼哀哉！虽然"赤县神州"的字面意义堪称美好,所以成了中
国古往今来的又一个名号,但把"赤县神州"放在东南方位,因为与"中
国"居中的传统习惯相冲突,所以文人学者大多不愿接受,社会大众则无
意于深究,这又是极为可悲的一件事情,诚如晚清学者俞樾在《湖楼笔
谈》卷七中的感叹:

> 《史记》载邹衍之说,……当时斥为怪迂,莫信其说。《汉志》有
> 《邹子》四十九篇,《邹子终始》五十六篇,后世无传焉。佛氏书入中
> 国,乃有四大部洲之说,更为学士大夫所不道。然自泰西诸邦交乎
> 中国,海上往来捷于飚轮,于是始有五大洲之名。……乃邹衍在战
> 国时先有大九州之说,博览宏识,更出大雄氏上。呜呼,先秦诸子若

---

① 魏濬:《利说荒唐惑世》,收入徐昌治辑:《圣朝破邪集》卷三。当然,接受或震撼于利玛窦等西
方世界地理观念者也不乏人,如李之藻《刻职方外纪序》:"地如此其大也,而其在天中一粟
耳。吾州吾乡又一粟中之毫末。"又瞿式谷《职方外纪小言》:"邹子九洲之说,说者以为闳大
不经。彼其言未足尽非也。天地之际,赤县神州之外,奚啻有九?……尝试按图而论,中国
居亚细亚十之一,亚细亚又居天下五之一,则自赤县神州而外,如赤县神州者且十其九,而戋
戋持此一方,胥天下而尽斥为蛮貉,得无纷井底蛙之诮乎。"均见艾儒略著、谢方校释:《职方
外纪校释》,中华书局,1996 年版。
② 《利玛窦中国札记》第二卷第六章。

邹衍者,其圣矣乎!

也就是说,其实早在佛教正式传入中国之前的 300 多年,早在西方地理学流传中国之前的大约 2000 年,邹衍的海陆架构、大洲分布、作为"赤县神州"的中国的方位判断,就已经总体接近于真实了,可谓代表着中国古代难得的、先进的世界观念。如邹衍以前的学者,都把世界想象成一块大陆,四围是海,而当时的中国几乎就是这块大陆的全部;等到邹衍超迈前人所建构出来的新世界,变成了海陆相间,亦即小海围绕着中间的大陆,"中国"是这块大陆的 1/9,小海与大海之间还有八块大陆。比照一下当今的地球表面,71%是海洋,29%是陆地,陆地包括了亚欧、非洲、美洲、澳大利亚、南极五块大陆,这是不是与 2000 多年前邹衍想象的海陆世界基本形势相当一致? 所以俞樾推崇邹衍,认为他担得起"圣矣"的称号,梁启超也在《论中国学术思想变迁之大势》中赞美邹衍:"其思想何等伟大,其推论何等渊微!"

下　编
域外有关中国的称谓

　　以上 27 章,已就中国历代中原王朝或皇朝国号与中国古今名号进行了推源释意。然而本书的叙述还不能就此打住! 事实上,区别于"国号"与"名号"这两大类中国人对自己国家的自称,中国还存在着另一大类域外人或外国人对于"中国"的他称,我们这里拟名为"域外称谓":如英语中的 China、日文中的支那,自为今人所熟悉;吴、汉、唐、中国、中华一类域外称谓,其来源也相当清楚;而如 Serice(赛里斯)、Taugas(桃花石)、Cathay(契丹)以及"黄祸"(Yellow Peril)、"东亚病夫"(Sick Man of Asia,Sick Man of East Asia)等等称谓,却已成为历史烟尘所掩盖的旧时他称;至于龙的传人、狮的国度,则是形象体现中国传统文化与近现代政治历程的"自称＋他称"。

　　在具体讨论这类繁杂而又特别的"域外称谓"之形成过程、来源取义、使用情况、流行地域以前,有必要先讲清几个相关的或前提的问题。

　　其一,国家称谓的纵向演变与横向演变。所谓国家称谓的纵向演变,是从时间先后上观察的。中国历代中原王朝或皇朝国号与中国古今名号的演变,即大体属于中国这一区域地名的纵向演变——其情况可谓错综复杂,乃至难以卒述。然而除此以外,国家称谓还存在着横向演变,即同一个国家,从空间上有着来自四面八方的不同语言所赋予的不同称谓,这更加重了国家称谓演变的复杂性——关于这一点,从本编的讨论中可以看得很清楚。

　　其二,国号翻译中的名从主人与名从自己。在国号翻译中有一条原则,即名从主人,它要求国号的自称与他称一致,不用也不允许更改。如中国之称支那、震旦,源自 China,而 China 又源自秦,以 China 称秦可算是名从主人了,然而 China 音译为支那、意译为震旦后,与秦却有了距离;现代又意译 China 为中国,则距离进一步拉大。但是推源释意,China 还是来自指称对象的主人的,这种变化还不至于让人摸不着头脑。有意思的是,一些国号的自称与他称,竟会差异到毫无共同之处的程度。

如印度自称 Bharat,匈牙利自称 Magyarország,芬兰自称 Suomi,阿尔巴尼亚自称 Shqiperia,埃及自称 Misr,但在一些国际活动中,却都另有通称,本名反隐而不彰。再如德意志(Deutschland)这个国家的名称,其左邻右舍几乎无论哪种语言,对它都有不同的称呼,真可以说是"言人人殊";倒是相隔万里以外的中国,基本按照原名音译,即严格恪守着名从主人的原则,对它四邻给起的各种称谓,包括英语的 Germany,都置之不问。然则域外对于中国的称谓,往往并非名从主人,而是很有几分"名从自己"的味道,如 Serice(汉译赛里斯),作为古希腊、古罗马对中国的称谓,在中国当时的国号或名号中,就完全找不到对等的原型。

其三,国号得名与国号心理。国号的得名本有多种情形,如方位得名(南斯拉夫 Jugoslavija,南部斯拉夫人)、形状得名(新加坡 Singapore,狮子城)、特征得名(荷兰即尼德兰 Nederland,低地)、人物得名(玻利维亚 Bolivia,以玻利瓦尔之名命名)、民族得名(老挝 Laos,寮族的国土)、物产得名(塞浦路斯 Cyprus,铜)、观念得名(泰国 Thailand,自由之国)、宗教得名(巴基斯坦 Pakistan,清真之国),等等。[①] 然而无论因何得名,国号的含义或则中性,或为美称。如日本,是著名的"日出处之国";《朝鲜之歌》唱道:"早晨的太阳光芒万道多鲜艳,我们的国家因此起名叫朝鲜。"可以认为,取美名是国号自称、也包括一些他称的一条基本原则。只是当国与国之间的关系不正常时,人们也往往喜欢在国号上做手脚——这本没有什么意思,但是确实存在这种情况。如日本德川时代,把俄罗斯(Russia)写作鲁西亚;到了明治时代,俄国政府提出抗议,因为鲁是鲁钝的意思,于是日本政府改鲁为露。又美日太平洋战争爆发后,"美国"在日本通作"米国",因为"米"是可以被吃掉的。文明开化的近现代尚且如此,古代就更不必说了。至于中国,自古以来,无论国号还是名

---

① 关于外国国号的得名与演变,可参考邵献图、周定国等编:《外国地名语源词典》,上海辞书出版社,1983 年版;又相关的通俗读物,有张翔鹰、张翔滨编著《世界各国名称的由来——国名故事 223 则》(内蒙古人民出版社,1998 年),姜守明主编《世界国名的故事》(山东画报出版社,2007 年版)。

号,大多具有美义,乃至表现出一种很强烈的优越感——有些外国人对此就不乐意了。即以"中国"这个泛称而言,你是"中国",那他又是什么呢? 本来,古代印度、希腊、罗马、阿拉伯人著书,都各以本土为世界的中心;古代日本人也是这样,斋藤谦《拙堂文话》卷七即说:"我邦神圣继统,别成一天下,其曰'中国',谓我邦中土也。近人稍知'倭奴'、'大东'之非,改曰'皇和'。"①如此看来,好名字哪个国家都要;而当别国的好名字妨碍到自己国家时,那就对不起了! 域外对"中国"、"中华"等名号往往不用,却另起名称来称呼中国,尽管原因十分复杂,但上述的国号心理,自是其中的重要缘由之一。

进而言之,历史上域外对中国的称谓,之所以会出现名目繁多、错综复杂的情况,除了从其他角度另起名称这一主观因素外,还存在着两类客观因素:

其一,中国历代国号自多。中国在历史上,虽然有许多名号,但在传统专制时代,多用国号尤其是统一王朝或皇朝国号作为时代的代称。国号相对于名号,虽然显得正规一些,但却更加多变,这也引致了域外对中国的称谓常常因时而异,在正式场合(如互致国书、使节往来等)尤其如此。即以中国历代统一皇朝来说,匈奴称汉朝为汉或大汉,五胡称晋朝为晋或大晋,吐蕃、回纥称唐朝为唐或大唐,契丹、女真称宋朝为宋或大宋;其后如辽、金、大元、大明、大清各朝,境内其他民族及域外对这些中原皇朝的称谓,也分别是其国号辽、金(或再冠以"大"字)、大元、大明、大清。这样看来,域外对中国的称谓并不稳定,是很容易理解的。然则由于中国自古以来,每每改朝换代,所以中国帝王又都十分重视将其国号晓谕四方。如明朝建立后,朱元璋就曾诏告拂菻,"朕为臣民拥戴,即皇帝位,定有天下之号曰'大明',建元'洪武',于今四年矣。凡四夷诸邦,皆遣官告谕。惟尔拂菻,隔越西海,未及报知。今遣尔国之民捏古伦,赍

---

① 章炳麟《中华民国解》(收入《章太炎全集》第四册,上海人民出版社,1985 年版)也指出:"印度亦称摩伽陀为中国,日本亦称山阳为中国,此本非汉土所独有者。"按日本、印度之"中国",详下章的讨论。

诏往谕"①,云云。按类似这样的国书,可以想见,中国历史上还有许多。
然而尽管如此,域外为了避免繁琐,往往并不随着中国屡更的国号而改
变其对中国的称谓。承于习惯,也为了求得方便与明确一致,域外或以
中国有代表性的国号来指称若干朝代,或以中国有代表性的名号来概说
中国,有时就干脆另给中国起个名称。

其二,世界各地的语言有异,转译后遂产生种种差别,回译后又出现
了各式各样与汉文不同的写法。

考虑到以上几方面的主、客观因素,域外对于中国的称谓尽管繁杂,
但明本正始,穷源竟委,还是可以归纳出几个系列的,其中影响最大、使
用最广的有六个系列,即:

源于国号的 China(支那、震旦)系;

源于物产的 Serice(赛里斯)系;

可能源于最高统治者称号的 Taugas(桃花石)系;

源于民族的 Cathay(契丹)系;

源于国号与名号、既是自称也是他称的吴、汉、唐、中国、中华系;

源于传统文化与政治历程、既是自称也是他称的龙、狮系。

以下分章进行讨论。② 值得先行提醒读者的还有两点:

其一,总括以下各章的叙述,上述六个系列的域外称谓之演变脉络,
其实相当清晰,即大体由国号而物产,由称号而民族,由历史地位而文化
形象。所以如此,又决定于古代中外交通的形势。如就六个系列的称谓
在近代以前的流行地域看,大体为连成一体的亚欧非大陆及东亚、东南
亚海邻诸国,盖古代中外交通与美洲、澳洲无与也。

其二,由于近代以前中外交通的艰难、彼此了解途径的狭窄,导致了
古代域外文献有关中国的记载,每每或传闻歧异,或真伪掺杂,或混淆不

---

①《明史·拂菻传》。

② 关于上文提到的"黄祸"(Yellow Peril)、"东亚病夫"(Sick Man of Asia, Sick Man of East Asia),因为学界已有详尽的研究,故本编不作讨论,可参考杨瑞松:《病夫、黄祸与睡狮:"西方"视野的中国形象与近代中国国族论述想象》,政大出版社,台北,2010年版。

清——这也表现在域外有关中国的称谓方面。有鉴于此,本编各章将尽量选取正确或接近正确、清楚或大体清楚的资料,对于错误或混乱的资料,除非必要者,一般不作辨正,以免行文的枝蔓;又在推源释意的过程中,诸家说法有异者多并列之,但会表明笔者的倾向性看法。另外,受限于笔者的语言文字学功底,也考虑到排版印刷的困难,本编中所涉及的多种语言文字的名称,基本使用拉丁字母转写。①

张星烺编注、朱杰勤校订《中西交通史料汇编》
(中华书局,1977—1979 年版)书影

① 本编所引域外资料及外国人名、书名、地名的拉丁字母转写与汉译,多据张星烺编注、朱杰勤校订《中西交通史料汇编》(全四册),中华书局,2003 版。以下各章不再一一出注,特此说明。

第二十八章　China：失位的"震旦"与变味的"支那"

　　古往今来，域外对中国的称谓甚多。然而，最为今天的中国人所熟悉者，莫过于英语中的 China 了。各种《英汉词典》里的解释基本都是：China，中国；而各种《汉英词典》里的解释大体都是：中国，China。

　　除了英语中的 China 外，其他多种西方语文中，也都有类似的称谓，如清末外交家薛福成在他的《出使英法义比四国日记》中说："欧洲各国，……其称中国之名，英人曰'采衣纳'（一作恰衣纳）；法人曰'细纳'，又曰'兴'（一译作什依纳，又作希纳）；义人曰'期纳'；德人曰'赫依纳'；腊丁之音曰'西奈'。"[①]

　　又如所周知，在旧时代的日文中，常称中国为支那。支那本为 China 的音译，但及至近代以至现代，中国人却十分厌恶日本使用支那称呼中国。

　　再者，因为现在英语中的 China 指中国，而 china 指瓷器，于是坊间广泛流行的说法是，称呼中国的 China，来源于称呼瓷器的 china。

　　然则西方语文中为什么称中国为 China？中国的 China 缘起瓷器的 china 吗？中国人并不反感英语中的 China，那为什么厌恶作为 China 音

---

① 薛福成：《出使英法义比四国日记》卷六，光绪十七年二月十九日。

译的日文中的支那呢？

第一节 关于 China 缘起的各家说法

依据张星烺《"支那"名号考》①的综述，支那（China）称谓见于古代多种文字：公元前 4 世纪的印度梵文中，就有支那（Cina）之名；希伯来文之西尼姆国（Sininm），即秦尼之转音；公元前粟特文秦斯坦（Cynstn）指中国而言；公元 1 世纪罗马拉丁文秦国（Thin）大都城曰秦尼（Thinae）；2 世纪希腊文称中国为秦尼国（Sinae，又译作西纳）。又 6 世纪希腊文称中国为秦尼策国（Tzinitza）、秦尼斯达国（Tzinista）；5 世纪亚美尼亚文有哲那斯坦国（Jenasdan＝Chinistan）、秦尼国（Sinae）；②8 世纪叙利亚文称中国为秦那斯坦（Zhinastan ＝ Tzinisthan）；中世纪阿拉伯文以中国为秦（Cyn、Sin、Thin）；10 世纪前后波斯文称中国为支那（China）；日本人也称中国为支那。

公元 9 世纪至 10 世纪以来，尤其是元明清时代，随着中外交通大开，上述各种语言的中国称谓更是频繁出现，有时还在前面加上 Ma（意为"大"），如 Cini、Chin、Sin、China、Chiis、Chima、Chama、Chana、Macini、Machin、Masin、Sinaru（按-aru 是语尾变化）、Masinaru、Mahachina、等等。③

中国汉文典籍中的支那，多见于佛典，而为梵文的音译或意译。据丁福保《佛学大辞典》④"支那"条所录，Cina 一词的异译有：脂那、至那、

---

① 张星烺：《"支那"名号考》，收入张星烺编注、朱杰勤校订：《中西交通史料汇编》第一册，中华书局，2003 年版。

② 公元 440 年后不久，亚美尼亚史家摩西（Moses of Chorene）著成《史记》，书中称中国为哲那斯坦国，又说秦尼国与之接壤。英国亨利·玉尔（H. Yule）谓摩西之哲那斯坦或指北魏，秦尼或指东晋。

③ 参阅韩振华编：《南海诸岛史地考证论集》，中华书局，1981 年版。又岑仲勉《外语称中国的两个名词》（收入所著《中外史地考证》，中华书局，1962 年版）指出：China 与 Machin（包括 Masin、Mahachina 等式）"在后世往往混用，并无明了之界限"。

④ 丁福保：《佛学大辞典》，文物出版社，1984 年版。

斯那、真丹、振旦、震旦、真那、振丹、脂难、旃丹等。而据李雪涛的考证：斯那并非支那异译；支那这一译名尽管最为常见，但绝非最早的译名。① 另外，正如唐释智昇《开元释教录》卷七"大支那国"下小注所云："旧名真丹、振旦者，并非正音，无音无义可译，惟知是此神州之总名也。"如此，随着朝代的更替，Cina 名作秦，翻作汉，写作晋，译作隋，解作唐，又均无不可，即支那的对译可以因时而异。

然则散见于东、西方诸多典籍中的支那、China 称谓，最早见于古印度的梵文，最早的拼法是 Cina，其他的拼法皆是由此衍出，已经可以肯定。② 那么，梵文的支那（Cina）从何而来呢？对此，300 多年来，中外学者作过许多的研究，提出了纷纭的说法：

其一，秦国说。1655 年，意大利传教士马梯尼（M. Martini，汉名卫匡国）在《中国新舆图》中，发表 China 为秦之译音的见解。马梯尼所谓"秦"，指公元前 249 年至公元前 207 年的秦国、秦朝。后来，法国学者鲍梯（M. Pauthier）进一步论证梵语支那实由古代秦国而来：秦国于公元前 1000 年时，已建国于陕西；上古西方诸国得闻支那，即由此国。（见图 28-1）

其二，日南说。1877 年，德国李希霍芬（F. Richthofen）所著《中国——亲身旅行和研究成果》第一卷出版，书中认为：西汉时日南郡港口商务繁盛，中国与海外之交通悉由此处，故支那原音为日南（Jih-nan，今越南境内）二字。英国亨利·玉尔（H. Yule）等赞成其说。

其三，滇国说。法国拉克伯里（T. Lacouperie）谓战国间楚庄王后裔

---

① 李雪涛：《从佛典看"支那"（Cina）译名的变化》，《地名知识》1990 年第 3 期。
② 就 Cina 称谓见载的时间看，以印度的梵文最为古老；其他语文中一系列相关的称谓，又都与梵文的 Cina 在语音方面极为一致，诸多学者以此判定这一系列外语的中国称谓，均由梵文 Cina 衍出，即都是梵文 Cina 的对音，其间只存在细微的差别。法国伯希和（P. Pelliot）更指出："此支那之称出于印度，固无可疑。"（转引自沙海昂[A. H. J. Charignon]注、冯承钧译：《马可波罗行记》第一六〇章，中华书局 1954 年版）按所以如此的原因，盖与印度在早期国际交通中的地位有关。公元前 4 世纪至公元前 3 世纪，印度就同中亚各国以及埃及、希腊、罗马等国存在着相当活跃的贸易关系及其他方面的交往。与中国最早交通的域外文明大国也正是印度；其他域外国家关于中国的知识，则大体是从印度再传的。Cina 称谓也是如此。

庄蹻所建之古代滇国,地土广大,国势富强,居中国南方,公元前中国与西、南二方诸国之贸易,皆为此国人独揽;中国与古代印度的交往,也必须经由滇国。而 Chin、Sin、Sinae、Thinae,即由滇国(Tsen)音转而来。①

其四,雪山以北诸种说。冯承钧指出:"支那,一作脂那,一作至那,梵文边鄙之称,原为雪山以北诸种之名,后以为中国之号。"②雪山者,古代印度人和中亚南部人总称喜马拉雅、兴都库什诸山为雪山,与其连属的喀喇昆仑山和葱岭也包括在雪山范围内。如此"雪山以北诸种",相当于今阿富汗东北部、葱岭以东、尼泊尔以及西藏地区等地的古代种族。今尼泊尔人即称其北部和山区一带为 Cina。又李志敏解释"古印度人何以称雪山以北诸地为 Cina"说:"或许他们曾误以为那些地方就是丝绸出产地(即丝国)。"③

其五,荆国说。苏仲湘指出:支那导源于荆,这有三点理由。第一,荆国即楚国,是先秦时期中国南方具有足够威力与影响的大国,能够受到中外人们的注目,不愧为中国大陆的象征;第二,中国南方与印度在远古即已开展交通,荆的名号具备播及域外的可能性;第三,从支那一词的本音分析,荆为颚音,符合支那这个称呼的本音。④

其六,羌族说。杨宪益以为:Cina 是种族名,实指羌。羌字古通秦、滇、荆,而秦、滇、荆为古代中国西部高原上通称为羌族一部的异名,《汉书》所载羌族居住的区域与印度典籍里的"支那"地方正相符合,"故'支那'的原字实为羌。"⑤

其七,丝说。李志敏论证:支那名号起源于中国的丝货,ci 是汉语丝

① 以上参考张星烺:《"支那"名号考》。

② 冯承钧原编、陆峻岭增订:《西域地名》"Cina"条,中华书局,1980 年版。

③ 李志敏:《支那名号原音证》,《西北史地》1986 年第 4 期。

④ 苏仲湘:《论"支那"一词的起源与荆的历史和文化》,《历史研究》1979 年第 4 期。按以荆国说为基础,石宗仁《"支那"之谜与苗族》(《民族文学研究》1994 年第 2 期)又引申出支那"属于三苗、荆蛮的母语——苗语",意为"水田之乡";进而言之,南方稻作文明是中国名称"支那"与"荆楚"国名的中心内涵,又与苗族名称的含义(田里种草的人)相符合。

⑤ 杨宪益:《释支那》,收入所著《译余偶拾》,三联书店,1983 年版。

字的音译,na 是梵文的语尾,Cina 在梵文中的原意为丝,转义为丝国。①

其八,缯说。李志敏经过修正的观点认为:上古汉语对丝绸的总称有两个,即丝与缯。梵文通名 Cina 及音译同源的种种"秦"名号,都源自上古汉语的缯字。Cina(丝绸)从涵义到读音都与缯相合,就是证明。②

其九,绮说。沈福伟揣测:古代波斯、印度只知道他们的近邻中有一个伟大的"绮"国,而中国商周以来制造的丝织品,以绮最为普遍和精致。绮者,织素为文,纹理不顺经纬,织法新颖,花式繁富,足以独步世界。输出域外的当然也是这种绮。波斯古文献称中国的 Cini、Saini、Cin、Cinistan、Cinastan,粟特语中的 Cyn,印度的 Cina 等等,都因绮而得名。③

其十,瓷说。英文的 china 既作中国解(China),又作瓷器解(china),世人遂有以此立说者,谓古代中国瓷器流传西方,为欧洲等各国人民所欣赏与喜爱,故以瓷器代称中国。

以上列举了 10 种说法,真可谓是众说纷纭。而若归纳起来,又可合并为以下三类说法:

其一,Cina 来自中国古代的某个国家(如西部的秦国、西南的滇国、南方的荆国即楚国)或地区(今越南中部的日南郡)。其核心证据是:在各个时期中国与印度的交往中,这些国家或地区拥有重要的地位或是最关键的中转站,所以成为印度人眼中的中国象征,印度也因此有了起源于这些国家名称或地区名称的 Cina 名称。

其二,Cina 来自中国古代及其周边的某个民族(如所谓的"雪山以北诸种"、西部高原的羌族)。其论证方法是:印度古代典籍里称呼这些民族居住的地方为 Cina。

其三,Cina 来自中国古代的某种特产(如丝、缯、绮、瓷)。其基本思路是:这些特产输入印度后,为印度人民所喜爱,甚至感到疑惑不解,也

---

① 李志敏:《支那名号原音证》;李志敏:《"支那"名号起源时代考》,《新疆大学学报》1988 年第 1 期。
② 李志敏:《"支那"名号涵义及指谓问题》,《中国历史地理论丛》1996 年第 2 辑。
③ 沈福伟:《中西文化交流史》第一章,上海人民出版社,1985 年版。

正是在这样的喜爱与疑惑不解中,他们把输出国即古代中国称为 Cina。

按以上各种说法之间,讨论得以至争辩得不亦乐乎。比照以观,可以认为日南说已为拉克伯里、伯希和等所破,滇国说已为贾儿斯(Giles,英国)、伯希和、张星烺等所破,荆国说已为林剑鸣、汶江、陈得芝等所破,绮说已为梁加龙、陈得芝等所破;[①]又雪山以北诸种说、水田之乡说、羌族说、丝说、缯说,或支持者有限,或论据尚嫌单薄。[②] 至于迄今仍在坊间广泛流行的瓷说,这里不妨稍作展开讨论,以正其误,以肃清其影响。

能够集中反映瓷说的史料,如清末光绪二十四年(1898 年)翰林院编修徐琪所上《请广磁务以开利源折》:

> 查中国货物,以丝、茶为大宗。……然近来外洋所产丝、茶,亦颇精美,中国转有滞销之时。必筹其货物为外洋所罕而利益足以敌之者,始操胜算。顾中国丝、茶而外,其余百物,皆不及外洋之精,独磁器一门,外洋虽竭力仿造,皆不能及。盖出磁之土,西人名之曰高岭土。讲化学者,谓此土为火造化所成,近于热变石,贵重与矿金相等。沿海斥卤之地无之,美洲全境不生此土,欧洲、日本虽有,而其制实出于中国。相传前明时,曾以景德镇磁工百二十人赐朝鲜,安置于松山,取土造磁,颇称精美。后日本人得之,磁业大兴。朝鲜之磁工有播越至吕宋者,西班牙人又得其指授,遂传之于泰西。英法

---

① 参考张星烺:《"支那"名号考》;林剑鸣:《"支那"的称谓源于"秦"还是"楚"》,《人文杂志》1981 年第 6 期;汶江:《"支那"一词起源质疑》,《中国史研究》1980 年第 2 期;陈得芝:《从"支那"名称来源诸"新说"谈起——关于学术规范与研究方法问题》,《中华文史论丛》2006 年第 2 辑;梁加龙:《绮是支那名称的由来吗》,《文史》第 29 辑,中华书局,1988 年版。

② 据笔者近期的检索,又见与地名有关的澶州说(赵振绩:《中国之释义》,《中国历史学会史学集刊》第 10 期,台湾,1978 年)、成都说(段渝:《支那名称起源之再研究——论支那名称本源于蜀之成都》,收入四川大学历史系编:《中国西南的古代交通与文化》,四川大学出版社,1994 年版)、古傣语"铜钱城"说(徐作生:《"支那"源于古傣语考——从蜀身毒道诸种因素论梵语 Cina 的由来》,《中国文化研究》1995 年第 1 期),与先秦古国有关的齐国说(温翠芳:《"支那"为"齐"考述》,《云南社会科学》2006 年第 5 期)、晋国说(郑张尚芳:《古译名勘原辨讹五例》,《中国语文》2006 年第 6 期)。按这些"新说",或多凭"想象"而建构,或疏漏于文献年代的考证,或违背审音勘同的原理,其所存在的问题,诚如陈得芝《从"支那"名称来源诸"新说"谈起——关于学术规范与研究方法问题》文中对苏仲湘荆国说、沈福伟绮说的批评。

继兴,号称精绝。……然其质不能过薄,如脱胎之法,断学不到,且色虽白而少光,热过度而必裂,金彩虽丽.而绘画笔意,亦不及中国之入细,是以外洋富家,非藏有中国细磁者,不足夸耀宾客。……土之所出以磁为真质,陶土为磁盈天下,万国未有先于中国者。故印度以西,称中国曰支那,支那者,磁器之谓也。夫以亚美利驾南北二洲之大,而独无此土,欧洲各国有之,而坚好又不如中国,良以出磁之地,非峻岳名峦灵气蟠郁,不能有此。而清淑之气,独在中原,此正化机鼓荡,蓄此瑰奇,以成我国家利赖之大原者。①

很明显,这段史料中的"磁"就是"瓷"。连大臣上皇帝的奏折都这么说了,当然不会"有假",况且,瓷器的 china 与中国的 China,又确实是一个模子倒出来的,于是 China 来源于瓷器的说法,得以广泛流行。

其实这种看似有理有据的瓷说,真是"瞎说"。按英语中的"瓷器"一词,本来写作 porcelain,"中国瓷器"则拼成 China porcelain 或者 porcelain of China。到了 17 世纪,英语中才有了 chinaware 这个指称"中国瓷器"的专用词。再到后来,表示物品、器皿的 ware 在口语中被省略,只用 china 也可以习惯性地代表"中国瓷器"。再经过进一步的演变,在书面语及口语中,china 又不再被视为"中国瓷器"的专用词,而是同时兼容了原来的 porcelain,于是,英语中便出现了 china 和 porcelain 两个都可以解释为"瓷器"的单词。② 据此,我们可以肯定,在西方是先有作为中国他称的 China,然后才有作为瓷器他称的 china,也就是说,瓷器的 china 来源于中国的 China,中国的 China 是因,瓷器的 china 是果。打个粗俗的比方,有些西方人喜欢品尝北京烤鸭,于是在英语中,可以直接以 Pekin 也就是"北京"称呼"烤鸭",我们总不能说"北京"来源于"烤鸭"吧!

当然,中国的 China 与瓷器的 china 只有首字母大、小写的区别,又

---

① 国家档案局明清档案馆编:《戊戌变法档案史料》,"农工商务·翰林院编修徐琪折",中华书局,1958 年版。
② 参考王德昱:《从 Cina 到 China》,《中华文化论坛》1997 年第 1 期。

1. 图28-1：意大利传教士马梯尼画像
2. 图28-2：中国古代青花瓷器

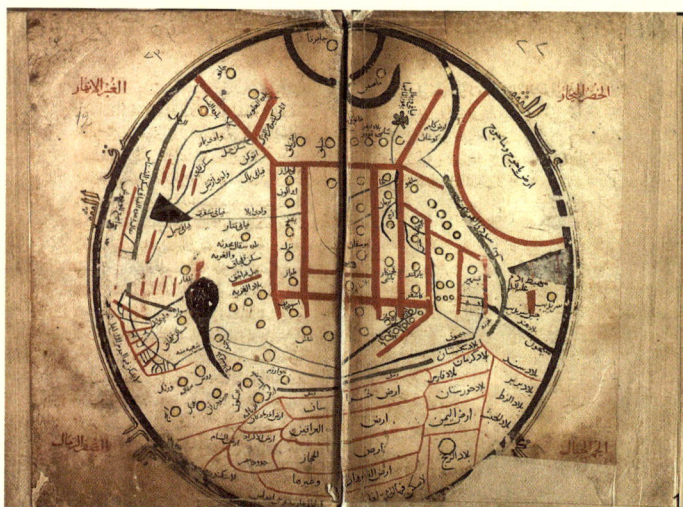

1. 图28-3：11世纪马赫穆德·喀什噶里所编《突厥语大词典》卷首的圆形
   地图

2. 图29-1：长沙马王堆汉墓出土素纱禅衣

1. 图29-2：东罗马帝国皇帝查士丁尼像

2. 图29-3：东国公主巧带桑蚕之种画板

3. 图29-4：宋人《蚕织图》与图中的花楼式束综
   提花机（右下角）

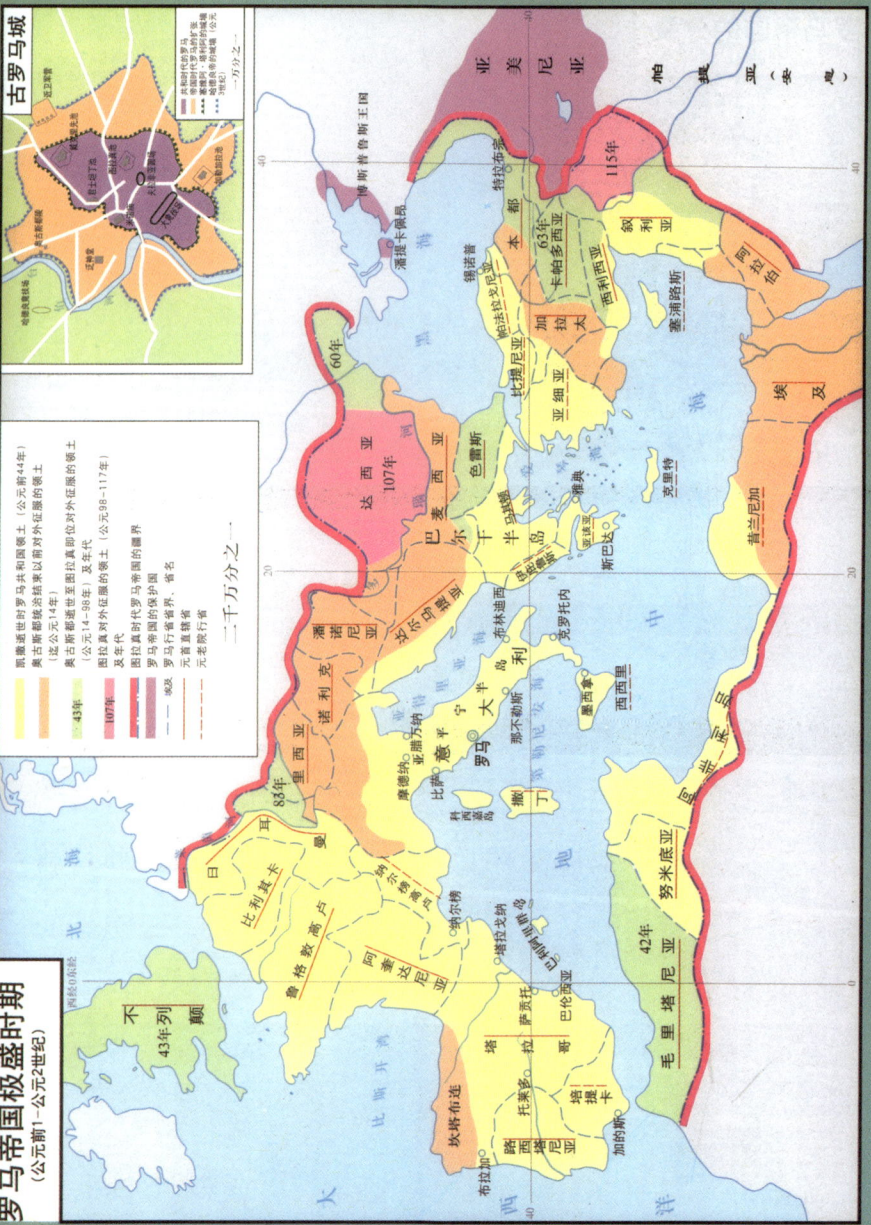

图29-5：罗马帝国极盛时期疆域（选自张芝联、刘学荣主编《世界历史地图集》，29，中国地图出版社，2002年版）

1. 图29-6：公元前5世纪古希腊雕塑"命运三女神"
2. 图30-1：观赏名石桃花石
3. 图30-2：喀喇汗王朝曾经建都的喀什老城

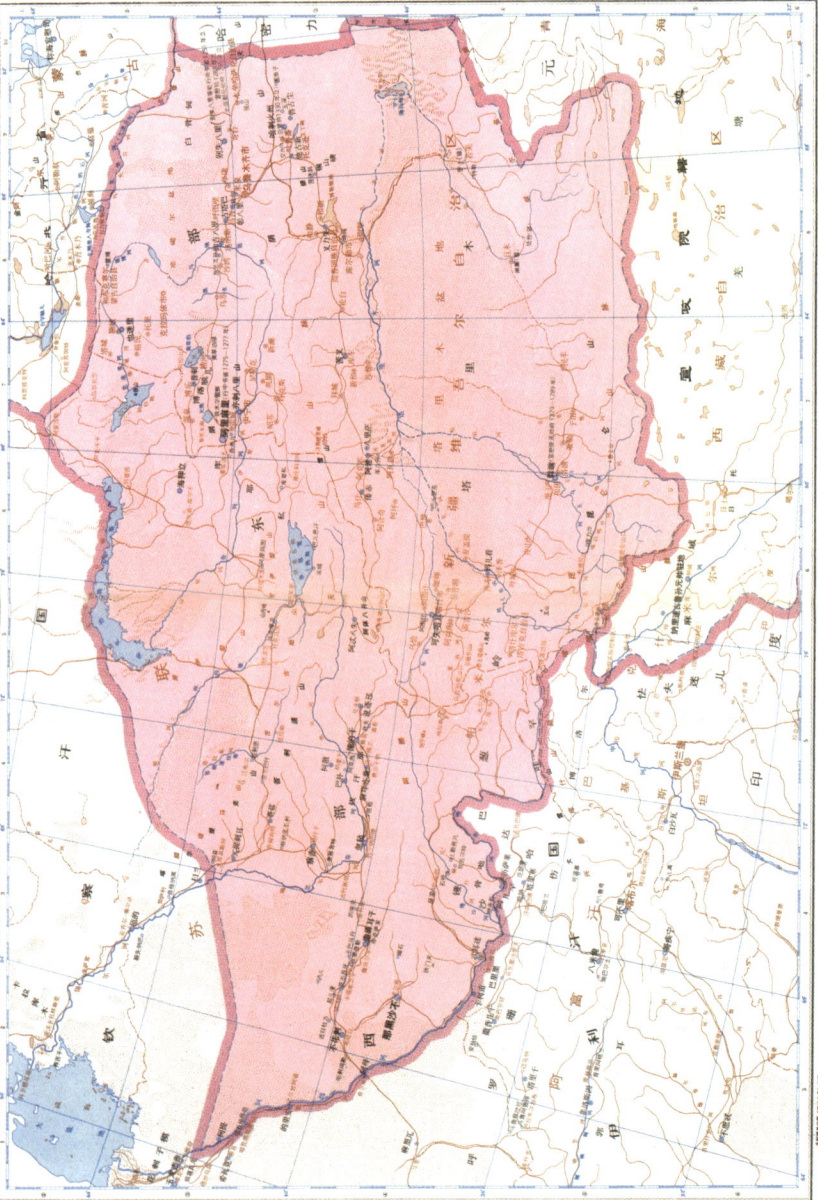

图30-3：元时期之察合台汗国疆域（选自谭其骧主编《中国历史地图集》，38-39，地图出版社，1982年版）

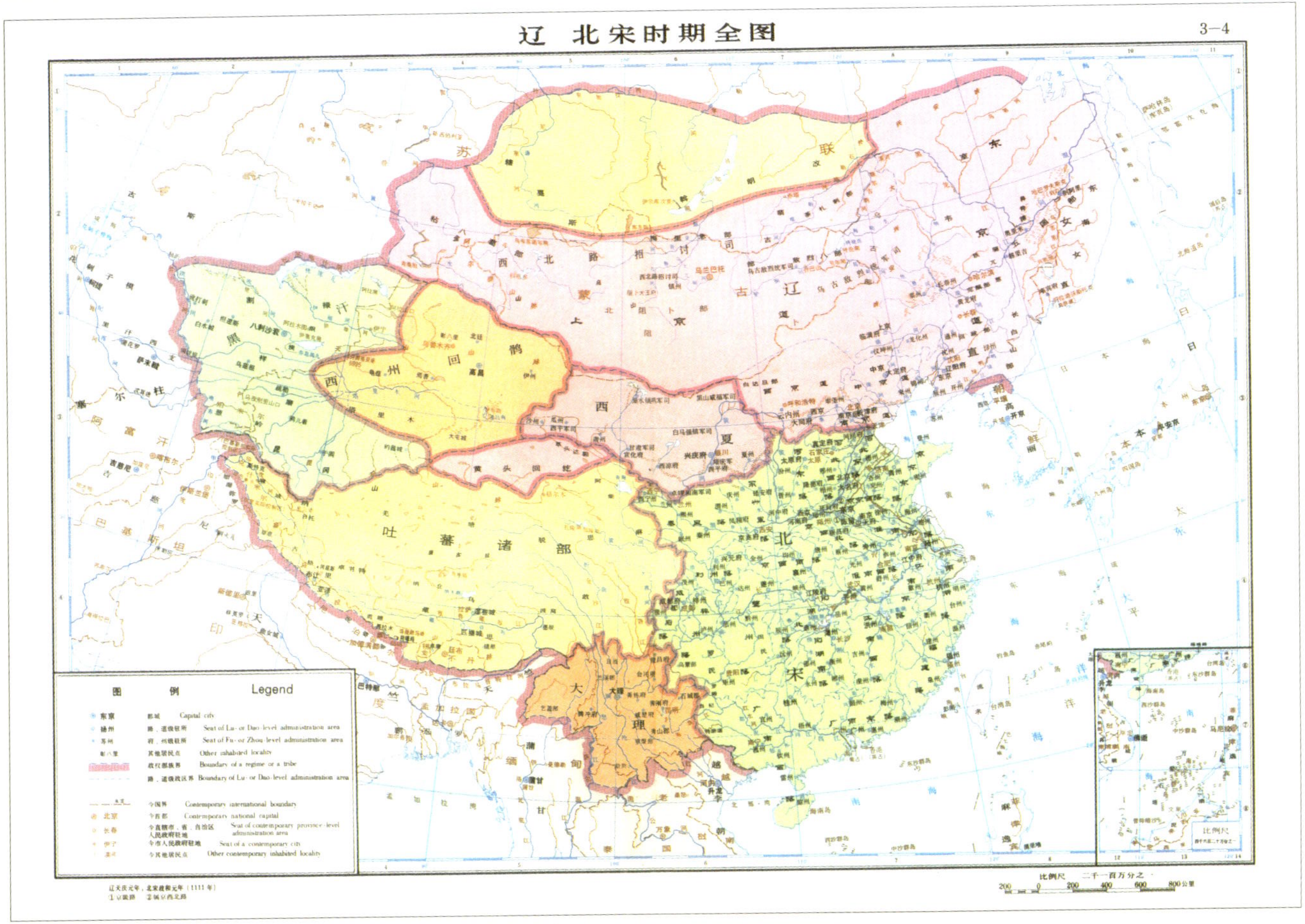

图31-1：辽、北宋时期全图（选自谭其骧主编《中国历史地图集》，3-4，地图出版社，1982年版）

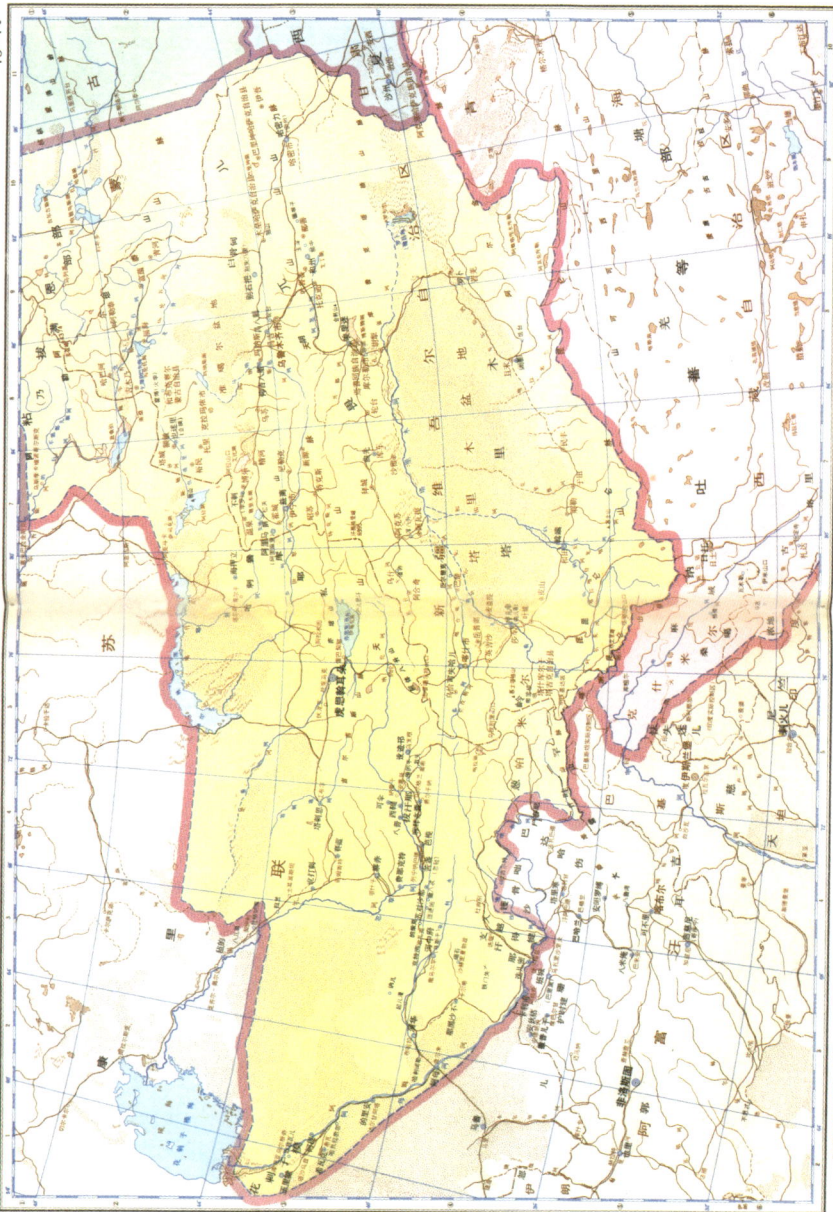

图31-2：西辽（哈剌契丹）疆域（选自谭其骧主编《中国历史地图集》，73-74，地图出版社，1982年版）

图31-3：南宋、金时代疆域形势图（选自谭其骧主编《中国历史地图集》，宋·辽·金时期，42-43，地图出版社，1982年版）

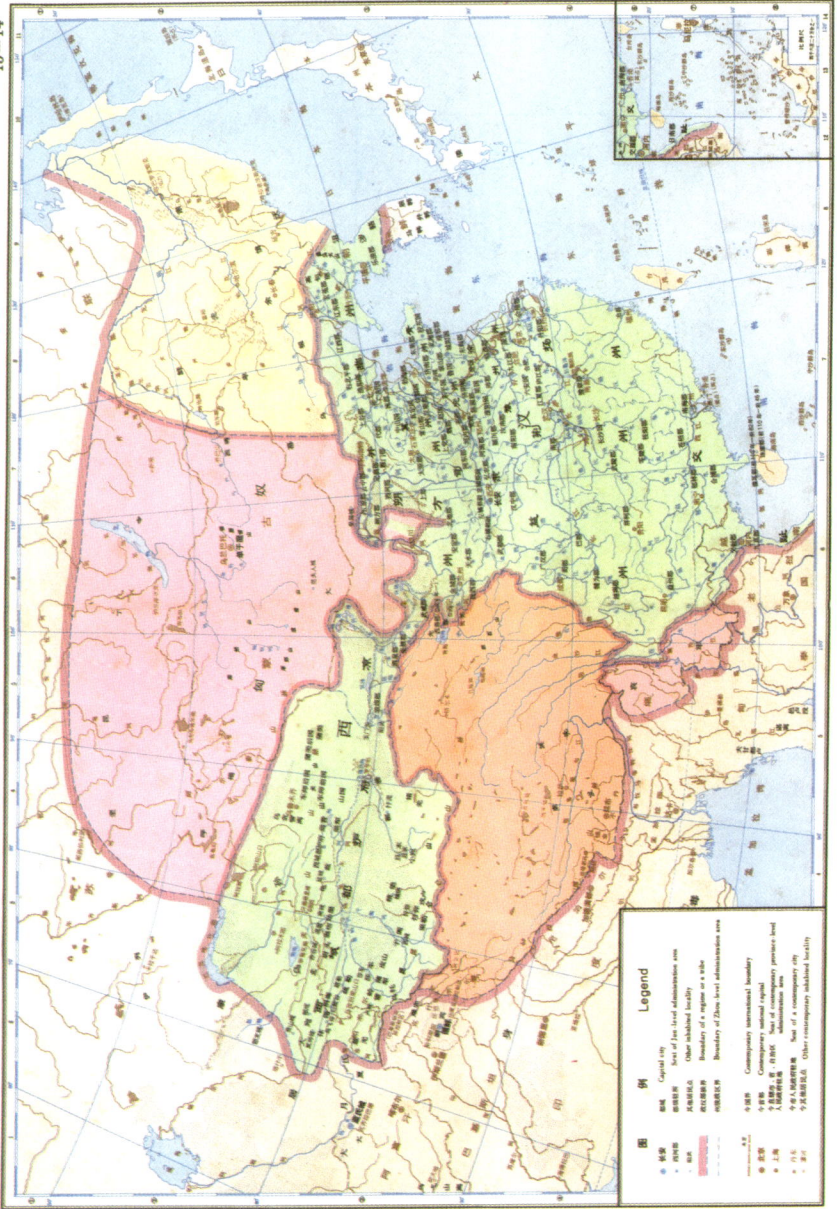

西 汉 时 期 全 图

图32-1：西汉疆域图（选自谭其骧主编《中国历史地图集》，秦·西汉·东汉时期，13-14，地图出版社，1982年版）

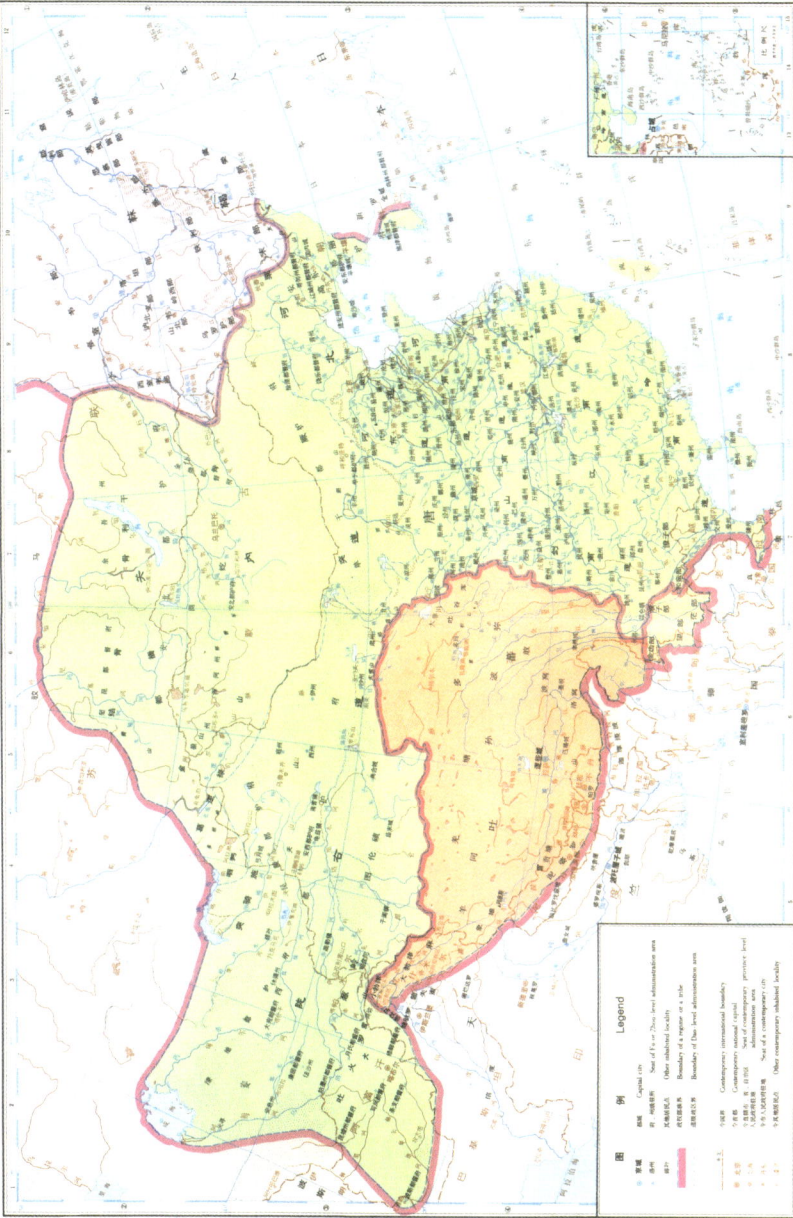

图32-2：唐朝疆域图（选自谭其骧主编《中国历史地图集》，隋·唐·五代十国时期，32–33，地图出版社，1982年版）

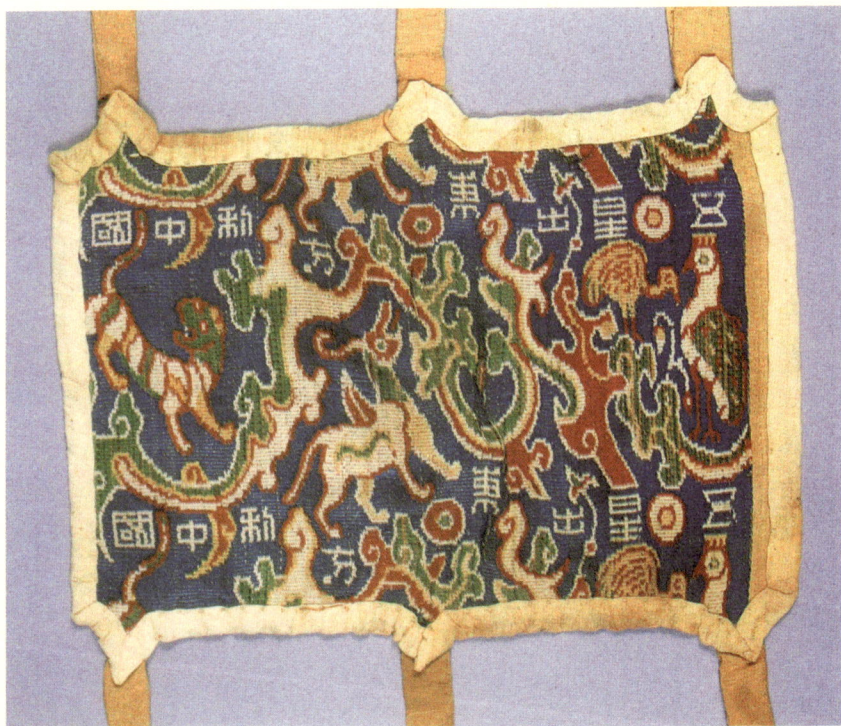

结语图1：新疆出土的汉晋丝织品"五星出东方利中国"护膊

客观反映了历史的真实一面:首先,中国瓷器的出现时代最早,早在3000多年前的商代已经出现了原始青瓷,早在近2000年前的汉代已经烧制出了成熟的青瓷;其次,中国不仅确实盛产瓷器,而且发展至汉唐年间,中国瓷器已经流传国外,唐宋以降,中国输出商品更以瓷器为大宗;再次,中国瓷器的精美确实名闻天下,它薄如纸、润如玉、声如磬、明如镜,引得外国人惊叹不已。然则上述这些历史的真实,终于使得域外在以China称呼"中国"的同时,为了指明瓷器的主要来源地,或者为了表达一种特别的纪念,又以china称呼"瓷器"。(见图28-2)

第二节　"支那"缘起于"秦"

比较而言,17世纪中叶即已提出的秦国说,迄今为止,仍是证据最为充分、赞成者最多、在中外学术界最为流行的一种说法。兹列举法国伯希和、英国贾儿斯、中国岑仲勉与张星烺诸家的观点如下,并稍作补充。

伯希和《交广印度两道考》①之十《支那名称之起源》略言:当公元前2世纪以前,中国与印度已由西南缅甸一道发生贸易关系,秦国之名由此达于印度,印度之支那梵名疑始于此。迨至前2世纪及前1世纪月氏侵入大夏之时,印度人又于西北得闻中国之名。此后,或在纪元初1世纪时,印度与越南半岛及南洋群岛贸易频繁,南海一带遂习用支那梵名之称。诸航海者乃袭用此梵化之号,而且中国人也自承其国名曰支那,虽不再自称其国为秦国,然此名亦足唤起其种族与其国家之观念。由是观之,支那一名发源于最初秦国之说,在音韵及地理方面皆得其解,而与历史亦能相符,复由中国译人采用,故仅有此说为可取也。

据张星烺《"支那"名号考》的引述,贾儿斯指出:古代印度、波斯及其

---

① 伯希和著、冯承钧译:《交广印度两道考》,商务印书馆,1933年版。

他亚洲诸国所用之 Sin、Chin 等,源出秦国。今 China 末尾之 a,为葡萄牙人所加;a 者,国土之义。

岑仲勉《外语称中国的两个名词》①以为:非子封秦以后,秦国逐渐强大。"秦既当西道之冲,东周虽拥号天王,实同虚位,由是西方民族只知有秦,不知有周,此秦(Chin)之称所由起也。"而"Chin 之传名于西方,或谓由南方马来人所传播。……余按上古之中西交通,北陆视南方海道为密。……春秋时期,秦犹困守函关,楚霸南服计四五百载,如我国名称系经马来人西播,于势应为楚而不应为秦"。

张星烺所撰《"支那"名号考》,则由秦国名称向外传布的过程,证明支那原音确为秦字的对转:

首先,秦建国于周平王时代,在公元前 700 余年。② 至秦穆公时,秦已强大。穆公即位于公元前 659 年,在位 39 年,为春秋五霸之一。秦穆公的势力圈,或竟达于今喀什噶尔、帕米尔高原;而即便秦的势力未及帕米尔高原,仅至安西敦煌附近,秦国威名由商贩贩播至印度、中亚细亚,又有何难!③ 西方诸国记载支那之名,以印度《政论》(Arthasastra)为最早。④《政论》作者商那阇(Chanakya),别名考铁利亚(Kantiliya),是公元前 320 年至公元前 315 年间印度梅陀罗笈多王(King Candragupta)在位时的大臣;所著《政论》载有支那(Cina)之名,又记纪元前 4 世纪中国丝已贩至印度。然则《政论》的成书,已后于秦穆公约 350 年,如此,则秦之名传于印度,实为易事。

其次,秦之名可由四川境内的古巴蜀、云南境内的古滇越而至印度。

---

① 岑仲勉:《外语称中国的两个名词》。

② 今按:秦之得名,更早在公元前 9 世纪初周孝王之世非子得为周王室附庸时;及公元前 770 年,秦被列为诸侯。参考第四章的讨论。

③ 今按:秦立国西北,与域外交通便利。后来从秦汉到隋唐千余年间中外交通的干线——李希霍芬所谓的"丝绸之路",就是以秦地为出发点的。中印交通也是循着丝绸之路到中亚,再迂折南行,指向印度河流域。后世法显、玄奘往去往印度取经,即大致经由此道。

④ 今按:在印度古老的梵文典籍中,《摩诃婆罗多》、《罗摩衍那》两部史诗也记有支那之名,然而其成书时代却多争论(早则公元前 4 世纪,晚则公元 2、3 世纪),一般认为晚于《政论》。

盖《政论》著成以前,秦已并有巴蜀。而据《史记》《汉书》的记载,中原、巴蜀、滇越、印度之间,自古即有兴盛的交通往来;印度商贾或即在滇越国与蜀贾交易,更转运邛竹杖、蜀布至大夏(Bactria)。秦国在先而甚长久,其名在商贾口中,已成习惯,不易改变。

再次,还是在秦穆公时,西北甘肃敦煌、祁连之间的月氏民族就臣属于秦,在秦国范围之内。公元前3世纪以后,月氏因受匈奴的打击而西徙,公元前165年抵龟兹国,后至伊犁河流域,击败乌孙而至热海;分为大、小两支(小月氏后与羌人混杂),大月氏败塞种,取喀什噶尔,过大宛,击大夏,公元前120年又灭希腊王朝及塞种沙头梅格斯(Soter Megas)王国,稍后又征服迦湿弥罗(Kashmir)及印度。后来渐衰,5世纪时为嚈哒(即白匈奴)所灭。据研究,佛教即由月氏人输入中国。当月氏从甘肃西徙时,"以为中国皇帝仍秦之后裔",西方康居国(Sogdia)等称中国为秦斯坦(Cynstn),必自月氏人得之;后世希腊人、罗马人之秦国(Thin)或秦尼国(Sinae),或为月氏人所报知,亦或为印度人所转达也。

另外,据《史记·大宛列传》及《汉书·匈奴传》、《汉书·西域传》的记载,西域人及匈奴人在汉武帝时仍或称中国人(汉人)为秦人,《汉书》唐颜师古注曰:"谓中国人为秦人,习故言也。"中亚细亚各地在汉初皆属匈奴,而自匈奴驱月氏后,由于匈奴的遮隔,春秋战国以来秦与西方极为繁盛的交通遂告断绝。然则自此以后,即使汉武帝重开交通以后,中国西方和北方的边族或邻国往往就称中国人为秦人;由《法显传》还可以知道,秦人的称呼直到东晋时还在沿用。

最后,张星烺言东西两"大秦"相对,也"诚历史上千古未有之趣事"。就东大秦言,唐释慧立《大慈恩寺三藏法师传》卷二有"摩诃脂那国",玄奘《大唐西域记》卷五有"摩诃至那国",《新唐书·天竺国传》有"摩诃震旦国",此皆梵文 Mahachinasthana 之译音。Maha 大也,sthana 犹言国境,故 Mahachinasthana 之全译,即大至那国、大秦国,所指即当时的中国,此为印度人对中国的尊称。在中国正史上也有大秦之名,初见于《后汉书·西域传》:“其人民皆长大平正,有类中国,故谓之大秦”;又《魏书·大秦传》近同:“其人端正长大,衣服车旗,拟仪中国,故外域谓之大秦。”此大秦,学者以为即罗马帝国(395年以后指东罗马帝国,又称拜占庭帝国)。盖印度人或受印度文明影响之人,既以东方的中国为大秦,又以“有类中国”、“拟仪中国”的西方罗马为大秦。

关于“大秦”,岑仲勉《外语称中国的两个名词》也尝论其起因云:“然秦迤东尚有神州大陆,比秦大十数倍,西方之人,未必毫无闻知,当时列国分立,无所统一,彼于是依秦之称而混名曰‘大秦’(Machin),如我国之称大月氏及小月氏,大宛及小宛。……费杜西(Ferdusi)著《波斯王史诗》,虽为时颇后,其中固保有若干之上古传说,诗中常秦与大秦并提,非无因也。及夫海道大通,西亚人至广州者审其地为古‘大秦’之一部,故呼曰大秦,寖假或且成为广州专有之号,此又大秦用诸我国南方之转移的原因也。”岑氏盖以为,梵文 Mahachinasthana 及其他拼法的 Machin、Masin、Mahachina 等大秦(也译作摩秦、马秦)、大支那,起源也甚早,乃至与 Cina 同时或稍晚。Ma 者孕义(大也),chin 者译音(秦也)。

其实,以秦为支那原音,在中国学人也早有解说。如清末洪钧《元史译文证补》直译印度语有关中国的称谓为秦、摩诃秦,这显然是承认支那为秦的译音;[①]又清末薛福成《出使英法义比四国日记》谓:

> 欧洲各国,……其称中国之名,……问其何所取义,则皆“秦”字之译音也。“西奈”之转音为“支那”。日本之称中国为支那出自佛经,盖梵音又实与西音相通者。余谓秦始皇之时,国势虽极强盛,其兵威并未达于欧洲,何以欧人称中国为秦,如西北塞外之呼中国为汉,东南洋各国之呼中国为唐也?揆厥由来,始皇迫逐匈奴,余威震

① 洪钧《元史译文证补·太祖本纪译证下》:“印度语称乞解曰秦,又曰摩诃秦,犹云大秦,西域商人往彼或仅称秦,或称摩秦,实应称摩诃秦。”又云:“案此皆拉施特增注之语,可以考订佛书支那之称。”按乞解即契丹,域外有关中国的又一称谓,详第三十一章。

于殊俗。匈奴逐水草而居,其流徙极远者,往往至欧洲北境,今俄、奥、土耳其、日耳曼诸国,未必无匈奴遗种。匈奴畏秦而永指中国为秦,欧洲诸国亦竞沿其称而称之也。①

薛福成之说虽有不确之处,但以 China 等皆秦字音译,实属不破之论。又现代美国历史学家费正清(J. K. Fairbank)、赖肖尔(E. Reischauer)著《中国:传统与变革》也说:

> 秦始皇根本不能建立一个传之万世的王朝,但他所建立的帝国制度虽偶有间断却一直延续了两千多年,被证明是世界上最持久的政治制度。秦始皇在中国历史上大多数时期被当作暴君遭到责备,但今天的中国学者很正确地把他看作是作为统一国家的中国的建立者。秦的名称"Chin"很恰当地成为中国在西方文字中的名称"China"的来源。②

综上,Cina、Chin、China、支那一系的诸称谓,来源于秦而代指各时期的中国,言之有理,持之有故,证据确凿,应可视作定论。

只是必须强调指出的是:Cina、Chin、China、支那起源的秦,是指先秦时的秦国,而非统一六国后的秦朝。③ 当然,这个系列的称谓在域外之所以能够沿用下来,除了名称本身的延滞性外,更重要的原因还在于秦朝的统一。秦朝建立了中国历史上第一个疆域辽阔的、多民族的、中央集权的、空前强大的统一国家,开创了中国历史的崭新局面。尽管秦朝享国不永,在短期内即行覆亡,但它毕竟为此后中国两千余年的历代皇

---

① 与薛福成之"匈奴"为"支那"名称传播源近同的说法,近见计翔翔、赵欣《支那起源新论》(《社会科学战线》2012 年第 9 期),文章的主要观点为:"匈奴等我国古代西北方游牧民族由于长期与秦国以及后来的秦朝交往,尤其是通过一系列的军事活动,对位于其南的'中国'形成了根深蒂固的'秦'的概念。由于语言的相对稳定性,秦亡后,这种称谓依然保留了下来。"

② 费正清、赖肖尔著,陈仲丹等译:《中国:传统与变革》第四章,江苏人民出版社,1992 年版。

③ 所以有此"强调",是因为诸多的西方学者往往混淆了秦国与秦朝。

朝奠定了胚基；①而且其影响还超越了它本身的时空范围，深深地作用于整个世界历史——这又致使"秦"在域外，继续被视为中国大一统皇朝的代表，从而产生了China、支那一类的称谓，并且一直沿用至今。

第三节 "东方属震，是日出之方"

如上所述，既然China一类的称谓来源于秦，那么，现代全体的Chinese亦即"中国人"就是"秦人"。在上编的第四章中，已经考证了后来拥有虎狼之师的诸侯大国秦国、取代周朝的统一皇朝秦朝，最初竟然是个位卑地狭的附庸小国，而这个附庸小国的国号"秦"、也是中国称为China的源头"秦"字，最初竟然是种看似不值一提的牧草！非常有趣的历史事实又是：作为Chinese的"中国人"亦即"秦人"，起码就其中的主体民族华夏或汉族来说，正是以"五谷"稻、黍、稷、麦、菽为主食的，换言之，秦人Chinese本来就是吃草的、"粒食"的民族，这又与"秦"本为"禾名"协调一致，名实相副！

同样有趣的是，China除了现在社会上通用的意译的"中国"、学术研究上使用的音译的"秦"以外，在汉文典籍里，还有许多其他的译法。这并不奇怪，各有各的译法而已。学者们又进一步考证指出：从汉译佛典及中国僧人自己撰写的佛教著作来看，西晋至梁朝近三个世纪的时间里，Cina的译名基本固定为真丹；梁朝以后震旦使用渐多，逐渐取代真

---

① 相对于历时600多年的秦国，统一的秦朝历时只有15年，可谓中国历史上国运最为短促的统一皇朝之一。但是，匆匆而逝的秦朝，肯定又是中国历史上最具影响力的统一皇朝，某种意义上说，秦朝至今都没有成为"历史"。如言思想观念，秦朝完成了中国历史上第一次真正意义的统一，而从此以后，统一就是中国政治的最大追求；如言政治制度，秦朝实行中央集权、地方郡县，这样的制度为后世所继承；又言治国经验，秦国、秦朝、秦人（Chinese）近3000年的历史，给予富有历史思维的中国人（Chinese）以诸多的深思：秦国时期的秦人历史，那是马的成功历史，不仅非子因为种"秦"养马而创业立国，非子的后人们也正是伴随着战马的嘶鸣，走过了600多年的沧桑岁月，最终完成了统一大业，造就了大秦帝国；秦朝时期的秦人历史，那是马的失败历史，秦人太相信战马嘶鸣的力量了，统一以后依然以武立国，不懂得文武之道的一张一弛，依然滥用民力，不懂得与民休息的道理，结果秦朝很快就以马失天下了。

丹；隋唐时期偶用真丹；而从唐朝开始，脂那、至那、支那广泛使用；唐朝以后，又以震旦用得最多。① 到了近代，日本人多用支那，中国人则喜欢用震旦②。简而言之，在 Cina、Chin、China、Cinisthana、Chinasthana 等等的各种汉字译名中，实以支那与震旦最为常见。

这里需要展开讨论的是，本来就是简单地源于"秦"的 Cina、Chin、China、Cinisthana、Chinasthana 等等，当回译为支那、震旦等称谓后，其含义在中国文人的解说里，竟也有了颇富意味的发展。本节先说震旦，下节再说支那。

为什么中国人喜欢用"震旦"呢？关键在于，在汉语的语境中，"真丹"、"脂那"、"至那"等等说不出多少的意思，"支那"甚至可以理解出不好的字面意思，而相对言之，"震旦"的优势就非常明显了，因为"震旦"有许多的意思可以附会或可以解释。

首先，八卦中的震卦。在中华传统文化的八卦中，震的卦象☳称为"震仰盂"，即下面一条阳爻、上面两条阴爻。如所周知，《易经》反映的是人类的思维模式，哪个爻少，哪个爻就贵重，所谓"物以稀为贵"。以此为出发点，可解震卦的象征意义。震卦三爻，只有一条阳爻，阳爻比较贵重，所以震卦属于"阳性爻"，属于男性；震卦底下的初爻是阳爻，这又代表家中的第一个男孩，就是长子。哪种动物最像长子？我们常说"望子成龙"，因此震卦又对应了龙。龙也代表青色，五色配五方，东方色青，所以东方又称"震方"。长子诞生了，将来是要继承家长位置的，这在家族中当然是具有轰动效果的大事，于是震卦又对应到了自然现象中的雷。打雷是震动，春雷乍响，万物重新焕发了生机，所以《易经·说卦》里说："万物出乎震。震，东方也。"③

① 李雪涛：《从佛典看"支那"（Cina）译名的变化》。

② 如笔者的母校复旦大学，校名既取自《尚书大传》之"日月光华，旦复旦兮"，也有不忘"震旦公学"之意。1902 年马相伯创办震旦公学，1905 年马相伯为反抗法国教会势力对震旦公学的控制，另创复旦公学。

③ 参考傅佩荣：《易经与人生》第三讲，东方出版社，2012 年版。

太极八卦图

其次,古文字中的"旦"字。这个比较简单,"旦"字上面是个"日",就是太阳,下面的一横代表大地,所以"旦"是日出地平线的象形字,意为天明、早晨、明亮。

第三,"震旦"名称的含义。把代表"东方"的"震"与代表"日出"的"旦"组合在一起,就是"震旦"的含义,所以唐释慧琳法师说:"东方属震,是日出之方,故云震旦。"①直白些说,"震旦"就是东方日出处的国家。

这里需要稍加展开讨论的是,追根寻源,现在的中国人喜欢使用的"震旦"名称,其实含义仍然欠佳。我们已经反复说过,"中国"之所以称"中国",是因为中国人自认为我们的国土位居"天下之中",如此问题也就出来了:为什么"震旦"这个名称是"东方之国"而非"中央之国"的意思呢?原来,"中国"这个名号本非我国的专利,世界上许多的国家或民族都曾视自己为天下之中,如古代印度、希腊、罗马、阿拉伯人著书绘图,都

---

① 南宋法云《翻译名义集》卷七《诸国第二十八》引。又引西晋释法炬、法立译《楼炭经》云:"葱河以东,名为震旦,以日初出,耀于东隅,故得名也。"按此葱河即葱岭河,在今新疆境内,有南、北两河,南为叶尔羌河,北为喀什噶尔河。

以他们的本土为世界的中心;①清朝启蒙思想家魏源也在《海国图志》卷七四中指出:"释氏皆以印度为中国,他方为边地。……天主教则以如德亚为中国,而回教以天方国为中国"②,这里的"印度"、"如德亚"(犹太)、"天方国"(阿拉伯),就分别是佛教、天主教、伊斯兰教的发源地。再具体到佛教,既然以印度为"中国"③,那么站在印度的立场上看我们的"中国","中国"就是东方的国家了,等到佛教传入我们中国以后,这样的观念也随之传入,所以汉译佛经中把梵文的 Cina、Cinisthana 等翻译为"震旦"或意译为"东土"、"东国"。如明朝著名神魔小说《西游记》中的主角唐僧,总是自我介绍"贫僧是东土大唐和尚,去往西天取经"④;唐僧玄奘的《大唐西域记》卷一二中记载:"昔者此国⑤未知桑蚕,闻东国有之,命使以求";北魏杨衒之的佛教名著《洛阳伽蓝记》卷五中记载:北印度的乌场国国王"遣解魏语人问(北魏求法僧)宋云:'卿是日出处人也?'宋云答曰:'我国东界有大海水,日出其中,实如来旨'";又南朝梁释慧皎《高僧传》卷二《晋长安鸠摩罗什》:"什母(在龟兹)辞往天竺,……临去谓什曰:'方等深教,应大阐真丹,传之东土,唯尔之力。但于自身无利,其可如何'",又卷六《晋彭城郡释道融》:"师子国有一婆罗门,……闻什在关大行佛法,乃谓其徒曰:'宁可使释氏之风独传震旦,而吾等正化不洽东国?'遂乘驼负书来入长安。"日本卧云山人释周凤(1391—1473 年)所编外交文书集《善邻国宝记·序》:"日本与震旦相通,盖始于垂仁天皇之代

---

① 其间缘由,正如清末谭嗣同在《论学者不当骄人》(收入所著《谭嗣同集》,岳麓书社,2012 年版)中所指出的:"地既是圆的,试问何处是中? ……中者,据我所处之地而言。我既处于此国,即不得不以此国为中,而外此国者即为外。然则在美、法、英、德、日、俄各国之人,亦必以其国为中,非其国即为外。是中外亦通共之词,不得援此以骄人也。"

② 随之,魏源又对传统中国之"中国"作了颇费苦心的重新诠释:"震旦则正当温带,四序和平。故自古以震旦为中国,谓其天时之适中,非谓其地形之正中也。"

③ 从宏大的佛教世界看,印度是"中国",而从印度看,又有具体的印度之"中国"。如《法显传》"乌苌国"云:"中天竺,所谓中国",即古印度佛教徒称恒河中游一带的中印度为"中国"。

④《西游记》第八回:"菩萨不敢久停,曰:'今领如来法旨,上东土寻取经人去。'"此"东土"之"取经人",就是唐僧唐三藏。

⑤ "此国"谓瞿萨旦那国,位于今新疆和田市一带。

乎？其通书信则推古朝圣德太子自制隋国答书焉。"要之，这些音译的"震旦"与相关的意译的"东土"、"东国"一类称谓，都属于我们"中国"的他称；①而这些他称的来源，又在于佛教以印度为"中国"，于是我们的"中国"就失去了本来自认的"天下之中"的位置，变成了印度、斯里兰卡（古师子国）等国与西域、中亚等地人眼中的东方日出处之国即"震旦"了。换言之，虽然"震旦"从字面意义看颇是义正音响、辉煌明亮，其实内里蕴藏的含义，起码相对于"中国"来说，仍然带有不易觉察的贬抑意味。②（见图 28-3）

第四节　近现代中日之间有关"支那"之争

解释了"震旦"这个"他称＋自称"的前因后果，接下来再说"支那"这个中国的"他称＋自称"。

关于"支那"的字面含义，唐宋学者已开解释之端。如唐释慧苑《华严经音义》卷下："支那，此翻为思维，以其国人多所思虑，多所制作，故以为名。即今汉国是也"；宋释法云《翻译名义集》卷七《诸国第二十八》：脂那，"一云支那，此云文物国，即赞美此方是衣冠文物之地也。"③按这类解说，本诸"中国有文章光华礼义之大"的古义，至为明显，但毕竟有些牵强，如唐释义净《南海寄归内法传》卷三《师资之道》即云："且如西国名大

---

① 到了近现代，中国的文人学者也或借用"东土"一类称谓指称中国。如清末马建忠《上李伯相言出洋工课书》（马建忠，《适可斋记言》卷二，中华书局，1960 年版）："巴黎新闻纸传扬殆遍，谓日本、波斯、土耳基人负笈巴黎者，固有考取格治秀才及律例举人，而东土之人独未有考取文词秀才者，有之则自忠始也"；又茅盾《雨天杂写之二》（方铭编：《茅盾散文选集》，百花文艺出版社，2009 年版）："佛法始来东土，排场实在相当热闹。"

② 当然，按照今天的认识，地球本是圆的，何来"天下之中"？这就诚如清末皮嘉佑《醒世歌》中所唱："若把地球来参详，中国并不在中央，地球本是浑圆物，谁居中央谁居傍？"（叶德辉《与南学会皮鹿门孝廉书》引，收入杨家骆编：《戊戌变法文献汇编》第二册，鼎文书局，台北，1973 年版）也就是说，不仅我们的"中国"不在地球的中央，其他的印度、希腊、罗马、阿拉伯等等也都不在地球的中央。

③ 法云又曰："二云指难，此云边鄙，即贬挫此方非中国也。"连横《雅堂笔记》（广西人民出版社，2005 年版）卷一"支那考"解释："顾'支那'二字出于佛典，或作'支那'，或作'指难'，皆梵语也，音有缓急。"

唐为支那者,直是其名,更无别义。"

此"直是其名,更无别义"的"支那",随着"震旦"的广泛流传,唐朝以后在汉译佛典及中国僧人所撰的佛教著作中已经较少使用。然则当历史演进到近现代以来,日本人喜欢用支那称呼中国(起先依 China 读音为チヤイナ,后读シナ,即 xina),而在中国人看来,"支那"一名的音义绝对不好,于是引发出中日之间一场充满火药味的国号之争。①

本来,古代日本称中国为 Morokoshi(モロコシ)、Kara(カラ),稍后一些又称 Toh(タゥ),这都是日本人对汉字"唐"的读音;有时也称中国为汉土。汉、唐的称呼,自然来源于中国具有代表性的国号。进入 18 世纪之后,日本开始称中国为支那或简称支国。所以不称唐或汉土以及中国,而改称支那或支国,据说原因或理由很多:一则,支那是印度梵文 Cina 的音译,汉译本来就可以作支那,古代日本又是佛教国家;二则,近代以来,日本深受西方文化的影响,支那是西方语言 China 的音译,China 又在西方沿用已久;三则,中国自古以来朝代多变,作为历史通称与地理名词来说,除了用支那称中国外,没有其他更加合适的名词可用,况且日本也有一带地方称"中国"②,如果用"中国"这个名词,就容易混淆;四则,日本某些政要以为:"皇室之尊严,非但在国内当绝对保持,即在国外,亦无二致。今中国妄自尊大,僭称中华,而我亦以中华呼之。渎吾尊严,莫此为甚,亟应改称支那以正其名"③,而迄至现代,某些日本学者还认为:"中国这个词的背景在于蔑视外国,把外国视为夷狄戎蛮,自

---

① 以下请参阅实藤惠秀:《对中国的称谓——中日关系史中的微妙问题》,《社会科学战线》1979年第 1 期;李长声:《中国乎　支那乎》,《读书》1994 年第 11 期。

② 按这是日本一个传统的地域名称,范围包括现在的冈山、广岛、山口、岛根、鸟取五县。实藤惠秀《中国人留学日本史》第二章(谭汝谦、林启彦译,三联书店,1983 年版):"日本国内的'中国'是甚么意思呢? 原来古代官吏往来于京都与九州太宰府之间,'中途之国'的中国地方是必经之路,'中国'由是得名。现在,太宰府已经废除,京都也不再是首都,'中途'的意义也失去了。"

③ 日本上议院议员三上参次之演说,《申报》1926 年 5 月 17 日,转引自陈登原《国史旧闻》卷之第拾[一〇八],中华书局,2000 年版。

高自大。……日本应予以拒否。"①

考近现代的日本使用支那以称中国的时间,实藤惠秀在《对中国的称谓——中日关系史中的微妙问题》文中曾有形象的比喻:18 世纪初期播种,19 世纪初期生根,19 世纪中后期出土,19 世纪末长叶,20 世纪初中叶枝繁叶茂,20 世纪中叶后叶落知秋,20 世纪 60 年代后渐渐衰老以至死亡。而在上述 250 多年的时间里,1713 年、1895 年、1946 年、1969 年可以说是四个重要的年份。1713 年:新井白石所编世界地理书《采览异言》,根据 China 的读音,用片假名チイナ表示中国,并附以"支那"两个小号字,从此,日本地图上多改"汉土"为"支那"以表示中国;② 1895 年:即中日甲午战争的次年,由于对中国战争的胜利,日本对中国的态度由敬畏转为轻蔑③,对中国的称呼也普遍地由 Morokoshi、Kara 变成支那;1946 年:同盟国中的中国代表团对二战的败者日本下达命令,不许再用支那称呼中国;1969 年:该年出版的《角川国语辞典》支那的注解是"中国之旧称"。

至于中国人对日本使用支那以称中国的嫌恶感,萌生并普及于大正(1912 年—1926 年)时代,又随着日本对中国的侵略与凌辱而日益加强。本来,按照唐宋学者的前述解释,支那并无什么贬义,甚至可以认为是个美名,故为中国帝王所乐闻。如《宋史·天竺传》载:"太平兴国七年,益州僧光远至自天竺,以其王没徙曩表来上,上令天竺僧施护译云:'近闻支那国内有大明王,至圣至明。……伏愿支那皇帝福慧圆满,寿命延长。'"而直到清末,在日本的中国留学生也不讨厌支那,他们宁可用支那而不愿用清国。留学生对日本人称他们为 Chankoro(チャンコロ,清国奴)大为反感,因为在狭隘的民族主义情绪影响下,他

---

① 英语学教授渡部升一语,转引自李长声《中国乎支那乎》。
② 按日本古代佛教典籍中也用"支那",但和一般人民不相干,而且是作为美称使用的。
③ 古代日本人之视中国,犹如近代中国人之视西洋。日本知识分子热烈向往中国文化,具有相当浓厚的崇拜中国思想。日本民间将洋货店称为唐货店,将进口高级舶来品称为唐物。日本人称中国为唐,为汉土,也带有尊敬的意思。

们中的不少人认为,清国意味着异族统治中国,所以嫌恶清这个称号。如1902年章太炎、冯自由等人曾在东京发起"支那亡国二百四十二年纪念会",1905年黄兴等人创办的杂志名为《二十世纪之支那》,梁启超也曾用笔名"支那少年"。在当时,支那(China)是否定"清国"的、具有革命意义的名词,又是追求文明应世者喜用的时髦的新名词。但到日本大正时代及其以后,情况却发生了质的变化,亲有体验的实藤惠秀说:"民国时代的留日学生憎厌日本人开口支那、闭口支那的程度,已达到忍无可忍的地步。"如郭沫若感到日本人说支那人,"比欧洲人称犹太人还要下作";①夏衍觉得"真比针刺还难受";②郁达夫在其《自传》中回忆道:

> 支那或支那人的这一个名词,在东邻的日本民族,尤其是妙龄少女的口里被说出的时候,听取者的脑里心里,会起怎么样的一种被侮辱,绝望,悲愤,隐痛的混合作用,是没有到过日本的中国同胞,绝对地想象不出来的。③

另外,中国政府方面对于"支那"称谓的态度也很明确。如1930年5月6日,中华民国中央政治会议作出决议:

> 中国政府中央政治会议鉴于日本政府及其人民以"支那"一词称呼中国,而日本政府致中国政府的正式公文,亦称中国为"大支那共和国",认为"支那"一词意义极不明显,与现在之中国毫无关系,故敦促外交部须从速要求日本政府,今后称呼"中国",英文须写 National Republic of China,中文须写大中华民国。倘若日方公文使用"支那"之类的文字,中国外交部可断然拒绝接受。④

---

① 郭沫若:《关于日本人对于中国人的态度》,《宇宙风》1936年9月号。
② 夏衍:《法西斯细菌》,开明书店,1946年版。
③ 常君实主编:《郁达夫自选文集·日记卷》附录《郁达夫自传》,青海人民出版社,1999年版。
④ 转引自倪建周、冬明:《"支那"源流考》,《人民日报》1999年5月7日。

大正三年《最新支那分省图》书影

由于这样态度强硬的严正决议，从 1930 年 11 月开始，日本政府的对华公文大多改"支那"、"支那国"、"支那共和国"等为"中华民国"。[①] 但在日本其他公私文件以及日本社会上，仍然普遍沿用着"支那"称谓。

为什么中国人、中华民国政府都深恶痛绝日本的"支那"称谓呢？甚至亲日的汪伪政权也不接受"支那"称谓？"问题的症结在于日本人使用 Shina 这名词时带着的心理和态度"，即轻侮的心理、藐视的态度，使得支那"不知不觉地带上了使人讨厌的气味"，"引起中国人的愤怒和反感"。如郭沫若在其自传体小说《行路难》中，就提及日本人说"支"字的时候，"故意要把鼻头皱起来"，而说"那"字的时候，"要把鼻音拉作一个长顿"[②]，这是典型的鄙睨神情。当然在特有兴趣于文字的音形义、特别注重名称字号的中国人看来，"支那"也确实可以理解出许多不好的意思。1915 年彭文祖《盲人瞎马之新名词》即抨击支那道：

> 此二汉字在吾国为不伦不类、非驴非马也。……吾新建之中华二字国名，日人日报攻击吾为自尊自大鄙夷他国所起，竟否认吾之

---

① 又据单冠初《民国时期日本称谓中国国号之演化及用心考论》(《史学月刊》2002 年第 3 期)的引述，1932 年底，日本外务省在《关于改称支那国为中华民国之件》中提出："鉴于支那名称系满洲国独立前总称中华民国疆域的地理性名称，故在称呼支那国时，有可能产生该称呼也包括满洲国之误解。尤因满洲国的独立，以往之支那国已分为两个国家。满洲国和中华民国已成全然不同的存在。我们因此认为，如将支那国改称中华民国，将有助于防止出现上述误解"——如此，日本政府对华公文之沿用"中华民国"之称，竟也包藏着分裂中国的野心。

② 郭沫若：《行路难》，收入王克俭主编：《郭沫若小说选》，海南国际新闻出版中心，1997 年版。

存在,绝口不道,偏呼吾曰支那,矢口不移。①

又 1919 年王拱璧编《东游挥汗录》所收"留日同人浮生君"所撰《日本外交之概略——对支根本政策》文中说:"盖倭人自战胜前清以后,即称我为'支那',垂为国民教育。……每逢形容不正当之行为,则必曰'支那式'藉以取笑。此种教育,早已灌输其国人之脑海。迨至今日,虽三尺童子,一见华人,亦出其一种丑态曰:'支那人'、'支那人',恍若以支那二字代表华人之万恶也者。"王拱璧尤其厌恶日本人对于支那二字的读音,说怎么听都觉得恶意丛生:

> "支那"二字在倭文中果有何等意义乎?"支那"倭音西那(シナ)有将死之意,有物件(俗称东西)之义,又与ヒナ音相近,ヒナ释义为维泥木偶也。既不遵印度原音,又不译印度原义。②

蒋中正也说:"彼等呼中国为支那,这支那是什么意思呢? 这是将死的人之意。由此可知,彼等眼中不存在中国,所以不呼我等为中华民族,而始终叫'支那'。"③又有人说:支那的支意味支付或支解,那意味夺取或那里,即东西被人夺了去,或支解那里;日本又称中国为支国,如此则相对于日本,支国就成旁支附庸了。日本的一些汉学家则调侃道:中国人之讨厌支那,"是因为支是支店的支,而日本的本却是本店的本。让日本当本店,那是不行的;至于那,又和性有关。"而针对日本之顽固地称我为"支那",中国也曾有人把日本 Japan 音译为"假扮"④,以示针锋相对的讥讽。

"中国"与"日本"的国号之争,争吵到最后,竟然成了"支那"与"假

---

① 转引自黄兴涛:《近代中国新名词源流漫考二则》,收入所著《文化史的视野》,福建教育出版社,2000 年版。

② 王拱璧:《东游挥汗录》之《日本外交之概略——对支根本政策》,收入窦克武主编:《王拱璧文集》,河南大学出版社,1991 年版。

③ 李长声:《中国乎支那乎》。

④ 如《浮生君》之《日本外交之概略——对支根本政策》:"迨至前清道咸之间,西风东渐,欧美诸国,初疑倭属中华之一部,继乃知其为一岛国,呼之曰'假扮'(Japan)";又王拱璧 1919 年 7月 20 日之"附言"曰:"'假扮'立国大计,已有确定不拔之'对支根本政策'。"

扮",这在国号心理上,可谓是一个典型例证。回到本题上,支那之原音为秦,秦穆公名列春秋五霸,秦始皇帝统一天下,秦之威名远播域外,所以外国称中国为支那,并且一直沿用了下来。支那这个词谈不上是坏是好,它只是 Cina、China 等的一种译法;正如 Canada 译加拿大,The United States of America 译美国,France 译法国,我们不能如冬烘先生那样,瞎解为"大家拿"、"美丽之国"、"崇尚法律的国家"。约而言之,支那的字面含义本来没有多少的文章可做。没有听说过中国人对西方人称中国为 China 有过什么非难与不满①,而所以嫌恶日本人口中的支那,那是由于旧时代的日本人对中国人的轻蔑。还是日本作家竹内好的说法显得客观:国家的名称,自己的叫法和别人的叫法有所不同,这在世界上并不罕见;但对于日本来说,历史上与中国关系深,文字是从中国输入的,现今仍有许多文字共通,所以应该避免容易引起误解的造语。中国人对日语的"支那"有反感,日本人却无视人家的感情,到底里存在着下意识的轻侮。② 好在时至今日,"支那"这个名词已在日本语中成为"旧词",而其归根结底的原因,实是新中国的日益强大。强大的新中国,使得日本不得不改变对中国的看法。正如实藤惠秀所说:"时代改变了,意识也随之改变;意识一改,言语当然也不得不跟着改"——"支那"在日本语中成为"旧词"③,正可作如是解!

---

① 按法文中的 Chinoiserie 除了指称中国的东西外,原有蠢人、不可理解的事物的意思,英、美的 Chinaman 指"中国佬",皆有歧视意味。参考黄兴涛《近代中国新名词源流漫考二则》。

② 转引自李长声《中国乎 支那乎》。

③ 需要指出的是,在日本当今的日常生活中,"支那"尚未成为"废词"。所以如此,除了一些老人旧习难改外,应与 1946 年 6 月日本外务省发布的《关于避免支那之称呼之事》(《公文杂纂·昭和二十一年·第十二卷·枢密院·宫内省·外务省》)文件相关。该文件称:"往昔通常用'支那'二字作中华民国之国名,今后应改用中国等称号。查'支那'之称素为中华民国所极度厌恶者。鉴于战后该国代表曾多次正式及非正式要求停止使用该词,故今后不必细问根由,一律不得使用该国所憎恶之名称。总之,不用'支那'二字即可,故示例如下。中华民国、中国、民国、中华民国人、中国人、民国人、华人、日华、美华、中苏、英华等等,均无妨使用。唯历史性、地理性又或学术性叙述之场合可不据上。如'东支那海'、'日支事变'等乃视为不得已而用之。"按此文件中的"不必细问根由",向日本民众表达了一种很不情愿的感觉,而所谓"不得已而用之",又为继续使用"支那"称谓提供了可以辩解的空间。

附节 "支那":近代日本人中国观的体现①

日本 YUMANI(ゆまに)书房 1997 年出版的《幕末明治中国见闻录集成》(20 卷),共收录 38 位个人作者和 2 个群体作者的 44 部游记。中国中华书局从 2007 年开始推出的《近代日本人中国游记》丛书(截至 2012 年已出版 13 册),其中来自《幕末明治中国见闻录集成》的有 18 部,而书名涉及"支那"的全部译为了"中国"。这一处理是否合适呢?

具体看一下书名的翻译:曾根俊虎《北支那纪行》译为《北中国纪行》,小林爱雄《支那印象记》译为《中国印象记》,宇野哲人《支那文明记》译为《中国文明记》,中野孤山《支那大陆横断游蜀杂俎》译为《横跨中国大陆——游蜀杂俎》,名仓予何人《支那见闻录》译为《中国闻见录》;另外,内藤湖南《支那漫游燕山楚水》略译为《燕山楚水》。而原书名中的"清国"和"唐国"则在译名中保留,如曾根俊虎《清国漫游志》、峰洁《清国上海见闻录》、松田屋半吉《唐国渡海日记》。当然,不仅是书名,在内容的译文中"支那"一词也没有出现。

"支那"也好,"清国"、"唐国"也好,在地理位置上同样指向当时的"中国",这一点是不容置疑的。"我们常说,近代中日关系发生逆转,即古代日本学中国,近代中国学日本。同时也常说,到了近代,尤其是以甲午之战为契机,日本人对中国人由崇拜而变为蔑视。那么,中日关系是如何发生这种逆转的?日本人又是如何由对中国人的敬仰而变为蔑视的?这些游记不失为解读这种演变过程的一方上好材料。因为它们对近代日本人中国观的形成及其演变过程起到了不容忽视的重大作用。"②

---

① 本"附节"选自杨洪俊(南京工业大学外国语言文学学院副教授)博士学位论文《幕末明治游记所见之清末长江中下游三重镇及其分析》(南京大学,2016 年,指导教师胡阿祥)第七章"'支那'承载的日本人的中国观"。意在换个角度,了解作为"近代日本人中国观的体现"的"支那"称谓。

② 张明杰:《近代日本人中国游记·总序》,见《近代日本人中国游记》(丛书)各册,中华书局,2007 年版。

既然如此,那么,把这些解读近代日本人中国观变化的"上好材料"中的"支那"译为"中国",又不在译者序中明确解释,应当是不合适的。因为"支那"这一当时指代中国的名称本身,和其在日本从开始使用到广泛使用再到禁止使用的过程,就是日本人中国观演变的一种集中体现。丛书中把"支那"译为"中国",或许是基于译者、出版机构对当今中国语境和受众的考量。但这样的处理删除了"支那"这一符号所带有的信息,大大削弱了日本人中国观信息传递的准确性,在翻译目的的实现上也大打折扣,最重要的是,这在事实上堵塞了普通读者了解历史真相的一个通道。

(1) 从实用到蔑称

中国的《辞海》①对"支那"的解释中,有"近代日本亦曾称中国为支那"一句;日本的常用大辞典如《角川国语大辞典》②、《国语大辞典》③、《广辞林》④、《广辞苑》⑤,则均认为"支那"使用的起始时间为"江户中期"。作为时代区分的"近代",在中国一般指 1840 年鸦片战争至 1919年五四运动,在日本则一般指 1868 年明治维新到 1945 年二战结束,而"江户中期"在日本历史时代区分中处于近世。当然也可以对《辞海》中"近代日本"作模糊理解。但是,若要明确"支那"所附带的历史信息,则需较为准确地找到它在日本被使用的起始时段。

新井白石著于 1713 年的《采览异言》中,有片假名书写"チイナ",其左写有"支那"二字。实藤惠秀认为新井白石开始把"支那"作为实用语而非美化语使用。⑥《采览异言》是日本第一部有系统的世界地理书,和艾儒略的《职方外纪》一样,成为日本江户后期有识之士的必读书,它把锁国状态下的日本人的视线引向了世界,促成了当时幕府官吏、有识之士改善国防、富国强兵意识的产生,引导了更多日本学者关注研究西洋

---

① 夏征农主编:《辞海》,上海辞书出版社,1999 年版,彩图本。
②《角川国语大辞典》,角川书店,1986 年版。
③《国语大辞典》,尚学图书,小学馆,1990 年版。
④《广辞林》,三省堂,1994 年版。
⑤《广辞苑　第六版》,岩波书店,2008 年版。
⑥ 实藤惠秀:《中国留学生史谈》,第一书房,1981 年版,第 369 页。

学问。1803 年,自幼爱读此书的山村昌永(名"昌永",通称"才助")撰成《订正增译采览异言》,并配有地图集一册。在世界地图上标中国之地为"支那",而在亚洲地图上,则标"支那"在上、"大清"在下。虽然,地图上标有"大清"二字,但在正文中却没有出现。山村又把欧洲和日本对于中国的称呼作了对比,并言及"支那"一词的来源:"于欧罗巴诸国,至今称此国为'シナ'云云。且'シナ'、'チナ'皆为'秦'之转,此事已明。然于我日本至今称此国为'汉'又或'唐'之类。"①

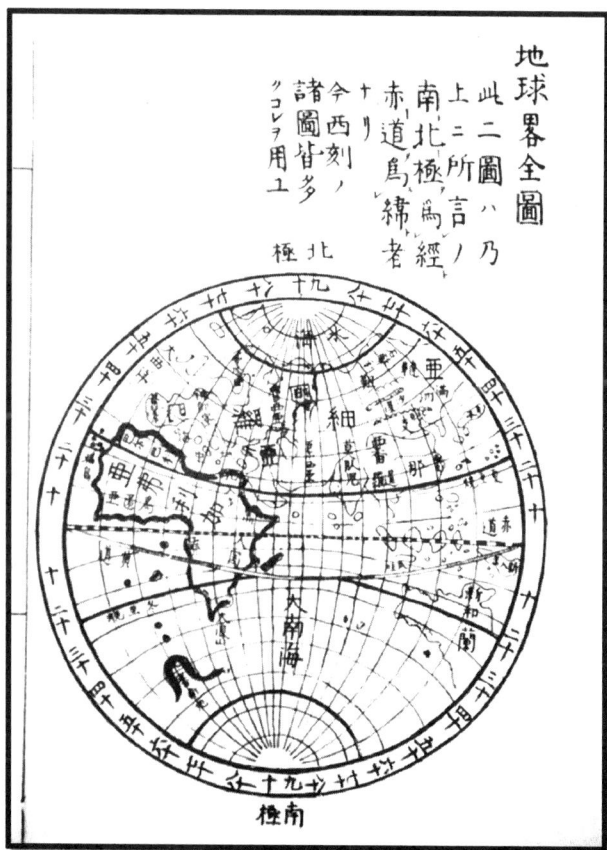

山村才助《订正增译采览异言》之世界地图

---

① 山村才助:《订正增译采览异言》,青史社,1979 年版,第 1011 页。

　　《采览异言》和《订正增译采览异言》一前一后,在近世日本得到了广泛传播,尤其后者把"支那"标注在地图之中,在日本后世确定把"支那"作为地理名称指代中国方面,产生了深远的影响。1823 年,佐藤信渊写成《宇内混同秘策》,书中把日本称作皇国,并疯狂地认为日本负有统一世界的使命,而"由皇国开拓他邦,必由吞并支那国肇始"。① 书中言及中国之积弱,带有明显的蔑视意味,"支那"不仅是地理名称,也渐渐成为日本轻蔑的对象,并且"支那"取代了原来常用的"汉"、"唐"之类字眼,而这一取代的过程,又重叠于日本民族主义的形成过程。在这一过程中,"支那"这个词语被赋予了特殊的历史信息。

　　从著于日本江户时期享保年间(1716 年—1735 年)的《唐土训蒙图汇》,可以直观地看出日本近世中前期对中国的认识。序言第一句为"汉其字,倭其训,而童蒙之士可教焉。加之以图,而童蒙之士可亦喜而奘焉"。② 书名用"唐土"指中国,内容用汉字写成,汉字之右注有日文假名,称"倭其训",书中插有绘图,目的是为普及唐土知识、启蒙儿童智识。日本对中国称呼"唐土"而且尚未避讳"倭"字,由其著书目的——用中国知识启蒙儿童,也可看出其时对中国文化的重视,又地图上所写"华夷一统",则或许可以表明其对以中国为中心的东亚国家体系的一种认可。

　　但是,当时日本内部已经出现了在思想上脱离"汉"、"唐",追求"本国意识"的倾向,其代表人物是日本近代国学家本居宣长。本居宣长认为只有去除"汉意"③,"道之学问"才会显现出来。从本居宣长开始,日本的国学领域中有了把"汉字"看作第二位的文字、并从文字到思想试图确立"和"相对于"汉"的优越地位的倾向。这是日本内部欲打破"华夷思想"造成的日本文化次位、确立日本独立思想体系的一种体现。随着时

---

① 日本国粹全书刊行会编:《日本国粹全书第十九辑　宇内混同秘策·日本水土考·百姓囊·町人囊》,日本国粹全书刊行会,1917 年版,第 5 页。
② 平住专庵:《唐土训蒙图汇·卷二　地理》,1719 年刊行。
③ "汉意"一词,日语读作"からごころ",汉字表记为"漢意"、"漢心"或"唐心",指的是为中国国风所感化的自作聪明之心,是近世日本国学者对儒学者等的言行心态的批判用语。作为其对立意义的概念,在日本国学思想中有"大和心(やまとごころ)"一词。

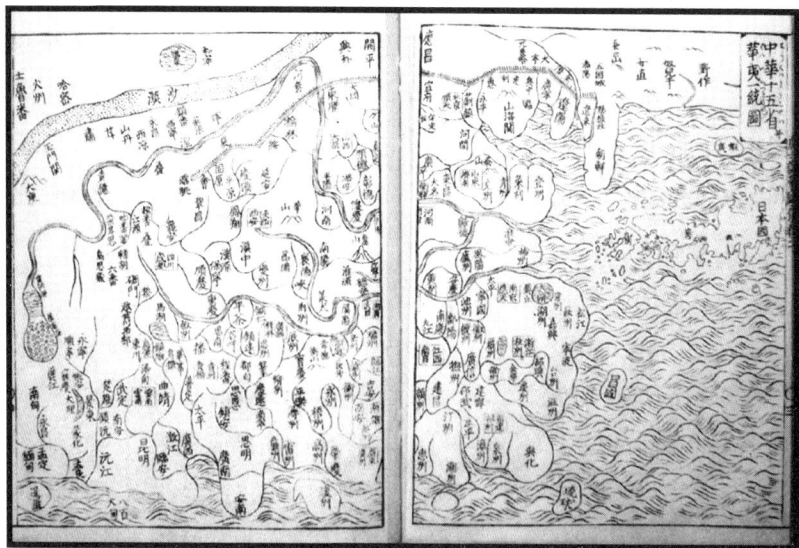

《唐土训蒙图汇》之"中华十五省华夷一统图"

代的发展，外部而来的兰学（通过荷兰传入的西方科学文化知识）在日本兴起，从日本江户幕府末期到明治时期，大量史书、地志从欧美传入日本，也就有了前述《采览异言》、《订正增译采览异言》等的产生。

正是在这样的"西力东渐"的大背景下，面临西方文明冲击的日本，观察到了清末中国这一"老大帝国"走向没落的形势，从而客观上加速了其脱离华夷思想体系并走上民族主义之路的步伐。此时的日本，一则内部国学思想已经在寻求其语言、思想、文化上对中国的优越地位，二则欧美外来文明拓展了其思考民族自身的视角。至于频频出现在西方著作中的"China"、"Chine"等词，则给了日本人首先从语言表述上把中国他者化的方法。"日本人称之为支那，乃依佛教徒据《一切经音义》称呼而来。印度古称中国为支那、脂那、脂难，又或震旦、振旦、旃丹、真丹（唐音）等。大概此等文字散见于佛典汉译之中吧。"①

按"支那"在佛典中出现乃是事实，但这与日本人称中国为"支那"不

① 藤田元春：《大陆支那的现实》，富山房，1939 年版，第 12—13 页。

存在必然关系。佛教 6 世纪中叶开始传入日本,为何到了江户时期中期、明治时期日本人才想到用"支那"称呼中国呢? 可以看出西方著作的传入,才是诱引日本人使用"支那"的主要原因。如此,颇多的日本学者试图用"支那"的词源所在,证明日本人使用该词的正当性,实在是偏离了问题的关键。问题的关键在于,日本人使用"支那"的目的和在使用过程中附加在这个词语之上的含义。

（2）日本民族主义确立的他者

1840 年中英之间爆发第一次鸦片战争,最终以《江宁条约》的签订宣告了腐朽的清政府的失败。鸦片战争中国战败的消息,很快通过"荷兰风说书"和"唐风说书"等传到了日本,并对日本幕府统治者产生了很大的冲击,即在改变他们对西方舰炮武力认识的同时,也改变了他们对中国的认识,所谓"鸦片战争清国战败之事,于迄今支那认识观带来莫大变化。支那由来自称中华,夸耀其大与威势。我国人,尤如儒者临之以崇敬之念。然此种崇敬已渐次破去"。① 换言之,清朝已经不再具有政治权威性,位于文化圈中心的中国失去了向心力,而包括日本在内的周边各国,开始寻求自身在东亚乃至世界中的新的存在方式。

虽然受到鸦片战争的影响,日本幕府为了稳固统治加快了天保改革的步伐,但改革并未取得理想效果,反而导致了社会的混乱,加速了幕府的衰退。1853 年,美国东印度舰队司令佩里帅舰船来到日本,要求日本开国通商。幕府于翌年与美国签订《日美亲善条约》,英、俄、法、荷援引美国先例,也先后和日本签订了类似条约,日本似乎正步清末中国后尘而去。在幕府天保改革没有取得理想结果的同时,在长州藩、萨摩藩进行的改革则取得了成功,这为后来的倒幕运动和明治维新做好了物质和人才的准备。经历 1867 年 10 月的"大政奉还"和 12 月 9 日的《王政复古大号令》后,江户幕府走向终点,明治时代开启。在这整个的过程中,日本处在与清末中国相似的形势中,但却走向了不同的发展方向,而这也

---

① 小西四郎:《鸦片战争对我国的影响》,《驹泽史学》创刊号,1953 年 1 月。

是从语言、文化到国家定位把中国他者化的过程。

《日本教育史略》于1886年(明治九年)作为美国独立一百周年博览会展出作品而编纂,翌年,作为师范学校的教科书由日本文部省出版,对日本近代教育思想产生了深远影响。《日本教育史略》由"概言"、"教育志略"和"文艺志略"三部分构成。第一部分"概言"的前半部分概述了日本明治维新前的教育状况,后半部分记述了"学制"教育的现状。"学事之由来"一节中,有"此国教育之滥觞始于设将军之职以前,且同其他诸科相同,学问的渊源传自支那及高丽者最多。据说公元三百年左右,高丽及支那学士来到日本,传来支那文字和书籍"之语①,这说明日本学事之初始于汉字和汉文书籍,但已称其为"支那文字和书籍"。在"旧日本学年"一节中,以"经学校"为例阐述了日本近世的教育课程和内容。"经学校"所用读本以被称作"支那经典"的汉籍为中心,近世教育史也是以汉学为中心的;紧接着对这样的教育进行了批判,"本意广开智识、熟练作文,却尽费光阴于无用之诗赋"②,明确以汉文为中心的教育,已经不符合"国民皆学"的"学制"时代。在"近来的教育"一节中,将"兰学"放在了"日本教育法改革之起源"的位置,记述了"黑船来航"和"贸易条约"成为"欧学"兴盛的契机,"学荷、英、法三国语言,以习读外国书籍,致力于穷极欧美富强之因由"。③

要之,"近来的教育"也就是日本江户幕府末期和明治维新时期的教育,正从以汉学为中心,转向以西洋语言和文明为中心。而其刻意用"支那"取代"汉字"、"汉文"、"汉学"中的"汉"字,则着力表明了要把日本语言文化从中国语言文化剥离出来之意。由此可见,为了寻求民族文化的"独立",日本在走上民族主义之路时,把中国(汉)"支那"化以剥离其与汉文化的关系、把中国摆在日本近代化的"他者"位置的意识可谓相当强烈。

---

① 日本文部省:《日本教育史略》,日本文部省刊行,1887年版,第3页。
② 日本文部省:《日本教育史略》,第14页。
③ 日本文部省:《日本教育史略》,第16页。

当然，在同时代的文章中，也会出现"支那文字"与"汉字"并存的情形。1874 年出版的《小学读本 日本开智问答》中有如下段落。"问：日本现有文字几种？分别是？ 答：日本现用三种文字，一曰汉字，二曰片假名，三曰平假名。问：片假名是谁创造的？ 何故称作片假名？ 答：片假名由安倍仲麻吕创造。之所以命名为片假名，因取支那文字之半体或偏旁而造之故。"①可以看出，"汉字"是为区分日语内部文字性质而使用的，而"支那文字"则是为区分日语和汉语而使用的，这同样是有意识地区别中日语言文化的一种体现。

又 1891 年出版的《支那历史》的"总论"部分，阐明了日本在幕末明治时期中国观的变化实态："想来，往昔我邦人言及支那，乃专心仰慕之，喜爱。于其人物，于其制度，于其风俗教化，万事万端皆惯于崇拜之。与今日珍视泰西文物世态之状相比，有过之而无不及。或正是反动于往昔崇敬之甚，及至现今，泰西风潮推至太平洋之上，邦人对支那态度亦完全改变，对其轻蔑无视尤甚。"②而在这种变化的过程中，"支那"一词被赋予的负面意象也在不断增加，成为落后、脱离时代、不合时宜的代名词。如在文化方面，上述《日本教育史略》贬低汉学，崇尚西洋学问；在对中国人的认识方面，1894 年出版的《中等新地理》称"人民性情卑屈，自私自利之心强，好忍耐，然缺乏为公共效力之正义感"；③又对于中国国势的认识，1900 年出版的《新编东亚三国地志》中说："文物中衰，弊端百出，上之，政教兵刑，下之，士农工贾，徒泥古而不能知新，且夸大而以为自得。是以今日之国势，渐落后于世界，不得与欧美各国，并驾而齐驱矣。"④然则这些教科书里对于中国的贬低、丑化与批判，又正是承载在"支那"一词之上的，于是"支那"也就不断被赋予了负面语义，日本的自身国民道德与维新国家形象，也借此构建了起来。

---

① 藤野永昌：《日本开知问答：小学读本·卷之 1》，荣山楼，1874 年版，第 2 页。
② 前桥孝义：《支那历史》，富山房，1891 年版，第 3—4 页。
③ 太田保一郎：《中等新地理》，八尾书店，1894 年版，第 181 页。
④ 辻听花：《新编东亚三国地志·卷上》，普及舍，1900 年版，第 50 页。

值得注意的还有日本明治启蒙思想家福泽渝吉1885年3月16日发表在《时事新报》上的《脱亚论》①,该文宣扬的日本脱亚入欧的主张既广为人知,文中亦充满了对中国和朝鲜的鄙视:

> 在遭遇文明开化如麻疹般流行之时,支、韩二国违传染之天然规律而试图躲避,闭居一室而拒绝空气之流通。"唇齿相依"喻邻国相助,然今支那、朝鲜于我日本国无丝毫帮助。不仅如此,于西洋文明人眼中,因三国地理相接而视三国无异。……假如支那人卑屈不知廉耻,则日本人之侠义亦因此而被掩盖。……既然如此,作为当今之策,我国断不可有等邻国开明而共兴亚洲之迟疑,应脱其行伍而与西洋文明国共进退。对待支那、朝鲜之法,不必因其为邻国而予以特别之照顾,只需仿效西洋人对他们之方式处理即可。亲恶友者不免留恶名,故我等应于内心谢绝亚细亚东方之恶友。②

《脱亚论》把设置中国为日本"恶邻"的身份,作为日本必须脱离的"过去"的一种参照物,虽然这个参照物本是其文化的来源地。这一时期的日本,"必须找到一个与西方对立的弱势文明,以便向整个国民提供进化与非进化之典范。中国在此则成为日本推进'文明开化'所必然排斥的对象。"③中国的"支那"化,对于日本而言,一则实现了从语言到文化等各方面与中国的剥离,二则模糊了中国作为日本文明来源地的身份,为日本同西方各国一样在中国扩张提供了可能语境。

总之,"支那"从开始使用到不断被赋予负面语义的过程,正是日本民族主义确立的过程,"支那"也就成了日本民族主义确立的一个"他者"。

---

① 按《脱亚论》发表当初并未署名,因此对于作者是否为福泽渝吉,日本学界至今仍存在争论。
② 福泽渝吉:《续福泽全集第二卷》,岩波书店,1933年版,第41—42页。
③ 吴光辉:《日本的中国形象研究——理论与方法的探索》,《日语教育与日本学》2011年第1辑。

第二十九章　Serice：神秘的丝国

与 China（支那）称谓一样古老，但是使用时间之长与使用范围之广均不及 China（支那）的域外对中国的又一称谓，是 Serice，汉译多作赛里斯。

汉译一般写作赛里斯的 Serice，其来源虽然也有蚕说、绮说、锦说、疏勒说、蜀国说等多种说法[①]，但是丝说占有明显的优势，而且我们可以看出，所谓蚕说，丝是蚕吐出来的；所谓绮说，绮是暗花丝织品；所谓锦说，锦是多彩丝织品；所谓疏勒说，疏勒即今新疆喀什市一带，古代本是丝绸的集中地和中转站；所谓蜀国说，蜀国指位于今四川的古代蜀国，"蜀"字本来就是桑中蚕的象形字，比如金文的蜀字 🐛，蚕茧、蚕虫、桑叶俱全，蜀国开国的蚕丛，也是因为驯化野蚕、教民蚕桑而得名。换言之，关于 Serice 来源的多种说法，其实存在着重要的共同点，即大多与丝有关，而按照学术界的普遍观点，Serice 这个中国的他称，意思就是丝国。

不仅如此，学者们还注意到，纵览世界多种语言，可以发现一个特别

[①] 参考李志敏：《支那名号原音证》，《西北史地》1986 年第 4 期；沈福伟：《中西文化交流史》第一章，上海人民出版社，1985 年版；钱伯泉：《Seres 考》，收入《西域史论丛》编辑组：《西域史论丛》第 1 辑，新疆人民出版社，1985 年版；杨宪益：《释支那》，收入所著《译余偶拾》，三联书店，1983 年版。

的现象,即"丝"字的首个音节都与汉语的"丝"字读音近似,如新波斯语 sarah,古希腊文 ser,古斯拉夫语 sělk,蒙古语 sirgek,英语 silk,法语 seric,俄语 sǒlk,意大利语 serica,阿拉伯语 sarak,朝鲜语 sir;也就是说,这些语言中的"丝"字,都与汉语的"丝"字有关。

域外既把中国称为"丝国",又把丝这种东西读作汉语的"丝"音,这可谓形象地反映了中国的丝与丝绸对于世界文明的广泛影响。那么,中国为什么被称为"丝国"呢?

第一节 名副其实的丝国

中国之被称为"丝国",联系着一些广为人知、因而不必细说的历史事实:

首先,中国本是世界上唯一饲养家蚕和织造丝帛的国家。衣食住行作为人类的基本生活需求,当然世界各地都有纺织业。有趣的是,四种最为主要与普遍的纺织纤维材料,恰好对应着四大文明古国的特质,即古埃及对应亚麻,古印度对应棉花,古巴比伦对应羊毛,而古中国对应蚕丝。中国是世界上最早养蚕织丝的国家。就考古发现看,1977 年在浙江河姆渡新石器时代遗址出土了距今约 7000 年的蚕形刻纹牙雕盅,20 世纪 80 年代在河南荥阳青台村新石器时代遗址出土了距今 5500 年左右的丝织物残片,1958 年在浙江湖州钱山漾良渚文化遗址出土了距今 4000 多年的绢片、丝带与丝绳。按西方饲养家蚕、织造丝帛的序幕大体开启于 6 世纪中叶,而这上距中国可考的养蚕织丝史,已经晚了 5000 多年!

其次,中国很早就生产出了最好的丝织品。以 1972 年湖南长沙马王堆汉墓出土的一件素纱禅衣为例,衣长 128 厘米,通袖长 190 厘米,由上衣和下裳两部分构成,面料为素纱,缘为几何纹绒圈锦。素纱丝缕极细,共用料约 2.6 平方米,整衣重仅 49 克(若除去领口、袖口、衣襟较重的边缘,则重量只有 25 克左右),是迄今所见最轻的素纱禅衣,真可谓

"薄如蝉翼"、"轻若烟雾",充分体现了西汉丝织业高超的工艺水平。①
(见图 29-1)

再次,中国拥有丰富多彩的蚕桑文化与至关重要的丝绸经济。蚕是变化最为神奇的一种生物。蚕的一生要经过卵、幼虫(蚕)、蛹、成虫(蛾)四个阶段。在中国古人看来,卵是生命的源头;卵孵化成幼虫就如生命的诞生,幼虫的四眠四起则如人生的几个阶段;蛹可以看成是原生命的死,古人随葬木俑、泥俑,原意应该就与蚕蛹有关;至于蚕蛹的化蛾飞翔,则象征着人的灵魂自由升天,或者身体的羽化成仙,以此,人们习惯使用丝织物包裹尸体,这等于把逝者做成了一个人为的茧子,所以"作茧自缚"有助于逝者的灵魂升天或身体羽化。简而言之,蚕使中国古人联想到了重大的哲学命题:生死与重生。随之,蚕赖以为生的桑,同样十分神圣,比如在中国古代,就有男女幽会于桑林、祭神求子的风俗。至于丝绸

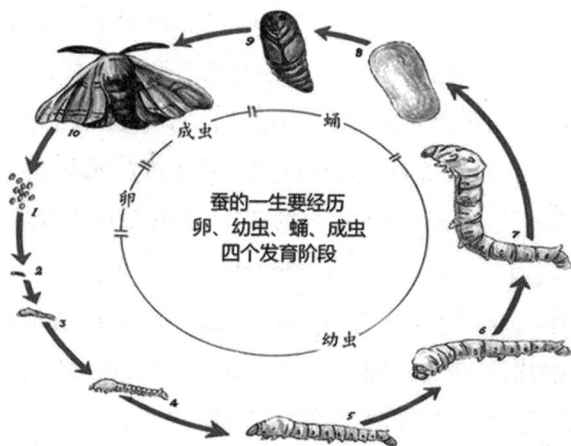

蚕的四个发育阶段

---

① 1986年,国家文物局委托南京云锦研究所复制这件素纱禅衣,但复制出来的第一件素纱禅衣重量超过80克,原因在于现在的蚕虫较西汉的蚕虫肥胖许多,所吐之丝也要粗重不少,于是专家们着手研究特殊的养蚕饲料,以求控制蚕虫的个头,再采用这些小巧苗条的蚕虫吐出的丝进行复制,1999年,终于织成一件49.5克的仿真素纱禅衣,而这一过程,竟然耗费了专家们与工匠们13年的心血!

经济在男耕女织的中国古代社会中的地位，更是非常重要，比如中国古代的土地、赋税、货币制度中，有过专门的桑田、绢税、丝绸货币；古时人家常在房前屋后栽种桑树、梓树，用于养蚕与制作器具，所以"桑梓"成了"故乡"的代名词；丝绸不仅供应内需，而且大量出口世界各地。

　　要之，既然养蚕织丝以中国最早、最好而且长期唯一，中国又拥有丰富的蚕桑文化与重要的丝绸经济，那么称中国为"丝国"就可谓名副其实了。然而问题的复杂之处又在于，"丝国"并非中国的自称，而是域外对中国的他称，这又如何理解呢？

第二节　三种版本，一样史实

　　因为上面说到的养蚕织丝以中国最早、最好而且长期唯一，加上桑树的原产地也在中国，所以很自然地导致了古代中国政府既严禁桑、蚕种子出口，植桑、养蚕、缫丝技术也是严格对外保密。但毕竟防不胜防，种子还是流失了，技术也还是泄密了，至于有关的过程，笔者所见有三种版本的不同记载。

　　第一种版本，见于 6 世纪中叶希腊历史学家普罗科皮乌斯（Procopius）《哥特人的战争》的记载，称有几位印度僧人抵达君士坦丁堡（今土耳其伊斯坦布尔），觐见东罗马帝国皇帝查士丁尼（Justinian，527—565 年在位），先给皇帝普及了一番丝的常识，所谓"产丝者乃一种虫也。丝自口中天然吐出，不须人力。欲由其国取虫至罗马断不可能，然有法可孵化之也。一虫所产之卵，不可胜数。卵生后多时，尚可掩以粪生温，使之孵化也"；又说他们曾经住在赛林达（Serinda）[①]，学习过养蚕缫丝技术，并把蚕种秘密带回了印度。现在只要皇帝肯付巨额的报酬，他们可以把蚕

---

① 赛林达（Serinda），刘迎胜《话说丝绸之路》（安徽人民出版社，2016 年版）"经济交通篇·丝之国：中国丝绸技术的西传"指出：Serinda"是由 Ser 加 Inda 构成的。Ser 即'赛里斯'（Seres），意为'丝国'，即中国；Inda 就是印度。Serinda 指位于中国与印度之间的地区，相当于汉文史料中的'西域'。在当时蚕桑业已经经于阗传到西域，所以这些印度僧人是从于阗或其附近地区把蚕种传到拜占庭去的"。按于阗，今新疆和田市一带。

种取来,这样东罗马帝国就不必再从波斯或其他国家那里花费巨资购买丝货了。皇帝答应了他们的条件。于是这几位僧人回到印度,取来蚕种,并教会了罗马人养蚕缫丝的方法,"由是罗马境内亦知制丝方法矣"。[1](见图29-2)

第二种版本,见于8世纪后期东罗马历史学家梯俄方内斯(Theophanes)的记载,称东罗马帝国查士丁尼皇帝在位时,有位曾经居住在赛里斯国的波斯人,把几个蚕茧秘藏在竹制的手杖里,并且成功地蒙混出关,来到了君士坦丁堡,"传示蚕之生养方法,盖为以前罗马人所未知悉者也",所谓"生养方法",即"春初之际,置蚕卵于桑叶上,盖此叶为其最佳之食也。后生虫,饲叶而长大,生两翼,可飞",云云。

第三种版本,见于7世纪中叶唐僧玄奘的《大唐西域记》,其书卷十二记载:在现在中国新疆和田地区一带,古代有个瞿萨旦那国。瞿国国王听说东国有桑蚕,就派遣使者前往求取,但是东国国君"秘而不赐,严敕关防,无令桑蚕种出也"。于是,瞿国国王想了一个巧妙的主意,即用卑谦的言辞和厚重的礼物向东国求婚,东国国君也久有"怀远之志,遂允其请"。到了迎娶公主的时候,瞿国专使奉国王之计对公主说:"我国素无丝绵,桑蚕之种,可以持来,自为裳服。"公主想想也有道理,遂"密求其种,以桑蚕之子置帽絮中",即藏在自戴的帽子里层。等到出关的时候,关防官兵到处都搜遍了,唯独公主的帽子"不敢以验",这样桑树种子与家蚕的卵就被带到了瞿国,留在王城东南五六里路一个叫鹿射的地方。"阳春告始,乃植其桑,蚕月既临,复事采养",不出几年,这里就桑树成荫、蚕宝遍地了。瞿国王妃也就是东国公主还刻石颁布了保护桑蚕的戒令,所谓"不令伤杀,蚕蛾飞尽,乃得治茧,敢有犯违,明神不祐",并在鹿

---

[1] 本章所引域外资料,凡未出注者,或据张星烺编注、朱杰勤校订《中西交通史料汇编》第一册,中华书局,2003年版,或据戈岱司(G. Coedes)编、耿昇译《希腊拉丁作家远东古文献辑录》,中华书局,1987年版。

射建立寺院,供奉蚕神。① 玄奘取经时,曾经参谒过鹿射寺,还看到了"云是本种之树"的"数株枯桑"。②

值得一提的是,1900 年在今和田地区策勒县唐代丹丹乌里克建筑遗址中,匈牙利籍英国考古学家斯坦因(M. A. Stein)发现过一块古代画板。画板上面画了四个人,中间是位头戴高冕、身着盛装的贵妇,右侧的人拿着一架纺车,左侧的地上放着一只盛满蚕茧的篮子,左侧的侍女手指贵妇的高冕,好像在说这些蚕茧、纺车的秘密就在那帽子里面。据此,学者们大多认为,这块画板画的内容,就是玄奘所记东国公主巧带桑蚕种子进入西域的故事。(见图 29-3)

以上介绍了三种不同版本的赛里斯国或东国桑蚕种子外传的记载。外传的时间,按照部分学者的观点,大约在 4 到 5 世纪之间传入西域,在 6 世纪中叶前后传入土耳其。至于"走私闯关"的主角,分别是印度僧人、波斯人以及东国的和亲公主,而"走私"物品到达的地点,分别是今天土耳其的伊斯坦布尔、中国的新疆和田,至于桑蚕种子外传的结果,则是伊斯坦布尔逐渐发展成为欧洲的蚕丝业中心、和田逐渐发展成为新疆的蚕丝业中心。

值得强调的是,以上三种版本的记载尽管存在诸多的不同,所印证的史实却是一样的,即在直接或间接传播到域外之前,桑树、家蚕以及养蚕缫丝技术本是中国独有的,因为这些记载中的赛里斯,本是西方语文中对我们"中国"的他称,而据上一章围绕 China 的讨论所涉,"东国"又本是印度以及佛教文献中对我们"中国"的称谓。另外,通过上面这三个版本的记载,我们还了解到域外甚至中国的西域边疆关于养蚕缫丝的知识,本来近乎空白,比如连东罗马皇帝查士丁尼都不清楚丝是怎么生产出来的、怎么还有蚕这种虫子,在他眼里,蚕、丝一定都是超级神秘的东

---

① 所谓"遂为先蚕建此伽蓝"是也。在中土,"所祭祀的蚕神种类也甚多。在官方的传说中最为著名的是黄帝元妃嫘祖发明养蚕,而民间传说中最为有名的是马头娘的故事";嫘祖始蚕之说,初见于宋代罗泌的《路史》,马头娘的故事,初见于晋代干宝的《搜神记》。参考赵丰:《纺织技术》第一讲《中国纺织科技史概述》,收入路甬祥主编:《走进殿堂的中国古代科技史》(中),上海交通大学出版社,2009 年版。

② 玄奘撰、章巽校点:《大唐西域记》卷一二"瞿萨旦那国",上海人民出版社,1977 年版。

西吧;我们也能感到,丝货在域外本是异常贵重的商品,所以查士丁尼皇帝才答应了印度僧人取来蚕种、给予重赏的请求,因为如此一来,就可以自己生产而不必高价购买了。其实,正是因为古代中国丝的神秘与丝绸的贵重,所以边疆与域外才会想方设法、处心积虑地孜孜以求,也才有了我们中国的又一个域外他称 Serice。

进而言之,为什么在域外,丝是如此神秘? 为什么到了域外,丝绸就如此贵重? 其中的关键,还在于中国方面技术的保密与中外之间贸易的艰难,这又是相互联系的两个方面。

第三节 技术的保密与贸易的艰难

出于可以理解的获取利润与控制贸易的目的,古代中国政府对与植桑、养蚕、缫丝、丝织有关的技术是严格对外保密的。以言植桑,西周时代的人们已经撒子播种,繁殖桑树,并且培育出了低矮的"地桑",这种地桑,便于采摘与管理,同时枝嫩叶肥,适宜养蚕。又最迟到 5 世纪时,利用枝条来繁殖桑树的压条法已经发明,与播种法相比,压条法可以缩短生长时间。以言养蚕,在 6 世纪技术外传之前,中土已经形成了选育蚕种、孵化蚕卵、整治蚕室、控制温度等等整套的成熟技术,比如利用低温孵化技术,一年之内可以连续孵化几代,于是不仅有春蚕,还有了夏蚕与秋蚕,从而提高了蚕丝产量。以言缫丝,商代已经发明热釜缫丝技术,西汉已经出现了采用踏杆传动绕丝框、可由一人完成操作的脚踏缫车,大幅度地增加了缫丝的产量。以言丝织,比如西汉时出现了花楼式束综提花机,高坐在花楼上的挽花工唱着按照花纹组织程序编成的口诀,双手提拉花束线综,下面的织工协同动作,两人一来一往配合,就能织出飞禽走兽、人物花卉等等复杂图案。显然,这些复杂繁琐、成龙配套的技术,如果没有专人教导与培训,域外之人的确难以学会,更别说可以自己琢磨出来了。(见图 29 - 4)

至于中外之间丝绸贸易的艰难,可以从三个方面来理解。

首先，丝绸输入地的需求量大。

表现最为突出的是古罗马国，包括罗马共和国(公元前 509 年到公元前 27 年)与罗马帝国(公元前 27 年到公元 395 年)。先是罗马人最初见识丝织品，按照普遍的说法，竟然缘于一次刻骨铭心的惨败战役。公元前 53 年盛夏时节，罗马执政官、叙利亚总督克拉苏(M. L. Crassus)率领 7 个军团约 4 万人杀向东方，在今天幼发拉底河以东的卡尔莱古城附近，这支大军陷入了安息人的重重包围之中。决战的那天，时当正午，安息人突然展开了丝绸制成的猎猎有声、阳光之下令人眼花缭乱的彩色军旗，拼命挥舞，由于这些军旗耀眼刺目，罗马军队还以为是什么新式武器呢，结果顷刻之间惊慌失措、心理瓦解、斗志丧失，再加上罗马军队本来就已疲惫不堪，所以他们很快崩溃了，2 万多人阵亡，1 万多人被俘，克拉苏被杀，安息人大获全胜，这就是著名的卡尔莱战役。① 而在这之后，罗马很快熟悉了丝绸，并以使用丝绸为时髦。丝绸制品在罗马社会的流行可谓相当迅速，以至于公元 14 年罗马元老院明令禁止男性臣民穿着丝绸服装，并对妇人的使用也作出了种种限制，原因在于这种丝绸衣料过于昂贵，大量消耗了国库中的黄金储备，而且有些丝绸服装太过通透，穿上以后，"犹如裸体一般"，有伤社会风化。② 然而尽管如此，习惯挥霍无度、乐于展示人体美的罗马男女，对于丝绸的追求仍然有增无减。罗马人后来又得知，这种漂亮的织物并非产自安息本土，而是来自遥远的东方国家赛里斯。(见图 29-5)

罗马人为何这样喜欢丝绸呢？众所周知，蚕丝具有强韧、弹性、纤细、光滑、柔软、光泽、耐酸、易于染色等许多特点，这些特点又使丝绸成为富有光泽、质地轻盈、坚韧柔软、细致爽滑、色彩鲜艳、纹样斑斓、华丽高雅的名贵织物，既是穿着非常舒适的服装面料，也适合拿来刺绣和作

---

① 有关卡尔莱战役，参考布尔努瓦(L. Boulnois)著、耿昇译：《丝绸之路》"前言"，新疆人民出版社，1982 年版；刘迎胜：《话说丝绸之路》"物品互通篇·丝绸：莹亮蚕丝的传说"。

② 如公元 1 世纪中叶的卢坎(Lucain)在《法尔萨鲁姆》书中说："克里奥帕特拉的白腻酥胸，透过西顿的罗襦而闪闪发亮。这种罗襦是用赛里斯人的机杼织成。"

为装饰,在当时的罗马社会,还盛传丝绸服装可以预防皮肤病,能够防止虱子、跳蚤、臭虫,如此等等,于是人们对于丝绸这种高档奢侈品,可谓梦寐以求、趋之若鹜。

其次,丝绸输出地与输入地之间的距离遥远。

丝绸是如何从东方的赛里斯来到了西方国家如罗马呢? 这联系着著名的"丝绸之路"。"丝绸之路"是 20 世纪以前沟通亚欧非大陆的主要交通路线的统称。自古以来,东西方的经济交流、文化传播乃至政治交往,大多经由这些路线进行,或缘这些路线展开,而由于其中影响最大的大宗商品是丝绸,所以名为"丝绸之路"。1877 年,曾经 7 次考察中国的德国地理学家李希霍芬(F. Von Richthofen)率先在他出版的《中国——亲身旅行和研究成果》第一卷中,以"丝绸之路"(Seidenstrassen)命名汉代欧亚之间的贸易道路;1910 年,德国历史学家赫尔曼(A. Herrmann)在他出版的《中国和叙利亚之间的古代丝绸之路》一书中,引申了李希霍芬的观点;1936 年,李希霍芬的学生、瑞典探险家斯文·赫定(Sven Hedin)更以《丝绸之路》(The Silk Road)为名,出版了著作。从此,英文译成"Silk Road"、汉语写作"丝绸之路"的这个概念,逐渐为大众接受,并迅速传播了开来。

广义来说,"丝绸之路"可以分为三类。第一类是横贯亚欧大陆北方草原地区的道路,又称"草原之路",它发自中国华北,越过戈壁沙漠而至蒙古高原,再从这里穿过西伯利亚森林地带以南的广阔草原,最后到达咸海、里海以至黑海北岸地区;第二类是经过中亚沙漠地区中点点绿洲的道路,又称"绿洲之路",它发自中国陕西关中,经过河西走廊,再西行塔里木沙漠北面或南面的通道,穿过帕米尔高原的北部或南部,然后西进中亚、西亚、欧洲乃至北非;第三类道路也称"海上丝路",它发自中国华南,经东南亚、斯里兰卡、印度而达波斯湾、红海,这条道路又称"陶瓷之路",因为唐代以后中国的陶瓷制品多经这条海道外销。①

---

① 随着"丝绸之路"概念的深入人心与研究扩展,后来又有了西南丝绸之路、东亚丝绸之路等等说法的提出。

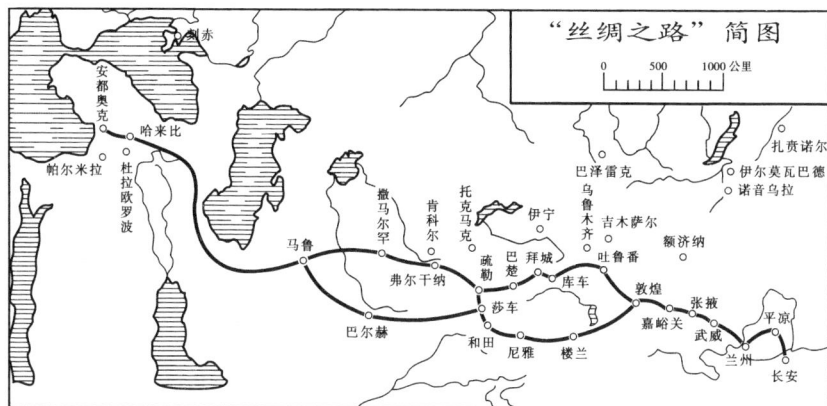

"丝绸之路"简图(选自郑炳林、高国祥主编《敦煌莫高窟百年图录》,
甘肃人民出版社,2008 年版)

当然,在以上三条道路中,最常用的道路,也是狭义的"丝绸之路",
还是上述的"绿洲之路"。"绿洲之路"的历史非常悠久,可能早在公元前
6 世纪就基本贯通了。作为亚欧大陆的交通大动脉,中国的丝绸正是主
要通过"绿洲之路",穿过戈壁沙漠,越过高山大河,克服重重地理障碍,
流向中亚、西亚、欧洲乃至北非的。然而另一方面,从起点中国的陕西关
中到终点地中海沿岸的国家与城市,在古代马行驼运的时代,这样的地
理距离实在遥远。

再次,丝绸贸易的中间环节加价严重。

从亚欧大陆东端的中国到西端的地中海沿岸,丝绸贸易基本不可能
直达,这不仅是由于地理距离的遥远,更是由于各路中间商的利益考量。
随举一例。《后汉书·西域传》:

> 和帝永元九年,都护班超遣甘英使大秦,抵条支。临大海欲度,
> 而安息西界船人谓英曰:"海水广大,往来者逢善风三月乃得度,若
> 遇迟风,亦有二岁者,故入海人皆赍三岁粮。海中善使人思土恋慕,
> 数有死亡者。"英闻之乃止。

这段记载是说:东汉永元九年(97 年),甘英奉西域都护班超之命,从龟兹

(今新疆库车县)出发,出使大秦亦即罗马帝国。当甘英一行到达安息西界亦即今波斯湾东岸准备渡海时,却遭到了安息人的欺诈与干扰,安息人不仅备陈渡海的时间漫长,而且极力渲染海上航行的恐怖,从而使得甘英畏难却步,于是中国古代皇朝第一次寻求直接接触罗马帝国的努力宣告失败,而当时位于西亚的安息帝国如此作为的关键,当在汉朝与安息之间存在着正式、正常的贸易关系,其中的大宗商品又是输入罗马帝国的丝绸,罗马与安息则常常处于敌对状态,于是安息通过垄断贸易,转口加价,能够获取巨额利润,反之,如果汉朝与罗马之间建立起直接的贸易关系或者商路,势必极大地损害安息的利益。

进而言之,作为中国与罗马之间贸易必经之地的安息是这样,那些横亘在中国与欧洲之间各条"丝绸之路"上的其他国家,比如安息之后的贵霜、贵霜之后的波斯,以及其他的民族、中间商、贩运者,又何尝不是这样呢?于是,通过垄断贸易、层层加码、步步提价、过境抽税,在中国不算特别贵重的丝绸,抵达地中海沿岸时,有时就非常贵重了。比如公元前1世纪时,一匹大约25两重的双丝细绢"缣",在原产地中国的价格约为400到600个铜钱,取居中的500个铜钱计算,约合0.25两黄金,而到了罗马市场,价格大约上涨了100倍,竟值25两黄金,即缣与黄金等价。

据上所述,我们应该就能理解:对于古代欧洲国家比如希腊、罗马来说,一方面如痴如醉地喜欢丝绸,另一方面丝绸又价比黄金;一方面获得了稀有的丝绸,另一方面又不知丝绸是怎么生产出来的。所谓昂贵的才是追求的,稀有的才是向往的,无知的才是疑惑的;正是在这样的追求、向往与疑惑中,希腊、罗马等欧洲文明古国,既把丝绸的来源地、那遥远的东方国家称为 Serice,也就是丝国,又极尽想象或锲而不舍地探寻着丝与丝国的秘密。

第四节 树上的羊毛与穄养的虫子

第一位把丝国之名介绍给西方的,是希腊人克泰夏斯(Ctesias)。公元前 5 世纪末,克泰夏斯生活在波斯,担任波斯王宫的御医,公元前 397 年回到希腊,著有《旅行记》、《印度记》等书。这些书虽然都早已散佚了,但是后人有所引述。如公元前后的古希腊学者斯脱拉波(Strabo)在《地理学》中就引述克泰夏斯之言:

> 赛里斯人(Seres)及北印度人,相传身体高大,达十三骨尺云。①
> 寿逾二百岁。

显然,这样的记载是荒诞不经的。不过,当公元前 5 世纪末或公元前 4 世纪初时,赛里斯名称已经在希腊出现,赛里斯的丝绸已经流入希腊,应该确凿无疑。因为在这个时期及其前后的希腊雕塑、绘画作品中,人们所穿的衣服往往细薄透明,如公元前 5 世纪帕特农神庙东山墙的"命运三女神"雕塑,透明华丽的丝质罗纱与女神身体的凹凸起伏相映成趣,这样的衣料绝非欧洲本土的棉毛织物,只能是中国的丝绸。换言之,早在公元前 5 世纪时,中国丝绸已经成为希腊上层人物喜爱的服装衣料,当时的希腊人也因此把遥远而陌生的东方古国中国称为丝国。(见图 29-6)

然而这样的丝国,对于西方来说,真可谓充满了神秘的色彩。以希腊、罗马的典籍为例,有关赛里斯国亦即丝国的记载,真实与虚伪混杂;②至于赛里斯得名的丝,尤其充满了有趣的误解与荒诞的猜测。我们不妨简单梳理如下。

最早关注到东方纺织品来源的,可能是西方的"历史之父"、公元前 5 世纪希腊历史学家希罗多德(Herodotus),他在《历史》中提到:"印度位

---

① 骨尺指成人从中指末端到肘的长度,按照笔者的身材测算,13 骨尺大约等于 5 米。
② 需要说明的是,正如冀强在《赛里斯:一个称谓的文化史》(南京大学,硕士学位论文,2011 年,指导教师舒小昀)"前言"中所指出的:"在约定俗成的观念中,西方古典文献中的赛里斯指的就是中国。但实际情况却并非如此,古典文献中的赛里斯指涉并不清楚,它包涵的涵义很广,尤其是在中西交通没有直接开通的情况下,这种指涉就更加模糊,赛里斯实际上是西方人想象中的东方国度。"有关"历时长久、颇多曲折"的"西方人对丝国的寻找",另详胡阿祥、沈志富著《中国名号与称谓的故事》"Serice(赛里斯)"之"寻找赛里斯国",山东画报出版社,2015 年版。

于世界上最东部的地方，……那里还有一种长在野生的树上的毛，这种毛比羊身上的毛还要美丽，质量还要好。印度人穿的衣服便是从这种树上得来的"①——这大概是赛里斯"树上的羊毛"传说的最初版本。及至后来，类似的记载颇为常见，如公元前 1 世纪，罗马诗人维吉尔（Virgile）的《田园诗》提到了赛里斯人与树上的羊毛："叫我怎么说呢？赛里斯人从他们那里的树叶上，采集下了非常纤细的羊毛"；公元前后的希腊学者斯脱拉波在他的《地理学》中写道："出于同一原因（气候的酷热），在某些树枝上生长出了羊毛。尼亚格（Nearque）说，人们可以利用这种羊毛纺成漂亮而纤细的织物，马其顿人用来制造坐垫和马鞍。"公元 1 世纪，罗马博物学家普林尼（Pliny）在他的《博物志》中，又写下了一段关于赛里斯国产丝与贸易的著名文字：

> 其林中产丝，驰名宇内。丝生于树叶上，取出，湿之以水，理之成丝。后织成锦绣文绮，贩运至罗马。富豪贵族之妇女，裁成衣服，光辉夺目。由地球东端运至西端，故极其辛苦。赛里斯人举止温厚，然少与人接触，贸易皆待他人之来，而绝不求售也。……事实上彼等对于奢侈品的交易不自珍惜，而且对于货物之流通地点目的及其结果，心目中已经了然。……（罗马）奢侈之风，由来渐矣。至于今代，乃见凿山以求碧玉，远赴赛里斯国以取衣料。

看来，直到公元 1 世纪时，希腊地理学家还认为丝料本是树上的羊毛，罗马博物学家还认为"丝生于树叶上"。其实仔细以求，这种认识也有着真实的影子。按自古以来，欧洲人习惯剪取羊毛、织成衣物；②至于原产印度的棉花，虽然大约 1500 年前才传入中国，却在公元前就传入了欧洲，棉花又确实属于植物，所以在德语里，棉花 Baumwolle 的直译即是

---

① 希罗多德著、王以铸译：《希罗多德历史·希腊波斯战争史》第三卷，商务印书馆，2009 年版。
② 如刘迎胜《话说丝绸之路》"经济交通篇"之"丝之国：中国丝织技术的西传"指出："欧洲人所习于穿着的是羊毛织物，因此他们起初想当然地认为丝是某种特殊的羊毛。但是无论哪一种羊毛也不可能纺织出如此美丽的纺织品来，这就使得希腊人对丝绸的好奇心大增。"

"树羊毛",Baum 是树,Wolle 是羊毛。当然还存在着另外一种可能性,或许希腊、罗马的学者把质地轻软的蚕丝看成了一种特别的棉花,蚕丝也确实与植物有关,蚕的饲料就是桑树的叶子。① 另外,希腊、罗马长期不知赛里斯国的丝来自蚕,应该也与中间商的封锁消息有关,因为越是说得神乎其神、云遮雾障,才能越是加码提价。

　　随着时间的推移,及至公元 2 世纪中叶,西方人对丝的见识显然进步了一些,如希腊历史学家包撒尼雅斯(Pausanias)在《希腊纪事》中说:

　　　　赛里斯人用织绸缎之丝,则非来自植物,另有他法以制之也。其法如下:其国有虫,希腊人称之为塞儿(Ser)②,赛里斯人不称之为塞儿,而别有他名以名之也。虫之大,约两倍于甲虫。他种性质,皆与树下结网蜘蛛相似。蜘蛛八足,该虫亦有八足。赛里斯人冬夏两季,各建专舍,以畜养之。虫所吐之物,类于细丝,缠绕其足。先用稷养之四年③,至第五年,则用青芦饲之,盖为此虫最好之食物也。虫之寿仅有五年④。虫食青芦过量,血多身裂,乃死。其内即丝也。

虽然包撒尼雅斯的认识较之普林尼已经进了一大步,知道了丝与虫有关,但对一些细节仍然把握不清,甚至多有谬误,比如"虫之寿仅有五年","先用稷养之四年","虫食青芦过量,血多身裂"等等,都可以说是幽默得滑稽。此后,同样认识到丝与虫有关者也不少,如 5 世纪赫希昔攸斯(Hesychius)的《辞汇集》解释,"赛里斯(Seres):织丝的动物或者是民族的名称","赛隆(Seren):制造赛里斯丝(Serika)的虫子。Seres(赛儿)

---

① 如戈岱司在所编《希腊拉丁作家远东古文献辑录》"导论"中就指出:赛里斯人"生产一种漂亮的织物,所用的原料是从一些树上采摘来的神秘物。这一产品明显是指丝绸,它是从蚕茧中所缫,而蚕茧正是从桑树叶子中采收的"。

② 张星烺《中西交通史料汇编》此处原注:"塞儿虫即蚕也。塞儿二字,速读之,亦与吴越两地人蚕字之读音相似。希腊文塞儿或即来自中国亦未可知。赛里斯国名,原亦来自塞儿。其末尾之斯字,则希腊人及拉丁人语尾之音也。……克拉勃罗德(Klaproth)谓赛里斯实来自丝字。古代人以出产品而名其国者也。"

③ 稷即谷子,去皮后为小米。

④ 张星烺《中西交通史料汇编》此处原注:"玉尔谓此方所记之年,恐为期字之误,中国人养蚕分五期也。"

也是指虫子"；又 560—636 年左右的伊希多尔（Isidore）的《辞源学》称："在赛里斯国内，生出了一些小虫子，它们以自己的丝而缠树。"

有意思的是，虽然丝来源于虫的认识，在今天看来是正确的，但在包撒尼雅斯当时及其后的很长一段时期里，丝本是从树上采摘下来的羊毛的观点，仍然广泛流行。比如按照生于公元 380 年前后的希腊人马赛里努斯（A. Marcellinus）《史记》的记载，一方面当时的西方人对赛里斯国的认识已经相当具体实在了，如说赛里斯国四周有高山环绕，有两条大河贯通，土地广大，气候温和，森林众多，物产丰富，又说赛里斯人平和度日，性情安静，习惯俭朴，喜欢读书，不扰邻国，这些都与古代中国的情况吻合或相似；但是另一方面，其对丝的认识却仍然维持在"树上的羊毛"的水平，所谓赛里斯国"林中有毛。其人勤加灌溉，梳理出之，成精细丝线。半似羊毛纤维，半似黏质之丝。将此纤维纺织成丝，可以制衣"，云云。同样的认识，还见于马赛里努斯前后的诸多文献。如 3 世纪中叶索林（Solin）的《多国史》："赛里斯人……用向树叶喷水的方法，借助于水力而从树上采下絮团。他们随心所欲地使用这种柔软而又纤细的绒毛，用水进行处理，这就是人们所称的'赛里斯织物'（Sericum），我们也忍辱而使用它。追求豪华的情绪首先使我们的女性，现在甚至包括男性都使用这种织物，与其说用它来蔽体，尚不如说是为了卖弄体姿"；又卒于 390 年的奥索纳（Ausone）的《诗集》："穿着长服的赛里斯人，正在采集他们的森林羊毛"；又 4 世纪末克劳狄安（Claudien）的《诗集》："赛里斯人……采摘的丝生长在他们羊毛树林的树叶子中"；又 5 世纪卡佩拉（Capalla）的《文献学与墨丘利商业神的婚礼》：赛里斯人"用水喷洒自己的树林，以便得到绒毛，人们再用这种绒毛来纺织赛里斯布"。①

然则西方人对中国的蚕丝有了明确而真实的认识，还是要等到 6 世纪中叶东罗马皇帝查士丁尼通过非正常渠道获得了中国的蚕种、并开创

---

① 作为极端的例子，甚至直到 1178 年—1240 年左右的德维特利（de Vitry）还在重复："在赛里斯人中生长有树木，其叶子如似羊毛一般，用来制作纤细的纺织品。"

桑叶养蚕

了自己的丝织业之后。西方有了自己的丝织业,也就意味着中国的养蚕缫丝从此不再神秘,于是我们发现,从6世纪以后,域外称呼中国为赛里斯的现象越来越少,甚至到了后来,赛里斯国是否就是中国,竟然成了一个新的疑问或新的命题。如13世纪中叶,法国国王路易九世派遣出使蒙古汗廷的法国人卢白鲁克(G. Rubrouck)在他的《纪行书》中写道:

> 过此有大契丹国,余意即古代赛里斯国也。盖其地今代仍产丝,品质之佳,世界无匹。其人称丝为赛里克(Seric)。其地有城市名赛里斯,因而国亦名赛里斯。

卢白鲁克既然说"古代赛里斯国",可见当时的西方已经不称中国为赛里斯国了,赛里斯的称呼于是成为历史。甚至晚到17世纪初的意大利传教士利玛窦,还在做着这样的考证:

> 我也毫不怀疑,这就是被称为丝绸之国(Serica regio)的国度,因为在远东除中国外没有任何地方那么富饶丝绸,以致不仅那个国度的居民无论贫富都穿丝着绸,而且还大量地出口到世界最遥远的

地方。葡萄牙人最乐于装船的大宗商品莫过于中国丝绸了：他们把丝绸运到日本和印度，发现那里是现成的市场。住在菲律宾群岛的西班牙人也把中国丝绸装上他们的商船，出口到新西班牙和世界的其他地方。在中华帝国的编年史上，我发现早在基督诞生前 2636年就提到丝绸工艺，看来这种工艺知识从中华帝国传到亚洲其他各地、传到欧洲，甚至传到非洲。①

　通过上面的历史回顾与史料梳理，又会让我们油然生出一种特别的自豪感：正是缘于不可思议的中国蚕丝与神秘精美的中国丝绸，为了标明、强调蚕丝与丝绸的产地，古希腊人称丝为 Ser，称生产丝的人（中国人）为 Seres，称生产丝的国度（中国）为 Serice；②古罗马等国对于中国的类似称谓，也都因此而产生。蚕丝与丝绸扮演了中西之间交流的最早原始物证。作为中国的他称，Serice 使用的时间，大概起自公元前 5 世纪，止于公元 6 世纪。我们甚至可以更大胆地说：在这超过千年的漫长时间里，"丝绸之路"把中国的丝绸和丝这个词以及伟大的丝国——赛里斯称谓，传遍了欧亚非各国。③ 所谓物质文化充当文化传播和彼此了解的先锋，这大概可以看作是文化交流的一条规律；至于赛里斯称谓，又正是这条规律的最好注脚！④

① 利玛窦、金尼阁著，何高济、王遵仲、李申译：《利玛窦中国札记》，第一卷第二章，中华书局，1983 年版。

② 特别说明：在实际的使用中，Seres 既是生产丝的人，也有丝的意思，Serice 既为生产丝的国度，也可指赛里斯的丝织物；又在汉语语境中，许多人都用 Seres 表示丝国，Serice 反而很少使用。参考冀强：《赛里斯：一个称谓的文化史》"前言"。按本书讨论的主题是域外有关"中国"的他称，所以使用"Serice"，汉译则用"赛里斯"。

③ 传于非洲者，如拖雷美（C. Ptolemy，公元 2 世纪）虽是希腊人，但生于埃及、长于埃及、葬于埃及，其《地理书》中有 Sinae（秦尼国）与 Serice（赛里斯国），为大亚细亚最东之两个邻国。英国亨利·玉尔以 Sinae 指中国内地，Serice 指中国西北（新疆境域）；也有学者认为，以 Sinae 与 Serice 两国并列，是因为关于中国的消息传播途径的差异及误传所致。

④ 时至今日，2013 年中国政府提出的"丝绸之路经济带"和"21 世纪海上丝绸之路"即"一带一路"战略目标，致力于建立包括亚欧各国在内的政治互信、经济融合、文化包容的利益共同体、命运共同体和责任共同体，这无疑又是古老的"丝绸之路"的现代重生，强盛的"赛里斯国"的再度辉煌。

　　从卢白鲁克的《纪行书》中,我们还能知道,他称当时的中国为"大契丹国"。而历史的事实是,"契丹"即 Cathay 既是中国的他称,在这个他称之前,中国还有译成"桃花石"的 Taugas 他称。那么,Taugas、Cathay 这两个系列的中国他称,来源取义又是怎样的呢?

第三十章　Taugas：多民族国家的证明

张星烺编注《中西交通史料汇编》第七编"古代中国与中亚之交通"第九章"元代游历中亚之记载"中，收有李志常所撰之《长春真人西游记》，并于"桃花石谓汉人也"一句出注曰：

> 桃花石，古代中央亚细亚人称中国者也。隋时，东罗马史家席摩喀塔（Simocatta）作陶格司国。中世纪回教徒称中国曰汤姆格笈（Tamgaj），桃花石即其译音也。

如此，汉译常作"桃花石"的 Taugas（陶格司）以及 Tamgaj（汤姆格笈），分别为"东罗马史家"、"中世纪回教徒"对于中国的他称。然则这个系列的中国他称究竟如何？来源取义又是怎样的呢？我们还得从《长春真人西游记》与东罗马史家席摩喀塔说起。

第一节　"桃花石诸事皆巧"与"陶格司中央有大河"

依据目前所见史料，"桃花石"这一译称始见于《长春真人西游记》。《长春真人西游记》是有关长春子丘处机的一部游记。不同于明朝小说家吴承恩依据唐僧玄奘西行取经事迹而神话化的那部人人皆知的《西游记》，这部《长春真人西游记》完全是写实的作品，它出自道教真人丘处机的"孙悟空"李志常。

话说为金朝、南宋与蒙古各方统治者所敬重的丘处机(1148—1227年),字通密,登州栖霞(今山东栖霞市)人,全真道祖师王重阳的徒弟,为"全真七子"之一,晚年担任全真道第五任掌教,使全真道乃至整个道教的发展都进入了兴盛时期。

1220 年(蒙古成吉思汗十五年)正月,应成吉思汗的邀请,也出于劝阻大蒙古国减少杀戮的目的,73 岁的丘处机与 18 位弟子离开莱州(今山东莱州市)昊天观,横跨戈壁,行走草原,一路追赶西征途中的成吉思汗。1222 年四月,在今阿富汗喀布尔以北的八鲁湾行宫,属龙的丘处机终于见到了属马的成吉思汗,实现了著名的"龙马相会"。此后,成吉思汗又多次召见丘处机,询问治国与养生的方法,丘处机则以"敬天爱民"、"好生止杀"、"清心寡欲"等等回应。

长春真人丘处机画像

1223 年春天,丘处机向成吉思汗辞行,当年秋天回到河北。成吉思汗与丘处机的对话,后来由契丹贵族、蒙古大臣耶律楚材编成《玄风庆会录》,丘处机弟子李志常(1193 年—1256 年)则根据师徒西行的见闻经历,1228 年写成了《长春真人西游记》。

《长春真人西游记》卷上记载,1221 年九月二十七日,当丘处机一行抵达阿里马城时,了解到一些有趣的情况,比如:

> 土人呼果为阿里马。盖多果实,以是名其城。……农者皆决渠

灌田。土人惟以瓶取水,戴而归。及见中原汲器,喜曰:"桃花石诸
事皆巧。"桃花石谓汉人也。

怎么理解这些有趣的记载呢?

首先,"土人呼果为阿里马"。"阿里马"汉译也写作"阿里麻里"、"阿
力麻里"。元初,阿里马城为窝阔台汗海都行营,元置行中书省于此,大
德十年(1306 年)后为察合台汗国都城,遗址在今新疆霍城县西北克干山
南麓。耶律楚材《西游录》云:1219 年,"既出阴山,有阿里马城。西人目
林檎曰阿里马;附郭皆林檎园囿,由此名焉。附庸城邑八九,多蒲桃,梨
果。"①按"林檎"是中国古代对苹果的称呼,而在西域"土人"的语言中,称
苹果为"阿里马(Alima)",即"阿里马城"乃是"苹果城"的意思。霍城是
新疆著名的苹果产地,至今仍有大片的原始野生苹果林。

其次,阿里马城是民族杂居之地。元朝刘郁笔录的常德《西使记》中
说:1259 年,"至阿里麻里城,市井皆流水交贯。有诸果,唯瓜、葡萄、石榴
最佳。回纥与汉民同居,其俗渐染,颇似中国。"具体到取水的方式,以回
纥为代表的当地土著是"以瓶取水,戴而归",即把水瓶顶在头上运回去,
时至今日,新疆维吾尔族仍有极富特色的"取水舞";汉人则习惯以"汲
器"取水,这里的"汲器",应是辘轳、桔槔或水车之类的器具,相对于"土
人"的"以瓶取水",汉人的"汲器"取水无疑既省力又高效,不仅方便了日
常生活,而且很大程度上提高了农业生产"决渠灌田"的效率。值得注意
的是,所谓的"中原汲器",清楚交代了这种"汲器"是来自中原内地的,而
所谓的"诸事皆巧",又足以说明由中原传入西域的先进技术还有许多,
并不止于"汲器"。

再次,也是与本章的讨论主题密切相关者,是非常重要的"桃花石谓
汉人也"一句。丘处机弟子、开州观城(今山东莘县观城镇)人李志常道
长顺手记下的这句话,不仅使得我们中国从此有了如此美艳的一个译

---

① 姚从吾:《耶律楚材西游录足本校注》,收入姚从吾著、姚从吾先生遗著整理委员会编辑:《姚
从吾先生全集(七):辽金元史论文(下)》,正中书局,台北,1982 年版。

名，而且省去了后世学者们诸多的辛苦考证。换言之，无论"桃花石"本来的非汉语写法与非汉语意思是怎样的，在中国古代西域的非汉民族那里，"桃花石"指的是汉人，已经毫无疑义。

明朝宋应星《天工开物》
中的桔槔示意图

明朝宋应星《天工开物》
中的辘轳示意图

　　进而言之，在域外一些国家与民族那里，译作"桃花石"或"陶格司"的 Taugas，又是古代中国的一个他称。如据 7 世纪初叶人、东罗马史家席摩喀塔（Simocatta）的《莫利斯（Maurice）皇帝大事记》：

　　　　陶格司（Taugas）国主，号泰山（Taissan），犹言上帝之子也。国内宁谧，无乱事，因威权皆由国君一家世袭，不容争辩，崇拜偶像，法律严明，持正不阿。其人生活有节制而合于理智。物产丰富，善于营商，多有金银财帛。然国家法律，严禁男子衣附金饰。陶格司中央有大河，分国为二部。先代全境，裂为二国，以河为界，时相攻伐。二国衣制不同。尚黑者号黑衣国，尚红者号红衣国。当今莫利斯皇帝君临罗马之际，黑衣国渡河，攻红衣国，克之，遂统治全帝

471

国。……国中有蚕,丝即由之吐出。蚕种甚多,各色皆有。蛮人畜
养此蚕最为能巧。

如上所述,按照张星烺的解释,这里的 Taugas 就是李志常笔下的桃花
石。其实早在 18 世纪中叶,法国学者德基尼(J. Deguignes)已经率先指
出 Taugas 即中国,而法国学者克拉勃罗德(Klaproth)在并不知晓德基
尼观点的情况下,也得出了同样的结论。此后,英国学者吉邦(Gibbon)、
玉尔(H. Yule)以及诸多的中国学者,也都赞同此说。这样,上引的席摩
喀塔的记载,尽管斑驳陆离、真伪混杂①,我们仍然不难理解:

首先,所谓"陶格司(Taugas)国主,号泰山(Taissan)",Taissan 当为
"太上"(即太上皇)或"天子"的转音。"天子"不必细说,"太上"者,南北
朝至隋唐时期"内禅"之风颇盛,许多皇帝让位于子,自称"太上皇",而且
此后一段时间内仍然掌握要政,于是"太上"演变成一种普遍性的称号,
中原皇帝以此称号为突厥所熟悉,并被突厥使节传播到东罗马史家那
里,实属自然之事。②

其次,所谓"陶格司中央有大河,分国为二部","黑衣国渡河,攻红衣
国,克之,遂统治全帝国",对应的史实有两种可能性。一种可能性,指建
都长安(今陕西西安市)的隋朝与建都建康(今江苏南京市)的陈朝隔着
长江,南北对峙,然后 589 年隋灭陈,统一全国;另一种可能性,指建都长
安(今陕西西安市)的北周与建都邺(今河北临漳县西南)的北齐隔着黄
河,东西对峙,然后 577 年北周灭北齐,统一北方。

---

① 从席摩喀塔的这段记载,可以判断席氏对于 Taugas 国并无清晰的认识。席氏自述其资料来
源为 598 年突厥可汗致莫利斯皇帝的国书,但其记载的信息量之大显然超出了一份国书的
容量,或许他还有了解信息的其他渠道。玉尔认为席氏关于东方国家与民族的知识,"似乎
通过特殊的渠道,获得了关于中亚突厥民族中发生的战争和剧变的知识,以及突厥民族之
间、突厥民族与周边民族之间的关系史的有趣片段"(裕尔著、考迪埃修订、张绪山译:《东域
纪程录丛:古代中国闻见录》第一章,中华书局,2008 年版),张星烺则以为"席氏书中,未记往
中国道路,其中国史事,大约得之于中亚突厥人也。……恐席氏自亦不知所记陶格司国究何
在也。"
② 参考张绪山:《西摩卡塔所记中国历史风俗事物考》,《传统中国研究集刊》第 1 辑,上海人民
出版社,2006 年。

再次，涉及 Taugas 国风俗事物的其他一些记载，也多能找到史实依据。如"国内宁谧，无乱事，因威权皆由国君一家世袭，不容争辩"，这显然是指中原皇朝的皇位世袭制度；"崇拜偶像"，此处的"偶像"当指其时佛教在中国的流行；至于"国中有蚕，丝即由之吐出"云云，当然说的是古代中国蚕桑业的发达与先进。

值得注意的是，席摩喀塔虽然说到了 Taugas 国的蚕桑业，却并未将之与此前古希腊、古罗马作家频繁提及的神秘的"赛里斯"联系起来，这说明其时的东罗马帝国对于"丝国"即东方中国的探索兴趣，已经远不及希腊罗马时期那样强烈，其间的关键，当在 6 世纪中叶东罗马帝国开创了自己的养蚕织丝业。

讨论至此，我们应该清楚了：席摩喀塔《莫利斯皇帝大事记》中关于 Taugas 国的记载，基本对应着 6 世纪后期中国的史事；而联系 13 世纪初期《长春真人西游记》中的"桃花石谓汉人也"，则"桃花石"只是 Taugas 这类他称的一个汉字译名，又 Taugas 这类域外对中国的他称，延续的时间应该很久，事实也确实如此，如据张星烺的综述：

　　阿拉伯地理家麻素提之《黄金牧地》书中，谓人称中国皇帝，不曰"巴格博尔（Bagbour 阿拉伯语天子之译义）而号"唐格马甲班"（Tamgama Jaban）。又阿拉伯地理家阿尔比鲁尼（Albiruni）谓扬州（Yangju）城为发克富尔（Faghfur，亦天子之译义，与上同）之王居，其称号曰"唐格司汗"（Tamghaj Khan）。又阿拉伯地理家阿伯尔费达谓中国之"发克富尔"称号曰定格司汗（Tinghaj Khan），高贵无比。据花剌子模国算端札兰丁（Sultan Jalal-uddin）之秘书阿尔尼斯维（Al Niswy）《史记》谓在中国鞑靼王名图格斯（Tooghaj）。又多桑（D'Ohsson）《蒙古史》载一二一八年（元太祖十三年戊寅岁）蒙古成吉思汗遣使者数人至花剌子模国。算端摩哈美德（Sultan Mahomed of Khwarizm）见之于布哈拉城（Bokhara）。蒙古使者中一人，花剌子模籍也。算端中夜召之，密问成吉思汗已征服唐格司汗国，有之乎。

明初西班牙出使帖木儿廷大使克拉维约《纪行书》中,谓察合台汗国人称中国皇帝为唐古斯(Tangus),犹言猪皇帝也(Pig Emperor,恐为朱皇帝之戏语)。元李志常《长春真人西游记》谓九月二十七日,抵阿里马(Almalik《元史》作阿力麻里),土人"见中原汲器喜曰,桃花石诸事皆巧。桃花石谓汉人也。"俄国驻北京总主教帕雷狄斯(Palladius)谓《长春真人西游记》之桃花石即 Tamgaj 之译音也。①

要之,由以上所引史料与综述可知,Taugas、Tamghaj、Tamgaj 等等,都是域外以及中国的西域边疆对中国以及中原皇朝的他称,这些他称系出同源,只不过在不同的时代,音读稍有一些非本质的差别而已。又这些他称,按照汉字的读音,可以写作陶格司、唐格司、汤姆格笈、桃花石,等等。

当然,陶格司、唐格司、汤姆格笈这类现代学者相对准确的音译,比起模糊大概的中国古人的桃花石音译②,还是显得逊色不少,毕竟陶格司、唐格司、汤姆格笈说不出什么字面意思,"桃花石"则让人浮想联翩。比如我们会想到《礼记·月令》的"仲春之月,桃始华",华就是花;想到《诗经·国风·周南》的"桃之夭夭,灼灼其华",好一派桃树茂盛、桃花鲜艳的景象;想到陶渊明的《桃花源记》,那是隐士的避居胜地;想到道教的西王母种桃传说、桃木符避邪观念,甚至想到金庸武侠小说《射雕英雄传》里的道教中人"东邪"黄药师的桃花岛。而非常有趣的两个巧合是:其一,"桃花石"真与金庸小说如《射雕英雄传》、《神雕侠侣》里那位豪迈奔放、武艺高强、仙风道骨的长春子丘处机有关;其二,中国古代还真有一种观赏名石桃花石。依据南宋乾道《四明图经》的记载,秦汉时代的道教仙人安期生,曾在今浙江舟山海外的桃花岛学道炼丹,"尝以

---

① 张星烺编注、朱杰勤校订:《中西交通史料汇编》第一册第一编第三章之四"席摩喀塔之《陶格司国记》"出注。另参章巽:《桃花石和拂绫国》,《中华文史论丛》1983 年第 2 期。

② 黄时鉴"'儵贯主'考"(收入所著《东西交流史论稿》,上海古籍出版社,1998 年版)认为:宋人蔡絛的《铁围山丛谈》与张世南的《游宦纪闻》中,记有北宋政和七年(1117 年)于阗国贡献美玉的表文,其中的"儵贯主"当是 tabghač/tavghač 的另一种回译音写。果然如此,则"儵贯主"的译法又比"桃花石"早了百余年。

醉，墨洒于山石上，遂成桃花纹，奇形异状，宛若天然，人多取之，以为珍玩。"①由于这种石上布满桃树枝与桃花状的花纹与斑点，故名桃花石。或许，应该是道教中人丘处机首译、李志常首记的这个桃花石名称，就是受到了与道教传说有关的这种桃花石的影响？无论如何，桃花石都可谓是个绝妙的译名，它既反映了中华文化中特别讲究的名号情结，也可算是丘处机、李志常师徒对于中国历史作出的特殊贡献吧！（见图 30 - 1）

那么，Taugas(陶格司)、Tamghaj(唐格司)、Tamgaj(汤姆格笈)、桃花石这些同出一源的称谓，其最早的起源与含义又是怎样的呢？这却是个非常麻烦的问题。

第二节　Taugas 的起源与名义

200 多年来，关于 Taugas 这个系列的称谓之起源与名义，诸多中外学术名家提出了多种观点，但至今仍难有定论。以下略作陈述。

其一，大魏说。

18 世纪中叶，法国德基尼(J. Deguignes)考定 Taugas 为大魏(Ta-göei)的转音，大魏即北魏，鲜卑族拓跋部所建。日本白鸟库吉与中国张星烺、岑仲勉、梁园东等则辨其非。此说因为对音方面的证据最为薄弱，已被废弃。

其二，唐家说。

德国夏德(F. Hirth)、日本桑原骘藏等认 Taugas 为唐家(Tang-Kia)的对译。所谓唐家，本指李唐皇室，进而指唐朝。按唐朝建国于 618 年，席摩喀塔所记 Taugas 国的主要内容却相当于唐朝以前的隋朝，所以唐

---

① 张津等撰：《乾道四明图经》卷七，收入《宋元方志丛刊》第五册，中华书局 1990 年影印本。

家说在年代与史事两方面都不相应,无法成立。①

其三,大贺氏说。

清末洪钧《元史译文证补·西域补传上》:"多桑书字音如曰唐喀氏,义不可解。其所谓唐,必非唐宋之唐。及注《西游记》,有谓汉人为桃花石一语,循是以求,乃悟即契丹之大贺氏也。蒙古称中国为契丹,今俄罗斯人尚然。……是知契丹盛时,仍沿大贺氏之旧称,故邻国亦以氏称之。"岑仲勉《释桃花石(Taugas)》证其误曰:洪氏"未知 Taugas 之称,早行于隋初,故有是说。……况突厥碑文明将 Kitai(契丹)与 Tapqač 并书乎。……要其不克成立,则视唐家说为愈确矣"。② 又梁园东《"桃花石"为"天子","桃花石汗"为"天可汗"说》以为:"隋、唐间契丹八部之大贺氏虽或存在,但其势极微,自不能代表中国,其误自不待辩。"③

其四,拓跋说。

法国伯希和提出拓跋(古音 Thak-bat)说,但以对音不精确,不敢以为必是。④ 与伯希和差不多同时,日本白鸟库吉也以为 Taugas 即拓跋对音,"讬跋古读如 Tak-bat 或 Tak-pat,在声音上虽微有差异,然蒙古语系之 g,发音甚微,殆与 h 相近,故中国人于 Tabgač 之名,仅闻若 Tabhač 或

_____

① 有趣的是,唐家说流而衍之,遂与唐以后域外多称中国为唐(详第三十二章)相混。如《辞海》(上海辞书出版社 1979 年版)"桃花石"条:"公元十三世纪初中亚人称中国人为'桃花石',见《长春真人西游记》卷上。按拜占庭历史家有称中国为 Taugas,中世纪西方伊斯兰教徒有称中国为 Tamghaj,Tomghaj 和 Toughaj 者,或以为桃花石即其对音";又"唐家"条:"公元第七世纪以后外国人常称中国为唐家。又中世纪西方伊斯兰教徒有称中国为 Tamghaj,Tomghaj 或 Toughaj 者,或以为即'唐家子'的对音。"依照《辞海》的这种说法,则桃花石与唐家子仅为异译。又向达《唐代长安与西域文明》(三联书店,1957 年版)之"唐代长安与西域文明·二 流寓长安之西域人":"唐代中亚诸国即以'唐家子'称中国人,李唐声威之煊赫,于是可见也。"按《辞海》以及向达的说法,均为不妥。

② 岑仲勉:《释桃花石(Taugas)》,《东方杂志》第 33 卷第 21 号,1936 年。

③ 梁园东:《"桃花石"为"天子","桃花石汗"为"天可汗"说》,《边政公论》第 3 卷第 4 期,1944 年。

④ 伯希和:《支那名称之起源》,收入冯承钧:《西域南海史地考证译丛》,商务印书馆,1934 年版。按拓跋又可作讬跋、托跋、拓拔等。拓跋本义,说法众多。《资治通鉴·齐纪六》建武三年(魏太和二十年)魏主诏曰:"北人谓土为拓,后为跋。魏之先出于黄帝,以土德王,故为拓跋氏。夫土者,黄中之色,万物之元也。宜改(拓跋)姓元氏。"《魏书·序纪》略同。此为传统说法。

Tabač."①拓跋所建的魏，享国较长，势力强盛，在中亚又以土姓拓跋著名，故有此说。②

按自民国元年前后伯希和与白鸟库吉提倡此说后，以为 Taugas、桃花石等乃由拓跋而来的观点，风行一时。③ 反对者则有桑原骘藏、岑仲勉、梁园东、张博泉等人。如岑氏上引文认为：据钱大昕《廿二史考异》及陈毅《魏书官氏志疏证》，讬跋、吐蕃为同名；进之，9 世纪末回教徒撰述称西藏为 Tbt，而 8 世纪突厥碑 Tbt 与 Tapqač并列，故 Taugas 即讬跋不能成为定论。又梁氏上引文指出：拓跋说的勉强之处在于，一则字音并非真正相合；二则"拓跋"并非后魏时代普通称呼，盖后魏的种族是鲜卑，国号是魏，以并不著称的拓跋代表中国，显然是不妥当的。张博泉更直言"拓跋"说史无可稽，属于凭空推想。④

其五，大汉说。

张星烺《中西交通史料汇编》之"席摩喀塔之《陶格司国记》"出注曰："吾谓陶格司恐为大汉二字之转音。今代日本人读大汉二字为大伊干（Daigan）。日人之汉字读音，多学自隋唐时代。汉朝虽亡，而以后之人，仍称本国为汉土。法显、玄奘之纪行书可覆视也。"岑仲勉上引文以为"其说之有憾，与大魏同"。

张绪山近年撰文《"桃花石"（Ταυγάστ）名称源流考》⑤，重新发覆张星烺的"大汉"说，认为"桃花石"是"大汉"的音转，乃匈奴和北方草原民族对汉帝国的称呼：首先，从语音看，各种文字的桃花石写法没有大异，词

---

① 白鸟库吉著、方壮猷译：《东胡民族考》上编之"拓跋氏考"，商务印书馆，1934 年版。
② 4 世纪初，鲜卑族拓跋部在今山西北部、内蒙古等地建立代国，后为前秦苻坚所灭。386 年，拓跋珪重建代国，旋改国号为魏，史称北魏，也称拓跋魏、元魏、后魏。398 年建都平城（今山西大同市），439 年统一北方，494 年迁都洛阳，后改姓为元。534 年分裂为东、西两部，各仍国号魏。550 年北齐代东魏，557 年北周代西魏。
③ 或在此基础上更有发展，提出别说，如周建奇《关于"桃花石"》（《内蒙古大学学报》1985 年第 4 期）估计"汉语的拓跋和突厥语的'桃花石'均出自拓跋语的涵义为'山头'，形式类乎 taʁbaš 之一词"。
④ 张博泉：《"桃花石"的名与义研究》，《北方文物》1991 年第 4 期。
⑤ 张绪山：《"桃花石"（Ταυγάστ）名称源流考》，《古代文明》2007 年第 3 期。

根均为 Tauga,其余均为词根辅助音。Tau、Tab、Tam、Tan 相对于"拓"、"大"都有通转的可能,但以"大"更加便通,同时诸多亚洲语言如突厥语、波斯语和印度西北俗语中,g/gh/h 之间的互转是通例。因此 han 或 gan ("汉"的中古音为 gan)与 ga、gha 之间互转,在音韵学上是常见的现象。其次,从历史看,就中国与北方及中亚民族关系论,以两汉时期最为频繁,影响亦最大。张骞出使西域及班超经营西域,使得汉威响震西域,声名远被。两汉时期中原王朝的对外交往以与匈奴最为频繁,交往之中汉臣习惯自称"大汉",同时"大汉"也成为匈奴对中原政权的称呼。汉晋以降,无论是北方民族政权还是中亚西亚民族,仍习惯延续以往的大汉称呼,文献中见诸记载的汉家、汉、汉人、汉儿之类名称,实即"大汉"之汉译。因此鲜卑族拓跋魏恢复与中亚之交往,似属恢复两汉对西域的影响。西突厥在中亚兴起后,与拜占庭帝国发生交往,将大汉之名传输给后者,"桃花石"西传中亚、西亚过程中被各族政权采用,既指中原王朝,也以自身承受之。

其六,敦煌说。

1936 年,岑仲勉《释桃花石(Taugas)》提出桃花石、Taugas 为敦煌(郡名,治敦煌县,今甘肃敦煌市西,汉置郡及县)之说,略谓:席摩喀塔之 Taugas,既为国号,也是城名;与之相关的两名则是公元前后希腊斯脱拉波书中之 Tokhari(即大月氏)、2 世纪罗马拖雷美书中之 Thogara(即敦煌,原为大月氏故地)。这三个名称虽有差异,但排列比观,是由于数百年间的几回转译所致。初次输入西方的 Tokhari 为种族称号,再度输入西方的 Thogara 为郡县称号,三度输入西方的 Taugas 则由郡名晋为国号。以 Taugas 用作国号,应在五胡乱华以后,"维时南北隔绝,凉土自域,外国商胡,率不能南达中原,仅至西夏而止,敦煌地位,遂益为华戎所支一都会。"要之,"秦穆通西戎而震旦之号行,敦煌绾锁钥而桃花之称著,史例如斯,非为创见矣。"

按岑氏此说,立意新奇,而仍多破绽。例言之,席摩喀塔确以 Taugas 既为国号,又为大都城名,然而述 Taugas 城则说:"相传马其顿亚历山大战胜大夏、康居，奴役其民，烧杀野蛮人种十二万后，乃筑此城。王居其内。……距都城数里，亚历山大尝别建一城，蛮人称之为库伯丹（Khubdan）。"按 Khubdan 指隋都长安①，诸家大体没有异辞，岑仲勉也无异说，若此，则 Taugas 城与敦煌在地理方位、历史沿革等方面均不相合。张星烺认为 Taugas 城即长安城②，盖外人把都城、国号混而为一，至于席摩喀塔之亚历山大筑城云云，则得自传闻，不必认真。再者，大月氏、敦煌与桃花石、Taugas 之对音并不吻合，而且敦煌僻在西北，大月氏为边地远徙中亚之民族，域外尤其是熟悉中国、最初使用 Taugas 的突厥，谅不至于以敦煌或大月氏概称中国。③

其七，天子说。

1944 年，梁园东发表《"桃花石"为"天子"，"桃花石汗"为"天可汗"说》，认为 Taugas（桃花石）源出突厥文 Tabgac，"最初的意思是指中国的'天子'，及后西北诸番上唐太宗尊号为'天可汗'，即'桃花石'与'可汗'二称号的合称，遂流行于西北一带而保存下来，竟以'桃花石汗'为中国皇帝固有的称号了。"对此，岑仲勉《桃花石之新释》辩驳：梁氏以 Taugas 乃由突厥文 Tabgac 变来，最初必系突厥人以 Tabgac 称中国，然后传至中亚各地，这都没有问题。惟从语言学观点来看，古突厥文称天的词汇，与 Tabgac 完全不相类，所以"桃花石"为"天子"之新见解，不能成立。

其八，太岳说。

1957 年，在改变敦煌说的同时，岑仲勉"设想"了太岳说。《桃花石之

---

① Khubdan 也作 Kumdan（8 世纪叙利亚文）、Khumdan（10 世纪阿拉伯文）、Khamdan（11 世纪至 14 世纪阿拉伯文），其相当之汉文，说法不一，大致有长安说、宫殿说、汗堂说、京城说、关内说、京都说、金殿说七种。虽然说法不一，但指长安（或都城），则众家无异议。

② 张星烺《中西交通史料汇编》之"席摩喀塔之《陶格司国记》"出注："隋文帝嫌古代长安湫隘，别筑大兴城，离古城不过数里。席氏谓距陶格司城不远，又有库伯丹城，意其即指此而言。"按大兴城位于汉长安城东南龙首原南侧，即隋唐时长安城。

③ 1945 年，岑仲勉在《新中华》复刊第 3 卷第 4 期发表《外语称中国的两个名词》，说法已有改变："若桃花石（Taugas）之号，源出北方种族，后来乃传播于欧洲，余往年曾有所讨论，最近则以为可追溯上古，然牵涉过广，姑置不提。"及至 1957 年，岑氏又撰《桃花石之新释》（收入所著《突厥集史》，中华书局，1958 年版），正式改变了"桃花石即敦煌译音"的说法。

新释》略谓：Taugas 这个名称可能传自上古，突厥人称中国的 Tabgac 不过承用而已。而在中国古典里，其相当的语源似应为"太岳"。《左传·庄公二十二年》周太史曰："姜，大岳之后也。"大（太）岳指猃狁族。猃狁当日占住西陲之要冲还在秦人未得志以前，因而西北族就称中国为"桃花石"。

按"太岳"一类的传说，即便在中国史籍中，也为模糊影响之谈，又何以能长久保存于民族成分纷纭复杂、民族语言并非一脉相承的域外呢？至于传自上古云云，也无任何确证。故以事理衡度，"太岳说"实经不起推敲。

其九，大汗说。

1983 年，章巽发表《桃花石和回纥国》一文，认为"桃花石及前举 Taugas，Tabgač，Tabghāj，Tabghāch，Tamgadj，Tamghaj，Timghaj 等等名称，皆同出一源，即由大汗一名衍变而来"。其主要理由详见下节，这里先不赘述。

其十，"大华子"说。

1991 年，张博泉发表《"桃花石"的名与义研究》，认为桃即大，花即华，石即子，大之义为"大国"，华之义为中华，子之义为人，其总称是"大国华"或"大国华人"。中原以外的中国民族和外国，根据具有中国含义的"大国"、"华"及"华人"，称呼中国为 Taugas，这反映了"大国"、"华夏"对外的影响。

按张氏此说的难通之处在于：首先，其立论的基准，即"桃花石"一定是直接音译"具有中国、中国人含义的名称"，并不成立，若上一章所述源于物产的"赛里斯"及下一章将要讨论的源于民族的"契丹"，起初就不"具有中国、中国人含义"；其次，"大国"这一普通名词不是"中原以外的民族和国家"对于中国的专称，而以本非专称的"大国"，作为域外有关中国专称的 Taugas 之重要来源，难以自圆其说；再者，域外有关中国的称谓，一般其语义上的结构并不复杂，而"大华子"一说，竟然牵连到了大国、中国、中华、中夏、华夏、华人等众多名号，这显然是过高估计了域外对中国的了解,并且过分以求了。

然则比较以上往往大相径庭的各种说法(也许还有笔者未及注意到的其他说法),笔者的倾向性看法是,相对晚出的章巽的"大汗"说,证据更为坚强一些,附和者也更多一些。

第三节 马赫穆德·喀什噶里的解释

章巽的"大汗"说,据其所撰《桃花石和回纥国》一文进行概括,主要理由有三个方面:

首先,符合古音。"大汗"的上古音为 dar gan,中古音为 dai ɣan,与桃花石及 Taugas 等名称比较,虽然拓、大、Tau、Tab、Taf、Tam、Tim、桃古音相近,但汗、ga、ɣan、ghā、ghâ、花的辅音都是舌根音和喉音,跋的辅音却属于唇音,相隔甚远;尤其是汗和花,直到现在还都以喉音为辅音。又前举名称的后缀(sě、j、ch、dj,石字也是后缀转译的汉字),表示"执事者"或"主事者"的意思,是附加上去的,可以置之不论。显然,大汗的古音更符合 Taugas 等等同出一源的名称。

其次,符合史实。大汗即大可汗,可汗本是古代柔然、突厥、回纥等族对君主的尊称。"可汗"这个称呼的起源很早,一般注意到的常是 402年柔然首领社仑自号可汗,而据《资治通鉴·魏纪九》景元二年(261 年)的记载,西汉之世拓跋先祖已有可汗的称号。元胡三省《注》曰:"可汗,北方之尊称,犹汉时之单于也。(北宋)宋白曰:虏俗呼天为汗。"①由于这些民族与南方的中原王朝接触频繁,也就援例而称中原的皇帝为可汗或汗。"汗"是可汗的缩称,冠以"大"字,是形容中原王朝的强大,以表示尊敬。②

---

① 如此,北方民族的"可汗"与华夏汉族的"天子"含义近似,即都与"天"有关。
② 如贞观四年(630 年),西北诸族请唐朝皇帝李世民上尊号为"天可汗",正是基于同样的原因。《新唐书·北狄传·赞》:"唐之德大矣!际天所覆,悉臣而属之,薄海内外,无不州县,遂尊天子曰'天可汗'。三王以来,未有以过之。"

再次,符合使用情况。如 1074 年成书的喀喇汗王朝学者马赫穆德·喀什噶里编撰的《突厥语大词典》里,解释桃花石汗"就是古国和大汗"。与唐宋朝廷有甥舅之称的回纥民族西迁新疆与中亚所建立的喀喇汗王朝,统治者在喀喇汗(最高的汗)、阿尔斯兰汗(狮子汗)等尊称外,还要加上桃花石汗的徽号,就是因为桃花石汗兼具中国汗与大汗的美义。[①](见图 30-2)

依据以上理由,章巽认定:桃花石等名称出自大汗;大汗得以指中国皇帝,渐渐推广,桃花石等名称就"用来作为对中国和中国人的称呼了"。

这里,笔者围绕章巽的论点,再作三点补充说明:

第一点,大汗的"大"。无论是华夏汉族还是非汉民族,"大"字从古到今都是为人们所习用的一个壮美字眼,"大"不仅表示物理意义上与"小"相对而言的"大",还具有文化意味,如"大汉"、"大唐"、"大宋"等国号,《论语》里的"大哉孔子"、"唯天为大"等说法,即是对相应的国家、人物、自然现象的尊敬与赞美。作为 Taugas、桃花石来源的"大汗",也可以作这样的理解,它实质上反映了非汉民族对于中原皇朝君主的一种特别的尊敬。

第二点,大汗的"汗"。笔者曾经指出:"值得注意的是,不仅诸夏语言的汉有伟大、盛大的意思,亚洲地区许多民族的语言中,表示伟大、盛大意思的词,都发音为'han'"[②],这样,汗、可汗、大可汗、大汗,也就成了对最高统治者表达敬意的一种特别的尊称。

第三点,桃花石称谓证明了古代中国本是多民族统一体。马赫穆德·喀什噶里的《突厥语大词典》中,对作为"国之名"的"桃花石"的完整解释是这样的:

> 此乃摩秦的名称。摩秦距离契丹有四个月路程。秦本来分为

---

① 有关这方面情况的深入论述,详蒋其祥:《试论"桃花石"一词在喀喇汗朝时期使用的特点与意义》,《新疆大学学报》1986 年第 3 期。

② 胡阿祥:《正名中国:胡阿祥说国号》第六讲,中华书局,2013 年版;参考辻原康夫著、萧志强译:《从地名看历史》第一章,世潮出版有限公司,台北,2004 年版。

三部:上秦在东,是为桃花石;中秦为契丹;下秦为八儿罕。八儿罕就是喀什噶尔。但在今日,桃花石被称为摩秦,契丹被称为秦。[①]

那么如何理解这段对于桃花石的解释呢?

首先,"摩秦"就是"大中国"。所谓"摩秦",可以写作 Machin、Mahachina、Mahachinasthana。在本编的"China"一章中,我们讨论过 Chin、China 来源于秦,是域外对中国的他称,Ma、Maha 是大的意思,sthana 是国土的意思。如此,"摩秦"就是"大秦"、"大中国"。如唐僧玄奘《大唐西域记》卷五中,记载了一段与印度戒日王的问答。戒日王问:"自何国来? 将何所欲?"玄奘答:"从大唐国来,请求佛法。"戒日王问:"大唐国在何方? 经途所亘,去斯远近?"玄奘答:"当此东北数万余里,印度所谓摩诃至那国是也。"又说:"至那者,前王之国号;大唐者,我君之国称。"很清楚,摩诃至那国就是印度对唐朝的尊称,就是摩秦,就是至那,也就是中国。

其次,"中国"是个整体。按照马赫穆德·喀什噶里的解释,一方面,"摩秦"指当时的宋朝也就是北宋,狭义的"秦"则指与北宋同时的、统治中国北方的契丹辽朝,这就是"桃花石被称为摩秦,契丹被称为秦"的意思;另一方面,广义的"秦"本来又是一体的,它包括了"上秦"即北宋统治的中原地区、"中秦"即契丹辽朝统治的北方地区、"下秦"即以喀什噶尔(今新疆喀什市)为首都的喀喇汗王朝统治的新疆部分地区与中亚部分地区。换言之,喀什噶里的"桃花石"词条中,"表达的中国是一个统一体的观念,特别是关于喀什噶尔是中国的一个组成部分的观念,乃是时代

---

① 此据张广达:《关于马合木·喀什噶里的〈突厥语词汇〉与见于此书的圆形地图》,收入所著《西域史地丛稿初编》,上海古籍出版社,1995 年版。又马赫穆德·喀什噶里编、校仲彝等译《突厥语大词典》第一卷(民族出版社,2002 年版)第 479—480 页列出了 tavghaq 即桃花石的五个词条,其中作为"国之名"的首条,释义如下:"'马秦'国之名。这个国家距秦有四个月的路程。秦原来分作三部分:第一,上秦,地处东方,被称之为'tavghaq(桃花石)';第二,中秦,被称之为'hitay(契丹)';第三,下秦,被称之为'barhan(巴尔罕)',这就在喀什噶尔。但是,现在认为'tavghaq'就是'马秦','hitay'就是'秦'。"又另四个词条分别意为"突厥人的一部分"、"伟大而古老的东西"、"对偶词"、"一种树"。

的产物,如实反映了自古以来我国兄弟民族之间结成的血肉联系。……是中国多民族共同缔造祖国历史的最强有力的证词"[1];至于喀喇汗王朝的统治者在喀喇汗(最高的汗)、阿尔斯兰汗(狮子汗)等尊称之外,还要加上"桃花石汗"的徽号,又证明了"喀喇汗王朝的统治者自认是中国的国王,他们的王朝是中国的王朝,他们王朝统治的地域也是中国的领域"[2]的普遍认识。

那么,可以认作中国多民族国家证明的 Taugas、桃花石称谓,使用情况又是怎样的呢? 依据欧洲、阿拉伯、突厥、回纥等各种外文史料以及汉文典籍的记载,我们能够判定,这类有关中国的他称,流行的地域大体是北亚、中亚、西亚以及部分的欧洲地区。这类他称使用的时间,上限不晚于 6 世纪的末期,相当于中国的隋朝时期,因为席摩喀塔的《莫里斯皇帝大事记》大约成书于 610 年,所叙内容主要就是东罗马皇帝莫里斯在位(582 年—602 年)时的事情,而书中首见 Taugas 国号;又下限至少在一定的地域中,比如中亚,延存到了 15 世纪的早期,相当于中国的明朝初年,因为根据西班牙使臣克拉维局(Clavijo)的《奉使东方记》,当域外称中国明朝为契丹国时,"唯察合台国人称之为陶格司(Taugas)",这察合台汗国本是成吉思汗次子察合台的封地,有今新疆与中亚部分地区,后来分裂成西部的帖木儿帝国与东部的别失八里,而克拉维局奉使的国家,正是帖木儿帝国。[3] 也就是说,Taugas、桃花石称谓延续的时间,将近千年! (见图 30 - 3)

---

[1] 张广达:《关于马合木·喀什噶里的〈突厥语词汇〉与见于此书的圆形地图》。

[2] 魏良弢:《喀喇汗王朝史稿》第二章,新疆人民出版社,1986 年版。

[3] 按察合台汗国初仅占有西辽故地。14 世纪初合并窝阔台汗国,遂兼有今新疆天山南北路及中亚阿姆河以东地方。14 世纪中期,汗国分裂为东、西两部。以后西察合台在贵族帖木儿当政时,演变为帖木儿帝国(1370 年帖木儿自称君主,1405 年去世,帝国分裂,16 世纪初为乌兹别克人所灭);东察合台则居于别失八里(今新疆吉木萨尔县北破城子),发展成明时的亦力把力(故址在今新疆伊宁市,1418 年别失八里国迁都于此,国号随更)。克拉维局奉使帖木儿帝国,于 1403 年抵撒马尔罕(乌兹别克斯坦中部城市,撒马尔罕州首府),1405 年始归。依此,则其时的中亚原察合台国人仍称中国为陶格司(Taugas)。

第三十一章　Cathay：多民族国家的再次证明

公元 12 世纪以后,域外对中国的称谓又有了新的名词。在穆斯林文献、欧洲人的著作以及基督教徒的撰述中,往往称中国为 Khita、Khata、Khatai、Kathay、Katay、Katai、Kitai、Khitan、Khitay、Khitai、Khetai、Kathan、Hita、Xetai、Catai、Cata、Cathay、Cathan、Chata,等等;俄语现在还称中国为 Китай。汉译的写法也是五花八门,如乞塔、乞炭、乞塔惕、乞鳎、乞答、吉答、契塔、契泰、吸给、戈台、迦太,等等。学者们一致的看法是,这些名词都是"契丹"的转音。

第一节　寻找契丹:哥伦布与鄂本笃的故事

在具体讨论"契丹"这个系列的中国他称的有关问题之前,先说两个西方人寻找契丹的故事。

第一个故事是哥伦布寻找契丹。

如所周知,我们现在习称的所谓"地理大发现",指的是从 15 世纪中后叶到 17 世纪末叶,为了发展新生的资本主义,欧洲的船队出现在世界各处的海洋上,寻找着新的贸易路线和贸易伙伴。在这个过程中,欧洲涌现了许多杰出的航海家,他们发现了许多为当时的欧洲人所不知晓的国家与地区。① 其中,意大利热那亚航海家克里斯托弗·哥伦布(Christopher Columbus,1451年—1506年)"发现"了美洲"新大陆",应该算是首屈一指的重要事件,它拉开了欧洲殖民美洲的序幕。

有趣的是,其实哥伦布航海的首要目的地,原来并非美洲,因为他根本就不知道这块大陆的存在,而是他从《马可·波罗游记》中知道的契丹。

马可·波罗(Marco Polo,1254年—1324年),13世纪意大利威尼斯的著名旅行家和商人,1275年来到中国,游历中国17年,并且担任了元朝的官员。1295年马可·波罗回到威尼斯后,次年在威尼斯与热那亚的海战中被俘,他在狱中口述了大量有关中国的故事,由其狱友鲁思梯谦(Rustichello da Pisa)记录成书,这就是1298年问世的《东方见闻录》,现在习称《马可·波罗游记》。在这部游记中,马可·波罗称中国北部原金朝的疆域为"契丹"(Cathay),称中国南部原南宋的疆域为"蛮子"

马可·波罗在旅途中

---

① 如何认识所谓的"地理大发现",参考胡阿祥、彭安玉主编:《中国地理大发现》"前言",山东画报出版社,2004年版。

(Manji)，又说契丹和蛮子加上西藏、西域、云南等区域，都是元朝大汗忽必烈的领域，"忽必烈汗是元朝第一个皇帝成吉思汗正统的和合法的后裔，是鞑靼人合法的元首"，"忽必烈汗的版图比他以前的几个大汗更加广大而辽阔，国势也更强大"。①

《马可·波罗游记》中盛赞了契丹与蛮子发达的工商业、繁华热闹的市集、宏伟壮观的都城，描写了黄金遍地、美女如云、绫罗绸缎应有尽有那样仿佛人间天堂的景象，这自然激起了一代又一代欧洲人的憧憬和向往，也强烈地激起了欧洲人的好奇心和占有欲，并对以后的"地理大发现"产生了直接影响。即以哥伦布为例，1492 年 8 月 3 日，哥伦布就是带着西班牙国王斐迪南二世致契丹"大汗"的国书以及两份空白的国书，抄录了朋友向他介绍契丹国的复函，率领 80 多位船员，分乘三艘帆船，从西班牙巴罗斯港扬帆出发，以寻找契丹国为目的，开始了艰苦的远航，并在 70 天后的 10 月 12 日到达中美洲的巴哈马群岛。因为寻找契丹，却阴差阳错地发现了美洲，并进而对现代世界历史产生了无可估量的影响，这真是历史的有趣之处。

第二个故事是鄂本笃寻找契丹。

不同于哥伦布由海路寻找契丹却意外发现了美洲，110 余年后，葡萄牙传教士鄂本笃（Benedict Goës，1562—1607 年）通过陆路寻找契丹，并最终证实了传闻中的契丹就是当时明朝统治的中国。有关这次寻找的过程，鄂本笃去世后，意大利传教士利玛窦依据鄂本笃日记整理而成的《访契丹记》中，有明确的记载：

> 昔威尼斯人马可孛罗尝著书详记契丹国事，名震欧洲。惟世代湮远，人已忘之。甚有谓为寓言，世间确无此国者。耶稣会神父之居莫卧儿朝廷者，尝致书于居住印度西部之同事人，叙述回教徒传说。谓契丹国更在东方，位于莫卧儿王国之北。此虽旧事重提，而

---

① 马可·波罗口述，鲁思梯谦笔录，曼纽尔·科姆罗夫英译，陈开俊等译：《马可·波罗游记》第二卷第二章、第一卷第五十一章，福建科学技术出版社，1981 年版。

实新闻也。……神父利玛窦自支那国京城迭次致书印度诸同事,谓契丹(Cathay)乃支那帝国之别名。惟在莫卧儿朝中诸神父,来函所见,全然相异。皮门塔对于两说,初则怀疑不决。继则偏信莫卧儿诸神父之函。盖诸书已明言契丹各地,有回教徒甚众,而支那无该教之踪迹也。再支那业已证明向无基督教,而回教徒身历契丹境者,皆言之确凿,契丹有基督教也。亦有谓契丹与支那为邻国,因之误传,支那即契丹也。故皮门塔等会商决定,派人探访,以释群疑,兼寻与支那有否短捷交通路线也。

派出探访契丹国的人选,就是当时久居印度莫卧儿帝国、会说波斯语、熟悉内陆亚洲风情的鄂本笃。鄂本笃受命后,乔装打扮成亚美尼亚商人,"长衣缠头,腰挂弯刀,背负弓与箭筒,蓄须发甚长",并携带着许多货物,混在一个500人的商队中,于1603年3月从印度莫卧儿帝国陪都拉合尔(今属巴基斯坦)正式起程,开始了他的探访契丹之旅。

走走停停中,1605年初鄂本笃行进到察理斯(今新疆焉耆县),遇到从契丹归来的一支回教徒商队,商队中人告诉鄂本笃:

> 往契丹国都城北京,与耶稣会教士寓于同旅舍内,其人告鄂以神父利玛窦及其同伴诸人详细情形,确实无误。鄂至此时,始恍然大惊,所欲探访之契丹国即支那也。

> 商人悉皆回教徒,在北京与耶稣会士同居三月之久,故能详言诸教士之情况也。诸教士献呈契丹皇帝钟表、乐琴、图画及欧洲方物。北京贵人皆礼遇教士,皇帝亦常召之入宫晤谈。其语真伪参杂,不可尽信。又能详言所见诸教士之面貌,惟不能告其名也。中国向例,外人入境,皆须依其俗,更改名字,故回人不得知也。商人又出示鄂葡萄牙文字纸一张,在旅舍扫屋时所得,留为纪念,携归示人,并将告以葡人如何能入中国也。此纸亦耶稣会教士某所书。鄂本笃等闻此诸语,心中大乐。契丹者非他,乃支那帝国之别名。其国都,回教徒所称为康巴路(Cambaul)者,乃即北京之别名。事已证

实，毫无疑窦。

尽管已经"毫无疑窦"了，鄂本笃还是想着去趟北京，见见诸位教中的朋友，于是他继续一路向东：

> ……由哈密行九日，抵支那国北方之长城。此城世界著名。停留处曰嘉峪关（Chiaicuon）。在此休息二十五日，以待是省总督之回音，可否入境。至后总督覆音许入，于是起身。行一日而抵肃州（Sucieu），在此闻得北京及其他以前所知各地名。至是时，鄂本笃心中最后怀疑始全去，契丹（Cathay）即支那（China），同地而异名而已。

鄂本笃到达肃州（今甘肃酒泉市）的时间是 1605 年底。遗憾的是，由于信息不畅，鄂本笃一直没有联系上北京的教友，加上贫病交加，1607 年 4 月鄂本笃竟然病逝于肃州。

据上引鄂本笃的《访契丹记》，有四点值得我们特别注意：

首先，鄂本笃受命探访契丹，仍与《马可·波罗游记》有关。马可·波罗描述的富足而奇特的契丹国，既让欧洲人无限向往，也让不少欧洲人将

鄂本笃画像

信将疑。① 于是，许多航海家开始了海路寻找契丹的历程，哥伦布就是一

---

① 如鄂本笃《访契丹记》所写的那样，直到 17 世纪初，有些耶稣会教士还对契丹国之所在疑信参半，故此在马可·波罗当时，更多的人并不相信他的《游记》。马可·波罗临终时，朋友们要求他为了灵魂的安宁，取消《游记》中说的"一些似乎不可相信的事"，马可·波罗却答复："我还没有说出自己所见所闻的一半。"

例;鄂本笃则另辟蹊径,改由陆路寻找,并以生命为代价,最后取得了成功,证实了马可·波罗口述的契丹,就是当时称为 China 的中国明朝。

其次,17 世纪初时,域外已经习称中国为 China,Cathay(契丹)只是 China 的别名、从前的称谓,否则,鄂本笃的探访就是多余的了。

其三,Cathay(契丹)就是 China,当时的中亚人以及在中国的西方传教士都是清楚的,而在印度的西方传教士以及欧洲人那里,对此却存在争论。

其四,与明朝史实相对证,16 世纪以后的明朝,西北直辖领地确至嘉峪关而止。

无论如何,哥伦布寻找契丹,发现了美洲;鄂本笃寻找契丹,进入了中国。这两个故事,都可谓彰显了契丹国的无限魅力。其实,类似这样的寻找或探索契丹的故事,还有许多,姑引忻剑飞著《世界的中国观》以见大概:

> 寻访契丹国,成为一件时髦的事情。1497 年,葡萄牙航海家达·伽马为寻求契丹,发现了绕好望角而至印度的航路;1436 年,英国人喀博德(John, or Giouanni Cabct)为寻求契丹,由英国第一次向大西洋西北航行,到达加拿大海岸;1558、1559 年间,英国探险家詹金生(Anthony Jenkinson)及约翰生(Johnson)兄弟,为寻求往契丹的通路,由俄国陆路东行,直达布哈拉(Bokhara)城;1602 年,葡萄牙人鄂本笃(Benoit de Goëz)为寻访契丹,由印度阿格拉城(Agra)北行,不幸客死中国边境。所以,有一位外国教授曾说:"探寻契丹(Cathay)确是冒险界这首长诗的主旨;是数百年航行业的意志灵魂。"这段历史的方法论意义更在于:"凡可以震动世界的伟业,无不从梦思幻想而来,古时因寻'哲人石',为后世化学打了基础;现代的航行地理学者实导源于当时探寻契丹的热诚。"①

那么,"契丹"到底是什么意思?域外又怎么会称中国为"契丹"呢?

---

① 忻剑飞:《世界的中国观》第五章第一节,学林出版社,1991 年版。

第二节 契丹成为中国的域外他称与契丹的含义

域外之称中国为契丹,联系着契丹族所建立的两个政权契丹与哈剌契丹,也就是辽与西辽。据上编第十四章第一节"辽得名于辽水,契丹意为宾铁"的讨论,这两个政权可谓既具武威,历时又久①,幅员也广,于是蒙古和西北的一些民族,便称契丹或辽统治的中国北部、哈剌契丹或西辽统治的新疆与中亚地区为契丹。等到契丹(辽)为金朝灭亡、哈剌契丹(西辽)又为大蒙古国灭亡以后,仍然沿用习惯,称呼这些地区为契丹,称呼这些地区的人民(包括契丹人、汉人以及其他民族)为契丹人。再到后来,契丹又从专指的国号、地域与人群的称呼,演变为中国的统称。(见图 31-1、31-2)

有关契丹从自身的族称到中国的域外他称的演变过程,方壮猷《契丹民族考》开篇有段简短精炼的叙述:

> 契丹原为中国东北地方一小部族之名,南北朝时始起于辽水中游今热河东北之地,为游牧民族,领地不过数百里。历隋至唐,西北臣于突厥、回纥,南臣于中原,不能有大发展。直至唐末五代之世,突厥、回纥相继衰灭,中原复多内乱,契丹民族始得乘时勃兴。时耶律阿保机为八部统主,北伐室韦,遂领东北诸地,西征沙陀、党项,领内蒙古西部诸地,南侵中国,占领河北、山西之北边诸地,东灭勃海,占领松花江流域之地,国势日张。后唐明宗天成二年(西纪 927 年)契丹太宗复助唐叛将石敬瑭灭后唐,得燕云十六州之地。敬瑭自尊为帝,复称臣于契丹。晋天福二年(西纪 937 年)契丹改国号辽。天福八年敬瑭不复称臣,出帝开运元年(西纪 944 年)辽攻晋陷贝州,开运三年辽复大举攻晋,执出帝北去。晋亡而契丹势益盛,置五京六府,州军城百五十六,县二百零九,部族五十二,属国六十。东至

---

① 契丹或辽历时 210 年,916—1125 年;哈剌契丹或西辽历时近百年,1124—1218 年。

于海,南至白沟(今京西琉璃河),北至胪朐河(今外蒙古车臣汗部克鲁伦河),西至金山(今阿尔泰山)暨于流沙,为当时东亚第一大国。于是威名及于西域诸国,自后西域诸国只知有契丹而不知有中国,遂误以契丹为中国之称。其后契丹虽亡于女真,而西方学者之记载东方事情者,沿其误而不改,仍称中国为契丹。[①]

按方壮猷认识到契丹之名远播域外,是因为契丹国势持久强盛所造成的深远影响,这是有道理的。如谭其骧师也认为:辽"信威万里,至今西人之以陆路通于吾国者,犹称吾曰契丹"。[②] 但方壮猷径直认为"西域诸国"与"西方学者"称中国为契丹乃因误解所致,则有简单化认识之嫌。实际上,从上一章所述马赫穆德·喀什噶里编撰的《突厥语大词典》可知,在11世纪的中亚社会,人们的脑海里存在一个普遍的认识,即当时的中国是由宋(北宋)、契丹、喀喇汗王朝三个部分组成的。而按照名称学的基本原理,人们对事物认识和命名的一条常见规律,就是以部分指称整体。因此,从理论上来说,以这三个部分中的任何一个指称中国,在当时的域外都是可能的。而比较言之,契丹势力强盛,曾经历时长久地作为中国北部及西北广大地域的统治者,并且横亘在内地与西域、中土与域外接触交流的要冲位置与前沿地带,所以逐渐地、自然而然地成了域外有关中国的他称。

又梁园东在《中国民族之名称》中更加具体地指出,"考契丹一名所以应用如是普遍,另一种原因,实由于蒙古人":

> 因蒙古各族原在契丹之北,当其未兴前久属契丹,及辽金相代之间,蒙古人已兴起,故因其习惯之结果,对其以南各地包括中国在内,皆称为契丹,虽契丹已为金所灭,而对金仍称以契丹,如《元秘史》中,凡对金之国言虽呼为金国,而对人民却概称为契丹。及后蒙古势力扩充至中亚远及欧洲境内,属其领下之区域,自亦习以契丹

[①] 方壮猷:《契丹民族考》,《女师大学术季刊》第 1 卷第 2 期,1930 年。
[②] 谭禾子:《辽代"东蒙"、"南满"境内之民族杂处——满蒙民族史之一页》,《国闻周报》第 11 卷第 6 期,1934 年。

称中国，以故契丹一名愈行普遍。自十三世纪以来，曾受蒙古统治之各地，更以契丹称中国之全部。①

然则"契丹"既为域外有关"中国"的他称，那么本来作为族称的"契丹"又是什么意思呢？首先需要明确的是，作为汉字对契丹语的记音，"契丹"在历史文献中也写成"奚丹"、"乞塔"、"赤丹"、"契达"、"山旦"等等，但使用最为广泛而且为契丹人广泛接受的译名，还是"契丹"。《新唐书·契丹传》记载："契丹，本东胡种，其先为匈奴所破，保鲜卑山。魏青龙中，部酋比能稍桀骜，为幽州刺史王雄所杀，众遂微，逃潢水之南，黄龙之北。至元魏，自号曰契丹。"及至916年契丹建国以后，契丹作为国号的使用时间较久，又即使在以辽为国号的时期，契丹语中仍以契丹族称为国号，并由此导致凡在契丹治下的各民族，包括契丹人、汉人和其他民族在内，皆可称为"契丹国人"乃至"契丹人"。

明确了以上史实，接着就可进一步讨论"契丹"族称的原始含义了。与China、Taugas之来源取义的众说纷纭类似，有关"契丹"族称的原始含义，也是异说杂呈：

其一，宾铁说。持此说者有冯家昇及日本白鸟库吉等人，他们以《金史·太祖本纪》中完颜阿骨打所言"辽以宾铁为号，取其坚也"为依据，认为"辽以宾铁为号"不单指"辽"，也包括"契丹"一词的含义，即"契丹"的意译为宾铁，宾铁"即西域珍藏之印度钢"。②

其二，切断说或刀剑说。德国肖特（W. Schote）在《契丹及哈剌契丹

---

① 梁园东：《中国民族之名称》，《大夏》第1卷第8号，1934年；收入梁园东著、姚奠中、梁归智选编：《梁园东史学论集》，山西人民出版社，1991年版。

② 日本爱宕松男否定这种传统说法。爱宕松男著、邢复礼译《契丹古代史研究》第三编第一章（内蒙古人民出版社，1988年版）："第一，虽说是《金太祖实录》中的说法，这对说明契丹族名起源，其可靠性仍有问题。第二，上述《金太祖实录》中的说明，是在与自己的'大金'，这一中国式的国号对比之下而提出的，并非与完颜部或女真这样的族名对比而提出的。第三，镔字的本义确实是白金，此外还有孔炉，刑具等含义。特别是刑具二脚镣，如从广义来解释，不能说没有铁的意思。关于上述结论，我认为国号'辽'的由来，不是族名'契丹'，'辽水说'（《三朝北盟会编》）和'镔铁说'（《金太祖实录》）可以解为南宋和女真两方面的不同看法。"

考》中提出:契丹二字与蒙古语"切断"、"杀害"(kitu-khu)以及表示"谷物收割"的 kidu-khu,表示小刀的 kitu-gu、Kito-gha Kuta-Gha、kutu-gha 等为同一语源。日本白鸟库吉《东胡民族考》表示赞同,并进一步提出"刀剑说",认为契丹的原语出自表示"切断"或"把它切断"的蒙古语,Kytaj(khatai)、kytang(契丹)的原义是"切断",由此转化为"镔铁"或"刀剑"、"剪刀"之类的名称。①

其三,寒冷说。苏联 B. C. 达斯金《契丹文字试读》认为契丹源出蒙古语表示"寒冷"的 huiten,并把中国学者释为"仲冬"的契丹小字,译为寒冷的季节。②

其四,领地说。方壮猷《契丹民族考》认为:西亚、南亚地名如 Hindustan(印度斯坦)、Turkestan(土耳其斯坦)、Afghanistan(阿富汗斯坦)、Baluchistan(俾路支斯坦)等,凡语尾的"斯坦(stan)"皆是 stand 之略,巴利文凡 stand 皆变为 tand,表示所在地之义。契丹的丹,可能表示同样的意思。又契丹的契,与相传之契丹始祖"奇首可汗"之奇字声音相类,可能有语脉相通的联系。③

其五,酋名说。冯家昇《契丹名号考释》提出了三种说法,即一方面赞成宾铁说、刀剑说,另一方面又独立提出"酋名长老说"。他称野蛮民族姓氏无常,部酋之名常沿为族落之号,族落之号亦常用为姓氏,并举悉独官、乞得龟、逸豆归等名,认为"若去语尾,则悉独、乞得、逸豆,当知突厥语契丹之[k'itai]、蒙古语契丹之契塔特、乞塔,皆为对音","则契丹为

---

① 参考爱宕松男著、邢复礼译《契丹古代史研究》第三编第一章所引。按王禹浪、孙慧、戴淮明《契丹称号的含义与民族精神》(《黑龙江民族丛刊》2008 年第 6 期)认为此说违背历史语言演变规律,因为此说采用晚出于契丹语的蒙古语音与契丹一词语音进行相互比对,难以令人信服,而且两种语言之间是否存在语言文化继承关系也值得怀疑。

② B. C. 达斯金:《契丹文字试读》,苏联《亚非民族》1963 年第 1 期。中国学者的批评认为:这是达斯金在音义结合过程中,没有对合成字的结构形式给予足够考虑所作出的错误判断,见佚名:《关于契丹小字研究》,《内蒙古大学学报》1977 年第 4 期。

③ 即实(巴图)《契丹国号解》(《社会科学辑刊》1983 年第 2 期)对方壮猷将"契丹"推测为"奇首之领地"的解释不以为然,指出"西域语言与契丹语言不同,且又十分复杂,用西域语言与契丹语言进行比对,难免差之毫厘而谬之千里"。

宇文部酋名字衍变之说,未为怪也"。①

其六,奚东说。郑德英《东胡系诸部族与蒙古族族源》指出契丹为"奚东"(奚族的东方)之意,并给出数条理由:从读音看,契、奚近同,东即丹;从地理位置看,契丹确在奚族的东面;契丹与奚"异种同类";契丹的祖先"奇首可汗"又作"奚首",契丹与奚同祖;契丹和奚最早均见于北魏,北魏王朝先知有库莫奚之名,后知有契丹;从《魏书》的记载看,先有库莫奚传,后有契丹传,而且契丹"在库莫奚东"。②

其七,奚丹说。日本爱宕松男《契丹古代史研究》提出:"在中国及蒙古利亚诸种族中,以 kitai、kitan、кцтань(契丹)、kitad(乞塔惕)等形式传留下来的 ktai 部族总称,我推断乃是起源于契丹 riec-tan 类似奚的(人)和'居于奚人中的(人)'这一蒙古语形容词。"这个形容词"在长年累月作为部族名称使用的过程,就变成固有名词,由此再求其复数变化,即产生Kitan 为单数,Kitad(乞塔惕)为复数这样的形式。至于中国用汉字表示此称则是从'奚丹'渐向'契丹'转移,后世就专称以'契丹',以避免与'奚'混同③。

其八,水草丰美之地说。舒焚《辽史稿》推测:"《辽史》说:'辽国其先曰契丹,本鲜卑之地,居辽泽中,……南控黄龙,北带潢水,冷陉屏右,辽河堑左。高原多榆柳,下隰饶蒲苇。''居辽泽中',当是指生活于辽河地区的水草丰美之地。'契丹'一词,会不会有着辽河地区水草丰美之地的含义呢?本来与契丹族同属鲜卑族的库莫奚族,其'库莫'一词,是沙漠的意思,这一点也可供作参考。"④

其九,松漠说。陈述《契丹政治史稿》在探寻契丹名称释义时,承续上述契、奚二音可以相通的思路,提出:契丹与奚族长期毗邻,操持共同

---

① 冯家昇:《契丹名号考释》,《燕京学报》第 13 期,1932 年;收入《冯家昇论著辑粹》,中华书局,1987 年版。按冯氏在自立酋长说的同时,又赞同宾铁说、刀剑说,显得其主张不够明确。
② 郑德英:《东胡系诸部族与蒙古族族源》,收入中国蒙古史学会编:《中国蒙古史学会论文选集》,内蒙古人民出版社,1980 年版。
③ 爱宕松男著、邢复礼译:《契丹古代史研究》第三编第一章。
④ 舒焚:《辽史稿》第一章第一节,湖北人民出版社,1984 年版。

契丹狩猎木俑

语言，过着同样的游牧经济生活，契丹、奚、室韦在历史过程中实际是同族的不同部分。《隋书·室韦传》："室韦，契丹之类也，其南者为契丹，在北者为室韦。"室韦，"蒙语、达斡尔语谓森林，则契丹的意义，可能是和森林相对应的草原、沙漠或与森林相关的意义。……远溯原义，或以居处松漠（依之射猎为生的平地松林）而名族。"①

其十，大中说。即实《契丹国号解》从契丹文字理论与语言特点出发，认为契丹二字乃是[kei duan]之音译，duan 谓鲜卑族段部落，段部落的活动地域为《三国志》裴注所述之中部地区，由此可知，"段"字的语义为"中"，而"大契丹"则是半音译半意译，犹如"腾吉思"之义为湖，却译成"腾吉思湖"一样，如果意译，"契丹"就是"大中"，契丹国原是"大中国"之义。②

其十一，力量说。王弘力《契丹小字中之契丹》在否定"大中说"的基础上，认为"契丹"一词保留在建辽前的 732 年立石的突厥文阙特勤碑中，译音为 kytay，或转写成 Qitay、khitai，同时代的暾欲谷碑作 kytang，但均无"大段、大中"的语音痕迹。显然，契丹是一个独立词，而不是由"大、中"合成的词。《契丹国号解》为了将"大、中"与"契丹"附会一处，提出"元音移位"说，这不符合中古以来蒙古语族诸语言的发展实际。王弘

---

① 陈述：《契丹政治史稿》第二篇第三节，人民出版社，1986 年版。
② 邱久荣《〈契丹国号解〉质疑》（《中央民族大学学报》1983 年第 4 期）批评即实只注意到语言研究，而忽视了最基本的历史事实，其以契丹出于段部、契丹之名来源于"段"字，没有史实依据，因此站不住脚。

力从语言角度进行分析，推测契丹语 xit 本义为"力量"，与蒙古语［id］对应，Xiten（契丹）相当于蒙古语［ideten］"壮士，英豪"。①

其十二，东方太阳神说。王禹浪、孙慧、戴淮明《契丹称号的含义与民族精神》从历史语言学和民俗学的角度考察，认为契和奚的本义均为东方，契丹与奚的族源具有同一性的可能。契丹即东丹，为东方太阳神之义。同时，契丹民族"崇东拜日"的习俗，也印证了契丹有太阳神崇拜的传统。②

有关"契丹"的本义及其来源，据上胪列笔者已见的众家说法，可谓极端复杂。而笔者的倾向性看法是，早期权威文献《金史·太祖本纪》中的明确记载，即 1115 年正月完颜阿骨打称帝时所说"辽以宾铁为号，取其坚也"，仍是最为顺畅、也最便于接受的观点。当然，所谓"辽以宾铁为号"，指的是辽的另一个国号契丹，因为"辽"没有宾铁的意思。换言之，作为族称、国号以及域外有关中国他称的"契丹"，追根溯源，乃是"宾铁"的意译。③

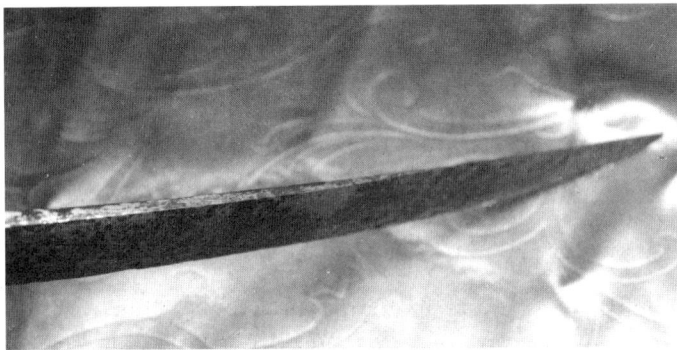

契丹宾铁刀

① 王弘力：《契丹小字中之契丹》，《民族语文》1987 年第 5 期。
② 按冯家昇《太阳契丹考释》（《史学年报》第 1 卷第 3 期，1931 年）有言："尝为《契丹释名》一文，屡翻唐宋人笔记，而无所获。其后阅陶九成《说郛》所引《辽东志略》，得'太阳契丹'一辞，思之不解"，则"东方太阳神"说似乎为此提供了某种解释的可能性。
③ 参考上编第十四章第一节。

第三节　域外文献中的契丹与俄语中的 Kитай

　　如上所述,虽然"契丹"名称的来源取义迄今聚讼纷纭,但蒙古及元、明时代,中亚、欧洲和非洲的一些国家以"契丹"的转音称呼中国或中国北部,则是学者们均无异议的一致看法。兹举数例域外文献中记载的契丹如下[①],并稍作分析。

　　13 世纪中叶意大利人勃拉奴克皮尼(Plano Carpini)奉教皇使命出使蒙古,其《游记》记蒙古征契丹(Kathay),以西辽为哈剌契丹,以"初次征服契丹国"为中国北方之金朝,而"契丹国之一部,以在海中,负险自守,故至今尚未得征服也",则指南宋而言。这是合称金、南宋为契丹。

　　稍后法国人卢白鲁克(G. Rubrouck)奉法国路易九世之命出使蒙古,其《纪行书》称:"大契丹国,余意即古代赛里斯国也。盖其地今代仍产丝,品质之佳,世界无匹。其人称丝为赛里克(Seric)。其地有城市名赛里斯,因而国亦名赛里斯。有人告余,其国有一市,城墙为银所建筑,城堞为金所建成。国境分划多省。有数省至今尚未为蒙古人所征服。契丹印度之间,有海介之。契丹人身躯短小,言语中,鼻音甚多,两眼上下甚狭。东方之人,大概如是。精于各种工艺,医士深知本草性质,余亲见治病以按脉诊断,妙不可言。从不检验病人之尿,亦绝不知有其事。……有僧人来自契丹国,余得遇之,访问后,得悉由和琳城往契丹国,须东南行二十日即可至。……其人写字用毛刷,犹之吾国画工所用之刷也。每一字合数字而成全字。"按卢白鲁克的《纪行书》颇有兴味,但亦不乏误会,如银墙金堞的误解,大概就缘起中国古代成语"金城汤池"吧。

　　又稍后于卢白鲁克的《纪行书》,《马可·波罗游记》称中国北部(原金朝地)为契丹(Cathay),称中国南部(原南宋地,大抵即黄河以南各省)

---

① 以下举例,皆见张星烺编注、朱杰勤校订:《中西交通史料汇编》,中华书局,2003 年版。

为蛮子(Manji)；①契丹和蛮子加上西藏、西域、云南等区域，均为元朝大汗忽必烈的领域。元朝上都为和林(今蒙古国哈拉和林)，元朝大都(今北京)为 Kanbalu(汗八里，蒙语汗城的意思，即帝都)。

　　再稍后，14 世纪初意大利人约翰孟德高维奴(J. de Monte Corvino)自"契丹国汗八里城"致书西方友人，有云："契丹为鞑靼皇帝所辖境域。皇帝之称号曰大汗"，"东方诸邦，尤以大汗所辖国境，庞大无比，全世界各国，莫与比京"。

　　稍早于《马可·波罗游记》，13 世纪后期，波斯人拉施特(Khodja Rashid-eddin)《史记·契丹国传》载述甚详，如称"契丹国幅员甚广，文化极高。最可恃之著作家皆云，世界上无一国，开化文明，人口繁盛，可与契丹比拟者。东南界海湾，不甚宽阔。此湾延长至蛮子(Manzi)与高丽(Koli)之间。后又伸至契丹国(Cathay)境内，距汗八里(Khanbaliq)都城二十四拍拉散而止，船舶亦皆可航至此处也。……契丹大部，当成吉思汗时已被征服。至窝阔台汗时，全部皆平。成吉思汗及其诸子未尝奠居契丹，吾前已言之矣。蒙哥大汗(Mangu Khan)传位忽必烈大汗(Kublai Khan)。忽必烈大汗以契丹人口繁盛，远过世界他国，而帝京远离，不便治理，故奠都契丹国，置冬宫于汗八里城。契丹人称之曰中都(Chung-Tu)"；又云"大汗全国，共有十二省。……十二省所在地点，依其级位，可列之如下"，其"第四省，南京(Nanking)，此为契丹国大城。……昔为契丹国王之都城"②，"第六省，京师城(Khingsai)，以前为蛮子国(Kingdom of Manzi)之都城"③。

　　与约翰孟德高维奴差相同时，1307 年小亚美尼亚国果利葛斯亲王海敦(Hayton)《契丹国记》的记载也颇有趣味："契丹国者，地面最大国也。

---

① 《马可·波罗游记》自始至终未提 China 一词，仅在第三卷第四章有谓："大家必须知道，日本所位于的那个海洋叫做 Sea of Chin，这个东方的海洋广阔无垠。"按 Sea of Chin 可译作秦海，也可意译为中国海。

② 即今河南开封，金朝谓之南京，金宣宗南迁都于此。

③ 即南宋都城临安，今杭州。

幅员之广,莫与伦比。人口众多,财富无穷。国滨大洋海。……其国人聪慧敏巧,远过他人。……其国人之心理,视世界各国皆为不开化,不能与其人相比。然其国亦实多奇异物品,贩运四方,制工优雅,精美过人。诸国之人,亦诚不能及之也。国境之内,所有人民,皆称契丹人。然亦有依其地方之名,而异其称号者。各地人民,男女皆甚秀美。而大抵皆目小,无须。契丹国人文字书法,皆为美观。……相传契丹国为世界极东之国,过此则无他国矣。"

又1347年左右,摩洛哥旅行家伊宾拔都他(Ibn Batuteh)游历中国,其《游记》称中国为秦,又或以中国南部为秦(Sin),以中国北部为契丹(Hita)。

1368年明朝建立后,域外文献称明朝为契丹者仍多,如明初波斯文献《沙哈鲁史》,德国人细尔脱白格(Johann Schiltberger)《游记》,西班牙使臣克拉维局《奉使东方记》;以后,明英宗时意大利人尼哥罗康梯(Nicolo Conti)《游记》,明宪宗时意大利人巴巴罗(Josafat Barbaro)《奉使波斯记》,1562年荷兰人白斯拜克(Auger Gislen de Busbeck)致友人书,等等,也称中国明朝为契丹。①

然则比较明朝时域外文献与蒙元时域外文献,我们也可见出其略有不同。明朝时域外文献记载中国,除了契丹外,渐渐多用 China 一系称谓及中国、中华、中华帝国,盖域外称谓中国的名词,又已改变。

以契丹指称中国,依据以上所引域外文献,已经明白无疑。当然,如果仔细分析相关的域外历史文献,我们又会发现契丹这个中国的域外称谓,在使用方面的一些倾向或特点。首先,从使用时间看,主要为蒙元时代(尤其是元朝)及其前后,即起自12世纪,而集中于13世纪到15世纪。其次,从使用地域看,大体是蒙古高原、中亚、西亚以及欧洲与非洲的一些国家。再次,从指称对象看,域外文献中的契丹,或指中国北部,或指

---

① 相关记载,详见张星烺编注、朱杰勤校订《中西交通史料汇编》,为省篇幅,不复引述。

中国，并不一致。概而言之，当与南宋（Manzi，汉译蛮子国）①对称时，契丹多指中国北部；而到了统一的元朝与明朝时，契丹则指中国，如称元朝大汗忽必烈为契丹国大汗，称明朝皇帝朱元璋为契丹国皇帝。（见图 31-3）

16 世纪晚期以后，以契丹指称中国的情形渐渐少了起来，域外尤其是欧洲人多习称中国为 China。只是在俄语中，至今仍称中国为 Китай，即契丹，汉译一般写作"迦太"。以此，下面再就俄语中的 Китай 稍作申论。

清末外交家薛福成的《出使英法义比四国日记》中说：

> 俄人称中国曰"迄代斯克"，短音曰"迄代"，即契丹之转音。盖俄之创国较晚，正值契丹强盛之世；其时犹与西洋隔绝，彼但知东方最强之国为契丹，因即以之呼中国也。②

按薛福成判断 Китай 为"契丹之转音"是对的，至于"俄人称中国"为 Китай 的过程，则所述并不详确。

俄语中有关中国的称谓出现较晚。由于俄罗斯古籍的缺载，现在无法知道在 Китай 以前古代俄罗斯人怎样称呼中国；而 Китай 这个名称，也大致可以设想是通过中间语言（即第三种语言）才出现的。

俄语的 Китай 源于契丹没有疑义，然而是源于建立辽朝的契丹，还是源于建立西辽的契丹，却难以断定。结合当时中西交通的史实，更有可能是出自西辽。

在西域、中亚立国的西辽，中亚民族称为哈剌契丹；而由于其先辽朝（契丹）的存在，契丹这个名词又成为中亚民族对中国北部的称呼。西辽的建立，由于宗教的原因很快引起了欧洲的注意。西辽本是个信奉佛教并兼容基督教的大国，与伊斯兰教的穆斯林国家则有冲突。当时，基督

---

① 按金、元称南宋境内的汉人为南家（Nangias、Nikan 等），称南宋为 Nangiat Ulus（ulus，国也）。又元称南宋境内的汉人为蛮子（也称宋人、新附人），故蛮子国源于蒙古人对南宋皇朝的蔑称。
② 薛福成：《出使英法义比四国日记》卷六，光绪十七年二月十九日。

教的西方与伊斯兰教的中亚正在进行宗教战争,所以欧洲国家对新契丹国——西辽的出现极有兴趣,并因为把它看作是一个基督教国家而倍受鼓舞。1142 年,耶律大石战胜强大的伊斯兰塞尔柱突厥,消息传入欧洲十字军骑士团,教皇亚历山大三世乃向西辽大汗致函,寄望于西辽攻击穆斯林势力,以帮助十字军建立耶路撒冷王国。而在这样的历史背景下,契丹这个名称传到了欧洲,使欧洲人把西辽国土乃至西辽以东的原辽朝领土(中国北部)也称作契丹,就是一件顺理成章的事情;再由欧洲传到也信奉基督教的俄罗斯境内,于是俄语中出现了哈剌契丹、契丹这一类的称谓。

俄罗斯对契丹的认识,随着 13 世纪及其以后欧洲(也包括俄罗斯)传教士(如前面提到的勃拉奴克皮尼、卢白鲁克、马可·波罗等)对蒙古大汗(1271 年后即指元朝皇帝)的访问,不断得到确认与加强。如勃拉奴克皮尼曾路过俄罗斯;在和林谒见蒙古贵由大汗时,又见到了俄罗斯大公雅罗斯拉夫的使团。而在这些传教士的记述中,都提到了契丹,并把契丹作为中国北部或中国的一个称谓,俄语以契丹指称中国于是得以定型,并一直沿用至今。

关于俄语之称中国为"契丹",赵春晶撰有《俄语称中国为"契丹"的原因》[①],这里也概括其观点,以供参考。赵春晶认为,在辽朝统治北部中国及西辽威震中亚的时候,当时莫斯科公国仍处东欧平原北部,与辽及西辽罕有接触,直到 16 世纪他们才越过乌拉尔山,渐渐扩张到中亚。因此俄罗斯的契丹称谓并不来自他们的直接印象,而是受到其他外部因素的影响。一方面,众多欧洲国家在这一时期皆称中国为契丹,俄罗斯从伊凡三世(1462—1505 年在位)开始学习西方文明,引进欧洲文化艺术,这可能影响到他们按照当时欧洲的习惯,称呼中国为契丹;另一方面,可能也是更为重要的,即蒙古人军事扩张的助推。俄语 Китай 的词源,来自蒙古语"乞塔"(Kitat、kidat 或 hitat),原指契丹,经由 13 世纪蒙古西征

---

① 赵春晶:《俄语称中国为"契丹"的原因》,《俄语学习》2012 年第 6 期。

逐步扩大,泛指中国。而从大量域外文献记载来看,13世纪的欧亚大陆,特别是蒙古人统治下的国家、地区以及与这些国家、地区有交往的国家,都已习惯用 Kitai(Kitay、Khitay、Cathay、Katay 及 Китай)称呼中国。俄罗斯曾受蒙古统治200多年,蒙古语的词根、词汇进入古罗斯的语言自然不可避免。因此,俄语称中国为 Китай,所受蒙古人的影响可能更为深远。

特别需要强调的是,这俄语中保留至今的以契丹(Китай)指称中国的事实,还具有值得彰显的现实意义。苏联政府曾有这样一种说法:"只有汉族才是中国人,满族和中国其他少数民族都不算是中国人。中国少数民族居住地区都不是中国的领土。中国的北部疆界在长城,西部边界没有超出甘肃和四川。"①然则俄语之称中国为"契丹"而不称"汉"国,不仅形象地证明了契丹本是历史上中国的民族,而且有力地证明了中国自古以来就不是单一的汉族国家,而是由多民族共同缔造的国家的历史事实!

---

① 参考吕一燃:《发扬优良传统　开创边疆史地研究的新局面》,《西北史地》1989 年第 1 期;胡阿祥:《读史入戏:说不尽的中国史》"一、剧目解题:'胡'说'中国'",人民出版社,2014 年版。

第三十二章　汉唐与其他：各自的特征

域外对于中国的称谓，其实是个至为复杂的问题，这不仅有着中国方面的原因（如历史悠久、疆域广大、民族众多、国号名号屡变等），也有域外方面的原因（如历史的久暂、民族的更替、语言的嬗变、认识的浅深等）。而上述 China、Serice、Taugas、Cathay 四个各成系列的称谓，仅是域外有关中国称谓的一部分而已。学者们更指出：上述称谓大体与外部世界同中国的北方和西北陆上交通有关，海上中外交通所形成的域外对于中国的称谓还有一些；进之，陆上中外交通所形成的域外对于中国的称谓，也不止上述四个系列。下面先举三例，以见一斑；然后重点讨论汉与唐。

第一节　举例：日本、缅甸、越南对中国的称谓

第一个例子，日本对中国的称谓。

中国和日本，隔海相望、一衣带水，相距极近，历史上两国之间的往来，也是源远流长。至于中日之间有关国家的称谓，则是由古及今，错综复杂。就中国对日本的称谓言，有倭系列（如倭、倭国、倭奴、委奴、倭面土国等）、日本系列（如日本、日国、日岛等）、东系列（如东夷、东国、东瀛、东洋、大东等）；而日本对中国的称谓，也有本属中国自称的吴、汉、唐、支

504

那、中国与中华五大系列,以及属于他称的常夜国、西国,等等。

以言他称,为什么日本称中国为常夜国、西国呢? 这与中日之间的相对方位特征有关。因为中国在西,日本在东,所以古代中国人称日本为东夷、东国、东瀛,近代中国人称日本为东洋,近代中国人和日本人又都统称欧美诸国为西方、西洋、泰西;反过来,古代日本人则称中国为西国、西土,甚至常夜国。比如早在中国的秦朝时,日本列岛的人们想象着在西方太阳落下的地方,有个常常见不到阳光的异邦,他们称为"常夜国",那是传来稻米的美好乐园。甚至到了 607 年,日本听政的圣德太子厩户致书中国的隋朝皇帝杨广,还称"日出处天子致书日没处天子"[①],次年圣德太子的又一封国书也明白写着"东天皇敬白西皇帝"[②]。很明显,日出处即东方,东天皇就是东国天皇,日没处即西方,西皇帝就是西国皇帝,这是以日本为日出处国、为东国,以中国为日没处国、为西国;[③]至于日本自称"天子"、"天皇",既僭越了隋朝定制的"倭王"称呼,又与隋朝的"天子"、"皇帝"平起平坐,以此,杨广很不痛快,告知朝廷主管外交的鸿胪卿:"蛮夷书有无礼者,勿复以闻"[④];现代日本学者则大加赞赏道:"圣德太子一面向往中国文化,极愿试图吸取,而另一面又始终尊重国家体面,对隋坚持对等态度,真是值得钦佩。"[⑤]

再言本属自称的他称,需要解释的是吴、汉、唐。在日语中,汉字读音可以分为吴音、汉音与唐音三个系统。以"京都"的"京"为例,吴音读作きょう,汉音读作けい,唐音读作きん。又在这三种读音中,吴音和汉音所占比重差不多,唐音只占少数。按照学者们的研究结论,吴音是模

---

① 《隋书·倭国传》。释周凤《善邻国宝记》卷上引《经籍后传记》作"日出处天皇致书日没处天子"。

② 《日本书纪》卷廿二推古天皇十六年条。

③ 据钱钟书《管锥编》第四册(中华书局,1979 年版)"全隋文卷三一"所引,日本人自称"东人",而称中国及中国人为西土、西人。又德川光圀《日本史记》卷九:"诏曰:'朕闻西土之君,戒其民曰'",斋藤正谦《拙堂文话》卷一:"先师精里先生与或论文曰:'大抵世儒不能自立脚根,常依傍西人之新样而画葫芦'",又卷八:"孰谓东人之文不若西土哉?"

④ 《隋书·倭国传》。

⑤ 木宫泰彦著、胡锡年译:《日中文化交流史》"隋唐篇",商务印书馆,1980 年版。

旧时日本军币上的圣德太子像

仿中国唐朝以前南方语音的,汉音是模仿唐朝中原一带语音的,唐音则是模仿宋元明清时代语音的,也就是说,吴音、汉音、唐音的叫法,在时间上与中国的朝代国号并不吻合,这不难理解,因为名称的传播特别是接受总有个滞后的过程。而另一方面,日语中汉字读音称为吴音、汉音、唐音的状况,也从有趣的侧面体现了中日交往的变迁过程。中日之间的交往,或者直接通过海道,或者通过朝鲜陆路。海道在中国一方先以江南地区为终端,这一带在先秦时期曾是吴国的疆域,三国时代又属吴国,所以江南地区也被称为吴地,吴地的汉语方言传到日本就成了吴音;唐朝经过朝鲜传入日本的汉字读音仍被称为汉音,缘于汉朝以后不少域外的国家与民族称中国为汉;至于宋朝以后无论从陆路还是海路传到日本的汉字读音都被称为唐音,则联系着宋元明清时代海外诸国又称中国为唐的历史背景。简而言之,吴、汉、唐正是不同时期的日本对于中国的不同称谓。而大体论之,唐以前多称中国为吴、为汉,称吴又多于称汉;唐以后,多称中国为汉、为唐,称唐也多于称汉。①

①有关汉、唐的讨论,详见本章第二节、第三节。又日本之称中国为吴,除了上述"吴音"的遗存外,还有其他例证。如隋唐以前,日本称中国人为吴人,称侨居日本的中国人聚居地为吴原,称在日本劳动生活的中国纺织工匠以及中国的织物与织法为吴织,称魏晋南北朝时代的中国胡床(一种坐具)为吴床,等等。

　　饶有趣味的是,按照有些学者的进一步研究,日本之所以称中国为吴,还不仅是由于古代日本同中国吴地的接触较多,吴还兼具另一层含义,而这仍与中日之间的相对方位有关。

　　在日本古代文语中,专指先秦及三国的吴国时,吴字读音为ゴ或クレ;[1]而单个用吴指称中国时,则读为クレ。日语クレ的意思是日暮、黄昏、天快黑以及季末、年终,转意为"日没处"。[2] 按日出于东,没于西,所以クレ又有西方的意思。如此,古代日本以吴(クレ)指称中国,是由于中国的地理位置正在日本的西方,或者更全面地说,古代日本之称中国为吴,是一词兼蕴二义。其本义是说中国居于日本之西,日本人视之为日没处国、西国,用他们的话来说就是クレ,而借汉字"吴"表示;其延伸义是说与日本接触较多的中国吴地,在日语中所指渐得扩大,乃至指称整个中国。

　　第二个例子,缅甸对中国的称谓。

　　现代缅甸语称中国为 Ta-yuk(德由),这个称谓是从 Ta-ruk(德卢)演变来的。Ta-ruk 称谓产生于 13 世纪后期,相当于中国元朝时。这个时期缅文的《信第达巴茂克碑》称中国为 Ta-ruk,而 Ta-ruk 正是蒙古语"达噜噶"即"达鲁花赤"的对音。"达鲁花赤"是镇守者、监临官、掌印人的意思。如所周知,元朝时各地的路府州县与多数的行政机关,设置达鲁花赤作为正官,主要由蒙古人担任,有时也参用门第高贵的色目人,他们位在当地官员之上,掌握着最后裁定的权力。而这样特殊的行政制度与官员设置,竟然成了那时的缅甸人眼里的中国特征,于是在缅文中,蒙古语的达鲁花赤成了称呼中国和中国人的专有名词,这就是缅甸语中古代的 Ta-ruk 与现代的 Ta-yuk 的来源。

　　第三个例子,越南对中国的称谓。

　　越南旧时对中国和中国人的称谓,相当多样。1917 年越南史学家陈

---

[1] 据日本政府公布的《当用汉字表》和《当用汉字音训表》,今吴字读音,一律作ゴ。

[2]《艺苑日涉》:"吴,此译苦列,暮(Kure)字译语,盖犹言日没处。"转引自木宫泰彦著、胡锡年译:《日中文化交流史》"汉、六朝篇"。

重金的《越南史略》中,从头到尾几乎都称中国为 Tàu(船);①1998 年出版的雷航主编的《现代越汉词典》中解释:"Tàu,(亦作 Tâu)……过去对中国的俗称或按中国的制作方法。"②为什么会有这样的称呼呢? 一般认为这与中国人多是坐船来到越南有关。③ 还有学者还总结了明清以来越南人对中国人的称呼,竟有北人、马流人、马留人、中国人、华人、汉人、唐人、宋人、元人、明人、明香、明乡、清人等十多种④,真是纷繁复杂。

当然,对于诸如此类的纷繁复杂、时代各异、语言多样、取义丰富的域外有关中国的称谓,笔者实在没有办法、也确实没有能力逐个展开讨论。⑤ 相对而言,则具有典型代表意义、至今仍在使用、既是自称也是他称的中国称谓,最重要也最为人熟知者,当推汉与唐。⑥ 汉、唐既是中国古代统一皇朝的国号,也是域外有关中国的他称,然而问题在于:中国历史上的统一王朝或皇朝国号,从夏、商、周直到大元、大明、大清,本有许多,为什么域外习惯甚至坚持以汉、唐称呼我们中国呢?

----

① 陈重金:《越南史略》,岘港出版社,越南,2002 年版。
② 雷航主编:《现代越汉词典》第 743 页,外语教学与研究出版社,1998 年版。
③ 范宏贵、刘志强《越南语言文化探究》(民族出版社,2008 年版)第四章第四节指出:"懂越南语的华人大多一听到'Ngu'ò'ii Tàu'一词,便会觉得不是滋味。笔者的朋友就曾因在公共场合听到越南人称呼华人为 Ngu'ò'ii Tàu 而与越南人争吵起来。"按 Ngu'ò'ii Tàu 意为船人,而其含有贬义,可能与"越南人观点中的把中国人比作海盗"有关。
④ 范宏贵、刘志强:《越南语言文化探究》第四章第四节。
⑤ 通过上举三例,我们已经可以推测,古代多种语言文字的各个国家与民族关于中国的称谓,肯定还有许多。
⑥ 同样重要而且为人熟知者,还有域外之称中国为"中国"、"中华"、"中华帝国",参考本书导言、第二十二章、第二十四章。按元明以来,继承唐宋,海上及陆上中外交通日益发达。明、清朝廷与邻国及东南亚、阿拉伯乃至欧洲国家交往,常常自称中国;晚明及清初来华的西方传教士,也往往受中国文献的影响,称中国为中华帝国、中国、中华。与此相关联,从 17 世纪直至 20 世纪初,被西方殖民者诱骗和掳拐到东南亚和美洲各地的中国劳动人民(以东南各省居多),被外国人称为华工(侮辱性的称呼则为"猪仔")。而因中国人素以中华自称,故海外华侨所建馆所,也以中华(如中华会馆)称呼居多。再往下,1912 年成立的中华民国,简称中国。中华民国期间的 1946 年 7 月,联合国大会决定采用英语和法语作为联合国的主要工作语言;然而时至今日,用英语的国家有 100 多个,用法语的国家只有三四十个,英语某种意义上成了全球通用的世界语。在英语中,中华民国通称为 National Republic of China,简称China。又 1949 年 10 月 1 日,中华人民共和国成立,也简称中国,国际上的英语通称则分别是全称 People's Republic of China 与简称 China。

第二节 伟大而光荣的"汉唐盛世"

关于域外习惯甚至坚持以汉、唐称呼中国,这里可以各举一例。

北宋朱彧在《萍洲可谈》卷二中提到:"崇宁间,臣僚上言,边俗指中国为唐、汉,形于文书,乞并改为宋",这段记载对应的史实是:北宋政府希望域外的国家、民族与来到宋朝的域外商人改称中国为宋,不要再习惯性地称汉、唐,结果却无实效。

《明史·拂菻传》记载:

> 元末,其国人捏古伦入市中国,元亡不能归。太祖闻之,以洪武四年八月召见,命赍诏书还谕其王曰:"自有宋失驭,天绝其祀。元兴沙漠,入主中国百有余年,天厌其昏淫,亦用陨绝其命。……朕为臣民推戴即皇帝位,定有天下之号曰大明,建元洪武,于今四年矣。凡四夷诸邦皆遣官告谕,惟尔拂菻隔越西海,未及报知。今遣尔国之民捏古伦赍诏往谕。朕虽未及古先哲王,俾万方怀德,然不可不使天下知朕平定四海之意,故兹诏告。"已而复命使臣普剌等赍敕书、彩币招谕,其国乃遣使入贡。

按类似这样改朝换代之初,即将新国号晓谕四方的做法,自是中国古代的一种常规;然而尽管如此,域外往往并不随着中国多变的国号而改变其对中国的称谓,仍然坚持使用一些已经习惯了的称谓①,比如汉、唐,就属于这种情形。

那么,汉、唐凭什么成为域外习惯甚至坚持的中国称谓呢?

先言汉朝。刘邦开创的汉朝,起自公元前202年,止于公元8年;刘秀重建的汉朝,起自25年,止于220年。这两个几乎前后接续的统一皇

---

① 值得强调的是,域外依据所接触到的中国朝名国号来指称当时的中国,是一个可以理解的通例。然则名称有一定的滞后性,已经形成的称谓,由于习惯,又往往难以在短期内更改;况且中国朝名国号多变,因此形成了域外对于中国的称谓,与中国朝名国号往往并不同步的现象。

朝,累计的时间超过 400 年,真可谓国运长久。又不仅国运长久也,汉朝的辽阔疆域、强大国势、繁荣的经济、众多的人口、先进的文化、发达的技术、推尊经学、普及儒家教育等等,也都为人称道。这样的汉朝,堪称中国历史上的伟大时代。(见图 32-1)

再言唐朝。高祖李渊开创、太宗李世民发扬光大、玄宗李隆基时代达到极盛的大唐皇朝,从 618 年到 907 年,延续了 290 年,哪怕减去中间武曌改唐为周的 15 年,享国也有 275 年。提及唐朝尤其是"安史之乱"以前的唐朝,我们从不吝啬赞美之词。"大唐气象"、"盛唐文明",那是让国人提气来神的时代。这个时代,胡风汉韵杂糅,国家刚健尚武,人民开放崇文,充满着豪迈、兼容、创新、自信的社会心态与群体行为,洋溢着积极向上、快乐祥和的生活氛围,明君、贤相、名将、诗人、画家、学者、高僧大德、科技巨匠,仿佛群星闪耀,律令、典章、制度、疆域,也是尽显大国风采、强国气度。这样的唐朝,堪称中国历史上的光荣梦想。(见图 32-2)

伟大而光荣的"汉唐盛世",又是声教远暨、超迈前古的时代,中外之间的经济与文化交流非常繁荣。就交流的路线言,汉代有以西北方向陆路为主的"丝绸之路",唐代除了西北方向的"丝绸之路"外,更有以东南方向海路为主的"丝绸之路"、"陶瓷之路"、"书籍之路"等。就交流的规模言,汉武帝时代代表官方的张骞"凿空西域"以后,汉朝开始频繁派出使者,所谓"使者相望于道。诸使外国一辈,大者数百,少者百余人。……远者八九岁,近者数岁而反"[1],汉朝的丝绸、漆器、铁器、冶铁与穿井技术等等外传,西方的马匹、瓜果、香料、乐器、杂技、佛教等等输入,汉朝与中亚、西亚、南亚乃至欧洲广大地区的商品交换与文化交流有了重大进展,由此开创了中外关系的新纪元。至于盛唐时代,外国使臣、商人、僧侣、学生的到访数量与对大唐文明的倾慕之情,更是堪称中国历史的绝后空前,比如其时的长安、洛阳二京以及扬州、成都、广州等都会,各

---

[1]《史记·大宛列传》。

种身份的外国人不仅数量巨大，而且很多外国人定居中国，娶妻生子，甚至在朝为官。如据《资治通鉴·唐纪四十八》的记载，唐贞元三年（787年）仅长安一地，一次便有"胡客有田宅者"四千人"归化"大唐，又据9世纪阿拉伯旅行家阿布赛德哈散（Abu Zaid Hassan）的记载，879年黄巢攻陷广州后，"除杀中国人外，回教徒、犹太人、基督教徒、火教徒，亦被杀甚多。死于此役者达十二万人。"①

　　总之，正是基于汉、唐皇朝强盛的国力、开放的国策以及广泛的国际交流，正是基于汉、唐时代的中国堪称中华文明的杰出代表、东方世界的文明中心、周边国家的学习楷模，所以域外习惯甚至坚持以汉、唐称呼中国。那么，作为中国的域外他称，汉、唐的具体使用情形又是怎样的呢？

第三节　"汉威令行于西北，唐威令行于东南"

　　综合而言，域外称呼中国为汉、为唐的情形，是与中外交通的地理形势相对应、相吻合的，即西北方向称汉较多，东南方向称唐较多。如北宋朱彧《萍洲可谈》卷二指出："汉威令行于西北，故西北呼中国为汉；唐威令行于东南，故蛮夷呼中国为唐。"②清徐岳《见闻录》也称："柬埔寨人呼中国人为唐人，犹西北人呼中国人为汉人也。"③又清王士禛《池北偶谈》卷二一"汉人唐人秦人"条提到："昔予在礼部，见四译进贡之使，或谓中国（人）为汉人，或曰唐人。谓唐人者，如荷兰、暹罗诸国，盖自唐始通中国，故相沿云尔。"

　　分开来说，在西北方向，中亚地区及其以西诸国，往往称汉以及汉以后的中国为汉。如《北史·波斯传》记北魏孝明帝神龟年间，波斯国遣使

---

① 张星烺编注、朱杰勤校订：《中西交通史料汇编》第二册第三编第五章"阿布赛德哈散之记录"，中华书局，2003年版。
② 按此乃就大体情况立言。如南宋程大昌《考古编》卷三《诗论十四》："中国有事于北狄，唯汉人为力，故中国已不为汉，而北虏犹指中国为汉；唐人用事于西，故羌人至今尚以中国为唐。"
③ 转引自陈登原《国史旧闻》卷贰拾肆[二八四]，中华书局，2000年版。

贡物,其国书云:"大国天子,天之所生,愿日出处,常为汉中天子。波斯国王居和多,千万敬拜。"所谓"日出处"的"汉中天子",即指位于波斯东方的中国皇帝。又《旧唐书·大食传》记载:

> 开元初,遣使来朝,进马及宝钿带等方物。其使谒见,唯平立不拜,宪司欲纠之,中书令张说奏曰:"大食殊俗,慕义远来,不可置罪。"上特许之。寻又遣使朝献,自云在本国惟拜天神,虽见王亦无致拜之法,所司屡诘责之,其使遂请依汉法致拜。

唐三彩骆驼载乐俑,生动反映了当时中外交流情形

这里的"汉法",当然是指中国礼节。又宋人马永卿《懒真子》卷一"中国为汉"条明确指出:"今之夷狄谓中国为汉者,盖有说也。"《资治通鉴·汉纪十四》征和四年元胡三省《注》则曰:"汉时匈奴谓中国人为秦人,至唐及国朝则谓中国为汉,如汉儿、汉人之类,皆习故而言。"其实不仅中国的西北方向,以汉称呼中国,也逐渐推广到其他方向的一些邻邦,如日本称中国为汉、汉土,日本和朝鲜都称中国文字为汉字。于是沿袭下来,"汉"就成了域外对于中国的一种习惯称谓。

再来说唐。时至今日,我们还称传统中式服装为"唐装",还认为不熟读"唐诗三百首"就不算合格的中国人。其实早在7世纪后,域外就称中国为唐,称中国人为唐人,称出国求法说法的中国僧人为唐僧,称航行海上的中国商船为唐舶、唐船,称来中国贸易而居留中国为驻唐。这类称谓,历唐、宋、元、明、清直到现在而不改,我们不妨各举一条史料为例。9世纪初,相当于中国唐朝时,日本弘法大师空海《奉献笔表》述其所制之

笔不逊于中国云："空海自家，试看新作者，不减唐家"；①南宋江少虞编
《皇宋朝事实类苑》卷七七引北宋张师正《倦游录》："至今广州胡人呼中
国为唐家，华言为唐言"；元汪大渊《岛夷志略》"真脑"条：真脑国（今柬埔
寨国）人"杀唐人则死。唐人杀番人至死，亦重罚金，如无金，以卖身取
赎"，又"浡泥"条：浡泥国（大体对应今文莱国）"尤敬爱唐人，醉也则扶之
以归歇处"；明巩珍《西洋番国志》：爪哇国（今印度尼西亚爪哇岛一带）
"人有三等"，"一等唐人，皆中国广东及福建漳、泉州下海者逃居于此"；
清朝官修《明史·真腊传》："唐人者，诸番呼华人之称也，凡海外诸国尽
然。"另外，众所周知，日本称中国为唐、唐国、唐家、大唐，称中国人在日
居留地为唐人馆、唐人町、唐人坊，现在世界各地把华侨雅称为唐人，又
把华侨或有中国血统的外籍人聚居的城市街区称为唐人街，英文则写作
Chinatown，翻译过来即中国城、华埠的意思。唐人街大多具有鲜明的中
华文化特色与浓郁的中国生活气息，如有中国式的建筑、中餐馆、汉文牌
匾、中国货物，听中国音乐与戏剧，办有华人社团、会馆、中文学校与报
刊，每逢新春佳节，唐人街还有耍龙灯、舞狮子、放爆竹等等中华传统民
俗活动，热闹非凡。

　　值得展开讨论者还有，近代以来，海外华侨与港澳台同胞也称祖国
为"唐山"。如出生中国福建泉州的新加坡华侨姚紫的小说《新加坡传
奇》写道："他老人家是从祖国来的，知道我虽是'峇峇'，曾经回国念过一
年半载的汉文，他总喜欢跟我谈唐山，谈唐山的'历史'！——他的历史
是从'薛仁贵征东'等章回小说中看到的"②；又台湾作家钟延豪的小说
《山村》写道："老祖宗们从唐山渡海而来，数百年惨澹的开垦，终于使这
山坡，成了养活人口的土地而熙熙攘攘，这山村俨然是个小城镇了。"③感

---

① 弘法大师空海全集编辑委员会编：《弘法大师空海全集》第六卷《性灵集 原文》，筑摩书房，
　1987 年版。
② 姚紫：《新加坡传奇》，收入所著《咖啡的诱惑》，鹭江出版社，1987 年版。按据"百度百科"，峇
　峇和娘惹是指数百年来居住在马来西亚、印度尼西亚或新加坡的当地华人。这些华人在文
　化上受到马来人或其他非华人族群的影响。男性称为峇峇，女性称为娘惹。
③ 钟延豪：《山村》，收入所著《钟延豪集》，前卫出版社，台北，1992 年版。

美国旧金山的唐人街

人至深的是,"唐山"这样的称呼还常常带着深厚的感情。如"唐山过台湾,心肝结成团"的说法,记录了大陆移民初到台湾开基立业时的情景与心情;"不要金山,要回唐山"的说法,则表达了19世纪后半叶北美铁路华工发财梦断后对祖国家乡的无限思念。尽管岁月流逝,世界各地的华侨总是告诫晚辈:"记住我们的祖先来自唐山",并且把回祖国称为"转唐山",如客家谚语:"无钱番过番,有钱转唐山",客家山歌:"阿哥出门去过番,妹子赶到晒谷滩。双手牵紧郎衣角,问哥几时转唐山。"又如1971年,香港嘉禾电影公司摄制的电影《唐山大兄》,取材于一个真实的故事,祖籍广东顺德、出生美国旧金山的李小龙扮演的主角郑潮安,来自中国大陆,在泰国曼谷的一家制冰厂做工,他为了维护工友们的生命,凭着快速凌厉的腿功,一次次地击败当地的打手、毒贩,泰国华侨因此尊称郑潮安为"唐山大兄",李小龙也因这部首演的电影,在世界上掀起了中国功夫的热潮。再如1990年4月30日,出生广东大埔的香港诗人蓝海文写出了《华侨》一诗:

　　　　无需分辨/汉时的月亮　现代的月亮/勿庸把唐山/兑换成中国

　　即使乡土,在你/身上脱落/乡音自你/嘴上溜走

　　只要摸一摸胸膛/就会发现/里面跳着一颗/中华民族的/心脏①

这首短诗,前两节写的是变,变的是时间、乡土与乡音,最后一节写的是不变,不变的是把"中国"称为"唐山"的华侨那颗中华民族的心脏。这是何等炽热真诚的爱国之心! 其实,原意为"大唐江山"的"唐山"一词,本身就凝聚着海外华侨与港澳台同胞对祖国的自豪之情,因为那在海外享有崇高威望、繁荣昌盛的大唐皇朝,可谓古往今来海内外中国人永久的荣光!

　　巍巍大汉,汉是中国历史最鲜明的记忆;泱泱大唐,唐是中华文化最显眼的符号。② 而既是自称、也是他称的汉、唐两个称谓,正写照了伟大的汉朝与光荣的唐朝那远播域外的持久声望与显著特征!

---

① 蓝海文:《华侨》,收入所著《醒之外》,花城出版社,1992 年版。

② 关于刘邦称汉、李渊称唐的过程与原因,以及在历史的演进中,汉、唐国号又被赋予了怎样的美义、具有怎样的影响,另详上编第五章、第十一章,这里不再重复。

第三十三章　龙与狮：传统文化与近代历程

与上述各章讨论的国号、名号与域外称谓之来源、取义、演变颇有区别的是，中国还有一类称谓，即在中国、也在域外，所谓龙的传人、狮的国度等等，所指也是我们中国，而这样的自称＋他称的出现，联系着中国传统文化的积淀与中国近代历史进程的曲折。

第一节　《时局图》与《猛回头》

我们先来看幅清末的《时局图》。1898 年，祖籍广东开平、出生于澳洲雪梨(即悉尼)、15 岁时随父回到香港的爱国华侨、兴中会会员谢缵泰(1872—1937 年)，在香港的《辅仁文社社刊》上发表了一幅黑白版的《时局图》。由于这幅图具有极佳的宣传警示效果，引起了轰动，于是谢缵泰又进行了改绘，并委托友人带到日本，1899 年在日本出版了彩印版。此后，该图以及多种改绘的版本既畅销全国各地，又为许多的报刊转载，从而发挥了巨大的革命影响。

首先，图上的中国元素。图幅居中，清楚标注了"中国"二字，而三个清朝官员，一个手举铜钱，这指搜刮民财的贪官；另一个沉迷酒色，这指不干正事、寻欢作乐的昏官；还有一个好像大烟鬼般、似睡未睡、斜卧于地的庸官,手里拉着网绳,网中戴着眼镜的老学究正在念着无关国计民生的"之乎者也",另一人正在已经过时的瘦马、大刀边抱着石头练功。这正是晚清中国政府昏聩无能、众生沉睡未醒的形象写照。

其次,图上的外国元素。在图幅的下方,一批牛鬼蛇神正觊觎着、垂涎着、谋划着疆土广大、物产丰饶的中国,而已经进入或者扑向中国的外国势力,有头顶双头鹰、代表俄国的熊,头顶米字旗、代表英国的犬,插着黑白红三色旗、代表德国的香肠,背饰蓝白红三色旗、代表法国的蛤蟆,口衔星条旗、代表美国的鹰,奇形怪状、代表日本的太阳,还有不太为人注意的、代表葡萄牙的虾。这又正是晚清时代帝国主义列强侵略欺凌中国、划分势力范围的真实写照。

清末谢缵泰所绘《时局图》

第三.图上的题词。除了这个版本的"不言而喻"、"一目了然"八个大字外,在《时局图》的另外版本中,还有谢缵泰的其他题词,比如"沉沉酣睡我中华,哪知爱国即爱家。国民知醒宜今醒,莫待土分裂似瓜"。

从这幅《时局图》中,我们强烈感受到了晚清中国内忧外患的严峻局面,而与本章的讨论主题相关,我们还能获得一些有趣的认识。比如国家的动物象征或比喻,以美国为例,早在 1782 年,美国为了保护该国特产白头海雕,把白头海雕定为国鸟,并应用在国徽上,美国国徽上的白头海雕,一只脚抓着象征和平的橄榄枝,另一只脚抓着象征武力的箭。而由于白头海雕又有白头鹰、秃鹰等等的别称,所以《时局图》中就以鹰代表美国。再以俄国为例,由于其地理位置靠近北极,地域范围辽阔,民族性格坚韧彪悍，国家政策相对保守，所以得了个北极熊的绰号，《时局图》中的庞然大物，也就是代表俄国的熊。①

与此相类似的是，长久以来，龙是中国的独特象征。如早在 10 世纪时，印度既称中国为东国，也称中国人为那迦（Nagas），那迦即梵语龙种人的意思。② 当然，晚清的中国正如《时局图》中的描绘，又是一条沉睡不醒的龙，如 1900 年的美国漫画《真正的麻烦是这家伙醒来之后》，画中从左到右，分别是日本豹、俄国熊、美国鹰、法国鸡、德国鹰、英国狮、奥匈帝国双头鹰、意大利狼，它们既视沉睡中的中国龙为抢夺的美食，它们之间由于利益分配不均，就像画中的俄国熊与英国狮那样，又是刀枪相对、怒目而视。

1900 年美国漫画《真正的麻烦是这家伙醒来之后》

① 曾纪泽《为潘伯寅大司空画狮子纨扇率题一律并引》："英吉利国称雄泰西，军国大纛及宫廷印章，皆雕绘狮子与一角马为饰，殆与俄罗画北极之罴，佛朗西、日耳曼画鹰隼者，各有取义。"见曾纪泽著、喻岳衡点校：《曾纪泽集》"诗集"之"己集下卷"，岳麓书社，2005 年版。

② 据张星烺编注、朱杰勤校订《中西交通史料汇编》（中华书局，2003 年版）第八编第一章之一："公元后第十世纪时（五代宋初）克什弥尔国诗人克夏猛德拉（Kshemendra）之著作《菩提萨埵瓦瓦达那喀尔帕拉塔》（Bodhisattvavadana Kalpalata）第七十三章云：'阿输迦大王一日在华氏城（玄奘《西域记》作波吒厘耶子城）宫中，朝见群臣。有印度商人某，经商东国，亦来王前，哀诉所有船舰及货物，皆为那迦（Nagas，译言龙种人）之海盗所劫，损失不赀，因而破产。……阿输迦诚心奉佛以后，那迦人始被感化，遵奉谕旨，悉出所掠货物，分给被劫商人。'考据家有谓那迦人即中国人也。"

　　值得注意的是,上面这幅漫画的题目《真正的麻烦是这家伙醒来之后》,又可谓集中显示了帝国主义列强对于醒来的中国龙的恐怖,而当时已经先知先觉的少数的中国人,也正致力于唤醒这条中国龙,《时局图》上的题词"沉沉酣睡我中华,……国民知醒宜今醒",就反映了谢缵泰唤醒芸芸众生、挽救民族危亡的殷殷爱国之情,而由这样的"睡"中华与"醒"国民的意象,中国又有了"睡狮"与"醒狮"一类的名称。

　　说起"睡狮"与"醒狮",陈天华的故事感人至深。陈天华(1875—1905年),湖南新化人,华兴会创始人之一,同盟会会员。1903年,陈天华发表了弹词唱本《猛回头》①,开篇唱道:

　　　　我中华,原是个,有名大国;不比那,弹丸地,僻处偏方。论方里,四千万,五洲无比;论人口,四万万,世界谁当? 论物产,真个是,取之不尽;论才智,也不让,东西两洋。看起来,那一件,比人不上? 照常理,就应该,独称霸王。为什么,到今日,奄奄将绝;割了地,赔了款,就要灭亡?

在历数了中国的兴衰变迁、呼吁了反帝救国、倡言了民主共和之后,《猛回头》结尾唱道:

　　　　猛睡狮,梦中醒,向天一吼! 百兽惊,龙蛇走,魑魅逃藏。改条约,复政权,完全独立;雪仇耻,驱外族,复我冠裳。到那时,齐叫道,中华万岁;才是我,大国民,气吐眉扬。

而为了唤醒这酣睡中的同胞,1905年

陈天华

---

① 陈天华:《猛回头》,收入刘晴波、彭国兴编,饶怀民补订:《陈天华集》,湖南人民出版社,2011年版。

12 月 8 日,陈天华竟在日本蹈海自绝,年仅 31 岁。很明显,这里的"猛睡狮",指的正是陈天华期盼的觉醒的中国。

据上所述,龙与狮这两种动物作为中国的象征,乃至成为中国的自称与他称,应该已经无疑了。下面需要讨论的是,这种象征与这类称呼的形成过程是怎样的。

第二节 龙:从民族图腾到国家象征

理解龙成为中国象征与中国称呼的过程,不妨以闻一多(1899 年—1946 年)1942 年发表的《从人首蛇身像谈到龙与图腾》为线索,进行说明。

在《从人首蛇身像谈到龙与图腾》这篇名文中,闻一多由中华人祖伏羲、女娲"人首蛇身"的形象说起,考证了蛇与龙本是一对相互转化的形象,进而指出:

> 所谓龙便是因原始的龙(一种蛇)图腾兼并了许多旁的图腾,而形成的一种综合式的虚构的生物。……我们的文化究以龙图腾团族(下简称龙族)的诸夏为基础。龙族的诸夏文化才是我们真正的本位文化,所以数千年来我们自称为"华夏",历代帝王都说是龙的化身,而以龙为其符应,他们的旗章、宫室、舆服、器用,一切都刻画着龙文。总之,龙是我们立国的象征。……从前作为帝王

四川汉画像石拓片,右上方为
人首蛇身的伏羲女娲

象征的龙,现在变为每个中国人的象征了。也许这现象我们并不自觉。但一出国门,假如你有意要强调你的生活的"中国风",你必多

用龙文的图案来点缀你的服饰和室内陈设。①

按闻一多的这段经典论述,交代了龙作为中国的民族图腾、皇帝化身、国家象征、中国人的象征四个内涵,下面即就这四个内涵稍加阐释。

第一,民族图腾。

图腾(Totem)本是北美印第安人的土语,意思是"他的亲族"。图腾崇拜的核心是认某种动物、植物或无生物为本族的始祖或亲人,从而将其尊奉为本族的标志、象征和保护神。具体到华夏民族的图腾,就是以蛇为原型的龙。

如所周知,原始夏人的图腾为蛇,这在后来还有孑遗。如夏朝的奠基人是禹,《说文解字》解释"禹,虫也",而在甲骨文、金文中,"虫"字正是蛇头、蛇身、蛇尾俱全的蛇的象形,换言之,禹之名来自蛇图腾;后世典籍中也有"夏后氏蛇身人面"②的说法。等到后来,随着加入夏朝、周朝统治的民族越来越多,蛇图腾也就不断兼并、吸收、整合其他图腾,逐渐丰富为集走兽形象之大成的龙,并与来源于原始商人的鸟图腾、后来集飞禽形象之大成的凤一起,共同构成了华夏民族最鲜明的动物象征、最主要的吉祥物,所谓"龙凤呈祥"就是这个意思吧。

当然,后来的龙已经脱离了原始图腾的意味,而演化为华夏、汉族乃至中华民族长久崇奉的一种神异动物;至于唐宋以来大体定型了的龙形象,南宋罗愿《尔雅翼》卷二八《释鱼·龙》云:龙,"角似鹿,头似驼,眼似鬼③,项似蛇,腹似蜃,鳞似鱼,爪似鹰,掌似虎,耳似牛",即通常所说的"龙身九似",它能云中飞、水里游、陆上行。

第二,皇帝化身。

利用人们普遍尊崇龙的心理,经过统治者们的有效运作,龙与帝王逐渐建立起了紧密的联系,这其中有三位关键人物值得一提。一是春秋

---

① 闻一多:《从人首蛇身像谈到龙与图腾》,《人文科学学报》(昆明),第1卷第2期,1942年。
②《列子·黄帝》。
③ "鬼",当作"兔"。

五霸之一的晋文公重耳。重耳本是晋国公子，因为国家内乱，在外流亡19年，然后回国登基，随他流亡的介子推赋诗道："有龙于飞，周遍天下。……龙反其乡，得其处所"①，这是介子推以龙比喻他的主子重耳；二是秦始皇帝嬴政，他自称"祖龙"，后人的解释是："祖，始也。龙，人君象"②，这是皇帝自视为龙象；三是汉高祖刘邦，《史记·高祖本纪》记载：刘邦"父曰太公，母曰刘媪。其先刘媪尝息大泽之陂，梦与神遇。时雷电晦冥，父太公往视，则见蛟龙于其上。已而有身，遂产高祖"，也就是说，起自泗水亭长的刘邦竟然绝对是个龙种。而从刘邦始作俑地如此刻意编造以后，历代皇帝就多自诩为龙种，"龙种自与常人殊"，于是连带着，与"真龙天子"皇帝有关的东西，就多带上了龙字，如龙体、龙颜、龙床、龙椅、龙辇、龙袍、龙子龙孙，等等，发展到了后来，甚至服装、建筑、器具之上的龙纹，也成了皇家的专利。这样，龙就变成了皇帝的化身。

第三，国家象征。

龙既然变成了皇帝的化身，在中国传统时代，又有"溥天之下，莫非王土，率土之滨，莫非王臣"③、"称天子为国家"④等等的观念，两相结合，于是龙就顺理成章地成了国家的象征。

龙作为国家的象征，最典型的表现是在清朝后期。先是，1840年鸦片战争以后，帝国主义列强势力强行进入了中国，1856年第二次鸦片战争以后，帝国主义列强甚至在中国水域部署海军。这些帝国主义列强国家都有国旗，军舰以及商船一般也会竖立本国国旗。于是清朝为了方便中外交往，同时为了顺应国际惯例，也制作了具有国家象征意义的黄龙旗。起初是1862年制作的三角形黄龙旗，主要供水师军舰与大清官船

---

① 《吕氏春秋·介立》。
② 《史记·秦始皇本纪》南朝宋裴骃《集解》："苏林曰：'祖，始也。龙，人君象。谓始皇也。'服虔曰：'龙，人之先象也，言王亦人之先也。'应劭曰：'祖，人之先。龙，君之象。'"
③ 《诗·小雅·北山》。
④ 《资治通鉴·汉纪二十一》建昭三年"国家与公卿议"元胡三省《注》："此时已称天子为国家，非至东都始然也。"按"东都"，此谓东汉。又《资治通鉴·汉纪三十四》建武六年"臣今亦愿国家无忘河北之难"元胡三省《注》："东都臣子率谓天子为国家。"

使用,等到 1888 年改为长方形黄龙旗,并正式明确为大清国旗。^① 而无论是三角形还是长方形的黄龙旗,都具有鲜明的中国传统文化元素。比如黄色,既是五行学说中的中央之色、土德之色,也是古史传说中的黄帝、现实政治中的皇帝之色,还是农业上象征丰收、文化上象征中和、民族上象征黄种人的颜色;至于那条五爪飞龙,本来就是皇帝的化身。如此,大清的长方形黄龙旗即黄底青龙戏红珠旗,既是中国的第一面国旗,其中的五爪飞龙,又是清朝皇帝的象征,而在"天子"即"国家"的观念下,龙又当然地成了中国国家的象征。

清朝长方形黄龙旗

第四,中国人的象征。

龙既然成了中国国家的象征,于是又很自然地成了中国人的象征。

首先,龙具有非常丰富的中国文化象征意义。

以言高深的哲学,号称"群经之首"、"大道之源"的《易经》,开篇第一卦就是乾卦,乾卦六爻的爻辞则描述了龙象的变化,如"潜龙勿用"、"见龙在田,利见大人"、"飞龙在天,利见大人"、"亢龙有悔"等,其中九五的

---

① 有关大清国旗的讨论,详见施爱东:《中国龙的发明:16—20 世纪的龙政治与中国形象》第四章,三联书店,2014 年版。

爻辞"飞龙在天，利见大人"，意为龙飞翔在天空中，适宜见到大人，这是非常好的卦象，所谓帝王为"九五之尊"即来源于此。再以中国第一部字书、东汉许慎的《说文解字》为例，其对龙的解释是："龙，麟虫之长，能幽能明，能细能巨，能短能长，春分而登天，秋分而潜渊"，同样充满了中国文化的神异色彩。

以言日常的民俗，与龙有关者不胜枚举。按中国传统经济以农为本，某种意义上，农业经济又是靠天吃饭也就是靠水吃饭的经济，而在中国民间的观念里，龙王呼风唤雨、行云播雾、主宰旱涝、化育万物，于是人们到处建龙王庙，祈祷龙王保佑风调雨顺，干旱时拜龙王求雨，水灾时拜龙王止雨。其他如赛龙舟、舞龙灯等等竞赛、娱乐活动，"二月二，龙抬头"的农历节日，寻龙捉脉的风水观念，"望子成龙"、"龙飞凤舞"、"卧虎藏龙"等等成语，也都显示了龙在中国的广泛影响。特别有趣的是，中国民间广泛流传的十二生肖，唯有龙是想象、建构出来的动物，这也反映了龙在中国文化中的特殊地位。甚至中国色彩特别浓厚的"功夫"，影视功夫巨星的名字中，往往带个"龙"字，如李小龙、梁小龙、成龙、狄龙、释小龙等。

其次，中国人是龙的传人。

在神话传说里，中国的人文始祖黄帝是龙体龙颜、炎帝是神龙之子，于是作为"炎黄子孙"的中国人，当然就是龙的传人；中国的疆域偶像是大禹，大禹的父亲鲧逝后化为黄龙，所以大禹也是龙子，而生活在大禹治平水土、划分九州的中国大地之上的中国人，自然也是龙的传人；传统时代中国的政治结构，皇帝既是"真龙天子"，那么作为"真龙天子"的"子民"，天下的黎民百姓们还是龙的传人。

第三节　《龙的传人》与 China dragon

以上简要说明了龙在中国的民族、皇帝、国家、人民四个方面的象征意义。时至今日，民主代替了专制，人民代替了皇帝，于是龙作为皇帝象征的意义随之消失，作为民族与国家的象征意义仍然保留，作为人民象征的意义则更加强化。而在这种强化过程中,应该提到的一首歌就是《龙的传人》。

1978年底,美国政府宣布自1979年1月1日起与中华人民共和国建立外交关系,并同时与台湾当局"断交"。一时之间,台湾社会人心惶惶,身份认同出现危机,而在当时的台湾大学生侯德健看来,两岸同属中华文化,两岸人民同属炎黄子孙,于是侯德健创作了《龙的传人》,歌曲一经发表,很快唱彻台湾、风靡祖国大陆、传遍华人世界。在1988年龙年、2012年龙年中央电视台春节联欢晚会上,也都演唱了这首歌。《龙的传人》唱道:

> 遥远的东方有一条江,它的名字就叫长江。遥远的东方有一条河,它的名字就叫黄河。虽不曾看见长江美,梦里常神游长江水。虽不曾听过黄河壮,澎湃汹涌在梦里。
>
> 古老的东方有一条龙,它的名字就叫中国。古老的东方有一群人,他们全都是龙的传人。巨龙脚底下我成长,长成以后是龙的传人。黑眼睛黑头发黄皮肤,永永远远是龙的传人。

这首歌里,长江、黄河,那是地理的中国;古老的东方,那是历史的中国;黑眼睛、黑头发、黄皮肤,那是民族的中国。巨龙,那是拥有伟大身躯、无穷力量的现实的中国,龙的传人,那是大陆、台湾、港澳的全体中国人与世界各地的海外华人共同的身份与一致的标识。于是,"龙的传人"再次成了中国人的别称,中国是古老东方的一条巨龙、龙是中国的自称与他称,也再次得到了中国人的认同与外国人的认可。

先说"再次得到了外国人的认可"。

其实早在此前很久,龙在中国所具有的丰富的象征意义,外国人尤其是西方人已经或多或少地有所了解。比如来到明朝的意大利传教士利玛窦指出:"龙在中国是皇权的象征",来到清朝的葡萄牙传教士安文思指出:"中国皇帝的标记是龙",而没有来过中国的法国神父杜赫德也在他编辑的、1735年问世的《中华帝国全志》中指出:"龙无疑是中国人的国家象征,正如鹰之于罗马。"①

当然,这里需要特别说明的是,龙在西方人的眼里之所以成了"中国人的国家象征"乃至中国的代称,关键还在于中国龙与西方龙具有完全不同的指示意义。众所周知,在西方文化中,可能首先是由利玛窦对译为"龙"的Dragon,本是一种背上插翅、口中喷火的四足怪兽,代表着邪恶与贪婪,所以《圣经》中有圣乔治屠龙除害的故事,英国古代史诗《贝奥武甫》歌颂了国王贝奥武甫搏命杀龙的英雄事迹。但在中国,龙不仅是皇帝、国家、人民等等的正面象征,还是吉祥的瑞兽,于是西方人虽然取其形似,把汉字的"龙"译作Dragon,但为了区别含义完全不同的西方龙与中国龙,往往又在中国龙的前面加上一个限定词China或者Chinese,这样,China dragon或者Chinese dragon就成了"中国龙"的习惯译法。换言之,在西方的语境中,看到、说到或写到中国的龙,就会联想到中国China、中国人Chinese,这样,龙在西方就演变成了中国的象征与代称。

15世纪意大利画家保罗·乌切洛(Paolo Uccello)
作品《圣乔治屠龙》

① 参考施爱东:《中国龙的发明:16—20世纪的龙政治与中国形象》第二章。

再说"再次得到了中国人的认同"。

本章开头说到在 1900 年的美国漫画中,晚清中国的形象被画成是条沉睡不醒的龙。其实不仅是美国漫画,鸦片战争以后的西方辱华漫画中,代表中国形象的龙,往往身穿大清朝服、头上翘着辫子、爪中抓着鸦片烟枪,或萎靡不振,或肮脏丑陋,并且遭到了代表这些帝国主义列强国家的狮、豹、熊、狼乃至犬、鸡的撕咬。道理很简单,国家弱小落后,中国龙就被肆意丑化而且备受欺凌,反之,如果国家强大进步,中国龙就雄壮刚健、饱含进取之志、凸显阳刚之美,而《龙的传人》中的东方巨龙,正是充满了励志精神、爱国激情的中国龙,它呼应了国家崛起、民族腾飞的复兴梦想,所以再次得到了中国人的认同。

第四节　狮子吼:从睡狮到醒狮

令人深思而又非常有趣的是,从晚清时代起,一个新的国家形象、中国称呼应时而生,这就是狮子。怎样的狮子呢? 我们还是以陈天华的作品为例,进行分析。

在陈天华蹈海自绝的次年即 1906 年 5 月,资产阶级革命政党中国同盟会机关刊物《民报》开始连载陈天华未能完成的遗著《狮子吼》,时人争相购阅,一时"洛阳纸贵"。《狮子吼》是一篇现实与幻境相交织的章回体小说,在开头的"楔子"部分,小说写到:主人公梦见自己在深山中被一群虎狼追赶咬伤,痛入骨髓,不觉长号一声,"原来此山有一只大狮,睡了多年,因此虎狼横行;被我这一号,遂号醒来了,翻身起来大吼一声。那些虎狼,不要命地走了。山风忽起,那狮子追风逐电似的,追那些虎狼去了。"主人公正吓得不轻,忽又闻见半空之中一派音乐,云端坐着一位神人,神人自言"吾乃汉人始祖,轩辕黄帝是也。……汝命本当死于野兽之口,今特赐汝还阳,重睹光复盛事",然后拂尘一挥就不见了,主人公则转眼之间来到一处繁华都会,见到"光复五十年纪念会"大会场,会场"门前两根铁旗杆,扯两面大国旗,黄缎为地,中绣一只大狮,足有二丈长,一丈

六尺宽;其余各国的国旗,悬挂四面"。进了大门,又见一座大戏台,戏台对联写着:

> 扫三百年狼穴,扬九万里狮旗,知费几许男儿血购来,到今日才称快快;
>
> 翻二十纪舞台,光五千秋种界,全从一部黄帝魂演出,愿同胞各自思思![1]

读到这里,《狮子吼》的政治文化寓意已是昭然若揭:我以我血荐轩辕,建立民主共和国;唤醒四万万同胞,光大五千年文明。那如何建立新型国家、光大传统文明呢? 睡狮醒来,赶走横行的帝国主义虎狼;狮旗飘扬,扫除腐朽的清帝专制朝廷。

其实不仅陈天华,又如号称"革命军中马前卒"的宣传家邹容,在他1903 年写成的《革命军》中,直接将清末的中国比作睡狮,呼唤它的醒来:"嗟夫! 天清地白,霹雳一声,惊数千年之睡狮而起舞,是在革命,是在独立。"[2]

陈天华、邹容,把清末的旧中国比作睡狮,把未来的新中国比作醒狮与雄狮,正是那凄风苦雨的时代里,中华志士仁人对自己国家的殷殷期盼与拳拳之心,于是清末、民国时期涌现了许多的《醒狮歌》,创办了许多以"醒狮"命名的期刊,成立了许多以"醒狮"为名的社团;中华民族已到危亡时刻的1934 年,满怀悲愤的徐悲鸿挥毫泼墨,创作了《雄狮图》,题词"新生命活跃起来"!

然则晚清时代为什么要抛弃了龙的象征而选择狮的象征呢? 问题的关键在于,鸦片战争以后,尤其是到了清末,本来代表中国形象的、充满"正能量"的龙,在欺侮中国的外国势力以及反抗外来侵略、追求民主

---

[1] 陈天华:《狮子吼》,收入刘晴波、彭国兴编,饶怀民补订:《陈天华集》,湖南人民出版社,2011年版。

[2] 邹容:《革命军》,收入张梅编注:《邹容集》,人民文学出版社,2011年版。

共和的先进的中国人的眼里,已经变成了腐朽没落、失去希望的大清朝廷的象征,变成了总难唤醒、病入膏肓、承载着"负能量"的丑龙、睡龙、弱龙、病龙,正如丘逢甲(1864—1912年)《二高行赠剑父奇峰兄弟》诗中所云:"不然且画中国龙,龙方困卧无云从。东鳞西爪画何益? 画龙须画真威容。中原岂是无麟凤,其奈潜龙方勿用。乞灵今日纷钻龟,七十二钻谋者众。安能遍写可怜虫,毛羽介鳞供戏弄。"①这样困卧可怜、供人戏弄的龙,当然应该抛弃。抛弃了龙,那选择什么新的象征呢? 丘逢甲诗中又云:"我闻狮尤猛于虎,大高画狮勿画虎。中国睡狮今已醒,一吼当为五洲主。"虽然丘逢甲的时代中国仍然落后、麻木甚至腐败,但唤醒这头睡狮的希望,毕竟远远大于治疗、拯救那条病入膏肓的睡龙,而且一旦睡狮醒来、作狮子吼,也就象征着觉醒、奋起的中国,好比具有尊严与威力、强健剽悍的雄狮。

1898年法国《小巴黎人》杂志刊登的描绘列强瓜分中国情形的漫画

当然,与龙一样,以狮作为中国新的国家符号与民族象征,也有着深厚的文化土壤与有趣的历史因缘。

先说文化土壤。对于中国来说,狮子本是外来物种,而随着东汉初

---

① 李宏健注:《丘逢甲先生诗选》,暨南大学出版社,2014年版。

年传入中国的印度佛教的逐渐中国化,以及异域贡献到中土的狮子越来越多,于是本来没有狮子的中国,也出现了先则源自印度梵文、称为"狻猊",再则源自古波斯语、称为"狮子"的新词,并产生了富有中国特色的、丰富多彩的"狮文化":在印度佛教中,称狮子为"兽中之王"、护法神兽,称佛陀为"人中狮子",称佛陀的庄严法音为"狮子吼","狮子吼"具有震撼天地、传之久远、扫荡邪恶的无限威力,又称佛教高僧打坐的地方为"狮子座",而诸如此类的经义传到中国,经过发展与演变,于是聪明智慧的文殊菩萨以威武雄壮的青狮为坐骑,狮与龙、凤、龟、麟"四灵"并列,成了新的瑞兽;至于威而不怒的狮雕,陈列在帝陵墓道的两旁,布置在宫殿、衙门、佛寺、富户的门口,点缀在河桥、陆道的边上,起着镇邪驱恶或装饰美化的作用。另外,说起中华的文学艺术,以狮子为描述对象的作品层出不穷;至于中华民俗中的狮子,更是蔚为大观,如舞狮子遍及神州大地,雪狮子为北方奇观,糖狮子风靡南方各地,狮子戏绣球为年画与剪纸的重要题材,也是中国杂技的特色节目,如此等等,于是既具王者风范、威武气概,又呈祥和面貌、瑞兽形象的狮子,成为中国文化的重要象征之一。

再说历史因缘。在睡狮、醒狮成为中国象征的过程中,有位"老外"起过他自己都意想不到的、显著的启发或者说促发作用,这位"老外"就是著名的拿破仑。1817年,被迫退位的法兰西第一帝国皇帝拿破仑·波拿巴(Napoléon Bonaparte,1769—1821年)正在流放地、南大西洋上的圣赫勒拿岛消磨余生。一天,落魄英雄拿破仑接待了一位英国人阿美士德(W. P. Amherst)。阿美士德是英国外交官,1816年出使中国,因为拒绝向大清皇帝行三跪九叩之礼而被勒令于抵京当日就离去。并不怎么了解中国的拿破仑,与阿美士德谈到了中国:"你们说可以用舰队来吓唬中国人,接着强迫中国官员遵守欧洲的礼节?真是疯了!如果你们想刺激一个具有两亿人口的民族拿起武器,你们真是考虑不周";拿破仑"可能"还感触良深地说过这样的话:

当中国觉醒时,世界也将为之震撼。①

距今整整 200 年前的拿破仑的这句名言,在 19 世纪特别是 19、20 世纪之交的中国与西方,都产生了相当广泛的影响,人们不断地站在各自的立场上引用与阐发。② 应该也正是在这种引用与阐发的过程中,与这句名言的意境相当吻合、又与中国的狮文化土壤相当协调的睡狮、醒狮乃至雄狮的比喻,不知从什么时候起出现了,并且一直延续到了今天,人们逐渐把晚清及民国时代沉睡的中国称为"睡狮",把正在觉醒的中国称为"醒狮",把已经觉醒的中国称为"雄狮",这样,中国就有了既是自称、也是他称的"狮"称谓。

"狮"称谓作为中国的自称,不必赘言;至于作为中国他称的"狮"称谓,如 1899 年梁启超在《瓜分危言》第一章第二节中说:英人"未深知中国腐败之内情,以为此庞大之睡狮,终有撅起之一日也"③,这是说英国人称中国为睡狮;1910 年前后汪康年写道:"西人言中国为睡狮",并引西人的话说:"贵国之大,犹狮之庞然也。受毒之深,奚止于鸦片耶",汪康年期待着"狮而云睡,终有一醒之时。……吾愿中国人憬然悟之"④,这是说西方人称中国为睡狮;1919 年朱执信撰文《睡的人醒了》:"醒了! 这是最好没有的事。……像俾斯麦、威廉一辈子的人,自然提起中国来,便说,这是狮子,他醒了可怕,将来一定有'黄祸',我们赶快抵御他"⑤,这是说德国人称中国为狮子;1933 年鲁迅的文章《黄祸》:"现在的所谓'黄祸',我们自己是在指黄河决口了,但三十年之前,并不如此。那时是解作黄色人种将要席卷欧洲的意思的,有些英雄听到了这句话,恰如听得被白

① 阿兰·佩雷菲特(Alain. Peyrefitte)著,王国卿等译:《停滞的帝国:两个世界的撞击》第六部分第八十五章,三联书店,1995 年版。

② 参考忻剑飞:《世界的中国观》第十章第一节,学林出版社,1991 年版。

③ 梁启超:《瓜分危言》,收入《梁启超全集》第二卷,北京出版社,1999 年版。

④ 汪康年:《汪穰卿笔记》卷八附录《琴瑟寄庐类稿》,中华书局,2007 年版。

⑤ 朱执信:《睡的人醒了》,收入广东省哲学社会科学研究所历史研究室编:《朱执信集》,中华书局,1979 年版。

人恭维为'睡狮'一样,得意了好几年,准备着去做欧洲的主子。"①1993年5月日本《读卖新闻》所刊有关中国的系列文章,标题即是《觉醒的雄狮》;2006年7月,欧洲议会主席何塞普·博雷利(Josep Borrell)说:"拿破仑说中国是头睡狮,我说现在的中国是头醒狮。"②

北京故宫铜狮子

综上,关于龙与狮这一对中国的自称与他称,可以作如此的理解:中国称为龙,是因为龙在中国拥有丰富的民族、皇帝、国家的象征意义,是因为中国人是龙的传人,龙可以说是中国传统文化的集中体现;至于中国称为狮,而且是由"睡狮"到"醒狮"、由"醒狮"到"雄狮",则正形象化地反映了近现代的中国所走过的那条沉睡、觉醒、雄起、成功的曲折道路。

---

① 鲁迅:《黄祸》,收入《鲁迅全集:编年版》第7卷,人民文学出版社,2014年版。
② 转引自杨瑞松:《病夫、黄祸与睡狮:"西方"视野的中国形象与近代中国国族论述想象》第四章,政大出版社,台北,2010年版。

结语：为"吾国"说"吾名"

　　围绕着"吾国与吾名"的考证、叙述与分析，至此可以告个段落了。总结以上三编凡三十三章的讨论，可以得出以下一些概括性的认识。

　　第一，本书的讨论对象。

　　本书所讨论的中国历代国号、古今名号与域外有关中国的称谓，都属于"中国"这个历史实体、这块地理区域、这方文化土壤的"名字"。在地名学上，这些"名字"又都属于面状地名。"中国"拥有 4000 多年的文明史，表现在"名字"方面，则是历代国号递更，古今名号众多，域外称谓繁杂。

　　以言历代国号递更，本书上编考述的中原王朝或皇朝国号，既包括了夏、商、周、秦、汉、新、晋、隋、唐、周（武周）、宋、大元、大明、大清 14 个统一王朝或皇朝国号，以及附说的中华民国、中华人民共和国两个国号，也包括了分裂时代如"三国"、"十六国"、"南北朝"、"五代"、"十国"等统称所涵盖的 40 多个国号。

　　以言古今名号众多，本书中编探索的"主干"名号，有中国，诸夏与华夏，中华，禹迹与九州，四海、海内与天下，赤县神州与冀州、齐州，也涉及了诸多的相关名号，如区夏、有夏、时夏、中夏、函夏、方夏，华、诸华，禹甸、禹服、禹域，九有、九囿、九围、九土、九原、九牧、九伯、九服、九畿、九共、九域、九隅、九方、九垓、九区、九野、九壤、九宇、九县、九廛、九纲、九夏、三服、五服、六合，尧封、舜壤，四方、四表、四隅、四隩、四垂、四封、四国、四履等等。①

以言域外称谓繁杂，本书下编梳理了影响最大、使用最广的六个系列，即 China 系列、Serice 系列、Taugas 系列、Cathay 系列、汉与唐系列、龙与狮系列，并交代了诸如支那、震旦、东土、东国、瓷国、丝国、桃花石等等音译与意译的始末，勾勒了常夜国、西国、吴、Ta-yuk、Ta-ruk、Tàu 等等他称的大概。

第二，本书观点的高度概括。

如果我们高度概括，各以一个字眼点睛中国历代国号、古今名号、域外称谓的特点，那么，历代国号担得上一个"美"字，古今名号担得上一个"伟"字，域外称谓担得上一个"妙"字。

以言历代国号之美，可由统一王朝或皇朝国号与分裂时代国号两方面证之。

先证以统一王朝或皇朝国号。如中国历史上的第一个可信国号，是启用作国号的夏，而夏国号的最终择定，与蝉所代表的居高饮清、蜕变转生等等的美义有关；取美义为国号，也成为后世中国历史上命名国号的一种常用方法。由夏而下，商、周、秦、汉、新、晋、隋、唐、周、宋、大元、大明、大清这些王朝或皇朝所用的国号，同样具有或显或隐的美义，并成为各自国家的政治文化符号。这种符号，于商为凤，于周为重农特征，于秦为养马立国，于汉为"维天有汉"，于新为"应天作新王"，于晋为巍巍而高，于唐为道德至大，于宋为"天地阴阳人事际会"，于大元为"大哉乾元"，于大明为"光明所照"，于大清为胜过大明，总之，都属于"表著己之功业"、"显扬己于天下"、"奄四海以宅尊"、"绍百王而纪统"的"美号"。②这些"美号"，既与君主的统治息息相关，也照应了所统治的部族民众之

---

① 按中国古今名号，本书未及讨论者尚有一些，如华域、华壤，中土、中邦、中区、中域、中畿、中县，汉地、汉域，神国，宇县、宇内、域中、封域、区县，方畿、方内，等等。
② 《白虎通德论·号》、《元史·世祖本纪》至元八年十一月乙亥条。

心理要求,并进而使政权蒙上了浓重的顺天应人的色彩。至于中华民国、中华人民共和国国号,则书写出国号历史的新篇章,既区别于以往天下社稷一家一姓的国号,又表明了国家的主权属于中国各民族,属于中华民族,此种意义,更是"美"之大矣!

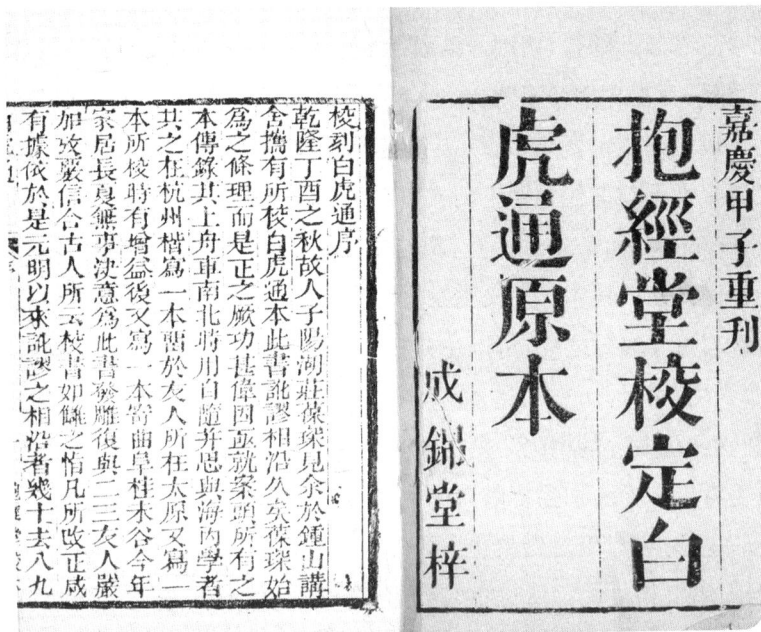

研究中国国号与名号的重要文献东汉《白虎通德论》书影

再证以分裂时代国号。若"天下三分"的魏、汉、吴,纷纷扰扰的"十六国",此起彼伏的"南北朝",相承的"五代",分立的"十国",以及辽、夏、金,这些分裂时代的国号或非天下共号的国号,不仅同样属于各别意义上的"美号",而且特别体现了其中的非汉民族之汉化倾向。以"汉"国号为例,匈奴刘渊、沙陀刘知远、沙陀刘崇以非汉民族的身份而国号为"汉",目的在于掩盖种姓来历、强攀刘汉宗族、依傍汉朝,这样的事实说明,在中国古代,但凡非汉民族欲在中原立国者,就必须认可、接纳乃至融入汉地的文化传统与历史系统,这也就是我们常说的"汉化";而他们径用"汉"国号,则从心理的层面,直接而且鲜明地反映了非汉民族不自外于中国,即中国不仅是汉族的中国,也是非汉民族的中国,中国是多民族国家。现代中国是这样,历史中国本也如此。进而言之,匈奴、沙陀之沿用"汉"国号说明了以上问题,夏国号的沿用如匈奴刘勃勃(赫连勃勃)的夏,周国号的沿用如鲜卑宇文觉的周,秦国号的沿用如氐人苻健、羌人姚苌、鲜卑乞伏国仁的秦,魏国号的沿用如鲜卑拓跋珪的魏,晋国号的沿用如沙陀石敬瑭的晋,唐国号的沿用如沙陀李存勖的唐,以及契丹之辽、党项之夏、女真之金乃至蒙古之大元、满洲之大清的采用汉式国号,也都说明了以上问题。要之,从终极意义上说,非汉民族政权起用汉式国号以及大多力求与前代中原王朝或皇朝攀附关系,表明了这些非汉民族绝不自外于中国,而正是这一点,奠定了我们这个统一多民族国家形成的思想基础与政治根本。斯义真是大"美"!

以言古今名号之伟,可以"中国"名号为例。

"中国"名号,历史久远,先秦时即已存在。虽然地域概念的中国是多变的,文化概念的中国是模糊的,但中国的地域范围在不断放大,中国的文化意义在不断加强。以文化概念的中国言,所谓"中国者,聪明睿知之所居也,万物财用之所聚也,贤圣之所教也,仁义之所施也,诗书礼乐之所用也,异敏技艺之所试也,远方之所观赴也,蛮夷之所义行也"[①],要之,"中国有文章光华礼义之大"[②],凡文化上达此标准者,即为中国;文化既不断进步,中国的地域范围遂不断放大,中国的成员也不断增多。那些非汉民族政权或国家,随着经济文化上的中国化,不仅从文化上也从地域上成为了中国的一分子,因此中国不是哪族的中国,而是各族共有的中国。至于后起的政治概念的中国——"十八世纪五十年代清朝完成统一之后,十九世纪四十年代帝国主义入侵以前的中国版图,是几千年历史发展所形成的中国的范围。历史时期所有在这个范围之内活动的

---

① 《战国策·赵策》。
② 《尚书·舜典》唐孔颖达《正义》。

民族,都是中国史上的民族,他们所建立的政权,都是历史上中国的一部分"①——既与地域概念的中国、文化概念的中国相辅相成,又较之更加客观与全面,而且政治概念的中国,无论时间、空间都指称相当明确。由中国概念的流变,我们又可以明瞭这样的史实:中国的历史是中国境内各民族——无论文化高低、地域远近,是汉族抑或非汉民族——共同缔造的,中国的版图是由中原和边疆共同组成的,现代中国是历史中国的继承和发展。

由"中国"名号所显示出的上述史实,同样非常明确地显示于诸夏、华夏、中华、禹迹、九州、四海、天下、赤县神州等等悠长而响亮的名号中。这众多的名号,或基础于历史记忆,或强调了民族意识,或依托于神话传说,或联系着天地观念,又或表达了滨海人们的宏大视野,至于语言的嬗变、政治的影响、经济的发展、文风的变迁等等,也往往作用于某些名号的形成及其含义的变化。这众多的名号,出现的时间多在先秦时期,而又跨朝代、越古今地使用了下来。正所谓"泰山不让土壤,故能成其大;河海不择细流,故能就其深"②,中国古今名号的伟大之处,是在这些名号的支配或影响下,中国文化渐趋发达与丰富,中国地域也由仄小而广大。伟哉名号,诚矣!

以言域外称谓之妙,则关键在于善抓特征。

域外有关中国的称谓,有源于秦王国国号、本为牧草名称、有时译作"支那"或"震旦"的 China,源于神秘精美的丝、通常译作"赛里斯"的 Serice,可能源于最高统治者称号大汗、译作"桃花石"的 Taugas,源于契丹民族名称、本义可能是宾铁的 Cathay,等等。这些域外称谓的出现及其沿用,联系着国际关系、地理视野、交通形势、民族更替以及国号翻译原则、命名方法、心理影响等等极为复杂的因素,并且其演变的脉络也相当清晰,即大体由国号而物产,由称号而民族。这些域外称谓又共同反

---

① 谭其骧主编:《中国历史地图集》第一册,《中国历史地图集·总编例》,地图出版社,1982年版。
② 李斯:《谏逐客书》。

映出长期以来中国的物质文明、制度文明、精神文明,影响超越了中国本身的时空范围,广泛而且深刻地作用于亚欧非大陆以及东亚、东南亚海邻诸国,客观证明了中国自古以来就是多民族国家。记得有种说法,比喻中国的物质文明就是一块泥巴、一片树叶、一只虫子,泥巴烧成了瓷,桑叶喂养了蚕,蚕虫吐出了丝,而瓷与丝,就在中国的域外称谓 China、Serice 中得到了形象的体现。至于既是自称、也是他称的汉与唐、龙与狮,汉、唐是中国历史上充满正能量的代表性皇朝,它们共同写照了巍巍中国的历史地位,龙、狮是体现中国传统文化与近代政治历程的典型化动物,它们一并烘托了泱泱中华的文化形象。考虑到在中外交通并不充分、了解途径仍较狭窄的古代,这些域外有关中国的称谓,竟然能够或者形象、或者准确地抓住"中国"的各个特征,如此,妙哉域外称谓,可谓确实不虚!

第三,本书的学术价值与现实意义。

莎士比亚(W. Shakespeare)的剧作《罗密欧与朱丽叶》里有一句话:"玫瑰花叫它什么名字也一样芳香!"这似乎很豁达。的确,"上下五千年,纵横一万里"的中国,叫什么名字,都无损于它的美好与伟大! 然而,创造了方块汉字的中国人,历来有讲究名称字号的传统;人名如此,国家名称亦然! 揭示中国历代国号、古今名号以及域外有关中国称谓的来源与含义,厘清它们的使用时间与指称空间,既是一件特别富有趣味的事情,其学术价值与现实意义也是显而易见的:

首先,中国历代国号、古今名号以及域外有关中国的称谓,与中国历史紧密相连,往往凝聚着中国传统文化的精华,深探其源、细释其意,无疑有助于我们理解过去,更加热爱我们历史悠久、文明发达、民族众多、疆域广袤的伟大祖国。

其次,有助于澄清中外广大的社会各阶层对相关问题的模糊认识。"中国"、"中华"等名号与"支那"、"契丹"等称谓的定位和解释,事关国家、民族以及国际关系的大体。而现实存在的情况是,许多人对于这些概念有着诸多的误解,比如有人认为元、清是中国历史上外族所统的大耻辱,有人至今仍极端地认为只有汉族建立的王朝或皇朝才可以称中国,又有人自以为是地宣扬所谓的"厓山之后无中国";至于小部分人的居心混淆,大部分人的认识模糊以至无可奈何地选择回避和漠视,同样是不必讳言的事实。这些,都既不利于国家的统一,也有碍民族的团结。

再次,美哉国号、伟哉名号、妙哉称谓及其复杂演变,也从独特的侧面、别样的角度,生动形象地反映了中国文化中的名称情结,淋漓尽现了方块汉字的无穷魅力、中华民族的心理认同以及中国传统文化所表现出的泱泱大国气度。(见结语图 1)

美哉,变动不居而又蕴含深意的中国历代国号!

伟哉,延用不衰而又凝重气派的中国古今名号!

妙哉,来源不一而又呈现特征的域外有关中国的称谓!

附录一："名实互证"视野中的中国历代统一王朝[①]

名实互证:国号与王朝

大约2000年前,有位叫刘熙的学者,专门写了一本解释名称的著作《释名》,在《释名》的自序中,他说:"名之于实,各有义类,百姓日称而不知其所以之义。"这句话的意思是,名称是为了表达意思与指代类别的,比如有人名、有地名、有各种各样的物质名称,这些名称,我们时时在用,处处可见,但也许是太习以为常了,人们反而很少去关心它们的"所以之义",也就是为什么要起这样的名称? 这名称到底是什么意思?

也许,我们可以不关心各种各样的名称,只要知道这些名称指的是

---

① 本附录节选自胡阿祥《正名中国:胡阿祥说国号》(中华书局,2013年)。按"说国号"的主题,"定位在揭秘十四个统一王朝国号的成立过程、来源取义、影响情况,内容也涉及到评点这十四个统一王朝的地位或特征,顺带着还要解析这十四个统一王朝串联起来的中华五千年的历史变迁"。考虑到与本书正编"中国历代国号"的相互配合与彼此补充,故列为"附录"。需要说明的是:其一,《正名中国:胡阿祥说国号》原为"百家讲坛·国号"的讲稿,所以带有比较明显的口语化色彩;其二,本附录依据《正名中国:胡阿祥说国号》原稿节选,盖笔者并不认可该书责编所作的一些改动;其三,本附录中的少量内容,与本书正编或有重复,而考虑到行文、表意的畅达,所以未作强行删除;其四,本书正编在行文中,对于"王朝"(夏、商、周)与"皇朝"(秦朝以降至清朝)的使用多有区分,而本附录为了避免繁琐,也为了照顾社会读者的一般习惯,基本使用"王朝"一词。

什么东西，只要不影响我们的生活，也就可以了。但是有两类名称，还是应该做深入一些的了解，一是属于我们自己的姓名，二是属于我们国家的国号。

先说姓名。谁没有姓名？姓也许是难以选择的，名却为每个人独自拥有，怎么起个好名，不能说不重要，因为名伴随着人的一生，而且起着相当明显的心理暗示作用，所以事关重大。比如现在社会上有些人起名，真是非常讲究，什么四柱、五格、八卦，什么五行生克、十二生肖，都希望考虑到，而这样来取名字，名字就成了一门具有神秘色彩的“学问”了。还有人起名喜欢玩味道、玩个性，比如有的父母找些生僻字给孩子起名，重名是少了，但别人不认识，这势必影响孩子的前途；有的父母都是单姓，却给孩子起个四字的姓名，比如“华夏阳光”，这很好听，但是不符合社会习惯；也有的父母不知出于何种心理，竟然起出“乐乐乐”这样的姓名，怎么读呢？至于没有考虑到谐音的问题，起出“史珍香”、“朱长子”、“胡丽晶”这样的姓名，就更让人哭笑不得了。

再说国号。相对而言，国号比姓名更加重要。姓名毕竟是属于个人的，国号属于国家，国号是国家这个地域范围里全体国民共同拥有的名字。当我们面对外国人的时候，“中国人”就是我们最鲜明的身份标志；当我们缅怀祖先的时候，夏商周、秦汉唐、元明清，就是我们祖先最鲜明的身份标志。而按照中国人“国为大家，家为小国”的国家观念，我们既应该知道我们各自姓氏的源流、各自家族的历史、各自父母的姓名，以及自己名字的来龙去脉；也应该知道我们国家的国号，不仅知道现在的国号，而且知道从前的国号，不仅知道从前的统一王朝国号的成立过程、来源取义、影响情况，而且知道这些国号所代表的统一王朝在中国历史上的地位或特征。

为什么知道国号以外，还要知道王朝？道理很简单，国号是名，王朝是实，名与实之间的关系，就像毛与皮之间的关系。皮之不存，毛将焉附？而且立足于“名实互证”的视野，解析国号与王朝之间的名实关系，还相当有趣。

　　比如就我的感觉来说，中国历代的统一王朝国号与统一王朝之间，大多是名实相副的。以养马立国的秦，恰好也是马上得天下、马上失天下的王朝；与银河般浩瀚悠长、帝尧般道德完美有关的汉、唐国号，指代的正是备受称赞、国运长久的伟大的汉、唐王朝；来自《易经》"大哉乾元"的大元国号，与拥有广袤疆域、信仰长生天的元朝之间，也是名实相副的。至于名实不副的国号与王朝，巍巍高大的晋国号，没有形象高大的晋朝与之相配；一切求新的新国号，对应的却是一切复旧的新朝；力图走出短促宿命的隋国号，也无法改变隋朝的短命。

　　再如就我的感觉来说，比较而言，代表着中国"创世记"的夏，是中国史上最模糊不清的王朝；"玄鸟"生出的商，是中国史上最玄妙、最神秘、最迷信的王朝；以重农为特征的周，是中国史上最被称道、最受尊敬、最为后世仿效的王朝；以统一与暴虐而出名的秦，是中国史上最令人感慨、影响最为深远的王朝。至于汉是最相信天命的王朝，新是最没有"地位"的王朝，晋（西晋）是最虚伪、道德评价最差的王朝，隋是评价最为纷歧、国号最受嘲讽的王朝，唐是获得赞美最多、最为令人痛惜的王朝，武曌的周是最尴尬、最无奈的王朝，宋是最讲究文化、最显得斯文的王朝，大元是非汉民族建立的最金戈铁马的王朝，大明是皇帝最为集权的王朝，大清是前期精神的力量最为显著、后来最不能自主的王朝，都标明了这各具地位的统一王朝在中国历史长河中的特征所在。①

　　这样的通过王朝说国号，通过国号说王朝，是不是有点意思？而通过这样的联系与比较，还能让我们深切地感触到非常具有中国特色的中国历史。

　　比如，我们说的是统一王朝，而没有分裂，也就无所谓统一，于是通过交替出现的分裂与统一的回顾，我们就会获得这样的历史启示："话说

---

① 顺着这样的思路说下去，中国历史上的分裂时代，也可各自概括其特征或地位如下：春秋是名分最乱又最"讲"名分的时代，战国是最"战国"、最竞争的时代，三国是最被文学化、戏剧化、道德化的时代，东晋十六国南北朝是民族矛盾、地域冲突、文化融汇表现最为充分的时代，五代十国是建国者的出生最等而下之的时代。

天下大势,分久必合,合久必分",但归根到底还是合;又分裂的时间大体越来越短,统一的时间则越来越长,而且统一的范围越来越大,统一的程度越来越深。所以,统一是经济、文化、政治乃至心理的大势所趋。

再如,我们会反复说到"托古改制"的政治传统,说到"五德终始"的政治理论,这种"托古改制"与"五德终始",把许多看上去似不搭界的王朝串在了一起,比如周朝、新朝、武曌的周朝,商朝、宋朝、明朝,后一个王朝与前一个王朝之间,都有相互承接的关系,于是表面显得凌乱的改朝换代史,被链接成了一个又一个整齐有序的周期小循环,这是中国历史尤为精彩的地方。我们经常说中国拥有"上下五千年"的文明史,这是什么样的文明史呢? 是连续的、不间断的文明史。我们说老子、说孔子,那是张口就来,我们看甲骨文、看金文,大体还能认识,这就是连续,就是不间断,这在世界文明古国当中是非常特殊的,也可以说唯有我们中国如此。那么,是什么维系着中国"上下五千年"的文明史连续而无间断? 地理环境、民族关系、经济基础、政治制度、文化传统、思想趋向,如此等等,当然非常复杂;然而"托古改制"、"五德终始",无疑又是其中至关重要的因素。

又如,我们所说的统一王朝国号的成立过程与消失过程,总是联系着开国大帝的崛起与成功,牵涉到亡国之君的暴虐或孱弱。他们凭什么得到江山,又因什么失去天下? 为什么有的统一王朝长寿,有的统一王朝短命? 又为什么无论长寿还是短命,中国历史上的这些统一王朝都走不出治乱兴衰的循环怪圈? 其间有多少的历史经验值得我们汲取,又有多少的历史教训值得我们记牢……

夏:最模糊不清的"创世纪"的王朝

在中国传统历史纪年中,第一个可信的朝代是夏朝。比较系统的夏朝历史记载,是西汉司马迁的《史记·夏本纪》,然而司马迁距离夏朝也有将近2000年了。作为中国历史的文明初曙时代,夏朝的面貌显得非常模糊不清，而模糊不清，或许就是今人眼中夏朝的最大特点吧！

夏朝当然不是凭空出现的，它联系着一位伟大的人物禹。禹是夏朝的奠基者。靠什么成为奠基者呢？靠他的事迹。禹的事迹，可谓是中国的"创世纪"。

话说尧帝时，洪水滔天，到处泛滥，人民不得安生，于是尧帝命令鲧治理洪水。鲧用围追堵截的方法治了九年，却没有什么成效。接任尧帝的舜帝一怒之下，就把鲧杀了，又委派鲧的儿子禹继续治理洪水。禹接受了父亲的教训，改用疏导的方法，劳心焦思十三年，三过家门而不入。也许是禹的真诚感动了上苍，又也许是禹的确治水有方，反正洪水被禹治平了。治平洪水之后，立下丰功伟绩的禹获得了"大禹"即"伟大的禹"的称号，随后又接受了舜帝的禅让，成为新的君王。大禹把大地划分为九州，以便人们的居住与管理，于是中华大地有了"禹迹"、"九州"等等名号，由此也可见大禹对中国历史的深远影响。我们可以说，中国的人文始祖是黄帝，而中国的疆域偶像就是大禹了。

值得注意的是，大禹还不仅是中国的疆域偶像，也是中国"国家"历史的奠基者。按照"五四"以后新史学家们的解释，中国有了世袭制国家的历史，是从夏朝开始的。夏朝以前的部落联盟领袖，尧选拔了舜作为继承人，舜又选拔了禹作为继承人，禹起初也选择了帮他治水的益作为继承人；然而也是从禹开始，这种选拔能人或贤人作为继承人的制度改变了，最终继承禹的人选是禹的儿子启。不要小看了这件事，这可是中国历史上一个非常重要的质的变化：领袖或帝位的继承，从大家轮流坐的传贤制度，变成了一家独坐的传子制度，从不同家族之间的禅让制，变成了一个家族内部的世袭制，所谓的公天下，变成了家天下，"大同"之世也就是原始社会，变成了"小康"之世也就是阶级社会。为什么会有这样的质变呢？简单些说，在大禹之前，社会财富极为有限，个人生活极为简陋，所以权力意味着付出，领袖意味着麻烦，拥有权力的领袖，是真正的为民服务的公仆，所以大家相互谦让；而从大禹时代开始，社会财富大大增加了，生活的享受甚至奢华也成为可能，军队、监狱等等的出现，又使领袖陶醉于权力之中,也就是说,权力意味着获取,领袖意味着利益,于是领袖的位子,就成了彼此争夺的对象。具体到大禹,又怎么会甘心让位给其他家族的人,而让自己的儿子仍做平民百姓呢? 所以大禹最终把位子传给了自己的儿子启。

禹传启,父传子,此举意义非凡,它既标志着中国历史从此进入了君、家、国三位一体的新时代,这个新时代历时 4000 多年,直到 1912 年中华民国建立,推翻帝制,才宣告结束;也标志着夏朝的建立。因为禹的位子还是舜禅让的,而启的位子得自父亲禹,启又传位给了儿子太康,也就是说,正是在启时,传统的禅让制度终于让位给了新兴的世袭制度,所以我们把启看作是夏朝的开国之君。

那么,这开创了世袭制国家历史的夏朝,又是起于何时、止于何时呢? 这不容易说得准确,因为中国历史有确切纪年,要晚到公元前 841年。大略些说,夏朝约当公元前 21 世纪到公元前 16 世纪,总共 400 多年,传了 13 代、16 王,其中有三王是兄弟继承的。夏朝的第一位王是启,后来一般称为夏启;最后一位王,就是我们经常说起的迷恋女色、荒淫残暴的桀了。

夏既然是中国历史上中原王朝的第一个可信朝代,夏国号的重要性就不言而喻了。夏国号的确定,与蝉所代表的生命永驻、居高鸣远、高洁清雅等等的秘义、美义有关;而取秘义、美义为国号,也成为后世中国历史上命名国号的常用方法。

商:最神秘、最迷信的王朝

公元前 16 世纪,夏朝最后一位暴虐之君桀在众叛亲离中,被东方的商族首领、仁慈宽厚的汤彻底击垮,夏朝灭亡,商朝建立。夏的重生,要到周灭商,周人是打着"反商复夏"的名义成功的,所以周朝也自称为夏。至于商朝,则是夏、商、周三代中的中国历史上的第二个中原王朝。商朝经历了或父子相继或兄终弟及的 17 代 30 王,从公元前 16 世纪到公元前

11 世纪,历时 500 多年。

相对于夏朝,商朝的面貌显得清晰得多,这不仅是因为商朝有不少铸刻在青铜器上的金文,并发现多处宫殿、作坊、陵墓遗址,更是因为在距今 110 多年前,就发现了甲骨文。

说起商朝,大家脑海中马上就会浮现出那笔画纤细、字体秀美、刻在龟甲兽骨上的甲骨文。我们说起汉字形体的演变,总是说甲、金、篆(大篆小篆)、隶、楷、草、行,也就是说,甲骨文是我国现今所见时代最早、体系较为完整的古代文字。甲骨文的正式发现年份,是在 19 世纪的最后一年,即清朝光绪二十五年,1899 年。1899 年之前,在今河南安阳市一带,农民种地时经常挖到的有刻痕和无刻痕的龟甲兽骨,是被当做一味可治多种疾病的中药材的,称为"龙骨";因为药材商不收有刻痕的龙骨,所以农民为了卖钱,就把龙骨上的刻痕刮平,甚至磨成粉末。1899 年,在北京做官的山东人、国子监祭酒王懿荣因患疟疾买药,偶然发现了留有刻痕的龙骨,仔细端详之下,那些刻痕竟然是古代的文字,再经过一番研究,王懿荣揭开了一个天大的秘密:这是商朝的文字! 于是中药材龙骨,一变而为珍贵的文物,身价当然也是暴涨。迄今为止,大概出土了有字甲骨十万片左右。当然,如果早些出现王懿荣这样的有心有识之士,有字甲骨的数量还会更多。所以学术界有个苦涩的说法:"人吞商史",就是说,许许多多的商朝史料,已经被磨成粉末、当作药吃进肚子里去了。

那么,甲骨文与我们这里要讨论的商国号有什么关系呢? 在甲骨文发现之前,许多中外学者视商朝为传说时代;而在甲骨文发现之后,商朝就成了确定不移的存在了。为什么甲骨文具有这么重要的价值? 原来,甲骨文基本上都是商朝帝王的占卜记录。商朝统治者特别迷信,凡事都要占卜,以了解鬼神的意志和事情的吉凶。占卜所用的材料主要是龟甲和牛骨。占卜的方法是:在甲骨的背面钻出一些小坑,然后用火炙烤,这样正面就会出现纵横的裂纹,再由专业人士也就是卜人根据这些裂纹判断吉凶,并把相关内容刻在甲骨上,这就是甲骨文,也叫卜辞。一片完整的甲骨卜辞,包括占卜的日期、卜人的名字、卜问的事情、吉凶的判断、如何行动和是否应验等情况。如此,甲骨卜辞的内容就包罗万象了,上自天文,下到地理,从国家大事到生活小事,还有当时各行各业的生产状况,在甲骨卜辞中都有反映。所以我们说,甲骨文堪称商朝的百科全书,是我们揭秘商朝历史的有力工具。比如通过甲骨文,我们印证了1000多年后司马迁《史记·殷本纪》中关于商朝帝王世系的记载是基本可信的,切实感受了商人迷信鬼神、崇拜祖先、残杀奴隶、喜欢迁移、农牧兼营、爱好喝酒等等特点,确认了今天考古学上鼎鼎大名的、2006年7月被列入《世界遗产名录》的河南安阳"殷墟"是商朝后期的都城遗址,殷墟也是中国历史上可知确切位置的最早都城,我们还知道了在殷墟甲骨文中,其实不见"殷"字……

汤所建立的这个带有神秘色彩、又特别迷信鬼神的商朝,延续了500多年,然后为周朝所取代。而因为后来没有哪个王朝沿用商国号,所以一般人都认为商国号在中国历史上没有多大影响,起码比起夏、周、秦、汉、唐等等国号,影响要小得多。其实不然,我们可以举出非常有趣的两点为例:

第一,赵匡胤的宋朝是隐性地远承商朝的。宋朝开国皇帝赵匡胤的父亲名叫赵弘殷,弘是推广、光大的意思,殷是商的别号、他称,"赵弘殷"的字面意思就是"赵家要发扬光大商朝"。具体到赵匡胤本人,做皇帝之前曾经做过宋州归德军节度使,宋州归德军就在古代的商丘,今天的河南省商丘市,这里又是商朝帝王之后微子启始封的宋国的国都。这些机缘巧合,决定了赵匡胤建国以宋为国号,而且这个宋,还是正儿八经地接续夏、商、周三代的商的。更加重要的是,后来1368年朱元璋的大明,是打着"反元复宋"的旗号成功的,1912年孙文的中华民国,某种意义上又是告慰"我高皇帝"朱元璋、"反清复明"的成功。也就是说,商—宋—大明—中华民国属于一个系统。这样,我们可以认为,在大约公元前1046年商朝灭亡以后,经历了大约2000年的隐伏,到了公元960年赵匡胤建立宋朝,一个新的"商朝"又横空出世了,而且这个"商朝",还在相当程度上影响了此后将近千年的中国国号历史的走向。

第二,凤凰这种神鸟,演化成了中国人的精神之鸟。自从商朝建立以后,作为商族名、商国号来源的凤凰,形象越来越神奇,象征意义也越来越丰富。发展到后来,凤凰更全面代言了中华文化的品质,凤凰的出现,就意味着顺天道、尚人文、致太平、向光明的祥瑞,凤凰所在,就是道德、美丽、吉祥、善良、宁静所在。而到了今天,与夏朝有关的、从原始夏人的蛇图腾演化而来的、集走兽形象之大成的龙,已经与集飞禽形象之大成的凤凰形象一起,共同成为中华民族最显眼的符号、最鲜明的象征、最主要的吉祥物。这,也许又是商国号在中国历史上的特殊文化意义吧。

再说大些,如果我们把中国划分为东部与西部的话,那么,源自西部的夏、周、秦、汉、唐等国号,以及龙的文化形象,主宰了中国历史的前半段,大约 3000 年的时间;而源自东部的商以及凤凰的文化形象,深刻影响了中国历史的后半段,也有大约千余年的时间。这就是商朝在中国历史上有待发掘与表彰的特殊地位。

周:最被称道、最受尊敬的王朝

说起中国历史上的中原王朝,夏、商、周三代中,夏太久远,而且没有发现确认的夏代文字,所以夏朝的面貌是模糊不清的;商朝在人们的印象中,甲骨占卜的场景、天命玄鸟的歌声,显得是那么地神秘诡异、玄妙空灵,史书里说:"殷人尊神,率民以事神"①,我们甚至可以说,商朝是中国历史上最迷信的朝代。那么周朝呢?"周人尊礼尚施,事鬼敬神而远之"②,给人的感觉是踏实、厚重、规矩、经典,因为这样的形象,所以自古及今,三代中的周朝在后世受到的称道最多。具体都称道些什么呢?

一是国运长久。东汉班固的《汉书·地理志》说:"周于三代最为长久,八百余年至于赧王,乃为秦所兼。"国家重点科研项目"夏商周断代工程"发布的周朝年表,则是公元前 1046 年到公元前 256 年,合计 791 年。简单些说吧,周朝共历 32 代 37 王,大概 800 年左右,是中国历史上延续

①②《礼记·表记》。

时间最长的中原王朝。这样的王朝当然是值得尊重的。大概也是因为其国运太长久了,加上国势的演变,周朝又被后人分成建都今西安的、周天子有名有实的"西周",建都今洛阳的、周天子有名无实的"东周",东周再被分为以大国争霸、"尊王攘夷"为特征的"春秋",以彼此征伐、"合纵连横"为特征的"战国"。

二是封建诸侯。周天子大肆分封同姓亲戚、异姓功臣、古先帝王之后以及一些亲顺势力,建立诸侯国。据说周初分封的诸侯国就有 71 个。直到今天,我们时常说起的一些地域文化名称,如齐鲁文化、燕赵文化、吴越文化、三晋文化、荆楚文化等等,追根溯源,也多与周朝的封邦建国有关。周朝国运长久,与分封的国家拱卫周室、维护天子的权威有关;周朝的衰弱,也与分封的国家后来各自尊大、彼此征伐,甚至视周天子为无物有关。顺便说一句,"封建"即封邦建国,凡封建必定有封土,如此,周朝才是真正意义上的"封建"社会;而在我们习称的"封建社会"中,从秦朝到清朝,除了汉朝与西晋有过两次短暂的"封建"的"回光返照"外,其实并无真正意义上的"封建"。

三是制礼作乐。封邦建国,当然不是建立脱离周天子控制的独立王国;同样,按照周天子分封诸侯的模式,诸侯要给属下的卿大夫分封采邑,卿大夫要给下属的士封以食地。在这样的金字塔一样的结构中,为了维持亲疏远近的宗法关系与高低上下的等级稳定,为了明确彼此之间的权利与义务,为了规范各自的名分、地位、秩序,为了防止犯上作乱行为的发生,当然就必须制定一系列严密的制度,建立一整套完善的机构,提倡一连串繁琐的礼仪、道德、规矩、形式,否则就会乱套,这就是所谓的"制礼作乐",按照现在的话来说,就是精神文明、制度文明,就是政治文明。周朝尤其西周的政治文明,备受后世的推崇。孔子生活在秩序崩溃、已经乱套的春秋时代,所以他感叹"礼崩乐坏",缅怀"郁郁乎文哉!吾从周"。[①] 儒家从孔子开始,一贯推崇西周的政治文明。以后的历代王

①《论语·八佾》。

朝,要搞托古改制,也无不是以周朝制度、《周礼》模式为样板,甚至557年到581年的南北朝北周政权、690年到705年的武曌周朝、951年到960年的五代后周政权,干脆直接以周为国号;王莽的新朝虽然没有以周为国号,但在篡汉之前,安汉公王莽自居为周公①,王莽篡汉之后,又一切按照《周礼》进行不切实际的"改革"。由此可见周朝在中国历史上的深远影响。

四是农业文明。为什么周朝在中国历史上有如此深远的影响?因为"制礼作乐"。周朝的礼乐制度,是建立在黄河流域尤其是黄土高原农业文明的基础上的。而说起中国的物质文化、制度文化、精神文化、行为文化甚至心态文化,无疑都是以相互协调的农业、儒家两者为主流、为核心的,所以中国传统文化讲究重农抑商、安土重迁、家族观念、四世同堂,讲究国家统一、重视经验、尊崇传统、托古改制。在这一系列的讲究中,产生于农耕文化土壤、以勤政爱民为特征的儒家,把周朝的文献看作经典,把周文王、周武王、周公看作圣人,把周朝的制度看作完美的制度,把理想的王朝看作是周朝的翻版,如此等等,周朝也就拥有了极为崇高的地位。

有趣的是,支撑起周朝这种崇高地位的最为坚强、最为广泛的基础,正是农业。周族的始祖弃就是中国的农神后稷,周国号的原始含义就是田野、田间的庄稼,周国号所表达的道理,就是最为浅显、也最为深刻的"民以食为天"。

周族的成功,在于懂得"民以食为天"的道理,在于重视人民胜过重视鬼神;比较而言,商朝的灭亡,在于过分迷信神秘的占卜,在于重视鬼神胜过重视人民。这就是商、周的改朝换代给予今人的启示吧。而接下来的周、秦改朝换代,给予我们的启示更加深刻:只有国富民强,才能成为最后的胜利者。雄霸天下的秦国,就是国富民强的典型。

---

① 西周初年,周公辅佐年幼的侄子周成王;王莽则先后立九岁的刘衎、两岁的刘婴为帝。

秦:最令人感慨、影响最为深远的王朝

周是中国历史上国运最为长久的王朝,历时 800 年左右;接着周朝出现的中原王朝是秦朝。秦朝与周朝恰成对比,是国运最为短促的统一的中原王朝之一,从公元前 221 年到公元前 206 年,只有 15 年。

然而为了这短至 15 年的秦朝的修成正果,秦人在血与火的熔炉里锻炼了 600 多年,这 600 多年,我们可以称为秦国史;秦朝灭亡后,这粒正果的肉虽然没有了,种子却还存在,并且长成了参天的大树,直到 2000 多年后的今天,还是枝繁叶茂,浓荫蔽日,这 2000 多年,我们可以称为秦后史。如此,秦史的理解,也就包含了秦国史、秦朝史、秦后史三大块,三大块加在一起,则有将近 3000 年的历史。

历时 600 多年的秦国史,那是艰难曲折、努力进取的漫长岁月,秦人从天子的马倌,终于成长为战国七雄中最令人恐怖的猛虎。

历时 15 年的秦朝史,那是从不可一世的辉煌到灰飞烟灭的惨烈的转瞬之间。在辉煌的时刻,秦始皇帝嬴政建立起了中国历史上第一个统一的、多民族的、专制主义的中央集权制国家。这个国家的最高统治者称皇帝,这是嬴政自认为他德比三皇、功过五帝而创造出来的全新称号,从此,中国历史上的最高统治者,无论聪明还是愚笨,仁慈还是暴虐,就都叫"皇帝"了,嬴政,则是中国历史上的"始皇帝"。这个国家否定世卿世禄、废止封邦建国,确立了中央的三公九卿制度与地方的郡县行政制度。这个国家车同轨、书同文、行同伦,统一货币,统一计量单位,统一道路规格,甚至企图把天下的黎民统一成只知种田打仗的愚民。这个国家疆域所至,都是皇帝一人的直属领地。这样,秦始皇帝完成了中国历史上第一次真正意义的统一。然而,也是这位秦始皇帝,焚书坑儒,进行绝对的思想控制;严刑峻法,实施残暴的野蛮统治;大兴土木,修阿房宫、修骊山陵、修长城、修驰道、修灵渠,远远超出了社会的承受能力,人民根本无法负担。所谓"苛政猛于虎",秦朝的苛政很快就使得久经战乱、盼望

太平、亟待休息的民心丧失，以至民怨沸腾。在那惨烈的时刻，嬴政尸骨未寒，天下已经鼎沸，陈胜、吴广既斩木为兵、揭竿为旗，被秦国灭亡的六国旧贵族们也乘机起兵，以图兴亡继绝；而咸阳的秦朝宫廷之内，先是宦官赵高杀左丞相李斯、秦二世胡亥，秦王子婴又杀赵高。在这内外的煎熬之中，不到三年，秦朝就灰飞烟灭、成为历史了。

然而秦朝的成为历史，只是成为了传统历史纪年中的历史；从真正的历史事实来说，秦朝的影响悠远绵长，至今都没有成为历史。由小处说，比如秦朝灭亡后，项羽分封三位秦朝降将章邯、司马欣、董翳在关中为雍王、塞王、翟王，合称"三秦"，"三秦"后来也成为今陕西关中地区的别称；又如五胡十六国时，先后出现了前秦、后秦、西秦三个国家，他们的国号都叫秦，都以秦国或秦朝为继承对象；再如陕西关中平原，至今号称"八百里秦川"，这是孕育秦国、诞生秦朝的一片伟大土地。再往大处说，中国至今仍是统一的、多民族的伟大国家，如何治理这样的国家，秦朝留下了许多的经验与教训，许多的智慧与遗产。这就是我们所说的历时2000多年的秦后史。那么如何理解秦后史呢？清末谭嗣同说："二千年来之政，秦政也"[1]；民国夏曾佑说："中国之教，得孔子而后立。中国之政，得秦皇而后行。中国之境，得汉武而后定。三者皆中国之所以为中国也。自秦以来，垂二千年，虽百王代兴，时有改革，然观其大义，不甚悬殊"[2]；毛泽东《读〈封建论〉呈郭老》诗也说："百代都行秦政法。"又不仅中国人是这样认识的，"老外"的看法也差不多，比如美国著名历史学家费正清（John King Fairbank）、赖肖尔（Edwin Reischauer）在《中国：传统与变革》中指出："秦始皇根本不能建立一个传之万世的王朝，但他所建立的帝国制度虽偶有间断却一直延续了两千多年，被证明是世界上最持久的政治制度。……秦的名称'Chin'很恰当地成为中国在西方文字中的名称'China'的来源。"[3]

---

① 谭嗣同：《仁学》卷上。
② 夏曾佑：《中国古代史》第二篇第一章第一节，上海人民出版社，2014年版。
③ 费正清、赖肖尔著，陈仲丹等译：《中国：传统与变革》第四章，江苏人民出版社，1992年版。

回顾以上将近3000年的"秦史",真是令人感慨系之!秦人从政治起点很低的周天子的马倌,步步攀升,最后成为君临天下的始皇帝,创造了空前的传奇。秦人的成功传奇,在于发挥优势,如非子秉承部族的传统,为周孝王精心养马,于是一跃而为附庸;在于抓住时机,如秦襄公出兵勤王,救周平王、送周平王,于是一跃而成诸侯;在于找准方向,如秦穆公在谋求东进争霸失败后,及时转为向西扩张,于是一跃而为西方霸主;在于彻底改革,如商鞅变法,重视农战,富国强兵,于是一跃而成"战国七雄"中最强的一雄;在于勇猛出击,如李白《古风》诗中所云的"秦皇扫六合,虎视何雄哉。挥剑决浮云,诸侯尽西来";在于引进人才,借天下之智,秦国本身人才资源有限,所以敞开胸怀,招贤纳士,诸如百里奚、由余、公孙鞅、张仪、甘茂、范雎、尉缭、李斯等等各国精英,都在秦人崛起的传奇中,作出过重要的贡献。

然而归根结底,秦人的成功,还在"马上打天下"的成功。秦人善于养马、驯马、驾马;秦人本是游牧部族出身,秦人的文化底色中,马是最为浓重的色彩,我们读《诗经·秦风》,很容易感受到秦人的车马之好,如"有车邻邻,有马白颠",车儿驶过响辚辚,驾车马儿白额顶,如"驷驖孔阜,六辔在手",四匹黑马肥又壮,六根缰绳手里垂。这样的秦人,就像后来的蒙古骑兵横扫亚欧大陆一样,金戈铁马,扫荡六合,兼并天下,成就了一段亘古未有的兵马传奇。这样的兵马传奇,我们看看1974年重见天日的、被誉为"世界第八大奇迹"的西安临潼秦始皇帝陵兵马俑,就能获得形象、鲜活、真实、全面的理解,那威武雄壮的秦兵马俑,不正是2000多年前秦国征服天下的梦幻军团的写照吗?如此,以秦作为秦人的附庸国号、诸侯国号、帝国国号,真可谓名实相副!可以说,没有马,便没有了国家的秦,而没有了牧草的秦,也便没有了马!

更加值得我们深思的是,以马立国、以马打天下进而以马得天下的秦人,也是以马失天下的。杜牧传诵千古的《阿房宫赋》说:"灭六国者,六国也,非秦也;族秦者,秦也,非天下也。"关东六国,连鸡不能并飞,所以被秦各个击破;至于秦为什么失天下?则是秦人太相信战马嘶鸣的力量了。固然,在打天下时,农业民族不敌游牧民族,战马总是胜过耕牛;但是,到治天下的时候,耕牛就比战马更加重要,下马牵牛才是正道。秦人就少了或者迟了这样的转变。回想当年,秦亡汉兴,汉高祖刘邦起先讨厌儒生,自负地说道:"乃公居马上得之,安事诗书!"天下是老子在马上打下来的,这些诗书管个屁用!儒生陆贾说道:"马上得之,宁可以马上治乎?……乡使秦以并天下,行仁义,法先圣,陛下安得而有之?"[1]陆贾的意思是:马上得天下,难道可以马上治天下吗?假若秦得天下以后,实行仁义政治,效法古圣先王,陛下您还有机会得到秦的天下吗?刘邦大悟,推行仁政,重视农业,后来汉武帝更是罢黜百家,独尊儒术,于是西汉、东汉才有天下406年。

这有天下400余年的汉,国号较之得自牧草的秦,也富有文化色彩多了。

汉:最相信天命的王朝

提到汉国号,诸位不仅不陌生,而且还非常熟悉。汉族这个称呼,就来源于汉国号。而由汉族这个族称,在当今的社会生活中,汉又成了使用频率特别高与使用场合特别多的一个字眼,汉人、汉字、汉语等等不胜枚举;国外有关中国的学问,也称汉学。可以说,对于中国的历史与文化来说,"汉"无疑是最鲜明的记忆与最显眼的符号;这种记忆与符号,最初又是以国号的形式表现出来的。道理明摆着:没有汉国号,哪来的汉族称?而没有汉高祖刘邦,又哪来的汉国号呢?

刘邦创立的汉朝,是继秦朝以后出现的又一个统一王朝。曾经强大的秦朝,15年就灰飞烟灭了。秦朝的短命,由三句豪言壮语可以得到理解。

贫苦农民陈胜在大泽乡起义时,激励一帮弟兄们说:"王侯将相宁有

---

[1]《汉书·陆贾传》。

种乎！"①

秦朝小吏、半侠半盗的刘邦，在咸阳看到秦始皇帝嬴政出巡的壮观景象，忍不住赞叹："嗟乎，大丈夫当如此也！"②

楚国贵族之后项羽，在江东看到秦始皇帝嬴政备极尊贵的样子，也是脱口而出："彼可取而代也！"③

由此可见，天下虽然统一了，天下却不太平，酷虐残暴、劳民伤财的秦朝，正是被陈胜、项羽、刘邦这些具有雄心壮志的人推翻的。有趣的是，这三位都是楚人。

楚人善歌。当陈胜谋划举事时，他暗中指派楚人吴广于夜里发出阵阵狐鸣："大楚兴，陈胜王"④；当项羽"霸王别姬"时，他慷慨悲凉地唱道："力拔山兮气盖世，时不利兮骓不逝。骓不逝兮可奈何！虞兮虞兮奈若何！"⑤而当刘邦驾崩之前回故乡时，酒酣之际，他击筑而歌："大风起兮云飞扬，威加海内兮归故乡，安得猛士兮守四方！"⑥然则陈胜率领九百戍卒起义的政治追求，项羽归咎时运不济的失败原因，以及刘邦得为布衣皇帝的成功之道，由这些楚歌中，我们当能获知大概。

秦亡汉兴。如果说秦朝是强大而短命的，那么汉朝就是伟大而持久的。"罢黜百家，独尊儒术"，汉朝实现了思想的大一统，而其确立的以儒术为统治思想、以经学为学术核心的原则，传承至今没有根本的改变；汉朝的制章立典、开疆拓土，则奠定了此后 2000 多年中国历代王朝政治体制的基本格局与广袤疆域的基本规模；又张骞凿通西域，汉朝开创了中外经济与文化交流频繁的空前时代；至于从刘邦到刘秀再到刘备，从统一的帝国到中兴的帝国再到偏安的王朝，汉朝的国运虽有间断（王莽的新朝）与衰弱（魏、汉、吴三国的分裂），却也延续了漫长的 400 多年。而

---

①《史记·陈涉世家》。
②《史记·高祖本纪》。
③《史记·项羽本纪》。
④《史记·陈涉世家》。
⑤《史记·项羽本纪》。
⑥《史记·高祖本纪》。

一旦我们确切地知道了汉国号联系着浩瀚悠长的银河,指代着伟大持久的汉朝,汉朝又是中国历史上最相信天命的王朝,这种对天命的相信,又导致了汉朝为外戚王莽的新朝所腰斩,则汉朝的历史,留给我们今人的就不仅仅只是自豪了,还有着诸多的思考。

新:最没有"地位"的王朝

在中国历代统一王朝中,有这么一个王朝颇不同于其他:首先,传统以及现代的大多数中国历史纪年表中,没有它的位置,而是把它包含在汉朝的历史纪年中;其次,"二十四史"中,没有属于这个王朝的专门的一部史书,甚至也没有这个王朝的皇帝的"本纪",比如在东汉班固的《汉书》中,不仅把这个王朝的皇帝贬入"列传",并且排在通常属于"乱臣贼子"位置的列传的末尾;第三,这个王朝的创始者与终结者是一个人,而且对于这个人的评价,现代史学家极为纷歧,范文澜说他是失败的骗子,翦伯赞说他是最有胆识的政治家,吕思勉说他是具有改革意识的志士仁人,郭沫若说他是倒行逆施的皇帝,至于外国学者,或说他是阴谋家、野心家、伪君子,或说他是改革派、时新派、务实主义者,或说他是纯粹的儒者与无能的皇帝的结合,或说他是过得特别假、活得特别累的表演大师。

这个特殊的统一王朝,就是公元 9 年到公元 23 年、由王莽一人而始终的新朝。

新朝把汉朝腰斩成了两半,就是前汉与后汉,或者说是西汉与东汉。刘邦创建的西汉两百余年,刘秀创建的东汉将近两百年,中间就是历时 15 年的王莽的新朝。那么为什么会在长寿的两汉中间,夹着个短命的新朝呢? 有种自古流传的说法是:这得追溯到秦朝。秦朝末年,大概公元前 211 年时,黑夜沉沉的丰西大泽中,小吏刘邦与跟随他逃亡的本来要去骊山修秦始皇帝陵的十几位刑徒,正行进在蜿蜒曲折的小径上。突然,一条硕长的白蛇挡住了去路。刘邦拔剑就要斩蛇,蛇说你斩头我闹你头,你斩尾我闹你尾,没想到刘邦毅然将蛇拦腰斩断。而后来的王莽就是这条蛇的转生，莽就是蟒。因为这条蟒蛇被刘邦腰斩了，汉朝等于亏欠了蟒蛇的"蛇情"，蟒蛇不服，投胎化作王莽，闹了汉朝的中间。于是在西汉与东汉的中间，插进了这么一个新朝，算是偿还了前世的因果恩怨。

这种见于许多演义小说里的说法，并不完全是虚构。如《史记·高祖本纪》描写刘邦之斩蛇起义道：

> 高祖以亭长为县送徒郦山，徒多道亡。自度比至皆亡之，到丰西泽中，止饮，夜乃解纵所送徒。曰："公等皆去，吾亦从此逝矣！"徒中壮士愿从者十余人。高祖被酒，夜径泽中，令一人行前。行前者还报曰："前有大蛇当径，愿还。"高祖醉，曰："壮士行，何畏！"乃前，拔剑击斩蛇。蛇遂分为两，径开。行数里，醉，因卧。后人来至蛇所，有一老妪夜哭。人问何哭，妪曰："人杀吾子，故哭之。"人曰："妪子何为见杀？"妪曰："吾子，白帝子也，化为蛇，当道，今为赤帝子斩之，故哭。"人乃以妪为不诚，欲告之，妪因忽不见。后人至，高祖觉。后人告高祖，高祖乃心独喜，自负。

《汉书·高帝纪》的记载略同。这是说刘邦为赤帝之子，白蛇为白帝之子，刘邦斩蛇，寓意着汉将灭秦。但是到了后来，也许面对着汉、新、汉这个奇怪的改朝换代局面，人们为了寻求解释，为了给正统的、喜欢的汉朝找出借口，就做起了王莽名字的文章，把王莽代汉纳入了宿命轮回的链条之中。

新朝尽管短暂，但它毕竟是个统一王朝；我们说中国历代统一王朝国号，自然不能少了"新"国号。况且就历史事实本身论，新朝在中国历史上也拥有被人忽视的、非常特殊的地位。可以认为，王莽取代汉朝、建立新朝，开创了中国王朝"和平"改朝换代的首例。王莽之前，改朝换代是血雨腥风的战争的结果，商、周、秦、汉的天下都是打下来的；王莽之后，在将近千年的时间里，起码在形式上，改朝换代往往是不流血或少流血的宫廷政变的结果，如魏、晋、隋、唐、宋，天下都是前朝的皇帝"奉送"

的。靠真刀真枪打江山的"阳谋"可以建立王朝,靠搞政变或收拾天下人心的"阴谋"也可以建立王朝,中国历史上反反复复出现的改朝换代,简而言之,就是这阳谋与阴谋两大类,而通过阴谋完成改朝换代,王莽的新朝是"始作俑者"。值得深思的是,这个"始作俑者",在理论依据、具体做法、程序设计等等方面,都给了后世诸多的枭雄或英雄以启发与借鉴,为他们搭起了模仿或进一步完善的平台,所以王莽的新朝不是"始作俑者,其无后乎",而是"始作俑者,其多后也"。

那么,王莽的新朝凭什么成为这个"始作俑者"? 不必"一言以蔽之",完全可以"一字以蔽之":新! 与旧相对的新。王莽正是凭借着出类拔萃的新的道德形象,成了新朝的开创者;又正是因为王莽全面推行新政,追求做个全新的皇帝,而成了新朝的终结者。

其实,王莽的所谓"新",原是完全脱离社会实际、纯属劳民伤财、徒然激发各种矛盾、动听却也糟糕的复古或者说复旧。这样的王莽,是不是很喜剧也很悲剧? 历史既然已经走到了汉朝,怎么可能再回到数百年前的周朝? 中国历史上托古改制的王朝是很多,而且所托之古多是夏、商、周三代中的周朝。平心而论,"托古"是有道理的。在农业经济占优势的古代中国,社会上普遍尊敬有丰富经验的老年人。处在这种情况下,很容易使人向往过去,向往古代。所以,思想家们每提出一项政治改革的理论,政治家们每提出一项政治改革的方案,都要托古,即把当前的设想、方案假托于古代,说这种改革不过是恢复古代那太平盛世里尽善尽美的制度而已。但是注意了,这只是形式上的"托古",并不是实质上的"复古",因为真正的古代,没有传说中或理想中那么美好,社会总是在发展进步着的,真要"复古",就显得泥古不化了。王莽的悲剧,正在痴迷于周礼,反汉朝而为之,看似一切求新,实质事事复古,于是王莽失败了,而且败得是那么地凄惨!

作为历史的匆匆过客,王莽和他的新朝,留给后人无尽的哲学思考、文学感慨与史学鉴戒。当初王莽的誉满天下,是做人还是作秀? 后来王莽的代汉立新,是必然还是偶然? 最后王莽的亡国丧命,是天意还是人为？诸如此类的问题,反映了王莽实在是一个值得品味的人物,新朝实在是一个值得探究的王朝。

新朝灭亡后,经过两年的混战,公元 25 年,雄才大略的汉高祖刘邦九世孙刘秀称帝,国号汉,并于公元 36 年平定天下。这个重建的汉朝,延续到了 220 年魏王曹丕的篡汉建魏,于是历史进入三国时代。263 年,曹魏灭蜀汉,266 年,司马懿的孙子司马炎篡魏建晋,280 年晋灭吴,再建统一,于是晋成了新的统一王朝国号。

晋:最虚伪、道德评价最差的王朝

晋朝是个怎样的王朝？不妨先了解一下当事人的看法。据《晋书·宣帝纪》记载,有一次,晋朝的第六任皇帝司马绍请教丞相王导:"本朝的列祖列宗是如何得到天下的？"王导讲了那整个的过程后,司马绍"以面覆床",痛苦地说道:"如果真像您讲的那样,晋朝的国运还能长远吗？"

这里,我们站在后人的立场上,也来讲讲这个让人痛苦的晋朝。说起晋朝,它在中国历史上的地位着实有些尴尬。

首先,它不太为人熟悉。要说经历的时间,晋朝并不算短,从 266 年到 420 年,延续了 150 多年。其中 266 年到 316 年建都在洛阳,后世称为"西晋",317 年到 420 年建都在建康,就是今天的南京,后世称为"东晋"。西晋从 280 年到 316 年的 37 年,还马马虎虎算个统一王朝,也就是说,是晋朝结束了魏、汉、吴三分的局面,重建了统一。那么晋朝何以不太为人熟悉呢？大概因为晋朝之前的三国、晋朝以及南北朝之后的隋唐,名气实在太大了,盖住了晋朝吧。

其次,就是少数熟悉晋朝的人,对它的印象往往也很差。晋朝尤其西晋的王公大臣,是以奢侈、浪费、残忍著称于史的。比如王恺和石崇斗富,王恺拿着皇帝送的两尺高的珊瑚树到石崇家炫耀,石崇不屑一顾,随手拿起铁如意将它打得粉碎,然后让奴婢取出六七株色彩鲜艳如玉、高达三四尺的珊瑚树,请王恺随便挑,弄得王恺目瞪口呆。石崇喜欢摆酒宴,酒宴上又总让家养的美女劝酒,客人若不干杯,就杀劝酒的美女。有一次,王敦故意不饮,石崇竟然连杀三女。至于导致西晋灭亡重要原因之一的"八王之乱",历时 16 年,更是兄弟叔侄的司马诸王之间的兵戎相见、彼此仇杀,最后八王死了七王,长沙王司马乂还是被活活烤死的。王公大臣们如此,皇帝怎样呢?西晋主要的两任皇帝是司马炎、司马衷。开国皇帝司马炎是荒淫无度的典型,后宫佳丽竟然超过三万人。面对三万佳丽,司马炎无法选择,每晚就坐着羊车,随它拉到哪家是哪家。盼着有个出头之日的可怜的佳丽们,为了得到皇帝的一夜宠幸,就在路上抛洒羊爱舔的盐巴,门口插着羊爱吃的竹叶。等到家家户户都这么做了,羊也不知去往哪家为好。接替司马炎的皇帝司马衷更是个白痴。他听见蛤蟆叫,问左右这是为官叫还是为私叫;手下报告天下灾荒战乱,百姓大批饿死,他发出了千古一问:"何不食肉糜?"[1]

　　这样的晋朝,难怪大家印象差。那么,晋朝果真就是这个样子吗?应该说,除了共同的"上品无寒门,下品无势族"[2]的门阀社会,也就是极为讲究等级的社会外,偏安南方的东晋与统一王朝的西晋还是有些差别的。说起东晋,军事上有以少胜多的淝水之战,有气吞万里如虎的北府兵,文化上有儒玄佛道的百家争鸣,有发现自然之美的山水文学,名士上有以王羲之、谢安为代表的风流潇洒,经济上有以江南开发为标志的迅速进步,这都是些值得夸耀的方面。至于西晋,就真的非常缺乏正面的东西。西晋社会流行着金钱崇拜风、生活奢侈风、任人唯亲风、阿谀奉承风、趋炎附势风、清谈虚浮风。以金钱崇拜风为例,当时有位鲁褒写了篇奇文《钱神论》,讽刺世人把钱当神崇拜,文中说道:"钱之为体,有乾有坤。内则其方,外则其圆。……亲爱如兄,字曰'孔方'。失之则贫弱,得之则富强。……钱之所在,危可使安,死可使活;钱之所去,贵可使贱,生可使杀。……子夏云:'死生有命,富贵在天。'吾以死生无命,富贵在钱。"

---

① 《晋书·惠帝纪》。
② 《晋书·刘毅传》。

西晋为什么会是这样的一个时代？比较而言,中国古代的王朝政治,可能是世界历史上最讲求道德的政治了,然而专制时代的政治,往往又是最肮脏的东西。如何处理这样的矛盾呢？依靠虚伪的表演。上面说了王莽的新朝,王莽就是一位表演大师。比如王莽登极那天,他握着四岁的汉朝皇太子刘婴的小手,痛哭流涕地说："昔日周公辅政,最终把天子的权力归还了成王；我也想做周公啊,但如今迫于天命民意,不敢不登皇帝大位。"他哀叹了许久,一直握着刘婴的小手不放,最后还是官员上来,硬把刘婴抱下殿去,让刘婴向王莽行君臣大礼,"百僚陪位,莫不感动。"①这真是一场虚伪的好戏！而相对于努力扮演着道德楷模的王莽,司马懿、司马师司马昭、司马炎这祖孙三代,在一本正经的提倡礼教与夺人之国的阴谋行为之间,更是极尽了虚伪表演之能事。所谓"上梁不正下梁歪",西晋有着这样虚伪的奠基者与开国的阴谋家,我们怎能指望其王公大臣道德的高尚？怎能指望其社会风气的优良？又在晋这个国号的成立过程中,同样充斥着虚伪的表演,甚至弥漫着弑主的血腥；而在晋国号那表面光鲜的美义的背后,也是隐藏着不可告人的大秘密。

隋:评价最为纷歧的王朝

从公元581年到618年,是中国传统历史纪年中的隋朝。隋朝从589年到618年的30年,还被看作是统一王朝。也就是说,隋朝是继西晋以后,出现的又一个统一王朝。

单从"统一"二字来说,隋朝就是居功至伟的。因为西晋以后,经历了东晋十六国南北朝太长时间的分裂,纷纷扰扰之间,汉族以及入主中原的五胡民族匈奴、鲜卑、羯、氐、羌,竟然建立了30多个政权,它们或同时并立,或前后递嬗,其间,充斥着宫廷阴谋、军事混战、血腥屠杀,伴随着信仰的崩溃、文化的沦落、民族的压迫,当然也有着无法阻挡的民族的

---

① 《汉书·王莽传》。

融合。正是隋朝,结束了这场将近 300 年的大分裂,重建了以汉族为主体的统一的多民族国家。

然而在中国历代统一王朝中,除了隋炀帝杨广的那些风流韵事,比如下扬州、看琼花、赏美女,最后被手下将领宇文化及缢杀于扬州,落得个做鬼也风流的下场外,隋朝好像不太为人在意。这里,为了加深诸位对隋朝的印象,我们不妨把隋朝与非常为人在意的秦朝作个比较,因为隋朝与秦朝,表现出了惊人的相似,这种相似,又反映出隋朝实在是个非同一般的统一王朝。

隋朝与秦朝都有哪些相似呢?

第一,都是长期分裂以后出现的统一王朝。秦朝结束了漫长的春秋战国的分裂,隋朝结束了漫长的东晋十六国南北朝的分裂。

第二,都是十分强大而又非常短命的统一王朝。秦朝历时 15 年,隋朝历时 38 年,而且都是传了三位皇帝,秦朝是嬴政、胡亥、子婴祖孙三代,隋朝是杨坚、杨坚的儿子杨广、杨广的孙子杨侑。当然,子婴与杨侑都是极短的过渡人物,不值得一提。

第三,王朝短命的原因,都与滥用民力有关。秦始皇帝嬴政修阿房宫、修骊山陵、修长城、修驰道、修灵渠,人民无法承担,于是揭竿而起;隋炀帝杨广营建东都洛阳、开通大运河、修复长城、开凿驰道、不断发动大规模的对外战争,于是四十八家烟尘并起,天下英雄逐鹿中原。

第四,短命的秦朝与隋朝之后,又都出现了同样长寿的汉朝与唐朝。汉朝与唐朝的长寿,基础又是秦朝与隋朝奠定的。如果我们再说远些,那就更有意思了,如在汉朝、唐朝的中间,都夹着个好像匆匆过客一样的统一王朝,汉朝的中间夹着王莽的新朝,唐朝的中间夹着武曌的周朝;汉朝、唐朝之后,又都再次进入分裂时代,汉朝之后是三国,唐朝之后是五代十国。这真是历史的循环,秦汉三国与隋唐五代,甚至春秋战国秦汉三国与东晋十六国南北朝隋唐五代,就其分合治乱的大格局看,竟然是如此地相似!这是历史的宿命吗?

第五,后世对于秦朝与隋朝的评价,也有相似的地方,就是传统评价与现代评价差别很大。在旧时代传统史学的评价中,秦朝与隋朝的皇帝都是恶名昭彰。秦始皇帝嬴政、秦二世胡亥被斥为暴君,隋文帝杨坚被看作搞阴谋的高手、杀功臣的独裁者,隋炀帝杨广就更差了,被视为著名的浪子、标准的暴君,所谓"罄南山之竹,书罪未穷,决东海之波,流恶难尽"①,"炀"这个谥号,也就是贪图花天酒地而荒怠了政务的意思。连带着,秦朝与隋朝的形象都很糟糕。说到秦朝,古人习惯称为"暴秦",说到隋朝,在后来伟大的唐朝面前,隋朝的形象不仅不高大,甚至显得有些猥琐。然而到了现代,在一些史学家的评价中,秦朝、隋朝的形象又伟岸高大了起来。单说隋朝,比如认为是隋朝结束了分裂,重建了统一;认为是隋朝建立了以三省六部制和科举制为代表的新型政治体制,从而确定了此后中国历代王朝政权体制的基本特征。至于隋朝的皇帝,有些现代学者甚至认为,隋文帝杨坚可以胜过汉武帝刘彻、唐太宗李世民、宋太祖赵匡胤,隋炀帝杨广也堪称一代雄豪、绝世才子、富有气魄的政治家。

　　说到这里,有个问题值得我们深思,为什么古今对于秦朝、隋朝的评价如此悬殊? 我想,其中的关键,应该在于评价标准的不同吧。传统的评价,重视人物的气节、王朝的道德,现代的评价,重视人物的功业、王朝的作为。秦朝、隋朝都是中国历史上少见的大有作为的王朝,嬴政、杨坚、杨广都是中国历史上少见的功业卓著的皇帝,然而秦朝、隋朝大有作为的同时,是滥用民力、实行暴政,嬴政、杨坚、杨广功业卓著的同时,是好大喜功、道德不堪。其实,对于皇帝这类政治人物,对于改朝换代这类政治现象,还是应该以政治为标准进行评价! 跟专制时代的皇帝谈道德、谈仁爱,往往无异于缘木求鱼。而如果我们以政治为标准,那么,隋朝的大有作为、功业卓著,既表现在平陈朝、创制度、裁冗官、开运河、修长城、建两都、败突厥等等方面,也表现在各种名号中。比如杨坚的开皇、仁寿年号,杨广的大业年号,就寄寓了圣皇启运、仁德长寿、光大伟业

①《旧唐书·李密传》。

等等的美意与追求。为了实现这样的美意与追求,杨坚、杨广父子积极进取,梦想着成就一番经天纬地的大事业。只是在这样的心态指导下,杨坚尤其是杨广的种种作为,太为急躁,太过张扬,太不体恤民力,所以,当那外表光鲜的大隋帝国巍然呈现的时候,也就成了它轰然倒塌的时候,徒留下无尽的是非功过,让后人评说。

后世对于隋朝的评说,充满了纷歧;有趣的是,对于隋朝的政治文化符号也就是隋国号,古往今来的说法同样存在着纷歧,有人认为这是个吉祥的国号,也有人认为这是个晦气的国号,而我们中国人细密的文字音、形、义分析功夫,也在隋国号的纷歧评说中,得到了充分的表达。

唐:获得赞美最多、最为令人痛惜的王朝

隋灭唐起。与隋朝的短命不同,唐朝是长寿的;与隋国号缺乏文化、感觉晦气不同,唐国号被看作是有文化的、讲道德的、浩浩荡荡的美号。

中国历史上以唐为国号的统一王朝,从 618 年到 907 年,减去中间武曌改唐为周的 15 年,还有 276 年。276 年,是中国王朝史上很有趣的一个年数:大清国号起自 1636 年、止于 1912 年,合计 276 年,大明纪年,从 1368 年到 1644 年,也是 276 年。为什么都是 276 年?又为什么秦朝、新朝、武曌的周朝都是 15 年?是不是冥冥当中,有天意在起作用呢?不知道。

我们知道的是,唐朝当得起中华文明繁荣昌盛的象征与标志。说到唐朝尤其是"安史之乱"以前的唐朝,我们从不吝啬赞美之词,"大唐气象"、"盛唐文明",那是让国人提气来神的伟大时代。这个时代,胡风汉韵杂糅,国家刚健尚武,人民开放崇文,充满着豪迈、兼容、创新、自尊、自信的社会心态与群体行为,洋溢着积极向上、快乐祥和的生活氛围。中国唐史学会副会长胡戟先生曾经统计,在中国历史上,治世盛世不过占 5% 左右的年头,而唐朝"安史之乱"以前的 130 多年里,先有"贞观之

治"，后有"开元盛世"，累计治世盛世的时间，竟然达到超过半数的 70 多年，①这是创纪录的，也是令人自豪的。

令人昂首自豪的唐朝，同时也是令人扼腕痛惜的唐朝。前期的自豪与后期的痛惜，转折点在 755 年到 763 年、历时八年的"安史之乱"。雄踞一方、尾大不掉的藩镇势力，奸臣当道、将相不和的政治格局，引发了这场导致大唐王朝中衰的动乱。从此，分庭抗礼的藩镇，中央集权的削弱，社会矛盾的激化，边疆民族的进攻，就构成了唐朝后期颇显无奈甚至悲怆的主旋律。当然，无奈使人思考，悲怆让人深刻，唐朝后期财政制度的改革，南方经济的发展，商业城市的增加，韩愈、柳宗元的古文运动，新的文学形式词的出现，以及对于藩镇割据的反思，又都拉开了接下来的统一王朝宋朝的序幕。正如陈寅恪先生所指出的："唐代之史可分为前后两期，前期结束南北朝相承之旧局面，后期开启赵宋以降之新局面，关于政治社会经济者如此，关于文化学术者亦莫不如此。"②

令人自豪、令人痛惜的唐朝，大概还是中国历史上名声最好的王朝之一。唐朝没有特别混蛋的皇帝，也没有特别丑恶的宫廷政变，却有着以德治国的美名。尤其是第二代皇帝唐太宗李世民，时时以"亡隋之辙，殷鉴不远"说事，强调以人为本、爱惜民力，致力于为国家建立公平和谐之制，为社会筹划长治久安之道。唐朝得到美名的关键，应该就是唐太宗每每引为国训的那句古语："水能载舟，亦能覆舟。"那浩渺的滔天大水，是最广大的百姓；那水面的一叶扁舟，是最少数的皇帝。皇帝对于百姓能有这样的敬畏之心，才能成为能够善终、获致美名的皇帝。

这样的伟大的唐朝，真是我们的祖先以笑声与热情、用眼泪和死亡留给我们的宝贵资源。治乱的循环往复，盛衰的转瞬之间，如此的宏观问题，关节究竟何在？需要智慧的求索；至于诸多有趣也有意义的细枝末节，如唐玄宗、杨贵妃的醉生梦死，是否打下了杨贵妃的干儿子、大杨

---

① 刘善龄、郭建、郝陵生著：《大唐气象——581 年至 763 年的中国故事》"专家导言"，上海文艺出版社，2005 年版。

② 陈寅恪：《论韩愈》，收入所著《金明馆丛稿初编》，上海古籍出版社，1980 年版。

贵妃十几岁的"杂胡"安禄山反叛的伏笔？不同于一般王朝创业大帝的杰出与守成之主的平庸，在世人的印象中，唐朝开创者李渊是极其平庸的，而杀兄、屠弟、逼父的继位者李世民却是非常杰出的，历史事实果真如此吗？甚至很少为人关注的唐国号，究竟是如何得来的，表达了怎样的寓意？这些，也都需要我们求索的智慧。

然则质之原始，唐朝开创者李渊以帝尧为榜样、以唐为国号，是希望自己成为帝尧一般的仁君圣王，是希望自己缔造的唐朝以德立国、"道德至大"，是希望自己这位"神尧皇帝"开创的唐朝，成为唐尧时代那样的太平盛世。九泉之下的李渊可以欣慰的是，他的子孙没有辜负他的希望，唐朝确实成了中国历史上又一个黄金时代的代称；当然，泉下有知的李渊也有着稍许的遗憾，毕竟在他辞世多年以后，为他改谥"神尧皇帝"的孙媳妇武曌竟然一度改唐为周。

周：最尴尬、最无奈的王朝

按照普遍的说法，唐朝从 618 年到 907 年，共历 290 年。这是不准确的。因为从 690 年九月到 705 年二月，国号是"周"不是"唐"，皇帝姓"武"不姓"李"，这样的情形，客观地说就是改朝换代。

唐朝这样的情形，与汉朝颇为相似。在长寿的汉朝或者说西汉、东汉中间，夹着个好像匆匆过客一样的 15 年的新朝；而在长寿的唐朝的前期，也夹着个好像匆匆过客一样的 15 年的周朝。新朝与汉朝的外戚、"表演大师"王莽相始终，周朝与唐朝的皇后、强势女人武曌相始终。

当然，新朝的王莽与周朝的武曌也有不同。在《汉书》中，王莽被贬入"列传"的末尾，也就是被视为乱臣贼子；在《旧唐书》《新唐书》中，"则天皇后"武曌被尊为"本纪"，实际是认可了她的皇帝身份。王莽的结局是被悬首碎尸，死无葬身之地；武曌至今陪伴着她的丈夫李治，安详地躺在陕西那高大的乾陵里。又同样是皇帝，王莽与武曌还有个最大的不同，王莽是男人，武曌是女人。

武曌,中国传统帝制时代里、男权社会中,唯一一位真正的女皇。

因为这样的女皇身份,武曌,也就是我们习称的"武则天",可谓妇孺皆知。直到今天,数不清的电影、电视、讲坛、演义小说、学术专著以及闲扯八卦中,武则天都是正说、戏说、歪说、瞎说以至"色说"的热门人物。就在"百家讲坛"上,蒙曼老师立足学术、趣说武则天,就是洋洋洒洒的 32 集。

人们为什么喜欢说武曌? 很简单:武曌既是女人,又是皇帝。历史本来就是由男人与女人共同创造的,但能够细说的男人太多,能够细说的女人太少,所以逮着一位能够细说的女人,自然不会轻易放过。如果复杂些思考,这武曌也确实值得细说:

她的人生经历充满传奇。她两度入宫。14 岁一入宫,做了 11 年的才人,然后出宫做了 4 年的尼姑;30 岁二入宫,做了 3 年的昭仪、28 年的皇后、7 年的皇太后、15 年的皇帝、1 年的皇太后。她先后嫁了李世民、李治这对父子皇帝,也生了李显、李旦这对兄弟皇帝。

她美貌端庄而又性格刚烈。她长得天庭饱满,前额方正,下巴宽厚,眉清目媚,这符合大唐王朝的审美标准。据说洛阳龙门石窟的卢舍那大佛,就是由她出资,照着她的容貌雕塑的。但她更相信铁鞭、铁锤、匕首的力量。还在做唐太宗李世民才人的时候,面对一匹难以驯服的烈马,她说这有何难,我先用铁鞭抽它,它要不服,我再用铁锤砸它脑袋,再要不服,我就拿匕首割断它的喉咙。这样的话语从一个幼弱女子的口中吐出,只听得唐太宗心里一阵阵发紧。武曌陪伴唐太宗多年,唐太宗好色,武曌善养(武曌与李治生有二女四子),两人之间竟无一丝骨肉留在世间,可见男女关系应该相当冷淡。

她的手腕残忍冷酷。她以铁鞭、铁锤、匕首对付烈马,也以这样的方式清除攀升道路上的各种障碍。她断去已经打入冷宫的王皇后、萧淑妃手足,置于酒甕之中,要把她们浸泡得骨肉消融,萧淑妃曾经发出这样的毒誓:"阿武妖猾,乃至于此! 愿他生我为猫,阿武为鼠,生生扼其喉!"[1]

---

[1]《资治通鉴·唐纪十六》永徽六年。

她毒杀亲姐姐韩国夫人、亲外甥女魏国夫人甚至太子李弘，又逼太子李贤自杀；她广开"告密"之门，大肆任用酷吏清除异己，诛杀、贬斥反对她的贵戚重臣和李唐宗室。真是得位不以其道，杀人心狠手辣！

她的功绩彪炳史册。因为当朝皇帝李治"风眩头重，目不能视"[1]，可能患有严重的高血压病和耳前庭功能失调，遂使皇后武曌有了参决政事的机会，而武曌的能力也确实出众，"后性明敏，涉猎文史，处事皆称旨。由是始委以政事，权与人主侔矣。"[2]在她掌理朝政、临朝称制以及称帝的将近半个世纪里，她以小人为耳目、以酷吏为爪牙，但以君子来治国、以能臣来经世，表现出高超的驭人之术；她奖励农桑，轻徭薄赋，开发边疆，巩固国防，发展科举制度，首创殿试，初设武举，发明考卷糊名办法，防止作弊，表现出积极进取的统治之道。于是社会稳定，经济发展，文化繁荣，她的时代，上承"贞观之治"，下启"开元盛世"。

她的个人生活丰富多彩。初次入宫时，其母亲拥着她哭泣，她却充满自信地说："见天子庸知非福，何儿女悲乎"[3]；在伺候病重的唐太宗李世民的同时，她与懦弱多情、小她四岁的太子李治发生了苟且之事；感业寺为尼期间，她朝思暮想着曾经的情人、当朝的皇帝李治。李治驾崩后，她先后有过四位男宠，建筑师冯小宝（薛怀义），御医沈南璆，世家子弟张易之、张昌宗。社会上流传着她有面首三千的说法，那是小说家言，不足为信。

这样的武曌，真是说不尽也说不清、爱也不是恨也不是的女人。武曌自己大概也意识到了这些，今天乾陵前面高耸的无字碑，据说就是遵从她的遗言立的。无字有时胜过有字，这就仿佛中国传统绘画，留白的空间有时胜过渲染的画面。武曌的无字碑，究竟表达了什么用意，至今众说纷纭，唯有可以肯定的是，这无字之碑，留给后人无尽的思考。

比如武曌之改唐为周，既表达了再创周朝盛世的政治与文化抱负，

---

①《资治通鉴·唐纪十六》显庆五年。
②《资治通鉴·唐纪十六》显庆五年。
③《新唐书·则天武皇后传》。

也借此彰显其姓氏来历。按在中国古代,帝王将相乱找祖宗、乱攀名人,本是普遍不过的现象。如此武曌之认周天子为祖宗,在武氏宗庙里供起了姬姓的周天子的灵位,虽然极为荒唐,却对现实政治发挥了重要的影响。

又如还在周朝刚刚建立的时候,雄才大略而又年事已高的女皇武曌,就遭遇到了在男性皇帝那里根本不存在的极度尴尬、空前无奈,即皇位继承人是选子还是选侄的难题。选子,则政局稳定、享有祭祀、唐朝复辟、周朝不再存在;选侄,则政局忧患、无人祭祀、周朝可能存在、唐朝也可能复辟。在经过劳心焦思的多年犹豫之后,武曌终于痛苦地以周朝一世而斩为代价,选择了立子。

再如705年十一月,"则天大圣皇帝"武曌的临终遗言,"祔庙、归陵,令去帝号,称则天大圣皇后"①,尤其令人感慨:破天荒地自立为帝的超强女人、铁血女皇武曌,临终时刻最为关心的问题,竟然还是木主祔祭于她所嫁的李家唐朝祖庙,合葬于她皇帝丈夫李治的乾陵,不再保留帝号,回归随夫而名的皇后本位。也就是说,在父系传承、祖先崇拜、儒学孔教等等传统观念的制约下,武曌最终放弃了大周开国皇帝的荣耀,放弃了她为之奋斗一生的女性的独立,重新回到了男权社会之中,这在当时是必然的,她只能这么做。

弦歌悠长的伟大的唐朝,因为武曌这15年的周朝的插曲,平添了几多女性的柔媚与几声女皇的高亢。武曌周朝之后的唐朝,又延续了202年,然后历史进入了分裂动荡的五代十国,直到宋朝的赵匡胤、赵匡义兄弟重建统一。

宋:最显得斯文的王朝

常言道:物极必反,否极泰来。肇始于唐"安史之乱"以后的藩镇割

---

①《旧唐书·则天皇后本纪》。

据局面,祸延五代十国。分裂动荡的五代十国,那是军人当政的时代,并且往往是由"等而下之"的军人称尊建国的时代。而从五代十国的母体中孕育出来的宋,却是一个与五代十国反差极大的王朝。这个王朝,特别讲究文化、特别显得斯文。百余年前的 1910 年,日本学者内藤湖南发表《概括的唐宋时代观》一文,指出"唐和宋在文化的性质上有显著差异:唐代是中世的结束,宋代则是近世的开始"①,这就是著名的"唐宋变革说"。按照这种学说,唐宋之际,中国社会之政治、经济、学术、文艺诸多方面,都发生了显著的变革。换言之,我们看五代十国以前的历史,或有遥远、陌生的感觉,而看五代十国以后的历史,则每多切近、熟悉的体味。20 余年前的 1992 年,美国学者包弼德(Peter K. Bol)出版《斯文:唐宋思想的转型》②一书,细腻地勾勒了唐宋时代士人价值观演变的轨迹。而我特别欣赏的是,一位美国学者,竟然能以点睛传神的"斯文"为核心概念,对于唐宋社会的转向,作出了形象而且精准的考察。

"变革"与"斯文",同样表现在宋朝的历史、宋朝的国号等方面。

在中国统一王朝国号史上,有两个重要的分水岭,一是汉,二是宋。汉以前的夏、商、周、秦,国号都来自具有特别意义的动物或植物;汉、宋之间,许多国号来自前朝的封爵,如新、晋、隋、唐;而宋、大元、大明、大清国号,又都与封爵无关。为什么会有这样的"变革"呢? 其中的关键在于改朝换代形式的改变。汉以前和宋以后,是外力征伐式的改朝换代,新朝的皇帝是前朝的敌人,新朝与前朝之间没有继承关系;汉、宋之间,则多次出现内部禅让式的改朝换代,新朝的皇帝就是前朝封公封王的权臣。那么,为什么宋朝以后不再出现内部禅让呢? 美国学者费正清、赖肖尔道破了其中的玄机:"因为宋代完善了文官制度,中国政府相当稳定。赵匡胤 960 年的篡位是中国历史上的最后一次,在以前,皇帝不断被他的大将、皇后和其他有权的大臣夺去皇位,960 年以后,这种情况不

---

① 内藤湖南:《概括的唐宋时代观》,收入刘俊文主编、黄约瑟译:《日本学者研究中国史论著选译》第一卷《通论》,中华书局,1992 年。
② 包弼德(Peter K. Bol)著、刘宁译:《斯文:唐宋思想的转型》,江苏人民出版社,2001 年版。

再出现。王朝继续被外来征服或民众革命所灭亡,皇室的一些成员将皇位抢来抢去,但不再有臣下成功地篡夺皇权的事例。"①这也是宋朝在中国历史上特别的政治地位所在。

再从国号本身看,在中国历代国号中,按照宋朝人的说法,这个宋国号显得极有文化内涵,考虑得极为复杂周到,是"天地阴阳人事际会,亦自古罕有"②的国号,也就是说,宋国号在天文、地理、阴阳、人事各方面都有充足的依据,堪称"自古罕有"的完美国号。果真如此吗? 不妨先一言以蔽之:这样的完美,其实是附会出来的,而这,又离不开宋朝的大环境。什么样的大环境? 斯文! 具体来说,就是文化的精致细微。

从宋朝开始,中国文化越来越走向精致细微。怎么个精致细微? 品味品味北宋风格婉约的词,应该就有感觉了。不喜欢宋词的话,到博物馆里观赏观赏宋瓷也行。那宋瓷,色彩十分淡雅,或影青,或纯白,或黑褐,形制纤巧,刻画简洁而又传神;宋瓷的审美境界与美学成就,被公认为高山仰止、卓越千古、不可企及。宋朝士大夫的品位,也是以高雅著称于世的。比如林逋,一生与梅花结下不解之缘,又喜爱养鹤,人称"梅妻鹤子";比如才高八斗的苏东坡,儒释道,诗词文,书画茶,无所不通。宋朝皇帝的文化修养也是很高的,舞文弄墨,吟诗作画,往往小菜一碟,哪怕武将出身的赵匡胤的弟弟赵匡义,也是喜欢读书,痴迷围棋,能够弹琴,还会书法,至于亡国皇帝宋徽宗赵佶的字画,字称"瘦金体",画精花鸟画,更是堪称绝品。总体评价下来,宋朝皇帝与士大夫的文学艺术修养,在中国历史上的得分,应该最高。

为什么宋朝这样讲究文化、这样斯文呢? 说起来就有些悲喜交加了。

喜的是,开国皇帝赵匡胤这个很有些脑子的粗人,接受了唐朝"安史之乱"以来节度使(通称"藩镇")们军政财权一手抓、五代十国时骄兵悍

---

① 费正清、赖肖尔著,陈仲丹等译:《中国:传统与变革》第六章。
② 秦再思:《洛中纪异录》,陶宗仪纂《说郛》本。

将自行拥戴节度使甚至自行拥戴皇帝的深刻教训,开国伊始就"客客气气"地"杯酒释兵权",把节度使们的"兵也收了,财也收了,赏罚刑政一切收了"①,而且实行分权制,使行政、监察、军事、经济等各个部门相互牵制,如此等等造成的结果是,职官制度极为繁琐复杂,政府办事效率相当拖沓,军队战斗力低下,但是皇帝高度集权了,赵家的皇位因此非常稳定,无论武将、权相还是外戚,谁也不可能再颠覆赵家的天下了。

问题在于,这喜也是悲,臣下无力夺位了,外人的机会就多了起来。可巧的是,大宋国门之外,盘踞着许多的强敌,如北方的辽、金,西面的西夏,时常对宋朝构成威胁,压得大宋抬不起头来。面对这些强敌,武力羸弱的宋朝,不得不花费大量的钱财甚至土地去打点,去换取屈辱的和平。所以这个宋朝,既没有秦汉的霸气,也没有隋唐的豪气,它只求平平淡淡、以和为贵地过一生,而远去了刀光剑影的同时,也就平添了许多的风花雪月。

所谓偃文必定修武,武弱势必文强,这就好像人的眼睛不好、耳朵必定很好一样。正是在这样的大背景下,特别"斯文"的宋人,把本来非常简单的宋国号,解释得精致复杂,超级地有文化。

大元:非汉民族建立的最金戈铁马的王朝

历时将近百年的大元,是中国历史上第一个由非汉民族作为统治民族建立的全国性政权。而由这个"第一",就决定了元朝的一些特点:

首先,元朝是一个统一的多民族国家,各民族杂居,各民族之间的经济、文化交流不断发展,各民族之间的同化与融合也在加强。在此过程中,一些民族逐渐消失了,如契丹、党项,一些新的民族又逐渐形成了,如回族。

其次,元朝实行四等人制,从上到下,依次是蒙古人、色目人、汉人、

---

①《朱子语类》卷一二八《本朝·法制》。

南人。色目是"各色名目"的意思,包括畏兀儿、吐蕃与中亚、西亚、欧洲的许多民族;汉人主要指原来金朝统治下的汉族与汉化的契丹、女真等族;南人主要指原来南宋统治下的人民。蒙古人、色目人是上等人,汉人、南人是下等人。由于人分四等,推行民族歧视政策,所以元朝民族矛盾尖锐,元朝最后的崩溃就与此密切相关。历史的经验反复证明,歧视一个民族,就不可能统治好这个民族。另一方面,怀才不遇、仕途蹭蹬的汉人、南人中的文人转向民间,反而成就了关汉卿这样的一代名家,成就了与唐诗、宋词齐名的元曲,这也算是歪打正着,使元代文学史不至于白纸一张。

再次,元朝的制度是蒙汉二元、夷夏并用的。元朝的统治民族蒙古来自草原,带有天生的草原游牧文化的色彩,而且作为征服者,蒙古民族对于自己的语言、文字、宗教、制度等等从未丧失信心;另一方面,元朝的统治地域毕竟主要是汉族儒家农耕文化区域,因此又不可能不受到汉文化的影响。形象些说,元朝的制度与文化正是金戈铁马、万顷草场与男耕女织、千亩良田的综合。这种"综合"的辩证关系,也恰当地体现在往往不习汉语与汉字、不起汉姓与汉名的元朝诸帝,却仍然使用汉式年号、汉式国号以及汉式庙号等等方面。

最后,元朝版图广大,超过了中国历史上此前的任何一个朝代,而开创了把"大"字加到国号上面的"大元"国号,尤其名至实归地反映了这个特点。"大元"国号的含义就是"大",而且还是"大大"。蒙古民族来自"天苍苍,野茫茫,风吹草低见牛羊"的广阔草原,他们视野广大、心胸开阔;蒙古民族金戈铁马、骁勇善战的英雄们,从成吉思汗到忽必烈,建立了疆域庞大、超迈往古的国家。所以蒙古民族特别喜欢这个"大"字,除了"大元"国号外,元朝的许多年号,如至元、元贞、大德、至大等等也都是"大"的意思,而且也都与《易经·乾卦》的"元亨利贞"四德紧密相连。这样看来,1271年忽必烈确定以"大元"作为国号,既反映了蒙古从忽必烈时代起,便不再是草原游牧国家,而是中原正统王朝,也从一个有趣的侧面,说明来到中原的蒙古人,真的喜欢上了汉族的《易经》八卦。

大明：皇帝最为集权的王朝

明朝的最大特点，可以用一句话来概括：中国传统帝制时代汉族作为统治民族所建立的最后一个统一王朝。

明朝把中国古代的集权专制制度发展到了巅峰，从秦汉统一后的集权中央，变成了明朝的集权皇帝。在这个过程中，臣子的地位是越来越低，比如宋朝以前，臣子是可以坐着和皇帝说话的，到了宋朝，就站着说话了，再到明朝，不但不许坐，站着都不行，得跪着说话了；相应地，皇帝的地位是越来越高，到了明朝，皇帝更是"宸衷独断"，连一人之下、万人之上的丞相也被废除了。废相之后，政归六部，吏、户、礼、兵、刑、工各司其职，有事直接向皇帝请示。当然皇帝一人的精力毕竟有限，光是每天大量的奏疏，就已经让皇帝疲惫不堪。朱元璋曾经自述"百僚未起朕先起，百僚已睡朕未睡"，一度十分羡慕江南富翁"日高丈五犹披被"的悠闲生活。[①] 于是形成了选些文臣学士到内廷殿阁值勤、备皇帝顾问、帮皇帝做事、对皇帝负责的"内阁制"；皇帝又依靠其爪牙，诸如锦衣卫、东厂、西厂等特务机构，实施严密的政治统治与人身控制。朱元璋还发明了"剥皮实草"的残酷刑罚，整肃贪官，即在剥下的贪官皮囊里，填充稻草与石灰，放在地方公堂之上，警示继任者不要重蹈覆辙，否则这个"臭皮囊"就是他的下场。而诸如此类的措施，使得明朝起码在制度上成为中国历史上吏治最严的朝代。

在文化、经济、科技等等方面，明朝也有着辉煌的成就。明朝的学校、科举之法，为清朝所沿袭，施行了 500 多年；明朝手工业的高度发展、市镇的大量涌现、商品货币经济的繁荣，也是空前的；明朝科技的进步，由郑和"七下西洋"的壮举所体现出的造船技术、航海设备，就可见一斑。所以无论从哪个方面讲，明朝都是中国古代发展历程中极其重要的一个

---

① 冯梦龙：《智囊全集·明智部·知微》。

朝代。

明朝的这种极其重要,也体现在明朝灭亡以后的很长时段里,人们总是记挂着明朝,而且这种记挂还往往转变为现实的行动。比如清初,以明朝遗民为主要成员的复社等团体,民间秘密组织如天地会一类,都以"反清复明"为号召、为目标;到了清末,反清复明的各种力量更形繁杂,其中,以孙文为代表的资产阶级革命派所成立的团体"兴中会",入会盟书明确提出"驱除鞑虏,恢复中国,创立合众政府"[1]。"驱除鞑虏,恢复中国",就是排满灭清,这与元末朱元璋的"驱逐胡虏,恢复中华,立纲陈纪,救济斯民"[2],与清初的"反清复明",表面意思是一致的。所以如果立足于中国传统史学的正统观念,那么1912年创立的中华民国,也就仿佛大明的重建。至于民国时代中华民族受人欺负时,我们喜欢谈论郑和下西洋的辉煌,喜欢谈论戚继光痛击倭寇的功业,也都是些有意思的现象。如此,从理解清朝以至中华民国的历史而言,大明王朝也是极其重要的一环。

大清:精神的力量最为显著的王朝

"大清"是继"大元"之后,又一个由非汉民族作为统治民族建立的全国性政权。大元的统治民族是蒙古,大清的统治民族是满洲。我们在谈"大元"国号时曾经指出,元朝的制度是蒙汉二元、夷夏并用的,元朝的文化仿佛金戈铁马、万顷草场与男耕女织、千亩良田的综合。大清也有这样的味道。比如八旗制度、议政王大臣会议制度是满制,剃发结辫是满俗,而内阁制度、六部制度、尊孔敬儒等等,就是对汉族明朝制度的继承了;至于强令汉人剃发易服,又大肆蓄奴、大量圈地,则是征服者对被征服者人格、尊严的侮辱与土地、资产的掠夺。

进而言之,如果我们扩大一层到中国历史上入主中原的其他非汉民

---

[1]《檀香山兴中会盟书》,收入《孙中山全集》第一卷,中华书局,2011年版。
[2]《明太祖实录》卷二六吴元年十月丙寅。

族政权,上升一步到理论概括的话,那么,德裔美国汉学家魏特夫(Karl August Wittfogel)提出的"征服王朝论",颇是值得我们参考。在魏特夫看来,中国古代诸北族王朝,按其统治民族进入内地的不同方式,可以分为"渗透王朝"(Dynasties of Infiltration,如十六国、北魏)与"征服王朝"(Dynasties of Conquest,如辽、金、大元、大清)两类;就其对汉地文化的态度论,也有程度上的差异,即"渗透王朝"较倾向于吸收,"征服王朝"较倾向于抵制,又在诸"征服王朝"中,由于从前文化背景、生活方式的差异,辽、大元较倾向于抵制,金、大清较倾向于吸收。这样的理论,对于我们理解诸多"北族王朝"的制度架构、文化选择、社会变迁以及具体的名号定立,都具有相当的启发意义。

具体到清朝,从白山黑水的天地,到黄河长江的中原,其狩猎与农耕的交融,传统与新变的综合,满汉二元的制度与文化,当然也不例外。而在此过程中,由始到终,由崛起到衰亡,清朝的全部历史,尤其凸显了一个关键词的力量:精神。

从努尔哈赤到皇太极,再到多尔衮辅佐福临,那是"一支充满蓬勃朝气、奋发向上的满族,托起了民族的脊梁。艰苦拼搏,百折不挠,以少胜多,以弱胜强,直至创建全国政权,精神力量是不可或缺的根本因素"①;再从圣祖玄烨、世宗胤禛到高宗弘历,因为勇于开拓、敢于创新、勤于政事、善于学习的精神,清朝出现了超过百年的罕见的"太平盛世",缔造了超过1300万平方公里、唇齿相依、血肉相连的庞大疆域,养育了超过3亿、占世界三成左右的人口,修编了超过1.6亿字的现存最大的类书《古今图书集成》与将近10亿字的中国古代最大的丛书《四库全书》。同样,也是因为因循保守、麻木不仁、缺乏变革的精神,嘉庆、道光以后的清朝,既难以摆脱历代王朝盛衰荣枯的规律,也无法跟上日新月异、迅猛发展的世界形势,于是陷入了遭受资本帝国主义列强任意宰割的苦难深渊。人是要有点积极精神的,所谓"天行健,君子以自强不息";国家更不

---

① 戴逸:《满族兴起的精神力量》,收入所著《戴逸自选集》,学习出版社,2007年版。

可缺失了奋发图强、进取创新的精神,否则就会落后,落后就要挨打。列强的枪炮轰鸣之下,丧失的岂止是民族的尊严,而且还会丧失作为国家根本的主权,这就是清朝历史留给我们今人的深刻教训。

历史是一面镜子。透过清朝兴衰历史的这面镜子,我们看到了精神的力量。那么,具体到大清国号的历史,我们又看到了什么呢?

所谓后来者居上,从国号的含义与作用看,大清国号可以说是中国传统国号的总结,它借鉴了历史,取典于文化,服务了现实,作用于未来;对于团结满、汉、蒙等各族势力,对于转变满汉、满蒙关系中的被动劣势、取得主动优势,对于大清从东北边区政权成为中国统一王朝,"大清"国号都发挥了或显或隐的作用。

1912 年 2 月 12 日,6 岁的大清小皇帝溥仪退位,大清退出了历史舞台。而在此前的 1912 年 1 月 1 日,在大明的故都南京,一代伟人孙文宣誓就任临时大总统职,定国号为"中华民国"。于是中国的历史,跨入了一个全新的时代,中国的国号史,也由悠久的"帝"国时代跨入了崭新的"民"国时代。

附录二：拓宽加深中国地名学史的研究^①

一

地名学史是地名学体系中重要的有机组成部分，研究地名学不能不首先明瞭其发展史。从理论上推导，一般来说，任何一门独立的学科都应由理论、应用、学史三部分组成。通过学史的研究，不仅可以把握住学科产生、发展的过程、规律、条件及特点，而且通过经验的总结与教训的借鉴，也有利于学科今后的健康成长。

探讨各国地名学史，在考证地名起源和沿革，分析地名语源、语音、词义、词形的过程中，逐渐形成为较有系统的地名学。从史的角度看，国外地名学比较侧重语源学的研究，以为语言学、人类学、民族史提供资料为主要任务；而中国的地名学，也有着自己独特的发展过程与阶段成果。古今地名学的观点、方法、目的不尽相同，在旧时代，地名研究一直划归

---

① 原刊《中国方域》1993 年第 1 期。按如本书"结语"所述，本书"所讨论的中国历代国号、古今名号与域外有关中国的称谓，都属于'中国'这个历史实体、这块地理区域、这方文化土壤的'名字'。在地名学上，这些'名字'又都属于面状地名"。考虑及此，选此旧文作为"附录"，以见笔者对"中国地名学史"研究的一些想法。

历史学的沿革地理（舆地学）范畴，所谓"读史之助，亦通古今之关键也"①，地名考证成了为历史学服务的贴身婢女；又由于汉字的一些特点，地名音、形、义的推定也一直是语言文字学（小学）的一个部门，这样，就造成了我国古代地名研究的非系统性与孤立性。但尽管如此，客观地讲，我国的地名研究起源特早，绵延不断，具有 2000 多年的悠久历史，并且至今尚保存着无比丰富的高水平的成果，这在世界上是无论哪一个国家都无法与之比拟的。近代以来，西方、苏美、日本的地名学后来居上，超越于我，这也是事实。其实不仅地名学如此，其他自然科学亦然，正如恩格斯在《自然辩证法》"导言"中所指出的："近代自然科学的发展是随着资本主义的发展才达到了科学的系统和全面的发展"，然而一般见解竟因此认为我国的地名学向来落后，这不公允！我们要纠正这种误解，就必须大力开展并拓宽加深对中国地名学史的研究；对于语言学、历史学、地理学、民族学、地图学、方志学及其学史的研究，地名学史的探研也同样具有重要的参考价值。

中华人民共和国建国以后，尤其是这十几年来，对地名学的性质、体系、研究方法与意义等方面的阐述，日渐增多。但也不用讳言，由于专业研究人员把绝大部分精力都放在了指导地名工作的应用地名学及承接各项具体工作（如地名罗马化、统一外国地名译名、编纂地名工具书等）上，剩下来可以从事理论研究的时间就相对较少。其中，中国地名学史更是倍遭冷落，大体废而不讲，更谈不上长远规划与全面安排。近年，笔者在南京大学讲授"地名学概论"，于中国地名学史则多所留意，1991 年、1992 年还曾就中国历代重要的地名典籍、卓有成就的地名学者、影响甚巨的地名学派学说，整理出 30 多个选题，指导学生撰作学年论文、毕业论文。在此过程中，笔者愈益感到中国地名学史这一领域的广大、内涵的缤纷多彩、任务的相当繁重以及现时研究的单薄贫乏，好比一座富矿等待着开挖，一块初垦的风水宝地期望着耕耘。

---

① 邹汉勋：《敩艺斋文存》卷五"贵阳古城地图记·序"。

二

就笔者浅见及读书所及,中国地名学史的研究,在方法上当借重于历史地理学与文献学,并且与历史地名学相辅而行;既要明瞭纵的历代流变,也要把握横的断代概况。现时的具体工作,则可从典籍、学者、学者群(学派、学说)三方面展开。

怎样界定中国地名学史上的典籍与学者?对这个关键问题,似不必过于拘泥。古今学科分类、观念多有差异,地名之学在古代也尚未独立自成学科。即以地名典籍在传统目录中的地位而言,不同时代的目录中,地名典籍的属类都不一样。在早期书目如《汉书·艺文志》中,多列"方技略·刑法部";《隋书·经籍志》以迄《四库全书总目》,则基本上属史部地理类。即在《四库全书总目》中,《禹贡》、宋王应麟《诗地理考》、清高士奇《春秋地名考略》等列经部,《山海经》则列子部小说家类异闻属。与此相类似,许多在地名学上有贡献的学者,也被作为史学家、地学家或小学家看待,而从未被堂堂正正地作为地名学家来看待,尽管他们的著作在地名研究中经常被引用。这种情况带给地名学史的研究以很大的困惑与诸多的缺陷,也导致了认识和评价方面的片面性。当然,这是时代的局限与偏见,今天应当给予清醒的认识与认真的纠偏,也只有如此,才能使在地名学上有成就与贡献的学者得到完备的评价与必要的表彰,以获得更丰富与全面的形象。

三

记载与研究我国历史上浩如瀚海的各类地名的,是难以数计的地名典籍。这些典籍于地名,或详其因革,或著其形要,或正其字形,或审其音义,或述其境域,或解其纷乱,或定其地望,而朝积代累,遂孕育、成长了传统的地名学。因此,脚踏实地地去研究地名典籍,就成了地名学史研究的第一步。

结合地理学发展史看，我国的地名典籍，由先秦至清，可粗分为先秦古地理著作、正史地理志、总志、方志、历史地图、地理专著等若干类，其间相互影响，彼此借鉴，关系极为复杂。对其进行研究，自不可局限于整理校勘及文献学方面（包括了解其作者、内容、特点、价值、体裁、版本、可靠程度及错漏情况等），还应探讨其史源系统，地名记载方法、方面与目的。

大体说来，每一类典籍对地名的记载，大多经历了一个数量上由少而多，内容上由重自然而重人文，描述上由粗略而精细，目的上由辅史、向导（此借用贺晓昶先生语）而实用、资政的过程。举例而言，《尚书·禹贡》开了征实的一派，在拟定的地理区域中，重点叙述山川原隰等自然地名，《周礼·职方氏》、《尔雅·释地》等篇类此；至班固作《汉书·地理志》，李泰撰《括地志》，下及其他15部正史地理志与唐宋元明清其他地理总志，都改以关系国家统治、政权建设、贡赋收取的疆域政区为主体、为纲领，以求完整、真实而权威地反映其疆域的盈缩、政区的设置及其变化，其次才不求完整地反映各种自然地理现象和其他人文地理现象。与此相关联，对地名的记述多详于政区地名的行政辖属、沿革及更名，有关地名命名形式有详略不等的涉及，而对地名所指代的地理实体概况，则或有或缺，或详或略，或全面系统或割裂分散，其间一个总的原则是重实用与资政，这里可以有关道里的载述为例。西晋司马彪《续汉书·郡国志》首创道里一目，记各郡国治所与都城洛阳的相对方位与道路距离；到梁沈约撰《宋书·州郡志》，道里一目于去京都水陆里程以外，增加了去州的水陆里程。唐李吉甫《元和郡县图志》更发展为州境及八到两目。按道里的记载，不仅利在考证地名时的定位，发挥地名的向导作用，更重要的是与纳税贡赋、经济交通及明确各级行政区域的境界等有关。对地名实体其他概况如物产、户口、贡赋、史迹故事及有关地理环境的多角度、多方面而有选择的描述，是逐渐细化、代有扩展，还是略而不尽，语焉不详，也基本上贯穿着这么一条实用、资政的原则。

正史地理志及总志对地名的记述是如此,其他各类地理书,如由开幻想一派的《山海经》到后来衍化的《穆天子传》、《三宝太监下西洋》、《镜花缘》,由放马滩秦图、马王堆汉图而罗洪先的《广舆图》、清内府舆图,由《华阳国志》而清各省、府、州、厅、县、乡土、里镇、山水志,由《水经注》而《水道提纲》,由《史记·货殖列传》而《肇域志》、《天下郡国利病书》,由《通鉴》胡三省地名注而《读史方舆纪要》,由《汉书·西域传》而《西域同文志》,由《长春真人西游记》而《徐霞客游记》,有关地名的绚烂多彩的大量记述,也大体若是,即不完全是为地名而地名,除辅史与向导作用外,也强调实用与资政,以为王朝的政治、经济、军事、文化等服务,如王应麟就明确认为,考证古地名所在,有益于移风易俗、促进教化,[①]而研寻政区地名与军事地名,可"以为兴替成败之鉴";[②]胡三省注《通鉴》,所注地名,也往往是微言大意、春秋笔法。而明乎此,则地名、地名管理、地名研究、地名典籍等等,在古代所具有的学术价值与现实意义,也可因之而明。推而及于当前,在编写各类地名图书和地名志、地名辞典、历史地名图、现势地名图及建立地名档案的过程中,学习前人的实用、资政思想,并发扬光大而为用世益民,也就成了我们工作中应持的原则。

四

尽管直到晚清,学者们在地名研究上取得的成果,总体上看还是侧重于具体地名的渊源、地名的沿革与考证,缺乏系统性与全面性,但其丰硕的成果、较为深邃的朴素的地名学思想,还是为现代地名学的建立奠下了重要的基石。学问都是继承然后发展,扬弃然后创新的。开展地名学史的研究,我们就有必要对历代地名学者作一番深入的探讨,尤其要注意那些拓展新领域、引入新方法、开创新风气的学者,一一列述其生平,总结其成就,梳理其学术源流。

---

① 王应麟:《诗地理考》"序"。
② 王应麟:《通鉴地理通释》"序"。

概而言之，《禹贡》杰出的区域地名学思想，《尔雅》作者完善的地名训释与通名分类，已滥觞了我国后世地名研究两大重要学派（舆地派、小学派）的嚆矢。由《禹贡》一脉而班固、应劭等，重视从地理环境与地名的关系，探求地名的语源和命名规律；而由《尔雅》一脉至许慎、刘熙等，则注重从语音、字形、语词结构等方面展开对地名语源的阐释。东汉以后，地名研究中的小学派式微，而以杜预、京相璠、郭璞、盛弘之、郦道元等为代表的舆地派兴盛。以为学人忽视的重要学者西晋杜预为例，所绘《春秋盟会图》，古今对照，又著古今地名表即《春秋释例·土地名》三卷，与图相辅。杜氏所释地名，所定方位，均严谨认真，对语源的解释亦详确周到。再说郦道元。陈桥驿先生指陈推重郦氏地名渊源之解释，其实在地名考证方面，郦道元也多值得称道之处。对于名异实同、名同实异或名实不符等混乱现象，郦氏循名责实，据实考名，以求名实合一；考古、推地相印证，地理实证与语言文字辨析相结合，并且实事求是，无征不信，多闻阙疑。

论者多认为，郦道元著《水经注》以后，我国传统地名学研究并未取得多大的跃进，笔者对此却实不敢苟同。按北魏以下，在解说、阐释地名来历、含义、沿革、读音、用字、分类及命名原则等方面作出显著成绩，并把传统地名学水平推向新的高度与更广阔领域的重要学者，其实不少，如唐代有玄奘、李泰、李吉甫、樊绰、贾耽，宋代有乐史、王存、沈括、郑樵、程大昌、范成大、周应合、王应麟、赵汝适、洪迈，元明两代有耶律楚材、李志常、胡三省、汪大渊、张燮、屈大均、徐霞客。即以张燮对海外地名及中西交通地名的研究为例，在方法上就相当的先进科学，即不仅采用对音法，而且"质之方言，参之邻壤，验之谣俗方物"，以求其"主名"。① 下及清代，传统地名学更是达到了其巅峰期。清人于地名研究，涉及范围之广是前所未有的，从上古三代直至清朝，从中原地区延及边疆，几乎所有见于记载的重要地名都有所考证，多数古代地名典籍都得到整理；有所建

---

① 张燮：《东西洋考》"凡例"。

树的学者,可谓举不胜举,此不详述。①

值得特别提出的是,对前清及清代学者的成果,应该有一个客观而公正的评价,既不抑没其成就,也不过分拔高,迷信盲从。笔者这六七年来,对前人有关地理地名方面的补志补表、校勘记、注释、考史著作及读史笔记等多有比勘与研读,对此感触尤深。即便是一些名气甚大的学者的著述,平心而论,其中得失参互、引据不经者既多,谬误迭出、缺漏违忤者亦所在而有,凭臆进退、地望难准者更属常见与显然。即以颇为自诩的清大儒洪亮吉为例,洪氏宏才博学,著书满家,深于史,亦留意声韵故训,"至于骈偶之体,瑰丽之作,希踪八代,继轨六朝",且"究心于疆域沿革,最为专门";②而所著《东晋疆域志》,笔者曾辨正其州郡县部分,就指陈有16类错误,如一郡误为二郡,二郡误为一郡,郡县重出,统属、置废、侨地、治所、引证资料、行文、句读等错误,其书之粗疏由此可见,而学人不察,还每多征引为据,实在是贻误后学!与洪亮吉相类似的清大儒,尚有吕吴调阳、陈芳绩、汪士铎、洪齮孙、徐文范、刘文淇、胡孔福等人。我们在利用他们的成果时,当格外小心,加以甄别与考订,这也是我们在研究地名学史时,对每一位学者及其成果应持的科学态度,哪怕缜密细致如胡渭、焦循、钱大昕、阎若璩、吴增仅、沈垚、缪荃孙、杨守敬等人,也不例外。

五

地名典籍及地名学者的个案剖析,是必要且重要的;在此基础上,研寻地名学史上重要的学者群、学派、学说,则是更高一级层次上的研究,也是不可或缺的。按考究学者群,当重其彼此影响与学术风尚;探讨学派(旧称学案),当明其统系与师说渊源;阐明学说,则当求其立说依据与沿袭变更。为了说明问题,在这里不妨各举一例。

---

① 中国地名学研究会编《地名学研究文集》(辽宁人民出版社,1989年版)中,收有孙冬虎《清代地名研究的成就与历史借鉴》一文,可参阅。
② 张舜徽:《清人文集别录》卷九"施卷阁文集更生斋文集"。

其一,乾嘉时代学者群。清乾嘉时代,朴学鼎盛,发展到相当精致的程度。许多硕学鸿儒或学贵专门或兼通众艺,其中钱大昕、戴震、孙星衍、焦循、齐召南、姚鼐、阮元、全祖望、张澍、李兆洛等,研治地名,多造其微,著述成林;其方法各异,文字、音韵、训诂、舆地、氏族、官制、典章、金石之学,都曾引入地名研究;学人们又互相质难,彼此会通与发明,形成了缜密细致、不务空言的良好风气。乾嘉时代也因之成为中国地名学史上一个群星灿烂的时代,传统地名学达到了其最高水平。流风余韵,被于民国,谭其骧先生承其大宗并发扬光大之,遂成禹贡学派之中流砥柱。

其二,禹贡学派。20世纪30年代,顾颉刚、谭其骧联合燕京、北大、辅仁三校师生,组织起禹贡学会,创办《禹贡》半月刊,积极致力于改造传统沿革地理学为现代历史地理学;在地名研究方面,禹贡学派也力求突破传统地名学的藩篱,从新的角度来探索地名,其成就斐然,无论是在理论与方法上(如地名群方法、历史比较语言学方法、语言地理学方法、民族学方法、文化学方法、地名译名方法、相关学科讨论),还是在成果(地名典籍的整理、地名通名的来源与演变、地名专名的渊源解释、政区地名的因革增省、边疆与域外地名的考述,有关地名工具书如地图、辞典、索引的制作,小地名的研究、现势地名的调查)与人才上,都为传统地名学跨进到现代地名学架起了一座桥梁。时至今日,禹贡学派的元老及其传人们,仍是我国地名学研究队伍中的一支生力军。

其三,地名大迁移学说。古人治学,多由经入史,而古史的条理发明与经书的校订注疏关系尤密,该学说即由古史研究中流变而出。创其说者为明末清初王夫之,民国钱穆则光其大,发凡起例,童书业、郑德坤、石泉、陈怀荃诸学者踵续于后,推而广之。原其立说原则,要之有三:一曰地名原始,即地名其先皆有意义可释,乃通名而非专名,可以名此亦可以名彼,如"大山宫小山"曰"霍",凡具此状皆可得此名,初非限于一地,故河东有霍,淮南有霍;二曰地名迁徙,认为异地同名决非异地同时并起,亦非偶然巧合,乃是迁徙移用的结果。在地名迁徙之背后,盖有民族迁徙之踪迹可资推说。一民族初至一新地,就其故居之旧名,择其相近似而移以名其侨居之新土,故而异地有同名;三曰地名沿革,一般腹地冲要,因文物殷盛,人事多变,故每有新名迭起而旧名被掩,地名之变革亦剧,而边荒穷陬,人文未启,故事流传,递相因袭,地名之变遂缓。于是先起者反多晦灭,后人移用者反多保留,并历久而益显。①。按此说于古史地名每出奇论,翻积见,标新得,又皆通明无碍,远胜旧说。如认为黄帝登空同、舜葬苍梧一类地名,都在大河两岸华夏中原发达地区;以后因民族移动而携至边地,《史记》《汉书》竟因此把边地后起之名认作当初的地名,是为古史研究中的大错误。笔者认为:重视、整理并理解地名大迁移学说,意义非凡,不仅将开创古史研究的新局面,而且能使我们对地名变迁、移动、演化等得一新概念,用之于民族迁移与融合、文化变迁与播散等方面的研究,也可求得许多的新认识。

据上举三例已可看出,用宏观联系的眼光,深窥地名学术的渊源流变,探究有关的学者群、学派、学说,将有利于我们更深透、更清晰地从纵的时间上与横的网络上把握中国地名学史的发展变化过程、特征所在及一些基本规律,从而梳理出一个理论体系,收到若网在纲、持简驭繁的效果,而这种效果是地名典籍、地名学者孤立零散的个案研究所难以收到的。总之,笔者呼吁有志者致力于地名典籍、学者、学者群、学派、学说的研究,也期待着一部内容丰富、资料扎实、纵横贯通、巨细兼顾、系统严密、理论完善的《中国地名学史》早日问世。②

---

① 参阅钱穆:《史记地名考》"自序",三民书局,台北,1984 年。

② 2017 年 5 月附记:1997 年,孙冬虎、李汝雯合著的《中国地名学史》(中国环境科学出版社)出版。这是第一部中国地名学史专著。全书以 19 万字的篇幅,梳理了"源远流长的传统地名学"与"继往开来的现代地名学"。这部专著的特点在于,作者出身地理学并从事现实的地名工作,故其撰述宗旨,"是为了科学地清理我国历史上地名研究的发展过程,总结和吸收前人的优秀学术成果,为建立一门体系完整、方法先进的中国地名学,提供历史的借鉴。"1999 年,华林甫著《中国地名学源流》(湖南人民出版社)出版。这是第二部中国地名学史专著。全书以 37 万字的篇幅,论述了起先秦时期、止民国时期中国地名学萌芽、奠基、深入、成熟以至繁荣鼎盛及迈向现代的全过程。与孙、李合著《学史》相比较,《源流》的作者主攻中国古代史与中国历史地理,故置地名学史于中国历史地理学史的整体框架中,"脚踏实地地去研究地名典籍"。有关这两部地名学史专著尤其是《中国地名学源流》的评说与笔者的发挥,参阅胡阿祥:《"开卷如芝麻开门"——华林甫著〈中国地名学源流〉评介,《学术界》2002 年第 5 期。

附录三：《伟哉斯名："中国"古今称谓研究》序言①

　　昔梁启超论清代学术曰:吴、皖两派之外,尚有扬州一派,其研究范围,比较广博。其后,张舜徽尤尊崇扬州学派,其言曰:吴学最专,其失也固;皖学最精,其失也褊;惟扬州之学最通,无扬州之通,不能成清学之大。近世王国维治学,能将考古学与历史学沟通,他族之记载与汉族之记载沟通,海外之文学理论与中华之文学作品沟通,较清代扬州学派之通核,又有长足之进步,所处时代不同故也。

　　余家世居扬州,自幼仰止乡贤。师事范文澜先生,饫闻"专通坚虚"之论。及来南雍,遂以文史兼通,勖勉英才。胡阿祥君从余游,尝对余言:国人讲究名称字号,而于最大之称号"中国",尚无研究专著出版,不得不谓为一大憾事。彼有感于此,孜孜以求,积十余年之努力,撰成《"中国"古今称谓研究》一书,请序于余。摩挲书稿,老眼增明,不辞衰朽,欣然命笔。

　　书分上、下两编。上编四章,详释中国历代统一王朝国号,略说非统一王朝国号。又有附录,析疑辨异。下编三章,考论中国古今名号与域

---

① 此系卞孝萱师(1924 年 6 月 20 日—2009 年 9 月 5 日)为拙著《伟哉斯名:"中国"古今称谓研究》(湖北教育出版社,2000 年版)所赐序言。本书即以《伟哉斯名:"中国"古今称谓研究》为基础,大事增补修订而成。

外有关中国之称谓。首以"解释中国"为导言,末以"伟哉斯名"为结语。洋洋三十万言,结构完整,探索深入,新见迭出,精义纷呈。读之如入山阴道上,令人有应接不暇之慨。略而言之,其特色有四:

一曰贯通古今之才识。胡君将中国古今称谓归纳为三类:一为国号,即历代统一王朝国号,蕴涵深意;二为名号,如中国、华夏、禹迹、九州、四海等,气派凝重;三为他称,除源于中国国号、名号之称谓外,另有支那、赛里斯、桃花石、契丹四个系列,虽来源不一而终归取准于文化。以上三类称谓,涉及方面至为广阔,胡君融贯群言,提出己见,侃侃而谈,娓娓动听。

二曰多种学科之运用。中国诸多称谓之产生,原因极为复杂,一一推源释义,人人皆知非轻而易举、一蹴而就之事,故惮于问津。胡君知难而进,综合运用历史、民族、地理、语言、文字、心理、名称等多学科之理论与方法,纵观几千年,横跨数万里,"寻坠绪之茫茫,独旁搜而远绍",真积力久,博引广征,以考带论,夹叙夹议,脉络分明,有条不紊。

三曰深沉敏锐之思想。胡君之书,非单纯考据,兼有思想性。如:释"夏"释"华"而及"华夏",释"中"释"国"而及"中国",合"中国"与"华夏"而为"中华"。逐步展开,引人入胜。又如释"汉":项羽立刘邦为汉王,本出于恶意,刘邦迫于形势,无可奈何而接受,萧何以"汉"为美名,刘邦转怒为喜,故有天下后,仍以"汉"为国号。拨开迷雾,洞察隐情。诸如此类,俱可见胡君之善于思考,犀利过人,灵心慧解,难能可贵。

四曰忠诚爱国之情怀。胡君以为,中国之诸多称谓,往往凝聚着传统文化之精华,深探其源,细释其义,有助于理解过去,从而更加热爱历史悠久、文明发达、民族众多、疆域广袤之伟大祖国。西人目中国为"狮",由"睡狮"到"醒狮",由"醒狮"到"雄狮",反映出近现代中国觉醒、奋斗、成功之历程。其言富有文采,饱含热情,可以激发人民之民族自豪感与自信心,发奋图强,尽心竭力,为振兴中华多作贡献。

总而言之,中国古今称谓,既是中国人共同关注之事;《"中国"古今称谓研究》,应为天地间必不可少之书。胡君之著作,具有学术价值,并有现实意义。称之为奠基,誉之为开拓,均不为过。而胡君之年龄,才三十六,风华正茂,前途无量。其书即将问世,胡君毫不自满,立志继续钻研。范先生所示"专通坚虚",胡君可谓身体力行矣。余为之欢呼曰:"伟哉斯名",美哉胡君!

是为序。

一九九九年国庆节,卞孝萱
于南京大学之冬青书屋,时年七十有五

引用文献

古代文献

（按照文献首字的汉语音序排列）

B

《白虎通德论》，[东汉]班固，上海古籍出版社，1990年版

《抱朴子》，[东晋]葛洪，上海古籍出版社，1990年版

《北史》，[唐]李延寿，中华书局，1974年版

C

《草木子》，[明]叶子奇，中华书局，1959年版

《册府元龟》，[北宋]王钦若等编，中华书局，1960年版

《曾巩集》，[北宋]曾巩撰，陈杏珍、晁继周点校，中华书局，1984年版

《曾纪泽集》，[清]曾纪泽撰，喻岳衡点校，岳麓书社，2005年版

《茶香室丛钞》，[清]俞樾撰，贞凡等点校，中华书局，1995年版

《陈书》，[唐]姚思廉，中华书局，1972年版

《池北偶谈》，[清]王士禛，勒斯仁点校，中华书局，1982年版

《筹辽硕画》，[明]程开祜辑，《丛书集成续编》本，新文丰出版公司，台湾

《出使英法义比四国日记》，[清]薛福成，湖南人民出版社，1981年版

《初学记》，[唐]徐坚等编，中华书局，1962年版

《楚辞》，[战国]屈原、宋玉等撰，吴广平注译，岳麓书社，2001年版

《楚辞集注》，[战国]屈原撰，[南宋]朱熹集注，上海古籍出版社，1979年版

《春秋繁露》，[西汉]董仲舒，上海古籍出版社，1989年版

《春秋公羊传注疏》，《十三经注疏》本，中华书局，1980年版

《春秋谷梁传注疏》,《十三经注疏》本,中华书局,1980年版

《春秋命历序》,收入[日]安居香山、中村璋八辑:《纬书集成》,河北人民出版社,1994年版

《春秋释例》,[西晋]杜预,《丛书集成初编》本,商务印书馆,1936年版

《春秋左传正义》,《十三经注疏》本,中华书局,1980年版

《春秋左传注》,杨伯峻注,中华书局,1981年版

《徂徕集》,[北宋]石介,《丛书集成初编》本,商务印书馆,1936年版

D

《大阿弥陀经》,收入赵朴初主编:《永乐北藏》第43册,线装书局,2005年版

《大慈恩寺三藏法师传》,[唐]释慧立,中华书局,1983年版

《大戴礼记汇校集解》,[西汉]戴德编,方向东汇校集解,中华书局,2008年版

《大方等无想经》,收入《中华大藏经》编辑局编:《中华大藏经》(汉文部分)第18册,中华书局,1986年版

《大方广佛华严经音义》,[唐]释慧苑,中华书局,1991年版

《大唐创业起居注》,[唐]温大雅撰,李季平、李锡厚点校,上海古籍出版社,1983年版

《大唐西域记》,[唐]玄奘撰,章巽校点,上海人民出版社,1977年版

《大义觉迷录》,[清]爱新觉罗·胤禛撰,收入沈云龙主编:《近代中国史料丛刊》第36辑,文海出版社,台湾

《岛夷志略校释》,[元]汪大渊撰,苏继顾校释,中华书局,1981年版

《帝王世纪》,[魏晋]皇甫谧,《丛书集成初编》本,商务印书馆,1936年版

《滇游记》,[清]陈鼎,《丛书集成初编》本,商务印书馆,1936年版

《订正增译采览异言》,[日]山村才助,青史社,1979年版

《东都事略》,[南宋]王称,收入《二十五别史》,齐鲁书社,2000年版

《东华录》,[清]王先谦,上海古籍出版社,2007年版

《东西洋考》,[明]张燮撰,谢方点校,中华书局,2000年版

《洞庭集》,[明]孙宜,收入北京图书馆古籍出版编辑组编:《北京图书馆古籍珍本丛刊》,书目文献出版社,1998年版

《读史方舆纪要》,[清]顾祖禹撰,贺次君、施和金点校,中华书局,2005年版

《读通鉴论》,[清]王夫之,中华书局1975年版

E

《尔雅义疏》,[清]郝懿行,上海古籍出版社,1983年版

《尔雅翼》,[南宋]罗愿撰,石云孙点校,黄山书社,1991年版

《尔雅注疏》,《十三经注疏》本,中华书局,1980年版

F

《法显传》,[东晋]法显撰,章巽校注,上海古籍出版社,1985年版

《法言》,[西汉]扬雄,中华书局,1985年版

《翻译名义集》,[南宋]释法云,江苏广陵古籍刻印社,1990年版

《方言》，［西汉］扬雄撰，［晋］郭璞注，《丛书集成初编》本，商务印书馆，1936 年版

《风俗通义》，［东汉］应劭，上海古籍出版社，1990 年版

《封氏闻见记校注》，［唐］封演撰，赵贞信校注，中华书局，2005 年版

《凤阳新书》，［明］袁义新修、柯仲炯等纂，明天启元年刻本

《佛祖统纪校注》，［南宋］志磐撰，释道法校注，上海古籍出版社，2012 年版

G

《高僧传》，［梁］释慧皎撰，汤用彤校注，汤一玄整理，中华书局，1992 年版

《革命军》，［清］邹容，收入张梅编注：《邹容集》，人民文学出版社，2011 年版

《庚申外史》，［明］权衡，《丛书集成初编》本，商务印书馆，1936 年版

《古本竹书纪年辑校》，王国维辑校，收入《王国维遗书》第 12 册，上海古籍书店，1983 年版

《古今图书集成》，［清］陈梦雷等编，中华书局，1934 年

《管子新注》，［春秋］管仲撰，姜涛注，齐鲁书社，2006 年版

《广弘明集》，［唐］释道宣，《四部备要》本，中华书局，1934 年版

《广雅疏证》，［三国魏］张揖撰，［清］王念孙疏证，江苏古籍出版社，1984 年版

《国初群雄事略》，［清］钱谦益，江苏广陵古籍刻印社，1981 年版

《国初事迹》，［明］刘辰，中华书局，1991 年版

《国立台湾大学图书馆典藏日本书纪影印·校勘本·圆威本》，［日］舍人亲王撰，是泽范三、山口真辉主编，洪淑芬译，台大图书馆，2012 年版

《国语》，［三国吴］韦昭注，上海书店出版社，1987 年版

H

《海国图志》，［清］魏源，岳麓书社，2011 年版

《韩昌黎文集注释》，［唐］韩愈撰，阎琦校注，三秦出版社，2004 年版

《韩非子》，［战国］韩非，上海古籍出版社，1989 年版

《汉书》，［东汉］班固撰，［唐］颜师古注，中华书局，1962 年版

《汉书地理志补注》，［清］吴卓信，《二十五史补编》本，中华书局，1955 年版

《弘法大师空海全集》第六卷《性灵集》，弘法大师空海全集编辑委员会编，筑摩书房，1987 年版

《鸿猷录》，［明］高岱撰，孙正容、单锦珩点校，上海古籍出版社，1992 年版

《后汉书》，［南朝宋］范晔撰，［唐］李贤等注，中华书局，1965 年版

《湖楼笔谈》，［清］俞樾撰，崔高维点校，合刊于《九九销夏录》，中华书局，1995 年版

《华阳国志》，［东晋］常璩撰，刘琳校注，巴蜀书社，1984 年版

《华阳陶隐居内传》，［唐］贾嵩，收入《观古堂汇刻书》，光绪戊戌长沙叶氏郎园重刊

《淮南子》，［西汉］刘安等撰，［东汉］高诱注，上海古籍出版社，1989 年版

《黄帝魂》，黄帝子孙之多数人，上海东大陆图书印刷局，1903 年版

《黄帝内经》，黑龙江人民出版社，2004 年版

《黄遵宪全集》，[清]黄遵宪撰，陈铮编，中华书局，2005 年版

J

《纪录汇编》，[明]沈节甫辑，中华全国图书馆文献缩微复制中心，1994 年版

《建炎以来朝野杂记》，[南宋]李心传撰，徐规点校，中华书局，2000 年版

《建炎以来系年要录》，[南宋]李心传，上海古籍出版社，1992 年版

《焦氏笔乘》，[明]焦竑，上海古籍出版社，1986 年版

《今本竹书纪年疏证》，王国维疏证，收入《王国维遗书》第 12 册，上海古籍书店，1983 年版

《金石索》，[清]冯云鹏、冯云鹓，书目文献出版社，1996 年版

《金石文字记》，[清]顾炎武辑，中华书局，1991 年版

《金史》，[元]脱脱等，中华书局，1975 年版

《金文最》，[清]张金吾编纂，中华书局，1990 年版

《晋书》，[唐]房玄龄等，中华书局，1974 年版

《经义述闻》，[清]王引之，江苏古籍出版社，1985 年版

《警世钟》，[清]陈天华，收入刘晴波、彭国兴编，饶怀民补订：《陈天华集》，湖南人民出版社，2011 年版

《敬斋古今黈》，[元]李治撰，刘德权点校，中华书局，1995 年版

《旧唐书》，[后晋]刘昫等，中华书局，1975 年版

《旧五代史》，[北宋]薛居正等，中华书局，2003 年版

K

《开卷偶得》，[清]林春溥，《丛书集成三编》本，新文丰出版公司，台湾

《开元释教录》，[唐]释智昇，文渊阁《四库全书》本

《考古编》，[南宋]程大昌，《丛书集成初编》本，中华书局，1985 年版

《困学纪闻》，[南宋]王应麟，上海古籍出版社，2015 年版

《括地志辑校》，[唐]李泰等撰，贺次君辑校，中华书局，1980 年版

L

《懒真子》，[宋]马永卿，《丛书集成初编》本，中华书局，1985 年版

《老学庵笔记》，[南宋]陆游撰，李剑雄、刘德权点校，中华书局，1979 年版

《礼记正义》，《十三经注疏》本，中华书局，1980 年版

《李涪刊误》，[唐]李涪，文渊阁《四库全书》本

《利玛窦中国札记》，[意]利玛窦、[比]金尼阁著，何高济、王遵仲、李申译，中华书局，1983 年版

《梁书》，[唐]姚思廉，中华书局，1973 年版

《辽史》，[元]脱脱等，中华书局，1974 年版

《辽志》，[南宋]叶隆礼，《丛书集成初编》本，中华书局，1985 年版

《列子全译》，[战国]列御寇撰，王强模译注，贵州人民出版社，1993 年版

《六朝通鉴博议》，[南宋]李焘撰，胡阿祥、童岭点校，南京出版社，2007 年版

《陆游集》，[南宋]陆游，中华书局，1976 年版

《路史》,[南宋]罗泌撰,[南宋]罗苹注,文渊阁《四库全书》本

《论衡集解》,[东汉]王充撰,刘盼遂集解,古籍出版社,1957年版

《论语注疏》,《十三经注疏》本,中华书局,1980年版

《洛阳伽蓝记校注》,[北魏]杨衒之撰,范祥雍校注,上海古籍出版社,1978年版

《洛中纪异录》,[北宋]秦再思撰,陶宗仪纂《说郛》本,北京市中国书店,1986年版

《吕氏春秋》,[战国]吕不韦,上海古籍出版社,1989年版

M

《马可·波罗行记》,[意]马可·波罗口述,[意]鲁思梯谦笔录,[法]沙海昂注,冯承钧译,中华书局,1954年版

《马可·波罗游记》,[意]马可·波罗口述,[意]鲁思梯谦笔录,[美]曼纽尔·科姆罗夫英译,陈开俊等译,福建科学技术出版社,1981年版

《满洲实录》,收入《清实录》第1册,中华书局,1985年版

《毛诗正义》,《十三经注疏》本,中华书局,1980年版

《蒙鞑备录》,[南宋]赵珙,《丛书集成初编》本,中华书局,1985年版

《蒙古游牧记》,[清]张穆撰,[清]何秋涛补,《续修四库全书》本,上海古籍出版社

《猛回头》,[清]陈天华,收入刘晴波、彭国兴编,饶怀民补订:《陈天华集》,湖南人民出版社,2011年版

《孟子注疏》,《十三经注疏》本,中华书局,1980年版

《名山藏》,[明]何乔远撰,张德信、商传、王熹点校,福建人民出版社,2010年版

《明经世文编》,[明]陈子龙等选辑,中华书局,1962年版

《明实录》,中研院历史语言研究所校印,黄彰健校勘,中华书局,2016年版

《明史》,[清]张廷玉等,中华书局,1974年版

《明太祖集》,[明]朱元璋撰,胡士尊点校,黄山书社,1991年版

《墨子》,[战国]墨翟,上海古籍出版社,1989年版

N

《南村辍耕录》,[明]陶宗仪,中华书局,1959年版

《南海寄归内法传校注》,[唐]释义净撰,王邦维校注,中华书局,1995年版

《南齐书》,[梁]萧子显,中华书局,1972年版

《南史》,[唐]李延寿,中华书局,1975年版

《能改斋漫录》,[南宋]吴曾,上海古籍出版社,1979年版

《廿二史劄记》,[清]赵翼,中国书店,1987年版

《宁古塔纪略》,[清]吴振臣,《续修四库全书》本,上海古籍出版社

P

《埤雅》,[北宋]陆佃撰,王敏红校注,浙江大学出版社,2008年版

《萍洲可谈》,[北宋]朱彧撰,李伟国校点,上海古籍出版社,1989年版

Q

《七国考》,[明]董说,《丛书集成初编》本,中华书局,1985年版

《七修类稿》,[明]郎瑛,中华书局,1959年版

《契丹国志》,[南宋]叶隆礼撰,贾敬颜、林荣贵点校,上海古籍出版社,1985年版

《乾道四明图经》,[南宋]张津等,《宋元方志丛刊》本,中华书局,1990年版

《潜研堂集》,[清]钱大昕撰,吕友仁点校,上海古籍出版社,1989年版

《钦定满洲源流考》,[清]阿桂、于敏中,收入沈云龙主编:《近代中国史料丛刊》第14辑,文海出版社,台湾

《秦观集编年校注》,[北宋]秦观撰,周羲敢、程自信、周雷编注,人民文学出版社,2001年版

《清朝文献通考》,[清]官修,浙江古籍出版社,1988年版

《清华大学藏战国竹简》第壹部,李学勤主编,中西书局,2010年版

《清诗别裁集》,[清]沈德潜编,中华书局,1975年版

《清史稿》,赵尔巽等,中华书局,1976年版

《丘逢甲先生诗选》,[清]丘逢甲撰,李宏健选注,暨南大学出版社,2014年版

《秋涧先生大全文集》,[元]王恽,《四部丛刊》本,上海书店

《全金诗》,薛瑞兆、郭明志编纂,南开大学出版社,1995年版

《全明诗(第一册)》,全明诗编纂委员会编,上海古籍出版社,1990年版

《全上古三代秦汉三国六朝文》,[清]严可均校辑,中华书局,1958年版

《全唐诗(增订本)》,[清]彭定求编,中华书局编辑部点校,中华书局,1999年版

《全唐文》,[清]董诰等编,中华书局,1983年版

《全元文》,李修生主编,凤凰出版社,2004年版

R

《日本教育史略》,日本文部省,日本文部省刊行,1887年版

《日本开知问答:小学读本》,[日]藤野永昌,荣山楼,1874年版

《日本史记》,[日]德川光圀,安徽人民出版社,2013年版

《日知录集释》,[清]顾炎武撰,[清]黄汝成集释,秦克诚点校,岳麓书社,1994年版

《容斋随笔》,[南宋]洪迈撰,穆公校点,上海古籍出版社,2014年版

S

《三朝北盟会编》,[南宋]徐梦莘,上海古籍出版社,1987年版

《三国演义》,[明]罗贯中,人民文学出版社,1973年版

《三国志》,[西晋]陈寿撰,[南朝宋]裴松之注,中华书局,1982年版

《山海经》,[晋]郭璞注,[清]郝懿行笺疏,沈海波校点,上海古籍出版社,2015年版

《善邻国宝记》,[日]释周凤,东方学会,1928年版

《商考信录》,[清]崔述,《丛书集成新编》本,新文丰出版公司,台湾

《尚书大传》,《丛书集成初编》本,中华书局,1985年版

《尚书今古文注疏》,[清]孙星衍注疏,陈抗、盛冬铃点校,中华书局,1986年版

《尚书正义》,《十三经注疏》本,中华书局,1980年版

《圣朝破邪集》，[明]徐昌治辑，夏瑰琦编，建道神学院，香港，1996 年版

《圣武记》，[清]魏源，上海古籍出版社，1996 年版

《尸子》，[战国]尸佼，上海古籍出版社，1989 年版

《诗地理考》，[南宋]王应麟，《丛书集成初编》本，商务印书馆，1936 年版

《诗集传》，[南宋]朱熹注，上海古籍出版社，1980 年版

《狮子吼》，[清]陈天华，收入刘晴波、彭国兴编，饶怀民补订：《陈天华集》，湖南人民出版社，2011 年版

《十国春秋》，[清]吴任臣，中华书局，2010 年版

《十六国春秋》，[北魏]崔鸿，《丛书集成初编》本，商务印书馆，1937 年版

《十七史商榷》，[清]王鸣盛撰，黄曙辉点校，上海书店出版社，2005 年版

《石林燕语》，[宋]叶梦得撰，[南宋]宇文绍奕考异，侯忠义点校，中华书局，1984 年版

《史记》，[西汉]司马迁撰，[南朝宋]裴骃集解，[唐]司马贞索隐，[唐]张守节正义，中华书局，1982 年版

《世本八种》，[东汉]宋衷注，[清]秦嘉谟等辑，商务印书馆，1957 年版

《适可斋记言》，[清]马建忠，中华书局，1960 年版

《释名疏证补》，[东汉]刘熙撰，[清]王先谦疏证，上海古籍出版社，1984 年版

《双槐岁钞》，[明]黄瑜撰，魏连科点校，中华书局，1999 年版

《水经注疏》，无名氏撰，[后魏]郦道元注，杨守敬、熊会贞疏，段熙仲点校，陈桥驿复校，江苏古籍出版社，1989 年版

《说文解字》，[东汉]许慎撰，[北宋]徐铉校本，中国书店，1989 年版

《说文解字系传》，[南唐]徐锴，中华书局，1987 年版

《说文解字注》，[东汉]许慎撰，[清]段玉裁注，上海古籍出版社，1981 年版

《说文解字注笺》，[清]段玉裁注，[清]徐灏笺，上海古籍出版社，1996 年版

《说文通训定声》，[清]朱骏声，中华书局，1984 年版

《司马温公文集》，[北宋]司马光，《丛书集成初编》本，中华书局，1985 年版

《四库全书总目》，[清]永瑢等，中华书局，1965 年版

《四书章句集注》，[南宋]朱熹，中华书局，2010 年版

《松漠纪闻》，[南宋]洪皓，《丛书集成续编》本，新文丰出版公司，台湾

《嵩山集》，[北宋]晁说之，文渊阁《四库全书》本

《宋朝事实类苑》，[宋]江少虞，上海古籍出版社，1981 年版

《宋大诏令集》，司义祖整理，中华书局，1962 年版

《宋会要辑稿》，[清]徐松辑，中华书局，1957 年版

《宋史》，[元]脱脱等，中华书局，1977 年版

《宋书》，[梁]沈约，中华书局，1974 年版

《隋书》，[唐]魏徵等，中华书局，1973 年版

T

《太平寰宇记》，[北宋]乐史撰，王文楚等点校，中华书局，2007 年版

《太平天国文书汇编》,太平天国历史博物馆编,中华书局,1979年版

《太平御览》,[北宋]李昉等编,中华书局,1960年版

《谭嗣同集》,[清]谭嗣同撰,何执校点,岳麓书社,2012年版

《唐会要》,[北宋]王溥,中华书局,1955年版

《唐律疏议笺解》,[唐]长孙无忌等撰,刘俊文笺解,中华书局,1996年版

《唐诗别裁》,[清]沈德潜,中华书局,1964年版

《唐土训蒙图汇》,[日]平住专庵,大野木市兵卫·须原茂兵卫,1719年刊行

《弢园文录外编》,[清]王韬,上海书店出版社,2002年版

《天聪九年档》,关嘉录、佟永功、关照宏译,天津古籍出版社,1987年版

《通典》,[唐]杜佑撰,王文锦等点校,中华书局,1988年版

《通鉴地理通释》,[南宋]王应麟,《丛书集成初编》本,中华书局,1985年版

W

《汪穰卿笔记》,[清]汪康年,中华书局,2007年版

《魏书》,[北齐]魏收,中华书局,1974年版

《文天祥全集》,[南宋]文天祥撰,熊飞、漆身起、黄顺祥校点,江西人民出版社,1987年版

《文选》,[梁]萧统编,[唐]李善注,上海书店,1988年版

《乌台笔补》,[元]王恽撰,王晓欣点校,收入《宪台通纪(外三种)》,浙江古籍出版社,2002年版

《五代会要》,[北宋]王溥,上海古籍出版社,2006年版

《午亭文编》,[清]陈廷敬,收入《清代诗文集汇编》编纂委员会编:《清代诗文集汇编》第153册,上海古籍出版社,2010年版

《戊戌变法档案史料》,国家档案局明清档案馆编,中华书局,1958年版

《戊戌变法文献汇编》,杨家骆编,鼎文书局,台北,1973年版

《物理论》,[西晋]杨泉,《丛书集成初编》本,中华书局,1985年版

X

《西盟会议始末记》,西盟王公招待处编辑,收入忒莫勒、乌云格日勒主编:《中国边疆研究文库·初编·北部边疆》第二卷,黑龙江教育出版社,2014年版

《西洋番国志》,[明]巩珍撰,向达校注,中华书局,1961年版

《西游记》,[明]吴承恩,浙江古籍出版社,2010年版

《希腊拉丁作家远东古文献辑录》,[法]戈岱司编,耿昇译,中华书局,1987年版

《希罗多德历史·希腊波斯战争史》,[希腊]希罗多德著,王以铸译,商务印书馆,2009年版

《先秦汉魏晋南北朝诗》,逯钦立辑校,中华书局,1983年版

《小尔雅义证》,[清]胡承珙撰,石云孙点校,黄山书社,2011年版

《敩艺斋文存》,[清]邹汉勋,《续修四库全书》本,上海古籍出版社

《新编东亚三国地志》,[日]辻听花,普及舍,1900年版

《新编汪中集》,[清]汪中撰,田汉云点校,广陵书社,2005年版

《新唐书》,[北宋]欧阳修、宋祁,中华书局,1975年版

《新五代史》,[北宋]欧阳修撰,[北宋]徐无党注,中华书局,1974年版

《续博物志》,[南宋]李石撰,李之亮点校,巴蜀书社,1991年版

《续福泽全集第二卷》,[日]福泽谕吉,岩波书店,1933年版

《续汉书·志》,[西晋]司马彪撰,[梁]刘昭注补,收入范晔《后汉书》,中华书局,1965年版

《续资治通鉴》,[清]毕沅,上海古籍出版社,1987年版

《续资治通鉴长编》,[南宋]李焘,上海师范学院古籍整理研究室、上海师范大学古籍整理研究室点校,中华书局,1985年—1986年版

《学林》,[南宋]王观国,岳麓书社,2010年版

《荀子集解》,[战国]荀况撰,[清]王先谦集解,沈啸寰、王星贤点校,中华书局,1988年版

Y

《盐铁论校注》,[西汉]桓宽撰,王利器校注,天津古籍出版社,1983年版

《晏子春秋》,[春秋]晏婴撰,[清]孙星衍、黄以周校,上海古籍出版社,1989年版

《杨度集》,杨度撰,刘晴波主编,湖南人民出版社,2008年版

《耶律楚材西游录足本校注》,姚从吾校注,收入姚从吾著、姚从吾先生遗著整理委员会编辑:《姚从吾先生全集(七):辽金元史论文(下)》,正中书局,台北,1982年版

《野记》,[明]祝允明,《丛书集成初编》本,中华书局,1985年版

《逸周书集训校释》,[清]朱右曾撰,商务印书馆,1937年版

《涌幢小品》,[明]朱国祯撰,中华书局,1959年版

《舆地广记》,[北宋]欧阳忞撰,李勇先、王小红校注,四川大学出版社,2003年版

《宇内混同秘策》,[日]佐藤信渊,收入日本国粹全书刊行会编:《日本国粹全书第十九辑》,日本国粹全书刊行会,1917年版

《禹贡锥指》,[清]胡渭撰,邹逸麟整理,上海古籍出版社,2006年版

《玉海》,[南宋]王应麟,江苏古籍出版社,上海书店,1987年版

《玉篇直音》,[南朝梁陈]顾野王,《丛书集成初编》本,中华书局,1985年版

《元代白莲教资料汇编》,杨讷编,中华书局,1989年版

《元代农民战争史料汇编》,杨讷、陈高华编,中华书局,1985年版

《元丰九域志》,[北宋]王存撰,魏嵩山,王文楚点校,中华书局,1984年版

《元和郡县图志》,[唐]李吉甫撰,贺次君点校,中华书局,1983年版

《元和姓纂(附四校记)》,[唐]林宝撰,岑仲勉校记,郁贤皓、陶敏整理,中华书局,1994年版

《元史》,[明]宋濂等,中华书局,1976年版

《元史译文证补》,[清]洪钧撰,[日]那珂通世校订,文求堂书店,1902年版

《元文类》,[元]苏天爵编,商务印书馆,1936年版

《云烟过眼录》,[南宋]周密,《丛书集成初编》本,中华书局,1985年版

Z

《则堂集》，[南宋]家铉翁，文渊阁《四库全书》本

《战国策》，[西汉]刘向集录，上海古籍出版社，1985 年版

《战国纪年》，[清]林春溥，《续修四库全书》本，上海古籍出版社

《湛然居士文集》，[金蒙]耶律楚材，《丛书集成初编》本，商务印书馆，1937 年版

《支那历史》，[日]前桥孝义，富山房，1891 年版

《职方外纪校释》，[意]艾儒略撰，谢方校释，中华书局，1996 年版

《智囊全集》，[明]冯梦龙编著，栾保群、吕宗力校注，中华书局，2007 年版

《中等新地理》，[日]太田保一郎，八尾书店，1894 年版

《中说》，[隋]王通，《百子全书》本，浙江古籍出版社，1998 年版

《中西交通史料汇编》，张星烺注、朱杰勤校订，中华书局，2003 年版

《重修岐山县志》，田惟均修、白岫云纂，《中国方志丛书》本，成文出版社有限公司，1976 年版

《周季编略》，[清]黄式三撰，程继红点校，凤凰出版社，2008 年版

《周礼》，《十三经注疏》本，中华书局，1980 年版

《周书》，[唐]令狐德棻等，中华书局，1971 年版

《周易集解》，[清]孙星衍，成都古籍书店，1988 年版

《周易正义》，《十三经注疏》本，中华书局，1980 年版

《朱子文集》，[南宋]朱熹撰，《丛书集成初编》本，中华书局，1985 年版

《朱子语类》，[南宋]黎靖德编，中华书局，1986 年版

《竹斋集》，[元]王冕，西泠印社出版社，2011 年版

《庄子集解》，[战国]庄周撰，[清]王先谦集解，中华书局，1954 年版

《拙堂文话》，[日]斋藤正谦，收入王水照编：《历代文话》第十册，复旦大学出版社，2007 年版

《资治通鉴》，[北宋]司马光撰，[元]胡三省音注，中华书局，1956 年版

《资治通鉴外纪》，[北宋]刘恕，上海古籍出版社，1987 年版

现代文献

（按照作者姓氏首字的汉语音序排列）

书目之部

A

[法]阿兰·佩雷菲特著，王国卿等译：《停滞的帝国：两个世界的撞击》，三联书店，1995 年版

[日]爱宕松男著，邢复礼译：《契丹古代史研究》，内蒙古人民出版社，1988 年版

B

白吉庵：《章士钊传》，作家出版社，2004 年版

[日]白鸟库吉著，方壮猷译：《东胡民族考》，商务印书馆，1934 年版

〔美〕包弼德著,刘宁译:《斯文:唐宋思想的转型》,江苏人民出版社,2001年版

北京外国语学院俄语系语言学教研组编:《马克思主义经典作家论语言》,商务印书馆,1959年版

〔法〕伯希和著,冯承钧译:《交广印度两道考》,商务印书馆,1933年版

〔法〕布尔努瓦著,耿昇译:《丝绸之路》,新疆人民出版社,1982年版

C

参议院编辑:《中华民国临时约法》,参议院,1912年版

岑家梧:《图腾艺术史》,学林出版社,1986年版

岑仲勉:《隋唐史》,中华书局,1982年版

曾昭燏、蒋赞初:《南唐二陵发掘报告》,文物出版社,1957年版

常君实主编:《郁达夫自选文集 日记卷》,青海人民出版社,1999年版

陈登原:《国名疏故》,商务印书馆,1936年版

陈登原:《国史旧闻》,中华书局,2000年版

〔越〕陈重金:《越南史略》,岘港出版社,2002年版

陈述:《契丹政治史稿》,人民出版社,1986年版

陈毅:《陈毅诗词选集》,人民文学出版社,1977年版

陈寅恪:《唐代政治史述论稿》,上海古籍出版社,1982年版

陈政:《字源趣谈》,广西人民出版社,1986年版

D

〔日〕稻叶君山著,但焘译:《清朝全史》,中华书局,1914年版

邓少琴:《巴蜀史迹探索》,四川人民出版社,1983年版

丁福保:《佛学大辞典》,文物出版社,1984年版

E

〔德〕恩格斯:《自然辩证法》,收入中共中央马克思恩格斯列宁斯大林著作编译局编:《马克思恩格斯选集》第三卷,人民出版社,1972年版

F

范宏贵、刘志强:《越南语言文化探究》,民族出版社,2008年版

范文澜:《中国通史简编(修订本)》,人民出版社,1955年版

〔美〕费正清、赖肖尔著,陈仲丹等译:《中国:传统与变革》,江苏人民出版社,1992年版

冯承钧原编、陆峻岭增订:《西域地名》,中华书局,1980年版

傅佩荣:《易经与人生》,东方出版社,2012年版

G

高明:《古文字类编》,中华书局,1980年版

高树森、邵建光:《金陵十朝帝王州》,中国人民大学出版社,1991年版

高文德、蔡志纯:《蒙古世系》,中国社会科学院出版社,1979年

葛剑雄:《普天之下——统一分裂与中国政治》,吉林教育出版社,1989年版

〔日〕谷川道雄著,李济沧译:《隋唐帝国形成史论》,上海古籍出版社,2004年版

顾颉刚、史念海:《中国疆域沿革史》,商务印书馆,1938年版

顾颉刚:《汉代学术史略》,东方出版社,1996年版

顾颉刚:《五德终始说下的政治和历史》,收入《顾颉刚古史论文集》第三册,中华书局,1996年版

郭沫若:《卜辞通纂》,收入《郭沫若全集·考古编》第二卷,科学出版社,1983版

郭沫若:《奴隶制时代》,收入《郭沫若全集·历史编》第三卷,人民出版社,1984年版

H

韩振华编:《南海诸岛史地考证论集》,中华书局,1981年版

何光岳:《夏源流史》,江西教育出版社,1992年版

何新:《诸神的起源——中国远古神话与历史》,三联书店,1986年版

洪诚选注:《中国历代语言文字学文选》,江苏人民出版社,1982年版

胡阿祥、彭安玉主编:《中国地理大发现》,山东画报出版社,2004年版

胡阿祥、沈志富:《中国名号与称谓的故事》,山东画报出版社,2015年版

胡阿祥:《地名学概论》,南京大学打印稿,1991年

胡阿祥:《读史入戏:说不尽的中国史》,人民出版社,2014年版

胡阿祥:《六朝疆域与政区研究》,西安地图出版社,2000年版

胡阿祥:《正名中国:胡阿祥说国号》,中华书局,2013年版

胡阿祥:《中国名号与中古地理探索》,三联书店,2013年版

胡阿祥主编主撰:《兵家必争之地——中国历史军事地理要览》,河海大学出版社,1996年版

胡碳:《中国历代疆域与政区》,辽宁古籍出版社,1995年版

胡颂平:《胡适之先生年谱长编初稿》,联经出版事业公司,台北,1984年

华林甫:《中国地名学源流》,湖南人民出版社,1999年

J

贾敬颜:《民族历史文化萃要》,吉林教育出版社,1990年版

简又文:《太平天国典制通考》,简氏猛进书屋,香港,1958年版

江应梁主编:《中国民族史》,民族出版社,1990年版

金启孮:《女真文辞典》,文物出版社,1984年版

金毓黻:《东北通史》,国立东北大学,1941年版

L

雷航主编:《现代越汉词典》,外语教学与研究出版社,1998年版

李崇智:《中国历代年号考》,中华书局,2001年版

李洵、薛虹主编:《清代全史》,辽宁人民出版社,1991年版

李宗侗:《中国古代社会史》上册,中华文化出版事业委员会,台北,1954年版

连横:《雅堂笔记》,广西人民出版社,2005年版

林惠祥:《中国民族史》,商务印书馆,1936年版

林剑鸣:《秦史稿》,上海人民出版社,1981年版

刘善龄、郭建、郝陵生：《大唐气象——581 年至 763 年的中国故事》，上海文艺出版社，2005 年版

刘迎胜：《话说丝绸之路》，安徽人民出版社，2016 年版

柳诒徵：《中国文化史》，中国大百科全书出版社，1988 年版

卢海鸣：《南京历代名号》，南京出版社，2016 年版

鲁迅：《朝花夕拾》，人民文学出版社，2014 年版

罗振玉：《增订殷虚书契考释》，东方学会，1927 年版

吕思勉：《吕思勉读史札记》，上海古籍出版社，1982 年版

吕思勉：《先秦史》，开明书店，1941 年版

吕思勉：《中国民族史》，中国大百科全书出版社，1987 年版

M

马赫穆德·喀什噶里编，校仲彝等译：《突厥语大词典》，民族出版社，2002 年版

孟广恒主编：《历史地理综合科·历史分册》，高等教育出版社，2009 年版

孟森：《明清史讲义》下册，中华书局，1981 年版

［日］木宫泰彦著，胡锡年译：《日中文化交流史》，商务印书馆，1980 年版

P

彭邦炯：《商史探微》，重庆出版社，1988 年版

Q

戚兆磊：《2000 个应该知道的历史常识》，江苏人民出版社，2009 年版

钱穆：《刘向歆父子年谱》，收入顾颉刚编著：《古史辨》第五册上编，朴社，1935 年版

钱穆：《史记地名考》，三民书局，台北，1984 年

钱钟书：《管锥编》第四册，中华书局，1979 年版

R

容庚：《金文编》，科学出版社，1959 年版

S

邵献图、周定国等编：《外国地名语源词典》，上海辞书出版社，1983 年版

沈福伟：《中西文化交流史》，上海人民出版社，1985 年版

沈起炜：《中国历史大事年表（古代史卷）》，上海辞书出版社，1983 年版

施爱东：《中国龙的发明：16—20 世纪的龙政治与中国形象》，三联书店，2014 年版

［日］辻原康夫著，萧志强译：《从地名看历史》，世潮出版有限公司，台北，2004 年版

［日］实藤惠秀：《中国留学生史谈》，第一书房，1981 年版

［日］实藤惠秀著，谭汝谦、林启彦译：《中国人留学日本史》，三联书店，1983 年版

舒焚：《辽史稿》，湖北人民出版社，1984 年版

舒云：《开国纪事》，中国华侨出版社，1991 年版

孙冬虎、李汝雯：《中国地名学史》，中国环境科学出版社，1997 年

孙淼：《夏商史稿》,文物出版社,1987 年版

孙文：《建国方略》,收入《孙中山全集》第六卷,中华书局,2011 年版

孙中山著：《孙中山选集》,人民出版社,1981 年版

T

谭其骧主编：《中国历史地图集》第一册,地图出版社,1982 年版

唐兰：《古文字学导论(增订本)》上册,齐鲁书社,1981 年版

唐善纯：《中国的神秘文化》,河海大学出版社,1992 年版

陶懋炳：《五代史略》,人民出版社,1985 年版

[日]藤田元春：《大陆支那的现实》,富山房,1939 年版

田昌五、安作璋主编：《秦汉史》,人民出版社,1993 年版

童恩正：《古代的巴蜀》,四川人民出版社,1979 年版

童书业：《中国疆域沿革略》,开明书店,1946 年版

W

万绳楠整理：《陈寅恪魏晋南北朝史讲演录》,黄山书社,1987 年版

王献唐：《古文字中所见之火烛》,齐鲁书社,1979 年版

王宇信：《西周甲骨探论》,中国社会科学出版社,1984 年版

王钟翰主编：《满族历史与文化》,中央民族大学出版社,1996 年版

王仲荦：《北周地理志》,中华书局,1980 年版

王子今：《史记的文化发掘》,湖北人民出版社,1997 年版

魏良弢：《喀喇汗王朝史稿》,新疆人民出版社,1986 年版

闻一多：《古典新义·离骚解诂》,收入《闻一多全集》第二册,三联书店,1982 年版

闻一多：《神话与诗》,中华书局,1956 年版

吴天墀：《西夏史稿》,四川人民出版社,1983 年版

X

夏曾佑：《中国古代史》,上海人民出版社,2014 年版

夏商周断代工程专家组：《夏商周断代工程 1996—2000 年阶段成果报告·简本》,世界图书出版公司北京公司,2000 年版

夏衍：《法西斯细菌》,开明书店,1946 年版

夏征农主编：《辞海(彩图本)》,上海辞书出版社,1999 年版

夏征农主编：《辞海》,上海辞书出版社,1979 年版

向达：《唐代长安与西域文明》,三联书店,1957 年版

谢碧连：《郑成功应称朱成功》,台南"市政府"印行,2004 年

忻剑飞：《世界的中国观》,学林出版社,1991 年版

新华书店编：《将革命进行到底：一九四九年新年献词》,新华书店,1949 年 5 月版

新华书店编辑部辑：《中国人民政治协商会议第一届全体会议重要文献》,新华书店,1949 年 10 月版

Y

杨建新、石光树、袁廷华：《五星红旗从这里升起——中国人民政治协商会议诞生纪事暨资料选编》，文史资料出版社，1984年版

杨瑞松：《病夫、黄祸与睡狮："西方"视野的中国形象与近代中国国族论述想象》，政大出版社，台北，2010年版

杨树达：《积微居小学述林》，中国科学院，1954年版

杨永胜：《学生现代汉语全功能词典（图解版）》，江西教育出版社，2009年版

杨之水、李广锜、王能伟、马伯伦：《南京》，中国建筑出版社，1989年版

叶玉森：《殷墟书契前编集释》，上海大东书局，1934年版

于省吾：《甲骨文字释林》，中华书局，1979年版

［英］裕尔著，［法］考迪埃修订，张绪山译：《东域纪程录丛：古代中国闻见录》，中华书局，2008年版

袁珂：《中国神话传说词典》，上海辞书出版社，1985年版

Z

张明杰主编：《近代日本人中国游记》丛书，中华书局，2007年—2012年

张舜徽：《清人文集别录》，华中师范大学出版社，2004年版

郑炳林、高国祥主编：《敦煌莫高窟百年图录》，甘肃人民出版社，2008年版

郑杰祥：《夏史初探》，中州古籍出版社，1988年版

郑文：《论衡析诂》，巴蜀书社，1999年版

中共中央马克思恩格斯列宁斯大林著作编译局编译：《中华人民共和国宪法》，中华书局，1955年版

中共中央文献研究室编：《毛泽东诗词集》，中央文献出版社，1996年版

中国科学院考古研究所：《甲骨文编》，中华书局，1965年版

周法高：《金文零释》，《历史语言研究所专刊》之三十四，1951年版

周振鹤、游汝杰：《方言与中国文化》，上海人民出版社，1986年版

周振鹤：《西汉政区地理》，人民出版社，1987年版

文目之部

B

［苏］В. С. 达斯金：《契丹文字试读》，《亚非民族》（苏联）1963年第1期

北京人民日报：《中华人民共和国万岁》，《北京人民日报》1949年10月1日

［法］伯希和：《支那名称之起源》，收入冯承钧译：《西域南海史地考证译丛》，商务印书馆，1934年版

C

蔡美彪：《大清国建号前的国号、族名与纪年》，《历史研究》1987年第3期

蔡美彪：《明代蒙古与大元国号》，收入明清史国际学术讨论会论文集编辑组编：《第二届明清史国际学术讨论会论文集》，天津人民出版社，1993年版

岑仲勉：《释桃花石（Taugas）》，《东方杂志》第33卷第21号，1936年

岑仲勉：《桃花石之新释》，收入岑仲勉：《突厥集史》，中华书局，1958年版

岑仲勉：《外语称中国的两个名词》，《新中华》复刊第3卷第4期，1945年，收入岑仲勉：《中外史地考证》，中华书局，1962年版

陈得芝：《从"支那"名称来源诸"新说"谈起——关于学术规范与研究方法问题》，《中华文史论丛》2006年第2辑

陈怀荃：《大夏与大原》，《中国历史地理论丛》1993年第1辑

陈立柱：《夏国号再议》，《学术月刊》2000年第4期

陈连开：《论中国历史上的疆域与民族》，《中央民族学院学报》1981年第4期

陈连开：《中国·华夷·蕃汉·中华·中华民族》，收入费孝通等著：《中华民族多元一体格局》，中央民族学院出版社，1989年版

陈全方：《周原的来历与我国最早的京城》，《文博》1991年第4期

陈晓伟：《再论"大蒙古国"国号的创建年代问题》，《中华文史论丛》2016年第1期

陈学霖：《大宋"国号"与"德运"论辩述义》，收入陈学霖：《宋史论集》，东大图书公司，台北，1993年版

陈学霖：《金国号之起源及其释义》，收入陈述主编：《辽金史论集》第3辑，书目文献出版社，1987年版

陈学霖：《明朝"国号"的缘起及"火德"问题》，收入陈学霖：《明初的人物、史事与传说》，北京大学出版社，2010年版

陈学霖：《宋遗民流寓安南占城考》，收入陈学霖：《宋史论集》，东大图书公司，台北，1993年版

陈寅恪：《李唐氏族之推测》，收入陈寅恪：《金明馆丛稿二编》，上海古籍出版社，1980年版

陈寅恪：《李唐氏族之推测后记》，收入陈寅恪：《金明馆丛稿二编》，上海古籍出版社，1980年版

陈寅恪：《李唐武周先世事迹杂考》，收入陈寅恪：《金明馆丛稿二编》，上海古籍出版社，1980年版

陈寅恪：《论韩愈》，收入陈寅恪：《金明馆丛稿初编》，上海古籍出版社，1980年版

陈寅恪：《三论李唐氏族问题》，收入陈寅恪：《金明馆丛稿二编》，上海古籍出版社，1980年版

陈寅恪：《武曌与佛教》，收入陈寅恪：《金明馆丛稿二编》，上海古籍出版社，1980年版

陈寅恪：《赠蒋秉南序》，收入陈寅恪：《寒柳堂集》，上海古籍出版社，1980年版

陈垣：《商朝与殷朝》，《编辑工作》第18期，1956年，收入陈垣：《陈垣学术论文集》第二集，中华书局，1982年版

楚庄：《我国古代的"国号"》，《天津师院学报》1981年第3期

D

戴玄之：《白莲教之反元运动》，《国立政治大学历史学报》第3期，台北，1985年

戴逸:《满族兴起的精神力量》,收入戴逸:《戴逸自选集》,学习出版社,2007 年版

丁山:《洹、滴与商虚》,收入丁山:《商周史料考证》,龙门联合书局,1960 年版

段渝:《支那名称起源之再研究——论支那名称本源于蜀之成都》,收入四川大学历史系编:《中国西南的古代交通与文化》,四川大学出版社,1994 年版

F

方诗铭:《"汉祚复兴"的谶记与原始道教》,《史林》1996 年第 3 期

方壮猷:《契丹民族考》,《女师大学术季刊》第 1 卷第 2 期,1930 年

费孝通:《中华民族的多元一体格局》,收入费孝通等著:《中华民族多元一体格局》,中央民族学院出版社,1989 年版

冯汉骥:《论南唐二陵中的玉册》,《考古通讯》1958 年第 9 期

冯家昇:《契丹名号考释》,《燕京学报》第 13 期,1932 年,收入冯家昇:《冯家昇论著辑粹》,中华书局,1987 年版

冯家昇:《太阳契丹考释》,《史学年报》第 1 卷第 3 期,1931 年

浮生君:《日本外交之概略——对支根本政策》,收入窦克武主编:《王拱璧文集》,河南大学出版社,1991 年版

傅斯年:《夷夏东西说》,收入《历史语言研究所集刊》外编第一种《庆祝蔡元培先生六十五岁论文集》下册,1933 年

G

〔日〕高桥继男:《国号隋字考》,《法制史研究》第 44 期,创文社,1995 年

葛方文:《中国名称溯源》,收入褚亚平主编:《地名学论稿》,高等教育出版社,1986 年版

葛毅卿:《说滴》,《历史语言研究所集刊》第七本第四分,1939 年

〔日〕宫崎市定:《中国古代的城市国家与它的墓地》及《补遗》,《东洋史研究》1970 年第 4 期,1971 年第 2 期、第 3 期

顾颉刚、童书业:《汉代以前中国人的世界观念与域外交通的故事》,《禹贡》第 5 卷第 3、4 合期,1936 年

顾颉刚、王树民:《"夏"和"中国"——祖国古代的称号》,《中国历史地理论丛》第 1 辑,1981 年

顾颉刚:《古代巴蜀与中原的关系说及其批判》,《中国文化研究汇刊》第 1 卷,1941 年

顾颉刚:《九州之戎与戎禹》,《禹贡》第 6 卷第 6、7 合期,1937 年

顾颉刚:《昆仑传说和羌戎文化》,收入顾颉刚:《古史辨自序》下册,商务印书馆,2011 年版

顾颉刚:《讨论古史答刘胡二先生》,收入《顾颉刚古史论文集》第一册,中华书局,1988 年版

顾颉刚:《与钱玄同先生论古史书》,收入顾颉刚编著:《古史辨》第一册,朴社,1926 年版

顾颉刚:《禹贡(全文注释)》,收入侯仁之主编:《中国古代地理名著选读》第一

辑，科学出版社，1959 年版

顾颉刚：《禹贡学会募集基金启》，《禹贡》第 4 卷第 10 期，1936 年

顾颉刚：《战国秦汉间人的造伪与辨伪》，收入顾颉刚：《汉代学术史略》，东方出版社，1996 年版

郭沫若：《哀时古调》，收入中国现代文学馆编：《郭沫若文集》，华夏出版社，2000 年版

郭沫若：《关于日本人对于中国人的态度》，《宇宙风》1936 年 9 月号

郭沫若：《行路难》，收入王克俭主编：《郭沫若小说选》，海南国际新闻出版中心，1997 年版

H

韩儒林：《蒙古的名称》，收入韩儒林：《穹庐集》，上海人民出版社，1982 年版

韩儒林：《女真译名考》，收入韩儒林：《穹庐集》，上海人民出版社，1982 年版

韩昇：《曹操家族 DNA 调查的历史学基础》，收入韩昇、李辉主编：《我们是谁》，复旦大学出版社，2011 年版

何德章：《北魏国号与正统问题》，《历史研究》1992 年第 3 期

何毅群：《大明与中国历史上的火德》，《明代历史文化研究》2006 年第 4 期

［日］和田清：《明の国号について》，《史学杂志》第 42 卷第 5 号，1931 年

胡阿祥：《"开卷如芝麻开门"——华林甫著〈中国地名学源流〉评介》，《学术界》2002 年第 5 期

胡阿祥：《从地名看民族迁徙的踪迹》，《江苏地名》1998 年第 3 期

胡阿祥：《东晋南朝的守国形势——兼说中国历史上的南北对立》，《江海学刊》1998 年第 4 期

胡阿祥：《古都沧桑话南京》，《江苏地名》2000 年第 1 期

胡阿祥：《华夏正统与城市兴衰：古都南京的历史特质》，《南京社会科学》2013 年第 12 期

胡阿祥：《黄帝陵究竟在何处》，《中国审计报》2005 年 5 月 25 日

胡阿祥：《六朝疆域与政区的演变及其经验教训》，《江苏行政学院学报》2001 年第 3 期

胡阿祥：《夏国号考说》，《学术月刊》1998 年第 10 期

胡阿祥：《杨隋国号考说》，《东南文化》2000 年第 9 期

胡阿祥：《有关扬州隋炀帝陵"质疑"的质疑》，《南京晓庄学院学报》2013 年第 4 期

胡厚宣：《甲骨文所见商族鸟图腾的新证据》，《文物》1977 年第 2 期

胡厚宣：《论五方观念及中国称谓之起源》，收入胡厚宣：《甲骨学商史论丛初集》第二册，成都齐鲁大学国学研究所，1944 年

胡厚宣：《中国奴隶社会最高统治者的称号问题》，收入尹达等主编：《纪念顾颉刚学术论文集》上册，巴蜀书社，1990 年版

黄时鉴：《"條貫主"考》，收入黄时鉴：《东西交流史论稿》，上海古籍出版社，1998

年版

黄兴涛：《近代中国新名词源流漫考二则》，收入黄兴涛：《文化史的视野》，福建教育出版社，2000年版

J

即实：《契丹国号解》，《社会科学辑刊》1983年第2期

计翔翔、赵欣：《支那起源新论》，《社会科学战线》2012年第9期

冀强：《赛里斯：一个称谓的文化史》，南京大学硕士学位论文，2011年

姜亮夫：《"中"形形体分析及其语音演变之研究》，《杭州大学学报》第14卷增刊，1984年

姜亮夫：《殷商辩名》，收入姜亮夫：《古史学论文集》，上海古籍出版社，1996年版。

蒋其祥：《试论"桃花石"一词在喀喇汗朝时期使用的特点与意义》，《新疆大学学报》1986年第3期

［韩］金浩东：《蒙古帝国与"大元"》，收入姚大力、刘迎胜主编：《清华元史》第2辑，商务印书馆，2013年版

金启孮：《从满洲族名看皇太极文治》，收入王钟翰主编：《满族历史与文化》，中央民族大学出版社，1996年版

靳润成：《十六国国号与地域的关系》，《历史教学》1988年第5期

靳润成：《五代十国国号与地域的关系》，《历史教学》1990年第5期

靳生禾：《山西古今县名刍议》，《中国历史地理论丛》第2辑，1985年

L

蓝海文：《华侨》，收入蓝海文：《醒之外》，花城出版社，1992年版

李大钊：《青春》，收入李剑霞选编：《李大钊散文》，上海科学技术文献出版社，2013年版

李得贤：《"华夏"臆说》，《中国历史地理论丛》第2辑，1985年

李得贤：《夏禹传说与大夏地理》，《中国历史地理论丛》1993年第4辑

李欢：《"母亲河"的身世——历史时期的黄河与谭其骧的重大发现》，收入胡阿祥、彭安玉主编：《中国地理大发现》，山东画报出版社，2004年版

李辉：《追踪曹操的基因》，收入韩昇、李辉主编：《我们是谁》，复旦大学出版社，2011年版

李健武：《浅谈契"封于商"和"契居蕃"》，《中原文物》1986年第3期

李零：《〈史记〉中所见秦早期都邑葬地》，《文史》第20辑，1983年

李雪涛：《从佛典看"支那"（Cina）译名的变化》，《地名知识》1990年第3期

李长声：《中国乎支那乎》，《读书》1994年第11期

李志敏：《"支那"名号涵义及指谓问题》，《中国历史地理论丛》1996年第2辑

李志敏：《"支那"名号起源时代考》，《新疆大学学报》1988年第1期

李志敏：《支那名号原音证》，《西北史地》1986年第4期

梁加龙：《绮是支那名称的由来吗》，《文史》第29辑，1988年

梁启超:《瓜分危言》,收入《梁启超全集》第二卷,北京出版社,1999年版

梁启超:《历史上中国民族之观察》,收入《梁启超全集》第十二卷,北京出版社,1999年版

梁启超:《论小说与群治之关系》,收入《梁启超全集》第二卷,北京出版社,1999年版

梁启超:《论中国学术思想变迁之大势》,收入《梁启超全集》第三卷,北京出版社,1999年版

梁启超:《中国历史上民族之研究》,收入《梁启超全集》第十二卷,北京出版社,1999年版

梁园东:《"桃花石"为"天子","桃花石汗"为"天可汗"说》,《边政公论》第3卷第4期,1944年

梁园东:《中国民族之名称》,《大夏》第1卷第8号,1934年,收入梁园东著、姚奠中、梁归智选编:《梁园东史学论集》,山西人民出版社,1991年版

廖伯源:《说新——兼论年号创制之原因》,收入张政烺先生九十华诞纪念文集编委会编:《揖芬集:张政烺先生九十华诞纪念文集》,社会科学文献出版社,2002年版

林剑鸣:《"支那"的称谓源于"秦"还是"楚"》,《人文杂志》1981年第6期

凌文超:《释"玺出襄阳"》,收入中国社会科学院历史研究所编:《大河之魂:中国襄阳·汉水文化论坛论文集》,人民出版社,2015年版

刘浦江:《辽朝国号考释》,《历史研究》2001年第6期

刘起釪:《古史词条四则》,收入刘起釪:《古史续辨》,中国社会科学出版社,1991年版

刘起釪:《姬姜与氏羌的渊源关系》,收入田昌五主编:《华夏文明》第二集,北京大学出版社,1990年版

刘起釪:《由夏族原居地纵论夏文化始于晋南》,收入刘起釪:《古史续辨》,中国社会科学出版社,1991年版

刘新光:《汉高祖名邦字季略说》,《史学月刊》1999年第4期

卢正恒、黄一农:《先清时期国号新考》,《文史哲》2014年第1期

鲁迅:《关于太炎先生二三事》,收入鲁迅:《且介亭杂文末编》,人民文学出版社,1973年版

鲁迅:《黄祸》,收入《鲁迅全集:编年版》第7卷,人民文学出版社,2014年版

鲁迅:《无声的中国》,收入鲁迅:《三闲集》,人民文学出版社,1973年版

鲁迅:《无题》,收入《鲁迅全集:编年版》第7卷,人民文学出版社,2014年版

罗尔纲:《太平天国在何时何地建国》,收入罗尔纲:《太平天国史丛考甲集》,三联书店,1981年版

罗新:《十六国北朝的五德历运问题》,《中国史研究》2004年第3期

雒江生:《秦国名考》,《文史》第38辑,1994年

吕一燃:《发扬优良传统 开创边疆史地研究的新局面》,《西北史地》1989年第

1 期

M

马承源：《何尊铭文初释》，《文物》1976 年第 1 期

马培棠：《巴蜀归秦考》，《禹贡》第 2 卷第 2 期，1934 年

马世之：《涂山地望考辨》，《史学月刊》1986 年第 3 期

毛泽东：《关于目前党的政策中的几个重要问题》，收入《毛泽东选集》（一卷本），人民出版社，1964 年版

毛泽东：《和英国记者贝特兰的谈话》，收入《毛泽东选集》（一卷本），人民出版社，1964 年版

毛泽东：《为人民服务》，收入《毛泽东选集》（一卷本），人民出版社，1964 年版

毛泽东：《新民主主义论》，收入《毛泽东选集》（一卷本），人民出版社，1964 年版

毛泽东：《在晋绥干部会议上的讲话》，《人民日报》1948 年 5 月 10 日

毛泽东：《中共中央关于九月会议的通知》，收入《毛泽东选集》（一卷本），人民出版社，1964 年版。

毛泽东：《中国革命和中国共产党》，收入《毛泽东选集》（一卷本），人民出版社，1964 年版

茅盾：《雨天杂写之二》，收入方铭编：《茅盾散文选集》，百花文艺出版社，2009 年版

丏尊：《误用的并存与折中》，《东方杂志》第 19 卷第 10 号，1922 年

N

［苏］N. A. 聂历山（Nevsky）著、唐叔豫译：《关于西夏国名》，《北平图书馆馆刊》第 9 卷第 2 期，1935 年

［日］内藤湖南：《概括的唐宋时代观》，收入刘俊文主编、黄约瑟译：《日本学者研究中国史论著选译》第一卷，中华书局，1992 年版

倪建周、冬明：《"支那"源流考》，《人民日报》1999 年 5 月 7 日

P

盼遂：《齐州即中国解》，收入刘盼遂著、聂石樵辑校：《刘盼遂文集》，北京师范大学出版社，2002 年版

庞朴：《火历钩沉》，《中国文化》创刊号，中国艺术研究院，1989 年

Q

齐思和：《毛诗谷名考》，《燕京学报》第 36 期，1949 年

齐思和：《西周地理考》，收入齐思和：《中国史探研》，中华书局，1981 年版

钱伯泉：《Seres 考》，收入《西域史论丛》编辑组：《西域史论丛》第 1 辑，新疆人民出版社，1985 年版

邱久荣：《〈契丹国号解〉质疑》，《中央民族大学学报》1983 年第 4 期

R

饶宗颐：《谈西周文化发源地问题——与许倬云教授书》，收入许倬云：《西周史》，三联书店，1994 年版

日本外务省:《关于避免支那之称呼之事》,收入《公文杂纂·昭和二十一年·第十二卷·枢密院·宫内省·外务省》,国立公文书馆数据档案(http://www.digital.archives.go.jp/)

S

单冠初:《民国时期日本称谓中国国号之演化及用心考论》,《史学月刊》2002年第3期

石宗仁:《"支那"之谜与苗族》,《民族文学研究》1994年第2期

[日]实藤惠秀:《对中国的称谓——中日关系史中的微妙问题》,《社会科学战线》1979年第1期

史金波:《凉州感应塔碑西夏文校释补正》,《西北史地》1984年第2期

史念海:《秦岭巴山间在历史上的军事活动及其战地》,收入史念海:《河山集》第四集,陕西师范大学出版社,1991年版

史念海:《周原的变迁》,收入史念海:《河山集》第二集,三联书店,1981年版

史念海:《周原的历史地理与周原考古》,收入史念海:《河山集》第三集,人民出版社,1988年版

史树青:《元末徐寿辉农民政权的铜印》,《文物》1972年第6期

史苏苑:《商朝国名浅议》,《历史教学》1981年第7期

[日]市村瓒次郎:《清朝国号考》,收入《东洋协会调查部学术报告》第一册,1909年

[苏]斯大林:《马克思主义和民族问题》,收入中共中央马克思恩格斯列宁斯大林著作编译局译:《斯大林全集》第二卷,人民出版社,1953年版

[日]松村润:《大清国号考》,收入白寿彝主编:《清史国际学术讨论会论文集》,辽宁人民出版社,1990年版

苏仲湘:《论"支那"一词的起源与荆的历史和文化》,《历史研究》1979年第4期

孙冬虎:《清代地名研究的成就与历史借鉴》,收入中国地名学研究会编:《地名学研究文集》,辽宁人民出版社,1989年版

孙犁:《戏的梦》,收入孙犁:《耕堂散文》,花城出版社,1982年版

孙文:《东京军事训练班誓词》,收入《孙中山全集》第一卷,中华书局,2011年版

孙文:《檀香山兴中会盟书》,收入《孙中山全集》第一卷,中华书局,2011年版

孙文:《檀香山兴中会章程》,收入《孙中山全集》第一卷,中华书局,2011年版

孙文:《在东京〈民报〉创刊周年庆祝大会的演说》,收入《孙中山全集》第一卷,中华书局,2011年版

孙文:《在广州全国青年联合会的演说》,收入《孙中山全集》第八卷,中华书局,2011年版

孙文:《中国同盟会革命方略》,收入《孙中山全集》第一卷,中华书局,2011年版

孙文:《中国问题之真解决》(英文原稿),收入胡汉民编:《总理全集》第四集《遗墨影印》,上海民智书局,1930年版

孙文:《中华民国临时大总统宣言书》,收入《孙中山选集》,人民出版社,1981

年版

孙永如：《武则天的名号与政治》，"第五届全国武则天学术研讨会"提交论文，1994 年

孙作云：《说雅》，《文史哲》1957 年第 1 期

T

谭禾子：《辽代"东蒙"、"南满"境内之民族杂处——满蒙民族史之一页》，《国闻周报》第 11 卷第 6 期，1934 年

谭戒甫：《先周族与周族的迁徙及其社会发展》，《文史》第 6 辑，1979 年

谭其骧：《历史上的中国和中国历代疆域》，《中国边疆史地研究》1991 年第 1 期

谭其骧：《俗传中国史朝代起讫纪年匡谬》，《历史研究》1991 年第 6 期

谭其骧：《新莽职方考》，收入谭其骧：《长水集》上册，人民出版社，1987 年版

唐兰：《㢭尊铭文解释》，《文物》1976 年第 1 期

陶元珍：《三国吴兵考》，《燕京学报》第 13 期，1933 年

田昌五：《对周灭商前所处社会发展阶段的估计》，收入田昌五主编：《华夏文明》第二集，北京大学出版社，1990 年版

田继周：《夏族的形成及更名汉族》，《民族研究》1990 年第 4 期

田倩君：《"中国"与"华夏"称谓之寻原》，《大陆杂志》第 31 卷第 1 期，1966 年

田树生：《释中》，《殷都学刊》1991 年第 2 期

田余庆：《〈代歌〉、〈代记〉和北魏国史》，收入田余庆：《拓跋史探》，三联书店，2003 年版

田余庆：《说张楚》，收入田余庆：《秦汉魏晋史探微》，中华书局，1993 年版

童书业：《蛮夏考》，《禹贡》第 2 卷第 8 期，1935 年

W

王保顶：《论董仲舒五德终始说的影响及终结》，《史学月刊》1996 年第 2 期

王德昱：《从 Cina 到 China》，《中华文化论坛》1997 年第 1 期

王尔敏：《"中国"名称溯源及其近代诠释》，《中华文化复兴月刊》第 5 卷第 8 期，台北，1972 年

王国维：《秦都邑考》，收入王国维：《观堂集林》，中华书局，1959 年版

王国维：《说商》，收入王国维：《观堂集林》，中华书局，1959 年版

王国维：《说殷》，收入王国维：《观堂集林》，中华书局，1959 年版

王国维：《说自契至于成汤八迁》，收入王国维：《观堂集林》，中华书局，1959 年版

王国维：《宋代之金石学》，收入林文光选编：《王国维文选》，四川文艺出版社，2008 年版

王弘力：《契丹小字中之契丹》，《民族语文》1987 年第 5 期

王宏伟：《释读扬州隋炀帝陵出土墓志，南大教授回应三大质疑》，《新华日报》2013 年 5 月 23 日

王恢：《周秦都邑考》，《史学汇刊》第 3 期，1970 年

王静如：《西夏国名考》，收入王静如等著：《西夏研究》第 1 辑，国立中央研究院

历史语言研究所单刊甲种之八,1932 年

王慎行:《〈说文〉辨正举例》,收入黄德宽、常森:《汉字阐释与文化传统》,中国科学技术大学出版社,1995 年版

王树民:《中华名号溯源》,《中国历史地理论丛》第 2 辑,1985 年

王文清:《陶寺遗址可能是陶唐氏文化遗存》,收入田昌五主编:《华夏文明》第一集,北京大学出版社,1987 年版

王禹浪、孙慧、戴淮明:《契丹称号的含义与民族精神》,《黑龙江民族丛刊》2008年第 6 期

王禹浪:《"女真"称号的含义与民族精神》,收入王禹浪:《金代黑龙江述略》,哈尔滨出版社,1993 年版

王子今:《说"周"、"舟"通义兼论周人经营的早期航运》,《西北史地》1992 年第4 期

温翠芳:《"支那"为"齐"考述》,《云南社会科学》2006 年第 5 期

温少峰:《试为"成都"得名进一解》,《社会科学研究》1981 年第 1 期

闻一多:《从人首蛇身像谈到龙与图腾》,《人文科学学报》第 1 卷第 2 期,1942 年

汶江:《"支那"一词起源质疑》,《中国史研究》1980 年第 2 期

吴峰云、李范文、李志清:《介绍西夏陵区的几件文物》,《文物》1978 年第 8 期

吴光辉:《日本的中国形象研究——理论与方法的探索》,《日语教育与日本学》2011 年第 1 辑

吴晗:《明教与大明帝国》,《清华学报》第 13 卷第 1 期,1941 年,收入《吴晗史学论著选集》第二卷,人民出版社,1986 年版

吴天墀:《论党项拓跋氏族属及西夏国名》,《西北史地》1986 年第 1 期

X

萧兵:《"中"源神杆说》,《中国文化》第 9 期,1993 年秋季号

萧启庆:《说"大朝":元朝建号前蒙古的汉文国号》,《汉学研究》第 3 卷第 1 期,台北,1985 年

[日]小西四郎:《鸦片战争对我国的影响》,《驹泽史学》创刊号,1953 年

[法]谢和耐:《17 世纪基督徒与中国人世界观之比较》,收入[法]安田朴、[法]谢和耐等著,耿升译:《明清间入华耶稣会士与中西文化交流》,巴蜀书社,1993 年版

谢维扬:《论华夏族的形成》,《社会科学战线》1982 年第 3 期

邢义田:《天下一家——中国人的天下观》,收入刘岱总主编:《永恒的巨流》,联经出版事业公司,台北,1983 年版

徐俊:《中国古代王朝名号的由来》,收入中共中央党校中国历史教研室编:《历史·制度·文化——中国古代史专题选讲》,中国青年出版社,1988 年版

徐中舒:《巴蜀文化续论》,收入徐中舒:《论巴蜀文化》,四川人民出版社,1982年版

徐中舒:《殷商民族及殷王世系》,收入徐中舒:《先秦史论稿》,巴蜀书社,1992年版

徐中舒:《殷商史中的几个问题》,《四川大学学报》1979 年第 2 期

徐中舒:《周王朝的兴起》,收入徐中舒:《先秦史论稿》,巴蜀书社,1992 年版

徐作生:《"支那"源于古傣语考——从蜀身毒道诸种因素论梵语 Cina 的由来》,《中国文化研究》1995 年第 1 期

薛凤飞:《"汉中"释义》,《中国地名》1992 年第 3 期

Y

严耀中:《关于陈文帝祭"胡公"——陈朝帝室姓氏探讨》,《历史研究》2003 年第 1 期

颜岸青:《项羽之西楚九郡释疑与西楚国疆域变迁考实》,《历史地理》第 33 辑,2016 年

杨宝成:《殷墟为殷都辩》,《殷都学刊》1990 年第 4 期

杨洪俊:《幕末明治游记所见之清末长江中下游三重镇及其分析》,南京大学博士学位论文,2016 年

杨讷:《释天完》,《历史研究》1978 年第 1 期

杨讷:《元代的白莲教》,元史研究会编:《元史论丛》第 2 辑,中华书局,1983 年版

杨升南:《商代称"殷"的由来》,《历史知识》1982 年第 1 期

杨树达:《释滴》,收入杨树达:《积微居甲文说·卜辞琐记》,科学出版社,1954 年版

杨宪益:《蒙古名称的原义及其来源》,收入杨宪益:《译余偶拾》,三联书店,1983 年版

杨宪益:《释支那》,收入杨宪益:《译余偶拾》,三联书店,1983 年版

杨亚长:《试论商族的起源与先商文化》,《北方文物》1988 年第 2 期

[新加坡]姚紫:《新加坡传奇》,收入姚紫:《咖啡的诱惑》,鹭江出版社,1987 年版

叶炜:《隋国号小考》,《北大史学辑刊》第 11 期,2005 年

佚名:《关于契丹小字研究》,《内蒙古大学学报》1977 年第 4 期

殷伟仁:《太伯仲雍奔吴与先吴风俗问题》,《苏州大学学报·太湖历史文化研究专辑》第 1 辑,1992 年

殷伟仁:《吴国国名的文化蕴意》,《学术月刊》1994 年第 2 期

殷延海:《安徽地名的文化分区和历史层次》,收入马永立主编、胡阿祥副主编:《地名学新探》,南京大学出版社,1993 年版

于省吾:《略论图腾与宗教起源和夏商图腾》,《历史研究》1959 年第 11 期

于省吾:《释中国》,收入中华书局编辑部编:《中华学术论文集》,中华书局,1981 年版

余永梁:《易卦爻辞的时代及其作者》,《历史语言研究所集刊》第一册第一分,1928 年

Z

张博泉:《"桃花石"的名与义研究》,《北方文物》1991 年第 4 期

张光直:《商城与商王朝的起源及其早期文化》,收入张光直:《中国考古学论文

集》,联经出版事业公司,台北,1995年版

张广达:《关于马合木·喀什噶里的〈突厥语词汇〉与见于此书的圆形地图》,收入张广达:《西域史地丛稿初编》,上海古籍出版社,1995年版

张星烺:《"支那"名号考》,收入张星烺编注、朱杰勤校订:《中西交通史料汇编》第一册,中华书局,2003年版

张绪山:《"桃花石"(Ταυγάστ)名称源流考》,《古代文明》2007年第3期

张绪山:《西摩卡塔所记中国历史风俗事物考》,《传统中国研究集刊》第1辑,上海人民出版社,2006年

张政烺:《"十又二公"及其相关问题》,收入尹达等主编:《纪念顾颉刚学术论文集》上册,巴蜀书店,1990年版

张政烺:《关于"张楚"问题的一封信》,《文史哲》1979年第6期

张政烺:《何尊铭文解释补遗》,《文物》1976年第1期

章炳麟:《驳康有为论革命书》,收入《章太炎全集》第四册,上海人民出版社,1985年版

章炳麟:《民报一周年纪念会上之演说》,收入章念驰编订:《章太炎全集·演讲集》上册,上海人民出版社,2015年版

章炳麟:《中华民国解》,《民报》第15号,1907年,收入章炳麟:《章太炎全集》第四册,上海人民出版社,1985年版

章采烈:《谈玄宫之碑的史料价值》,《江汉论坛》1986年第4期

章巽:《桃花石和回纥国》,《中华文论丛》1983年第2期

赵春晶:《俄语称中国为"契丹"的原因》,《俄语学习》2012年第6期

赵丰:《纺织技术》,收入路甬祥主编:《走进殿堂的中国古代科技史》(中),上海交通大学出版社,2009年版

赵铁寒:《说殷商及成汤以后之五迁》,《大陆杂志》第10卷第8期,1973年

赵振绩:《中国之释义》,《中国历史学会史学集刊》第10期,台湾,1978年

郑德英:《东胡系诸部族与蒙古族族源》,收入中国蒙古史学会编:《中国蒙古史学会论文选集》,内蒙古人民出版社,1980年版

郑慧生:《"不周山为岐山"说》,《人文杂志》1993年第2期

郑张尚芳:《古译名勘原辨讹五例》,《中国语文》2006年第6期

中共中央:《纪念"五一"劳动节口号》,收入张志平主编:《新中国从这里走来》,河北教育出版社,1996年版

中共中央:《致解放区工人代表大会祝词》,《人民日报》1948年8月3日

钟延豪著:《山村》,收入《钟延豪集》,前卫出版社,台北,1992年版

周国荣、周言:《"吴"名考辨》,《苏州大学学报》1992年第3期

周建奇:《关于"桃花石"》,《内蒙古大学学报》1985年第4期

周言:《释"吴"》,《苏州大学学报·太湖历史文化研究专辑》第1辑,1992年

朱希祖:《后金国汗姓氏考》,收入《历史语言研究所集刊》外编第一种上册,1933年

朱彦民:《"殷""商"名辨》,《南开学报》1998年第1期

朱执信:《睡的人醒了》,收入广东省哲学社会科学研究所历史研究室编:《朱执信集》,中华书局,1979年版

邹衡:《论汤都郑亳及其前后的迁徙》,收入邹衡:《夏商周考古学论文集》,文物出版社,1980年版

邹衡:《夏文化分布区域内有关夏人传说的地望考》,收入邹衡:《夏商周考古学论文集》,文物出版社,1980年版

邹劲风:《唐宋金陵考》,南京大学博士学位论文,1998年

后　记

　　结缘"中国历代国号与古今名称"领域的研究,已经 20 多年了。本书应该是我在这个锲而不舍的研究领域的告别之作与总结之作。如此,这篇"后记",不妨交代一下相关的"大事",以志纪念,以示感谢,以明始末。

　　1994 年底,在卞孝萱师的提携下,我应辽宁古籍出版社于景祥编辑之约,与丁炳麟先生合作主编"中华民族优秀传统文化丛书·常识卷"(八册),并承担其中自拟题目的《中国古今名号寻源释意》、《中国历代疆域与政区》两册的撰写任务。1995 年 5 月,与卢海鸣兄合作的《中国古今名号寻源释意》出版。虽然这只是一册 10 多万字的小书,但"筚路蓝缕,以启山林"的追求已经明确。

　　1996 年,我以"中国古今称谓与历代国号研究"为题,申请了国家社科基金项目;1999 年,"中日文化交流与政治关系中的国家称谓问题研究",又被列入"南京大学笹川优秀青年教育基金资助项目"。及至 2000 年 3 月,我完成了近 27 万字的《伟哉斯名:"中国"古今称谓研究》,并承湖北教育出版社陆才坚编辑的垂青,于 2000 年 11 月出版。相对于《寻源释意》的开题立意,《伟哉斯名》尤重考据与义理,卞孝萱师宠赐大序,也肯定为"具有学术价值,并有现实意义。称之为奠基,誉之为开拓,均不为过"。

2008年，在山东画报出版社傅光中编辑的邀约与弟子宋艳梅的协助下，面向大众读者、近20万字的《中国国号的故事》推出，并取得了堪称满意的社会效果，如我不久前偶然间得到了2013年7月的第8次印刷本，则想来该书历次累计的印数应该不少吧。

2012年与2017年，经不住李伟宏编导的友情怂恿，我在中央电视台"百家讲坛"又主讲了15集的"国号"、10集的"国之名称"，随后接受中华书局陈勇编辑、高等教育出版社丁海燕编辑的约稿，整理润色"百家讲坛"讲稿，出版了15万字的《正名中国：胡阿祥说国号》（2013年）、15万字的《祖国的名称》（2017年）。相对于粗疏的《寻源释意》、精细的《伟哉斯名》、通俗的《国号的故事》，"百家讲坛"系列的这四件作品，更加致力于因名求实、名实互证，如通过揭秘14个统一王朝国号，以求解析5000年中华历史变迁，通过阐释众多的古今名号、繁杂的域外称谓，以求展现传统文化的精华、中华民族的认同、泱泱大国的影响、中外交通的艰难……

现在，在江苏人民出版社王保顶编审的支持与督促下，经过近一年的殚精竭虑，《吾国与吾名——中国历代国号与古今名称研究》即将问世。于我个人言，是希望藉此难得的机会，充实旧著、增补新章、纠正缺漏，做出拓宽加深、审慎细密、后出转精的总结，而这个总结所欲依循的宗旨，则是乡先贤姚鼐提倡的"义理"、"考据"、"辞章"与湘乡曾国藩强调的"经济"的综合呈现；于学术界言，既为近年以来热闹非凡、重在"义理"的"中国"话题，提供必要的"考据"基础与参照概念，也为多年来明抄暗袭拙著、拙文者，"立此存照"，善意提醒；又于社会言，或许也能印证卞师《伟哉斯名》大序中"中国古今称谓，既是中国人共同关注之事；《"中国"古今称谓研究》，应为天地间必不可少之书"的判断，虽然拙著远当不起"天地间必不可少"的先师期望，但"中国历代国号与古今名称"的来源取义、来龙去脉，作为"中国人共同关注之事"，却是毫无疑义的，因为这些国号、名号与称谓，伴随着我们民族的成长、我们国家的历史、我们以及我们的祖先与后代的生命。

　　本书题名为《吾国与吾名》，读者朋友应该马上会联想到林语堂先生的《My Country and My People》。的确，《吾国与吾名》是意在向《My Country and My People》致敬！犹记 1983 年在复旦大学读本科时，在"5 名中央级未获平反的右派之一"陈仁炳先生"英文世界名著选读"课上，我得以对照着汉译本的《吾国与吾民》，细读慢品这部"写得骄傲、写得幽默、写得美妙，既严肃又欢快，对古今中国都能给予正确的理解和评价"（赛珍珠语）的英文名著，并为之久久地感动；又记 2011 年 6 月在访学台湾"中研院"期间，我专程来到阳明山，拜谒林语堂先生故居，那中国四合院架构、西班牙式建筑风格，那白墙、蓝瓦、紫窗，至今都还恍如眼前；又记 2014 年写作《读史入戏：说不尽的中国史》时，我反复推衍林语堂先生"中庸之道在中国人心中居极重要之位置，盖他们自名其国号曰'中国'，有以见之。'中国'两字所包含之意义，不止于地文上的印象，也显示出一种生活的规范"的深意——然则拙著之《吾国与吾名》，虽然做的是考原、解说吾国之名、吾民之名的文章，我内心的深意，其实还在期望着藉此更加切近地理解吾国与吾民、《吾国与吾民》！

胡阿祥

记于南京仙林三栖四喜斋

2017 年 8 月 3 日

闻"名"识中国：《吾国与吾名》策划、编辑手记

王保顶

2018 年 7 月 14 日，苏州，第八届江苏书展，《吾国与吾名：中国历代国号与古今名称研究》(江苏人民出版社，2018 年 7 月第 1 版)首发式，作者南京大学历史学院胡阿祥教授与读者分享了主题为"闻'名'识中国"的讲座。讲座伊始，胡教授即指出："闻'名'识中国"这个题目是借来的，借自 1992 年公映的美国电影《闻香识女人》(*Scent of A Woman*)。失明的退休军官弗兰克中校之所以能够"闻香识女人"，源于他对生活的深刻理解和真切感悟，而香水正是女人的"魅力之衣"、"看不见的华服"；同理推之，国号、名号、称谓则是"中国"的"魅力之衣"，是"看得见"却少受关注的"华服"，我们通过国号、名号、称谓，可以从独特的视角，深刻理解、真切感悟我们国家、我们民族历史之悠久、文化之丰富、汉字之魅力、名称之有趣，而《吾国与吾名》的撰写宗旨，正在于此。

好样的"闻'名'识中国"！此正《吾国与吾名》画龙点睛的神来之笔。

一

大概自 2011 年以来，以"中国"及其相关关键词为主题的著作，持续问世，不仅称为凸显的出版现象，而且成为聚议的社会热点。

即以我所经眼者,如《宅兹中国:重建有关"中国"的历史论述》(中华书局,2011年)、《何为"中国":疆域、民族、文化与历史》(牛津大学出版社,2014年)、《历史中国的内与外:有关"中国"与"周边"概念的再澄清》(香港中文大学出版社,2017年),可谓葛兆光的"中国"三部曲;《华夏论述:一个复杂共同体的变化》(远见天下文化,2015年)、《说中国:一个不断变化的复杂共同体》(广西师范大学出版社,2015年),这是许倬云的思索结晶。再如2014年有许宏的《何以中国:公元前2000年的中原图景》(三联书店),2015年有李大龙的《从"天下"到"中国":多民族国家疆域理论解构》(人民出版社)、胡箫白的《中国:自称与他称》(中国社会出版社),2016年有王赓武的《更新中国:国家与新全球史》(浙江人民出版社)、刘晓原的《边疆中国:二十世纪周边暨民族关系史述》(香港中文大学出版社)、赵汀阳的《惠此中国:作为一个神性概念的中国》(中信出版社)、李零的《我们的中国》(包含"茫茫禹迹"、"周行天下"、"大地文章"、"思想地图"四卷,三联书店),2017年有黄兴涛《重塑中华:近代中国"中华民族"观念研究》(北京师范大学出版社)。想来,我们未及经眼者,应该还有不少。

以上这些有关"中国"、"华夏"、"中华"、"天下"的论集、专著,专业领域涉及思想史、文化史、考古学、民族史、边疆史、冷战史、哲学史、概念史,中国史、东亚史、南洋史,上古史、中古史、近世史,年龄跨度,从1930年出生的许倬云先生,到1989年出生的胡箫白博士,恰好一个甲子。

然则如此身份复杂、专业各异、年龄悬殊的学者们,共同关注同一个或同一类主题,意味着什么? 这些论集、专著,除了主标题外,都有副标题,说明了什么? 如葛兆光的《宅兹中国》,北京中华的简体字版、台北联经的繁体字版同时出版,后续又有韩文版、英文版、日文版(近期将出),许倬云的《华夏论述》《说中国》,实为"海峡两岸分别出版繁、简字体版本"的同书异名,这又反映了什么?

以上这诸多"什么"的答案,许倬云的理解是"群体焦虑"的表现,葛兆光的理解是"历史的、学术的和政治的背景刺激",卜孝萱的理解是"中国人共同关注之事";而作为出版人,我所做的工作,便是推出《吾国与吾名:中国历代国号与古今名称研究》,冀望能为多面向的"中国"之大合唱再添一个声部,这个声部,按照我的编辑体会,又不仅是基础的、和谐的,而且是有力的、独特的……

二

很早以前,我就读过胡阿祥所著《伟哉斯名:"中国"古今称谓研究》(湖北教育出版社,2000 年),并对卞孝萱先生"序言"中的判断,"中国古今称谓,既是中国人共同关注之事;《"中国"古今称谓研究》,应为天地间必不可少之书。胡君之著作,具有学术价值,并有现实意义。称之为奠基,誉之为开拓,均不为过",印象颇深。及至 2016 年初春,因为组编"凤凰文库·历史研究系列",有心将《伟哉斯名》纳入其中,乃与胡教授联系,很快达成的共识是,同意出版修订本,而出乎意料的是,2017 年仲夏收到的"修订本"或曰"增订本",却名不副实地成了一本新书:

以言规模,《伟哉斯名》上下两编、七章、两附录、27 万电脑字数,《吾国与吾名》上中下三编、三十三章、三附录、46 万电脑字数、百余幅图片……

以言内容,《吾国与吾名》之"充实旧著、增补新章、纠正缺漏,做出拓宽加深、审慎细密、后出转精的总结",的确名副其实,即以《伟哉斯名》第七章与《吾国与吾名》下编为例,虽都题为"域外有关中国的称谓","旧著"简略叙述的"支那"、"赛里斯"、"桃花石"、"契丹"、"其他称谓"五节,却丰富成了"新书"细密探讨的"China:失位的'震旦'与变味的'支那'"、"Serice:神秘的丝国"、"Taugas:多民族国家的证明"、"Cathay:多民族国家的再次证明"、"汉唐与其他:各自的特征"、"龙与狮:传统文化与近代历程"六章,其"充实"之认真、"增补"之追求,令人感佩。

以言立意,《伟哉斯名》有云:"考究中国历代的国号、名号,了解域外有关中国的称谓,本是一件特别富有趣味的事情,其意义也相当明显";

《吾国与吾名》则自陈"依循的宗旨",是"乡先贤姚鼐提倡的'义理'、'考据'、'辞章'与湘乡曾国藩强调的'经济'的综合呈现",是"为近年以来热闹非凡,重在'义理'的'中国'话题,提供必要的'考据'基础与参照概念",是"为多年来明抄暗袭拙著、拙文者,'立此存照',善意提醒"。

要之,规模显著扩展、内容拓宽加深、立意全面升华的《吾国与吾名》,既是作者"经过近一年的殚精竭虑"推出的学术新著,更是其自1995年出版《中国古今名号寻源释意》(辽宁古籍出版社)"小书"以来,"锲而不舍"二十多年之研究总结,这就诚如胡教授所拟《吾国与吾名》精装本腰封的提示:"筚路蓝缕廿余载的考据力作,鸿图华构五千年的国史读本。"

三

单言《吾国与吾名》之为"中国"话题"提供必要的'考据'基础与参照概念"。

首先,关于参照概念。值得注意的是,在近年来的"中国"大合唱中,旋律最强甚至过强者是"中国","华夏"、"中华"、"天下"等则属伴奏性质。而按照《吾国与吾名》的研究实践,"中国"这个历史实体、这块地理区域、这方文化土壤的称谓,其实包含了数量众多、纷繁复杂而且彼此勾连的自称与他称,所谓自称,指"中国"历代统一王朝与皇朝国号、古往今来的诸多名号,所谓他称,指域外或外国对"中国"的称谓,这就仿佛人有姓名、字号、绰号,姓辨血缘、名以正体、字多表德、号则美称,号中的绰号又属他称;与此相类,"中国"的称谓,也绝不止于"中国"这个名号以及百余年来作为国号简称的"中国",如此,欲求系统、深入地理解"中国"之名、之实、之名实关系,就当以全面、广泛地把握"中国"的国号、名号、域外称谓为范围、为前提,哪怕只言"中国"名号,也当以关系密切的"夏"(夏一诸夏一华夏)、"秦"(China一支那/震旦一中国)、"汉"(汉人一汉土一汉族)、"唐"(唐家一唐人一唐山)等国号,彼此勾连的"华夏"、"中华"、

"禹迹"、"九州"、"四海"、"天下"、"赤县神州"等名号,另种视野的 China、Serice、Taugas、Cathay(Китай)以及"西国"、Ta—ruk、Tàu 等域外称谓,作为须臾不离的参照概念。反之,如果仅就"中国"说"中国",仅就"中国"之名说"中国"之实,或会陷入"只知其一、不知其二"的境地,乃至"只知其一",便是一无所知的偏狭。

其次,关于"考据"基础。总体看来,相对于诸多以"义理"为主而"考据"为辅、抑或少数只见云山雾海的"义理"而缺失探幽索隐的"考据"的"中国"论著,《吾国与吾名》用心最密、致力最勤的方面,还在"考据",既考据国号、名号、域外称谓的形成过程、来源取义、使用时间、指称空间、复杂影响以及彼此之间的互动关系,也考据国号、名号、域外称谓的本义、引申义、附会义、新生义及其演变节点。即以书中开宗明义的"导言"与归根结蒂的"结语"相对照,"导言"先举四百多年前意大利传教士利玛窦(Matteo Ricci)有关"中华帝国的名称"之分类与解释引出问题,"结语"则完全回应、高度概括了问题的答案,即"历代国号担得上一个'美'字,古今名号担得上一个'伟'字,域外称谓担得上一个'妙'字":

> 以言历代国号之美……夏国号的最终择定,与蝉所代表的居高饮清、蜕变转生等等的美义有关;取美义为国号,也成为后世中国历史上命名国号的一种常用方法。由夏而下,商、周、秦、汉、新、晋、隋、唐、周、宋、大元、大明、大清这些王朝或皇朝所用的国号,同样具有或显或隐的美义,并成为各自国家的政治文化符号。这种符号,于商为凤,于周为重农特征,于秦为养马立国,于汉为"维天有汉",于新为"应天作新王",于晋为巍巍而高,于唐为道德至大,于宋为"天地阴阳人事际会",于大元为"大哉乾元",于大明为"光明所照",于大清为胜过大明,总之,都属于"表著己之功业"、"显扬己于天下"、"奄四海以宅尊"、"绍百王而纪统"的"美号"。这些"美号",既与君主的统治息息相关,也照应了所统治的部族民众之心理要求,并进而使政权蒙上了浓重的顺天应人的色彩。

　　以言古今名号之伟……"中国"名号,历史久远,先秦时即已存在。虽然地域概念的中国是多变的,文化概念的中国是模糊的,但中国的地域范围在不断放大,中国的文化意义在不断加强……至于后起的政治概念的中国……既与地域概念的中国、文化概念的中国相辅相成,又较之更加客观与全面……由"中国"名号所显示出的上述史实,同样非常明确地显示于诸夏、华夏、中华、禹迹、九州、四海、天下、赤县神州等等悠长而响亮的名号中。这众多的名号,或基础于历史记忆,或强调了民族意识,或依托于神话传说,或联系着天地观念,又或表达了滨海人们的宏大视野,至于语言的嬗变、政治的影响、经济的发展、文风的变迁等等,也往往作用于某些名号的形成及其含义的变化。又这众多的名号,出现的时间多在先秦时期,而又跨朝代、越古今地使用了下来……中国古今名号的伟大之处,是在这些名号的支配或影响下,中国文化渐趋发达与丰富,中国地域也由仄小而广大。

　　以言域外称谓之妙,则关键在于善抓特征。域外有关中国的称谓,有源于秦王国国号、本为牧草名称、有时译作"支那"或"震旦"的China,源于神秘精美的丝、通常译作"赛里斯"的Serice,可能源于最高统治者称号大汗、译作"桃花石"的Taugas,源于契丹民族名称、本义可能是宾铁的Cathay,等等。这些域外称谓的出现及其沿用,联系着国际关系、地理视野、交通形势、民族更替以及国号翻译原则、命名方法、心理影响等等极为复杂的因素,并且其演变的脉络也相当清晰,即大体由国号而物产,由称号而民族。这些域外称谓又共同反映出长期以来中国的物质文明、制度文明、精神文明,影响超越了中国本身的时空范围,广泛而且深刻地作用于亚欧非大陆以及东亚、东南亚海邻诸国,客观证明了中国自古以来就是多民族国家。

如此云云之事关重大、回归原点、兼具"义理"与"辞章"、并且充满"经济"(经世济用)意义的问题的答案,又非临空蹈虚的想象,而是通过上中下三编、凡三十三章的"考证、叙述与分析"所得出的；若再结合附录"'名实互证'视野中的中国历代统一王朝"，则《吾国与吾名》正如我所拟之封底内容提要，称为"一部名实互证的中国政治史、角度独特的中国文化史、视野出新的中外交通史"，应非过誉，亦如胡教授在"后记"中的"夫子自道"：《吾国与吾名》是意在向（林语堂先生的）《My Country and My People》致敬……《吾国与吾名》虽然做的是考原、解说吾国之名、吾民之名的文章，我内心的深意，其实还在期望着藉此更加切近地理解吾国与吾民，《吾国与吾民》！"

四

我与胡教授颇有渊源。1995 年入南京大学读博，胡教授是我们这届博士生的班主任，住在南园，朝夕相见，指点甚多。彼时高校如南大者亦待遇平平，胡教授一箪食、一瓢饮，潜心问学之余养猫遛狗，自得其乐。我从事编辑出版工作已逾二十年了，从工作体会与个人经验出发，我越来越认可"知世论人"、"知人论书"的道理。"论书"，《吾国与吾名》可谓"国号、名号、称谓，中国历史的独特解说，考据、义理、辞章，治学路径的鲜活呈现"；"知人"，籍贯上海、出身桐城、求学复旦、任教南大的胡阿祥教授，既深受桐城学术主张的"义理"、"考据"、"辞章"、"经济"并重的浸润，也体现了海派文化的兼容灵活、金陵性格的潇洒沧桑，而其历史、地理、文学、考古多学科的求学经历与综合素养，亦在这部史料扎实、行文雅驯、思维发散、立论审慎的大著中，得到了酣畅淋漓的表现。顺带提及，本书第 94 页胡教授在论及王莽"新"朝得名时引用了我读博期间发表在《史学月刊》的一篇拙文，予以注出，深感与有荣焉。

再言"知世"，《吾国与吾名》"结语"中的一段"喻世"、"警世"、"醒世"的感慨，尤其令人深思：

　　"中国"、"中华"等名号与"支那"、"契丹"等称谓的定位和解释，事关国家、民族以及国际关系的大体。而现实存在的情况是，许多人对于这些概念有着诸多的误解,比如有人认为元、清是中国历史上外族所统的大耻辱,有人至今仍极端地认为只有汉族建立的王朝或皇朝才可以称中国,又有人自以为是地宣扬所谓的"崖山之后无中国";至于小部分人的居心混淆,大部分人的认识模糊以至无可奈何地选择回避和漠视,同样是不必讳言的事实。这些,都既不利于国家的统一,也有碍民族的团结。

已近"耳顺"之年的胡教授的这番感慨,与耄耋老人许倬云先生长夜不寐、随时思索"中国究竟是什么,我们究竟是谁"而成《华夏论述》、《说中国》,正是心怀家国的中国士人之使命所归、"文以载道"的华夏传统之追求所至吧?

然则由着这样的使命与追求而成的《吾国与吾名》,也获得了今世今人的普遍认可与热烈反响:

2018 年 8 月 28 日,入选"致力于推荐最优秀的人文社科图书"的"人文社科联合书单"第 37 期;

2018 年 9 月 2 日,入选"也许是最综合的好书推荐榜中榜"的"百道好书榜·人文类";

2018 年 9 月 6 日,入选"书香致远·荐好书"推荐阅读书目;

2018 年 10 月 9 日,入选"华文好书 2018 年 9 月榜"的"十本最新原创好书"、"人气榜·五本新书";

2018 年 11 月,入选中国图书评论学会"中国好书"月榜。

相信随着时间的推移,这个清单会越来越长。如此看来,我体悟《吾国与吾名》为近年来"中国"大合唱之基础的、和谐的、有力的、独特的声部,我欣赏"闻'名'识中国"为《吾国与吾名》立意归旨的画龙点睛之笔,又不仅是作为策划编辑的我个人的体悟与欣赏,也是处于"群体焦虑"的广大读者之共识同感了……

2018 年 11 月 20 日

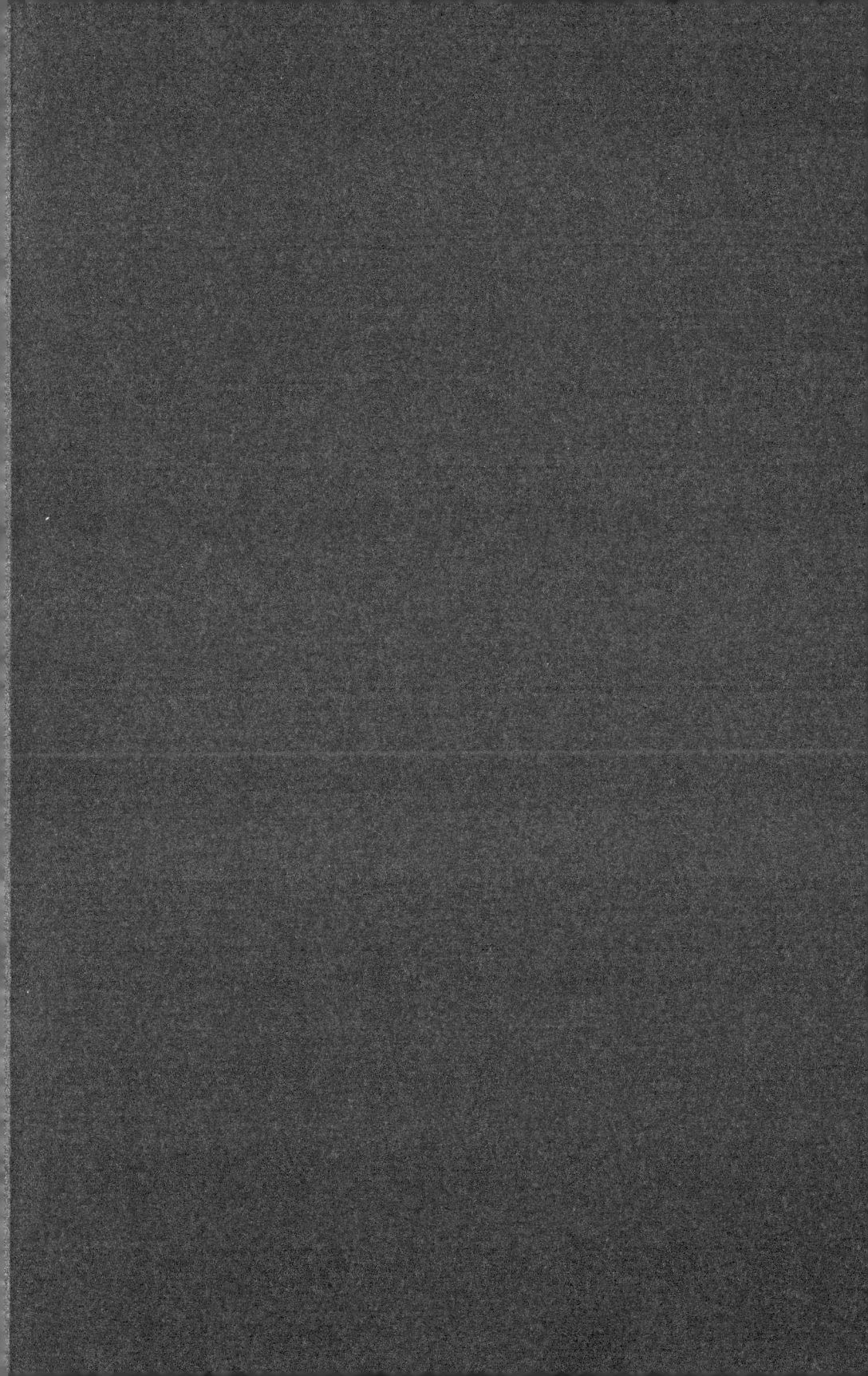